"十二五"国家重点图书出版规划项目

中国社会科学院创新工程学术出版资助项目

总主编：金 碚

经济管理学科前沿研究报告系列丛书

THE FRONTIER RESEARCH REPORT ON DISCIPLINE OF MANAGEMENT SCIENCE AND ENGINEERING

万相昱 唐 亮 主编

管理科学与工程学科前沿研究报告

图书在版编目（CIP）数据

管理科学与工程学科前沿研究报告 2011/万相昱，唐亮主编. —北京：经济管理出版社，2015.2
ISBN 978-7-5096-3535-3

Ⅰ. ①管… Ⅱ. ①万… Ⅲ. ①管理工程学—研究 Ⅳ. ①C93-05

中国版本图书馆 CIP 数据核字（2014）第 288804 号

组稿编辑：张　艳
责任编辑：张　艳　高　娅
责任印制：黄章平
责任校对：王　淼

出版发行：经济管理出版社
（北京市海淀区北蜂窝 8 号中雅大厦 A 座 11 层　100038）
网　　址：www. E-mp. com. cn
电　　话：（010）51915602
印　　刷：北京银祥印刷厂
经　　销：新华书店
开　　本：787mm×1092mm/16
印　　张：27.5
字　　数：601 千字
版　　次：2015 年 7 月第 1 版　　2015 年 7 月第 1 次印刷
书　　号：ISBN 978-7-5096-3535-3
定　　价：86.00 元

《经济管理学科前沿研究报告》专家委员会

《经济管理学科前沿研究报告》编辑委员会

序言

为了落实中国社会科学院哲学社会科学创新工程的实施，加快建设哲学社会科学创新体系，实现中国社会科学院成为马克思主义的坚强阵地、党中央国务院的思想库和智囊团、哲学社会科学的最高殿堂的定位要求，提升中国社会科学院在国际、国内哲学社会科学领域的话语权和影响力，加快中国社会科学院哲学社会科学学科建设，推进哲学社会科学的繁荣发展具有重大意义。

旨在准确把握经济和管理学科前沿发展状况，评估各学科发展近况，及时跟踪国内外学科发展的最新动态，准确把握学科前沿，引领学科发展方向，积极推进学科建设，特组织中国社会科学院和全国重点大学的专家学者研究撰写《经济管理学科前沿研究报告》。本系列报告的研究和出版得到了国家新闻出版广电总局的支持和肯定，特将本系列报告丛书列为“十二五”国家重点图书出版项目。

《经济管理学科前沿研究报告》包括经济学和管理学两大学科。经济学包括能源经济学、旅游经济学、服务经济学、农业经济学、国际经济合作、世界经济、资源与环境经济学、区域经济学、财政学、金融学、产业经济学、国际贸易学、劳动经济学、数量经济学、统计学。管理学包括工商管理学科、公共管理学科、管理科学与工程三个学科。工商管理学科包括管理学、创新管理、战略管理、技术管理与技术创新、公司治理、会计与审计、财务管理、市场营销、人力资源管理、组织行为学、企业信息管理、物流供应链管理、创业与中小企业管理等学科及研究方向；公共管理学科包括公共行政学、公共政策学、政府绩效管理学、公共部门战略管理学、城市管理学、危机管理学、公共部门经济学、电子政务学、社会保障学、政治学、公共政策与政府管理等学科及研究方向；管理科学与工程包括工程管理、电子商务、管理心理与行为、管理系统工程、信息系统与管理、数据科学、智能制造与运营等学科及研究方向。

《经济管理学科前沿研究报告》依托中国社会科学院独特的学术地位和超前的研究优势，撰写出具有一流水准的哲学社会科学前沿报告，致力于体现以下特点：

（1）前沿性。本系列报告能体现国内外学科发展的最新前沿动态，包括各学术领域内的最新理论观点和方法、热点问题及重大理论创新。

（2）系统性。本系列报告囊括学科发展的所有范畴和领域。一方面，学科覆盖具有全面性，包括本年度不同学科的科研成果、理论发展、科研队伍的建设，以及某学科发展过程中具有的优势和存在的问题；另一方面，就各学科而言，还将涉及该学科下的各个二级学科，既包括学科的传统范畴，也包括新兴领域。

(3) 权威性。本系列报告由各个学科内长期从事理论研究的专家、学者主编和组织本领域内一流的专家、学者进行撰写，无疑将是各学科内的权威学术研究。

(4) 文献性。本系列报告不仅系统总结和评价了每年各个学科的发展历程，还提炼了各学科学术发展进程中的重大问题、重大事件及重要学术成果，因此具有工具书式的资料性，为哲学社会科学研究的进一步发展奠定了新的基础。

《经济管理学科前沿研究报告》全面体现了经济、管理学科及研究方向本年度国内外的发展状况、最新动态、重要理论观点、前沿问题、热点问题等。该系列报告包括经济学、管理学一级学科和二级学科以及一些重要的研究方向，其中经济学科及研究方向 15 个，管理学科及研究方向 45 个。该系列丛书按年度撰写出版 60 部学科前沿报告，成为系统研究的年度连续出版物。这项工作虽然是学术研究的一项基础工作，但意义十分重大。要想做好这项工作，需要大量的组织、协调、研究工作，更需要专家学者付出大量的时间和艰苦的努力，在此，特向参与本研究的院内外专家、学者和参与出版工作的同仁表示由衷的敬意和感谢。相信在大家的齐心努力下，会进一步推动中国对经济学和管理学学科建设的研究，同时，也希望本系列报告的连续出版能提升我国经济和管理学科的研究水平。

金碚

2014 年 5 月

前　言

作为一门综合运用管理科学、数学、经济学、行为科学及工程方法和系统科学多种方法解决经济、社会、工程等多方面的管理问题的学科，管理科学与工程受到了日益广泛的关注和重视，伴随着信息化的来临，大数据时代的发展，管理科学与工程学科也面临着各种机遇和挑战，尤其是该学科的融合性和交叉性特点，致使其应用性更广，更多地利用数据和定量分析解决问题，微观分析、计算机技术、数学模型是目前管理科学与工程学科的理论基础和方法论基础。

管理科学与工程学科目前是我国管理学门类中，唯一按一级学科设立的管理类学科，该学科涉及领域极广，融合性很强，管理科学与工程学科不但侧重于管理学理论的验证和发展，更侧重于管理学科的应用与实际研究，目的是为管理实践提供更为有效的工具、手段、方法和技术。

管理科学与工程学科在我国发展很早，在中华人民共和国成立之初，在老一辈科学家们的推动下，管理科学与工程学科取得了迅速的发展，对我国的经济发展和社会稳定起到了重要的作用。然而不可否认的是，和欧美发达国家相比，我国的管理科学与工程学科发展仍然较为缓慢。自 20 世纪初美国在工业现代化的背景下发展管理科学与工程学科以来，目前国外发达国家已经形成了系统的管理科学与工程学科门类，各个研究领域的研究也不断深化，服务于欧美国家的经济发展，管理科学与工程学科起到了重要的推动作用。

依据国家自然科学基金委员会管理科学部对管理科学与工程学科的界定和分类，我国管理科学与工程学科目前涉及的研究领域包括 19 个，分别是运筹与管理、信息技术与管理、管理对策理论与方法、管理系统工程、决策理论与方法、预测理论与技术、知识管理、风险管理、金融工程、工业工程、互联网管理理论与技术、管理科学思想与管理理论、数量经济理论与方法、评估方法与技术、管理心理、组织行为、一般管理理论、组织理论、复杂性研究等。

本书在管理科学与工程学科的研究领域界定上，首先依据国家自然科学基金委员会管理科学部 2011 年对该学科的界定与分类，并参考《管理科学与工程学科前沿研究报告（2010）》的学科领域分类，在管理科学与工程“十一五”学科规划与优先资助的九大研究领域基础上，根据国内和国际的研究热点、文献调研和专家意见，综合得到了我国管理科学与工程学科在近年来发展较快、研究深入的基本研究领域，经过系统的总结和分析，将管理科学与工程学科的研究领域界定为七个方面：

(1) 管理科学基本研究方法;
(2) 运筹与管理问题研究;
(3) 决策、对策和预测理论与技术;
(4) 金融工程与风险管理;
(5) 信息管理与知识管理;
(6) 管理心理与组织行为;
(7) 复杂系统与复杂性研究。

本书撰写的分工情况如下:主编万相昱,负责整本书的文稿统筹、结构设计、审核和校对工作,副主编唐亮,负责期刊、书籍的筛选整理工作,统筹文字和内容,副主编蔡小滨,负责书籍、会议、重大事件的搜集、筛选、整理工作;参编者如下:张晨、张锦、韩丁、邹淑平、王典典、姚靖、张怡雪、朱美玉每人负责一种英文期刊及三种中文期刊的分析、文章的筛选,其中王典典对图表的绘制与整理做了主要的工作。

本书在编撰的过程中参考了国内外 2011 年发表及出版的关于管理科学与工程学科进展的主要研究成果,在此,对研究者们表示深深的谢意。

限于篇幅、精力有限,本书对某些有价值的重要成果有所遗漏,还有很多不尽如人意之处,敬请批评指正。

目　录

第一章　管理科学与工程学科 2011 年国内外研究综述

管理科学与工程学科作为一级学科，与系统科学、管理科学、物流、金融工程、数学、经济和行为科学及其他工程管理学科密切相关，涉及的研究领域有 19 个，资源优化管理、工程组织及管理、不确定性决策研究、知识管理等相关学术领域都处于管理科学与工程学科门类中，其目的在于发展管理学理论，服务于管理实践，指导管理过程，推动经济社会的发展和进步。

该学科是管理理论与管理实践紧密结合的学科，侧重于研究同现代生产、经营、科技、经济、社会等发展相适应的管理理论、方法和工具，学科发端于 20 世纪初的美国，泰勒的《科学管理的原理》一书开始了管理科学与工程的研究和思考，从 1910 年开始，美国的吉尔布雷斯夫妇从事动作（方法）研究和工作流程研究，还设定了 17 种动作的基本因素，1908 年美国宾州大学首次开设了工业工程课程，后来又成立了工业工程系，1917 年美国成立了工业工程师协会。此后有人主张把当时从事动作研究、时间研究等提高劳动生产率的各种研究工作，从管理职能中分离出来，由懂得工程技术的人员去进行，逐步形成了一批将工程技术和管理相结合的工业工程师。

第二次世界大战期间和其后的一段时间内，工作研究（包括时间研究与方法研究）、质量控制、人事评价与选择、工厂布置、生产计划等都已正式成为工业工程的内容。随着制造业的发展，费希（J.Fish）开创了工程经济分析的研究领域；由于战争的需要，运筹学得到了很大的发展。战后由于经济建设和工业生产发展的需要，使得工业工程与运筹学结合起来，并为工业工程提供了更为科学的方法基础，工业工程的技术内容得到了极大的丰富和发展。1948 年，美国成立了工业工程师学会。20 世纪五六十年代，美国许多大学先后成立了工业工程系，到 1975 年，已有 150 所大学开设了工业工程课程。

与发达国家相比，我国的管理科学与工程学科发展较晚，1990 年前后，我国高校才开始正式设立工业工程专业，并引入了工业工程课程，此后，我国的管理科学与工程学科得到了迅速的发展，目前管理科学与工程学科的相关研究领域包括如下 19 个：

运筹与管理、信息技术与管理、管理对策理论与方法、管理系统工程、决策理论与方法、预测理论与技术、知识管理、风险管理、金融工程、工业工程、互联网管理理论与技术、管理科学思想与管理理论、数量经济理论与方法、评估方法与技术、管理心理、组织行为、一般管理理论、组织理论、复杂性研究等。

第一节 管理科学与工程学科的发展与理论构成

在管理学科中，管理科学与工程学科发展较早，对社会经济发展的贡献较大，早在华罗庚先生的“统筹法与优选法”推广时代，管理科学学科就得到了大力推广和普及，改革开放后，由于市场和企业对管理科学的内在需求，管理科学与工程学科得到了自然的发展，目前在我国，管理科学与工程学科发挥着日益重要的作用。

1998 年，教育部在《普通高等院校专业目录》中首次将管理科学与工程学科设置为一级学科，此后，管理科学与工程学科在各大高校、科研院所得到了大力的发展，各个重点大学的管理学院，有影响的科研机构作为管理科学与工程学科的中坚力量，取得了大量的研究成果，具有国际水平。

考察管理科学与工程学科在高校的发展，2011 年，我国管理科学与工程学科国家一级重点学科高校有 11 家，分别是清华大学、北京航空航天大学、天津大学、大连理工大学、哈尔滨工业大学、上海交通大学、浙江大学、合肥工业大学、中南大学、西安交通大学、国防科学技术大学；国家一级重点（培育）学科高校有三所，分别是复旦大学、华中科技大学和中国科学技术大学；一级学科博士点有 68 所，分别是北京工业大学、北京航空航天大学、北京交通大学、北京科技大学、北京理工大学、北京邮电大学、大连海事大学、大连理工大学、电子科技大学、东北财经大学、东北大学、东华大学、东南大学、福州大学、复旦大学、广东工业大学、国防科学技术大学、哈尔滨工程大学、哈尔滨工业大学、哈尔滨理工大学、合肥工业大学、河北工业大学、河海大学、湖南大学、华北电力大学、华南理工大学、华中科技大学、吉林大学、暨南大学、江苏大学、江西财经大学、空军工程大学、昆明理工大学、辽宁工程技术大学、南昌大学、南京大学、南京航空航天大学、南开大学、清华大学、山东大学、山东师范大学、山西大学、上海财经大学、上海大学、上海交通大学、上海理工大学、四川大学、天津大学、同济大学、武汉大学、武汉理工大学、西安建筑科技大学、西安交通大学、西安理工大学、西北工业大学、西南交通大学、厦门大学、燕山大学、浙江大学、中国地质大学、中国科学技术大学、中国科学院研究生院、中国矿业大学、中国农业大学、中国人民大学、中南大学、中山大学、重庆大学；管理科学与工程学科硕士点的高校有 194 家。

多年以来，国家自然科学基金委员会对管理科学与工程学科领域的资助对管理科学与工程学科的发展起到了重大的推动作用，因此，首先，本报告依据国家自然科学基金委员会管理科学部 2010 年度对管理科学与工程学科的界定和分类确定研究领域，国家自然科学基金委员会管理科学部对本学科的资助主要集中于管理科学理论、方法和技术的理论基础研究和应用基础研究，具体的研究领域包括 18 个，分别是：管理科学与管理思想、一般管理理论与方法论、运筹与管理、决策理论与方法或技术、对策理论与方法或技术、评价理论与方法或技术、预测理论与方法或技术、管理心理与行为、管理系统工程、工业工程与管理、系统可靠性与管理、信息系统与管理、数量经济理论与方法、风险管理技术与方法、金融工程、管理复杂性研究、知识管理、组织行为与组织理论。其次，管理科学与工程“十一五”学科规划与优先资助项目对学科的研究领域进行了划分，将管理科学与工程学科划分为九大研究领域，分别是：问题导向的应用基础研究，运筹与管理中若干重大问题研究，金融工程与风险管理，信息管理与知识管理，管理心理与组织行为，以管理为背景的理论和方法研究，管理科学的基本研究方法，决策、对策和预测理论与技术，复杂系统与复杂性研究。

基于如上两种分类，同时结合国内、国际的研究热点，根据文献调研和专家意见，我们综合总结出我国管理科学与工程学科发展迅速的研究领域共计 11 个，分别是：运筹与管理、信息技术与管理、知识管理、风险管理、供应链管理、复杂性研究、工业工程、管理对策理论与模型、管理系统工程、决策理论与技术、预测理论与技术等。

本报告在以上划分领域的基础上，着重突出 2011 年度学科研究的重点和热点问题，具体体现为如下七个领域的内容和创新。

（1）管理科学基本研究方法：管理科学研究的基本方法是管理科学研究的基本工具和理论基础，在管理科学基本研究方法的研究中，包括主体行为模拟、优化理论、灰色系统理论、模糊数学、可拓论等多种方法涌现了大量的文献，在国内和国际的研究领域，取得了较为突出的研究成果。

（2）运筹与管理问题研究：是由运筹学、管理科学、数理统计、信息科学、计算科学、控制科学等交叉渗透而形成的一个研究方向，研究内容主要包括供应链管理、优化与仿真、动态优化及优化算法、库存管理、遗传算法及系统可靠性等内容，2011 年，供应链管理、库存管理仍然是运筹与管理问题的研究重点。

（3）决策、对策和预测理论与技术：该领域研究内容主要集中在不确定性决策问题的建模和分析，网络环境下的对策与决策的理论，群决策理论和方法，定性和定量分析的综合评价和预测方法，投资、运作、供应链管理等决策问题，多目标、多期、多属性、多准则的决策方法，预测模型和预测方法，博弈模型等，在 2011 年，研究重点是不确定性决策、群决策、预测理论和方法、定量分析的集成评价等角度。

（4）金融工程与风险管理：在管理科学与工程学科领域，近年来发展最快的当属金融工程领域的研究，该领域运用管理科学方法研究金融问题，包括金融系统、金融风险、金融创新、金融市场演化、金融危机、金融资产定价、行为金融、市场微观结构、金融市场波动等多个方面的研究内容，在 2011 年，该领域的研究成果众多，研究内容深入，研究方法多样，研究具有代表性和深度。

（5）信息管理与知识管理：在管理科学领域中，信息管理和知识管理的研究领域非常重要，研究范围包括信息采集、信息加工、信息产品开发、信息整合、信息服务、信息应用等方面，研究内容比较活跃的包括管理系统模拟、电子商务、商务智能、知识管理、信息系统开发等领域。

（6）管理心理与组织行为：管理心理与组织行为是管理行为的一个重要领域，在 2011 年中外研究中，属于该领域的包括激励理论、组织变革与发展、组织心理与组织行为、产业集群、管理心理与突发事件、文化与冲突等，在激励理论和产业集群方面，研究成果较多，也较为突出。

（7）复杂系统与复杂性研究：复杂系统与复杂性是一个综合的研究内容，研究领域包括金融系统的复杂性、社会系统的复杂性、决策系统的复杂性、灾害复杂系统、复杂网络、灰色系统理论等内容，在金融系统复杂性、复杂网络、复杂性研究方法多个方面有较多的文章。

以上对 2011 年度研究文章和研究内容的总结借鉴了 2010 年报告的内容，同时也借鉴了《我国管理科学与工程学科的发展现状与发展趋势》、《国内外管理科学与工程研究热点及发展趋势比较分析》、《2007~2008 管理科学与工程学科发展研究报告》三篇文章的内容，必须指出的是，由于每一个学科的研究领域划分都无法做到完全平行，没有交集，因此，在本报告的总结过程中，在借鉴了以上文献的基础上，针对 3630 篇中文文献、639 篇英文文献进行了系统的分析和整理，并总结了文献的研究领域和研究方向，在借鉴以上文章和自然科学基金委对管理科学与工程学科的分类标准基础上，构建了管理科学与工程学科的理论结构，该理论结构和 2010 年本报告的总结一致，这保证了报告的延续性。

表 1.1　管理科学与工程学科的理论结构

理论结构	主要内容
管理科学基本研究方法	模仿与仿真技术
	评估方法与技术
	管理科学中的新型计量与统计方法
	优化理论与方法
	基于文化、复杂性科学的管理研究方法
运筹与管理问题研究	规划问题
	库存问题
	算法和优化问题
	工业工程
	复杂系统分析
	交通行为与管理
	供应链问题
决策、对策和预测理论与技术	定性与定量综合集成预测方法
	群决策理论与方法
	网络环境下的决策与对策的理论与方法
	不确定性决策问题的建模与分析技术
金融工程与风险管理	动态投资组合理论与方法
	金融机构的风险管理
	风险价值和一致性风险度量的理论与技术
	衍生金融产品的设计与定价

续表

理论结构	主要内容
信息管理与知识管理	电子商务管理的理论与方法研究
	信息技术对管理模式的影响研究
	认知工效学与脑力劳动效率改善
	知识管理的理论与方法研究
	知识管理系统设计
管理心理与组织行为	组织协调与组织进化
	组织心理与行为
	社会经济转型中的组织变革与发展
	激励理论
	管理心理与社会安全
复杂系统与复杂性研究	灾害复杂系统研究
	复杂社会系统的建模控制与组织管理
	逐步开放条件下金融系统的复杂性与风险规避
	复杂系统与复杂性的理论与方法研究
其他领域	—

第二节　管理科学与工程学科 2011 年国内外研究综述

本报告以上述管理科学与工程学科的理论结构划分为依据，对 2011 年度国内外管理科学与工程学科的相关文献进行了较为系统的整理和分析，根据确定的遴选标准，搜集、归类、整理文章共计 4290 篇，其中国内期刊论文 3645 篇，A 类期刊论文 2462 篇，B 类期刊论文 1183 篇，国际期刊论文 645 篇，源自国外十大 A 类期刊，具体来源如表 2 所示。

表 1.2　2011 年管理科学与工程学科学术期刊论文分布情况

单位：篇

检索地域	理论结构	数量小计	数量合计
国内期刊	管理科学基本研究方法	695	3645
	运筹与管理问题研究	910	
	决策、对策和预测理论与技术	118	
	金融工程与风险管理	421	
	信息管理与知识管理	179	
	管理心理与组织行为	555	
	复杂系统与复杂性研究	54	
	其他领域	713	

续表

检索地域	理论结构	数量小计	数量合计
国外期刊	管理科学基本研究方法	99	645
	运筹与管理问题研究	199	
	决策、对策和预测理论与技术	52	
	金融工程与风险管理	55	
	信息管理与知识管理	75	
	管理心理与组织行为	69	
	复杂系统与复杂性研究	8	
	其他领域	88	

本报告的文献来源说明如下：

国内期刊论文检索说明：根据30种管理科学与工程学科领域重要管理期刊，“国家自然科学基金”支持，88所“管理科学与工程学科”博士授权单位，中国知网数据库的数据检索，对以下期刊进行了全文检索：公共管理学报、数量经济技术经济研究、金融研究、南开管理评论、中国工业经济、系统管理学报、管理世界、管理工程学报、中国软科学、运筹与管理、科学学研究、科研管理、管理科学学报、中国管理科学、管理评论、系统工程理论与实践、预测、管理科学、中国农村经济、数理统计与管理、研究与发展管理、工业工程与管理、科学学与科学技术管理、管理学报、系统工程。

国际期刊论文检索说明：根据2011年JCR（Journal Citation Reports，期刊文献分析报告）的AIS（Article Influence Score，论文影响分值），我们从众多期刊中选出十种管理科学与工程学科领域顶级期刊，具体如下：Omega、Interface、MIS Quarterly、IIE Transactions、IEEE Transactions on Engineering Management、IEEE Transactions on Data and Knowledge Systems、Journal of Management Information Systems、Manufacturing and Service、Operations Management、Operations Research、Management Science，为了考虑文章被引用频率因素，在其他A、B类期刊中，本报告也选择了部分文章。

中文图书检索说明：对国内88所管理科学与工程学科博士授予单位和相关学者的中文著作进行搜集整理，结合管理科学与工程学科涉及的研究领域，剔除译著和教材，结合出版社2011年出版目录，遴选出182部国内学者相关领域的著作，检索来源：当当网，谷歌学术，各出版社网站及其他。

英文图书检索说明：依据管理科学与工程学科领域的关键词、文献分类方法、相关内容、关联度、出版社出版图书筛选等多种方法，在亚马逊、谷歌学术、当当网、国际著名出版社网站、文章引用的参考文献等多个途径进行检索。

一、国内代表性研究成果综述

在遴选出国内管理科学与工程学科的研究成果后，对其进行分类总结，按照拟定的研

究领域和研究内容，分别将各个研究领域的研究内容综述如下。

（一）管理科学基本研究方法

2011年，在国内研究成果中，涉及管理科学基本研究方法的文献共计695篇，涉及的主要内容包括灰色关联评价、动态评价方法、仿真计算模型、优化理论及算法、数据建模与分析等，其中，动态评价方法、数据建模与分析、计量和统计方法的应用是国内研究的重点。

具体来说，关于模拟与仿真技术，算法、Agent、仿真模型是研究的重点。崔雪彬和陆云波构建了基于Agent消费者行为的仿真计算模型；刘满凤、唐厚兴构建了组织间知识溢出的吸收模型并进行了仿真研究；池仁勇、汤临佳给出了对企业集群的进化规则与适应度的模拟分析；刘怡君和顾基发在QSIM算法的基础上进行了舆论主体行为的模拟研究；张延林等则研究了基于社会网络的IT与业务匹配多主体仿真模型；饶育蕾、彭叠峰、彭娟利用主体的计算模拟研究了投资者财富的动态过程；胡斌研究了基于前景理论的移动商务价值链决策行为模拟；吴军等在加工动力学模型的基础上研究了工艺可靠性的仿真方法。

关于评估方法与技术，灰色关联、DEA方法、SVM方法等是研究的热点问题。郑宇、董川顺、马登哲利用熵值法和AHP方法对项目供应商进行灰色关联评价；全鹏、李娜、江志斌等基于AHP和规则研究了多目标晶圆制造派工方法的应用；张洪祥、毛志忠研究了基于多维时间序列的灰色模糊信用评价方法；金桂生和潘慧灵在基于AHP的灰色关联法基础上研究了其在企业战略决策中的应用；张维总结了管理科学研究中的计算实验方法；石风光、周明利用超效率DEA的方法检验和测算了中国地区技术效率；黄攸立、王茜在多系统DEA模型基础上研究了大学产业合作系统的研发效率问题；高树彬、刘子先基于模糊DEA模型对服务型政府进行了绩效评价；陈洪转等则基于滞后DEA模型评价了我国高校科研经费的使用效率；张大光在SVM方法和粗糙集理论基础上评价了企业的董事会效率；卢永艳和王维国利用SVM方法研究了企业的财务困境预测问题；韩立岩等利用改进支持向量机方法研究了上市公司的财务困境问题；霍国庆等在SEM方法的基础上创建了科研组织核心竞争力评价模型；此外，钱芝网利用BP神经网络模型进行供应商选择评价；王艳、戴志华评价了物流行业的企业规模与创新对Tobin’s Q的影响；汤晟、孟宪忠给出了基于RobustPLS算法的客户满意度指数研究；段志远、孙林岩、崔凯分析了SNS的可用性评价；李明、郑德俊、谈勇构建了城镇排水自动监测系统项目的风险评价指标；王晓红、张宝生、陈浩基于多级可拓综合评价对虚拟科技创新团队成员选择决策进行了研究；卜华、白高阳针对DS-BP评价模型展开了研究；李银华和杨海珍则基于文献挖掘的方法对国际资本流动的管制效果进行了综合评价；肖静华等构建了企业人力资源管理的质量评价模型并进行了实证分析；杨桂云利用模糊物元分析法和CBR方法评估了耕地使用权的价格；张亚连等则以制造型企业为例研究了生态经济效率的评价系统；杨毅等对Hamacher算子在模糊评价中的应用进行了分析；陈菊红、黄鹏利用Fuzzy-ANP方法对国际陆港的竞争力进行了评价；李明利用灰色聚类方法研究了管网水质的评价；盛昭瀚、郭丽娟等利用主基底变量筛选和主成分分析方法分析了区域创新能力；何沐文、刘金兰在基于多重复合实物期权方法上研究了自然资源开发投资的评价模型；陈伟等在二项对偶理论的视角下研究了区域创新系统的协调发展测度与评价问题；郭磊、刘志迎、周志翔基于DEA的交叉效率模型研究了区域技术创新的效率评价问题；刘闯、高琴琴基于FA-AHP组合赋权模型对科技产出绩效进行了评价研究；吴先聪、刘星利用格序理论研究了管理者的绩效评价方法。

关于管理科学中的新型计量与统计方法，研究视角集中在计量和统计方法在金融、经济中的应用。陈勇、方秋君、庄薇等研究了遗传粒子群混合算法在多生产线的协调调度问题的应用；申红艳、吴庆晓、刘海龙、景平对商业银行集成风险度量方法展开了研究；郑永前、王永生研究了免疫粒子群算法在混流装配线排序中的应用；刘巍、董明构建了碳封存网络的规划模型并给出了求解的算法；王俊、龚强、刘冲构建了基于邻域粗糙集属性约简的对偶约束式LS-SVM财务困境预测模型；许振亮研究了50年来国际技术创新研究的可视化计量；熊则见、杨敏、赵雯则针对高技术产品研发的关键成功因素进行了文献计量分析；孙世敏、张兰、贾建锋总结了社会企业业绩计量理论与方法的研究进展；朱慧明等针对非参数ACE变换的贝叶斯非线性协整检验进行了研究；周伟、何建敏等研究了新息修正偏态分布的LN-ACD与LN-LOG-ACD模型及参数估计；吕志华和彭建刚则研究了采用泊松分布的CreditRisk+模型在经济资本计量中的应用；吴学锋、张晓峒提出了构造脉冲响应函数置信区间的新方法；陈秀平和杜江提出了Copula函数的加权平均距离检验方法；林宇、黄登仕等研究了胖尾分布及长记忆下的动态EVT-VaR测度；鲁万波和焦鹏分析了在Gumbel分布条件下的简单贝叶斯估计方法；吴糯洪和赵卫亚研究了面板数据模型的序列相关性检验问题；杨宜平分析了协变量随机缺失下线性模型的经验似然推断问题。

关于优化理论与方法，研究者们往往分散地利用各种数学和相关理论展开对问题的研究，很少涉及对基础数学理论的改进。王世进进行了集成预防性维护计划的单机调度蚁群优化研究；刘志敏、王爱虎、余高辉利用改进的和声算法在产业集群物流选址中进行分析；蒲应钦、冯安等研究了非耐用品重复购买扩散的最优动态价格策略；仓婷、金垚、潘尔顺研究了经济生产批量与CUSUM控制图最优化的联合设计；厉金宏、樊树海、方叶祥等分析了可重构制造系统设施布置公理化设计研究；李邃、江可申研究了高技术产业科技能力与产业结构的优化升级；慕银平研究了需求替代的两产品动态批量的最优预测时阈问题；董博超等则基于马尔可夫模型研究了备件配置优化方法；王德鲁、宋学锋研究了多元化企业经营系统脆性控制模型及最优策略；宋晓东、韩立岩构建了基于CVaR与矩匹配方法的外汇储备资产配置动态随机优化模型；朱鹏飞、何桢研究了考虑因子容差的多响应曲面稳健优化问题；刘德文利用粒子群算法研究了短期汽车租赁服务的调度优化问题；陈星光等针对多维动态随机用户研究了最优出行选择问题；董学军等利用混合粒子群策略优化了航天器发射的工艺流程；陆爱国等针对SVM研究了四重序列的解析优化算法；谭忠富等研究了发电侧与供电侧联合节能及SO_2减排利益分配优化模型。

关于文化、复杂性科学的管理研究方法，研究数量相对稀少，从研究方法的角度来

看，和其他类别有交叉和重叠的内容包括几篇文献，刘枚莲、李慧兰、邱建伟设计了基于模糊规划的电子废弃物逆向物流网络；陈星光等构建了多维动态随机用户最优出行选择的变分不等式模型；贡文伟等研究了基于Nash谈判的三级逆向供应链合作利益分配模型；胥琳、王宗军研究了基于增值的软件开发风险动态评价方法；陈荔等研究了面向大批量定制知识创新的知识管理方法；陈圻、任娟建立了创新型低成本战略的科学研究纲领的方法论基础；洪进等以生物制药产业研发组织为例，在"交易区"理论基础上研究了知识建构和组织沟通；王一鸣、李敏波研究了合同违约、执行难与合约期无限化效应问题；樊雷、雷英杰、段索力研究了区间直觉模糊统计判决与决策问题；黄彬彬等在不完备信息条件下研究了生态补偿中主客体的两阶段动态博弈。

从文化角度来看，文理从中医学的视角来看"管理学在中国"的和谐发展；吕力梳理了管理学合法化运动的历史、危机与前瞻问题；韩巍具体分析了管理研究认识论问题。

（二）运筹与管理问题研究

2011年，在国内研究成果中，涉及运筹与管理问题研究的文献共计910篇，涉及的主要内容包括规划问题、库存问题、算法和优化问题、工业工程、复杂系统分析、交通行为与管理等方面，从研究的内容来看，规划问题、库存问题是国内研究的重点问题。

关于规划问题，国内的研究者主要研究的内容包括：排队规划、线性规划、规划求解问题。王雪原、王雅林研究了R&D联盟的产出分配问题；白雪等对医院管理中的手术排程问题的研究现状进行了总结和系统的梳理；李砚和杜纲研究了椭球不确定集下的鲁棒线性双层规划问题；高珊和刘再明针对有启动失败和负顾客的MX/G/1的重试排队模型进行了研究；罗太波等提出了基于收益管理方法的医院门诊预约挂号优化模型；叶国青等提出了基于线性物理规划的多目标差异演化算法；李昌兵等给出了基于层次遗传算法的非线性双层规划问题的求解策略；姜昱汐在基于最大熵原理的条件下讨论了线性组合的赋权方法；刘勇等分析了给定限期条件下应急选址问题的量子竞争决策算法；李梅霞讨论了应急资源调度模型及算法；周学松和赵恒改进了线性规划中一个避免人工变元的方法；郭建华和肖庆宪基于动态规划原理研究了平方套期保值策略；李云仙、王学仁分析了在带有缺失数据的结构方程模型中的模型选择问题；余大勇和骆建文在基于提前期压缩条件下研究了最优采购策略。

关于库存问题，国内学者的研究主要集中在库存决策、库存算法、不同条件下的库存策略、库存模型等问题。李明芳等研究了在现金折扣和延期支付条件下变质产品的补货策略；范灵芳、陈璐提出了集装箱码头出口箱堆位的分配算法；陈弘等在批量需求模式下构造了随机库存管理策略；王勃琳等在考虑价格参照效应条件下分析了定价订购和动态库存的联合决策方法；莫降涛等研究了在需求依赖即时库存水平时的易变质多物品最优订购策略；简泽研究的问题是市场扭曲、跨企业的资源配置与制造业部门的生产率；桂寿平等人则研究了允许缺货且具有随机缺陷率的EOQ模型；宋华明在需求分布未知且提前期可控条件下提出了联合库存决策模型；汪盈盈等则研究了考虑随机模糊缺陷率且允许缺货的EOQ模型；丁斌、桂斌给出了基于合作博弈的预付条件下应急物资库存策略；仇莉、张君卿分析了单个生产商和多个零售商缺货概率的计算方法；李卫元、古福文分析了需求率为斜坡型的一类变质性物品的最优库存策略；贾涛等针对易腐品在部分延期付款条件下的联合经济订货批量模型展开了研究；袁开福、高阳则讨论了再制造能力有限的多产品混合系统库存决策问题；戴伟提出一种改进企业在框架协议下库存管理的方法；陈可嘉、林琳在基于承诺交货期的基础上研究了两阶通用件库存模型；李明芳、王道平在延期支付条件下给出零售商的最优售价和订货策略；王勇、吴金奇分析了协同库存分销系统中的双混合补货策略；李群霞、张群讨论了考虑缺货和缺陷品的模糊生产库存模型的优化求解方法；徐鹏、王勇针对存货质押融资业务下的经济订货批量模型展开了研究；柏庆国等则研究了易变质产品在带运输时间的二级供应链中的订购策略；慕银平给出了随机需求下单向替代的两产品订货与定价联合决策方法；关旭等则针对产品单生产周期的多阶段融资和采购决策进行了研究；王非等则研究了考虑下游配送次数的配送中心选址和库存问题。

（三）决策、对策和预测理论与技术

2011 年，在国内研究成果中，涉及决策、对策和预测理论与技术的文献共计 118 篇，涉及的主要内容包括定性与定量综合集成预测方法、群决策理论与方法、网络环境下的决策与对策的理论与方法、不确定性决策问题的建模与分析技术四个方面，从研究的内容来看，集成分析、网络环境决策与对策问题、群决策问题、不确定性决策问题是国内研究的重点问题。

关于定性与定量综合集成预测方法，国内学者侧重于将定量方法具体应用于经济和管理问题。蒋俊朋等针对中国区域财政支农投入的地区差距的度量及分解展开了综合分析；余谦、高萍则构造中国农村社会福利指数并进行了实测；王博等则分析了我国不良贷款回收率的影响因素和预测模型；李中东和孙焕则基于 DEMATEL 的不同类型技术对农产品质量安全影响效应进行了实证分析；何芳等则基于 RBFNN 实验对物业税开征后房产价格波动进行了预测；林光华、陈铁利用 ARCH 类模型实证分析了国际大米的价格波动状态；李桦等在黄土高原农户调查数据的基础上实证研究了不同退耕规模农户的农业全要素生产率增长情况。

关于群决策理论与方法，胡笑旋等研究了支持群决策过程建模的层次影响图模型；李琳等对群决策中专家客观权重的确定方法进行了改进；刘咏梅等则针对群体情绪智力对群决策行为和结果的影响展开研究；杜宾在有限合作机制下研究了群决策的熵模型；李春好、杜元伟则给出了基于双平台协调的两层群决策方法；熊菲等则在不完全信息条件下进行了群体决策的仿真分析；张晓、樊治平给出了一种基于证据推理的多指标多标度大群体决策方法；雷丽彩等讨论了基于相对熵原理的大型工程项目交互式多属性群决策方法问题。

关于网络环境下的决策与对策的理论与方法，罗珉、高强提出了中国网络组织的网络封闭和结构洞的悖论；郑海超和侯文华则研究了在网上创新竞争中解答者对发布者的信任问题；游晓明等研究了网络资源并行分配的多目标优化博弈量子方法；任胜钢等研究分析了网络嵌入结构对企业创新行为的影响；李巍、王志章分析了归因理论条件下网络口碑发

布平台对消费者产品判断的影响；宋晓兵等则研究了网络口碑对消费者产品态度的影响机理；高峻峰、银路研究了基于生命周期的网络企业商业模式。

关于不确定性决策问题的建模与分析技术，郭文旌等分析了跳跃扩散市场的最优保险投资决策问题；徐改丽、吕跃进在基于正态分布区间数下研究了多属性的决策方法；张尧、樊治平给出了在多种信息形式下的随机多属性决策方法；瞿慧、肖斌卿研究了基于马尔可夫状态转移模型的股指收益率；齐照辉提出了基于分层赋权的导弹防御效能的模糊评估方法；苏敬勤、崔淼的研究集中在环境不确定性、能力基础与业务调整方面；曹春辉等则分析了工程项目管理中应对不确定性的机制；苏秦等分析了产品质量、价格及提前期竞争下的企业最优决策；程跃等在不确定环境下研究了企业创新网络的演化路径；高岩等给出了基于直觉梯形模糊数的关联变权多属性决策方法；朱秀丽和邱菀华则分析了基于实物期权的铁路地下化项目的 PPP 模式投资决策分析问题。

（四）金融工程与风险管理

2011 年，在国内研究成果中，涉及金融工程与风险管理的文献共计 421 篇，涉及的主要内容包括动态投资组合理论与方法、金融机构的风险管理、风险价值和一致性风险度量的理论与技术、衍生金融产品的设计与定价四个方面，从研究的内容来看，风险管理、投资组合问题、风险度量技术是国内研究的重点问题。

关于动态投资组合理论与方法，国内研究者从多个角度分析不同的投资者群体，或者不同的方法分析投资组合的选择方式。安实、徐照宇研究了双侧风险度量方法及其在投资组合优化模型中的应用；董大勇、肖作平研究了证券信息交流家乡偏误及其对股票价格的影响；朱洪亮等针对长期资产投资组合策略的演化稳定性进行了研究；李科、陆蓉针对投资者有限理性与基金营销策略进行了研究；庄新田、刘洋剔除了基于情景树的多期模糊层次资产配置方法；易文德利用 Copula 函数构建了组合资产条件相依性模型并进行了检验；刘琼芳、张宗益利用 Copula 函数验证了房地产与金融行业的股票相关性；李广子等研究了股票名称与股票价格非理性联动状态；崔媛媛等研究了参数不确定条件下考虑偏度的投资组合模型；黄琼等检验了投资组合策略的有效性；杨宏林构建了金融资产多标度波动级串模型并分析了投资组合选择模式；李成刚等在定单流冲击条件下研究了证券投资最优组合模型及应用；花贵如等研究了投资者情绪、管理者乐观主义与企业投资行为；王亦奇、刘海龙结合资产配置策略测算了多期收益保证价值；崔巍研究了证券投资中的信任及其影响因素。

关于金融机构的风险管理，国内的研究主要集中在银行上。徐明东、陈学彬针对中国微观银行特征与银行贷款渠道进行了实证检验；高丽君研究了商业银行操作风险外部数据的内生偏差问题；朱钧钧、谢识予基于 MS-TGARCH 模型的 MCMC 估计和分析针对中国股市波动率的双重不对称性进行了分析和解释；周芳、张维研究了中国股票市场的流动性风险溢价；刘晓倩、周勇研究了在金融风险管理中 ES 度量的非参数方法应用；孙亮、柳建华研究了银行业改革、市场化与信贷资源的配置问题；张健华、王鹏研究了银行的效率及其影响因素；王善平、李志军研究了银行持股、投资效率与公司债务融资问题；吴恒煜等运用 Student T-Copula 的极值理论度量了我国商业银行的操作风险；丰吉闯等利用左截尾数据的损失分布法度量了我国商业银行的操作风险；许博、刘鲁构建了银行间市场体系的相继违约风险模型；张璟等研究了银行核查作用的授信质押融资演化博弈过程；贾彦东分析了金融网络中的系统风险衡量与成本分担方式；司马则茜利用 g-h 分布度量了银行操作风险；王兵、朱宁在不良贷款约束下研究了中国上市商业银行的效率问题。

关于风险价值和一致性风险度量的理论与技术，国内学者主要研究股票风险价值、期货市场风险问题两方面。王菡田、朱英姿研究了中国股票市场的风险溢价问题；迟国泰等则构建了基于全部资产负债利率风险免疫优化的增量资产组合决策模型；李云飞、周宗放研究了基于过度自信和监督机制的风险投资契约模型；李平等利用 Copula 理论的多心理账户组合 VaR 模型度量了基金的风险；郑振龙、汤文玉分析了我国股票市场的波动率风险及风险价格问题；陈晓红等则研究了状态转换行业系统性风险与市场波动的关联性；凤振华、魏一鸣研究了欧盟碳市场的系统风险和预期收益；张明善等在二元风险模型下研究了保险公司的最优投资策略；郝旭光对中国证券市场的监管有效性进行了研究；陈晨、吴锋分析了基于期货、期权与现货组合的采购决策和风险控制问题；曾永艺等针对我国上市公司研究了“鲍曼悖论”及其理论解释；赵华、王一鸣实证研究了中国期货价格的时变跳跃性及对现货价格的影响；王晟、蔡明超分析了居民风险厌恶系数测定及影响因素；谢海滨等在极端风险条件下进行了市场反应检验；王永巧、刘诗文则利用时变 Copula 函数研究了的金融开放与风险传染问题；丁德臣在混合 HOGA-SVM 财务风险预警模型基础上进行了实证研究；杨娴等比较了国际有色金属期货市场 VaR 和 ES 的风险度量功效；刘庆富、许友传从风险事件出发分析了国内外非同步期货交易市场之间的跳跃溢出行为；陈蓉、方昆明则分析了波动率风险溢酬的时变特征及影响因素；王鹏基于 SV-M 模型研究了股票市场风险溢价与波动的关系；刘维泉、郭兆晖利用 SV 模型分析了碳排放期货市场的风险；郭建华、肖庆宪在跳扩散结构下研究了风险最小化动态套期保值策略；傅俊辉等在规避逐日盯市风险前提下构建了期货的套期保值模型；宋殿宇等在双指数跳扩散过程下分析了带违约风险的可转债定价问题。

关于衍生金融产品的设计与定价，国内的研究成果数量相对较少，多数集中在期权定价的算法上，也有一些集中在保险定价、股票定价、可转债定价等方面。王平等构建了支持向量回归方法的跳跃扩散汇率期权定价模型；王林等则利用模拟退火算法寻找 Heston 期权定价模型参数；周海林等讨论了随机利率条件下的欧式期权定价模型；赵金实等针对逆向主导型供应链期权的定价优化进行了分析；于栋华、吴冲锋构建了经济时间的资产定价模型；孙晓琳等构建了在监管宽容条件下的资本展期存款保险定价模型；陆静等则基于异质信念和卖空限制的分割市场构建了股票定价模型；张卫国等在全最小二乘拟蒙特卡洛方法基础上研究了可转债的定价方法；杨建辉、李龙利用 SVR 方法构建了期权价格预测模型；王春发、王翠萍则基于 FFT 的区域变换对数均匀跳扩散模型构建了期权定价模型；吴恒煜等利用 Copula 方法对债务抵押债券定价方法进行了研究；陈正声、秦学志利用多因素时变 Markov 链模型针对考虑信用风险的互换期权进行了定价分析；李英华、李兴斯

剔除了不完全市场下收益最大化的期权定价法；范为、房四海针对权证定价进行了分析；吴恒煜等利用蒙特卡洛模拟方法构建了 CGMY 过程下的期权定价模型。

（五）信息管理与知识管理

2011 年，在国内研究成果中，涉及信息管理与知识管理的文献共计 179 篇，涉及的主要内容包括电子商务管理的理论与方法研究、信息技术对管理模式的影响研究、认知工效学与脑力劳动效率改善、知识管理的理论与方法研究、知识管理系统设计五个方面，从研究的内容来看，电子商务管理的理论与方法研究是国内研究的重点问题。

从电子商务管理的理论与方法研究来看，蒋骁等研究了电子政务服务公民采纳模型及实证研究；王素娟、胡奇英从促销和贸易方式交互影响的角度分析了 3C 零售商的商业模式；王宏设计了多物品网上拍卖的最优模式；王飞等研究了基于过程的服务型企业电子商务就绪评价问题；李国鑫等基于用户在线交易意愿实证分析了虚拟社区的电子商务问题；朱镇、赵晶从企业决策行为角度分析电子商务选择的战略；李聪等从分类视角考察了电子商务协同过滤稀疏性研究问题；张涛等分析了电子零售渠道的建立对各方收益的影响；谢兆霞、李莉研究了 B2B 电子中介买方用户忠诚形成的机理；常亚平等分析了在线店铺设计对消费者购买意愿的影响；黄缘缘等分析了我国电子商务网站 FIPs 实施现状。

从信息技术对管理模式的影响研究角度来看，王茜研究了 IT 驱动的商业模式创新机理与路径；张力公、陈其安分析了我国 C2C 网上交易者行为的风险防范问题；叶飞等讨论了信息系统协同、信息共享对运营绩效的作用机理；陈希等研究了 IT 服务供需双边匹配的模糊多目标决策方法；种晓丽等讨论了基于消费者效用的移动服务定价策略；吴亮、邵培基研究了基于决策树选择模型的物联网隐私信息保护策略；张克英等研究了合作研发中知识产权风险对合作行为的影响；张玉利、王晓文讨论了先前经验、学习风格与创业能力的关系；张斌等分析了员工社会网络对组织公民行为的影响。

从知识管理系统设计角度来看，国内学者研究的较少，往往是从知识演化、知识和研发等角度展开。程岩针对在线学习中的群体智能学习路径进行了研究；刘臣等研究了组织内部知识网络中的知识共享进化博弈过程；廖列法、王刊良研究了在网络信息不对称条件下嵌入性与组织学习绩效问题；张春辉、陈继祥研究了考虑内生溢出与 R&D 投入的创新模式问题；洪江涛、黄沛构建了企业价值链上协同知识创新的动态决策模型。

（六）管理心理与组织行为

2011 年，在国内研究成果中，涉及管理心理与组织行为的文献共计 555 篇，涉及的主要内容包括组织协调与组织进化、组织心理与行为、社会经济转型中的组织变革与发展、激励理论等四个方面，从研究的内容来看，组织协调与进化、激励问题是国内研究的重点问题。

从组织协调与组织进化角度来看，国内学者往往从决策、演化、优化等角度进行分析。韩姣杰等针对有限理性的项目团队合作中多代理人的行为演化进行分析；薛朝改、曹海旺分析了政府影响下的先进制造模式的竞争与扩散模型；马国建分析了中小企业的信用监管路径演化问题；陈国权、赵晨针对变化环境下组织中多层次学习及整体协调优化问题进行了仿真研究；彭程等则从税收利益与破产成本的角度研究了企业的投融资决策互动关系；李春好、杜元伟构建了双平台学习与协调模型；王克喜等在多平台前提下研究了参数化产品族多目标智能优化问题；刘星、吴先聪针对机构投资者的异质性问题研究了企业产权与公司绩效问题；丁邡等则针对首席信息官评估信息服务价值的行为与决策进行了分析；张铁男等构建了基于 B–Z 反应的企业系统协同演化模型；杜义飞讨论了驱动与约束的权衡下衍生企业组织的演化问题；徐玲讨论了基于价值星系的我国产业集群升级路径；于斌斌则基于进化博弈模型研究了产业集群产业链与创新链对接问题；吴波分析了集群企业异质性及其对产业集群演进的影响机制；王艳荣、刘业政验证了农业产业集聚形成机制的结构。

从组织心理与行为角度来看，孙洪杰、周庭锐研究了选择集同异结构对消费者决策冲突的影响问题；熊焰、李杰义提出了网络结构、知识整合与知识型团队绩效的关系；宋瑞晓等基于社会网络视角研究了组织记忆与组织遗忘对知识转移的影响；李炎炎、魏峰分析了高绩效人力资源实践和组织认同的关系；王辉等讨论了战略型领导行为与组织经营效果之间的关系；肖峰雷等分析了管理者过度自信与公司财务决策的关系；曾萍、蓝海林研究了组织学习对绩效的影响问题，并进行了研究综述；龙静、汪丽研究了并购后的威胁感知与心理安全对员工创新的影响问题；严进等则分析了组织中上下级值得信任的行为；纪晓鹏等实证研究了组织文化演变驱动力的路径和结果。

从社会经济转型中的组织变革与发展的角度来看，国内学者研究数量较少，方行明、李向涵研究了农业企业规模扩张与金融成长创新的关系；王茜讨论了 IT 驱动的商业模式创新机理与路径；张首魁、党兴华基于信息流分析了企业网络与企业网络化模型；徐雨森讨论了我国大型风力发电机制造产业的中外技术学习及竞争博弈问题；邬爱其、李生校分析了专业知识搜寻战略对新创集群企业创新绩效的影响；潘安成、王伟研究了管理层知识结构与组织变革的互动机理；娜仁、刘洪分析了基于产品复杂性与低成本协同的企业竞争优势演化路径；张莉等研究了基于复杂适应系统的组织学习过程；王凤彬、陈建勋针对动态环境下变革型领导行为对探索式技术创新和组织绩效的影响进行了研究；杨雪冬研究了过去 10 年的中国地方政府改革；吴隆增等研究了变革型领导行为对员工建言行为的影响；崔璐、钟书华测度并评估了中国高技术企业的成长性；徐志刚等讨论了社会信任问题，通过中国农民专业合作经济组织发展的过程分析了社会信任是否是组织产生、存续和发展的必要条件。

从激励理论来看，陈胜蓝研究了信息技术公司的研发投入与高管薪酬激励的关联；谢荷锋、刘超研究了在“拥挤”视角下的知识分享奖励制度的激励效应；高峻峰等分析了对“失败”研发项目实行实物期权激励的效果；闫威、邓鸿研究了内在激励对企业外在激励供给策略的影响；贺伟、龙立荣构建了内外在薪酬组合激励模型；穆林娟、崔学刚针对信任与激励问题展开研究，利用实验方法分析了价值链的成本治理机制；蔡地等利用实验研究了阶段融资情境下不同债务契约的激励效应；陆龚曙、易涛讨论了委托代理理论下业主对施工承包商的激励设计方法；袁茂等则构建了基于公平偏好理论的激励机制并分析了代

理成本；黄波等基于双边道德风险设计了研发的外包激励机制；王艳梅、赵希男分析了考虑内在动机的工作设计与激励的模型；倪得兵等构建了外生的隐性"关系"与显性激励关联模型；吴国东、蒲勇健针对员工甄别和筛选问题研究了基于动机公平偏好隐藏的激励契约问题；朱林美等研究了基于委托代理的工程监理激励—监督模型；冷辉、刘晓峰分析了安徽民营科技企业薪酬激励的影响因素；庞素琳则针对风险投资基金中基金经理收益优化决策模型与激励问题展开了分析；秦永恒等利用实验方法研究了羊群行为的激励作用；李云飞、周宗放构建了基于委托—代理关系的风险投资家激励契约模型；李卫东、刘洪针对不同团队类型研发人员的知识共享意愿进行了激励的实证研究；宋增基等研究了公司治理的监督机制与激励机制间的替代效应；曹兴、秦耀华构建了技术联盟知识转移激励模型并进行了实证研究。

（七）复杂系统与复杂性研究

2011 年，在国内研究成果中，涉及复杂系统与复杂性研究的文献共计 54 篇，涉及的主要内容包括灾害复杂系统研究、复杂社会系统的建模控制与组织管理、逐步开放条件下金融系统的复杂性与风险规避、复杂系统与复杂性的理论与方法研究等五个方面，从研究的内容来看，灾害预警系统研究是国内研究的重点问题。

从灾害复杂系统研究来看，寇纲等建立了突发公共事件应急信息系统框架并分析了其功能；张强构建了基于可拓决策的环境安全预警模型；姜艳萍分析了基于特征匹配的突发事件应急预案选择方法；翁智刚等则研究了基于恐怖管理理论的灾后消费行为及群体归属感问题。

从复杂系统与复杂性的理论与方法研究来看，李随成给出了复杂产品系统企业集成解决方案业务转型动因的实证研究；贾增科针对基于 GO 法的应急管理系统进行了可靠性分析；肖忠东修正了面向生态工业复杂系统的 BA 模型；李翀等构建了多元件复杂系统可靠性的 GERT 随机网络模型；魏玖长等分析了基于 BASS 模型的危机信息扩散模式；张聪、沈惠璋提出了复杂网络中社团发现的快速划分算法；姜淮、刘长滨针对自然灾害恢复重建的联盟博弈展开了分析；姚灿中等研究了产业竞争关系复杂网络上的竞争扩散问题。

（八）其他领域的研究

2011 年，国内管理科学与工程学科在其他领域的研究文献共计 713 篇，方向主要分布在系统控制与全球化发展、创新与创业管理问题、高校与科研机构科研模式和科研组织行为研究、神经系统和管理决策问题研究等方面。

在具体的研究内容上，其他领域的研究集中在主权信用风险、应急决策分析、金融危机的管理和预防、神经经济学、神经管理学、高校科研模式转变等方面。

二、国外代表性研究成果综述

在遴选出国外管理科学与工程学科的研究成果后，对其进行分类总结，按照拟定的研究领域和研究内容，分别将各个研究领域的研究内容综述如下。

（一）管理科学基本研究方法

2011 年，在国外研究成果中，涉及管理科学基本研究方法的文献共计 99 篇，涉及的主要内容包括模拟与仿真技术、评估方法和技术、管理科学中的新型计量和统计方法、优化理论与方法等，其中，模拟与仿真技术、管理科学中的新型计量和统计方法是国外研究的重点。

关于模拟和仿真技术，Yunpeng Sun、Daniel W. Apley、Jeremy Staum 提出了在条件期望方差估计时的有效嵌套模拟方法；K. Giesecke、H. Kakavand、M. Mousavi 针对随机强度点过程提出了精确的模拟方法；Dimitris Bertsimas、David L. Jeff Hong、Yi Yang、Liwei Zhang 给出了基于蒙特卡洛方法的约束规划项目的连续凸模拟过程；AliTafazzoli、James R. Wilson 给出了基于仿真分析的偏度和自回归调整批量程序；Dionne M. Aleman、Theodorus G. Wibisono、Brian Schwartz 提出了基于多相 Agent 的模拟方法的流行病暴发和扩散模型；M.A. Hinojosa、A.M. Márмol 提出了一种基于参数 DEA 模型的多目标线性问题解决方案；Mark Broadie、Yiping Du、Ciamac C. Moallemi 给出了嵌套顺序仿真程序估计的效率风险评价。

关于管理科学中的新型计量和统计方法，Güzin Bayraksan、David P. Morton 给出了随机规划的顺序抽样程序；Bahar Biller、Canan G. Corlu 分析了大样本数据进行随机模拟时的度量参数不确定性的方法；H. Dharma Kwon、Steven A. Lippman 给出了针对资产收购的贝叶斯方法；W. Ross Morrow、Steven J. Skerlos 针对混合需求曲线情况计算了贝特朗—纳什均衡的定点近似过程；Wade D. Cook、Joe Zhu 提出了针对多元变量构成比例的 DEA 分析方法；W.B. Liu、D.Q. Zhang、W. Meng、X.X. Li、F.Xu 提出了无明确输入数据的 DEA 模型；Michael B.C. Khoo 等人提供了过程均值的合成双抽样控制图；Massimiliano Giorgio、Maurizio Guida、 Gianpaolo Pulcini 针对退化过程提出了年龄和状态依赖的马尔可夫模型；Kamran Paynabar、JionghuaJin 研究了谱变化特性的非线性混合效应模型和小波分析；Shuohui Chen、Harriet Black Nembhard 提出了自相关过程的均值向量多元 Cuscore 控制图；Haifeng Xia、Yu Ding、Bani K. Mallick 针对两分离不重合计量数据构建了贝叶斯分层模型；Apley、Jeongbae Kim 提出了参数不确定模型的谨慎稳健方法；Yanting Li、Fugee Tsung 针对多阶段协方差矩阵的变化进行了监测和诊断研究；Jeremy Berkowitz、Peter Christoffersen、Denis Pelletier 研究了截面数据的 VaR 估计方法。

（二）运筹与管理问题研究

2011 年，在国外研究成果中，涉及运筹与管理问题研究的文献共计 199 篇，是管理科学与工程学科的研究重点，涉及的主要内容包括规划问题、库存问题、算法和优化问题、工业工程、复杂系统分析、交通行为与管理、供应链问题等方面，从研究的内容来看，规划问题、库存问题、算法和优化问题、供应链问题是国外研究的重点问题。

从规划问题来看，Binyuan Chen、Simge Küçükyavuz、Suvrajeet Sen 给出了一般整数混合线性规划的有限分离程序特征；Karthik Natarajan、Chung Piaw Teo、Zhichao Zheng 针对不确定目标研究了混合 0-1 线性规划；Osman Y. Özaltın、Oleg A. Prokopyev、Andrew J.

Schaefer、Mark S. Roberts 用随机规划方法研究了流感疫苗的最优社会效益；Naomi Miller、Andrzej Ruszczyński 针对风险厌恶个体提出了两阶段随机线性规划方法，构建了模型并进行了分解；Dan Zhang 针对网络收入管理问题提出了改进的动态规划分解方法；Deng-Feng Li 针对矩阵博弈问题给出了线性规划的求解方法；Herminia I. Calvete、Carmen Gale 提出了较低水平的多目标线性双层规划问题；Alexander Erdelyi 和 Huseyin Topaloglu 针对多优先级动态容量分配问题提出了近似动态规划方法。

库存问题是该领域研究的重点，库存控制、库存定价和报童模型是库存问题研究的重点。Woonghee Tim Huh、Retsef Levi、Paat Rusmevichientong、James B. Orlin 在使用 Kaplan-Meier 方法的基础上提出了自适应数据驱动的库存控制方法；Woonghee Tim Huh、Ganesh Janakiraman、Mahesh Nagarajan 基于平均成本和折扣因子方法提出了单级库存模型；Chia-Wei Kuo、Hyun-Soo Ahn、Göker Aydın 针对客户谈判时公司有限存货提出了存货的动态定价模型；Xin Chen、Sean X. Zhou、Youhua Chen 针对高昂价格调整成本条件提出了库存和定价的整合决策；Peter Berling、Victor Martínez-de-Albéniz 针对购买价格和随机需求提出了最优库存策略；Youyi Feng、Youhua Chen 提出了无限时期下的最优库存价格控制的计算方法；Woonghee Tim Huh、Ganesh Janakiraman、Alp Muharremoglu、Anshul Sheopuri 基于广义成本模型构建了库存系统模型；Alp Akcay、Bahar Biller、Sridhar Tayur 基于有限历史需求数据对企业的库存目标进行了改进；Deming Zhou、Lawrence C. Leung、William P. Pierskalla 针对医院的血小板库存提出了针对易耗品的最优库存政策；Yunxia Zhu、Milind Dawande、Chelliah Sriskandarajah 针对美联储新政下中小存款机构提出了库存管理模型；Sean X. Zhou、Zhijie Tao、Xiuli Chao 针对多产品构建了最优库存控制系统；M. Mahdi Tajbakhsh、Chi-Guhn Lee、Saeed Zolfaghari 给出了随机折扣条件下的库存模型；Ying-Jiun Hsieh 分析了多种产品条件下的库存成本问题；Huseyin Tunc、Onur A. Kilic、S. Armagan Tarim、Burak Eksioglu 针对需求不稳定状态分析了固定库存政策带来的库存成本。关于报童问题，Di Huang、Hong Zhou、Qiu-Hong Zhao 将报童问题拓展为部分替代性的多产品竞争情况下求解；Tianjun Feng、L. Robin Keller、Xiaona Zheng 则基于跨国数据研究了报童问题的决策；Houyuan Jiang、Serguei Netessine、Sergei Savin 在不对称信息条件下给出了稳健的报童竞争模型；Shilei Yang、Chunming Victor Shi、Xuan Zhao 构建了一个目标导向的报童问题，并提出了最优订货和定价决策；Alain Bensoussan、Qi Feng、Suresh P. Sethi 则基于报童问题框架研究了具有周期性需求产品的目标；Zhengping Wu、Wanshan Zhu、Pascale Crama 针对广告收入构建了报童模型；Ayşe Kocabıyıkoğlu、Ioana Popescu 则针对价格敏感需求的报童模型给出了估计的弹性方法；Arnab Bisi、Maqbool Dada、Surya Tokdar 在报童需求分布下针对缺失数据研究了企业的多期库存决策问题。

关于算法和优化问题，Kay Giesecke、Baeho Kim、Shilin Zhu 针对默认时序问题提出了蒙特卡洛算法；Roberto Baldacci、Enrico Bartolini 等给出了时间路径问题的精确算法；Roberto Baldacci、Enrico Bartolini、Aristide Mingozzi 提出了带时间窗的 Pickup 和 Delivery 问题的精确算法；Van-Anh Truong、Robin O. Roundy 针对容量扩展问题提出了多维近似算

法；Yi Peng、Gang Kou、Guoxun Wang、Yong Shi 则给出了 MCDM 融合方法的分类算法比较分析；A. Udhayakumar、V. Charles、Mukesh Kumar 针对机会约束 DEA 问题用遗传算法和随机模拟进行了求解；Dimitris Bertsimas、Guglielmo Lulli、Amedeo Odoni 针对大规模的空中交通流量管理提出了一个整数优化方法；Jiejian Feng、Liming Liu 和 Mahmut Parlar 针对序列识别提出了有效的动态优化方法；Sripad K. Devalkar、Ravi Anupindi、Amitabh Sinha 则给出了采购、加工和贸易的整体优化方法；Jiejian Feng、Liming Liu、Xiaoming Liu 基于动态价格和交货时间联合报价给出了最优策略；Aadhaar Chaturvedi，Victor Martínez-de-Albéniz 则针对供给风险下的企业提出了最优采购决策；Kwong C. K.、Luo X. G.、Tang J. F.则针对生产线设计提出了多目标优化方法。

从供应链问题来看，Rodney P. Parker、Roman Kapuściński 提出了有限容量的非合作供应链管理模式；Vernon N. Hsu、Kaijie Zhu 在中国出口导向的税收政策下，研究了税收对供应链决策的影响；Jing Shao、Harish Krishnan、S. Thomas McCormick 针对分散供应商条件下的供应链转化激励问题展开了研究；Michael C. Georgiadis、Panagiotis Tsiakis、Pantelis Longinidis、Maria K. Sofioglou 基于不确定的瞬间需求变化情况给出了供应链网络的最优设计；Elodie Adida、Victor DeMiguel 则针对多元制造商和零售商的供应链竞争展开了研究；Onur Kaya 则针对需求依赖的供应链问题，比较了外包和自产的决策问题；Mehdi Amini、Haitao Li 利用集成方法提出了新产品扩散的供应链配置决策；Zugang Liu、Anna Nagurney 针对汇率风险和竞争条件提出了供应链外包模式；Yusen Xia、Karthik Ramachandran 和 Haresh Gurnani 则针对共享需求分析了供应链的供给风险。

（三）决策、对策和预测理论与技术

2011 年，在国外研究成果中，涉及决策、对策和预测理论与技术的文献共计 52 篇，涉及的主要内容包括定性与定量综合集成预测方法、群决策理论与方法、网络环境下的决策与对策的理论与方法、不确定性决策问题的建模与分析技术四个方面，从研究的内容来看，群决策问题、不确定性决策问题是国外研究的重点问题。

关于群决策问题，Adel Hatami-Marbini、Madjid Tavana 提出了在模糊环境下群体决策的 Electrel 扩展方法；Xiaoqing Jing、Jinhong Xie 则针对社会交互销售机制下的群体购买决策展开了分析；Jacinto Gonzalez-Pachon、Carlos Romero 针对一致方案设计了社会的最优决策。

关于不确定决策问题，Srikanth Vadde、Abe Zeid、Sagar V. Kamarthi 提出了多标准的产品回收设施设置的定价决策；Fran Ackermann、David F. Andersen、Colin Eden，George P. Richardson 介绍了 scriptsmap 这一用于多方法决策的设计工具；L. Alberto Franco、Ewan Lord 针对集团预算决策的混合方法影响进行评价；Marlize Meyer、Hylton Robinson 等针对石油化工生产环境中的创新决策支持进行了研究；Philip Hans Franses 讨论了决策过程中使用的平均模型预测和专家预测模型的选择问题；Guoming Lai、Mulan X. Wang、Sunder Kekre、Alan Scheller-Wolf、Nicola Secomandi 探讨了液化天然气存储终端的定价决策问题；Rouba Ibrahim、Ward Whitt 预测了时变需求和时变容量下的顾客服务系统的等待时间；

Sándor F. Tóth、Robert G. Haight、Luke W. Rogers 讨论了土地储备选择和土地价格决策问题；Dimitris Bertsimas、Michael Frankovich、Amedeo Odoni 分析了机场跑道布置的最优选择问题；Saif Benjaafar、Mohsen ElHafsi、Chung-Yee Lee、Weihua Zhou 分析了多阶段和多需求装配系统的最优控制决策问题；Awi Federgruen、Nan Yang 分析了不可靠供应商的采购策略问题；Dimitris Kostamis、Izak Duenyas 则针对不对称需求和成本信息下的采购决策进行了分析，并讨论了私人信息对决策的影响问题；Theresa J. Barker、Zelda B. Zabinsky 利用层次分析法给出了逆向物流的多元决策模型；Sang-Won Kim、Peter C. Bell、Peter C. Bell 针对对称替代性和非对称替代性的产品设计了最优定价和生产决策；Zhongsheng Hua、Xuemei Zhang、Xiaoyan Xu 则针对制造商—零售商分销渠道的产品设计策略进行了研究。

（四）金融工程与风险管理

2011 年，在国外研究成果中，涉及金融工程与风险管理的文献共计 55 篇，涉及的主要内容包括动态投资组合理论与方法、金融机构的风险管理、风险价值和一致性风险度量的理论与技术、衍生金融产品的设计与定价四个方面，从研究的内容来看，风险管理、投资者和投资组合问题、衍生金融产品定价是国外研究的重点问题。

关于投资者和投资组合问题，David B. Brown、James E. Smith 基于交易成本给出了投资组合的动态优化结果；Senthil K. Veeraraghavan、Laurens G. Debo 则研究了“羊群效应”和等待成本问题，讨论了理性投资者的选择模式问题；Li Chen、Simai He、Shuzhong Zhang 针对一种稳健的投资组合度量了其风险的边界；Joseph R. Radzevick、Don A. Moore 则针对市场竞争情况下的投资者的过度自信问题展开了分析；Xue Dong He、Xun Yu Zhou 基于累积前景理论分析了投资者的投资组合选择问题；Onur Boyabatlı、L. Beril Toktay 则针对不完备资本市场中随机弹性的投资方式和专业技术投资方式的选择问题展开了研究；Tadeusz Sawik 则针对突发风险条件下的投资组合选择问题进行了研究。

关于衍生金融产品定价问题，Shipra Agrawal、Erick Delage、Mark Peters、Zizhuo Wang、Yinyu Ye 给出了预测市场动态结构的一个框架；Arun Chockalingam、Kumar Muthuraman 针对随机波动率条件下的美式期权定价问题进行了研究；Xiaoqun Wang、Ian H. Sloan 则将准蒙特卡洛方法应用于金融工程领域；Mikaelian、Tsoline、Nightingale、Deborah J.、Rhodes、Donna H.构建了关于企业资产的实物期权映射方式；Uday V. Shanbhag、Gerd Infanger、Peter W. Glynn 针对不确定的远期合约构建了一个互补性框架；Javad Nasiry、Ioana Popescu 针对峰终锚定的投资者在损失厌恶时提出了动态资产定价模型；Huang Yu-Lin、Pi Chia-Chi 针对基础设施建设问题，利用复合期权定价模型进行了研究。

关于风险管理问题，Kay Giesecke、Baeho Kim 针对抵押债务证券的风险进行了分析；Guangwu Liu、L. Jeff Hong 利用核估计方法估计了不连续支付的期权风险；Ola Bengtsson 针对风险投资契约进行了研究；Michael Hassoun、Gad Rabinowitz 和 Noam Reshef 针对证券经纪人所观测到的局部异质性前沿面进行了研究；John Buzacott、Houmin Yan 和 Hanqin Zhang 在信息可更新条件下分析了期权合约的风险；Cheng-Der Fuh、Inchi Hu、Ya-Hui Hsu、Ren-Her Wang 模拟了证券价格厚尾分布特征下的风险价值；Kristine Watson Hankins

分析了金融公司管理风险的方式：财务和套期保值的交互作用；Alexandros Kostakis、Nikolaos Panigirtzoglou、George Skiadopoulos 在一个前瞻视角下，利用期权分布模型研究了市场时机选择问题；Mohammed Abdellaoui、Enrico Diecidue、Ayse Öncüler 针对不同时段的同一投资者的风险偏好问题进行了实证分析；Vishal Gaur、Sridhar Seshadri、Marti G. Subrahmanyam 针对不完备市场的真实投资和证券化问题展开研究；Gijs van de Kuilen、Peter P. Wakker 则利用权重方法测量投资者对待风险与不确定性的态度；Kay Giesecke、Baeho Kim 系统地分析了金融市场的系统风险，探讨了违约的经济含义。

（五）信息管理与知识管理

2011 年，在国外研究成果中，涉及信息管理与知识管理的文献共计 75 篇，涉及的主要内容包括电子商务管理的理论与方法研究、信息技术对管理模式的影响研究、认知工效学与脑力劳动效率改善、知识管理的理论与方法研究、知识管理系统设计五个方面，从研究的内容来看，信息和电子商务、知识管理是国外研究的重点问题。

从信息管理和知识管理的角度来看，Miles G. Nicholls、Barbara J. Cargill 使用混合模式的建模建立了最佳实践大学的研究资助策略；Jack R. Meredith、Michelle D. Steward、Bruce R. Lewis 针对已经发表的观点和学术界的现实观点研究了经营管理知识的传播问题；Thong、James Y. L.、Venkatesh V.等研究了消费者个人信息的接受和通信技术服务问题；Sundarraj R. P.、Mok Wilson Wai Ho 针对电子采购问题构建了谈判要素模型的分析框架；Stefan Werner Knoll、Graham Horton 基于认知模式，研究了改变想法的路径；Kunsoo Han、Young Bong Chang 和 Jungpil Hahn 则研究了信息技术溢出与生产率的关系问题，并具体针对信息技术和竞争强度的作用进行了分析；Weiyin Hong、James Y.L.Thong、Lewis C. Chasalow 和 Gurpreet Dhillon 针对用户对信息系统的接受构建了模型并进行了实证检验；Ananth Chiravuri、Derek L. Nazareth 和 K. Ram Ramamurthy 研究了虚拟团队中知识获取的认知冲突与共识形成的过程，并比较了技术的效果；Garg Rajiv、Smith Michael D.和 Telang Rahul 度量了网上虚拟社区的信息扩散速度；Yoo Byungjoon、Choudhary Vidyanand 和 Mukhopadhyay Tridas 针对采购的渠道及电子商务交易问题进行了研究；Chen Jianqing、Xu Hong 和 Whinston Andrew B.针对网上虚拟社区评分和用户行为进行研究，并侧重于研究系统的设计特点和电子交易数据的重复使用问题；Zhao Kexin、Xia Mu 和 Shaw Michael J.研究了促使企业构建标准化信息联盟的动机和选择问题；Hsu IC、Sabherwal R 基于知识管理能力这一中间变量研究了智力资本和公司绩效的关系；Berchicci、Luca 分析了异质的意大利制造业企业的研发合作强度；Thatcher、Jason Bennett、McKnight D. Harrison、Baker Elizabeth White 针对采用后评估的 IT 系统进行了研究，并利用知识管理系统进行了实证检验；Choo、Adrian S.针对知识创造的质量改进项目延伸策略的影响进行了研究；Mihnea C. Moldoveanu、Joel A. C. Baum 则针对社会网络中的信任交互认识论进行了分析。

（六）管理心理与组织行为

2011 年，在国外研究成果中，涉及管理心理与组织行为的文献共计 69 篇，涉及的主要内容包括组织协调与组织进化、组织心理与行为、社会经济转型中的组织变革与发展、

激励理论、管理心理与社会安全等五个方面，从研究的内容来看，组织协调与进化、组织变革和激励问题是国外研究的重点问题。

从管理心理和组织行为的角度来看，Robert S. Huckman、Bradley R. Staats 研究了流动任务和流动的团队角度的团队绩效问题；Peter K.C. Lee、T.C. Edwin Cheng、Andy C.L. Yeung、Kee-hung Lai 在零售银行的基础上，针对变革型领导的企业，实证研究了团队绩效问题；De Clercq Dirk、Thongpapanl Narongsak、Dimov Dimo 针对组织环境的调节功能对企业的创新和绩效的关系进行了分析；Park Tae-Young 针对三星的案例，研究了路径依赖和激进环境的跨行业生存问题；Ramasubramanian Sundararajan 等研究了零售银行的营销优化措施和手段；Alberto Galasso、Timothy S. Simcoe 针对过度自信的 CEO 研究了企业的创新能力；Lin Hsing-Er、McDonough Edward F.III 研究了不赞同创新理念的领导和组织文化对企业的作用；Whitaker Jonathan、Mithas Sunil 和 Krishnan M.S.研究了关于陆上和离岸业务流程外包的企业组织学习能力问题；John R. Graham、Sonali Hazarika、Krishnamoorthy Narasimhan 针对大萧条期间的公司治理、债务和投资政策问题进行了研究；Shuili Du、C. B. Bhattacharya、Sankar Sen 针对企业社会责任和企业竞争优势从信任障碍视角展开研究；Ren Steven Ji-Fan、Ngai E. W. T.、Cho Vincent 针对新兴经济体的中小型企业研究了管理软件的外包行为；Jain Radhika P.、Poston Robin S.、Simon Judith C 针对在软件测试项目管理离岸外包的客户经理责任问题进行了实证分析；Michael S. Dahl 基于组织变革和员工压力展开了研究；Natarajan Balasubramanian 针对企业的学习强度对企业多元化绩效的影响展开了研究；Kevin J. Boudreau、Nicola Lacetera、Karim R. Lakhani 研究了创新中的激励和不确定问题；Robert E. Levasseur 针对团队开发和绩效的优化问题中的个人技能进行了研究；Saonee Sarker、Manju Ahuja、Suprateek Sarker 和 Sarah Kirkeby 基于一个社会网络的视角分析了全球虚拟团队中通信和信任的作用；Ayoung Suh、Kyung-shik Shin、Manju Ahuja 和 Min Soo Kim 利用多层次分析研究了多工作组社会网络虚拟性的影响。

（七）复杂系统与复杂性研究

2011 年，在国外研究成果中，涉及复杂系统与复杂性研究的文献共计 8 篇，涉及的主要内容包括灾害复杂系统研究、复杂社会系统的建模控制与组织管理、逐步开放条件下金融系统的复杂性和风险规避、复杂系统与复杂性的理论与方法研究等五个方面，从研究的内容来看，复杂系统与复杂性研究是国外研究的重点问题。

关于复杂系统与复杂性研究，Alan G. Hawkes、Lirong Cui 和 Zhihua Zheng 针对二元环境的复杂系统的可靠性进行了演化建模；E. Borgonovo、C. L. Smith 利用空间 PSA 方法，针对复杂工程系统的风险评估相互作用进行了研究；Jarvenpaa Sirkka L.、Keating Elizabeth、Hallowed Grounds 则针对离岸复杂工程服务项目 TMS 进行了研究，主要从文化价值的作用和实践展开分析；Tripathy Anshuman、Eppinger Steven D.则基于复杂工程系统的全球产品开发问题进行研究；Chi Zhang、Jose Emmanuel Ramirez-Marquez、Claudio M. Rocco Sanseverino 提出了复杂网络中可靠性能评价和关键成本检测的一个整体方法。

（八）其他领域的研究

2011 年，国内管理科学与工程学科在其他领域的研究文献共计 88 篇，方向主要分布在定价问题、企业风险问题、经济个体行为问题、政府管理问题等方面，从 2011 年的国外研究成果来看，国外对管理科学与工程的研究主要扩展方向是管理科学与工程领域的模拟与仿真方法在经济领域的扩展和应用，以及综合评价等方面。

在具体的研究方向上，国外研究的其他领域主要体现在应急决策领域、金融危机管理、企业风险评价和决策分析、主体特征对组织的影响等方面。

第三节　管理科学与工程学科 2011 年研究分析

针对 2011 年管理科学与工程学科的研究内容和研究方向，我们搜集整理了 5473 篇国内外相关文献和 333 部国内外相关著作，根据发表刊物、研究领域、研究方向进行统计分析和整理，对 2011 年的研究情况进行分析。

一、国内外期刊代表性论文整体分析

（一）国内期刊论文整体描述及分析

2011 年国内学者在管理科学与工程领域发表的文章根据 A、B 类期刊的原则进行分类，其数量分布如图 1.1 和图 1.2 所示。

图 1.1 的 A 类期刊中，管理世界没有选择短论部分，其余期刊选择了 2011 年公开发表的所有文章，按照递增的顺序排列，其中科研管理文章数量最多，公共管理学报文章数量最少，A 类期刊发表文章数共计 2462 篇。

图 1.2 给出了 B 类期刊的公开发表文章数量，科学学与科学技术管理发表文章数量最多，数理统计与管理发表文章数量最少，B 类期刊公开发表文章数量为 1183 篇，A、B 类期刊 2011 年公开发表文章总数为 3645 篇。

将 A 类期刊和 B 类期刊公开发表的文章根据表 1.2 列示的研究领域和研究方向分类，可以得到图 1.3 所示的研究领域分布，其中，运筹与管理问题研究领域文章数量最多，达到了 910 篇，主要集中在库存问题、规划问题、优化问题等研究领域，而领域七的复杂系统与复杂性研究论文数量最少，仅有 54 篇，说明我国国内科研工作者并没有将研究视角关注到该领域，此外，其他领域的研究成果也较多，达到了 713 篇。

必须注意的是，领域一的管理科学基本研究方法的文章数量尽管很多，但是缺乏对管理科学基础理论的拓展，大多数仍然集中在数据建模和分析、统计方法和计量方法的应用上，基础理论问题国内涉猎较少。

图 1.4 给出了 2011 年国内管理科学与工程研究领域文章的比例情况。

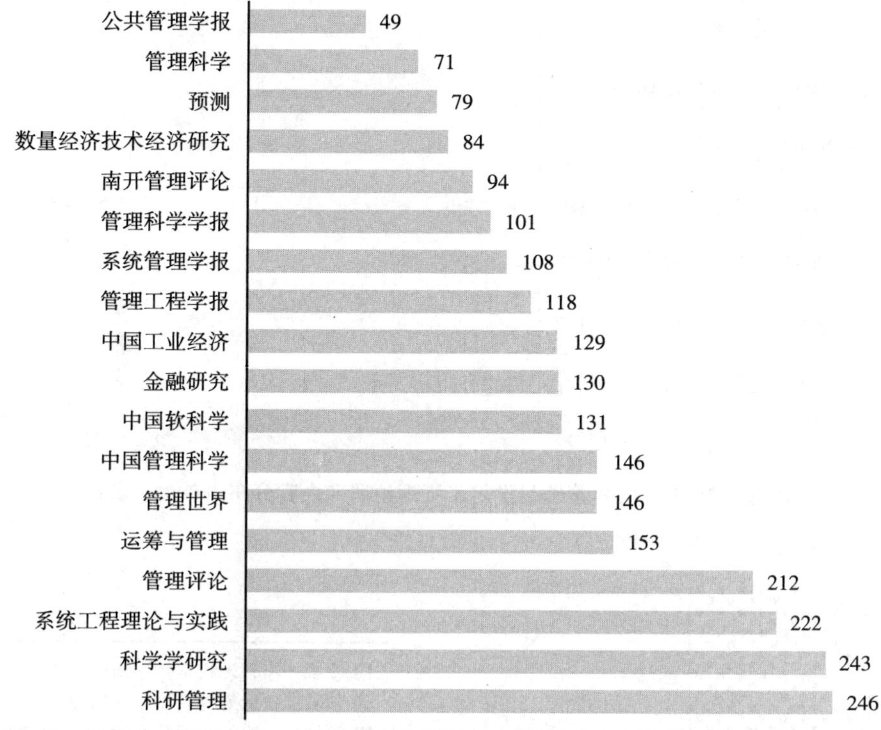

图 1.1　国内 A 类期刊 2011 年发表管理科学与工程学科论文的数量分布（单位：篇）

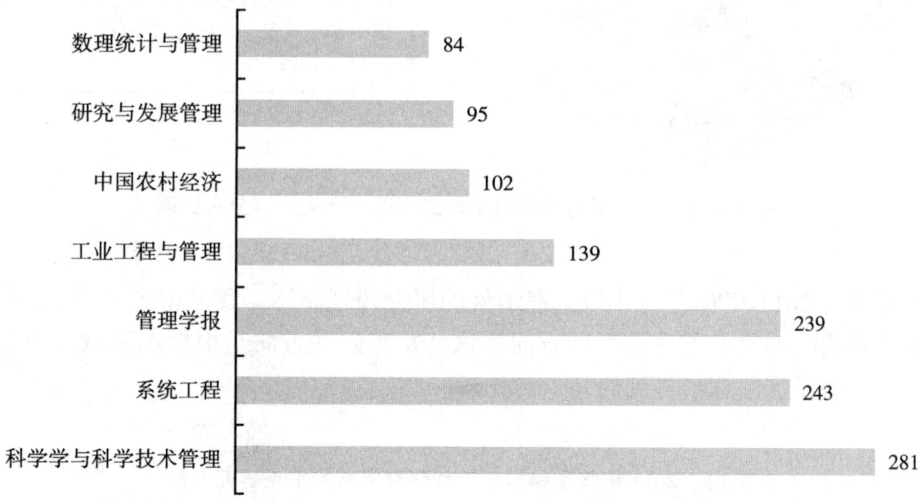

图 1.2　国内 B 类期刊 2011 年发表管理科学与工程学科论文的数量分布（单位：篇）

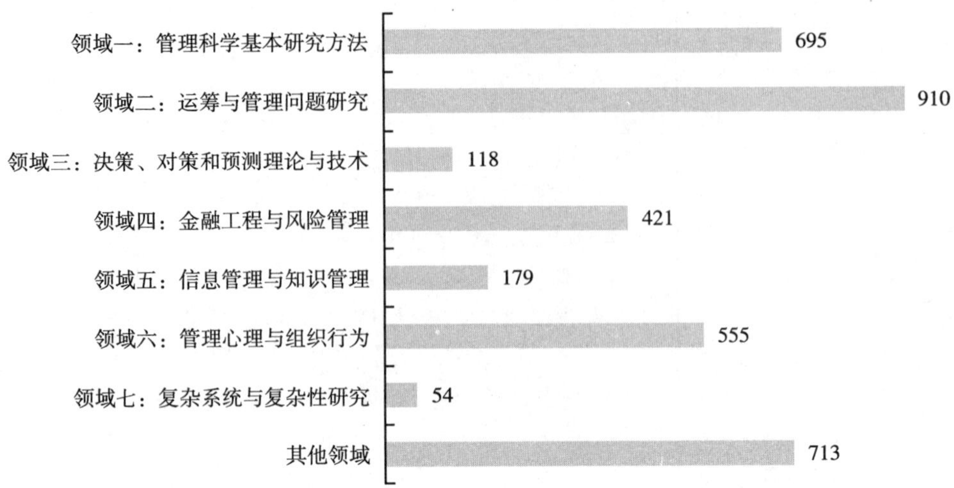

图 1.3　2011 年国内管理科学与工程理论研究内容分布（单位：篇）

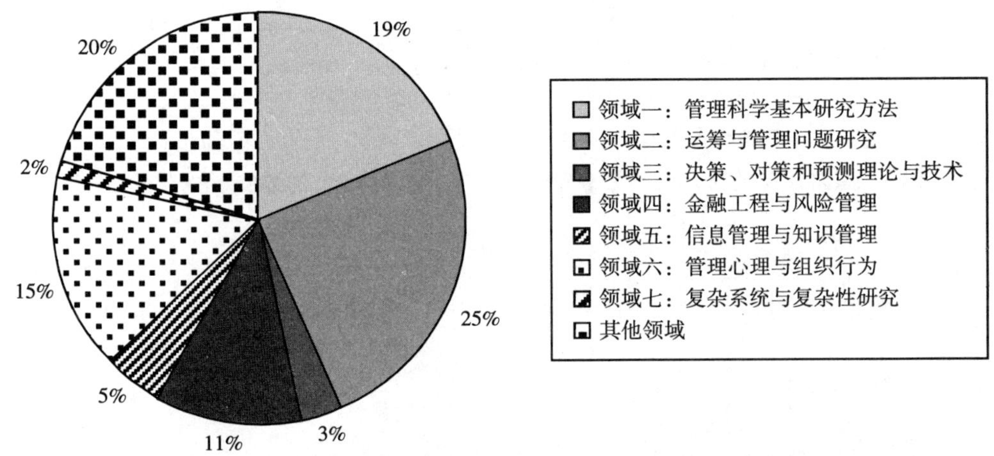

图 1.4　2011 年国内管理科学与工程理论研究内容分布比例

根据对国内 2011 年管理科学与工程学科的研究领域总结，我们得到了表 1.3 所示的内容，每个领域我们都给出了重点发展方向，这些重点发展方向是根据本领域文章情况、研究进展和研究的连贯性总结得到的。

表 1.3　2011 年管理科学与工程研究领域的重点研究方向

领域	本领域重点发展方向
管理科学基本研究方法	评估方法与技术、模拟、仿真及建模技术、优化理论与算法
运筹与管理问题研究	供应链管理；库存管理、规划；交通行为与管理；遗传算法；复杂系统可靠性
决策、对策和预测理论与技术	不确定性决策、群决策、多（准则、属性）决策、博弈分析预测模型与方法、预警、实物期权、神经网络等

续表

领域	本领域重点发展方向
金融工程与风险管理	金融产品定价、风险度量与评价、主体风险偏好和投资选择、融资管理等
信息管理与知识管理	知识管理的理论、设计、方法；电子商务管理的理论与方法研究；信息技术对管理模式的影响研究等
管理心理与组织行为	产业集群、变革与创新、管理心理与突发事件、可持续发展、文化与冲突等
复杂系统与复杂性研究	复杂系统与复杂性的理论与方法、复杂社会系统的建模控制与组织管理

同样地，根据国内研究的内容，我们总结出了表 1.4 的内容，即 2011 年管理科学与工程研究领域的研究热点问题，研究热点的总结依据文章分类和数量比例汇总分析得到，必须注意的是，研究热点未必是研究的重点和未来的发展方向，热点反映了科研领域的集中度和科研成果的发表数量。

表 1.4　2011 年管理科学与工程研究领域研究内容及热点

研究领域	研究热点
管理科学基本研究方法	动态评价方法、数据建模与分析、计量和统计方法
运筹与管理问题研究	库存问题、规划问题
决策、对策和预测理论与技术	群决策问题、不确定决策问题
金融工程与风险管理	投资组合选择、金融风险评价
信息管理与知识管理	知识管理、信息技术和决策
管理心理与组织行为	组织变革、组织协调和进化
复杂系统与复杂性研究	灾害复杂系统预测、复杂系统评估

（二）国外期刊论文整体描述及分析

针对 2011 年国外期刊论文的总结和分析，我们汇总了 645 篇管理科学与工程学科研究领域的重要文献，除去如文献综述等无法明确归类论文的 88 篇，表 1.5 总结了国外期刊论文的研究领域和具体研究内容的分布情况，后文针对具体研究领域进行了单独分析。

表 1.5　国外期刊论文的研究领域和研究内容的分布情况

研究领域	研究方向	数量（篇）
管理科学基本研究方法	模拟与仿真技术	15
	评估方法与技术	35
	管理科学中的新型计量与统计方法	40
	优化理论与方法	9
	基于文化、复杂性科学的管理研究方法	0
运筹与管理问题研究	规划问题	18
	库存问题	38
	算法和优化问题	31
	工业工程	39

续表

研究领域	研究方向	数量（篇）
运筹与管理问题研究	复杂系统分析	2
	交通行为与管理	17
	供应链问题	54
决策、对策和预测理论与技术	定性与定量综合集成预测方法	22
	群决策理论与方法	17
	网络环境下的决策与对策的理论与方法	1
	不确定性决策问题的建模与分析技术	12
金融工程与风险管理	动态投资组合理论与方法	16
	金融机构的风险管理	19
	风险价值和一致性风险度量的理论与技术	12
	衍生金融产品的设计与定价	8
信息管理与知识管理	电子商务管理的理论与方法研究	25
	信息技术对管理模式的影响研究	22
	认知工效学与脑力劳动效率改善	5
	知识管理的理论与方法研究	15
	知识管理系统设计	8
管理心理与组织行为	组织协调与组织进化	9
	组织心理与行为	20
	社会经济转型中的组织变革与发展	21
	激励理论	19
	管理心理与社会安全	0
复杂系统与复杂性研究	灾害复杂系统研究	0
	复杂社会系统的建模控制与组织管理	2
	逐步开放条件下金融系统的复杂性与风险规避	4
	复杂系统与复杂性的理论与方法研究	2

同样地，图 1.5 总结了国外期刊论文 A 类文章发表数量的分布，发表文章最多的刊物是《Management Science》(管理科学)，共计 127 篇，发表文章最少的刊物是《Journal of Management Information Systems》(管理信息系统)，共计发表文章 33 篇。

针对国外期刊论文发表的研究领域，我们给出了图 1.6，不同研究领域论文的分布情况。和国内类似的是，运筹与管理问题研究占比最多，达到了 199 篇，复杂系统与复杂性研究占比最少，只有 8 篇，值得注意的是，国外研究中，更多的针对算法、优化、规划问题和库存问题展开研究，与国内的研究重点和研究视角存在差别。

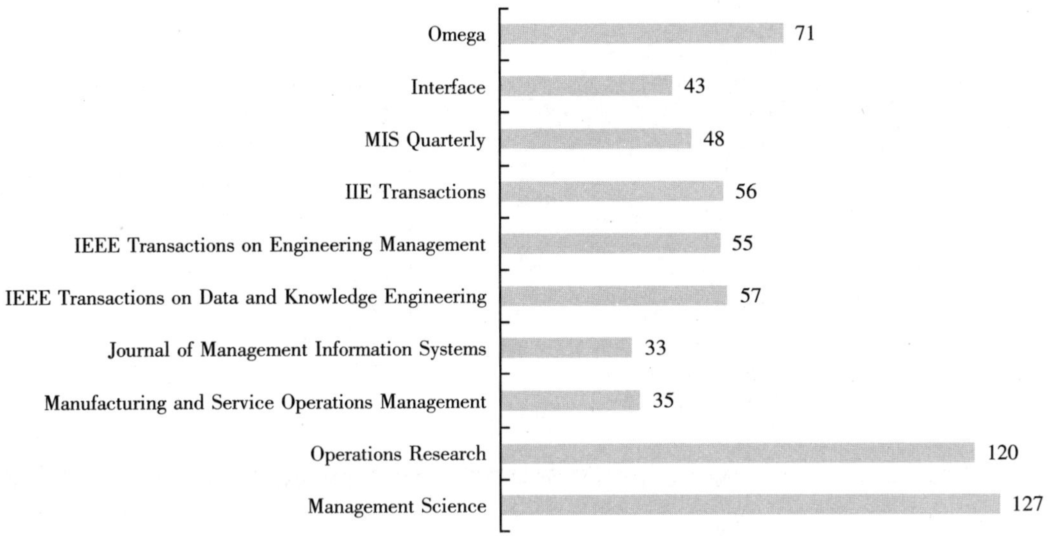

图 1.5　2011 年排名前十的国际 A 类期刊论文发表数量分布（单位：篇）

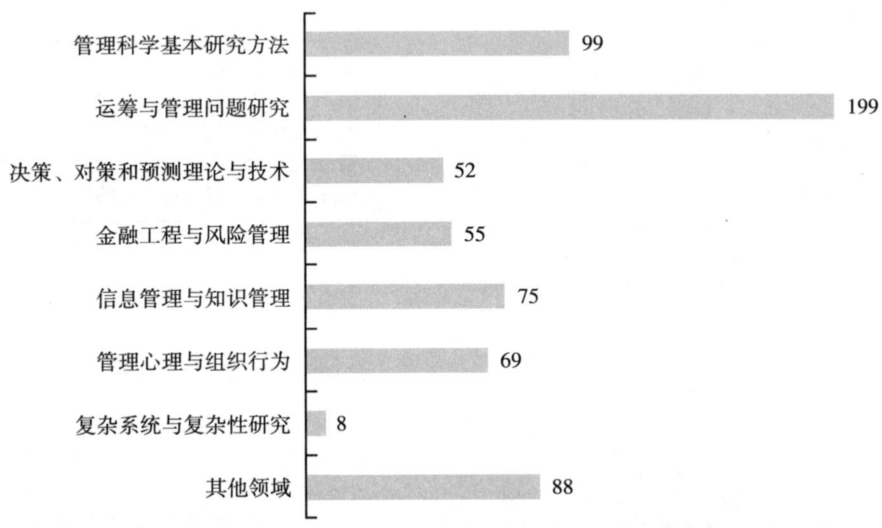

图 1.6　2011 年排名前十的国际 A 类期刊不同领域论文分布数量（单位：篇）

图 1.7 给出了 2011 年国际 A 类期刊管理科学与工程学科在不同研究领域的分布比例。针对每一个具体的研究领域，图 1.8 到图 1.14 分别给出了具体研究方向的分布情况。

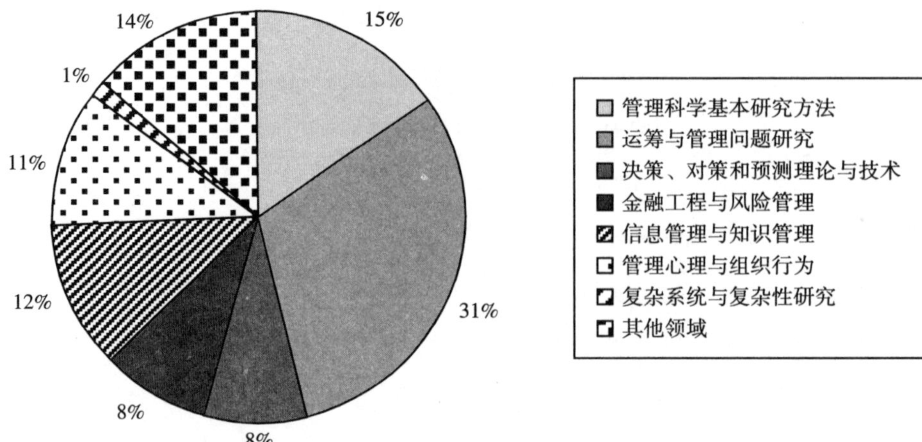

图 1.7　2011 年排名前十的国际 A 类期刊管理科学与工程学科论文数量在不同研究领域的分布比例

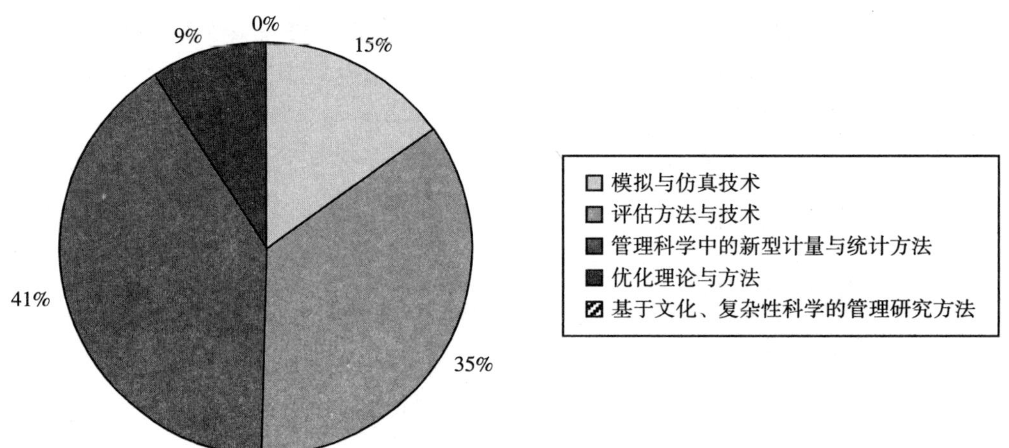

图 1.8　领域一：管理科学基本研究方法不同研究方向分布占比

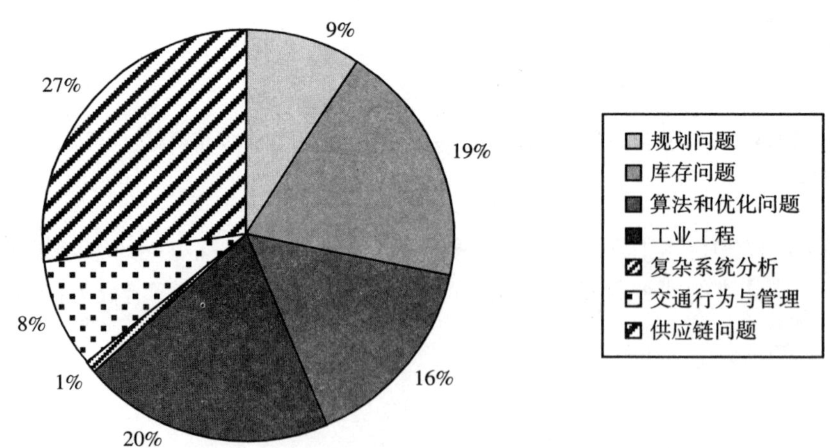

图 1.9　领域二：运筹与管理问题研究不同研究方向分布占比

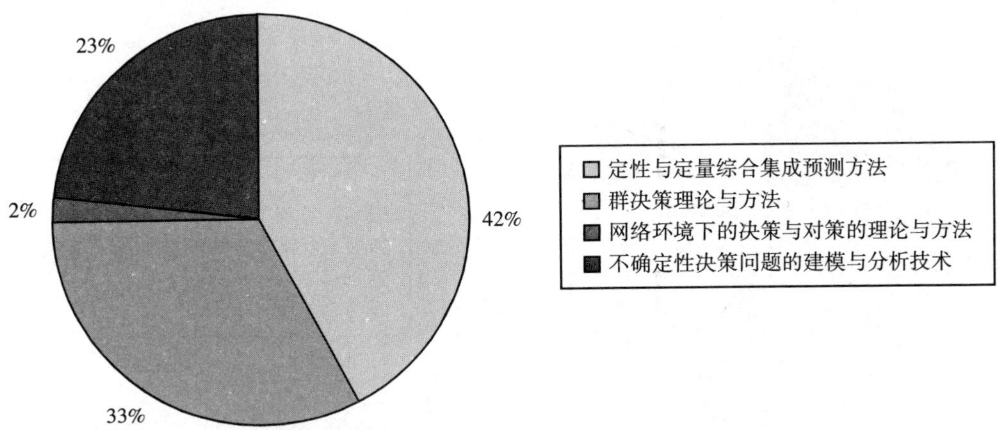

图 1.10　领域三：决策、对策和预测理论与技术不同研究方向分布占比

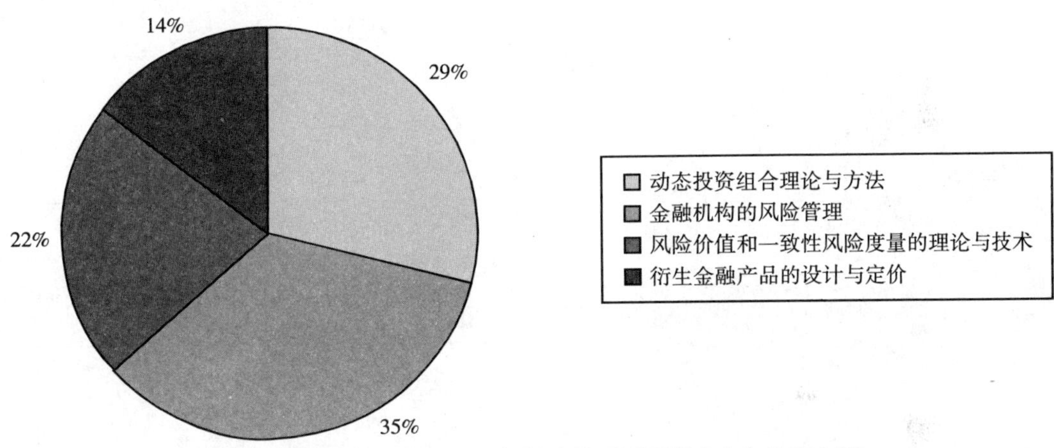

图 1.11　领域四：金融工程与风险管理不同研究方向分布占比

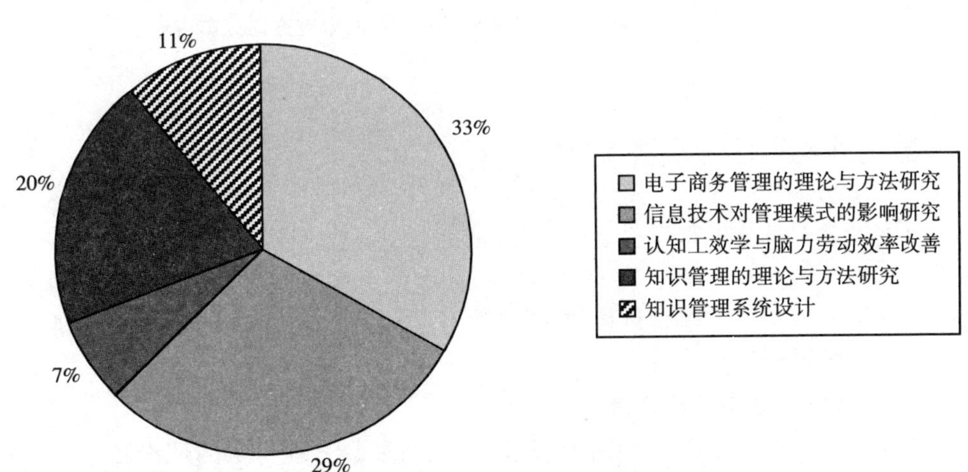

图 1.12　领域五：信息管理与知识管理不同研究方向分布占比

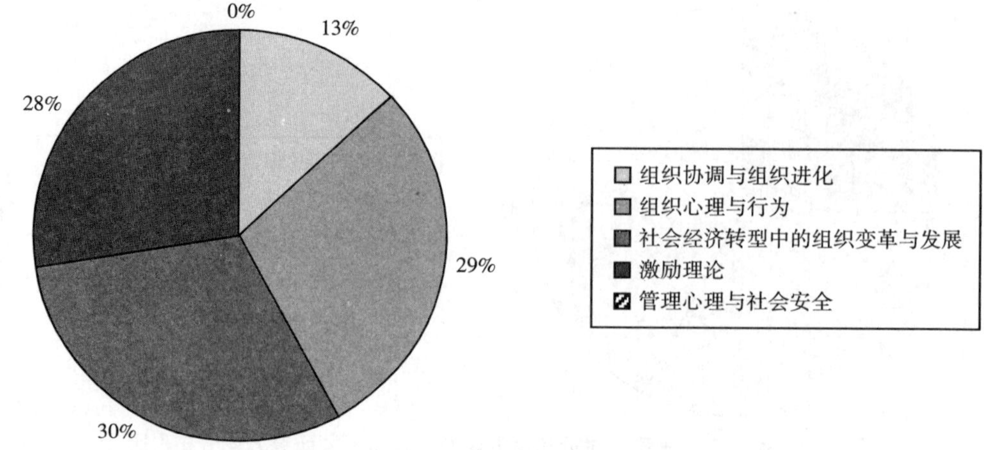

图 1.13　领域六：管理心理与组织行为不同研究方向分布占比

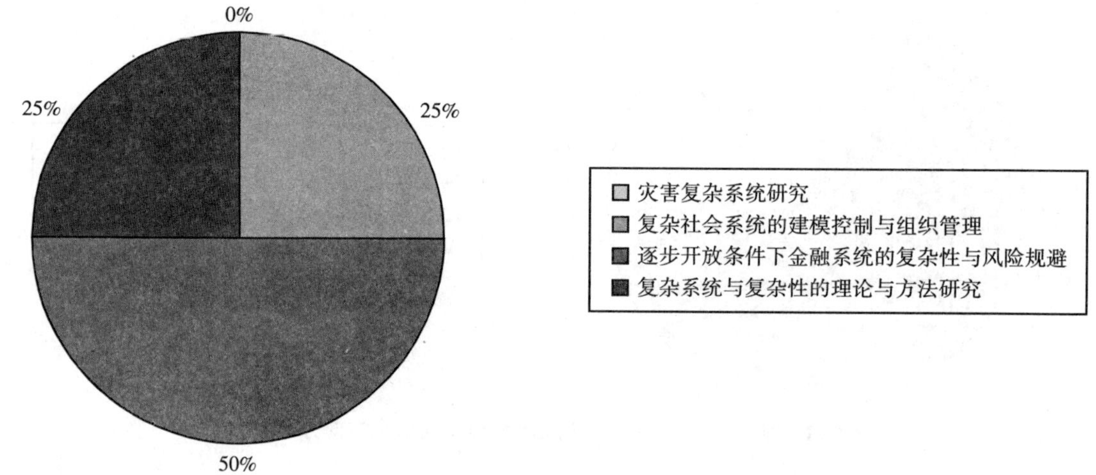

图 1.14　领域七：复杂系统与复杂性研究不同研究方向分布占比

二、国内外代表性著作整体分析

为了分析管理科学与工程学科 2011 年的研究状况，我们搜集整理了 2011 年各大出版社出版著作情况，通过亚马逊、当当网、出版社网站、高校教师著作等多种渠道整理后，共搜集到国内管理科学与工程学科著作 181 部，国外著作 152 部，分布于管理科学与工程学科的各个研究领域和研究方向。

（一）国内著作整体描述及分析

181 部国内著作中，根据问题导向的应用基础研究、管理背景的理论和方法研究、其他领域，具体分为运筹与管理、金融工程与风险管理、信息管理与知识管理，管理心理与组织行为，管理科学的基本研究方法，决策、对策和预测理论与技术，复杂系统与复杂性研究、其他领域八类，对应期刊的研究领域分类法，经过总结，得到表 1.6，研究内容的分布情况和百分比情况。

表 1.6 2011 年度管理科学与工程学科国内著作研究内容分布

理论结构	内容分类	数量（本）	占比（%）
问题导向的应用基础研究	运筹与管理	12	6.63
	金融工程与风险管理	11	6.08
	信息管理与知识管理	2	1.10
	管理心理与组织行为	103	56.91
管理背景的理论和方法研究	管理科学的基本研究方法	17	9.39
	决策、对策和预测理论与技术	3	1.66
	复杂系统与复杂性研究	14	7.73
其他领域	其他	19	10.50

国内出版的专著中，管理心理与组织行为所占比例最高，达到了 56.91%，信息管理与知识管理所占比例最低，仅为 1.1%，国内管理科学与工程学科的著作更侧重于问题导向的应用研究，181 部专著中，128 部问题导向的应用基础研究，仅有 34 部管理背景的理论和方法研究。

表 1.7 根据国内专著的研究视角进行了分类，可以发现，组织行为学所占比例最高，达到了 103 部，而系统科学专著所占比例最低，为 0 部，信息技术，知识管理，决策、对策和预测理论与技术的占比都很低，可能是因为我们搜集的著作还不够全面，但从搜集的样本来看，国内著作的研究视角更倾向于应用而非方法和理论的基础研究。

表 1.7 2011 年度管理科学与工程学科国内著作研究视角分布

研究视角	数量（本）	占比（%）
运筹学	12	6.63
金融工程	6	3.31
风险管理	4	2.21
信息技术	1	0.55
知识管理	2	1.10
组织行为学	103	56.91
管理科学	17	9.39
决策、对策和预测理论与技术	3	1.66
复杂系统理论	14	7.73
系统科学	0	0.00
其他	19	10.50
合计	181	100

为了考察国内相关著作的来源，我们整理了著作第一作者的所在单位，并将作者所在单位划分为人文社科类高校、理工类高校、综合类高校、中科院、农林类高校、财经类高校、师范类高校和其他 8 类，统计各个高校的著作分布情况，显然，综合类高校的著作数量最多，达到了 74 部，而农林类高校数量最少，仅有 3 部。表 1.8 给出了国内著作的来源分布状态。

表 1.8　按学校类型划分的国内著作分布状态

学校类型	数量（本）	占比（%）
人文社科类	5	2.76
理工类	19	10.50
综合类	74	40.88
中科院	20	11.05
农林类	3	1.66
财经类	27	14.92
师范类	16	8.84
其他	17	9.39
合计	181	100

按照前文给出的研究领域及对应的研究方向，我们将国内著作进行分类整理，表 1.9 给出了国内代表性著作在不同领域的数量分布情况。

表 1.9　国内代表性著作在不同领域的数量及分布

研究领域	研究方向	数量（本）	占比（%）	合计（%）
管理科学基本研究方法	模拟与仿真技术	1	0.55	9.38
	评估方法与技术	5	2.76	
	管理科学中的新型计量与统计方法	5	2.76	
	优化理论与方法	1	0.55	
	基于文化、复杂性科学的管理研究方法	5	2.76	
运筹与管理问题研究	规划问题	1	0.55	6.62
	库存问题	0	0.00	
	算法和优化问题	1	0.55	
	工业工程	1	0.55	
	复杂系统分析	0	0.00	
	交通行为与管理	0	0.00	
	供应链问题	9	4.97	
决策、对策和预测理论与技术	定性与定量综合集成预测方法	0	0.00	1.65
	群决策理论与方法	1	0.55	
	网络环境下的决策与对策的理论与方法	1	0.55	
	不确定性决策问题的建模与分析方法	1	0.55	

续表

研究领域	研究方向	数量（本）	占比（%）	合计（%）
金融工程与风险管理	动态投资组合理论与方法	2	1.10	6.07
	金融机构的风险管理	6	3.31	
	风险价值和一致性风险度量的理论与技术	0	0.00	
	衍生金融产品的设计与定价	3	1.66	
信息管理与知识管理	电子商务管理的理论与方法研究	0	0.00	1.10
	信息技术对管理模式的影响研究	0	0.00	
	认知工效学与脑力劳动效率改善	1	0.55	
	知识管理的理论与方法研究	1	0.55	
	知识管理系统设计	0	0.00	
管理心理与组织行为	组织协调与组织进化	26	14.36	56.91
	组织心理与行为	11	6.08	
	社会经济转型中的组织变革与发展	59	32.60	
	激励理论	0	0.00	
	管理心理与社会安全	7	3.87	
复杂系统与复杂性研究	灾害复杂系统研究	0	0.00	7.73
	复杂社会系统的建模控制与组织管理	8	4.42	
	逐步开放条件下金融系统的复杂性与风险规避	2	1.10	
	复杂系统与复杂性的理论与方法研究	4	2.21	
其他领域		19	10.50	10.50
合计		181	100	100

图 1.15 到图 1.21 给出了每个研究领域的不同研究方向分布比例和构成情况。

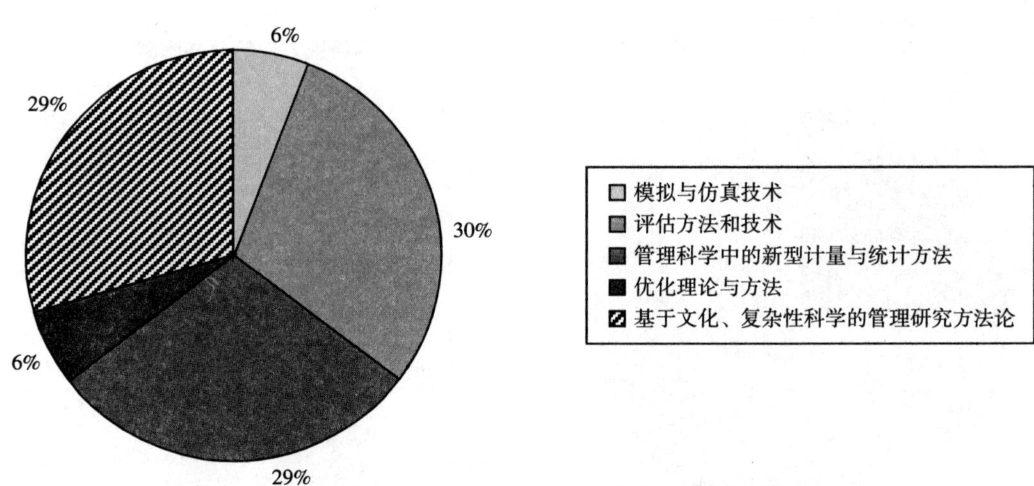

图 1.15　领域一：管理科学基本研究方法不同研究方向的分布比例

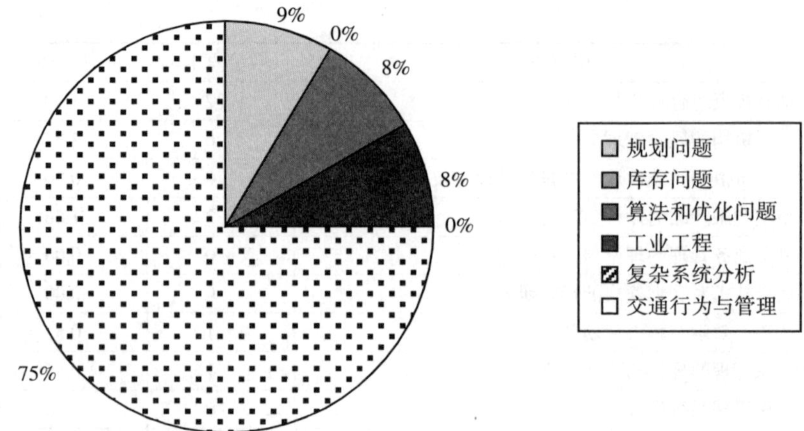

图 1.16　领域二：运筹与管理问题研究不同研究方向的分布比例

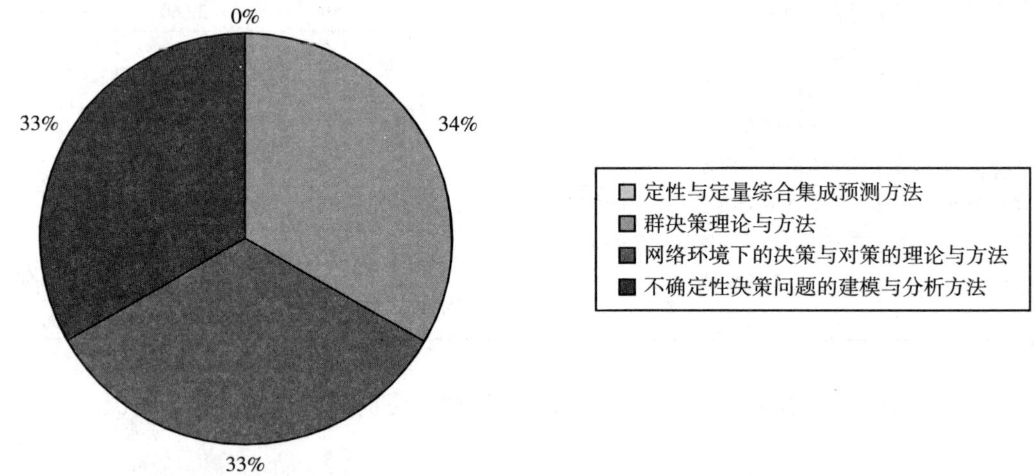

图 1.17　领域三：决策、对策和预测理论与技术不同研究方向的分布比例

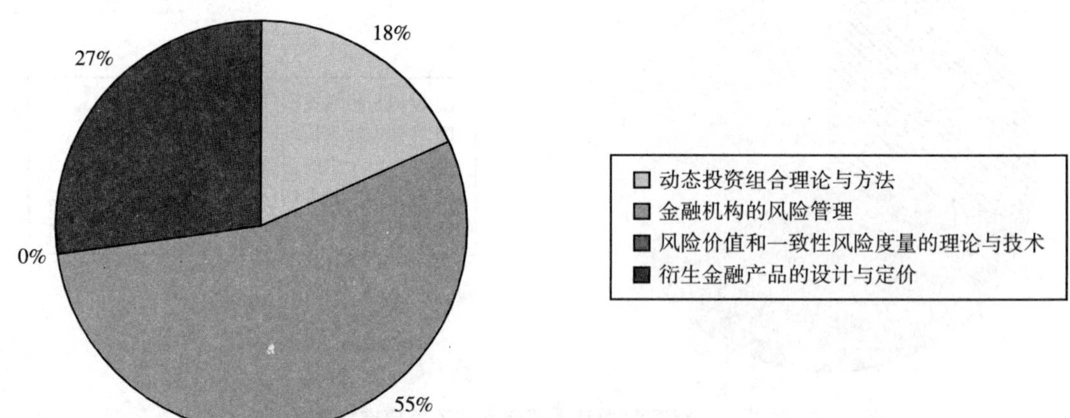

图 1.18　领域四：金融工程与风险管理不同研究方向的分布比例

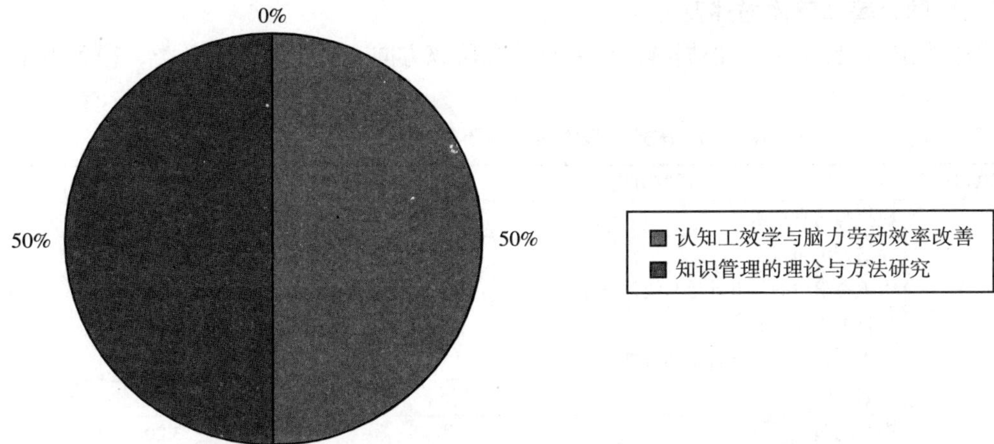

图 1.19　领域五：信息管理与知识管理不同研究方向的分布比例

注：认知工效学与脑力劳动效率改善、知识管理的理论与方法研究两项各占 50%，其他均占 0%。

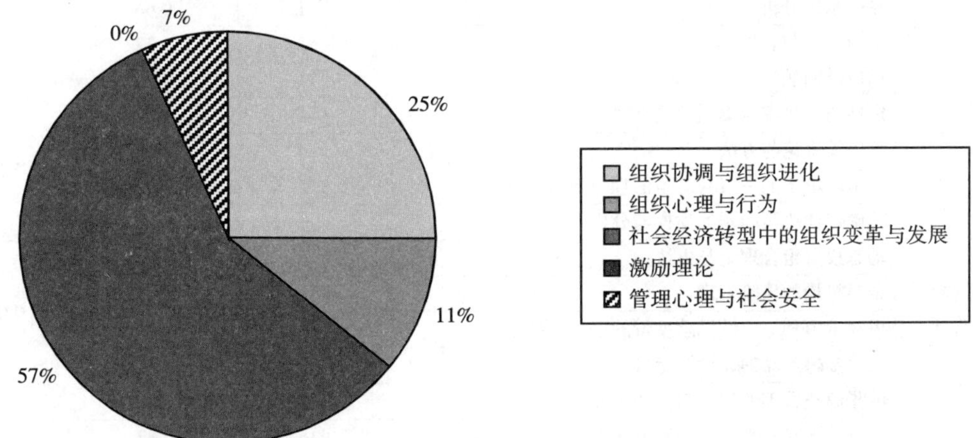

图 1.20　领域六：管理心理与组织行为不同研究方向的分布比例

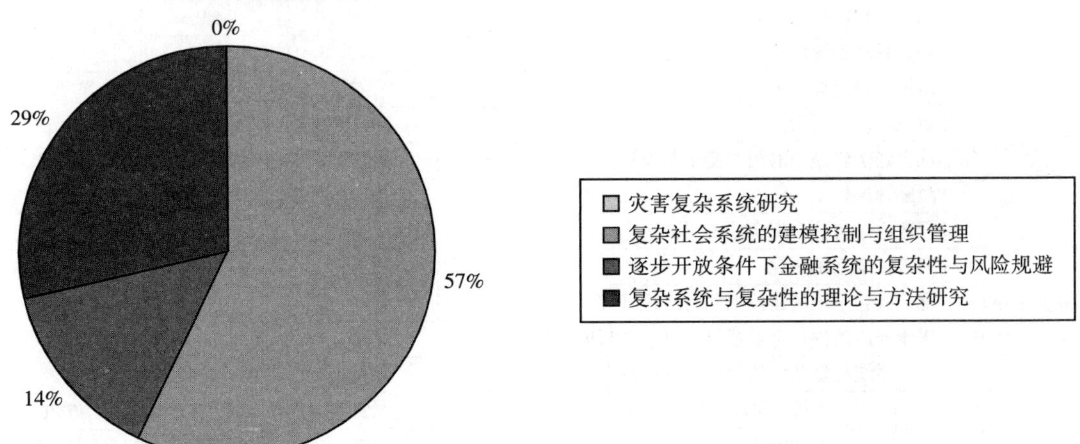

图 1.21　领域七：复杂系统与复杂性研究不同研究方向的分布比例

（二）国外著作整体描述及分析

国外著作的 152 部中，根据具体研究领域和研究方向，进行总结和分类，得到表 1.10。

表 1.10　国外代表性著作在不同领域的数量及分布

研究领域	研究方向	数量（本）	占比（%）	合计（%）
管理科学基本研究方法	模拟与仿真技术	2	1.32	18.42
	评估方法与技术	4	2.63	
	管理科学中的新型计量与统计方法	6	3.95	
	优化理论与方法	12	7.89	
	基于文化、复杂性科学的管理研究方法	4	2.63	
运筹与管理问题研究	规划问题	8	5.26	24.35
	库存问题	5	3.29	
	算法和优化问题	4	2.63	
	工业工程	6	3.95	
	复杂系统分析	1	0.66	
	交通行为与管理	2	1.32	
	供应链问题	11	7.24	
决策、对策和预测理论与技术	定性与定量综合集成预测方法	2	1.32	5.27
	群决策理论与方法	4	2.63	
	网络环境下的决策与对策的理论与方法	2	1.32	
	不确定性决策问题的建模与分析方法	1	0.66	
金融工程与风险管理	动态投资组合理论与方法	0	0.00	0.00
	金融机构的风险管理	0	0.00	
	风险价值和一致性风险度量的理论与技术	0	0.00	
	衍生金融产品的设计与定价	0	0.00	
信息管理与知识管理	电子商务管理的理论与方法研究	4	2.63	22.37
	信息技术对管理模式的影响研究	15	9.87	
	认知工效学与脑力劳动效率改善	4	2.63	
	知识管理的理论与方法研究	9	5.92	
	知识管理系统设计	2	1.32	
管理心理与组织行为	组织协调与组织进化	2	1.32	5.27
	组织心理与行为	0	0.00	
	社会经济转型中的组织变革与发展	3	1.97	
	激励理论	1	0.66	
	管理心理与社会安全	2	1.32	
复杂系统与复杂性研究	灾害复杂系统研究	1	0.66	5.93
	复杂社会系统的建模控制与组织管理	7	4.61	
	逐步开放条件下金融系统的复杂性与风险规避	0	0.00	
	复杂系统与复杂性的理论与方法研究	1	0.66	
其他领域		27	17.76	17.76
合计		152	100	100

国外 2011 年的学术专著中，领域四：金融工程与风险管理的著作数量为 0，可能因为我们的搜集方式不能涵盖全部著作，也可能是因为 2011 年该领域的研究著作较少导致的，因此在后面的比例图中，没有领域四的比例图。

图 1.22 到图 1.27 给出了每个研究领域的研究方向分布比例和构成情况。

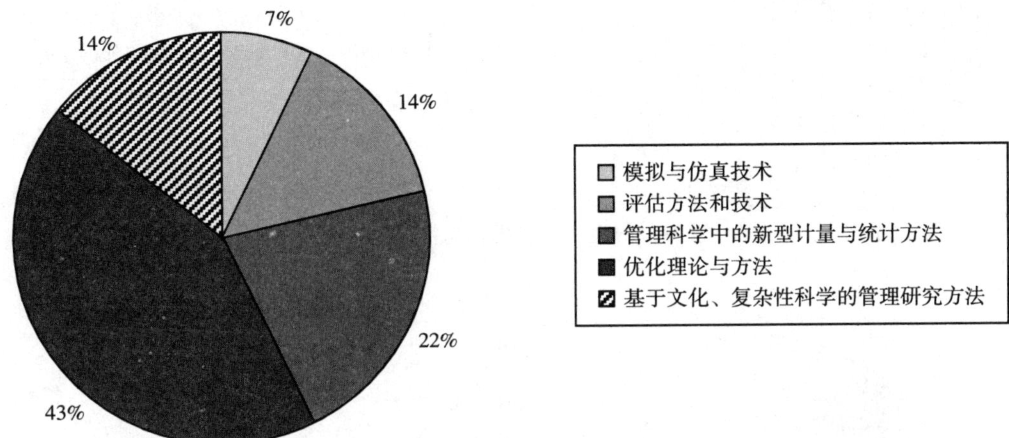

图 1.22　领域一：管理科学基本研究方法不同研究方向的分布比例

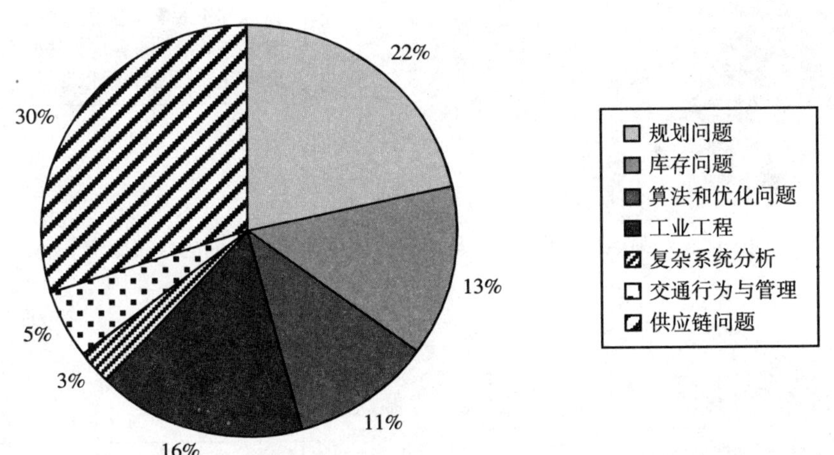

图 1.23　领域二：运筹与管理问题研究不同研究方向的分布比例

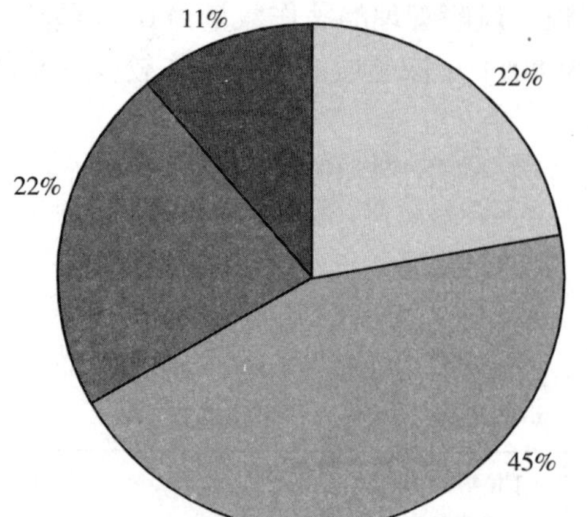

图 1.24　领域三：决策、对策和预测理论与技术不同研究方向的分布比例

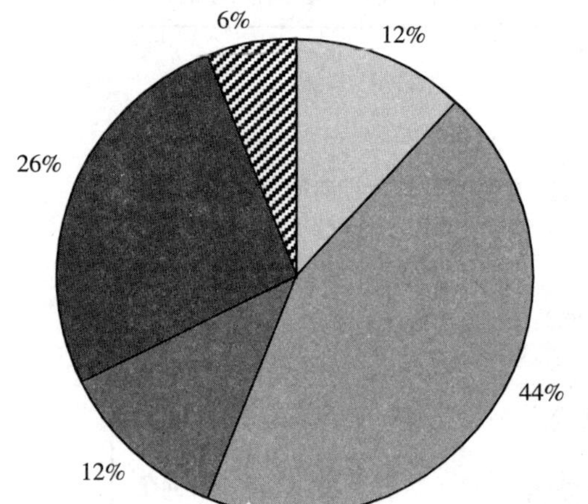

图 1.25　领域四：信息管理与知识管理不同研究方向的分布比例

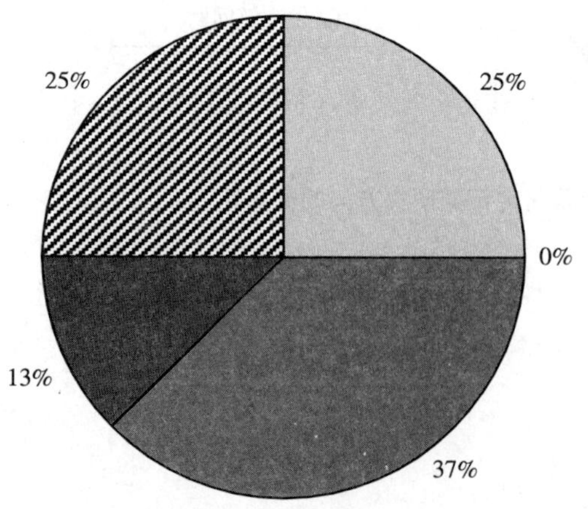

图 1.26　领域五：管理心理与组织行为不同研究方向的分布比例

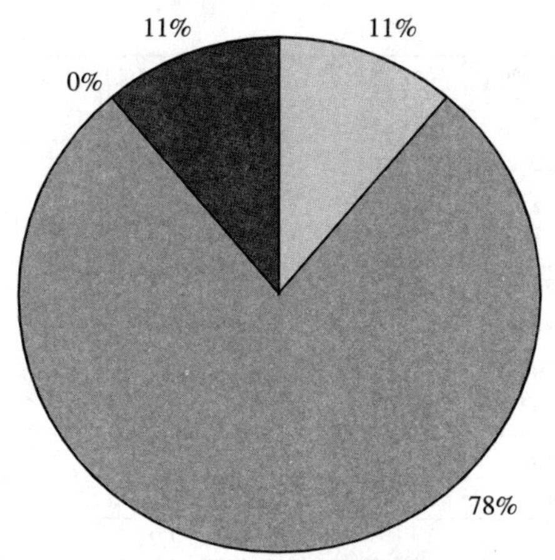

图 1.27 领域六：复杂系统与复杂性研究不同研究方向的分布比例

三、国内自然科学基金立项整体分析

为了描述管理科学与工程学科的研究前景，我们整理了 407 项 2011 年度国家自然科学基金管理科学与工程学科立项的项目，汇总了截止到 2011 年的国家自然科学基金杰出青年基金项目，加以分类整理，考察未来的发展前景和发展方向。

表 1.11 给出了 2011 年审批立项的国家自然科学基金中管理科学与工程学科的项目，按照管理科学与工程学科的研究领域分布进行分类整理。

2011 年的自然科学基金立项中，管理科学与管理思想史立项数量 0 项，运筹与管理立项数量达到了 85 项，一般管理理论与研究方法论、系统可靠性与管理、工程管理三类立项数量都少于 10 项。

运筹与管理、信息系统与管理、金融工程、决策理论与方法、管理系统工程五个研究领域立项数超过了总数的一半，工业工程与管理、数量经济理论与方法、风险管理技术与方法、管理心理与行为、评价理论与方法、对策理论与方法、知识管理七个领域的立项数达到了 126 项，18 个研究领域中，平均立项数超过了 22 项。

表 1.11 2011 年国家自然科学基金管理科学与工程学科研究领域分布数量统计

研究领域	数量（项）	百分比（%）
管理科学与管理思想史	0	0.00
一般管理理论与研究方法论	4	0.98
运筹与管理	85	20.88
决策理论与方法	30	7.37
对策理论与方法	14	3.44
评价理论与方法	16	3.93
预测理论与方法	11	2.70

续表

研究领域	数量（项）	百分比（%）
管理心理与行为	18	4.42
管理系统工程	30	7.37
工业工程与管理	27	6.63
系统可靠性与管理	7	1.72
信息系统与管理	51	12.53
数量经济理论与方法	19	4.67
风险管理技术与方法	19	4.67
金融工程	44	10.81
管理复杂性研究	10	2.46
知识管理	13	3.19
工程管理	9	2.21
总计	407	100

图 1.28 给出了具体研究领域立项数所柱形图。

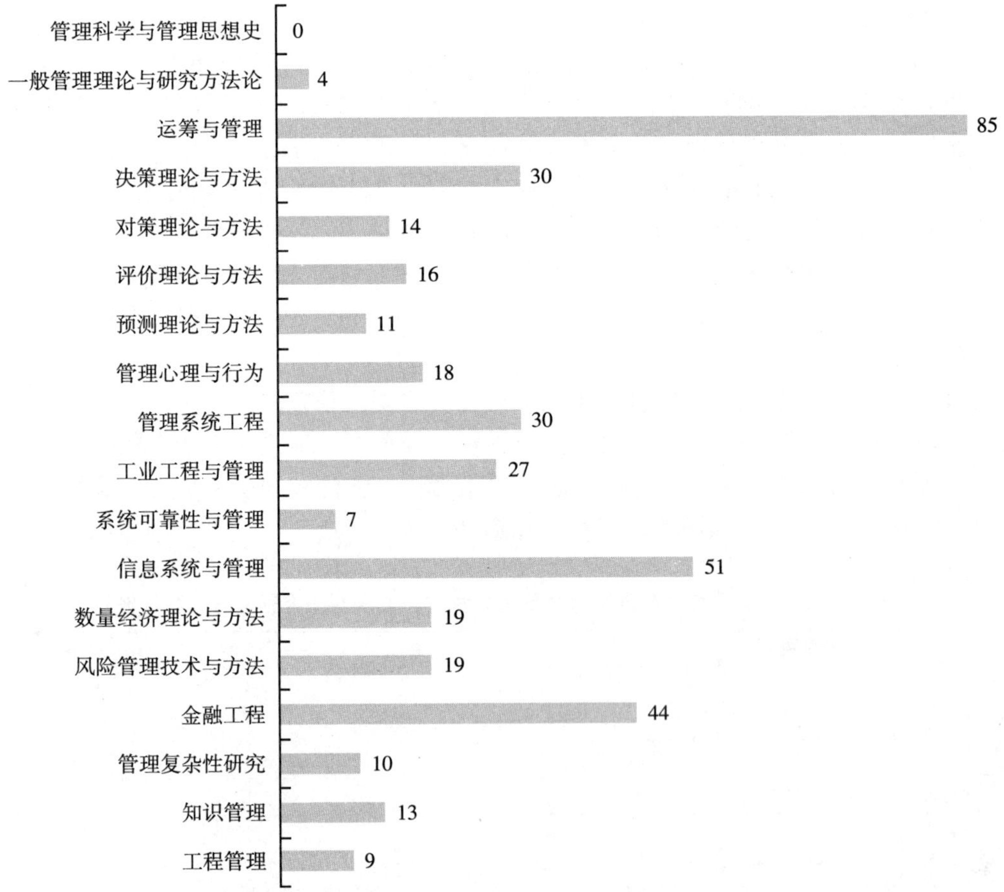

图 1.28　2011 年国家自然科学基金管理科学与工程学科研究领域立项数量（单位：项）

图 1.29 给出了具体研究领域的分布比例。

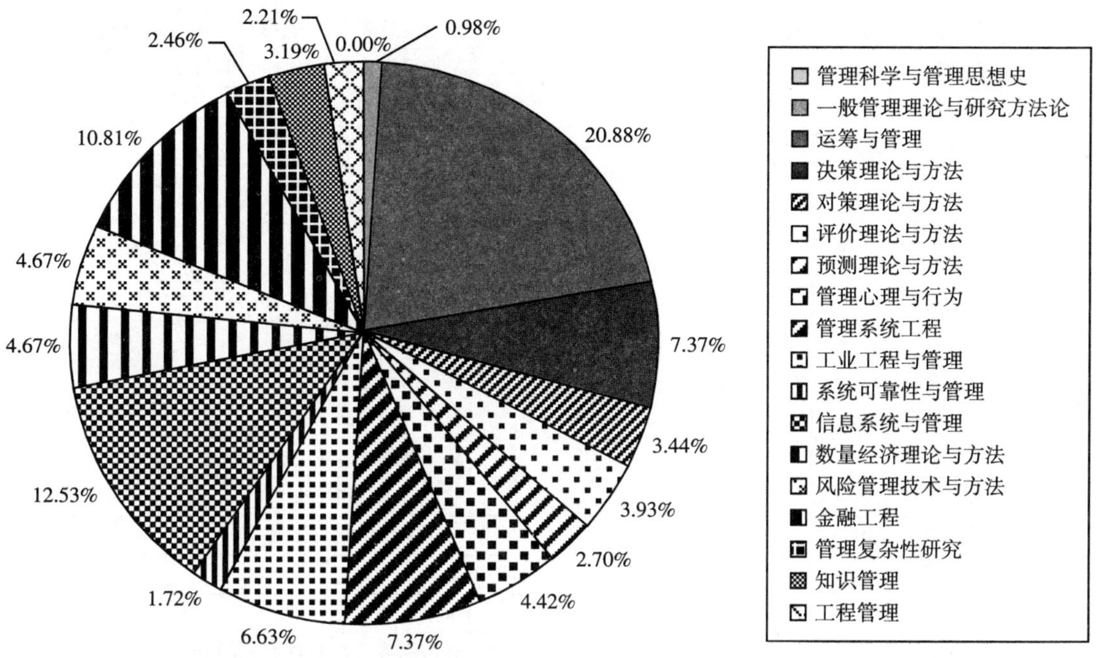

图 1.29 2011 年国家自然科学基金管理科学与工程学科立项数量在 18 个研究领域的分布比例

为了考察管理科学与工程学科 2011 年的研究趋势，我们总结了截止到 2011 年，国家自然科学基金杰出青年基金获得者及研究领域分布情况，如表 1.12 所示。

表 1.12 截至 2011 年国家自然科学杰出青年基金获得者及研究领域分布统计

研究领域	姓名	基金年度	所在单位	项目名称或研究领域
管理科学基本研究方法	胡鞍钢	1994	清华大学	公共政策与管理
	李恒	1999	西安交通大学	研究与发展管理
	程国强	2000	中国农业科学院	农业经济管理
	陈晓红	2001	中南大学	管理科学与管理工程
	王慧文	2001	北京航空航天大学	公共管理与公共政策
	薛澜	2001	清华大学	公共政策与管理
	高自友	2002	北京交通大学	管理科学与管理工程
	张林秀	2002	中国科学院	农业经济管理
	胡瑞法	2003	中国科学院	农业经济管理
	曲福田	2004	南京农业大学	农业经济管理
	梁梁	2005	中国科技大学	评价理论与技术
	樊胜根	2005	中国农业科学院	农业经济管理、公共管理与政策
	蔡洪斌	2007	北京大学	中国企业行为及制度环境的理论与实证分析

续表

研究领域	姓名	基金年度	所在单位	项目名称或研究领域
管理科学基本研究方法	龚六堂	2007	北京大学	宏观经济管理、公共财政和中国经济增长
	曾赛星	2010	上海交通大学	面向可持续竞争力的企业环境创新管理理论与方法
	万国华	2011	上海交通大学	服务运作管理
	王红卫	2011	华中科技大学	管理系统工程
	合计：17 项			
运筹与管理问题研究	陈剑	1998	清华大学	供应链管理
	张汉勤	1999	中国科学院	工业工程
	赵晓波	2003	清华大学	运筹学与物流管理
	唐立新	2004	东北大学	优化理论与技术
	徐寅峰	2005	西安交通大学	运筹与管理
	唐加福	2006	东北大学	优化理论与技术
	华中生	2007	中国科技大学	供应链柔性理论与应用研究
	朱庆华	2010	大连理工大学	物流与供应链管理
	张小宁	2011	同济大学	交通系统优化与管理
	合计：9 项			
决策、对策和预测理论与技术	席酉民	1995	西安交通大学	决策支持系统与实践
	黄季焜	1997	中国科学院	经济决策与农业决策支持系统
	唐小我	1997	电子科技大学	投资决策方法与应用
	张维迎	2000	北京大学	管理科学基础理论研究
	汪寿阳	2001	中国科学院	决策理论
	杨晓光	2004	中国科学院	决策理论与技术
	徐玖平	2004	四川大学	决策与对策理论
	樊治平	2005	东北大学	决策理论与技术、信息管理、知识管理
	白重恩	2006	清华大学	财税管理与政策
	邹国华	2006	中国科学院	预测理论与技术
	徐泽水	2006	中国人民解放军理工大学	决策理论与技术
	王应明	2009	福州大学	决策理论与方法
	李宏彬	2010	清华大学	关于性别比失调的经济分析与政策研究
	饶培伦	2011	清华大学	人因工程与决策行为分析
	杨翠红	2011	中国科学院数学与系统科学研究院	投入占用产出技术与经济、资源环境政策分析
	合计：15 项			
金融工程与风险管理	吴冲锋	2000	上海交通大学	金融工程
	程兵	2000	中国科学院	金融工程与风险管理
	王春峰	2002	天津大学	金融工程
	周春生	2003	北京大学	财务金融
	张卫国	2008	华南理工大学	金融工程
	周勇	2008	中国科学院	风险计量经济模型的建模、预测和应用

续表

研究领域	姓名	基金年度	所在单位	项目名称或研究领域
金融工程与风险管理	张顺明	2008	厦门大学	金融决策理论与行为金融研究
	李仲飞	2008	中山大学	金融资产配置、资产定价与风险管理
	王小群	2009	清华大学	金融资产定价、风险管理与创新算法
	余乐安	2010	中国科学院	基于商务智能的经济预测与金融管理研究
	合计：10 项			
信息管理与知识管理	陈国青	1999	北京大学	管理信息系统、决策支持系统、专家系统
	蔡莉	2000	吉林大学	技术经济与技术管理
	周恒甫	2002	北京大学	管理信息系统、决策支持系统和专家支持系统
	陈劲	2002	浙江大学	技术创新与管理
	胡祥培	2007	大连理工大学	电子商务物流系统智能建模方法与干扰管理研究
	马超群	2008	湖南大学	管理系统工程
	李敏强	2009	天津大学	信息系统与管理
	赖明勇	2009	湖南大学	管理系统工程
	曾大军	2010	中国科学院	协同式管理信息系统与电子商务
	黄丽华	2010	复旦大学	我国信息化与工业化融合的理论与实现途径
	合计：10 项			
管理心理与组织行为	郝模	1999	复旦大学	医疗卫生管理
	徐济超	2001	郑州航空工业管理学院	质量管理
	张宗益	2005	重庆大学	公司治理、区域经济增长与政策
	陈国权	2006	清华大学	企业人力资源管理
	汪昌云	2007	中国人民大学	公司治理的价值创造路径研究
	张志学	2009	北京大学	组织行为与组织文化
	周长辉	2011	北京大学	国际化与中国企业战略
	合计：7 项			
复杂系统与复杂性研究	黄海军	1998	北京航空航天大学	交通运输规划与管理
	赵景柱	2003	中国科学院	可持续发展的生态经济过程评价与管理
	魏一鸣	2004	中国科学院	复杂性研究
	杨百寅	2007	清华大学	企业创新力的多层次形成机制研究
	范英	2008	中国科学院	能源—环境—经济复杂系统中的预测理论方法与应用
	王金霞	2009	中国科学院	水资源管理、制度与政策
	马铁驹	2011	华东理工大学	技术演化与能源系统分析
	合计：7 项			
共计 75 项				

2011 年，国家自然科学基金杰出青年基金项目获得者有 7 人，分别分布于同济大学、华东理工大学、华中科技大学、清华大学、北京大学、上海交通大学、中科院等单位，研究领域分别是交通、技术、管理系统工程、决策、国际化、服务运作管理、投入产出等，表 1.13 总结了国家自然科学基金杰出青年项目 2011 年的获奖情况。

表 1.13　2011 年度国家自然科学基金委员会管理科学部杰出青年基金获得者（共计 7 人）

姓名	性别	学历	职称	研究领域	所在单位
张小宁	男	博士	研究员	交通系统优化与管理	同济大学
马铁驹	男	博士	教授	技术演化与能源系统分析	华东理工大学
王红卫	男	博士	教授	管理系统工程	华中科技大学
饶培伦	男	博士	教授	人因工程与决策行为分析	清华大学
周长辉	男	博士	教授	国际化与中国企业战略	北京大学
万国华	男	博士	教授	服务运作管理	上海交通大学
杨翠红	女	博士	研究员	投入占用产出技术与经济、资源环境政策分析	中国科学院数学与系统科学研究院

表 1.14 给出了截至 2011 年国家自然科学基金杰出青年基金获奖者的研究领域分布情况，占比最高的是管理科学基本研究方法，其次是决策、对策和预测理论与技术，占比最低的分别是管理心理与组织行为和复杂系统与复杂性研究，总体来看，在管理科学与工程的 7 个研究领域中，杰出青年基金项目的分布比较平均，75 项获奖成果中，平均每个研究领域获奖 10.71 项。

表 1.14　截至 2011 年国家自然科学杰出青年基金研究领域分布统计

研究领域	数量（项）	比例（%）
管理科学基本研究方法	17	23
运筹与管理问题研究	9	12
决策、对策和预测理论与技术	15	20
金融工程与风险管理	10	13
信息管理与知识管理	10	13
管理心理与组织行为	7	9
复杂系统与复杂性研究	7	9

图 1.30 和图 1.31 分别给出了截至 2011 年，国家自然科学基金杰出青年基金项目研究领域的分布数量和分布比例。

学科发展和未来的研究方向如下：

（1）在全球化和竞争激烈的今天，管理科学与工程学科的基础理论与基础方法必须受到重视，尤其是伴随着计算机技术和网络通信技术的迅猛发展，对策和决策理论研究与管理科学基础理论的研究日益智能化，仿真研究和模拟研究成为未来发展的主要方向，同时如何面对网络不确定性问题提出解决方案成为了国际和国内的研究热点问题。

（2）国内外研究热点还没有呈现出一致性和趋同的倾向，国内研究往往以国内政策和热点问题为研究重点，还有大部分的文献追逐国外主流研究领域的研究问题展开国内研究，国内和国际研究呈现严重的分化现象，因此，如何加强国内研究的自主性和科学性，而不仅仅是应用性这一问题也是十分重要的。

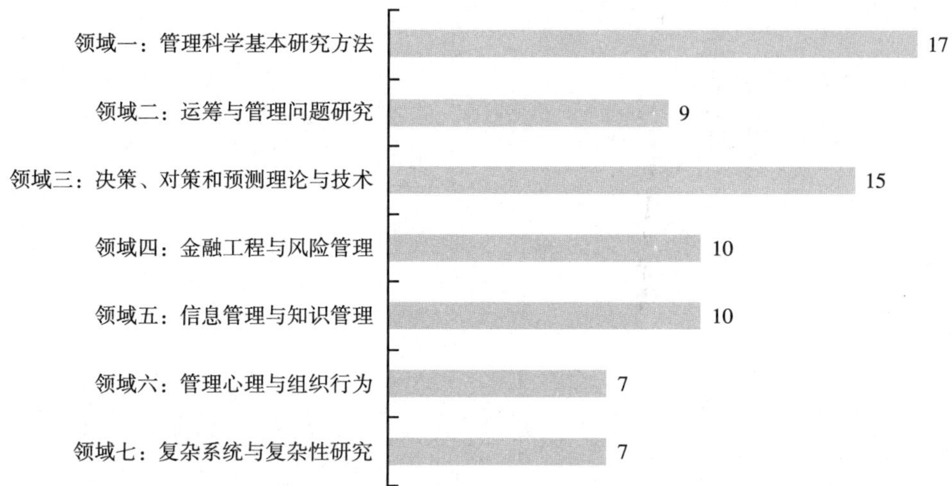

图 1.30　截至 2011 年国家自然科学杰出青年基金项目各研究领域分布情况（单位：项）

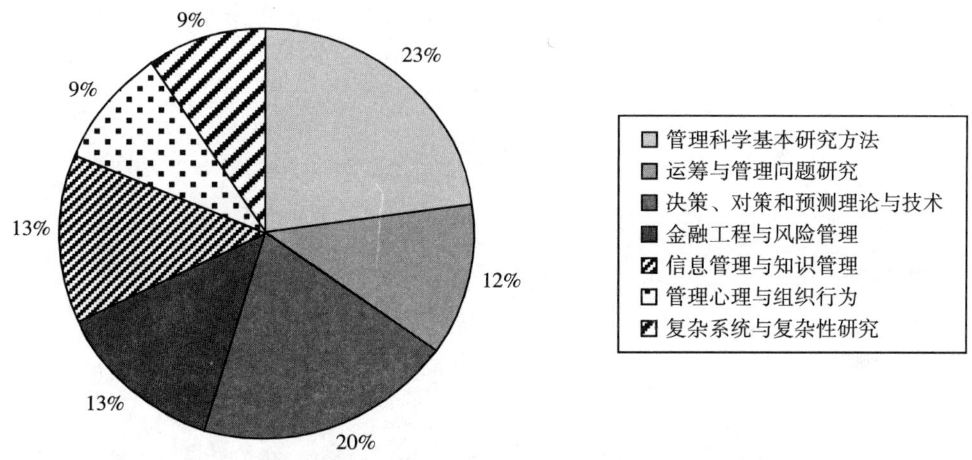

图 1.31　截至 2011 年国家自然科学杰出青年基金项目各研究领域分布百分比

（3）从实证研究和规范研究的比较上，规范研究的数量远远少于实证研究，这固然和数据可获得性有关，也和管理理论的验证需求密切相关，然而过分地注重实证研究而忽视规范研究和理论研究，容易造成数据陷阱，也难以真正形成管理科学与工程理论上的重大突破和重大创新。

（4）从研究方法上来看，国内学者往往追逐国外学者的脚步，将国外研究方法应用于国内数据。在某些领域中，尤其是实证研究、模拟研究等，国内和国际上还存在重大差距，但是在调查研究、案例研究、比较研究等领域，国内已经涌现出突出的成果，目前来看，实验研究、行为研究、演化研究正在得到更大比例和更多应用。

第二章　管理科学与工程学科 2011 年期刊论文精选

如前所述，本报告以上述管理科学与工程学科的理论结构划分为依据，对 2011 年度国内外管理科学与工程学科的相关文献进行了收集、梳理与遴选，收录相关学术论文共计 4290 篇，其中国内期刊论文 3645 篇，A 类期刊论文 2462 篇，B 类期刊论文 1183 篇；国际期刊论文 645 篇，源自国外十大 A 类期刊。对于收录的论文，我们依据以下原则加以甄别优选：文献的分类口径符合；论文与学科相对度高；论文检索频次较高；理论与方法具有前沿性与创新性；针对重要的社会经济问题，对于管理实践具有现实意义。另外，尽可能覆盖更多的 A 类期刊，以丰富不同领域的研究成果。

第一节

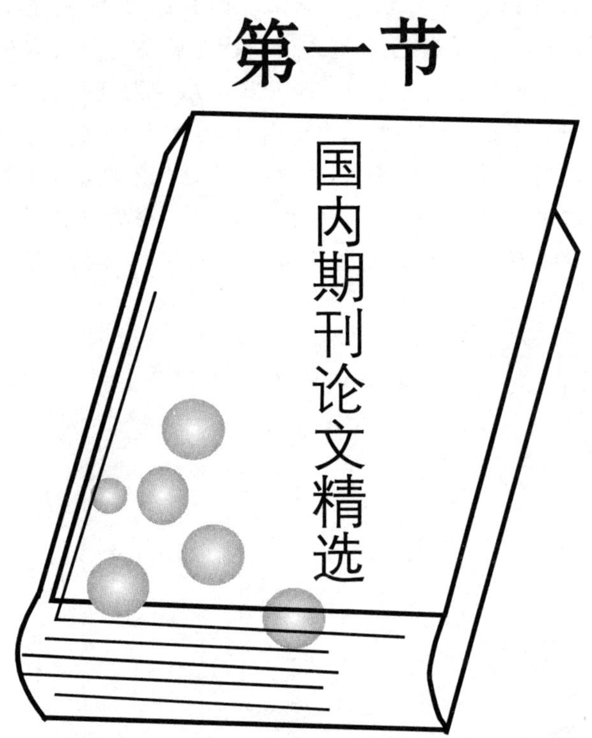

基于 Bayesian-SV-SGT 模型的原油价格“Value at Risk”估计 *

柴建　郭菊娥　龚利　汪寿阳①

摘要： 从分析原油现货市场收益率的统计特征入手，为更好地刻画原油现货市场收益率的尖峰厚尾、偏态及波动集聚性和持续性的波动特性，引入 SGT 分布来描述原油市场价格的分布特征，利用 SV 模型来度量国际原油市场的价格波动率。同时，基于 Bayesian 原理，利用 MCMC 方法来解决 SV 模型的参数估计难题，建立了 Bayesian-SV-SGT 模型，并对国际原油现货价格“VaR”（Value at Risk）进行了估计和分析。研究结果表明，相对 GARCH 类-GED 模型而言，Bayesian-SV-SGT 模型更好地刻画了原油现货市场收益特征，并能更加精确地刻画原油现货市场的价格风险。

关键词： 风险分析　SV-SGT 模型　Bayesian 分析　VaR　广义误差分布（GED）

一、引　言

近些年来，国际原油价格波动频繁，持续走高，给全球尤其是像中国这样的石油消费大国的经济可持续发展带来了很大冲击。油价波动似乎正在成为一种常态，日益影响着我们的社会、经济、生产和交通的各个方面。由原油价格的波动给原油生产者或消费者等各方带来的收益上的不确定性，即原油价格风险，也成了研究的热点[1-3]。

原油市场的价格风险来自于国际原油市场内在的不确定性、主要产油国的政策、未预

* 本文选自《系统工程理论与实践》2011 年第 31 卷第 1 期。

资助项目：国家自然科学基金（70121001，70473072，70773091）。

① 作者简介：柴建（1982-），男，汉，河南人，博士研究生，讲师，研究方向：能源风险管理；郭菊娥（1961-），女，汉，陕西人，博士，教授，博士生导师，研究方向：投融资决策与风险管理，投入产出分析；龚利（1981-），男，汉，江苏人，博士，研究方向：投融资决策与风险管理；汪寿阳（1958-），男，汉，江苏人，博士生导师，研究方向：金融管理，物流与供应链管理，冲突分析与对策论，决策分析与经济预测。

期到的市场冲击和投机因素等[4]。通过采取合适的建模方法，可以发现这种风险的特征，并为监控和规避油价风险提供依据。在世界原油价格风险管理方面，已有众多学者开展了有意义的研究。Giot 和 Laurent[1] 利用 Risk Metrics，Skewed Student APARCH 及 Skewed Student ARCH 等方法，研究了两大原油现货市场 WTI 和 Brent 现货日价格风险 VaR。Cabedo 和 Moya[5] 将 VaR 的历史模拟法与 ARMA 模型相结合（HSAF 方法）对 Brent 原油现货价格的日对数收益率 VaR 进行估计。潘慧峰、张金水[6] 采用国内原油价格的调度数据，运用基于 GED 分布的 GARCH 模型度量了国内油市的极端上涨和极端下跌时的 VaR，说明石油生产者可以利用市场势力和上下游一体化的组织形式，将部分下跌风险转嫁给石油需求者，而石油需求者则缺少有效的措施来应对油价上涨。余炜彬、范英、魏一鸣[7] 引入 VaR（Value at Risk）利用极值理论对世界原油现货市场的价格风险 VaR 进行研究，并在此基础上讨论了两市场价格风险的不同特征以及同一市场中生产商风险和采购风险的不同特征。张跃军、范英、魏一鸣[8] 采用中国大庆原油价格日平均交易数据，建立了基于 GED 分布的 GARCH（1，1）、GARCH-M（1，1）和 TGARCH（1，1）三个模型，描述了中国原油价格与国际接轨以来的波动特征。Sadeghi[9] 利用历史模拟法与 ARMA 预测法相结合（HSAF）来计算原油价格市场的 VaR 风险，并与基于正态分布的 GARCH 模型相对比，结果表明了 HSAF 方法更为有效。而后，Fan[2] 等基于国际原油市场，利用 GED-GARCH 模型研究了能源价格风险 VaR 及风险溢出效应问题，检验表明该方法相对于 HSAF 更为精确有效。Costello[3] 发展了 Cabedo 和 Moya 对原油价格风险 VaR 的估计方法，证明了基于非正态分布的半参数 GARCH 模型要优于 HSAF 方法。

综上，在原油价格风险的分析方法当中，VaR 成为一种公认的有效度量风险的方法，并且在 VaR 的估计技术上不断取得进步。鉴于此，本文也将 VaR 作为原油价格风险的度量测度，并尝试进一步改进 VaR 的估计技术。

在计算价格 VaR 的过程中，首先需要给出资产价格波动率的准确描述。价格波动率是原油价格市场最为重要的特性之一，波动率的估计和预测一直是金融经济学研究的热点。针对市场波动率表现出的时变特点与“集聚效应”，先后出现了用于波动率估计的 ARCH 类模型（Engle、Bollerslev）和随机波动率模型[10]。蒋祥林、王春峰[11] 基于贝叶斯原理，对随机波动性模型进行研究，并将 SV-N 模型应用于股市风险价值 VaR 的估计与预测，得到了随机波动率的 VaR 估计较 GARCH 模型的 VaR 估计具有更高的精度的结论。孙米强等[12] 简单介绍了 VaR 的含义，分析了计算 VaR 时的关键，将随机波动 SV-N 模型应用于 VaR 的计算，说明了基于 SV 模型下的 VaR 更具有动态性和精准性，实验分析结果表明，SV 模型准确反映了市场因子的波动情形，利用 SV 模型计算得到的 VaR 更贴切地反映了金融市场的风险水平。故在金融市场上，SV 模型对资产价格波动率的度量效果要优于 GARCH 类模型。由于能源价格市场同金融市场具有很强的相似性，研究者大多直接利用研究金融市场的模型和工具来刻画能源市场。但能源市场有其特殊的背景和特性，在金融市场中具有良好刻画效果的 SV 模型是否在能源市场上也具有优势？为回答这个问题，本文将利用 SV 模型来度量国际原油市场的价格波动率，并同 GARCH 类模型结果进行比较。

大部分的SV模型在实际应用中都是假定模型的随机干扰项服从正态分布。因此产生的日收益率也是服从正态分布。但在实践中这些假设不尽合理，修改这些假设，就可以得到各种扩展的SV模型，如主要描述了收益序列厚尾特性的SV-T模型和SV-GED模型，但是这些扩展的模型也只能分别描述资产收益率序列特性（尖峰性、偏态性或厚尾性）的某一方面。本文引入一种新的分布来扩展SV模型，这种新的分布来源于Theodossiou[13]所提出的SGT（skewed generalized t distribution）分布。Bali[14]利用SGT分布函数来反映收益率的变化，利用GARCH族类函数来估计波动率，结果表明基于SGT-GARCH模型能得到更为稳定及精确的估计。SGT分布的参数描述了随机序列的五个特征：均值，标准差，偏度，峰度，厚尾度，因此SGT分布提供了一个灵活方便的描述金融数据的经验分布的工具，而且在参数取特定值时，SGT分布等价于偏态t分布、广义t分布、一般t分布、正态分布及GED分布。首次尝试利用SV-SGT模型来捕捉实际石油价格收益序列的尖峰厚尾和偏态等特征，并以此为基础计算VaR值。

本文采用Bayesian-SV-SGT模型来度量国际及国内石油价格的VaR风险，从以下几个方面扩展了以前的研究：第一，首次引入SGT分布来描述原油市场的价格和其波动特征，SGT分布是很多已知分布（正态分布，广义t分布，非对称t分布，GED分布等）的一般化，能够全面灵活地描述价格序列的尖峰厚尾和偏态特征，从而对原油价格的变动进行极好的描述和度量，而这正是已有的方法所缺少的；第二，建立了SV-SGT模型，并将其用于VaR的计算，实际结果表明，本文所建立的新的模型切实可行并取得了理想的效果；第三，基于Bayesian原理，利用Winbugs软件解决了SV-SGT模型的参数估计难题。

二、基于SV-SGT模型的VaR风险计算

（一）VaR模型

VaR（Value at Risk）按字面意思解释就是“处在风险中的价值”，一般可译为风险价值。用Jorion[15]给出的权威定义，可将其表述为“给定置信度的一个持有期内的最坏的预期损失”。本文采用石油市场收益率条件分布的右尾概率来度量油价上涨的风险，有α分位数对应于1 - α置信水平下油价上涨的VaR，经济意义是由于油价大幅上涨导致的石油需求者的额外支出；相应的左尾概率则表示油价下跌时的风险。则石油需求者的VaR：

$P(y_t > |VaR_{ut}|I_{t-1}) = \alpha$

同理，石油供应者的VaR：$P(y_t < VaR_{dt}|I_{t-1}) = \alpha$。其中 y_t 表示资产在第t期收益；1 - α表示置信水平；VaR_{ut} 表示t时刻1 - α水平下石油需求者的VaR；VaR_{dt} 表示t时刻1 - α水平下石油供应者的VaR，取值为正。

最基本的VaR计算方法是将资产回报率看成是具有固定方差的正态分布来简单估计

VaR 值。因为市场的时变性，这样得出的结果显然太过粗糙。加权正态模型（WTN）和 GARCH 族模型考虑到了波动时变性，被广泛应用于 VaR 值，其中 EGARCH 模型被认为能较理想地测量 VaR。然而，即便是这些模型，面对金融时间序列“高峰厚尾”、杠杆效应、平方序列微弱而持久的自相关性等显著特征也显得十分脆弱。SV 模型是另一类异方差模型，它将随机过程引入方差表达式中，被认为是刻画金融市场波动性的最理想模型。但由于其参数估计困难，直到近年来才开始得到运用。

（二）SV 模型

标准的 SV 模型：

$y_t = \mu + \sigma_t z_t$，$t = 1, 2, \cdots, T$

$\ln\sigma_t^2 = \alpha + \beta(\ln\sigma_{t-1}^2 - \alpha) + \varepsilon_t$，$\varepsilon_t \sim N(0, \sigma_\varepsilon^2)$

其中，p_t 表示在时间 t 时的资产价格；$y_t = \ln(p_t/p_{t-1})$ 表示资产的对数收益率；$\ln\sigma_t^2$服从一个 AR(1) 过程；z_t 是一系列独立同分布的随机干扰项；ε_t 为波动的扰动水平，独立同正态分布，均值为 0，方差为 σ_ε^2；误差项 z_t 和 ε_t 是不相关的，都是不可观测的；β 为持续性参数，反映了当前波动对未来波动的影响，并且对于$|\beta| < 1$，SV 模型是协方差平稳的。为方便起见，记 $h_t = \ln\sigma_t^2$，假定 $h_0 \sim N(\alpha, \sigma_\varepsilon^2)$，可以得到对于给定的 h_{t-1}、α、β，h_t 服从均值为 $\alpha + \beta(h_{t-1} - \alpha)$，方差为 σ_ε^2的正态分布，即：

$h_t | h_{t-1}, \alpha, \beta \sim N(\alpha + \beta(h_{t-1} - \alpha), \sigma_\varepsilon^2)$，$t = 1, 2, \cdots, T$

故 h_t 的无条件期望值和方差分别为：Eh_t，$VaR(h_t) = \dfrac{\sigma_\varepsilon^2}{1 - \beta^2}$。

因为 $\varepsilon_t(t = 1, 2, \cdots, T)$ 之间相互独立且同分布，故 h_t 无条件服从均值为 α，方差为 $\dfrac{\sigma_\varepsilon^2}{1 - \beta^2}$的正态分布，即$h_t \sim N\left(\alpha, \dfrac{\sigma_\varepsilon^2}{1 - \beta^2}\right)$，$t = 1, 2, \cdots, T$，所以 σ_t^2有对数正态分布，且期望和方差为：

$$E\sigma_t^2 = \exp\left(\frac{\sigma_\varepsilon^2}{2(1 - \beta^2)}\right),\ VaR(\sigma_t^2) = \exp\left(\frac{\sigma_\varepsilon^2}{1 - \beta^2}\right)$$

（三）SGT 分布密度

众所周知，通常情况下，资产收益率序列不服从正态分布，即资产收益率序列的随机干扰项不服从正态分布，前人在计算 VaR 的过程中通常通过假定随机干扰项服从 t 分布、广义误差分布（GED）、混合正态分布等来解决这个问题，但是这些分布只能分别描述资产收益率序列特性（尖峰性、偏态性或厚尾性）的某一方面。在这一节我们将介绍 Theodossiou 所提出的 SGT 分布，这种分布的参数可以方便地描述金融时间序列数据的峰度、偏态和厚尾性质。

假定随机干扰项 z 服从 SGT 分布，概率分布密度如下：

$$f(z|\lambda, \eta, \kappa)=C\left(1+\frac{|z+\delta|^{k}}{((1+\eta)/\kappa)(1+I(z+\delta)\lambda)^{\kappa}\theta^{\kappa}}\right)^{\frac{\eta+1}{\kappa}}$$

其中，$C=0.5\kappa\left(\frac{\eta+1}{\kappa}\right)^{-1/\kappa}B\left(\frac{\eta}{\kappa}, \frac{1}{\kappa}\right)^{-1}\theta^{-1}$，$\delta=\rho\theta$，$\theta=\frac{1}{\sqrt{g-\rho^{2}}}$，$\rho=2\lambda B\left(\frac{\eta}{\kappa}, \frac{1}{\kappa}\right)^{-1}\left(\frac{\eta+1}{\kappa}\right)^{1/\kappa}B\left(\frac{\eta-1}{\kappa}, \frac{2}{\kappa}\right)$，$g=(1+3\lambda^{2})B\left(\frac{\eta}{\kappa}, \frac{1}{\kappa}\right)^{-1}\left(\frac{\eta+1}{\kappa}\right)^{1/\kappa}B\left(\frac{\eta-2}{\kappa}, \frac{3}{\kappa}\right)$，并且 $z=\frac{y-\mu}{\sigma}$ 为 0 均值和单位标准差的标准化过程，μ 和 σ 分别表示资产收益率的均值和标准差；λ 表示偏态程度参数，满足 $|\lambda|<1$；η 为描述厚尾程度的参数，满足 $\eta>2$；κ 为描述尖峰程度的参数，满足 $\kappa>0$；I 为示性函数，$B(\cdot)$ 为贝塔函数。

令 $x=z+\delta$，则 x 的均值为 δ，方差为 1，由 Theodossiou 中的结果，当 r 为整数时，变量 x 的 r 阶非中心矩为：

$$M_{r}=E(x^{r})=0.5((1+\lambda)^{r+1}+(-1)^{r}(1-\lambda)^{r+1})\left(\frac{\eta+1}{\kappa}\right)^{r/\kappa}B\left(\frac{\eta}{\kappa}, \frac{1}{\kappa}\right)^{-1}B\left(\frac{\eta-r}{\kappa}, \frac{r+1}{\kappa}\right)\theta^{r}$$

则可得到变量 z 的偏态（S(z)）和峰度（K(z)）为：

$$S(z)=E(x-\delta)^{3}=M_{3}-3\delta-\delta^{3}$$

$$K(z)=E(x-\delta)^{4}=M_{4}-4M_{3}\delta+6\delta^{2}+3\delta^{4}$$

其中 M_3、M_4 分别表示变量 x 的 3 阶和 4 阶非中心矩，由定义公式可见，如果 η 小于 4，则峰度不存在，如果 η 小于 3，则峰度和偏态都不存在。SGT 中参数的估计可以由样本的对数极大似然估计得到，即极大化下式：

$$L=\sum_{t=1}^{T}\ln(f(z_{t}|\lambda, \eta, \kappa))$$

上述介绍的 SGT 分布是很多已知分布的一般化，当 SGT 中的参数 $\lambda=0$ 时，就是广义 t 分布，当 $\kappa=2$ 时为非对称 t 分布，当 $\lambda=0$，$\eta=\infty$ 时，变为广义误差分布（GED），当 $\lambda=0$，$\eta=\infty$，$\kappa=2$ 时为正态分布，鉴于 SGT 分布中的参数能很好地捕捉收益率分布的尾部厚度、偏态及峰度现象，本文拟采用基于 SGT 分布的 SV 模型来估计波动率和 VaR。

（四）基于 SV-SGT 模型的 VaR 估计

在给定的置信水平 $1-\alpha$ 的情况下，由石油需求者的 VaR 定义知：

$$P(y_{t}>VaR_{ut}|I_{t-1})=\alpha$$

上式等价于 $P(y_{t}>VaR_{ut}|I_{t-1})=\int_{-\infty}^{VaR_{ut}}f(y_{t}|I_{t-1})dy_{t}=1-\alpha$，其中 $f(y_{t}|I_{t-1})$ 为收益率 y_t 的条件概率密度函数。而上式又可写成以下的标准形式：

$$P(y_{t}<VaR_{ut}|I_{t-1})=P\left(\frac{y_{t}-\mu}{\sigma_{t}}<\frac{VaR_{ut}-\mu}{\sigma_{t}}|I_{t-1}\right)$$

$$= P\left(z_t < b_t = \frac{VaR_{ut} - \mu}{\sigma_t}\right) = \int_{-\infty}^{b_t} f(z_t)dz_t = 1 - \alpha$$

其中 $f(z_t)$ 为 SGT 分布密度，在给定 SGT 分布概率密度函数的情况下，很容易得到 $f(z_t)$ 的 $1-\alpha$ 上分位数 b_t 的具体值。在通常情况下，基于标准正态分布的 VaR 估计可以很容易地得到在 $1-\alpha=99\%$的置信度下 $b_t=2.326$。但本文在更一般的情况下利用 SV-SGT 来估计 VaR，由上式可知，b_t 是 λ，η，κ 的函数，故石油需求者的 VaR_{ut} 值为：$VaR_{ut}=\mu+b_t\sigma_t$，同理，可得石油供应者的 VaR_{dt} 为：$VaR_{dt}=\mu-b_t\sigma_t$，其中 μ，σ_t 可由（二）中介绍的 SV 模型估计得到，b_t 可由（三）中介绍的基于样本极大似然估计的 SGT 分布形式得到。

三、原油现货价格的“VaR”

目前世界原油交易以 WTI 和 Brent 两大原油市场的影响最大最广泛。本文将针对这两大原油现货市场进行价格风险的实证研究。采用的数据来源于 IEA，为 WTI 和 Brent 两大原油现货市场 1987 年 5 月 20 日至 2007 年 1 月 22 日的价格日数据。对于数据样本，剔除非交易日，这样 Brent 原油现货市场共有 5011 个数据，WTI 原油现货市场共有 4967 个数据。为缓冲油价的波动程度，我们采用集合对数百分收益率。令 p_t 表示在时间 t 时的原油出售价格的观测值，$y_t=100\ln(p_t/p_{t-1})$ 表示资产的对数百分收益率，从两原油市场的日价格对数收益率走势图（见图 1、图 2）上可见，两市场都存在极大的波动聚集效应（表 1 中的 ARCH-LM 检验也给出了证明）。

对两石油现货市场价格收益率序列的初步统计分析结果如表 1，两市场交易价格收益率的均值、方差、最大及最小值都非常接近。同时，同标准正态分布相比，标准正态分布的偏态与峰度分别为 0 和 3，而 WTI 和 Brent 两石油市场价格收益率序列的偏态显著小于 0（左偏），峰度显著大于 3（尖峰），因此可以得出两石油市场资产回报率的分布拥有显著的尖峰和偏态现象。同时，LB 检验结果说明两序列都具有显著的自相关性，ARCH-LM 检验说明两序列显著的 ARCH 效应。另外，单位根检验表明了序列样本的稳定性。由图 3、图 4 也可看出，两市场的资产收益率 Q-Q 图非常接近，而且都表现出显著的厚尾现象。故由基本的统计分析，可以判断出原油价格收益序列具有显著的尖峰、厚尾、偏态和波动集聚特征。

为了检验 SV-SGT 模型的有效性，本文运用目前检验结果很有效的 GARCH 类-GED 模型 [2] 进行了对比分析说明。

（一）油价风险的 GARCH 类-GED 模型分析

由图 1、图 2 及表 1 检验结果可以看出国际原油价格收益率序列具有明显的波动集聚性，故先用 AR 模型消除序列自相关性，结果发现残差具有显著的高阶 ARCH 效应。为

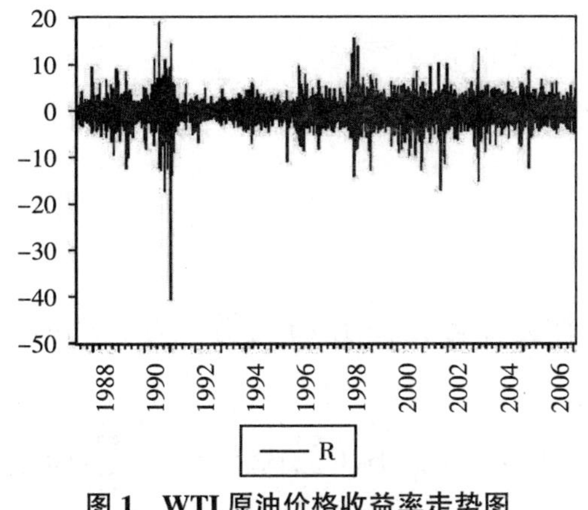

图 1　WTI 原油价格收益率走势图

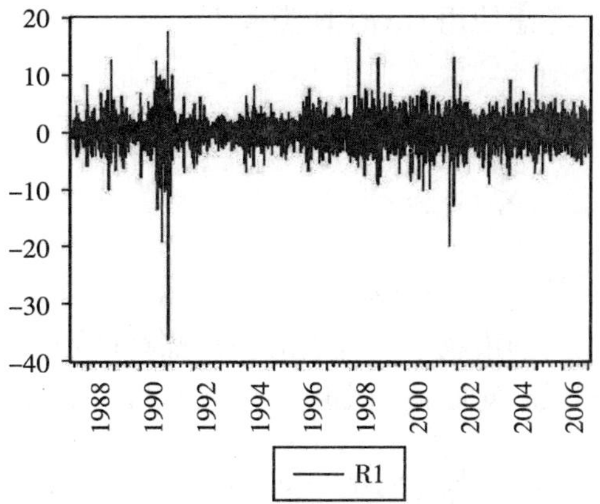

图 2　Brent 原油价格收益率走势图

表 1　WTI 和 Brent 原油现货市场价格收益率序列的基本统计

	WTI 对数收益率	Brent 对数收益率
均值	0.0200	0.0214
最大值	18.8677	17.3333
最小值	−40.6396	−36.1214
标准差	2.4625	2.3351
偏态	−1.1400	−0.8545
峰度	19.9360	16.9728
LB-Q（8）	（0.0000）49.1150	（0.0080）20.7030
LB-Q（16）	（0.0000）63.4090	（0.0000）45.1730
ADF test	（0.0001）−45.2119	（0.0001）−68.3397
ARCH-LM	（0.0000）29.6751	（0.0000）44.0448

注：括号中数值为 p 值。

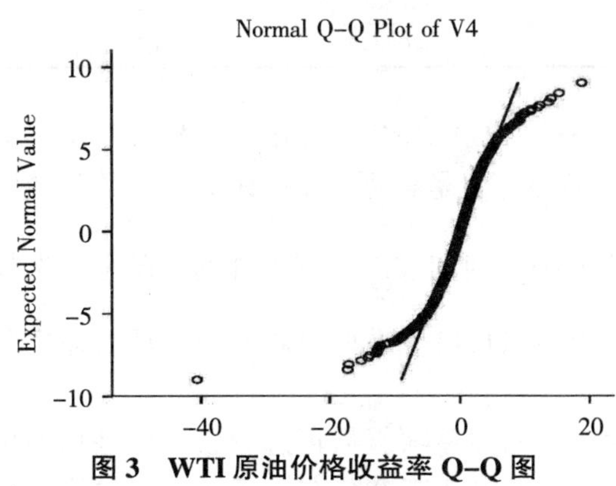

图 3　WTI 原油价格收益率 Q-Q 图

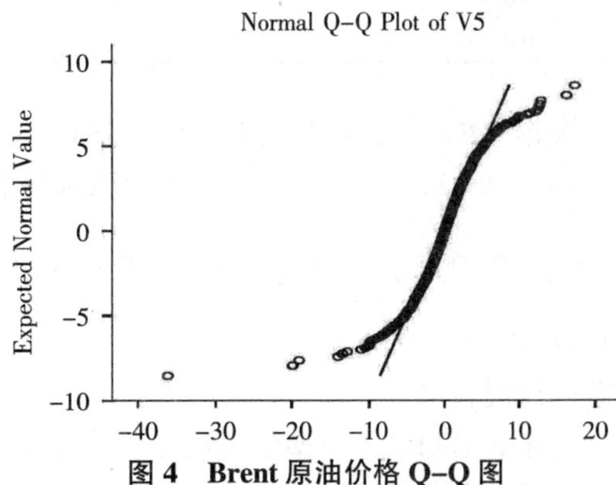

图 4　Brent 原油价格 Q-Q 图

此，考虑使用 GARCH 类模型：

$$y_t = c + dy_{t-1} + \varepsilon_t = \mu_t + \sigma_t z_t,\ t = 1,\ 2,\ \cdots,\ T;\ \varepsilon_t \sim GED(x),\ \sigma_t^2 = \beta_0 + \sum_{i=1}^{p} \beta_i \sigma_{t-i}^2 z_{t-i}^2 + \sum_{j=1}^{q} \alpha_j \sigma_{t-j}^2$$

其中，$\varepsilon_t = \sigma_t z_t$，$\mu_t = c + dy_{t-1}$。

石油市场上，人们对油价涨跌的预期风险往往会影响未来的油价走势，为了度量油价预期风险对收益的影响，引入 GARCH-M-GED 模型：

$$y_t = c + dy_{t-1} + \rho\sigma_t + \sigma_t z_t,\ t = 1,\ 2,\ \cdots,\ T;\ \varepsilon_t \sim GED(x),\ \sigma_t^2 = \beta_0 + \sum_{i=1}^{p} \beta_i \sigma_{t-i}^2 z_{t-i}^2 + \sum_{j=1}^{q} \alpha_j \sigma_{t-j}^2$$

由于油价的波动通常存在显著的杠杆效应，即油价上涨和下跌导致的收益率波动程度不对称，为此采用 EGARCH-GED 模型来对这种不对称性建模：

$$y_t = c + dy_{t-1} + \varepsilon_t = \mu_t + \sigma_t z_t,\ t = 1,\ 2,\ \cdots,\ T;\ \varepsilon_t \sim GED(x)$$

$$\ln\sigma_t^2 = \beta_0 + \sum_{i=1}^{p} \beta_i |z_{t-1}| + \sum_{j=1}^{q} \alpha_j \ln\sigma_{t-j}^2 + \sum_{k=1}^{r} \gamma_k z_{t-k}$$

表 2　WTI 市场原油收益序列的 GARCH 类模型 AIC 检验结果

(p，q)	(1，1)	(1，2)	(2，1)	(2，2)
GARCH	4.335733	4.336057	4.335931	4.336487
EGARCH	4.331475	4.331872	4.331853	4.329532
GARCH-M	4.337530	4.337887	4.337815	4.336002

表 3　Brent 市场原油收益序列的 GARCH 类模型 AIC 检验结果

(p，q)	(1，1)	(1，2)	(2，1)	(2，2)
GARCH	4.238086	4.238444	4.238459	4.236454
EGARCH	4.236462	4.236422	4.236352	4.236705
GARCH-M	4.243863	4.244141	4.244154	4.244536

根据 AIC 最小原则对比分析 GARCH（p，q）、EGARCH（p，q）、GARCH-M（p，q），其中 $p = 1,\ 2$，$q = 1,\ 2$，比较结果见表 2、表 3，但是根据 GARCH 类模型的收敛限制条件，必须有 $\sum_{i=1}^{p} \beta_i + \sum_{j=1}^{q} \alpha_j < 1$，故在考虑 AIC 最小原则和收敛限制条件的基础上，选择了 GARCH（1，1），GARCH-M（1，1）和 EGARCH（1，1）模型对两原油市场收益率序列进行建模。

在建立 GARCH 模型的过程中，一般默认为模型的残差项服从正态分布。但是从油价收益率的 GARCH（1，1）模型来看，其残差项显著不服从正态分布，反而具有尖峰厚尾非正态分布的特征。因此直接利用正态分布来建模，势必影响 GARCH 类模型的精确性。

为此引入广义误差分布（GED）来估计 GARCH 类模型的残差项，从而更准确地描述收益率序列的波动集聚性。为了深入研究油价的波动特征，本文比较分析了 GARCH（1，1）、GARCH-M（1，1）和 EGARCH（1，1）三种模型的检验结果，见表 4。

表 4　GARCH 类-GED 模型估计结果

参数 均值方程	GARCH（1，1）		GARCH-M（1，1）		EGARCH（1，1）	
	WTI	Brent	WTI	Brent	WTI	Brent
c	0.036216 (-0.1393)	0.045121 (-0.0532)	-0.088778 (-0.3162)	0.03416 (-0.6857)	0.041578 (-0.0929)	0.044150 (-0.0525)
d	-0.028002 (-0.0406)	0.033431 (-0.0169)	-0.027841 (-0.042)	0.03381 (-0.0166)	-0.028883 (-0.0328)	0.035642 (-0.0095)
ρ				0.066775 (-0.1348)	0.003538 (-0.9370)	
方差方程	WTI	Brent	WTI	Brent	WTI	Brent
β_0	0.067412 (0.0000)	0.054329 (0.0000)	0.070242 (0.0000)	0.070328 (0.0000)	-0.098991 (0.0000)	-0.106449 (0.0000)
β_1	0.070493 (0.0000)	0.077657 (0.0000)	0.072689 (0.0000)	0.085761 (0.0000)	0.162336 (0.0000)	0.178949 (0.0000)
β_2	0.919687 (0.0000)	0.914794 (0.0000)	0.917193 (0.0000)	0.903866 (0.0000)	0.985605 (0.0000)	0.980686 (0.0000)
β_3					0.007418 (-0.3515)	-0.004389 (-0.6012)
GED(x)	1.291838	1.345100	1.285593	1.338803	1.296877	1.339221
AIC	4.335733	4.238086	4.337530	4.243863	4.331475	4.236462
对数似然值	-10759.62	-10608.00	-10763.09	-10621.76	-10748.00	-10603.22

注：括号中数值为 p 值。

从以上模型的结果可见，GED 分布中的参数 x 均显著小于 2，说明两市场的收益率序列分布的厚尾情况严重。综合 AIC 最小准则及对数似然函数极大化准则可见对 WTI 和 Brent 原油市场均有 EGARCH（1，1）-GED 模型要优于其他模型，但是由于 z_{t-1} 的系数与零相差无几，且统计检验显著不为非零，故说明两市场石油价格收益率的杠杆效应不显著。ρ 值的大小说明了收益与风险的关系，从表 4 结果可见，两市场所表现出来的收益与风险的关系并不显著，其中 Brent 原油市场尤为不显著。图 5 比较了两原油市场的条件方差序列，由图 5 可见两市场的波动非常接近，极端风险严重。在利用 GARCH 类模型来计算波动率的基础上，本文利用上述结果来计算两原油市场价格风险 VaR，通过上述比较，EGARCH（1，1）-GED 模型在描述两市场收益波动率方面较优，故下面利用 EGARCH（1，1）-GED 模型来计算两原油市场需求者及供给者价格风险 VaR 序列。其中，GED 分布分位数的计算结果见表 5。

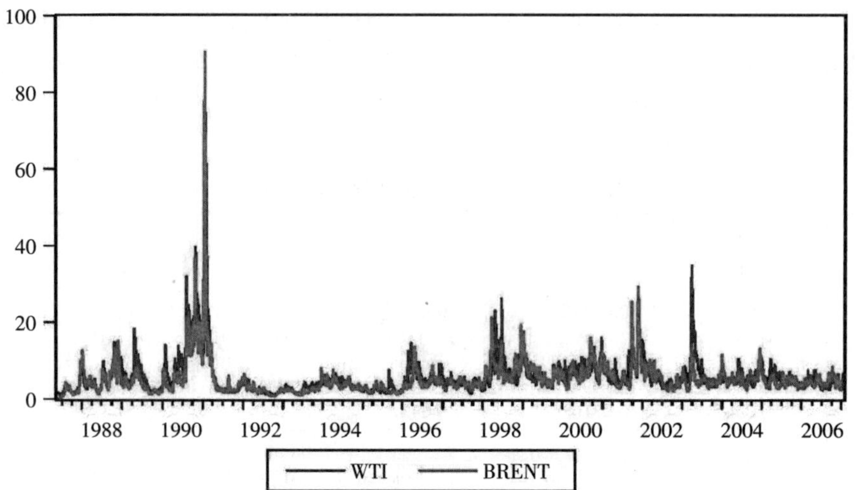

图 5 Brent 与 WTI 原油市场价格收益率条件方差比较图

表 5 GED 分布分位数

	参数	95%分位数	97.5%分位数	99%分位数
WTI	1.296877	1.650191	2.067904	2.592293
Brent	1.339221	1.651253	2.060499	2.571159

根据石油需求者及石油消费者的收益率价格风险 VaR 的定义，我们得到了基于 EGARCH（1，1）-GED 模型的两原油市场的 VaR 估计及其基本统计分析结果，见图 6、图 7 及表 6（注：R 表示原值；VAR95U 表示 95%分位数下的 VaR_{ut}，VAR975U 表示 97.5%分位数下的 VaR_{ut}，VAR95D 表示 95%分位数下的 VaR_{dt}，VAR975D 表示 97.5%分位数下的 VaR_{dt}）。

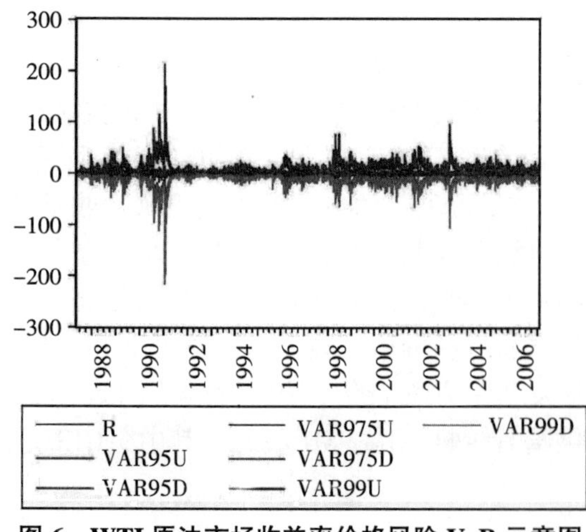

图 6 WTI 原油市场收益率价格风险 VaR 示意图

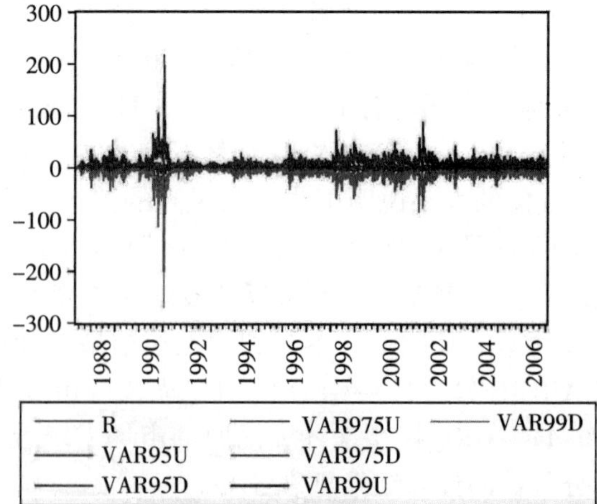

图 7 Brent 原油市场收益率价格风险 VaR 示意图

表 6　两原油市场的 VaR 估计结果统计分析

置信水平	风险类型	失效次数		失效率		LR 检验	
		WTI	Brent	WTI	Brent	WTI	Brent
95%	VaR_{ut}	41	36	0.83%	7.18%	275.9800	-204.9328
	VaR_{dt}	49	105	0.99%	2.10%	247.9500	112.9000
97.5%	VaR_{ut}	13	14	0.26%	0.28%	166.2000	163.7000
	VaR_{dt}	20	44	0.40%	0.88%	137.5000	71.8000
99%	VaR_{ut}	3	7	0.06%	0.14%	76.9000	59.0000
	VaR_{dt}	6	26	0.12%	0.52%	62.4000	14.2000

从表 6 的分析结果可以发现：EGARCH-GED 模型的预测结果覆盖了实际的损失，但是估计过于保守，除 Brent 原油市场在 95%的置信度下的失效率为 7.18% > 5%外，失效率全部远小于 $1-\alpha$，LR 检验均无法通过，说明 EGARCH-GED 模型在用于国际原油价格风险 VaR 估计方面的效果并不理想。

（二）油价风险的 Bayesian-SV-SGT 模型分析

由两原油现货市场数据的基本统计分析可见：两石油市场的现货市场价格收益率走势大同小异，为方便比较，下面仅以 Brent 市场为例分析能源需求者的价格风险 VaR。为了同 GARCH 类模型的油价风险分析结果进行比较，同样利用 Brent 原油市场 1987 年 5 月 20 日至 2007 年 1 月 22 日的数据。为了解决 SV 模型的参数估计难题，本文利用基于 Bayesian 原理的 MCMC 方法来计算 SV 模型方程中的参数[16-17]。利用 WINBUGS 软件，算得 α，β，σ_ε 的 Bayesian 后验分布的参数期望估计值分别为：$\hat{\alpha}=1.275$，$\hat{\beta}=0.9565$，$\hat{\sigma}_\varepsilon=0.2429$。然后基于极大似然估计理论得到 SGT 分布的参数估计见表 7。

表 7　样本收益率方差的 SGT 分布估计效果

	λ	η	κ	对数似然值
SGT 分布（Brent）	-0.59	5.19	1.14	-7212

由参数的估计值可见 $\lambda<0$，$2<\eta<+\infty$，$\kappa<2$（当 $\lambda=0$，$\eta=\infty$，$\kappa=2$ 时为正态分布）在统计上都很显著，说明了两市场收益率分布左偏并且尖峰厚尾。在 95%、97.5%及 99%置信水平下，利用 SV-SGT 模型对 Brent 原油价格风险 VaR 的估计见图 8。

检验 VaR 的估计效果有两个标准：一是看检验样本中超过分位数估计值的观测值个数百分比是否与给定的百分比（5%，2.5%，1%）接近，如果大于给定值，表明低估了风险，如果小于给定值，则高估了风险；二是看分位数估计值与实际分位数的相对误差，误差越小估计效果越好。由表 8 可见：样本中超过分位数估计值的观测值个数百分比接近给定百分比，且均显著通过 LR 检验，说明 SV-SGT 模型非常适合用于国际原油价格风险 VaR

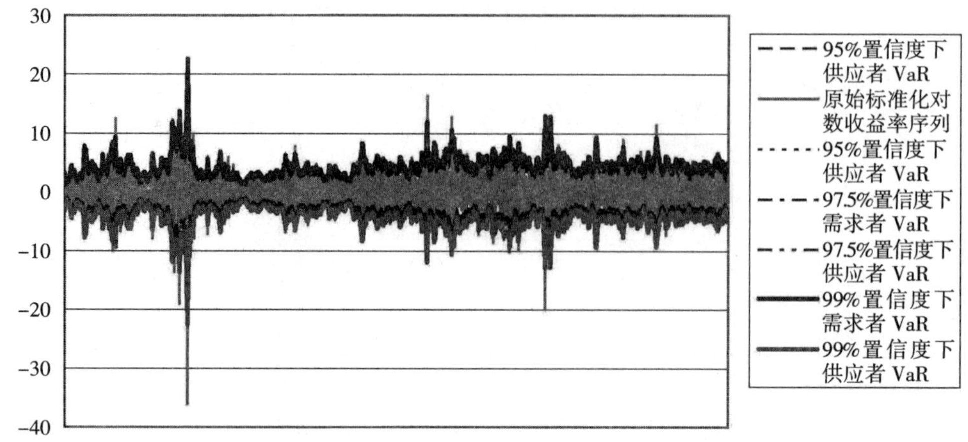

图 8 基于 SV-SGT 的 Brent 原油价格风险 VaR 图

表 8 基于 BSS（Bayesian-SV-SGT）和 EG（EGARCH-GED）模型的 Brent 原油市场 VaR 估计结果对比

置信水平	风险类型	失效次数		失效率		LR 检验	
		BSS	EG	BSS	EG	BSS	EG
95%	VaR_{ut}	251	36	5.01%	7.18%	0.0010	-204.9328
	VaR_{dt}	258	105	5.15%	2.10%	0.2342	112.9000
97.5%	VaR_{ut}	127	14	2.53%	0.28%	0.0250	163.7000
	VaR_{dt}	118	44	2.36%	0.88%	0.4388	71.8000
99%	VaR_{ut}	51	7	1.02%	0.14%	0.0162	59.0000
	VaR_{dt}	42	26	0.84%	0.52%	1.3997	14.2000

的估计，且估计效果要显著优于 EGARCH-CED 方法得到的结果。由于 GARCH 类-GED模型和 SV 模型均为时间序列模型，在参数估计完成后，利用变量及其滞后值之间的函数式进行迭代，很容易获得样本外的预测值，然后基于预测值给出风险的估计。Bayesian-SV-SGT 模型是假定收益率服从 SGT 分布的 SV 模型，当然也能够仿照通用的 SV 模型一样通过迭代进行预测，只是将收益率服从的分布改为 SGT 分布即可。而且在预测时，Bayesian 方法的加入还提供了一种动态参数的修正功能。

通过对新建立的 Baysian-SV-SGT 模型的分析及应用，可以得到以下结论：

（1）国际石油现货市场的价格分析表明，同 GARCH 类模型相比，由于 SV 模型的前提假设更加符合实际，使得 SV 模型不仅在一般金融市场的分析过程中效果更好，而且在具有独特性的石油市场研究中同样具有优势，本文建立的 Bayesian-SV-SGT 模型在度量和估计原油市场的价格风险方面取得了很好的效果。

（2）前人在计算 VaR 的过程中通常通过假定随机干扰项服从 t 分布、广义误差分布（GED）、混合正态分布等，但是这些分布只能分别描述资产收益率序列特性（尖峰性、偏态性或厚尾性）的某一方面。如 GARCH 类-GED 模型中 GED 分布的参数 $x<0$ 只能很好

地度量收益率分布的厚尾性。在本文中我们所提出的 SGT（Skewed Generalized t）分布可以方便全面地描述金融时间序列数据的峰度、偏态和厚尾性质。由表 7 可见，表示偏态程度的参数 λ 满足 $|\lambda|<1$ 且 $\lambda<0$，说明了两市场收益率分布的左偏；描述厚尾程度的参数满足 $\eta>2$，说明了两市场收益率分布的厚尾性；描述尖峰程度的参数 κ 满足 $\kappa>0$ 且 $\kappa<2$，说明了两市场收益率分布具有尖峰特性。

（3）本文利用基于 Bayesian 理论的 MCMC 方法对 SV-SGT 模型参数进行了估计，结果表明，具有信息融合功能和动态特性的 Baeysian 方法，在随机问题的参数估计中具有显著的优势，而且由于利用 Bayesian 理论的专有软件（WINBUGS，R 等）的出现，使得 SV 波动模型的广泛应用成为可能。

四、结论

本文提出了一种新的 Bayesian-SV-SGT 模型来度量和估计原油市场的价格风险。前人在计算 VaR 的过程中所假设的分布只能单一描述资产收益率序列特性（尖峰性、偏态性或厚尾性）的某一方面，而本文引入的 SGT（Skewed Generalized t）分布可以方便完整地描述金融时间序列数据的峰度、偏态和厚尾性质。结果表明，同厚尾分布下的 GARCH 类模型相比，Bayesian-SV-SGT 模型的估计精度有很大的提高。由于 Bayesian 方法自身的优点，在小样本情况下，Bayesian 方法能充分地融合相关先验信息和可获样本信息，能够给出所估参数的分布形式和区间估计，而且由于 WINBUGS 等专有 Baeysian 软件的出现，使得估计简便易行，故本文提出的 Bayesian-SV-SGT 模型不仅适用于大样本情况，在样本量较少的金融市场中也将具有明显的优势。

参考文献

[1] Giot P，Laurent s. Market risk in commodity markets：A VaR approach [J]. Energy Economics，2003，25 (5)：435-457.

[2] Fan Y，Zhang Y J，Tsai H T，et al. Estimating 'Value at Risk' of crude oil price and its spillover effect using the GED-GARCH approach [J]. Energy Economics，2008，30 (6)：3156-3171.

[3] Costello A，Asem E，Gardner E.Comparison of historically simulated VaR：Evidence from oil prices [J]. Energy Economics，2008，30 (5)：2154-2166.

[4] Wirl F. Why do oil prices jump (or fall)? [J]. Energy Policy，2008，36 (3)：1029-1043.

[5] Cabedo J D，Moya I.Estimating oil price 'Value at Risk' using the historical simulation approach [J]. Energy Economics，2003，25 (3)：239-253.

[6] 潘慧峰，张金水. 用 VaR 度量石油市场的极端风险 [J]. 运筹与管理，2006，15 (5)：94-98.

[7] 余炜彬，范英，魏一鸣. 基于极值理论的原油市场价格风险 VaR 的研究 [J]. 系统工程理论与实践，2007，27 (1)：12-20.

[8] 张跃军，范英，魏一鸣. 基于 GED-GARCH 模型的中国原油价格波动特征研究 [J]. 数理统计与管理，2007，26 (3)：398-406.

[9] Sadeghi M，Shavvalpour S. Energy risk management and value at risk modeling [J]. Energy Policy，2006，34 (18)：3367-3373.

[10] Taylor S J. Modeling stochastic volatility [J]. Mathematical Finance，1994，4 (2)：183-204.

[11] 蒋祥林，王春峰. 基于贝叶斯原理的随机波动率模型分析及其应用 [J]. 系统工程，2005，23 (10)：22-28.

[12] 孙米强，杨忠直，余素红，等. 基于随机波动模型的 VaR 的计算 [J]. 管理工程学报，2004，18 (1)：61-63.

[13] Theodossiou P. Financial data and the skewed generalized t distribution [J]. Management Science，1998，44 (12)：1650-1661.

[14] Bali T G，Mo H，Tang Y. The role of autoregressive conditional skewness and kurtosis in the estimation of conditional VaR [J]. Journal of Banking & Finance，2008，32 (2)：269-282.

[15] Jorion P. Value at Risk：The new benchmark for controlling market risk [M]. New York：The Mc-Graw & Hill Companies Inc，1997.

[16] Danielsson J. Stochastic volatility in asset prices estimation with simulated maximum likelihood [J]. Journal of Econometrics，1994，64 (1/2)：375-400.

[17] Chib S，Nardari F，Shephard N. Markov chain Monte Carlo methods for stochastic volatility models [J]. Journal of Econometrics，2002，108 (2)：281-316.

Estimating Crude Oil Price "Value at Risk" Using the Bayesian-SV-SGT Approach

CHAI Jian，GUO Ju-e，GONG Li，WANG Shou-yang

Abstract: Based on the analysis of the demographic characteristics of the crude oil price, to better characterized the kurtosis, thick tail, skewness, volatility clustering and durative characteristics of the return of crude oil spot market, and so introduced the SGT distribution to describe the distribution characteristics of crude oil price. At the same time, based on Bayesian theory and MCMC methods to solve the difficult SV model parameter estimation problems, and then used the Bayesian-SV-SGT model to estimate and analyze the crude oil spot price VaR (Value at Risk). The results show that the Bayesian-SV-SGT model can better describes the characteristics of crude oil spot market and can give a more precise "Value at Risk" estimation compare with the category of GARCH-GED model.

Key Words: risk analysis，SV-SGT model，Bayesian analysis，VaR，GED

反应型供应链多层库存运输优化与模糊博弈协调*

何龙飞　赵道致①

摘要：考虑多方式运输成本和库存成本的权衡，研究了随机需求下单层和多层反应型供应链的库存（补货）和运输最优策略及模糊环境下的供应链协调。在以布朗运动描述的随机累积需求下，同时考虑混合运输方式的选择以及库存补货，给出最优补货点和运输控制策略。然后将此推广到多层库存问题，分别讨论了在补货流和需求流平衡与否的情况下系统的最优库存和运输策略。独立分散决策和集中联合控制的比较表明后者能更有效地协调多层供应链系统。用模糊合作博弈建模分析多层供应链在模糊环境下实现集中联合控制的情形，在系统库存输入流和输出流平衡的前提下求证了模糊合作博弈的核的存在性并给出模糊 Shapley 值作为成本分摊模糊合作博弈解的合理公平预测。

关键词：反应型供应链　创新型产品　运输和库存优化　模糊合作博弈　协调

一、引　言

供应链管理是设计和保持一种良好的机制和模式，通过资源集成使自身和整个供应网络获得竞争优势的过程[1]。建立与产品类型的相匹配的供应链结构和策略在供应链设计和战略中显得尤为重要。Fisher[2] 指出产品按照需求类型分类可分为功能型或创新型，同时根据其功能特点把供应链划分为有效型（efficient）和反应型（responsive）两种，并且论证了创新型产品与反应型（快速响应）供应链匹配才能呈现较好的供应链绩效，及时

* 本文选自《系统工程理论与实践》2011 年第 31 卷第 6 期。

资助项目：国家自然科学基金（70771073，70802044）。

① 作者简介：何龙飞，研究方向：供应链优化与协调、物流系统设计与优化；赵道致，研究方向：供应链与物流管理。

快速的库存（补货）策略显然是构建反应型供应链的一个重要环节；创新型产品通常有着较高的利润边际，需求的不可预测性和相对于功能型产品较短的生命周期。因此，在供应链设计中应针对这些特点着重考虑运输方式和库存（订货补货）策略的选择。

本文研究创新型产品多层供应链随机需求下的运输和库存控制及模糊环境下的供应链协调问题。我们用漂移和扩散系数均非零的布朗运动描述该产品随机波动的累积需求，同时考虑运输和库存（补货）策略。一方面由于此创新型产品高边际利润，缺货会损失巨大；另一方面其更新速度快，有着相对较短的生命周期，过剩库存损失也不容忽视。因此在生产或者运输上拟采用常规和非常规（紧急加速或减速）并用的手段，以更好地平衡缺货或者库存过剩。另外将其库存持有成本与常规和非常规运输方式综合考虑，目的是寻求最优的库存（补货）和运输策略使得系统运营（库存持有和运输）成本最小化。在此基础上，本文将单点库存拓展到由一个制造商和若干分销商组成的多层供应链（multi-echelon supply chain）系统（这里依据 Clark 和 Scarf 定义制造商和每个分销商组成一个层供应链[3]，并求证此系统下的最优运输和库存（补货）策略，然后运用模糊合作博弈分析了多层库存环境下模糊合作博弈的核的存在性和相应的模糊 Shapley 值。

在以扩散控制模型研究供应链运输和库存策略方面，Harrison 和 Taksar[4] 研究了即时控制（instanta-neous control）下单库存点考虑运输和库存补货，并以长期折扣总运营成本最小化为目标，求证出相应的最优控制策略。Harrison 等[5] 探讨了脉冲控制（impulse control）下单库存点最优运输和补货策略以使长期折扣总运营成本最优，并给出相应的最优化控制参数。Taksar[6] 求解出在奇异控制（singular control）下的最优运输和库存策略使得单库存点的长期平均总成本最优。张小洪等[7] 分析了单一变质物品扩散型系统随机库存的脉冲控制下的最优（s，S）补货策略。彭禄武等[8] 求解了一般供应链网状结构下各节点企业的最佳订货批量和临界点以使供应链总成本最低。董云庭等[9] 研究了一类双随机连续检查系统的联合补充问题，将企业常用的（s，S）生产—库存控制策略发展为考虑“允许联合订购点”的（s，c，S）策略。张小洪等[10] 针对有限耐烦期建模考虑顾客退货和库存损失等因素并求解出相应的库存最优控制策略。Ormeci 等将 Harrison 和 Taksar 研究的问题拓展为求单库存点长期平均总运营成本最小化，并用拉格朗日松弛法证明在所施加外力有约束条件下的最优运输和补货控制策略及相应参数[11]。Ata 等[12] 研究了在漂移系数可变及采用即时控制策略时最小化长期平均成本问题。

在供应链模糊合作博弈研究方面，Butnariu 和 Kroupa[13] 证明了一类 n 人模糊合作博弈中 Shapley 映射的存在性和唯一性。Molina 和 Tejada[14] 研究了一类线性生产博弈，并在考虑资源约束情况下使用模糊控制并讨论核的存在性。Sakawa 等[15] 用模糊规划分析了制造商多产品生产多区域配送的库存和运输问题。Jain 和 Deshmukh[16] 提出了基于一种新模糊混合协商机制的动态供应链建模方法。

不同于文献［3~6］和文献［10~11］仅研究单层供应链优化问题，本文同时研究了单层和多层供应链系统库存和多方式运输优化。本文研究采用的即时控制策略与文献［11］的脉冲控制也截然不同，而且在库存和运输最优控制基础上引入模糊合作博弈来研究模糊

环境下库存输入流和输出流平衡时的多层供应链协调问题。

二、基本概念及理论

为了使本文的讨论更加清晰，本节介绍模糊合作博弈的主要概念及基本理论。模糊合作博弈（fuzzy coalitional game）通常和联盟博弈（crisp coalitional game）有着密切关系，因此本文也介绍后者的基本理论。它们对后续的讨论都是必要的。

记 $N=\{1, 2, \cdots, n\}$ 为 n 个参与者组成的局中人集，其所有子集组成的集合 $2^N=\{S: S\subseteq N\}$ 称为幂集。联盟博弈记为 $G=(N, \upsilon)$，其特征函数 $\upsilon: 2^N \to R$，$\upsilon(\phi)=0$，$\upsilon(S)$ 被称为联盟 S 的价值或联盟 S 中的成员无须求助于 S 之外的局外人所能实现的可转让效用的总量。$|S|$ 表示联盟 S 中元素的个数。定义 $x=(x_i)_{i\in N}$ 为支付配置向量，其中 x_i 是对局中人 i 的效用支付。联盟博弈的基本问题是若大联盟（grand coalition）形成如何在局中人分配效用总量 $\upsilon(N)$。同时定义该联盟博弈的可行解是：

$$X^*(N, \upsilon)=\{x\in R^N | x(N)\geqslant \upsilon(N)\} \tag{1}$$

R^N 是 n 维函数空间。联盟博弈的核定义为：

$$C(N, \upsilon)=\{x\in X^*(N, \upsilon) | x(S)\leqslant \upsilon(S), \ \forall S\subseteq N\} \tag{2}$$

联盟的核代表高度稳定的支付分布，即这种支付分配下不存在任何其他联盟形成而使支付改进。

根据 Bondareva [17] 和 Shapley [18]，以及 Bondareva-Shapley 定理 [19] 可以得到联盟核非空的充分必要条件。记映射 $\delta: 2^N \to [0, 1]$，定义全体局中人集合 N 是平衡的，如果满足：

$$\sum_{S:i\in S} \delta(S)=1, \ \forall i\in N \tag{3}$$

进而称博弈 $G=(N, \upsilon)$ 是平衡的，如果下列条件成立：

$$\upsilon(N)\leqslant \sum_{S\subseteq N} \delta(S)\upsilon(S), \ \forall \delta\in \Delta \tag{4}$$

这里 $\Delta=\{\delta | \delta: 2^N \to [0, 1], \ \sum_{S:i\in S} \delta(S)=1, \ \forall i\in N\}$。(4) 式是 $G=(N, \upsilon)$ 核非空的充分必要条件。

基于联盟博弈，Aubin [20-21] 定义了可转移支付的模糊博弈并给出模糊联盟的概念。记 $|N|$（或 n）维单位超立方体 $[0, 1]^n$ 空间为 $\mathcal{F}^N$，即 $\mathcal{F}^N \triangleq [0, 1]^n$。

定义 1 向量元素 $\tau\in \mathcal{F}_N$ 称为 N 的一个模糊联盟。

显然向量 τ 的第 i 个维度上的元素 τ_i 满足 $\tau_i\in[0, 1]$，它的经济意义是局中人 i 在模糊联盟 t 中的参与水平，也称作在联盟 τ 中的隶属度。联盟博弈中 $\forall S\in 2^N$ 可以按照模糊联盟的形式表示为 e^S，满足：

$$(e^S)_i=\begin{cases}1，当 i\in S,\\0，当 i\in N/S\end{cases}$$

相应地 $(e^{\phi})_i=0$，$\forall i\in N$，$e^{\{i\}}$ 简记为 e^i。对于任意模糊联盟 τ，定义其 ε－截集为 $[\tau]_\varepsilon=\{i|\tau_i\geqslant\varepsilon\}$。

定义 2 函数 $\tilde{\upsilon}:\mathcal{F}^N\rightarrow R$ 且满足 $\tilde{\upsilon}(e^{\phi})=0$ 称为建立在局中人集 N 上的模糊合作博弈。

按模糊博弈的形式，联盟博弈可以定义为函数 $\tilde{\upsilon}$：$\{0，1\}^n\rightarrow R$，即 $\upsilon(S)=\tilde{\upsilon}(e^S)$，$\forall S\in 2^N$。相当于联盟博弈只考察 n 维单位超立方体 $[0，1]^n$ 离散的 $2^{|N|}$ 个端点，而模糊合作博弈考察整个连续的空间体。记 G^N 为联盟博弈特征函数 υ 的集合，FG^N 为模糊合作博弈特征函数 $\tilde{\upsilon}$ 的集合。

定义 3 模糊博弈 $\tilde{\upsilon}\in FG^N$ 的 Aubin 核是集合：

$$C(N，\tilde{\upsilon})=\left\{x\in R^n\left|\sum_{i\in N}x_i=\tilde{\upsilon}(e^N)，\sum_{i\in N}\tau_ix_i\geqslant\tilde{\upsilon}(\tau)，\forall\tau\in\mathcal{F}^N\right.\right\}$$

Aubin 核是模糊博弈解的重要概念之一，核非空才能保证大联盟的稳定性。

三、供应链结构与扩散控制模型

（一）供应链结构

本文研究的供应链结构可以描述为某一大型制造商向众多区域型分销点（Regional hubs）供应某单一创新型产品，这些分销点将产品卖给消费者；各分销点根据本地该产品需求制定相应的库存进货补货策略，假设本产品具有高附加值而且市场替代性较强，顾客在缺货时间较长的情况下会转向其他的卖家，因此各分销点力求保证不缺货；同时，该产品属于创新型产品，不宜保持较高库存水平，因而分销点采取常规连续进货和紧急间断加快或减缓补货并用的策略。例如，分销点可以和运输企业签订协议以保持常规陆路或海洋运输维持库存水平；当由于市场需求的随机波动导致的库存不足危及服务水平时，分销点便会要求采用飞机空运的方式紧急补货；或者当库存水平过高时，要求运输企业紧急减缓运输速度或进货率。

（二）基本库存扩散控制模型

对于制造商和单个分销点组成的单层供应链，我们假设市场随机需求服从（$\mu(t)$，σ^2）布朗运动，同时从制造商处输入的速率为 λ 的常规连续补货流。假设在本模型记（Ω，$\mathcal{F}$，P）为一概率空间，如 Harrison [22]。记 $X_t(\omega)=\omega(t)$，$t\geqslant 0$，$\omega\in C_{[0,+\infty]}$，$X_T=\{X(t，\omega)，t\in T\}$ 为相应的标准随机过程；设 $\mathcal{F}=\sigma\{X_t，t\geqslant 0\}$ 是使得 $\forall t\geqslant 0$，X_t 为可测函数的最小

的 σ－词及 $\mathcal{F}$ 的一族子代数 $\{\mathcal{F}_t;\ t \geq 0\}$ 使得 $\mathcal{F}_a \subset \mathcal{F}_t$ 对 $\forall s < t$ 成立。设扩散过程 $X(T) = X(0) + \int_0^T \mu(t)dt + \sigma B(T)$ 为没有外力干涉情况下市场累积需求量。为简便起见在本模型中假设市场单位时间平均需求 $\mu(t)$ 为与时间无关常数 μ。正如前所述，当库存高于（或者低于）某个既定的库存水平时，我们对分销点库存实时监控采用紧急补货加快运输率（或者减缓运输率）使得库存维持在某个范围之内。对于这种库存控制，Ormeci 等[11]求证出以若干参数定义的库存脉冲控制（impulse control）策略可以使单层供应链长期单位平均运营（补货和存货）成本最小化，并给出相应的控制参数和最优成本。文中考察在与脉冲控制不同的即时控制（instantaneous control）作用下单层和多层供应链系统的最优库存控制策略和相应的长期单位平均运营成本。

记 A_t 为 $[0,\ t]$ 时间段内紧急加快运输速率所得到的累积库存增加量，相应地，R_t 为紧急减缓运输率所得的累积库存减少量。对于 $\forall t$，定义策略 $(A(t),\ R(t)) = \theta_t \in \Theta$ 是 $\mathcal{F}_t$ 可测且 $E[A_t] < \infty$，$E[R_t] < \infty$。因此，在市场随机干扰、常规运输补货和紧急加快或者减缓运输率等共同作用下的单个分销点 t 时刻的库存水平为：

$$Z(t) = Z(0) + (\lambda - \mu)t + \sigma B(t) + A(t) - R(t) \tag{5}$$

本文中的即时控制策略仍然沿用文献［4］和［6］定义的一类库存控制策略，即把实际净库存 $Z(t)$ 控制在一个特定的区间内，也就是说 $((\lambda-\mu),\ \sigma^2)$ 布朗运动在此区间的两个端点发生反射，所以有：

$$A(t) = \sup_{0 \leq s \leq t} [R(s) - Z(s)]^+ \tag{6}$$

$$R(t) = \sup_{0 \leq s \leq t} [Z(s) + A(s) - Q]^+ \tag{7}$$

文献［4］和文献［6］分别证明了（6）式、（7）式的存在性和唯一性。由这两个泛函定义的控制策略保证库存时刻落在 $[0,\ Q]$ 中。当 t 时刻库存 $Z(t)$ 刚触到 Q 时，仅策略 $R(t)$ 被激活，$dR(t) > 0$ 即减缓运输速率使得实际库存重新回到区间 $[0,\ Q]$；当 $Z(t)$ 刚触到 0 时，仅策略 $A(t)$ 被激活，$dA(t) > 0$ 即加快运输速率使得库存保持在 $[0,\ Q]$；当 $Z(t) \in (0,\ Q)$ 时，$dA(t) = dR(t) = 0$。

假设 1　单位库存成本参数是 h 而且假设库存成本是净库存的线性函数

假设 2　紧急加快（或者减缓）运输单位库存的成本参数是 k（或 l）。

我们考察长期单位时间运营成本，相应的目标函数为：

$$\min_{\theta_t \in \theta} J(x) = \lim_{T \to \infty} \sup \frac{1}{T} E_x\left[\int_0^T hZ(t)dt + kA(T) + lR(T) \right] \tag{8}$$

其中 $E_x[\cdot]$ 表示在初始状态是 x 情况下的期望值，$\theta = \{\theta_t = (A_t,\ R_t),\ t \geq 0\}$ 是策略集。

四、单层与多层供应链最优库存策略

本节先研究单库存点的运输和库存最优策略，通过证明以下几个定理，找出目标函数的下确界；然后求证能够取得最优目标函数的即时控制策略应满足的条件，导出库存最优控制参数的表达式以及它与库存输入速率、市场需求速率和各成本参数之间的关系；进而，我们研究多库存点的情形下，分散决策和集中决策两种情形下个体及系统的最优库存运输控制策略，并比较相应的最优成本。

（一）单层供应链库存和运输的最优化条件

假定库存点的最大库存容量为 M，要在［0，M］上寻找到一个点 Q 使得其为对应的补货点，再寻找最优的控制参数，需要先证明如下几个定理。

定理 1 如果函数 f：［0，M］→ R 连续可导并且在一阶和二阶导数在各点有界，则库存 Z(t) 在相应的控制策略 $\theta_t \in \theta$ 下满足：

$$Ex[f(Z_T)] = f(Z_0) + E_x\left\{\int_0^T [\sigma^2 f''(Z_t)/2 + (\lambda - \mu)f'(Z_t)]dt + \int_0^T f'(Z_t)dA_t - \int_0^T f'(Z_t)dR_t\right\} \tag{9}$$

证明 由 $Z(t) = Z(0) + (\lambda - \mu)t + \sigma B(t) + A(t) - R(t)$ 和 Ito 公式[23] 然后等号两边取数学期望可证。

定理 2 假设函 f 满足定理 1 的题设同时满足对于 $\forall x \in [0, M]$ 有 $\Gamma f(x) - hx - \Gamma f(0) \leqslant 0$ 和 $f'(x) \leqslant k$；$f'(x) \geqslant -l$ 成立，其中 $\Gamma f = \sigma^2/2 \cdot d^2f/dx^2 + (\lambda - \mu) \cdot df/dx$，则有 $-\Gamma f(0) \leqslant J(x)$，即 $-\Gamma f(0)$ 是长期最优平均单位运营成本的下界。

证明 将 i)，ii)，iii) 运用于 (5) 式两端可得 $E_x[f(Z_T)] \leqslant f(Z_0) + E_x\{\int_0^T [h \cdot Z_t + \Gamma f(0)]dt + k \cdot dA_t + l \cdot dR_t\}$ 等式两边同除以 T 并取极限有：

$$\lim_{T\to\infty} \sup \frac{1}{T} E_x[f(Z_T)] \leqslant \lim_{T\to\infty} \sup \frac{1}{T} E_x\left[\int_0^T hZ(t)dt + kdA_t + ldR_t\right] = J(x)$$

如果 $\lim\limits_{T\to\infty} \sup E_x[f(Z_T)]/T \geqslant 0$，$-\Gamma f(0) \leqslant J(x)$ 对于任何初始状态 x 显然成立。

如果 $\lim\limits_{T\to\infty} \sup E_x[f(Z_T)]/T < 0$，可以证明 $J(x) = \infty$（文献［11］在脉冲控制策略下证明了相应的结论，本文此处的证明可以采用类似的方法），故仍可得到 $-\Gamma f(0) \leqslant J(x)$。

综上可知，在题设条件下 $-\Gamma f(0) \leqslant J(x)$ 即 $-\Gamma f(0)$ 是目标函数的下确界且与初始状态无关。

注记 1 定理 2 给出的运营成本目标函数的下界只是一个参考值或者理想值，在我们选定的某个控制策略下的实际运营成本与这个值不一定吻合。如果我们能找到一个策略使

得相应的目标函数值刚好是这个下界，那么我们可以说这个便是最优控制策略。

下面我们引入一个相对值函数 V：[0，Q]→R，并以其作为桥梁把最优控制策略和相应的长期平均最优运营成本联系起来。

定理 3 设函数 V：[0，Q]→R 在定义域各点二阶连续可导且有界，在策略 θ（即把库存控制在 [0，Q]）下满足以下条件：

(i) $\Gamma V(x) - hx + g = 0$，$0 \leqslant x \leqslant Q$；

(ii) $V'(0) = k$；(iii) $V'(Q) = -l$；(iv) $V(0) = 0$；

(v) $V''(0) \leqslant 0$；(vi) $V''(Q) = 0$ (10)

其中，$\Gamma V = \sigma^2 V''/2 + \tilde{\mu} V'$。记 $\tilde{\mu} = \lambda - \mu$，$\alpha = 2\tilde{\mu}/\sigma^2$。设(i) 的通解为 $V(x) = Ax + Be^{-2\tilde{\mu}x/\sigma^2} + hx^2/(2\tilde{\mu}) + E$，则有①$g = -\Gamma V(0) = J(x)$；②有约束库存容量 [0，M]（其中 M > Q）下的最优控制参数 Q* 为：

$$Q^* = \begin{cases} (2\tilde{\mu})^{-1}\sigma^2 \ln[-W_0(-e^{-2(k+1)h^{-1}\sigma^{-2}\tilde{\mu}^2-1})], & \text{当 } \lambda < \mu \\ (2\tilde{\mu})^{-1}\sigma^2 \ln[-W_{-1}(-e^{-2(k+1)h^{-1}\sigma^{-2}\tilde{\mu}^2-1})], & \text{当 } \lambda > \mu \\ \sqrt{(k+1)h^{-1}}\,\sigma & \text{当 } \lambda = \mu \end{cases} \tag{11}$$

这里 $W_0(\cdot)$ 和 $W_{-1}(\cdot)$ 是 Lambert 函数 $W(\cdot)$ 在 $[-e^{-1}, 0)$ 的两个分支函数。

证明 对于函数 V 根据（9）式整理并在等式两边除以 T 后取极限可得：

$$\lim_{T\to\infty}\{E_x[V(Z_T)] - V(Z_0)\}/T =$$

$$\lim_{T\to\infty} E_x\left\{\int_0^T [\sigma^2 V''(Z_t)/2 + \tilde{\mu} V'(Z_t)]dt + \int_0^T V'(Z_t)dA_t - \int_0^T V'(Z_t)dR_t\right\}/T \tag{12}$$

由函数 V 有界可得上式左边为 0。因为在 A_t 和 R_t 策略作用下的随机过程 Z(t) 是马氏过程且其状态空间有界，故其平稳分布 π(z) 一定存在 [24]。

$$\lim_{T\to\infty} E_x\left[\int_0^T [\sigma^2 V''(Z_t)/2 + \tilde{\mu} V'(Z_t)]dt\right]/T$$

$$= \lim_{T\to\infty} \int_0^Q \int_0^T [\sigma^2 V''(Z_t)/2 + \tilde{\mu} V'(Z_t)]dt d\pi(Z_t)/T$$

$$= \int_0^Q [\sigma^2 V''(z)/2 + \tilde{\mu} V'(z)]d\pi(z)$$

$$= \int_0^Q \Gamma V(z)d\pi(z) \lim_{T\to\infty} E_x\left[\int_0^T V'(Z_t)dA_t - \int_0^T V'(Z_t)dR_t\right]/T$$

$$= \lim_{T\to\infty}\{V'(0)E_x[A(T)]/T - V'(Q)E_x[A(T)]/T\},$$

因为根据策略定义知 $dA_t \neq 0$（$dR_t \neq 0$）当且仅当 $Z_t = 0$（$Z_t = Q$）。令 $\lim_{T\to\infty} E_x[A(T)]/T = \tilde{A}$，$\lim_{T\to\infty} E_x[R(T)]/T = \tilde{R}$。（11）式即为：

$$0 = \int_0^Q \Gamma V(z)d\pi(z) + V'(0)\tilde{A} - V'(Q)\tilde{R} \tag{13}$$

(10) 式和 (12) 式联合导出 $g=-\Gamma V(0)=J(x)=h\int_0^Q Z_t d\pi(Z_t)+k\tilde{A}+l\tilde{R}=h\bar{Z}+k\tilde{A}+l\tilde{R}$。

当 $\tilde{\mu}\neq 0(\lambda\neq\mu)$ 时，(10i) 的齐次方程式通解是 $V(x)=Ax+Be^{-2\tilde{\mu}x/\sigma^2}+hx^2/(2\tilde{\mu})+E$。(10) 式中 (i, ii, iii, iv, vi) 联立并验证 (v) 可得相应的参数值：

$V(x)|_{x=0}=(Ax+Be^{-2\tilde{\mu}x/\sigma^2}+hx^2/(2\tilde{\mu})+E)|_{x=0}=B+E=0$,

$V'(x)=A-2B\tilde{\mu}e^{-2\tilde{\mu}x/\sigma^2}/\sigma^2+hx/\tilde{\mu}\Rightarrow V'(Q)=A-2B\tilde{\mu}e^{-2\tilde{\mu}Q/\sigma^2}/\sigma^2+h/\mu Q=-l$,

或 $V'(0)=A-2B\tilde{\mu}/\sigma^2=k$

$V''(x)=B(2\tilde{\mu}/\sigma^2)^2e^{-2\tilde{\mu}x/\sigma^2}+h/\tilde{\mu}\Rightarrow V''(Q)=B(2\tilde{\mu}/\sigma^2)^2e^{-2\tilde{\mu}Q/\sigma^2}+h/\tilde{\mu}=0$

化简可得：

$$A=-l-h(\tilde{\mu}\alpha)^{-1}-hQ\tilde{\mu}^{-1},\ B=-he^{\alpha Q}(\tilde{\mu}\alpha^2)^{-1} \tag{14}$$

$$e^{\alpha Q}=(k+l)\alpha\tilde{\mu}h^{-1}+\alpha Q+1 \tag{15}$$

$$Q^*=\begin{cases}(2\tilde{\mu})^{-1}\sigma^2\ln[-W_0(-e^{-b-1})]=(2\tilde{\mu}_i)^{-1}\sigma_i^2\ln[-W_0(-e^{-2(k+l)h^{-1}\sigma_i^{-2}\tilde{\mu}_i^{-2}-1})], & \text{当 }\lambda<\mu\\(2\tilde{\mu})^{-1}\sigma^2\ln[-W_{-1}(-e^{-b-1})]=(2\tilde{\mu}_i)^{-1}\sigma_i^2\ln[-W_{-1}(-e^{-2(k+l)h^{-1}\sigma_i^{-2}\tilde{\mu}_i^{-2}-1})], & \text{当 }\lambda>\mu\end{cases} \tag{16}$$

当 $\lambda=\mu$ 时，主要方程的通解为 $V(x)=hx^3(3\sigma^2)^{-1}+Ax^2+Bx+C$，代入各条件后

$V(0)=C=0$，$V'(Q)=h\sigma^{-2}Q^2+2AQ+B=-l$，$V'(0)=B=k$，$V''(Q)=2h\sigma^{-2}Q+2A=0$，$V''(0)=2A\leqslant 0$

$$Q^*=\sqrt{(k+l)h^{-1}}\,\sigma,\ B=k,\ A=-\sqrt{(k+l)h}\,\sigma^{-1} \tag{17}$$

在脉冲控制 (impulse control) 策略下，Ormeci 等证明了相应的控制参数从较小控制范围延伸到有限库存容量范围内始终保持最优。本文采用的即时控制 (instantaneous control) 策略中最优参数 Q^* 从 [0, Q] 延伸到 [0, M] (其中 $M>Q$) 也是最优的，证明与前文类似，此处略。

注记 2 (15) 式是超越方程，我们利用 Lambert W 函数 [25] 求解。

对于方程 $e^{ax}=ax+b+1\Rightarrow e^{ax}/a=x+(b+1)/a$，令 $e^{ax}/a=t\Rightarrow x=\ln(at)/a$，原方程变为 $t=\ln(at)/a+(b+1)/a\Rightarrow-(at)e^{-at}=-e^{-b-1}$，设 W 为 Lambert 函数，即 $y=\omega e^{\omega}$，$\omega=W(y)$。故 $t=-W(-e^{-b-1})/a$。故 $t=-W(-e^{-b-1})/a$。$a=\alpha=2\tilde{\mu}/\sigma^2$，$b=2(k+l)h^{-1}\tilde{\mu}^2/\sigma^2$。又因为 $-e^{-1}<-e^{-b-1}<0$，t 有两根。

注记 3 从定理 2 和定理 3 可知，策略 (A_t, R_t) 及相应最优参数 $[0, Q^*]$ 库存控制下的总运营成本是最优的。(13) 式中 $\tilde{A}(\tilde{R})$ 的实际意义便是紧急加速 (减速) 运输的长期平均累积量。

(二) 多层供应链库存和运输最优化

本节把前部分研究的单个分销点情况拓展为单个制造商和多个分销点情形。仍然考察同时考虑运输和库存成本的创新型产品的库存最优控制策略，在此基础上探讨层库存和联

合控制策略的特点并与单点库存优化做比较。

层库存（echelon inventory）概念最早由 Clark 和 Scarf [3] 提出，是指上游和下游在持库存以及两者之间的在途运输库存之和。本文研究的单个制造商和多个分销点系统就可抽象为多层库存（multi-echelon inventory）模型，即制造商和每个分销点形成一个层库存。记 $N=\{1, 2, \cdots, n\}$ 为分销点集合。

情形 1 先考虑每个分销点向制造商订货，根据自己面临的随机需求独立制定相应的运输策略和再订货点。此情况和前部分描述的类似，对于 $\forall i \in N$，前面结论保持成立。即在分销点有限库存容量 $[0, M_i]$ 情况下，常规运输速率为 λ_i，市场累积随机需求服从 (μ_i, σ_i^2) 布朗运动。同前在最优化总的长期平均运营成本的目标驱动下我们将库存控制在 $[0, Q_i^*]$，相应的最优控制策略是 (A_t^i, R_t^i)，即 $A_t^i(R_t^i)$ 表示紧急加速（减速）的运输的累积量并且 dA_t^i 或 $dR_t^i \neq 0$ 当且仅当 $Z_t^i=0$ 或 Q_i^*。于是相关量如下：

$$Q_i^* = \begin{cases} (2\tilde{\mu}_i)^{-1}\sigma_i^2 \ln[-W_0(-e^{-2(k+1)h^{-1}\sigma_i^{-2}\tilde{\mu}_i^2-1})], & 当\ \lambda_i < \mu_i \\ (2\tilde{\mu}_i)^{-1}\sigma_i^2 \ln[-W_{-1}(-e^{-2(k+1)h^{-1}\sigma_i^{-2}\tilde{\mu}_i^2-1})], & 当\ \lambda_i > \mu_i \\ \sqrt{(k+l)h^{-1}}\ \sigma_i, & 当\ \lambda_i = \mu_i \end{cases} \tag{18}$$

在 $\lambda_i \neq \mu_i$（或 $\lambda_i = \mu_i$）时依次取的（10）式中函数 $V_i(x) = e^{-2(\lambda_i-\mu_i)^2\sigma^{-2}x}$（或 x^3），x^2 和 x 依次代入（13）式联立，记 $\alpha_i = 2\tilde{\mu}_i/\sigma_i^2$ 可得下式：

当 $\lambda_i \neq \mu_i$ 时，$E_\pi(X_i) = -\alpha_i^{-1} + Q_i^*(1-e^{-Q_i^*\alpha_i})^{-1}$，$\tilde{A}_i = \alpha_i\sigma_i^2(e^{Q_i^*\alpha_i}-1)^{-1}$，

$\tilde{R}_i = \alpha_i\sigma_i^2(1-e^{-Q_i^*\alpha_i})^{-1}/2$

当 $\lambda_i = \mu_i$ 时，$E_\pi(X_i) = Q_i^*/2$，$\tilde{A}_i = \sigma_i^2 Q_i^{*-1}/2$，$\tilde{R}_i = \sigma_i^2 Q_i^{*-1}/2$ (19)

对含 s 个元素的集合 $\forall S \subset N$ 形成的多层库存系统，总的平均长期最小运营成本为：

$$\begin{aligned} \sum_{i\in S} J_i &= \sum_{i\in S}[hE(Z_t^i) + k\tilde{A}_i + l\tilde{R}_i] = \sum_{i\in S}\left[h\left(-\frac{1}{\alpha_i} + \frac{Q_i^*}{1-e^{-Q_i^*\alpha_i}}\right) + \frac{k\alpha_i\sigma_i^2}{2(e^{Q_i^*\alpha_i}-1)} + \frac{l\alpha_i\sigma_i^2}{2(1-e^{-Q_i^*\alpha_i})}\right] \\ &= \sum_{i\in S}(l\tilde{\mu}_i + hQ_i^*),\ 当\ \lambda_i \neq \mu_i,\ \forall i \in S \end{aligned} \tag{20}$$

$$\sum_{i\in S} J_i = \sum_{i\in S}[hE(Z_t^i) + k\tilde{A}_i + l\tilde{R}_i] = \sqrt{(k+l)h} \cdot \sum_{i\in S}\sigma_i,\ 当\ \lambda_i = \mu_i,\ \forall i \in S \tag{21}$$

情形 2 考虑上游制造商对集合 S 中的下游分销点库存集中控制，即各分销点将自己的随机需求信息分享给制造商，分销点将不再保留自己的独立库存，转而由制造商集中控制。这种情况下各分销点从集中库存中根据需求取货，各分销点的需求波动在一定程度上形成互补。设各种参数和情形 1 中相同，制造商将库存控制在 $[0, Q_S^*]$ 以使 S 形成的多层库存系统总成本最优，采用的控制策略为 (A_t^S, R_t^S)，即 $A_t^S(R_t^S)$ 表示紧急加速（减速）运输的累积量并且 $dA_t^i(dR_t^i) \neq 0$ 当且仅当 $Z_t^S=0$（或 Q_S^*），这里 Z_t^S 表示 t 时刻系统的集中

库存量。即时控制下的布朗运动变为：

$$Z_S(T)=Z_S(0)+\left(\lambda_S-\sum_{i\in S}\mu_i\right)T+\sum_{i\in S}\sigma_iB_i(T)+A_S(T)-R_S(T),\ S\subseteq N \tag{22}$$

这里 $Z_S(0)=\sum_{i\in S}X_i(0)=\sum_{i\in S}x_i$ 为初始系统库存，λ_S 为从制造商输入的总常规运输率。

系统成本最优化的目标函数如在此背景下单层库存最优控制的结论仍然成立，有：

$$\min_{\theta} J_S(x)=\lim_{T\to\infty}\sup\frac{1}{T}E_x\left[\int_0^T hZ_S(t)dt+kA_S(T)+lR_S(T)\right],\ S\subseteq N \tag{23}$$

记 $\tilde{\mu}_S=\lambda_S-\sum_{i\in S}\mu_i$，$\sigma_S=\sqrt{\sum_{i\in S}\sigma_i^2}$，$\alpha_S=2\tilde{\mu}_S/\sigma_S^2$ 可得：

$$e^{\alpha_SQ_S}=(k+1)h^{-1}\alpha_S\tilde{\mu}_S+\alpha_SQ_S+1 \tag{24}$$

$$Q_S^*=\begin{cases}(2\tilde{\mu}_S)^{-1}\sigma_i^2\ln[-W_0(-e^{-2(k+1)h^{-1}\sigma_S^{-2}\tilde{\mu}_S^2-1})], & \text{当 } \lambda_S<\sum_{i\in S}\mu_i\\ (2\tilde{\mu}_S)^{-1}\sigma_S^2\ln[-W_{-1}(-e^{-2(k+1)h^{-1}\sigma_S^{-2}\tilde{\mu}_S^2-1})], & \text{当 } \lambda_S>\sum_{i\in S}\mu_i\\ \sqrt{(k+1)h^{-1}}\,\sigma_S, & \text{当 } \lambda_S=\sum_{i\in S}\mu_i\end{cases} \tag{25}$$

当 $\lambda_i\neq\mu_i$ 时，$E_\pi(X_i)=-\alpha_i^{-1}+Q_i^*(1-e^{-Q_i^*\alpha_i})^{-1}$，$\tilde{A}_i=\alpha_i\sigma_i^2(e^{Q_i^*\alpha_i}-1)^{-1}/2$，

$\tilde{R}_i=\alpha_i\sigma_i^2(1-e^{-Q_i^*\alpha_i})^{-1}/2$

当 $\lambda_i=\mu_i$ 时，$E_\pi(X_i)=Q_i^*/2$，$\tilde{A}_i=\sigma_i^2Q_i^{*-1}/2$，$\tilde{R}_i=\sigma_i^2Q_i^{*-1}/2$ (26)

此种情况下多层库存集中控制下的最优成本为：

$$J_S(x)=hE_\pi(Z_t^S)+k\tilde{A}_S+l\tilde{R}_S=h\left(-\frac{1}{\alpha_S}+\frac{Q_S^*}{1-e^{-Q_S^*\alpha_S}}\right)+k\frac{\alpha_S\sigma_S^2(S)}{2(e^{Q_S^*\alpha_S}-1)}+l\frac{\alpha_S\sigma_S^2(S)}{2(1-e^{-Q_S^*\alpha_S})}$$

$$=l\tilde{\mu}_S+hQ_S^*,\ \text{当 } \lambda_S\neq\sum_{i\in S}\mu_i,\ \forall S\subseteq N \tag{27}$$

$$J_S(x)=hE(Z)+k\bar{A}_S+l\bar{R}_S=\sqrt{(k+1)h}\,\sigma_S=\sqrt{(k+1)h}\sqrt{\sum_{i\in S}\sigma_i^2},\ \text{当 } \lambda_S\neq\sum_{i\in S}\mu_i,\ \forall S\subseteq N \tag{28}$$

注记 4 多层库存下情形 1 和情形 2 两种不同的库存最优控制模式比较。对于 $\forall S\subseteq N$ 当从制造商输出的总常规运输速率 $\sum_{i\in S}\lambda_i$（或 λ_S）与市场对系统的总随机需求平均值 $\sum_{i\in S}\mu_i$ 不相等时，（20）式和（27）式变得极其复杂，在技术上很难比较其大小。而当两者相等时由（21）式和（28）式不难看出 $\sum_{i\in S}J_i\geqslant J_S(x)$，即在库存常规输入 $\sum_{i\in S}\lambda_i$（或 λ_S）和随机需求期望值输出 $\sum_{i\in S}\mu_i$ 相平衡时，情形 2 多层库存集中控制比情形 1 分散独立控制产生更低的长期平均运营成本。对此，一种合理的解释便是相对于分散独立控制多层库存集中控制使

得各分销点能联合起来较好应对市场需求的随机波动。

（21）式和（28）式之间的关系从实际运营角度来看的确为多层库存管理从分散独立决策演化为集中联合控制提供了激励和动力，一个显然的理由便是后者比前者能带来成本上的优化。随之而来的一个问题便是集中联合决策将使得库存所有权变得模糊，两种库存控制模式产生的库存成本节省如何在各成员间分配以及这种形式的集中联合决策模式是否可以稳定存在。于是我们将联盟博弈探讨在库存常规输入 $\sum_{i\in S}\lambda_i$（或 λ_S）和随机需求期望值总输出 $\sum_{i\in S}\mu_i$ 平衡情况下的多层库存管理的合作问题。

五、模糊博弈下的供应网络协调

（一）多层供应链模糊合作博弈描述

如果由 n 个分销点与制造商组成的多层供应链各节点企业可以进行有效的谈判并组成模糊联盟，则与联盟博弈有着很大不同，因为两者的决策环境不一样。由于制造商向各个分销点提供相同的产品，在控制自身库存的情况下，各分销点与制造商间是纵向单一的关系，所有决策都是独立库存最优问题。假设存在某种机制或者达成某种协议，由分销点联合管理库存，集中向制造商订货，集中常规运输和紧急加速或减速补货策略，同时各分销点对自己所需库存认领，支付相应的库存、补货费用。这种方式相当于在分销点当地建立集中的联合库存，监控联合库存的变化情况，以决定是否要求上游制造商紧急加速或减速补货。或者，也可以认为是各分销点保持独立的库存，但是他们之间可以无成本地转移库存。在多个参与者集中联合库存控制模式下，本文用可转移效用（TU，transferable utility）模糊合作博弈描述此问题。

在联盟博弈中局中人 i 很明确地参与或者不参与联盟 S，与此不同的是在模糊合作博弈中参与人 i 对完全参加联盟心存犹豫，在加入联盟的态度上存在着介于完全参与和完全不参与之间的模糊性（不确定性）。这种模糊性是一种类似于概率的度，也相当于在有着多个 Nash 均衡点的非合作博弈中局中人采用的混合策略。模糊合作博弈中的局中人 i 对其他人参与联盟的可能性信心不足或者没有足够的信息判断以做出正确决策，他也只能根据已有的部分信息或经验在各个联盟的参与度上保持一定概率，直到联盟形成。实际中直接构建或确定模糊合作博弈的特征函数是非常困难的，因此它常常需要借助相应的联盟博弈衍生而来[26]。因此我们有必要先构建联盟博弈特征函数。

针对本文研究的多层供应链库存，为研究的方便我们只考虑在 $\sum_{i\in S}\lambda_i=\sum_{i\in S}\mu_i$ 情况下的联盟博弈问题。假设对于每个销售点正如前几部分所示同时采用常规运输和紧急增加（或者降低）速率的运输库存策略而且 $\lambda_i = \mu_i$，$\forall i \in N$，同时各分销点有着相同的补货存货（运输和库存）单位成本，联盟博弈 $G = (N, \upsilon)$ 为：

$$\upsilon(S) = J_S(x) = hE(Z_S) + k\bar{A}_S + l\bar{R}_S = \bar{\sigma}\sqrt{(k+1)h} = \sqrt{(k+1)h} \cdot \sqrt{\sum_{i \in S} \sigma_i^2} \tag{29}$$

从联盟博弈拓展到模糊合作博弈的方法，根据已有文献可知主要有多维线性拓展（也称 Owen 拓展）[27]、Butnariu 拓展[28] 和 Tsurumi 拓展[29]。依照 Branzei 等[30]，Yu 和 Zhang[31] 所述，给定联盟博弈 υ，对于模糊联盟 $\forall \tau \in \mathcal{F}^N$，记 $car(\tau) = \{i \in N | \tau_i > 0\}$，$\Phi(\tau) = \{\tau_i | \tau_i > 0, i \in N\}$，$\varphi(\tau)$ 为 $\Phi(\tau)$ 中元素的个数，即 $\varphi(\tau) = |\Phi(\tau)|$，将 $\Phi(\tau)$ 中的元素按照大小增序排列为 $\varepsilon_1 \leqslant \varepsilon_2 \leqslant \cdots \leqslant \varepsilon_{\varphi(\tau)}$。由于 Butnariu 拓展不满足单调性和连续性，文献［29］定义 Tsurumi 拓展为：

$$\tilde{\upsilon}^t(\tau) = \sum_{j=1}^{\varphi(\tau)} \upsilon([\tau]_{\varepsilon_j})(\varepsilon_j - \varepsilon_{j-1}) \tag{30}$$

其中 $\varepsilon_0 = 0$。则 $\tilde{\upsilon}^t \in FG^N$ 在 n 个分销商的局中人集的联盟博弈基础上拓展得到的模糊合作博弈。

（二）模糊合作博弈的解与成本分配

在模糊合作博弈中我们定义函数 x：$\mathcal{F}^N \to R_+^n$ 称作模糊博弈 $\tilde{\upsilon}$ 的支付函数，对于 $\forall \tau \in \mathcal{F}^N$ 如果满足条件：（1）$x_i(\tau) = 0$，$\forall i \notin car(\tau)$；（2）$\sum_{i \in car(\tau)} x_i(\tau) = \tilde{\upsilon}(\tau)$；（3）$x_i(\tau) \geqslant \tau_i\tilde{\upsilon}(\{i\})$，$\forall i \in car(\tau)$。

在部分合作（partial cooperation）下形成模糊联盟下 $\tau \in \mathcal{F}^N$ 中，局中人 i 对应的参与水平或联盟隶属度为 τ_i；设完全合作下形成的联盟 e^N 所得支付为 x，则局中人 i 在 τ 中可得到的收益为 $\tau_i x_i$。若对 $\forall \tau \in \mathcal{F}^N$ 有 $\sum_{i \in N} \tau_i x_i \geqslant \tilde{\upsilon}^t(\tau)$ 成立，则表明在 $\forall \tau \in \mathcal{F}^N$ 的攻击下，存在解 x 使得所有局中人不会偏离大联盟 e^N。于是，上文定义的 Tsurumi 拓展模糊合作博弈的核可表示为：

$$C(\tilde{\upsilon}^t) = \left\{ x \in R^n \middle| \sum_{i \in N} x_i = \tilde{\upsilon}^t(e^N),\ \sum_{i \in N} \tau_i x_i \geqslant \tilde{\upsilon}^t(\tau),\ \forall \tau \in \mathcal{F}^N \right\} \tag{31}$$

模糊博弈中，模糊核非空是确保了合作联盟稳定存在的必要条件。本节证明以上联盟博弈的核非空以及可能的分配法则。

联盟博弈（N，υ）具有凸性当且仅当对于 $\forall S$，$T \subseteq N$ 时有 $\upsilon(S) + \upsilon(T) \leqslant \upsilon(S \cup T) + U(S \cap T)$，即 $(S \cup \{i\}) - \upsilon(S) \leqslant \upsilon(T \cup \{i\}) - \upsilon(T)$，$\forall S \subseteq T \subseteq N \backslash \{i\}$ 成立；同时博弈成为单调的，如果 $\forall S \subseteq T \subseteq N \Rightarrow \upsilon(S) \leqslant \upsilon(T)$ 成立[30]。

引理 记 $< N, h, k, l, \{\sigma_i\}_{i \in N} >$ 为上文中描述的采用即时最优库存控制策略的多层供应网络环境，相应的联盟博弈为（N，υ）。该联盟博弈单调且具有凹性。

证明 $\sqrt{\sum_{i \in S} \sigma_i^2}$ 随着子联盟 S 中人数的增加而递增，同时函数 $y = \sqrt{x}$ 是凹函数，则

有 $\upsilon(S\cup\{i\})-\upsilon(S)\geqslant\upsilon(T\cup\{i\})-\upsilon(T)$，$\forall S\subseteq T\subseteq N\backslash\{i\}$ 成立。因此联盟博弈 $G=(N,\upsilon)$ 及 $\upsilon(S)=\sqrt{(k+1)h}\sqrt{\sum_{i\in S}\sigma_i^2}$ 是单调递增且具有凹性。

定理 4 $\tilde{\upsilon}^t\in FG^N$ 具有凹性。

证明 由引理可知此模糊合作博弈对应的联盟博弈具有凹性，由文献［28］相关结论知 Tsurumi 拓展下的模糊合作博弈也是凹函数。

注记 5 根据 Peleg 和 Sudholter [19] 知凹性联盟博弈全面平衡（totally balanced），并且该联盟博弈的核非空。文献［27］定义了模糊合作博弈的模糊核的概念，并证明了当联盟博弈具有凹性时，对应的 Tsurumi 拓展下模糊合作博弈的模糊核是非空。本文所定义的模糊合作博弈 $\tilde{\upsilon}^t$ 的核只是文献［29］中模糊核的特殊情况，即只考察大联盟 e^N 的稳定性，因此（31）式定义的核是非空的。

Shapley [32] 证明了被称为 Shapley 值的函数满足对称性、载体和可加性三个公理并且是唯一的。记定义在 2^Ω 上的所有联盟函数的集合为 ν，定义 Shapley 值为函数 $\psi:\nu\rightarrow R^N$，记集合 $\forall S\subseteq N$ 中元素的个数为 $|S|$，则将其应用于本文有：

$$\psi_i(\upsilon)(N)=\sum_{S\subseteq N\backslash\{i\}}\sqrt{(k+1)h}\left(\sqrt{\sum_{j\in S\cup\{i\}}\sigma_j^2}-\sqrt{\sum_{j\in S}\sigma_j^2}\right)\cdot|S|!(n-|S|-1)!/n!,\quad\forall i\in N \tag{32}$$

以（32）式组成的 n 维向量 $\psi=(\psi_1,\psi_2,\cdots,\psi_n)$ 便是此联盟博弈的核中满足三大公理的唯一解，其中 ψ_i 代表分销点 i 对整个大联盟成本的边际贡献。文献［28］在据此定义考察 $W\subseteq N$ 时 Shapley 值：

$$\psi'_i(\upsilon)(W)=\begin{cases}\sum_{S\subseteq W\backslash\{i\}}\sqrt{(k+1)h}\left(\sqrt{\sum_{j\in S\cup\{i\}}\sigma_j^2}-\sqrt{\sum_{j\in S}\sigma_j^2}\right)\cdot|S|!(|W|-|S|-1)!/|W|!,\quad\forall i\in W\\0,\quad\forall i\in N/W\end{cases} \tag{33}$$

在此基础上定义的模糊博弈 $\tilde{\upsilon}^t$ 的模糊 Shapley 值为：

$$\psi_i^f(\tilde{\upsilon}^t)(\tau)=\sum_{j=1}^{\varphi(\tau)}\psi'_i(\upsilon)([\tau]_{\varepsilon_j})\cdot(\varepsilon_j-\varepsilon_{j-1}) \tag{34}$$

又 $\tilde{\upsilon}^t$ 具有凹性，则向量 $(\psi_i^f(\tilde{\upsilon}^t)(\tau))_{i\in car(\tau),\tau\in\mathcal{F}^N}$ 是一个模糊参与单调配置方案（FPMAS）[29]。

注记 6 局中人参与程度模糊下合作博弈解的求解是模糊合作博弈的研究重点之一。在给定模糊联盟 τ 下，$\psi_i^f(\tilde{\upsilon}^t)(\tau)$ 是局中人 i 对应的成本分摊，它的值与自身参与程度有关，也与联盟中其他人的参与程度有密切联系。模糊环境下，各方参与程度的变化也将直接影响到模糊联盟的成本配置导向，尽管该模糊博弈核包含的元素可能会很多，但是模糊 Shapley 值是所有核中唯一满足对称性和公平性的成本分配方案，因而可以预见其有着很好的稳定性和可行性。

(三)数值算例

本部分以一个数值算例讨论模糊环境下的联盟博弈 $\upsilon(S)=\sqrt{(k+l)h}\sqrt{\sum_{i\in S}\sigma_i^2}$(即(30)式所定义的模糊博弈)在库存输入流和输出流相平衡时的模糊博弈结果以应用上文所述结果。假设有三个分销商,$N=\{1,2,3\}$,其参数赋值为:$k=60$,$l=40$,$h=16$。三个分销点需求随机变量的标准差分别为 $\sigma_1=0.90$,$\sigma_2=1.00$,$\sigma_3=1.50$。$\upsilon(\{1\})=36$,$\upsilon(\{2\})=40$,$\upsilon(\{3\})=60$,$\upsilon(\{1,2\})=53.81$,$\upsilon(\{1,3\})=69.97$,$\upsilon(\{2,3\})=72.11$,$\upsilon(\{1,2,3\})=80.06$。本部分同类参数的量纲均为统一的。设模糊合作博弈的模糊联盟为 $\tau=(\tau_1,\tau_2,\tau_3)=(0.2,0.3,0.5)$,(30)式定义的模糊博弈的值为:

$\tilde{\upsilon}^t(\tau)=0.2\cdot\upsilon(\{1,2,3\})+(0.3-0.2)\cdot\upsilon(\{2,3\})+(0.5-0.3)\cdot\upsilon(\{3\})=35.223$,

$\psi_2'(\upsilon)(\{1\})=\psi_3'(\upsilon)(\{1\})=\psi_1'(\upsilon)(\{2\})=\psi_3'(\upsilon)(\{2\})=\psi_1'(\upsilon)(\{3\})=\psi_2'(\upsilon)(\{3\})=0$,

$\psi_3'(\upsilon)(\{1,2\})=\psi_2'(\upsilon)(\{1,3\})=\psi_1'(\upsilon)(\{2,3\})=0$,$\psi_1'(\upsilon)(\{1\})=36$,$\psi_2'(\upsilon)(\{2\})=40$,

$\psi_3'(\upsilon)(\{3\})=60$,$\psi_1'(\upsilon)(\{1,2\})=24.905$,$\psi_2'(\upsilon)(\{1,2\})=28.905$,$\psi_1'(\upsilon)(\{1,3\})=22.985$,

$\psi_3'(\upsilon)(\{1,3\})=46.985$,$\psi_2'(\upsilon)(\{2,3\})=26.055$,$\psi_3'(\upsilon)(\{2,3\})=46.055$,

$\psi_1'(\upsilon)(\{1,2,3\})=18.613$,$\psi_2'(\upsilon)(\{1,2,3\})=21.683$,$\psi_3'(\upsilon)(\{1,2,3\})=39.763$。

记 $S_\tau(i)=\tau_i$,若 $i\in S$;(或为 0,若 $i\notin S$),$S\subseteq N$。由定义 3 及文献[30]知此模糊博弈在模糊联盟为 $\tau=(0.2,0.3,0.5)$ 时的核可描述为 $C(N,\tilde{\upsilon}^t)(\tau)=\{x\in R_+^3 | x_1+x_2+x_3=35.223$,$x_1+x_2\leqslant\tilde{\upsilon}^t(\{1,2\}_\tau)=14.762$,$x_1+x_3\leqslant\tilde{\upsilon}^t(\{1,3\}_\tau)=31.994$,$x_1\leqslant\tilde{\upsilon}^t(\{1\}_\tau)=7.2$,$x_2+x_3\leqslant\tilde{\upsilon}^t(\{2,3\}_\tau)=33.633$,$x_2\leqslant\tilde{\upsilon}^t(\{2\}_\tau)=12$,$x_3\leqslant\tilde{\upsilon}^t(\{3\}_\tau)=30\}$。

因为 $[\tau]_{0.2}=\{1,2,3\}$,$[\tau]_{0.3}=\{2,3\}$,$[\tau]_{0.5}=\{3\}$,由(34)式可得此模糊博弈的模糊 Shapley 值为:

$$\begin{aligned}\psi_1^f(\tilde{\upsilon}^t)(\tau)&=\psi_1'(\upsilon)([\tau]_{0.2})\cdot(0.2-0)+\psi_1'(\upsilon)([\tau]_{0.3})\cdot(0.3-0.2)+\psi_1'(\upsilon)([\tau]_{0.5})\cdot(0.5-0.3)\\&=18.613\times0.2+0\times0.1+0\times0.2=3.7226,\end{aligned}$$

$$\begin{aligned}\psi_2^f(\tilde{\upsilon}^t)(\tau)&=\psi_2'(\upsilon)([\tau]_{0.2})\cdot(0.2-0)+\psi_2'(\upsilon)([\tau]_{0.3})\cdot(0.3-0.2)+\psi_2'(\upsilon)([\tau]_{0.5})\cdot(0.5-0.3)\\&=21.683\times0.2+26.055\times0.1+0\times0.2=6.9421,\end{aligned}$$

$$\begin{aligned}\psi_3^f(\tilde{\upsilon}^t)(\tau)&=\psi_3'(\upsilon)([\tau]_{0.2})\cdot(0.2-0)+\psi_3'(\upsilon)([\tau]_{0.3})\cdot(0.3-0.2)+\psi_3'(\upsilon)([\tau]_{0.5})\cdot(0.5-0.3)\\&=39.763\times0.2+46.055\times0.1+60\times0.2=24.5581。\end{aligned}$$

将 $\psi_i^f(\tilde{\upsilon}^t)(\tau)$,$i=1,2,3$ 值代入 $C(N,\tilde{\upsilon}^t)(\tau)$ 中验证可得 $(\psi_1^f(\tilde{\upsilon}^t)(\tau),\psi_1^f(\tilde{\upsilon}^t)(\tau),\psi_1^f(\tilde{\upsilon}^t)(\tau))\in C(N,\tilde{\upsilon})(\tau)$,即模糊联盟 τ 下的模糊 Shapley 值在联盟的核中,故是稳定可行合理的成本分摊。

六、讨论与总结

本文针对反应型供应链特点，充分考虑创新性产品的经济和市场特性，用布朗运动描述该产品长期随机需求累积，建模分析求解出单库存点的最优库存补货和运输策略。并在其基础上构建多层供应链库存和运输模型，分析和比较独立分散决策和集中联合控制下的最优补货和运输策略，证明后者能更好地协调反应型供应链整个系统。随后讨论了在系统库存输入流和输出流平衡的状态下，我们用模糊合作博弈分析在模糊决策环境下供应链各成员形成联盟的可行性和稳定性，进而证明了模糊合作博弈的核的存在性，并求出模糊Shapley值作为博弈成本分配的预测，并用一个实际数值算例验证本文的理论阐述。当反应型供应链系统库存的输入流和输出流不平衡时，独立分散决策和集中联合控制的比较以及模糊联盟稳定性分析将是今后研究的方向。

参考文献

[1] Zhao D，Fang M. The key of network manufacturing：Integrating material，information，capital and knowledge flows [C]//The Proceedings of the 7th Annual International Manufacturing Symposium，Cambridge，UK，2002.

[2] Fisher M. What's the right supply chain for your product? [J]. Harvard Business Review，1997：105-116.

[3] Clark A，Scarf H. Optimal poficy for a multi-echelon inventory problem [J]. Management Science，1960，6 (4)：475-490.

[4] Harrison J M，Taksar M I. Instantaneous control of Brownian motion [J]. Mathematics of Operations Research，1983，8 (3)：439-453.

[5] Harrison J M，Sellke T M，Taylor A J. Impulse control of Brownian motion [J]. Mathematics of Operations Research，1983，8 (3)：454-466.

[6] Taksar M I. Average optimal singular control and a related stopping problem [J]. Mathematics of Operations Research，1985，10 (1)：63-81.

[7] 张小洪，黄会然，潘德惠. 一类单一变质性物品扩散型随机库存系统的最优控制 [J]. 系统工程，2001，19 (3)：11-15.

[8] 彭禄武，赵林度. 供应链网状结构中多级库存控制模型 [J]. 东南大学学报：自然科学版，2002，32 (2)：218-222.

[9] 董云庭，王志勇. 多品种随机库存控制联合补充问题的实用策略 [J]. 管理工程学报，1995，9 (3)：167-174.

[10] 张小洪，陈剑，潘德惠. 有限耐烦期随机库存系统的最优控制 [J]. 中国管理科学，2004，12 (2)：38-43.

[11] Ormeci M，Dai J G，Vate J V. Impulse control of Brownian motion：The constrained average cost

case [J]. Operations Research, 2008, 56 (3): 618-629.

[12] Ata B, Harrison J M, Shepp L A. Drift rate control of a Brownian processing system [J]. Annals of Applied Probability, 2005, 15 (2): 1145-1160.

[13] Dan B, Kroupa T. Shapley mappings and the cumulative value for n-person games with fuzzy oalitions [J]. European Journal of Operational Research, 2008, 186: 288-299.

[14] Molina E, Tejada J. Linear production games with fuzzy control [J]. Fuzzy Sets and Systems, 2006, 157: 1362-1383.

[15] Sakawa M, Nishizaki I, Uemura Y. Fuzzy programming and profit and cost allocation for a production and transportation problem [J]. European Journal of Operational Research, 2001, 131: 1-15.

[16] Jain V, Deshkukh S G. Dynamic supply chain modeling using a new fuzzy hybrid negotiation mechanism [J]. International Journal of Production Economics, 2009, doi.org/10.1016/j.ijpe.2009.06.034.

[17] Bondareva O N. Some applications of methods of linear programming to cooperative game theory [J]. Problemi Kibernitiki, 1963, 10: 119-139.

[18] Shapley L S. On balanced sets and cores [J]. Naval Research Logistics Quarterly, 1967, 14: 453-460.

[19] Peleg B, Sudholter P. Introduction to the Theory of Cooperative Games [M]. Springer, 2007.

[20] Aubin J P. Cooperative fuzzy games [J]. Mathematics of Operations Research, 1981 (6): 1-13.

[21] Aubin J P. Mathematical methods of game and economic theory [M]. North-Holland, Amsterdam, 1982.

[22] Harrison J M. Brownian motion and stochastic flow systems [M]. John Wiley & Sons, New York, 1985.

[23] Oksendal B. Stochastic differential equations: An introduction with applications [M]. Springer, 2007.

[24] Melsa J, Sage A. Introduction to probability and stochastic processes [M]. Prentice-Hall, NJ, 1973.

[25] Corless R M, Gonnet G H, Hare D E G, et al. On the Lambert W function [J]. Advances in Computational Mathematics, 2005: 329-359.

[26] Yu X, Zhang Q. The fuzzy core in games with fuzzy coalitions [J]. Journal of Computational and Applied Mathematics, 2009, 230: 173-186.

[27] Owen G. Multilinear extensions of games [J]. Management Science, 1972, 18: 64-79.

[28] Butnariu D. Stability and Shapley value for n-persons fuzzy games [J]. Fuzzy Sets and Systems, 1980 (4): 63-72.

[29] Tsurumi M, Tanino T, Inuiguchi M. A Shapley fuction on a class of cooperative fuzzy games [J]. European Journal of Operational Research, 2001, 129: 596-618.

[30] Branzei R, Dimitrov D, Tijs S. Models in cooperative game theory [M]. Springer, 2008.

[31] Yu X, Zhang Q. The fuzzy core in games with fuzzy coalitions [J]. Journal of Computational and Applied Mathematics, 2009, 230: 173-186.

[32] Shapley L S. A value for n-person games [J]. Annals of Mathematics Studies, 1953, 28: 307-318.

Optimization of Inventory and Transportation and Fuzzy Coalitional Game Based Coordination for Responsive Supply Chain

HE Long-fei, ZHAO Dao-zhi

Abstract: Considering the tradeoff of costs incurred by inventory and transportation respectively, this paper discusses how to get optimal policies of controlling transportation and inventory/replenishment for both single and multi echelons supply chain suffering fluctuation of market demand, and then achieving chain-wide coordination in a fuzzy environment.Brownian motion is used to describe the accumulation of demand simultaneously considering intermodal shipment and replenishment, through which we find optimal reorder point and transit policy and then it is generalized into multi-echelon context. By comparison of decentralized independent decision and centralized joint control, we find that the latter can coordinate multi-echelon better for chain-wide and then prove the existence of the core of fuzzy cooperative when the inventory input and output flows are on balance.In the end, fuzzy Shapley value of the fuzzy coalition game is given out as a reasonable conjuncture for its solution.

Key Words: responsive supply chain, innovative product, transportation and inventory optimization, fuzzy cooperative game, coordination

不确定环境下的期权价格上下界研究 *

韩立岩① 李 伟 林忠国

摘要：传统的期权定价理论总是建立在标的资产价格分布的严格假设下，而没有考虑分布的不确定性。本文对标的资产价格分布的严格假设进行放松，分别在仅知到期日标的资产价格的前二阶矩及前三阶矩，而不知道其具体分布的条件下，对期权进行定价。由于信息不充分及分布不确定，推导出的期权价格为一个区间。我们针对有限信息条件下求解期权价格上下界的问题，建立数学规划模型，并将其转化为对偶规划问题进行求解。对此上下界和 Black-Scholes 价格进行对比分析后发现，Black-Scholes 价格介于此上下界之间，相对于采用前二阶矩推导的上下界，采用前三阶矩信息推导的上下界更窄。在使用香港恒生指数权证数据进行的时序分析及横截面分析中发现，市场价格确实介于上下界之间，上下界区间随波动率及剩余存续期的减小而缩小。采用本文的定价方法，不需要对资产价格分布进行严格假设，故可提高定价模型的稳健性，有助于投资者结合期权价格上下界及自己的主观判断进行投资决策。

关键词：Knight 不确定性 期权价格上下界 对偶规划 风险中性定价

一、引 言

传统的资产定价理论，总是以“经济行为人能够对不确定自然状态做出确切概率估计”作为前提假定。事实上，面对充满了不确定因素的金融市场，这个假定是有局限性的。Keynes (1921) [1] 对李嘉图后的主流经济学进行了根本性的批判，指出古典主义为了计算上的方便，为不确定性赋予了一个确定的、可计算的简单形式，不切实际地把不确定

* 本文选自《中国管理科学》2011 年第 19 卷第 1 期。

基金项目：国家自然科学基金（70671005，70821061）。

① 作者简介：韩立岩（1955-），男（蒙古族），北京人，北京航空航天大学经济管理学院教授，博士生导师，研究方向：金融工程。

性转化成风险。Knight（1921）[2] 将投资者能够准确地加以观察、分析和预见的那部分不确定性视为风险，余者称为“真正”的不确定性。

传统的期权定价模型，包括 Black-Scholes 定价公式、跳扩散模型、随机利率模型及随机波动模型等，都假设概率测度是唯一存在的，并在这唯一且已知的概率测度的严格假设下推导期权价格。实际上，在资本市场上存在 Knight 不确定性（即自然状态空间已知而概率分布未知）的情况下，这些假设实际上过于严格。即使是在完全市场上，由于信息的不充分，也无法导出期权的精确价格，而只能是一个区间。正是由于这个原因，许多学者放松了这一“唯一且已知的概率测度”的假设，转而去研究有限信息条件下的期权价格上下界问题。Goovaerts（1982）[3] 在索赔分布不确定条件下，采用一二阶矩信息推导了止损保费的最优上界。Jansen（1986）[4] 将之推广到已知前四阶矩的信息的条件下。Heijnen（1990）[5] 在已知一二阶矩及众数的假设下研究了止损保费的最优上下界问题。Schepper（2007）[6] 将这三位作者的结论拓展到了期权定价中。Lo（1987）[7] 在仅知到期日标的物价格一二阶矩的情况下，推导出期权价格的上界，他称之为半参数上界。Zuluaga（2009）[8] 将 Lo（1987）推导出的期权价格上界扩展到三阶矩也已经知道的情况。Bertsimas（1999a，1999b，2002）[9~11] 指出已知前 n 阶矩条件下，可能通过求解一个半正定规划问题来获得期权价格的上界。Gotoh（2002）[12] 将 Berts-imas（1999a，1999b，2002）[9~11] 的研究扩展到了下界，并提出一个切平面算法对此半正定规划问题进行有效求解。

文献［3~8］中推导出的上下界实际上是在标的物价格服从两点分布及三点分布时取得，研究方法不够科学，说服力不强，也难以扩展到其他应用中。文献［9~11］将求期权价格上下界的问题转化为半正定规划问题进行求解，文献［12］针对此问题提出了一个有效的切平面算法，但是他们并未给出上下界的显性表达式，而仅仅是采用数值方法进行求解，且求解过程极为复杂，难以被一般投资者采用。

针对上述文献中研究方法的缺陷，本文提出求解此期权价格上下界的对偶规划方法。期权价格的上下界求解问题等价于以标的资产价格分布的各阶矩为约束条件，求期权价格的最大值和最小值。我们首先构建此问题的数学规划模型，为了求解出显性解，将之转换为对偶规划模型，并借助多项式进行辅助分析及求解。

如果充分掌握了标的资产价格分布的各阶矩信息，那么我们能够得到精确的期权期望收益。如果信息不充分造成了分布不确定性，我们只能得到期权期望收益的一个区间。在本文中，我们对标的资产价格分布的严格假设进行放松，分别在仅知道风险中性测度下的一二阶矩和前三阶矩的条件下，推导出期权价格的上界和下界。由于标的资产价格分布信息的匮乏，我们无法得到精确的期权期望收益及期权价格，而只能推导出一个较窄的价格区间。由于只利用了资产价格分布的部分参数信息，我们称之为半参数期权定价方法。半参数期权定价方法不需要对标的资产价格过程做出严格的假设，因此可提高定价模型的稳健性，降低定价时的模型风险。

二、已知一二阶矩条件下的期权价格上下界

在本节，我们在标的资产价格的风险中性概率测度 Q(X) 不确定的条件下，用其一二阶矩信息推导期权价格的上下界。

在后文的推导中，如果不加特殊说明，我们提及的各阶矩均指原点矩，符号约定如下：

$\mu_1 = E[X]$，$\mu_2 = E[X^2]$，$\mu_3 = E[X^3]$

$\nu_1 = E[X/X_0]$，$\nu_2 = E[(X/X_0)^2]$，$\nu_3 = E[(X/X_0)^3]$

其中 X_0 为当期的标的资产价格，X 为到期日的标的资产价格。

设欧式看涨期权的执行价格为 K，到期日为 T，在到期日标的资产价格为 X，则期权价格 C 为在风险中性概率测度 Q(X) 下的期望收益按无风险利率 r 进行折现的折现值：

$C = e^{-rT}E^Q[\max(X-K, 0)]$

假设仅知 X 在风险中性概率测度 Q(X) 下的前 n 阶原点矩 μ_1，…，μ_n，而不知道具体的概率测度，由于信息的不充分，我们无法得到精确的期权价格，而只能得到期权价格的一个区间。为了求解期权价格上下界，我们首先要求解期权期望收益的上下界：

$\sup\limits_{Q\in\Phi} E^Q[\max(X-K, 0)]$

$\inf\limits_{Q\in\Phi} E^Q[\max(X-K, 0)]$

其中 Φ 为前 n 阶原点矩为 μ_1，…，μ_n，取值范围为 $X\in[0, +\infty]$ 的概率测度构成的概率测度族。

利用标的资产价格风险中性概率测度的前 n 阶原点矩的信息，推导期权期望收益上界的问题，可以表述成如下规划模型：

$$\max R = E^Q[\max(X-K, 0)] = \int_0^{+\infty} \max(X-K, 0)Q(X)dX$$

$$\text{s.t.}\quad E^Q[X^i] = \int_0^{+\infty} X^i Q(X)dX = \mu_i,\ i = 0, 1, \cdots, n \tag{1}$$

其中 $\mu_0 = 1$。此模型中有 n 个约束条件，为了便于求解，我们将之转换成对偶规划模型。规划模型（1）的对偶规划模型为：

$$\min W = \sum_{i=0}^{n} y_i \mu_i$$

$$\text{s.t.}\quad \sum_{i=0}^{n} y_i X^i \geqslant \max(X-K, 0),\ \forall X \geqslant 0 \tag{2}$$

其中对偶变量 y_n，…，y_2，y_1，y_0 分别对应于原问题（1）中的各原点矩 μ_n，…，μ_2，μ_1，μ_0 施加的约束条件。Isii（1960）[13] 证明了此类问题之间存在强对偶性，即问题（1）

的解与问题（2）的解相等。由于 $\min W=\max R$，通过求解问题（2），即可解出期权期望收益的上界。期权期望收益的下界可以采用类似的方法求解。下面我们在已知一二阶矩的条件下，推导期权期望收益上下界。在第三节中，我们将此上下界拓展到已知前三阶矩的条件下。

（一）已知一二阶矩条件下期权期望收益的上界

当已知一二阶 μ_1，μ_2，规划模型（1）转化为下述规划模型（3）：

$$\max R=\int_0^{+\infty}\max(X-K,\ 0)Q(X)dX$$

$$\text{s.t.}\quad\begin{cases}\int_0^{+\infty}Q(X)dX=\mu_0=1\\ \int_0^{+\infty}XQ(X)dX=\mu_1=\mu\\ \int_0^{+\infty}X^2Q(X)dX=\mu_2=\mu^2+\sigma^2\end{cases}\tag{3}$$

规划模型（3）的对偶规划模型为：

$$\min W=\mu_2y_2+\mu_1y_1+y_0$$

$$\text{s.t.}\quad y_2X^2+y_1X+y_0\geqslant\max(X-K,\ 0),\ \forall X\geqslant 0\tag{4}$$

其中对偶变量 y_2，y_1，y_0 分别对应于原问题（3）中的各阶矩 μ_2，μ_1，μ_0 施加的约束条件。设 $g(X)=y_2X^2+y_1X+y_0$，此问题相当于在满足 $g(X)\geqslant\max(X-K,\ 0)$ 的条件下，寻找多项式系数 y_2，y_1，y_0，使得目标函数 W 达到最小化。对于任意给定的 $X\geqslant 0$，可得一个约束条件，因此规划问题（4）实际上有无穷多个约束条件，由于约束条件的特殊性，需要采用特殊的方法来对此线性规划问题进行求解，我们借助多项式进行辅助分析，求解此问题的最小值。

对偶规划问题（4）的最优解应该是在二项式 $g(X)=y_2X^2+y_1X+y_0$ 与 $\max(X-K,\ 0)$ 在区间 $X\in(0,\ +\infty)$ 相切时取得，此外下述两条件之一必须满足，$g(X)$ 与 $\max(X-K,\ 0)$ 在区间 $X\in(0,\ K)$ 相切，或者 $g(X)$ 经过原点。

下面，我们在 $g(X)$ 与 $\max(X-K,\ 0)$ 在区间 $X\in(0,\ K)$ 相切或 $g(X)$ 经过原点两种情形下，分别进行分析。

情形 1： 设 $g(a)=0$，$g'(a)=0$，$g'(b)=1$，见图 1。

此时此二项式可以表达如下：

$$g(X)=\frac{(X-a)^2}{2(b-a)}\tag{5}$$

又由 $g(b)=b-K$，知 $a=2K-b$，代入上式，可知二项式的系数为：

$$y_2=\frac{1}{4(b-K)},\quad y_1=1-\frac{b}{2(b-K)},\quad y_0=\frac{b^2}{4(b-K)}-K$$

将二项式系数 y_2，y_1，y_0 代入问题（4）的目标函数 $\min W=\mu_2y_2+\mu_1y_1+y_0$，对 b 求导

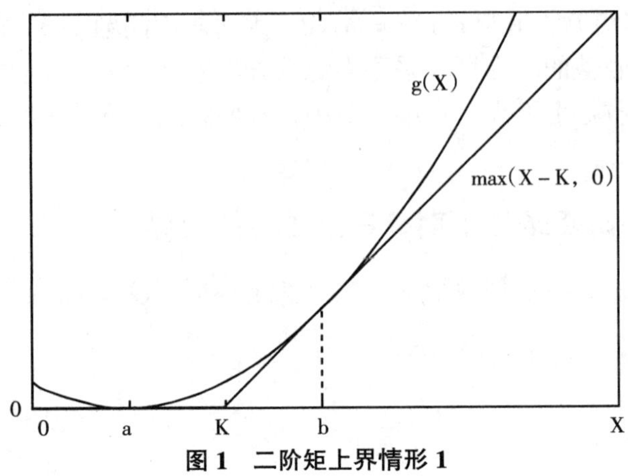

图 1　二阶矩上界情形 1

可得

$$\min W = \min_{b} \frac{\mu_2^2 + 2(b-2K)\mu_1 + (b-2K)^2}{4(b-K)} = \frac{1}{2}\left(\mu_1 - K + \sqrt{\mu_2^2 + K^2 - 2\mu_1 K}\right) \tag{6}$$

最优点在 $b = K + \sqrt{\mu_2^2 + K^2 - 2\mu_1 K}$ 取得，由 $a = 2K - b$，知 $a = K - \sqrt{\mu_2^2 + K^2 - 2\mu_1 K}$。又由 $a = 2K - b$，知 $K = \frac{a+b}{2}$，由于 $a \geqslant 0$，可知 $K \geqslant \frac{b}{2}$，即 $K \geqslant \frac{1}{2}\left(K + \sqrt{\mu_2^2 + K^2 - 2\mu_1 K}\right)$，化简可得：

$$K > \frac{\mu_2}{2\mu_1} \tag{7}$$

情形 2：设 $g(0) = 0$，$g(b) = b - K$，$g'(b) = 1$，见图 2。

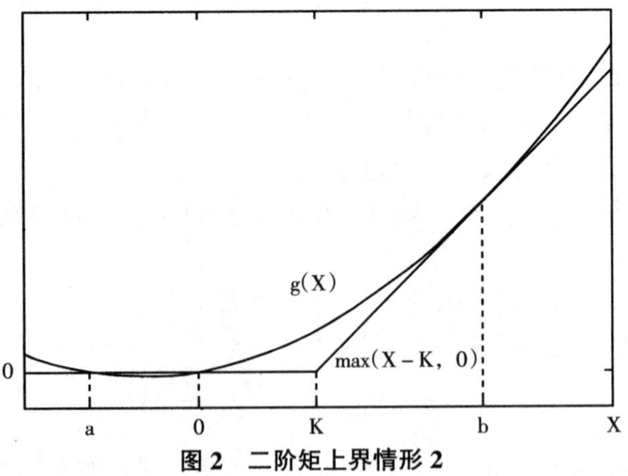

图 2　二阶矩上界情形 2

此时此二项式可以表述如下：

$$g(X) = \frac{K}{b^2}X^2 + \left(1 - \frac{2K}{b}\right)X \tag{8}$$

可知二项式的系数为：

$y_2=\frac{K}{b^2}$，$y_1=1-\frac{2K}{b}$，$y_0=0$

将二项式系数 y_2，y_1，y_0 代入问题（4）的目标函数 $\min z=\mu_2y_2+\mu_1y_1+y_0$，对 b 求导可得：

$$\min W=\min_b \mu_2\frac{K}{b^2}+\mu_1\left(1-\frac{2K}{2}\right)=\mu_1-\frac{\mu_1^2}{\mu_2}K \tag{9}$$

上述问题的最优解在 $b=\frac{\mu_1}{\mu_2}$ 取得。设二项式（8）的另一个根为 $X=a\ (a<0)$，则由（8）式可得 $K=\frac{b^2}{2b-a}$，当 $a\to-\infty$ 时，$\lim_{a\to-\infty}K=0$；当 $a\to 0$ 时 $\lim_{a\to 0}K=\frac{b}{2}=\frac{\mu_2}{2\mu_1}$，因此有：

$$0\leqslant K\leqslant\frac{\mu_2}{2\mu_1} \tag{10}$$

因此，由（6）式、（7）式、（9）式、（10）式，我们得到关于期权期望收益最优上界的如下命题。

命题 1：在仅知标的资产价格 X 的一阶原点矩 μ_1 及二阶原点矩 μ_2 的情况下，期权期望收益的最优上界为 $R(\mu_1, \mu_2)=\max_{Q\in\Phi}E^Q[\max(X-K, 0)]$，则有：

$$R=\begin{cases}\mu_1-\frac{\mu_1^2}{\mu_2}K, & \text{当f}\quad K<\frac{\mu_2}{2\mu_1}\\ \frac{1}{2}\left(\mu_1-K+\sqrt{\mu_2+K^2-2\mu_1K}\right), & \text{当f}\quad K\geqslant\frac{\mu_2}{2\mu_1}\end{cases} \tag{11}$$

上述上界 R 是行权价格 K 的函数，可以证明，R 在 $K=\frac{\mu_2}{2\mu_1}$ 点连续。求 R 对 K 的一二阶导数，可知 $dR/dK<0$ 及 $d^2C/dK^2\geqslant 0$，即 R 是 K 的单调递减的凸函数。

为了分析当期标的资产价格 X_0 对期权价格上下界的影响，对命题 1 的上界进行如下变量变换后可得命题 2

$\nu_i=E[(X/X_0)^i]=\mu_i/X_0^i$，$i=1, 2$

命题 2：在仅知标的资产价格 X 的一阶原点矩 μ_1 及二阶原点矩 μ_2 的情况下，期权期望收益的上界为 $R(\mu_1, \mu_2)=\max_{Q\in\Phi}E^Q[\max(X-K, 0)]$，则有：

$$R=\begin{cases}\frac{1}{2}\left(\nu_1X_0-K+\sqrt{X_0^2(\nu_2-\nu_1^2)+(\nu_1X_0-K)^2}\right), & \text{当 } X_0<\frac{2\nu_1}{\nu_2}K\\ \nu_1X_0-\frac{\nu_1^2}{\nu_2}K, & \text{当 } X_0\geqslant\frac{2\nu_1}{\nu_2}K\end{cases} \tag{12}$$

上述上界 R 是当期标的资产价格 X_0 的函数，可以证明，R 在 $X_0=\frac{2\nu_1}{\nu_2}K$ 点连续。求 R 对 X_0 的一二阶导数，可知 $dR/dX_0\geqslant 0$ 及 $d^2C/dX_0^2\geqslant 0$，即 R 是 X_0 的单调递增的凸函数。

（二）已知一阶矩条件下期权期望收益的下界

在仅知 X 的一阶原点矩 μ_1 的情况下，下面的命题 3 给出期权期望收益下界。

命题 3： 在仅知 X 的一阶矩 $\mu_1 = E(X)$ 的情况下期权期望收益的下界为 $R(\mu_1) = \min\limits_{Q \in \Phi} E^Q[\max(X - K, 0)]$，则有：

$$\underline{R} = \begin{cases} \mu_1 - K, & \text{当 } K < \mu_1 \\ 0, & \text{当 } K \geqslant \mu_1 \end{cases} \tag{13}$$

证明：首先，显然有$\underline{R} \geqslant 0$；此外，当即 $K < \mu_1$，此时由 Jensen 不等式知

$$E[\max(X - K, 0)] \geqslant \mathrm{Max}[E(X) - K, 0] = \mu_1 - K$$

命题得证。

对命题 3 进行变量替换 $\nu_1 = E[X/X_0] = \mu_1/X_0$ 后，可得命题 4。

命题 4： 在仅知 X/X_0 的一阶矩 $\gamma_1 = E(X/X_0)$ 的情况下期权期望收益的下界为：

$$\underline{R}(\mu_1) = \min_{Q \in \Phi} E^Q[\max(X - K, 0)]$$

则有：

$$\underline{R} = \begin{cases} 0, & \text{当 } X_0 < K/\nu_1 \\ \nu_1 X_0 - K, & \text{当 } X_0 \geqslant K/\nu_1 \end{cases} \tag{14}$$

三、已知前三阶矩条件下的期权价格上下界

在本节，我们在标的资产价格的风险中性概率测度 Q(X) 不确定条件下，采用前三阶矩信息推导期权价格的上下界。由于信息量的增加、不确定性的减少，我们预期在此条件下推导出的上下界应该更窄。

（一）已知前三阶矩条件下期权期望收益的上界

在已知前三阶矩 μ_1，μ_2，μ_3 的条件下，求解期权期望收益上界的问题，可以表述为下述规划模型：

$$\max R = \int_0^{+\infty} \max(X - K, 0) Q(X) dX$$

$$\text{s.t.}\begin{cases}\int_0^{+\infty} Q(X)dX = \mu_0 = 1 \\ \int_0^{+\infty} XQ(X)dX = \mu_1 = \mu \\ \int_0^{+\infty} X^2Q(X)dX = \mu_2 = \mu^2 + \sigma^2 \\ \int_0^{+\infty} X^3Q(X)dX = \mu_3 = \mu^3 + 3\mu\sigma^2 + \gamma\end{cases} \tag{15}$$

规划模型（15）的对偶规划模型为：

$$\min W = \mu_3 y_3 + \mu_2 y_2 + \mu_1 y_1 + y_0$$
$$\text{s.t.}\quad y_3X^3 + y_2X^2 + y_1X + y_0 \geqslant \max(X-K,\ 0),\ \forall X \geqslant 0 \tag{16}$$

其中对偶变量 y_3，y_2，y_1，y_0 分别对应于原问题（3）中的各阶矩 μ_3，μ_2，μ_1，μ_0 施加的约束条件。设 $g(X) = y_3X^3 + y_2X^2 + y_1X + y_0$，此问题相当于在满足 $g(X) \geqslant \max(X-K,\ 0)$ 的条件下，寻找多项式系数 y_3，y_2，y_1，y_0，使得目标函数 W 达到最小化。与第二节情形 1 的分析同理，最优解应该是在 $g(X)$ 与 $\max(X-K,\ 0)$ 在区间 $X\in(K,\ +\infty)$ 相切时取得。此外 $g(X)$ 与 $\max(X-K,\ 0)$ 在区间 $X\in(0,\ K)$ 相切，或者 $g(X)$ 经过原点。证明过程参见情形 1。

下面，我们在如下四种情形下，分别进行讨论。此四种情形已经将规划模型（16）取最优值的所有情形考虑到。

情形 1： 设 $g(a)=0$，$g(b)=0$，$g'(b)=0$，$g(c)=c-K$，见图 3。

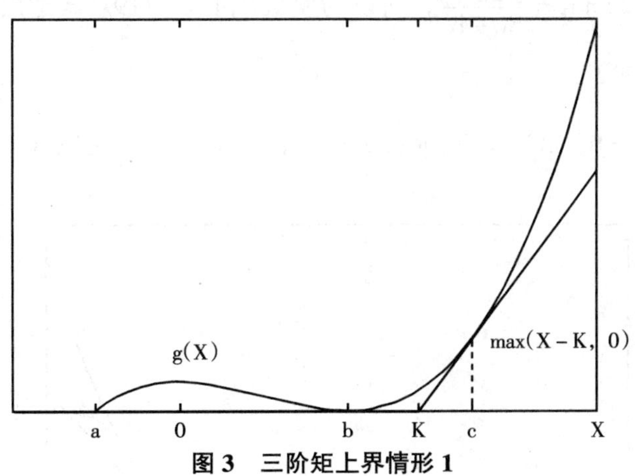

图 3　三阶矩上界情形 1

则此三项式可以表示如下：

$$g(X) = \frac{(X-a)(X-b)^2}{(c-a)(c-b)^2}(c-K) \tag{17}$$

则可知：

$y_3 = \upsilon$，$y_2 = -(a+2b)\upsilon$，$y_1 = (b^2+2ab)\upsilon$，$y_0 = -ab^2\upsilon$，

其中，$\upsilon=\dfrac{(c-K)}{(c-a)(c-b)^2}$。进一步假设 $g'(c)=1$，则：

$$a=\frac{2c^2+bK-3cK}{b+c-2K} \tag{18}$$

将上式代入 y_3，y_2，y_1，y_0，由 $W=\mu_3y_3+\mu_2y_2+\mu_1y_1+y_0$。

为求 W 的极小值，设 $\partial W/\partial b=0$，$\partial W/\partial c=0$，可得：

$$b=\frac{\mu_3-\mu_1\mu_2-\sqrt{4\mu_2^3-3\mu_1^2\mu_2^2-6\mu_1\mu_2\mu_3+\mu_3^2+4\mu_3\mu_1^3}}{2(\mu_2-\mu_1^2)}$$

$$c=\frac{\mu_3-\mu_1\mu_2+\sqrt{4\mu_2^3-3\mu_1^2\mu_2^2-6\mu_1\mu_2\mu_3+\mu_3^2+4\mu_3\mu_1^3}}{2(\mu_2-\mu_1^2)}$$

实际上，b，c 为下述二项式的两个根：

$$p(x)=(\mu_2-\mu_1^2)x^2+(\mu_1\mu_2-\mu_3)x+(\mu_1\mu_3-\mu_2^2)$$

将 b，c 代入 y_3，y_2，y_1，y_0，可求得：

$$\min_{b,c}\ \mu_3y_3+\mu_2y_2+\mu_1y_1+y_0=\frac{(c-K)[\mu_3-(a+2b)\mu_2+(b^2+2ab)\mu_1-ab^2]}{(c-a)(c-b)^2} \tag{19}$$

由前述假设 $g'(c)=1$，则可知：

$$K=\frac{a(b+c)-2c^2}{2a+b-3c}$$

可以证明 $\dfrac{\partial K}{\partial a}=(\dfrac{b-c}{2a+b-3c})^2>0$，即 K 是 a 的单增函数。当 $a\to-\infty$，有 $\lim\limits_{a\to-\infty}K=\dfrac{b+c}{2}$；当 $a\to0$，有 $\lim\limits_{a\to0}K=\dfrac{2c^2}{3c-b}$，所以为使最优上界（19）式适用，K 的取值范围为：

$$\frac{b+c}{2}<K\leqslant\frac{2c^2}{3c-b} \tag{20}$$

情形 2：设 $g(0)=0$，$g(b)=0$，$g'(b)=0$，$g(c)=c-K$，见图 4。

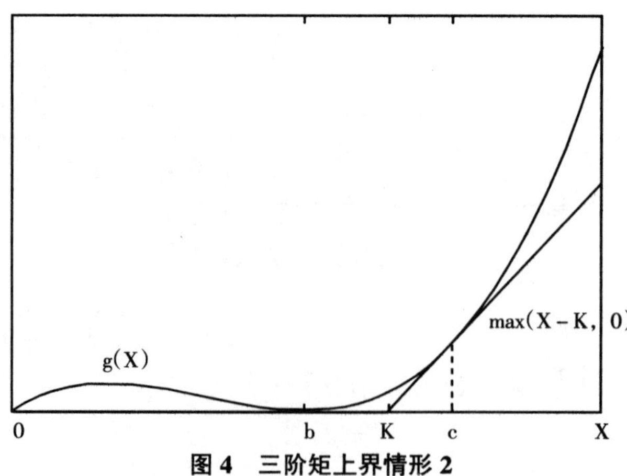

图 4　三阶矩上界情形 2

则此三项式可以表示如下：

$$g(X)=\frac{X(X-b)^2}{c(c-b)^2}(c-K) \tag{21}$$

若进一步假设 $g'(c)=1$，则可知：

$$b=3c-\frac{2c^2}{K}$$

因此可得三项式 $g(X)$ 的系数为：

$y_3=K^2\upsilon$，$y_2=2K(2c^2-3cK)\upsilon$，$y_1=(2c^2-3cK)^2\upsilon$，$y_0=0$，其中 $\upsilon=\frac{1}{4(c-K)c^3}$。

将上述系数 y_3，y_2，y_1，y_0 代入目标函数 $W=\mu_3y_3+\mu_2y_2+\mu_1y_1+y_0$，令 $dW/dc=0$，可得：

$$2\mu_1c^3-(3\mu_1K+2\mu_2)c^2+4\mu_2Kc-\mu_3K=0$$

解之可得三个根，其中最大根为 q，可以证明当 $c=q$ 时，$d^2W/dc^2>0$，因此此时 W 取最小值。代入得：

$$\min_c=\mu_3y_3+\mu_2y_2+\mu_1y_1+y_0=\frac{K^2\mu_3+2K(2c^2-3cK)\mu_2+(2c^2-3cK)^2\mu_1}{4(c-K)c^3} \tag{22}$$

情形 3：设 $g(0)=0$，$g(b)=b-K$，$g'(b)=1$，$g(s)=s-K$，见图 5。

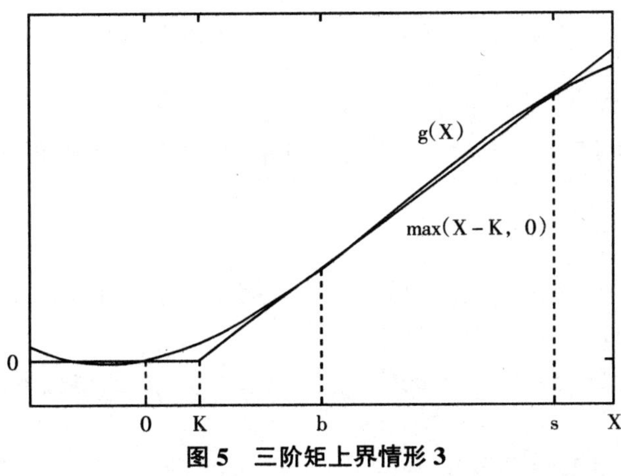

图 5　三阶矩上界情形 3

首先，假设 $X\in[0,\ s]$，求解出此情形下的上界，再令 $s\to+\infty$，将上界扩展到 $X\in[0,\ +\infty)$ 的情况。

此三项式可以表示如下：

$$g(X)=X-\frac{KX}{b^2s}[(X-b)^2+s(2b-X)] \tag{23}$$

当 $s\to+\infty$，有：

$$\lim_{s\to+\infty}g(X)=\frac{K}{b^2}X^2+(1-\frac{2K}{b})X \tag{24}$$

(24) 式与第 2 节中的情形 2 是一致的，因此第 2 节情形 2 中的结论在此处也适用。

情形 4： 设 $g(a)=0$，$g'(a)=0$，$g(b)=b-K$，$g'(b)=1$，$g(s)=s-K$，见图 6。

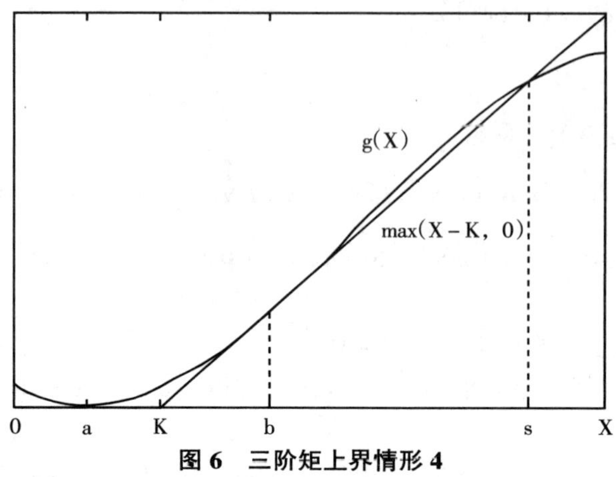

图 6　三阶矩上界情形 4

同情形 3，首先假设 $X\in[0,\ s]$，再令 $s\to+\infty$，将上界扩展到 $X\in[0,\ +\infty)$ 的情况。则此三项式可以表示如下：

$$g(X)=\frac{(X-a)}{(b-a)^2(s-a)}\{a(X-b)^2+(s-a)(b^2-aX)-K[(X-b)^2+(s-a)(2b-X-a)]\} \tag{25}$$

其中，$K=\dfrac{s(a+b)-2a^2}{2s+b-3a}$，当 $s\to+\infty$，有 $\lim\limits_{s\to+\infty}K=\dfrac{a+b}{2}$，则可知

$$\lim_{s\to+\infty}g(X)=\frac{(X-a)^2}{2(b-a)} \tag{26}$$

(26) 式与第二节中的情形 1 是一致的，因此第二节情形 1 中的结论在此处也适用。

综合上述 4 种情形，可得下述命题 5。

命题 5： 在仅知标的资产价格 X 的前三阶矩 μ_1，μ_2，μ_3 的情况下，期权期望收益的最优上界为：

$$R(K)=\begin{cases}\dfrac{K^2\mu_3+2K(2q^2-3qK)\mu_2+(2q^2-3qK)^2\mu_1}{4(q-K)q^3}, & \text{当 } K\geqslant\dfrac{2c^2}{3c-b}\\[2ex] \dfrac{(c-K)[\mu_3-(a+2b)\mu_2+(b^2+2ab)\mu_1-ab^2]}{(c-a)(c-b)^2}, & \text{当 }\dfrac{b+c}{2}\leqslant K\leqslant\dfrac{2c^2}{3c-b}\\[2ex] \dfrac{1}{2}(\mu_1-K)+\dfrac{1}{2}\sqrt{(\mu_2-\mu_1^2)+(K-\mu_1)^2}, & \text{当 }\dfrac{\mu_2}{2\mu_1}\leqslant K\leqslant\dfrac{b+c}{2}\\[2ex] \mu_1-\dfrac{\mu_1^2}{\mu_2}K, & \text{当 } K\leqslant\dfrac{\mu_2}{2\mu_1}\end{cases} \tag{27}$$

其中，

$$b=\frac{\mu_3-\mu_1\mu_2-\sqrt{4\mu_2^3-3\mu_1^2\mu_2^2-6\mu_1\mu_2\mu_3+\mu_3^2+4\mu_3\mu_1^3}}{2(\mu_2-\mu_1^2)}$$

$$c=\frac{\mu_3-\mu_1\mu_2+\sqrt{4\mu_2^3-3\mu_1^2\mu_2^2-6\mu_1\mu_2\mu_3+\mu_3^2+4\mu_3\mu_1^3}}{2(\mu_2-\mu_1^2)}$$

$$a=\frac{2c^2+bK-3cK}{b+c-2K}$$

q 为下述三项式（自变量为 c）的最大根：

$$2\mu_1c^3-(3\mu_1K+2\mu_2)c^2+4\mu_2Kc-\mu_3K=0$$

上述上界 R 是行权价格 K 的函数，可以证明，R 在 $K=\frac{\mu_2}{2\mu_1}$、$K=\frac{b+c}{2}$、$K=\frac{2c^2}{3c-b}$ 三个分界点连续。求 R 对 K 的一二阶导数，可知 $dR/dK<0$ 及 $d^2C/dK^2\geqslant0$，即 R 是 K 的单调递减的凸函数。

对命题 5 进行如下变量替换可得命题 6。

$\nu_i=E[(X/X_0)^i]=\mu_i/X_0^i$，i = 1，2，3

命题 6：在仅知 X/X_0 的前三阶矩 ν_1，ν_2，ν_3 的情况下，期权期望收益的最优上界为：

$$R(X_0)=\begin{cases}\dfrac{K^2\nu_3+2K(2q^2X_0-3qK)\nu_2+(2q^2X_0-3qK)^2\nu_1}{4(qX_0-K)q^3}, & \text{当 } X_0\leqslant\dfrac{3c-b}{2c^2}K\\ \dfrac{(cX_0-K)[\nu_3-(a+2b)\nu_2+(b^2+2ab)\nu_1-ab^2]}{(c-a)(c-b)^2}, & \text{当 } \dfrac{3c-b}{2c^2}K\leqslant X_0\leqslant\dfrac{2}{b+c}K\\ \dfrac{1}{2}(X_0\nu_1-K)+\dfrac{1}{2}\sqrt{X_0^2(\nu_2-\nu_1^2)+(K-X_0\nu_1)^2}, & \text{当 } \dfrac{2}{b+c}K\leqslant X_0\leqslant\dfrac{2\nu_1}{\nu_2}K\\ X_0\nu_1-\dfrac{\nu_1^2}{\nu_2}K, & \text{当 } X_0\geqslant\dfrac{2\nu_1}{2\nu_2}K\end{cases}\tag{28}$$

其中，

$$b=\frac{\nu_3-\nu_1\nu_2-\sqrt{4\nu_2^3-3\nu_1^2\nu_2^2-6\nu_1\nu_2\nu_3+\nu_3^2+4\nu_3\nu_1^3}}{2(\nu_2-\nu_1^2)}$$

$$c=\frac{\nu_3-\nu_1\nu_2+\sqrt{4\nu_2^3-3\nu_1^2\nu_2^2-6\nu_1\nu_2\nu_3+\nu_3^2+4\nu_3\nu_1^3}}{2(\nu_2-\nu_1^2)}$$

$$a=\frac{2c^2+bK-3cK}{b+c-2K}$$

q 为下述三项式（自变量为 c）的最大根：

$$\frac{2\nu_1X_0}{K}c^3-(3\nu_1+\frac{2\nu_2X_0}{K})c^2+4\nu_2c-\nu_3=0$$

上述上界 R 是行权价格 X_0 的函数，可以证明，R 在 $X_0=\frac{2\nu_1}{\nu_2}K$、$X_0=\frac{2}{b+c}K$、$X_0=\frac{3c-b}{2c^2}K$ 三个分界点连续。求 R 对 X_0 的一二阶导数，可知 $dR/dX_0\geqslant0$ 及 $d^2R/dX_0^2\geqslant0$，

即 R 是 X_0 的单调递增的凸函数。

（二）已知前三阶矩条件下期权期望收益的下界

当已知前三阶矩，求解期权价格最优下界的规划模型为：

$$\min R = \int_0^{+\infty} \max(X-K,\ 0)Q(X)dX$$

$$\text{s.t.}\quad \begin{cases} \int_0^{+\infty} Q(X)dX = \mu_0 = 1 \\ \int_0^{+\infty} XQ(X)dX = \mu_1 = \mu \\ \int_0^{+\infty} X^2Q(X)dX = \mu_2 = \mu^2 + \sigma^2 \\ \int_0^{+\infty} X^3Q(X)dX = \mu_3 = \mu^3 + 3\mu\sigma^2 + \gamma \end{cases} \tag{29}$$

规划模型（4）的对偶规划模型为：

$$\max W = \mu_3 y_3 + \mu_2 y_2 + \mu_1 y_1 + y_0$$

$$\text{s.t.}\quad y_3X^3 + y_2X^2 + y_1X + y_0 \leqslant \max(X-K,\ 0),\ \ \forall X \geqslant 0 \tag{30}$$

情形 1：设 $g(0)=0$，$g(K)=0$，$g(s)=s-K$，$g'(s)=1$，见图 7。

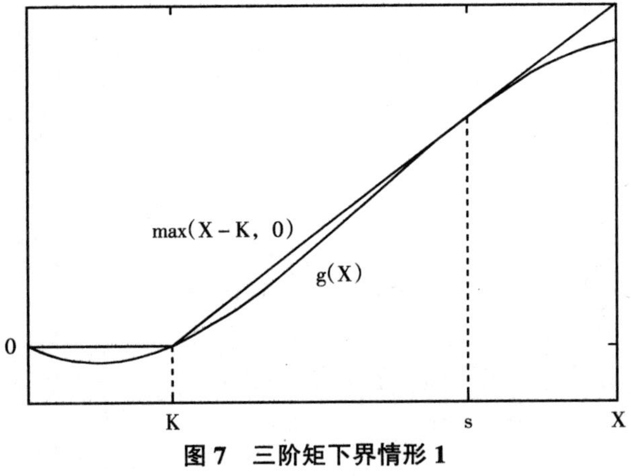

图 7　三阶矩下界情形 1

此三项式可以表述为如下形式：

$$g(X) = \frac{X}{s^2}[s(s-K) + K(X-s) - (X-s)^2]$$

按 X 进行降幂排序可得三项式 $g(X)$ 的系数为：

$$y_3 = -\frac{1}{s^2},\ \ y_2 = \frac{K+2s}{s^2},\ \ y_1 = \frac{2K}{s},\ \ y_0 = 0$$

为求 W 的最大值，将上述系数代入 $W = \mu_3y_3 + \mu_2y_2 + \mu_1y_1 + y_0$，为求 W 的最大值，令

$\partial W/\partial s=0$，可得：

$$s=\frac{\mu_2K-\mu_3}{\mu_1K-\mu_2}$$

代入 W 可得：

$$\min W=\frac{(\mu_1K-\mu_2)^2}{\mu_3-\mu_2K} \tag{31}$$

由于看涨期权价格非负，且为执行价格 K 的单减函数（Merton，1973）[14]，因此下述条件必须得到满足：

$$\begin{cases} W=\dfrac{(\mu_1K-\mu_2)^2}{\mu_3-\mu_2K}\geqslant 0 \\ \dfrac{dW}{dK}=\dfrac{(\mu_2-\mu_1K)[(\mu_2^2-\mu_1\mu_3)+\mu_1(\mu_2K-\mu_3)]}{(\mu_2K-\mu_3)^2}<0 \end{cases} \tag{32}$$

由于 $W\geqslant 0$，可得 $\mu_2K-\mu_3<0$。由于 $X\geqslant 0$，所以有 $X(X-\frac{\mu_2}{\mu_1})^2\geqslant 0$，即 $X^3-2\frac{\mu_2}{\mu_1}X^2+(\frac{\mu_2}{\mu_1})^2X\geqslant 0$，不等式两边取期望，可得 $\mu_2^2-\mu_1\mu_3\leqslant 0$。再由 $dW/dK<0$，可得 $\mu_2-\mu_1K>0$，即：

$$K<\frac{\mu_2}{\mu_1} \tag{33}$$

另外，易知 $K>b$，其中 b 见（一）情形 1，见图 4。因此可知 K 的取值范围为：

$$b<K<\frac{\mu_2}{\mu_1} \tag{34}$$

情形 2：我们先假设 $X\in[0,\ s]$，推导出期权价格的下界，再令 $s\to+\infty$，将下界扩展到 $X\in[0,\ +\infty)$ 的情况。设 $g(r)=0$，$g'(r)=0$，$g(K)=0$，$g(s)=s-K$，见图 8。

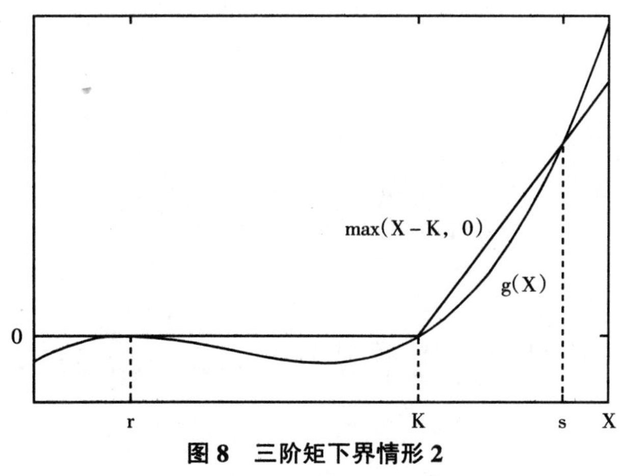

图 8　三阶矩下界情形 2

此时三项式可以表达如下：

$$g(X)=\frac{(X-r)^2(X-K)}{(s-r)^2} \tag{35}$$

展开后可得三项式的系数为：

$$y_3=\frac{1}{(s-r)^2},\ y_2=\frac{-2r-K}{(s-r)^2},\ y_1=\frac{r^2+2rK}{(s-r)^2},\ y_0=\frac{-r^2K}{(s-r)^2}$$

代入 $W=\mu_3y_3+\mu_2y_2+\mu_1y_1+y_0$ 后可知当 $s\to+\infty$，$\lim\limits_{s\to+\infty}W=0$。

综上所述，我们得到下述命题 7。

命题 7：在仅知标的资产价格 X 的前三阶矩 μ_1，μ_2，μ_3 的情况下，期权期望收益的最优下界为：

$$R(K)=\begin{cases}\mu_1-K, & \text{当 } K\leqslant b\\ \dfrac{(\mu_1K-\mu_2)^2}{\mu_3-\mu_2K}, & \text{当 } b\leqslant K\leqslant\dfrac{\mu_2}{\mu_1}\\ 0, & \text{当 } K\geqslant\dfrac{\mu_2}{\mu_1}\end{cases} \tag{36}$$

其中，

$$b=\frac{\mu_3-\mu_1\mu_2-\sqrt{4\mu_2^3-3\mu_1^2\mu_2^2-6\mu_1\mu_2\mu_3+\mu_3^2+4\mu_3\mu_1^3}}{2(\mu_2-\mu_1^2)}$$

对命题 7 进行如下变量替换可得命题 8。

$\nu_i=E[(X/X_0)^i]=\mu_i/X_0^i\quad i=1，2，3$

命题 8：在仅知标的资产价格 X/X_0 的前三阶矩 ν_1，ν_2，ν_3 的情况下，期权期望收益的最优下界为：

$$R(S)=\begin{cases}\nu_1X_0-K, & \text{当 } X_0\geqslant\dfrac{K}{b}\\ \dfrac{(\nu_1K-\nu_2X_0)^2}{\nu_3X_0-\nu_2K}, & \text{当 } \dfrac{\nu_1}{\nu_2}K\leqslant X_0\leqslant\dfrac{K}{b}\\ 0, & \text{当 } X_0\leqslant\dfrac{\nu_1}{\nu_2}K\end{cases} \tag{37}$$

其中，

$$b=\frac{\nu_3-\nu_1\nu_2-\sqrt{4\nu_2^3-3\nu_1^2\nu_2^2-6\nu_1\nu_2\nu_3+\nu_3^2+4\nu_3\nu_1^3}}{2(\nu_2-\nu_1^2)}$$

四、期权价格上下界与 Black-Scholes 价格

对风险中性概率测度下的期权期望收益按无风险利率 r 进行折现，可得期权价格 $C=e^{-rT}E^Q(\max[X-K,0])$，因此在仅知风险中性概率测度 Q 的前三阶矩 ν_1，ν_2，ν_3 的情况下，

欧式看涨期权价格上下界为：

$$e^{-rT}\underline{R} \leqslant C(\nu_1,\ \nu_2,\ \nu_3) \leqslant e^{-rT}R \tag{38}$$

其中 R 的表达式见命题 4，$\underline{R}$ 的表达式见命题 6。

Black-Scholes 公式假设标的资产过程为几何布朗运动 $dX_t = \mu X_t dt + \sigma X_t dW_t$，对此进行测度转换，可得风险中性测度下的标的资产过程 $dX_t = rX_t dt + \sigma X_t dW_t$，其中 $W_t = W_t + (\mu - r)t/\sigma$，式中的 $(\mu - r)/\sigma$ 为风险的市场价格（风险溢价）。可见，此时测度转换仅仅使得 μ 发生变化（从 μ 到 r），而 σ 保持不变，即此时真实测度下的 σ 和风险中性测度下的 σ 是等同的。因此在本节我们在标的资产价格为对数正态过程的假设下，计算出期权的 Black-Scholes 价格，期权价格的上下界，并对 Black-Scholes 价格和期权价格上下界进行比较分析。

（一）标的资产价格与期权价格上下界

设定 $r = 0.05$，$\sigma = 0.3$，$T = 0.5$，$K = 30$，对于对数正态过程 $dX_t = rX_t dt + \sigma X_t dW_t$，在风险中性概率下有：

$$\nu_1 = E[X/X_0] = e^{rT}$$

$$\nu_2 = E[(X/X_0)^2] = e^{2rT+\sigma^2 T}$$

$$\nu_3 = E[(X/X_0)^3] = e^{3rT+3\sigma^2 T} \tag{39}$$

首先，假设仅知一二阶矩 μ_1，μ_2，我们在不同的 X_0（15-50）取值下计算出期权的 BS 价格，并利用命题（2）及命题（4）计算出期权价格上下界。然后，假设已知前三阶矩 μ_1，μ_2，μ_3，利用命题（6）及命题（8）计算出期权价格上下界，见图 10。图 10 中的虚线为 BS 价格，细实线为采用一二阶矩信息计算出的上下界，粗实线为采用前三阶矩信息计算出的上下界。

由图 9 可以看出：第一，在仅知标的资产价格的前三阶矩的情况下，由于概率测度的不确定性，造成了期权价格的不确定性，期权价格表现为一个区间；第二，上下界为标的资产价格的单增凸函数，BS 价格介于此上下界之间；第三，当期权的价内程度或价外程度增加时，期权价格上下界变窄，且 BS 价格趋近于下界，而当为平价期权时，期权价格上下界较宽；第四，由于信息的增加，概率测度不确定性的减少，已知前三阶矩条件下的上下界较已知一二阶矩条件下的上下界更窄，表现为期权为平价期权时下界的上移，以及价外程度较高时上界的下移。

（二）行权价格与期权价格上下界

设定 $r = 0.05$，$\sigma = 0.3$，$T = 0.5$，$X_0 = 25$，对于对数正态过程 $dX_t = rX_t dt + \sigma X_t dW_t$，在风险中性概率下有：

$$\mu_1 = E[X] = X_0 e^{rT}$$

$$\mu_2 = E[X^2] = X_0^2 e^{2rT+\sigma^2 T}$$

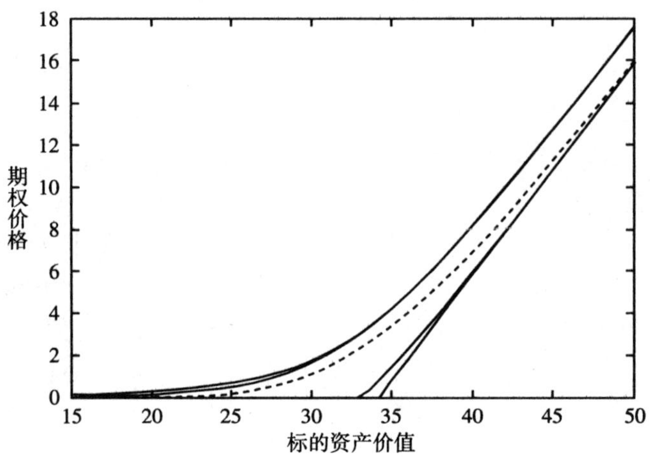

图 9　标的资产价格与期权价格上下界

$$\mu_3 = E[X^3] = X_0^3 e^{3rT + 3\sigma^2 T} \tag{40}$$

首先，假设仅知一二阶矩 μ_1，μ_2，我们在不同的 K（10–45）取值下计算出期权的 BS 价格，并利用命题（1）及命题（3）计算出期权价格上下界。然后，假设已知前三阶矩 μ_1，μ_2，μ_3，利用命题（5）及命题（7）计算出期权价格上下界，见图 11。图 11 中的虚线为BS 价格，细实线为采用一二阶矩信息计算出的上下界，粗实线为采用前三阶矩信息计算出的上下界。

由无套利假设，期权价格上下界应该是 K 的单调递减的凸函数，从图 10 我们可以看出这个性质确实得到满足。此外，可以看出三阶矩信息的加入，使得上下界变窄。

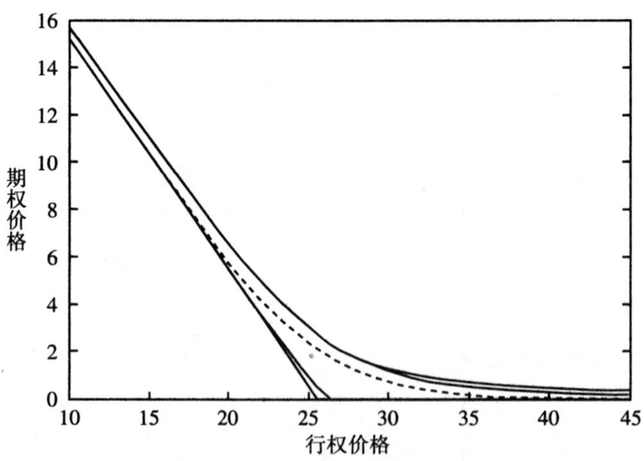

图 10　行权价格与期权价格上下界

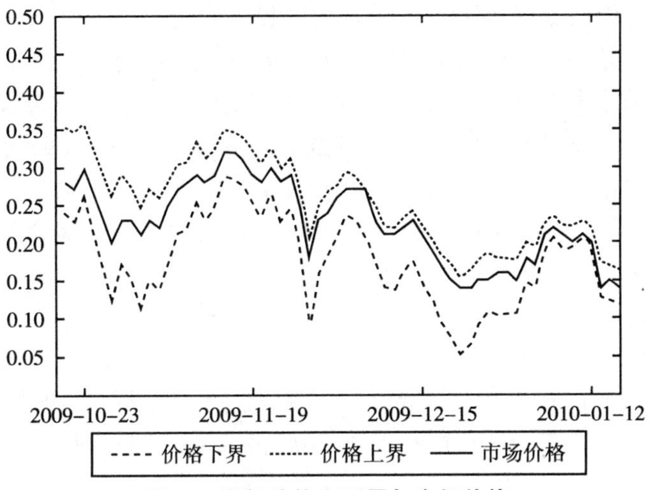

图 11　期权价格上下界与市场价格

五、基于香港恒指权证数据的实证分析

前文的期权价格上下界是在风险中性概率测度的前三阶矩已知的条件下推导出来的，而实际上，我们能得到的只是真实概率测度的各阶矩。本文的实证思路如下，首先假设标的资产价格为对数正态过程，在此假设下，采用（39）式及（40）式计算出风险中性前三阶矩，再以此计算期权价格的上下界，与市场价格进行对比分析。

我们采用香港恒生指数权证数据进行实证分析，分为时序分析及横截面分析两个部分。

（一）时序分析

在本小节我们采用恒指美林零零二 D 权证在 2009 年 10 月 21 日至 2010 年 1 月 15 日期间 60 个交易日的数据进行实证分析。

恒指美林零零二 D 权证是由美林国际有限公司发行的认购权证。上市日期为 2009 年 7 月 9 日，到期日为 2010 年 2 月 25 日。标的物为恒生指数，执行价为 20800 点。发行价 0.25（HK），行权比例（买卖单位）为 10000。

我们采用前 244 天（一年 244 个交易日）历史收益率计算出样本期内每天的年化波动率 σ；采用分析期内三月期的香港银行同业拆借利率（HIBOR）的平均值 0.32%作为无风险利率 r；剩余存续期 T 为期权的剩余存续天数/365。将 σ、r、T 代入（39）式计算出样本期内每天的风险中性一二三阶矩，采用命题（6）及命题（8）计算出此权证的价格上下界序列，与其市场价格序列进行比较分析，见图 12。

图 11 为恒指美林零零二 D 权证的价格上下界和市场价格图。从图中可以看出：在样

本期间，权证的市场价格始终落于上下界之内，投资者可以结合此价格区间及自己的主观判断进行投资决策。另外，随着到期日的接近，上下界逐步变窄。这是由年化波动率 σ 下降及剩余存续期 T 减小两方面的原因造成的。实际上恒生指数年化波动率 σ 从 2009 年 10 月 21 日的 0.392 下降到 2010 年 1 月 15 日的 0.309。由命题（6）及命题（8）可知，上下界之差是波动率和剩余存续期的单增函数，随着波动率的下降及剩余存续期的减小，上下界差距将逐步缩小。实际上，波动率的下降、剩余存续期的减少，都会减小分布不确定性对定价的影响，从而造成期权价格不确定性的减小。

（二）横截面分析

我们以到期日相同而行权价格不同的若干权证为分析对象，见表 1。表 1 中的 15 个权证都以恒生指数为标的物，且到期日同为 2010 年 2 月 25 日，按行权价格从低到高进行排序。

我们选取 2009 年 12 月 18 日的数据进行分析。在这天，剩余存续期为 69 天，即 0.189 年；年化波动率为 32.38%；香港银行同业拆借利率（HIBOR）为 0.46%；恒指 21176 点，由于行权比例为 10000，因此 $X_0 = 2.1176$。参数设定如下：

$r = 0.0046$，$\sigma = 0.324$，$T = 0.189$，$X_0 = 2.1176$

表 1　恒生指数权证

权证代码	权证名称	行权价格
17728 hk	恒指麦银零零二 B	18500
17255 hk	恒指荷合零零二 E	19200
17812 hk	恒指瑞信零零二购	19500
17698 hk	恒指美林零零二 C	19800
17251 hk	恒指麦银零零二 A	20000
17699 hk	恒指美林零零二 D	20800
18348 hk	恒指巴银零零二购	21300
17940 hk	恒指德银零零二 C	21600
17988 hk	恒指美林零零二 E	21800
17982 hk	恒指德银零零二 D	22200
18016 hk	恒指瑞银零零二 B	22300
18251 hk	恒指荷合零零二 F	22600
18614 hk	恒指高盛零零二购	22800
18619 hk	恒指麦银零零二 G	23400
18062 hk	恒指瑞银零零二 C	23500

我们采用（40）式计算出风险中性一二三阶矩，采用命题（5）及命题（7）计算出行权价格不同的各权证的价格上下界，与其市场价格进行比较分析，见图 12。从图中可以看出，除恒指麦银零零二 B 以外，所有权证的市场价格都落在上下界之内。

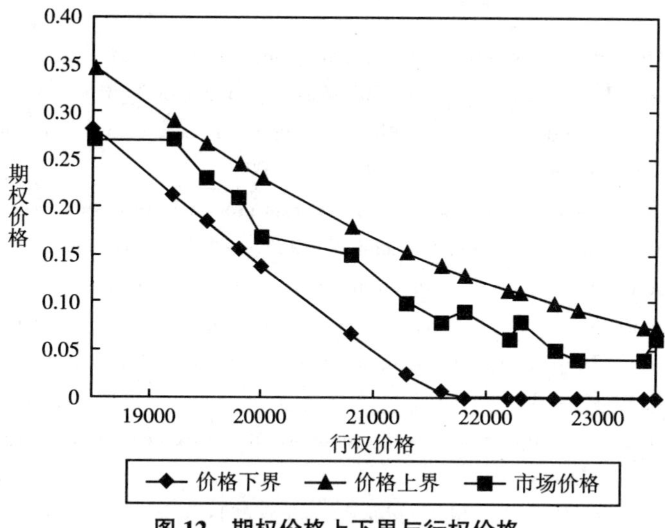

图 12　期权价格上下界与行权价格

六、结　语

传统的期权定价模型都假设概率测度是唯一存在的，并在这唯一且已知的概率测度的严格假设下推导期权价格。实际上，在资本市场上存在 Knight 不确定性的情况下，这些假设过于严格。在本文中，我们在仅知道风险中性测度下的一二三阶矩，而不知道标的资产价格的具体分布的条件下，对期权进行定价，由于摒弃了严格的概率测度假设，本文的定价方法推导出的期权价格更加稳健。

本文取得了如下研究结果：

（1）我们针对仅知一二阶矩及前三阶矩的条件下求解期权价格上下界的问题，建立数学规划模型，并将其转化为对偶规划问题，借助多项式进行辅助分析、求解。由于信息的增加，概率测度不确定性的减少，已知前三阶矩条件下的上下界较已知一二阶矩条件下的上下界更窄。本文推导出的上下界，有助于投资者结合此期权价格上下界及自己的主观判断进行投资决策。

（2）对 Black-Scholes 价格及期权价格上下界进行比较分析，Black-Scholes 价格介于上下界之间，且上下界宽度随波动率 σ 与剩余存续期 T 的增加而增加。

（3）采用香港恒指权证数据进行时序分析及横截面分析，市场价格确实介于上下界之间，当波动率及剩余存续期较小时，上下界区间比较狭窄。

参考文献

[1] Keynes J M. A treatise on probability [M]. London, Macmillan, 1921.

[2] Knight F H. Risk, Uncertainty and profit [M]. Boston, Houghton Mifflin, 1921.

[3] Goovaerts M J, Haezendonck J, De Vylder F. Numerical best bounds on stop-loss premiums [J]. Insurance: Mathematics and Economics, 1982, 1 (4): 287-302.

[4] Jansen K, Haezendonck J. Upper bounds on stoploss premiums in case of know nmoments up to the fourth order [J]. Insurance: Mathematics and Economics, 1986, 5 (4): 315-334.

[5] Heijnen B. Best upper and lower bounds on modified stoploss premiums in case of known range, mode, mean and variance of the original risk [J]. Insurance: Mathematics and Economics, 1990, 9 (2-3): 207-220.

[6] De Schepper A, Heijnen B. Distribution -free optionpricing [J]. Insurance: Mathematics and Economics, 2007, 40 (2): 179-199.

[7] Lo A W. Sem-iparametric upper bounds for optionprices and expected payoffs [J]. Journal of Financial Economics, 1987, 19 (2): 373-387.

[8] Zuluaga L F, Pena J, Du D L. Third-order extensions of Lo's semiparametric bound for European call options [J]. European Journal of Operational Research, 2009, 198 (2): 557-570.

[9] Bertsimas D, Popescu I. Optimal inequalities inprobability: A convex optimization approach [R]. Working paper, MIT, 1999a.

[10] Bertsimas D, Popescu I. Optimal bounds in finance: An optimization approach [R]. Working paper, MIT, Cambridge, MA, 1999b.

[11] Bertsimas D, Popescu I. On the relation between option and stock prices: An optimization approach [J]. Operations Research, 2002, 50 (2): 358-374.

[12] Gotoh J, Konno H. Bounding option prices by semidefinite programming: A cutting plane algorithm [J]. Management Science, 2002, 48 (5): 665-678.

[13] Isii K. The extrema of probability determined by generalized moments (I) bounded random variables [J]. Annals of the Instrtate of Stattstical Matematics, 1960, 12 (2): 119-133.

[14] Merton R C. Theory of rational option pricing [J]. The Bell Journal of Economics and Management Science, 1973, 4 (1): 141-183.

Upper and Lower Bounds on Option Prices under Uncertainty

HAN Li-yan, LI Wei, LIN Zhong-guo

Abstract: Traditional option pricing theories were based on the strict assumptions about underlying asset price process, which did not take Knightian uncertainty into consideration. In this article, those strict assumptions are relaxed and options are priced with only up to third order moment information. Due to limited information and the uncertainty of underlying price distribution, the option price can not be priced accurately. To derive upper and lower bounds for option prices with limited information, we build a programming model and solve the dual problem of this model. A comparative analys is between price bounds and Black-Scholes price is done afterwards. The bounds interval with up to third order moment inform ation is narrower than those with only first and second order moment information. In the empirical research of Hong Kong's Hang Seng Index warrants, we find that the market prices indeed lie within the bounds. When volatility and remaining duration is small, upper and lower bounds interval is quite narrow. With this method, we can enhance the robustness of option pricing model, and help investors make investment decisions combining option price bounds and their subjective judgments.

Key Words: Knightian uncertainty, upper and lower bounds, dual program, risk neutral pricing

我国上市零售企业行业内并购技术效率研究*

吴振球　李华磊

摘要： 本文利用我国2001~2009年11家上市零售企业的并购面板数据，采用随机前沿模型，定量研究我国上市零售企业并购的技术效率变化，并测度影响技术效率的内外部因素"干中学"、运营规模、所有制类型（结构）、股权结构、信贷预算约束、行业竞争、区域因素等对技术效率的影响。研究发现，并购总体上导致样本企业技术效率下降，但与非国有控股样本企业相比，国有控股上市零售企业进行并购能够显著提升企业的技术效率；股权结构、信贷预算约束与行业集中是我国上市零售企业技术效率改进的根本因素。

关键词： 并购　技术效率　DEA模型　SFA模型　面板数据

一、引　言

按照WTO关于开放服务贸易的有关规定，我国零售业自2004年底全面对外开放。截至2010年10月，进入我国零售市场的外资企业已有沃尔玛、家乐福等几十家，我国国内零售企业受到了来自外资零售企业强有力的挑战。在政府主导下，我国部分大型零售企业通过并购迅速扩大了自身规模。然而，由于我国零售企业的并购活动受到行政力量等的干预，有些并购活动忽视市场规律，导致企业大而不强。

在技术效率研究理论方面，国外理论界利用相对前沿效率法测定技术效率，包括非参数估计法与参数估计法。非参数估计法以数据包络分析（DEA）为代表，参数估计法以随

---

* 本文选自《数量经济技术经济研究》2011年第7期。本文获得中南财经政法大学中央高校基本科研业务费青年教师资助项目"中国上市流通企业并购问题研究"（编号：2010067）的资助。

机前沿分析（SFA）为代表。DEA 的缺点主要是在统计分析时无法分离混合误差项，从而把一些随机因素并入企业的技术无效率中。SFA 最大的优势是可以从混合误差项中分离出技术无效率，从而可以考察随机因素对企业技术效率的影响。Aigner 等（1977）假定技术无效率项服从半正态分布，并推导出相应的对数似然函数，首次建立起具有计量意义的半正态随机前沿模型。Meeusen 和 Broeck（1977）与 Aigner 等（1977）假定技术无效率项服从指数分布，建立起指数模型。Stevenson（1980）和 Greene（1980）提出了伽马模型。需要指出的是，Stevenson 只讨论了 Erlang 形式，即令形状参数 P 等于 1 和 2，这极大地限制了该模型。同时 Stevenson（1980）还提出了截尾正态分布模型。以上几个经典模型存在一些共同的缺陷：SFA 是由确定前沿发展而来，与确定前沿模型相比，随机前沿只能估计出整个观测样本的平均效率，而不能像确定前沿一样估计出每个观测值点的技术效率。为了解决这个问题，Jondrow 等（1982）提出了著名的 JLMS 混合误差分解方法，给出了经典随机前沿模型技术无效率项 u_{it} 的无偏估计值。其原理是计算条件期望 $E[u_i|\varepsilon_i]$，进而估计出每个观测值点的技术效率。此后，SFA 获得了极大的发展。Beckers 和 Hammond（1987）第一次得出了基于一个正态变量与一个伽马变量卷积形式的对数似然函数。Greene（1990）提出了基于正态伽马分布的对数似然函数。同时，SFA 向面板数据方向发展。

宏观层次的应用研究多以不同产业、行业或不同地区、省份的宏观数据为样本，主要研究技术效率如何测度，技术效率大小以及技术效率变化对全要素生产率变动、国民经济增长的影响等（孔翔等，1997；岳书敬、刘朝明，2006；常亚青、宋来，2006）。颜鹏飞、王兵（2004）对中国 30 个省区市 1978~2001 年的 TFP 增长及技术效率、技术进步进行了测度。

微观层次的研究多以企业数据为样本，主要研究技术效率测定、技术效率的影响因素，如何提高企业技术效率以及技术效率的变化对企业发展能力、增长能力的影响等（Battese 和 Coelli，1995；吴文庆、李双杰，2003）。涂正革（2005）运用 SFA 方法对我国大中型工业企业的技术效率进行分析，发现样本企业的技术效率与其所有制因素、规模信贷预算、行业竞争、地区因素等显著相关。目前已有的理论发展与实证研究对技术效率的测度与影响因素提供了许多重要的洞见。

研究零售企业并购前后的技术效率，对于中国这样一个特定发展阶段的国家具有特殊的重要性。第二次全国经济普查主要数据公报（第 3 号）表明，2008 年末，我国零售企业法人单位共计 54.9 万个，从业人员 836.9 万人。我国零售企业存在多而散、管理效率低下、技术手段落后、营运规模小、物流成本高等问题。零售企业之间通过并购在行业内进行资源重组整合，可以优化资源配置，提高经济效率，是解决上述问题的有效途径。我国零售企业的并购问题，实际上是关系到我国国民经济发展质量、国民经济战略性结构调整的问题。如果我国大型零售企业不能在自由竞争的环境里与大型外资零售企业抗衡，根据自由竞争规律，我国的“零售阵地”将会失守，影响到我国零售业的产业安全，进而影响到我国的国民经济安全。因此，零售企业通过并购与其他手段做大、做强，提高技术效率与全要素生产率，从而提高核心竞争力，与外国大型零售企业相抗衡，甚至超越它们，具有极其重要的现实意义。

国内学者对企业并购前后技术效率的研究主要侧重于研究并购前后技术效率的变化，探索影响技术效率的因素。李心丹等（2003）运用 DEA 法对沪深两市发生并购的 103 家上市企业进行实证检验，通过计算出公司并购前后的绩效稳定性指标，发现资产置换与资产剥离方式的并购效率不高。运用 DEA 方法研究技术效率的主要缺点是，该方法不能分离混合误差项，从而把一些随机因素并入企业的技术无效率中，导致计量分析结果不准确。付晓霞、吴利学（2007）的研究也印证了这一点。马君潞等（2008）运用 SFA 对亚洲新兴经济体银行的并购效率进行分析，发现并购显著提升了样本银行的技术效率，而且跨国并购方式与宏观经济环境对并购效率有显著影响，但是该文的模型涉及的解释变量较少，不太符合总体回归模型设定的"一般性"原则。

本文在这些研究的基础上运用相对前沿效率法，进一步深入研究我国上市零售企业并购前后的技术效率变化，并测度影响技术效率的内外部因素——"干中学"、运营规模、所有制类型（结构）、股权结构、信贷预算约束、行业竞争、区域因素等对技术效率的影响，从而为提高企业技术效率水平提出对策建议，在研究领域上从大型国有企业、商业银行或上市企业总体拓展到上市零售企业。同时，本文在研究方法上有所改进。在模型设计部分，将 DEA 与 SFA 模型综合起来运用，用 DEA 模型分析样本企业在并购前后所处的规模报酬阶段，然后将所处阶段转变为虚拟变量与其他因素一起引入 SFA 无效率模型。这种处理方式不仅可以避免直接引入企业规模变量与技术效率之间存在的线性关系，还可以避免企业规模变量与其他变量之间存在的多重共线性，而且考察了企业规模与技术效率之间的相互关系。

二、理论框架

所谓技术效率（Technical Efficiency，TE），也称技术有效性，最早由法瑞尔（M.J. Farrel，1957）提出。按照不同的研究角度，技术效率有投入导向与产出导向之分。在规模报酬、市场价格与产出不变的条件下，投入导向的技术效率是指企业按照固定的要素投入比例进行生产时，所使用的最小可能要素投入量与实际要素投入量之间的比例关系。通过提升技术效率，该企业可能在要素投入比例减少（1 – θ）的情况下维持原有的产出不变。需要注意技术效率概念隐含的假设前提是技术的"平稳使用"，不包括技术创新或进步。

生产前沿面理论认为，当市场技术呈现规模报酬不变（Constant Return to Scale，CRS），全要素生产率（Total Factor Productivity，TFP）增长的来源只有两个：技术进步与 TE 提升。当市场技术呈现规模报酬可变（Variable Returns to Scale，VRS），全要素增长率的来源有四个：技术进步、VRS-TE 提升、规模效率（Scale Efficiency，SE）提升与产出

组合（Output-Mix Effect，OME）效应。然而在实际的测算中，现有的 TFP 分解技术无法全部识别出以上四个要素，因此在 DEA 的文献中，也可以用 CRS-TE 表示全部可能的生产率改善（不包括技术进步）。即，当技术呈现 VRS 时，TFP 增长的来源为技术进步与 CRS-TE 提升。

由于本文研究的是并购与内外部因素对企业技术效率的影响，所以这里有必要着重分析 VRS-TE 提升的驱动因素。本文经过大量、深入的理论研究认为，VRS-TE 提升的内部驱动因素主要有三个：管理效率、“干中学”、运营规模调整。外部驱动因素有五个：所有制类型（结构）、股权结构、信贷预算约束、行业竞争、区域因素等。

1. 内部驱动因素

（1）管理效率。管理对企业生产率的影响相当重要。在既定的技术条件下，管理效率的提升意味着管理者可以有效地控制职工与职工、职工与企业、企业与市场的关系。著名管理学家斯蒂芬·P.罗宾斯、玛丽·库尔特提出通过降低组织费用，可以提高组织生产率，并且在战略设计、工作过程、工作活动和员工的协调工作方面提出组织有效性标准。具体而言，管理效率的提升可以充分调动工人的积极性和主动性，有效组织并利用现有的人力资源、设备资源等，灵活应对市场竞争、合理制定决策，从而从整体上降低成本、增加产出，改进企业的 VRS-TE。如果企业并购以后，由于企业价值观融合、总体战略融合、机构融合、人事融合、思想感情融合困难，管理模式、管理经验难以取舍等因素的不利影响，也会导致管理效率下降。

（2）“干中学”。利本斯坦（Leibenstein）和弗朗兹（Frantz）在比较 X-效率与 TE 时指出：“TE 是由诸如管理者和工人的不同技能等技术因素造成的；或者，由于使用的是一种特定的技术，虽然该技术已被充分利用，但它的使用效率仍会低于同行业中其他企业对类似技术的使用……因技能的差别或技术的扩散需要时间所致。”由于“干中学”，随着产出量的累积，企业的一般工人、技术工人、管理者对技术的理解逐渐加深，更加熟悉工作流程，操作动作、技能更加熟练，不同工序、不同工种间的衔接更加自然、迅速，经验更加丰富，从而导致并购企业单位产品成本下降，技术使用效率上升，生产率得到改进。企业并购后，如果并购方与目标企业的企业文化反差明显，或者目标企业的员工对并购有抵触情绪，不愿意在“干中学”先进的技术、先进的经验下，提高劳动熟练程度，那么对并购技术效率的影响将是负面的。

（3）运营规模调整。柯埃利等（2008）认为，运营规模调整可以全方位地改善企业的生产经营状况，其表现就是企业生产率的提升。如果一个企业的技术是规模报酬递增的，那么处于该阶段的企业扩大生产规模可以获得规模经济效应。具体来说，处于规模报酬递增阶段的企业扩大生产规模后可以进行更加精细的专业化分工与协作，大规模采购可以通过优化运输、储存过程从而有效降低物流成本，大规模生产可以充分挖掘大型设备的生产潜力等，从而改进企业的生产率。

需要指出的是，规模经济效应与 SE 提升有很大区别。SE 提升的幅度是在要素投入与产出组合不变的情况下，“技术有效”的企业通过扩大生产规模所能改进的生产率。但是，现实的企业往往不是技术有效的。处于规模报酬递增阶段的企业扩大规模之后，其管理成本、分工协作发生改变，VRS–TE 随之改变。并且，企业通过并购扩大市场规模，实施多样化经营，可以改变投入产出组合实现范围经济。甚至，运营规模扩大，企业可以在更大范围内分担研发费用，降低技术创新风险，从而有利于企业的技术进步。所以，扩大生产规模，可以提高 SE、VRS–TE，实现范围经济，并且有利于技术进步。但是，并购以后，如果零售企业的运营规模过大，会降低企业技术效率。因为企业规模过大，组织机构臃肿，管理层协调市场、企业、员工关系的难度和成本会增大。企业内部组织成本增大，边际产出下降，引致规模不经济。

2. 外部驱动因素

（1）所有制类型（结构）。在我国现阶段，既存在国有制企业（含国有控股企业），也存在私有制企业（含私有控股企业）。不管是公有制企业还是私有制企业，只要生产经营规模足够大，在委托—代理的制度安排下，都会产生委托—代理问题。在所有制因素的影响下，相对于私有制企业而言，脱胎换骨于高度计划经济体制的国有企业，由于以往的管理陋习、路径依赖以及政资不分、政企不分等原因，其进行的并购交易往往容易偏离市场化属性，对并购技术效率产生影响。由于我国缺乏成熟的经理市场，私有制企业的管理者往往是家族成员，这些人不一定具有经营管理才能与素质。而且私有制企业由于薪酬、缴纳“五险一金”、签订劳动合同、解决城市户口等方面欠缺的原因，很难招聘到高素质的员工，并且员工队伍不稳定，人才容易流失，对并购技术效率也会产生影响。

（2）股权结构。公司治理理论认为，由于所有权与经营权的分离，企业的股东通过一套监督与制衡机制来控制经营者，使其经营目标与企业股东保持一致。公司治理是解决委托—代理问题的一种制度安排。股权结构作为公司治理的重要基础，对企业技术效率的影响必须高度重视。股权结构指企业的股权集中度，主要有高度集中、相对集中与高度分散三种类型。一般而言，股权过度集中或过度分散都不利于企业的经营管理。Shleifer 和 Vishny（1986）认为，当股权过于分散时，弱小的个体股东缺乏积极监督企业管理层的激励，治理失效。当企业有一定数量的大股东存在时，企业就有治理效果。当股权过于集中时，企业最大的股东作为绝对控制人，其在董事会中的权力就无法得到有效约束，导致广义上公司治理失败。Burkart 等（1997）进一步指出，即使大股东控制在事后是有效率的，但在事前它构成对经理人剩余进行掠夺的威胁，将降低经理人创造力和减少经理人的企业专用性投资。按照 Bolton 和 Thadden（1998）的观点，具有控制性地位的大股东有激励阻止经理人做出的任何降低可证实的现金流的商业决策，即使由此导致的损失实际上远远超过经理人控制权的私人利益，从而产生效率成本（efficiency cost）。股权结构对企业并购效率的影响起到的是一种内部治理作用。内部治理一旦失效，并购就会成为缓和企业代理问题的外部治理机制。但是，这种并购不一定会提升企业的技术效率。Johnson 等（2000）认为，其原因是某些大股东企图通过合法的并购方式，利用“隧道效应”将资源从中小股东、目标企业转移到自己控制的企业中去，而不考虑这种并购是否能够创造价值。

（3）信贷预算约束。企业资本结构理论认为，相对于股权资本而言，债权资本成本率较低，利息固定。企业通过债权融资不仅可以降低企业的综合资本成本率，还可以获得财务杠杆利益，即普通股每股收益变动率大于息税前利润变动率的现象。因此通过债权融资是企业快速发展的途径之一。然而随着债权资本比例的上升，企业每年需支付的利息费用会增多，财务风险会增大。一旦企业出现偿付困难或资不抵债就有破产的风险。一般而言，银行贷款是企业重要的融资方式，如果银行经过评估认为其客户企业存在严重的财务风险，就会立即切断该企业的财务供给。从这种意义上来说，贷款银行的专业化监督是一种企业外部治理机制。信贷预算约束会促使并购企业改善生产经营管理效率，增加业务收入降低财务风险。为了应对这种风险，企业在并购之前就会做充分的研究与准备。田利辉（2005a）认为，在社会主义市场经济条件下，“预算软约束”的存在，使得一些身份特殊的并购企业忽视企业财务风险，从而降低企业并购技术效率。

（4）行业竞争。西方产业组织理论认为，行业竞争是促使企业改善自身效率的重要外部激励机制。在外部竞争的压力下，企业一般会主动提高管理水平、增加研发投入、改进服务质量、创立品牌文化等提高企业的核心竞争力，以期在激烈的市场竞争中立于不败之地。一般而言，市场结构越趋向于完全竞争市场，竞争对技术效率提高的激励作用就越大。我国的零售业几乎没有进入壁垒，属于几乎完全开放的竞争性行业。在国外大型零售企业的大举进攻和逼迫下，竞争激烈程度趋于白热化。国内零售企业并购后，面临的竞争依旧激烈，这样会促进企业技术效率的提高。但是企业间的过度竞争会导致无序竞争、恶性竞争，影响管理者和员工的工作积极性和主动性，降低并购企业技术效率。

（5）区域因素。我国特殊的国情导致了我国各个区域间经济发展水平有很大差异。东部沿海地区地理位置优越、对外经济联系密切、科学教育发达、人力资源丰富、交通方便、市场发育完善、经济发展水平高。但是其自然资源不足、环境问题尖锐。中部地区地理位置独特、多为平原地貌、农业基础雄厚、人口稠密、市场发育良好、经济发展处于中游水平。但是其对外开放不足、产业结构矛盾突出。西部地区地广人稀、自然资源丰富。但是自然条件恶劣、市场狭小、经济不发达。涂正革（2005）认为区域因素影响技术效率。影响企业并购技术效率的区域因素，主要是区域间政策差异、市场发育差异、社会购买力差异、薪酬水平差异和交通体系差异等。这些差异会影响企业并购的技术效率，特别是对零售企业而言，这种差异的影响更大。

上述讨论表明，并购作为政府行为或企业行为，对技术效率会产生影响。总的来看，影响零售企业技术效率的因素主要是以上八个。按照总体模型设定要求，这八个因素都应该作为解释变量，来解释被解释变量——企业技术无效率。但是，由此会带来两个问题：一是运营规模与企业技术效率之间具有线性关系，管理效率、“干中学”、所有制类型（结构）、股权结构、信贷预算约束、行业竞争、区域因素等存在多重共线性，会影响计量分析结果。涂正革（2005）对我国37个两位数工业行业进行实证研究后发现，大多数行业的企业规模与其技术效率之间存在显著的线性关系。我们根据理论研究和这个实证结果认为，上市零售企业运营规模与技术效率之间存在线性关系。二是企业管理效率不易测定，难以进入回归方程，并且管理效率与外部驱动因素——所有制类型（结构）、股权结构、信贷预算约束、行业竞争、区域因素具有线性关系。针对这两个问题，本文提出了解决方法：一是用 DEA 模型分析样本企业在并购前后所处的规模报酬阶段，然后将所处阶段转变为虚拟变量与其他因素一起引入 SFA 无效率模型。这种处理方法可以避免企业规模变量与技术效率之间存在的线性关系，以及与其他变量之间存在的多重共线性问题。二是在解释变量中剔除管理效率，以外部驱动因素替代管理效率。因此，回归模型中包括"干中学"、运营规模、所有制类型、股权结构、信贷预算约束、行业竞争、区域因素等基本变量。回归模型中根据研究目的需要还可以加入一些以上解释变量的二维乘积变量。

三、研究方法

本文的研究方法分两步：第一步运用投入导向型 VRS DEA 模型测定样本企业并购前后所处的规模报酬阶段，以将规模变量转变为虚拟变量；第二步运用 Battses 和 Coelli（1995）的 SFA 模型测算出并购与上述其他七个解释变量对技术效率的影响程度。

1. 投入导向型 VRS DEA 模型设定、样本数据选择与计量结果及分析

（1）模型。投入导向型 VRS DEA 模型的具体设定如下：

$$\min_{\theta,\lambda}\theta$$

$$\begin{aligned} \text{s.t.}\quad & -Y_i + Y\lambda \geq 0 \\ & \theta X_i - X\lambda \geq 0 \\ & I1'\lambda \leq 1 \\ & \lambda \geq 0 \end{aligned}$$

其中，I1 表示元素为 1 的 $I\times1$ 向量。X 表示投入矩阵，Y 表示产出矩阵，X 与 Y 代表所有厂商的数据，θ 为厂商 i 的技术效率。

VRS DEA 模型为满足规模报酬可变的假设而增加了一个约束条件 $I1'\lambda \leq 1$，目的是为了使厂商 i 以不超过其规模或超过其规模不多的厂商为参考单元，从而测定出厂商 i 所处的规模报酬阶段。该模型主要是通过比较厂商规模报酬非增（Non-Increasing Returns to Scale，NIRS）技术效率与规模报酬可变 VRS 技术效率是否相等，来判定其所处的规模报酬阶段。具体的标准为：当 NIRS TE = VRS TE 时，该厂商处于规模收益递减（Decreasing Returens to Scale，DRS）阶段；当 NIRS TE ≠ VRS TE 时，该厂商处于规模报酬递增（Increasing Returns to Scale，IRS）阶段。通过求解 VRS DEA 还可以测出厂商的 CRS TE、VRS TE 和 SE。

（2）样本企业选择与样本数据来源及处理。并购有广义并购与狭义并购之分。广义并购指兼并、收购、股权转让、债务重组、资产置换等。狭义并购仅包括兼并与收购。本文的并购指狭义并购。本文的样本选择 2000~2009 年发生的我国上市零售企业行业内并购交

易，数据来源于“全球并购交易分析库（ZEPHYR）”与有关上市企业并购公告、年报等。主并购企业分别为上海第一百货商店股份有限公司、大连大商集团股份有限公司、国美电器有限公司、武汉市中百连锁仓储超市有限公司、上海联华超市股份有限公司、银座集团股份有限公司、上海豫园旅游商城股份有限公司、宝鸡商场（集团）股份有限公司、合肥百货大楼集团股份有限公司、北京物美商业集团股份有限公司、上海百联集团股份有限公司这 11 家。为了更加全面地研究零售企业的技术效率，本文将没有并购记录的苏宁电器引入样本，因此共有 12 家样本零售企业。

根据以上投入导向型 VRS DEA 模型设定的有关指标，从并购样本企业 2001~2009 年的年度报告中搜集得到 9 年的相关财务数据。因为本文研究的是相对前沿技术效率，为了全面客观地研究我国零售企业的并购效率，本文将苏宁电器引入样本数据。

（3）VRS DEA 模型计量结果。本文应用 DEAP 2.1 软件，对历年样本数据分别进行处理，得出样本企业历年所处的规模报酬阶段。具体结果如表 1 所示。

表 1　样本企业历年所处规模报酬阶段

公司 \ 年份	2001	2002	2003	2004	2005	2006	2007	2008	2009
上海一百	—	DRS	—	—	—	DRS	—	—	DRS
大连大商	—	DRS	DRS	DRS	DRS	DRS	—	—	DRS
国美电器	—	—	IRS	—	—	DRS	DRS	DRS	DRS
武汉中百	DRS	DRS	DRS	DRS	DRS	DRS	—	IRS	—
上海联华	—	DRS	DRS	—	DRS	DRS	DRS	DRS	DRS
银座集团	DRS	IRS	IRS	—	—	—	—	IRS	DRS
上海豫园	DRS	—	DRS	—	—	DRS	—	—	—
宝鸡商场	—	—	—	IRS	IRS	IRS	—	IRS	—
合肥百货	—	—	—	—	—	—	IRS	IRS	—
北京物美	—	—	—	—	DRS	DRS	—	IRS	—
上海百联	DRS	DRS	—	—	—	DRS	—	—	DRS
苏宁电器	—	—	—	—	—	DRS	—	—	—

注：“—”表示规模报酬不变，既非报酬递增，也非报酬递减。

表 2　2001~2009 年零售业效率均值（DEA）

效率 \ 年份	2001	2002	2003	2004	2005	2006	2007	2008	2009
CRS-TE	0.960	0.971	0.953	0.992	0.972	0.908	0.977	0.974	0.897
VRS-TE	0.980	0.996	0.998	0.996	0.988	0.977	0.985	0.980	0.976
SE	0.975	0.975	0.955	0.996	0.984	0.929	0.992	0.994	0.920

2. 随机前沿模型设定与样本数据

在基于面板数据的众多 SFA 模型中，Battses 和 Coelli（1995）的模型因为优良的统计特性而被广泛采用。该模型主要由随机前沿生产模型与技术无效率的外生性因素模型两部分组成，并利用极大似然估计法 MLE 对上述两个模型进行联合估计，从而测算出各个因素对技术效率的影响程度。

Battses 和 Coelli（1995）模型的基本形式为：

$$Y_{it} = x_{it}\beta + (V_{it} - U_{it})$$

无效率模型为：

$$U_{it} = z_{it}\delta + W_{it}$$

其中，Y_{it} 为厂商 i 于 t 期的产出量（或用对数形式表示），x_{it} 为厂商 i 于 t 期 $1 \times k$ 阶投入向量，β 为 $k \times 1$ 阶待估参数向量，随机误差项 V_{it} 与非负随机变量 U_{it} 相互独立，且 V_{it} 服从 iid $N(0, \sigma_V^2)$。在无效率模型中，Z_{it} 为影响厂商 i 的技术效率的 $1 \times m$ 阶外生解释变量，δ 为 $m \times 1$ 阶待估参数向量，无效率项 U_{it} 服从非负截断正态分布 $N(Z_{it}\delta, \sigma^2)$，随机变量 W_{it} 服从 0 处截断的正态分布 $N(0, \sigma^2)$。

（1）随机前沿生产模型。本文 SFA 模型的设定思路是将影响样本企业技术效率的三项内部驱动因素与五项外部因素及其二维乘积因素转化为 Z_{it}，引入 Battses 和 Coelli（1995）模型之中，从而分析各个因素对技术效率的影响程度。本文选取具有易估性与包容性特点的三项投入单产出超越对数生产函数，指标的选取同 VRS DEA 模型。两边取自然对数：

$$\ln y_{it} = \beta_0 + \sum_{n=1}^{3}\beta_n \ln x_{nit} + \frac{1}{2}\sum_{n=1}^{3}\sum_{m=1}^{3}\ln x_{nit}\ln x_{mit} + V_{it} - U_{it}$$

将各项指标代入，展开得：

$$\begin{aligned}\ln(OR_{it}) = {} & \beta_0 + \beta_1\ln TA_{it} + \beta_2\ln OC_{it} + \beta_3\ln SAE_{it} + \frac{1}{2}\beta_{11}(\ln TA_{it})^2 + \\ & \beta_{12}\ln TA_{it}\ln OC_{it} + \beta_{13}\ln TA_{it}\ln SAE_{it} + \frac{1}{2}\beta_{22}(\ln OC_{it})^2 + \\ & \beta_{23}\ln OC_{it}\ln SAE_{it} + \frac{1}{2}\beta_{33}(\ln SAE_{it})^2 + V_{it} - U_{it}\end{aligned}$$

其中，OR_{it} 为 t 期企业 i 的营业收入，TA_{it} 为 t 期企业 i 的总资产，OC_{it} 为 t 期企业 i 的营业成本，SAE_{it} 为 t 期企业 i 的销售费用与管理费用之和，V_{it} 为随机干扰项，U_{it} 为 t 期企业 i 的技术无效率项，并由它来定义技术无效率模型。

（2）技术无效率模型。技术无效率模型的具体设定如下：

$$\begin{aligned}U_{it} & = z_{it}\delta + W_{it} \\ & = \delta_0 + \delta_1 D_{it}^{MA} + \delta_2 t_i + \delta_3 D_{it}^{scale} D_{it}^{MA} + \delta_4 D_{it}^{state} + \delta_5 D_{it}^{state} D_{it}^{MA} + \delta_6 D_{it}^{SES} + \\ & \quad \delta_7 BC_{it} + \delta_8 BC_{it} D_{it}^{state} + \delta_9 HHI_{it} + \delta_{10} D_{it}^{region} + W_{it}\end{aligned}$$

其中，虚拟变量 $D_{it}^{MA} = 0$ 表示在第 t 期之前（不含 t 期）企业 i 没有进行并购交易；$D_{it}^{MA} = 1$ 表示第 t 期之后（含 t 期）企业 i 进行一项或多项并购交易以及之后的整合期。t_i 为时间项，用来测定“干中学”对技术效率的影响程度。虚拟变量 $D_{it}^{scale} = 0$ 表示 t 期企业 i 不处于 IRS 阶段；$D_{it}^{scale} = 1$ 表示 t 期企业 i 处于 IRS 阶段。虚拟变量 $D_{it}^{scale} D_{it}^{MA}$ 用来测定企业 i 所

处规模收益阶段的不同是否对并购后技术效率产生影响。虚拟变量 $D_{it}^{state}=0$ 表示企业 i 为非国有控股企业；$D_{it}^{state}=1$ 表示企业 i 为国有控股企业。$D_{it}^{state}D_{it}^{MA}$ 虚拟变量用来测定国有控股上市零售企业与非国有控股上市零售企业在并购后技术效率上是否存在差异。虚拟变量 $D_{it}^{SES}=1$ 表示 t 期企业 i 前十大股东持股比例的合计数大于或等于 50%，该企业股权相对集中；$D_{it}^{SES}=0$，则合计数小于 50%，企业股权相对分散。该变量用来测定企业股权结构对技术效率的影响程度。变量 BC_{it} 表示企业 i 在 t 期的利息支出与企业总资产之比，用来测定信贷预算约束对企业技术效率的影响。$BC_{it}D_{it}^{state}$ 变量用来测定国有与非国有企业之间信贷预算约束是否存在差异以及差异对企业技术效率的影响。HHI_{it} 为赫芬戴尔—赫希曼指数，用来测算 t 期的行业竞争（或行业集中）对企业技术效率的影响。根据样本并购企业经营重心的差异，虚拟变量 $D_{it}^{region}=1, 2, 3, \cdots, 6$，分别代表 6 个区域类型：西北地区（宝鸡商场）；长江中游地区（武汉中百、合肥百货）；东北地区（大连大商）；北部沿海地区（银座集团、北京物美）；东部沿海地区（上海一百、上海联华、上海豫园、上海百联），全国（国美电器、苏宁电器）。W_{it} 为技术无效率项的随机干扰项。

（3）样本数据。随机前沿生产模型的指标选取与 VRSDEA 相同。不同的是技术无效率模型中有关指标的数据收集。其中，虚拟变量 D_{it}^{MA} 的取值依据表 1；虚拟变量 D_{it}^{scale} 的取值也依据表 1；D_{it}^{state}、D_{it}^{SES}、BC_{it} 与 D_{it}^{region} 的取值来自巨灵金融数据库，部分补充数据来自腾讯财经以及样本企业的年度报告；HHI_{it} 的数据来自中国连锁经营协会历年发布的连锁百强名单。该指数计算公式如下：

$$HHI_{it}=\sum_{i=1}^{20}(SR_{it}/SR_t)^2=\sum_{i=1}^{20}S_{it}^2$$

即将行业排名前 20 的企业（含外资品牌）所占的市场份额平方后相加（按销售总额计算），其取值范围为 $HHI\in[0, 1]$。

四、实证结果与分析

1. 计量结果

本文应用 FRONTIER4.1c 软件对上述随机前沿生产模型与技术无效率模型进行联合估计，得到的数据处理结果见表 3。

与 DEA 相比，SFA 的优势是能剔除影响 TE 的随机因素。因此，SFA 的数据结果相对客观。由表 3 所示，大部分系数通过了显著性检验，这说明该模型较好地拟合了数据。样本企业历年的技术效率值这里不再列示。

表 3 随机前沿生产模型与技术无效率模型估计结果

	系数	标准差	t 值		系数	标准差	t 值
β_0	0.35730	0.74370	4.80470***	δ_0	-0.06750	0.30220	-0.22330
β_1	-0.65570	0.25710	2.55040**	δ_1	0.31790	0.10740	2.95940***
β_2	0.86500	0.12350	7.00630***	δ_2	-0.06760	0.01650	-4.10970***
β_3	0.32680	0.20660	1.58170	δ_3	-0.19670	0.22530	-0.87310
β_{11}	0.07680	0.04910	1.56370	δ_4	0.12260	0.08860	1.38390
β_{12}	-0.00730	0.01940	-0.37400	δ_5	-0.99500	0.15060	-6.60880***
β_{13}	-0.01570	0.03320	-0.47220	δ_6	-0.30260	0.06310	-4.79200***
β_{22}	-0.00167	0.01890	-0.08710	δ_7	-3.28240	1.44130	-2.27740**
β_{23}	0.01140	0.02230	0.50840	δ_8	2.86630	1.26330	2.26890**
β_{33}	-0.01960	0.01990	-0.98340	δ_9	-6.98780	2.49310	-2.80280***
				δ_{10}	0.11800	0.04000	2.95170***

注：*、**、*** 分别表示在置信水平 10%、5%、1%时具有显著性。

2. 结果分析

由表 3 的结果可知，在 Battses 和 Coelli（1995）模型检验的 10 项影响技术效率的因素里，有 8 项因素的参数通过了显著性 T 检验。下面详细讨论各个因素对样本企业技术效率的影响。

（1）并购交易。在模型中，检验并购对企业技术效率总体影响的虚拟变量为 D_{it}^{MA}，其系数 δ_1 在 1% 的显著水平上显著为正，这表明 12 家零售样本企业所实施的并购，总体上导致企业的技术效率水平下降。然而，在用虚拟变量 $D_{it}^{state}D_{it}^{MA}$ 研究国有控股企业与非国有控股企业并购后技术效率的差异时，其系数 δ_5 在 1%的显著水平上显著为负，这说明样本中 8 家国有控股企业所进行的并购显著地提升了自身的技术效率。然而，由于 4 家非国有控股企业的并购无效率，导致样本整体出现技术效率下降的结果。这与田利辉（2005b）的观点部分一致。他通过对上市公司绩效的研究发现，总体上看国有持股企业表现不如非国有持股企业。但是随着国有持股比例的上升，企业绩效起初随之下降。当国家持股比例足够大时，随着国家持股比例的上升，企业绩效上升。

（2）“干中学”。为了检验“干中学”对企业技术效率的影响，本文在技术无效率模型中引入时间项 t_i。然而其系数 δ_2 在 1% 的显著水平上显著为负，这表明企业在致力于提升自身技术效率时，“干中学”的作用是积极的。然而其估计值较小，为-0.10676。出现这种状况的原因有很多，比如属于劳动密集型的零售企业，其员工的流动异常频繁，导致部分员工的熟练技能没有在企业沉淀下来。还有并购之后企业之间组织资本的融合出现问题，协同效应微弱等。

（3）运营规模。本文用 VRS DEA 计算出样本企业所处的规模报酬阶段，并将其转化为虚拟变量 $D_{it}^{scale}D_{it}^{MA}$ 来研究企业并购后技术效率在不同规模报酬阶段所存在的差异。结果其系数 δ_3 为负，但是不显著。这说明处于规模收益递增阶段的企业所进行的并购并未显著提升技术效率。在随机前沿生产模型中，系数 β_1 在 1%的显著水平上显著为负，说明样本企业随着总资产的扩大，其营业收入以 0.6557 的弹性系数减少。再结合上述分析，企业营业收入的减少主要是由于规模不经济所导致的。在表 1 中，大多数样本企业处于 DRS 阶段，证实了这种可能性。

（4）所有制类型（结构）。一般认为，国有企业和国有控股企业由于路径依赖、管理不善、技术进步缓慢、设备陈旧、融资困难、员工技术技能素质不高等原因，经济效率低下（刘小玄、李利英，2005；宋立刚、姚洋，2005；李涛，2005）。12 家样本零售企业中有 8 家国有控股企业，4 家非国有控股企业。为检验企业所有制对其技术效率的影响，本文引入虚拟变量 D_{it}^{state}，其系数 δ_4 为正，但是不显著。这说明与非国有控股企业相比，国有控股的所有制结构并未导致企业技术效率下降，“路径依赖”等问题并不明显。更为可贵的是，系数 δ_5 在 1% 的显著性水平上显著为负，这说明国有控股企业并购后的技术效率显著优于非国有控股企业。这与 Pescatrice 和 Trapani（1980）认为国有企业较私有企业更有效率的观点较为一致。他们利用由 33 个私有公用事业和 23 个公有公用事业组成的一组数据来估计成本与投入需求函数，实证研究结果表明，在 1965 年和 1970 年私有公用事业的成本比公有公用事业所负担的成本高 23.5% 和 32.9%。

（5）股权结构。股权结构作为企业重要的内部治理机制，对企业技术效率有重要的影响。孙永祥、黄祖辉（1999）的实证研究发现，随着第一大股东所持股权比例的增加，托宾 Q 值先上升，当第一大股东所持股权比例达到 50% 后，托宾 Q 值开始下降。检验这种影响的虚拟变量为 D_{it}^{SES}，其系数 δ_6 在 1%的显著性水平上显著为负。这说明样本零售企业相对集中的股权结构有助于提升自身的技术效率。其原因在于股权集中的企业里，相对于中小股东，大股东更有动机与能力去治理企业和搞好企业的发展。

（6）信贷预算约束。信贷预算约束是企业重要的外部治理机制。企业通过债权融资快速发展，在获得财务杠杆利益的同时，也面临着财务风险。此时，银行等作为债权人就会激励企业改善经营。本文在技术无效率模型中引入变量 BC_{it} 来测定这部分影响。其系数 δ_7 在 5%的显著性水平上显著为负，这说明信贷预算在样本企业技术效率的改进过程中起到了硬性的约束作用。然而研究国有控股企业与非国有控股企业信贷预算约束差异的虚拟变量 $BC_{it}D_{it}^{state}$ 的系数 δ_8 在 5% 的显著性水平上显著为正。说明银行等债权人在监督国有控股企业运营时，没有起到相应的约束与激励作用。即在样本企业中，国有控股上市零售企业存在比较严重的信贷预算软约束现象。洪正华（2004）对此现象做出了解释：国有银行的管理者基于个人政治利益的考虑或者“有义务”去支持效率低下的国有企业，放弃行使债权人的监督职责。这样，国有企业便获得了某种意义上的无限信用，政府对国有企业新增贷款的发放不再与其生产经营能力有关。

（7）行业竞争。在估计的结果中，HHI 的系数 δ_9 在 1% 的显著性水平上显著为负。这说明对于样本企业来说，市场集中程度越高，越有利于企业技术效率的进步。出现这种状况的原因主要是大多数样本企业的发展都局限于省级市场的范围之内，12 家样本企业中只有国美电器与苏宁电器突破了省级市场的界限，但其主营业务收入大部分来自于我国中、东部地区，西部地区所占份额相对偏少。也就是说，国美和苏宁只能算作是区域大型零售企业。在这种情况下，几乎每个省份都在整合自己的零售市场，背后不乏行政因素。只不过这种行政力量主导下的并购整合是显著有技术效率的。最终导致各个省级零售市场越集中、企业效率越高的情况出现。

（8）区域因素。本文通过引入虚拟变量 D_{it}^{region} 来考察 6 个大小区域零售企业的技术效率，其系数 δ_{10} 在 1%的显著性水平上显著为正，但估计值较小，为 0.1180。这说明在将全国零售龙头企业和东部沿海零售企业作为参照基础的前提下，各个区域零售企业的技术效率按照以下路径小幅降低：西北区域→长江中游地区→东北地区→北部沿海地区→东部沿海地区。出现这种情况的原因主要为：零售业作为劳动密集型产业，人力成本对企业技术效率的影响巨大。中西部地区经济发展相对落后，劳动力价格相对低廉，因此中西部地区零售企业的人力成本较低，技术效率较高。涂正革（2005）在对我国 37 个两位数工业行业进行实证研究后也发现，与东部沿海地区企业技术效率相比较，南部沿海、东北地区、长江中游、黄河中游、西南地区、西北地区、北部沿海的企业在少数工业行业中（如食品加工、木材采运、烟草、煤气等）的技术效率显著高于东部沿海企业。两个结果有相似之处，可能的原因是零售业、食品加工业、木材采运业、烟草业、煤气业等都是劳动密集型产业，人力成本对企业技术效率有很大影响。

五、结论与对策建议

本文利用我国 2001~2009 年上海第一百货商店股份有限公司等 12 个上市零售企业并购前后的面板数据，运用 Battses 和 Coelli（1995）随机前沿模型，对并购与影响技术效率的内外部驱动因素对技术效率的影响进行了实证研究，得出以下结论：

首先，所有制类型（结构）是我国上市零售企业并购后技术效率差异的核心因素。本文将样本企业分为国有控股企业与非国有控股企业两组来考察其并购后技术效率，结果发现所有制结构对企业并购后技术效率的影响差异显著。在技术无效率模型中，国有控股企业并购这一因素所对应的系数为-0.19950，并在 1%的显著性水平上显著。这说明与非国有控股样本企业相比，国有控股上市零售企业进行的并购能够显著地提升企业的技术效率。然而，样本企业的 24 项并购实质上轻微地降低了企业的技术效率，由此可知非国有控股样本企业存在并购无效率现象。总体上来说，国有控股上市零售企业所进行的并购交易显著地提升了企业的技术效率是一大亮点。

其次，股权结构、信贷预算约束与行业集中是我国上市零售企业技术效率改进的根本原因。2001~2009 年，样本企业的技术效率曲折上升。根据本文实证研究结果，在引入无效率模型的几个影响因素中，股权结构、信贷预算约束与行业竞争这三个因素所对应的系数分别为–0.3026、–3.2824 与–6.9878，且都通过了显著性检验。由此可见，股权结构、信贷预算约束与行业竞争对改进企业技术效率的作用明显。股权相对集中便于企业进行灵活有效的决策，发挥相应的内部治理功效；银行等企业债权人有效约束、激励企业改进技术效率，企业外部治理环境良好；零售行业日趋集中，各省的本土龙头零售企业充分利用自身的市场优势发展壮大。因此，我们提出以下建议：

第一，信贷预算约束对不同所有制零售企业技术效率的影响差异显著，需强化国有上市零售企业的信贷预算约束。根据技术无效率模型的估计结果，信贷预算约束对应的系数为–3.2824，且在 5%的显著性水平上显著。这表明信贷预算约束作为一项重要的企业外部治理机制，在样本考察期间确实能够有效地提升企业的技术效率。然而在分析信贷预算约束对不同所有制结构企业技术效率影响的差异时发现，与非国有样本企业相比，信贷预算约束下的国有控股样本企业的技术效率不升反降：其对应系数为 2.8663，在 5% 的显著性水平上显著。因此，国有控股上市零售企业存在较为严重的信贷预算软约束现象。对于特定的国有控股企业来说，强化信贷预算约束能够显著地提升技术效率。

第二，股权过度集中与过度分散都不利于企业技术效率的提高，政府和企业必须制定强有力的措施优化股权结构。股权相对集中有利于企业经营管理和技术效率的提升。股权结构作为公司治理的重要基础，对企业技术效率的影响必须引起高度重视。政府层面应该出台相关法律与政策措施，防止股权过度集中与过度分散；在企业层面，也应该在股权交易过程中，有计划、有目的地采取动态化监控措施，防止股权过度集中化与过度分散化，尽量避免股权过度集中与过度分散对企业技术效率的不利影响。

第三，今后零售业改进技术效率的抉择：自由竞争或行业集中。我国上市零售企业行业内并购，大部分是各个省级零售市场内部的整合，结果是导致零售行业集中、强化样本企业在其所在省级市场的“本土老大”的地位。与之相对，跨省的并购交易只占一小部分。本文认为，这种现象折射出各省之间存在着潜在的省际零售市场壁垒。虽然省级市场内部的整合在实证研究中被证实有助于提升企业的技术效率。但是，从长远来说，市场壁垒的存在不利于我国零售行业的健康发展。因为行业集中对企业技术效率改进作用只在零售业特定的发展阶段有效。今后应当消除市场壁垒，让所有零售企业在同一个市场中自由竞争、优胜劣汰，这样能为零售企业自觉提升技术效率提供持续的外部激励环境。

第四，在提升员工福利待遇与控制企业成本之间寻求平衡点。本文实证研究发现，企业的技术效率随着时间项的推移有轻微的提升，但系数仅为–0. 0676。“干中学”作用微弱，原因之一是因为零售企业的员工流动率较高。除此之外，我国东部地区样本企业的技术效率没有中西部企业样本高，原因之一是东部地区劳动力成本较高。这两个表面上互相矛盾的现象其实质是员工的福利待遇与企业成本的问题。提升零售企业员工福利待遇、改善工作环境等措施可以降低员工流动率，使员工日积月累形成的零售经验、沟通技巧等在企业里面积淀、传承。随着时间的推移，企业的技术效率能够稳步提升。然而，员工福利待遇的提高又会加重企业成本，降低技术效率，造成东部样本企业的技术效率落后于中西部样本企业的现象。因此，在零售行业健康发展中，企业需在提升员工福利待遇与控制企业成本之间寻求最佳平衡点。

参考文献

[1] Battese G，T Coelli. A model for technical ineffciency effects in stochastic frontier production model for panel data [J]. Empirical Economics，1995，20：325-332.

[2] Beckers D，C Hammond. Atractable likelihood function for the Normal Gamma Stochastic Frontier Model [J]. Economics Letters，1987，24：33-38.

[3] Burkart Mike，et. al. Large shareholders，monitoring，and the value of the firm [J]. The Quarterly Journal of Economics，1997，112 (3)：693-728.

[4] Donn R Pescatrice，John M. Trapani. The performance and objects of public and private utilities operation in the United States [J]. Journal of Public Economics，1980，13 (April)：259-276.

[5] Greene W. A gamma distributed stochastic Frontier Model [J]. Journal of Econometrics，1990，46：141-163.

[6] Jondrow，et. al. On The estimation of technical inefficiency in the Stochastic Frontier Produciton Function Model [J]. Journal of Econometrics，1982，19：233-238.

[7] Shleifer Andrei，Vishny Robert W. Large shareholders and corporate control [J]. Journal of Political Economy，1986，94 (3)：461-488.

[8] Stevenson R. Likelihood functions for generalized Stochastic Frontier Estimation [J]. Journal of Econometrics，1980，13：58-66.

[9] 常亚青，宋来. 中国企业相对效率和全要素生产率研究：基于 37 个行业 5 年数据的实证分析. 数量经济技术经济研究，2006 (11).

[10] 洪正华. 转轨时期国有企业“预算软约束”命题的一个实证研究 [J]. 武汉大学学报（哲学社会科学版），2004 (2).

[11] 柯埃利，等. 效率与生产率分析引论 [M]. 北京：中国人民大学出版社，2008.

[12] 孔翔，等. 国有企业全要素生产率变化及其决定因素：1990~1994 [J]. 经济研究，1999 (7).

[13] 李心丹，等. 基于 DEA 的上市公司并购效率研究 [J]. 经济研究，2003 (10).

[14] 马君潞，等. 基于 SFA 方法的亚洲新兴市场经济体银行并购效率研究 [J]. 金融与保险，2008 (2).

[15] 田利辉. 国有产权、预算软约束和中国上市公司杠杆治理 [J]. 管理世界，2005 (7).

[16] 田利辉. 国有股权对上市公司绩效影响的 U 型曲线和政府股东两手论 [J]. 经济研究，2005 (10).

[17] 涂正革. 我国大中型工业企业生产率与技术效率的随机前沿模型分析 [D]. 武汉：华中科技大学，2005.

[18] 吴文庆，李双杰. 中国电子行业上市公司效率的随机前沿分析 [J]. 数量经济技术经济研究，2003 (1).

[19] 颜鹏飞，王兵. 技术效率、技术进步与生产率增长：基于 DEA 的实证分析 [J]. 经济研究，2004 (12).

[20] 岳书敬，刘朝明. 人力资本与区域全要素生产率分析 [J]. 经济研究，2006 (4).

Intra–industry Merger &Acquisition Technical Efficiency of Domestic Listed Retail Enterprises

WU Zhen–qiu, LI Hua–lei

Abstract: This paper is based on the panel data of 11 listed retail enterprises merger during 2001–2009, and uses the stochastic frontier model of Battses and Coelli (1995), tries to do quantitative research on the technical efficiency changes of listed retail enterprises'merger & acquisition and measure the internal and external factors affecting the efficiency–learning by doing, operation scale, ownership types, the equity structure, credit budget constraints, competition and regional factors. The paper find that merger & acquisition of sample enterprises leads to a decline in technical efficiency, compared with the samples of non–state–owned enterprises, state–controlled listed retail enterprise merger & acquisition cansignifi cantly improve the technical efficiency of the enterprise. The ownership structure, credit budget constraints and industry concentration are the root causes of technical efficiency improvement in listed retail enterprises' merger & acquisition.

Key Words: merger & acquisition, technical efficiency, DEA Model, SFA Model, Panel Data

服务品牌名字的暗示性对消费者决策的影响
——基于服务业的新视角*

孙瑾[①] 张红霞

摘要： 品牌名字是品牌的第一要素，品牌命名在品牌要素选择中处于中心地位，是建立品牌资产的重要手段之一。从暗示性品牌名字的角度切入，借鉴国内外已有的研究成果，系统分析中国服务业领域中暗示性品牌名字对消费者品牌态度的影响。对来自某大学的 170 名 MBA 学生和 186 名普通学生参加的两个实验进行数据收集，然后进行方差分析。研究结果表明，在餐馆、宾馆和心理咨询服务中，品牌名字的暗示性与广告信息之间会产生交互作用，暗示性的品牌名字与广告信息越一致，越容易刺激消费者产生正面的情感，越能激发消费者正面的广告态度和品牌态度；在保险服务中，虽然暗示性品牌名字与广告信息的一致性可以带来消费者积极的广告和品牌态度，但是却不能激发消费者正面的情感状态。此外，感知风险是重要的中介变量。

关键词： 暗示性的品牌名字　感知风险　品牌态度　广告态度　情感

一、引　言

品牌名字是品牌的第一要素，是建立品牌资产的重要手段之一，与品牌相关的一系列信息都围绕品牌名字储存在消费者记忆中[1]。在现实生活中，很多企业在品牌名字中尽可能多地将企业产品性能和特点的信息浓缩其中，如飘柔洗发水、舒肤佳、中国平安保险公司等，人们从名字上就可以获得产品的功能等信息。Keller 等[2] 和郝佳[3] 的开拓性

---

* 本文选自《管理科学》2011 年第 24 卷第 5 期。

基金项目：国家自然科学基金（70772007，71002006）；教育部人文社会科学研究青年基金（09YJC630034）；对外经济贸易大学教师学术创新团队。

① 作者简介：孙瑾（1982–），女，山东临沂人，毕业于北京大学光华管理学院，获管理学博士学位，现任对外经济贸易大学国际商学院助理教授，研究方向：服务营销、消费者行为、跨文化研究等。E-mail：sunjin1@gsm.pku.edu.cn。

研究将以上这些能够体现产品或服务主要特点的名字称为暗示性的品牌名字，即品牌名字传递了有关产品或服务的描述性或本质性的特征。他们通过两个实验的实证研究发现，相对于没有暗示性的品牌名字，暗示性的品牌名字更有利于激发消费者积极的广告评价和品牌购买意向。

根据对暗示性的品牌名字相关文献回顾，发现有关的研究相对有限，很多研究问题还没有被深入挖掘，大部分的研究集中在有形产品领域。由于服务具有区别于产品的 IHIP 特征，即无形性、异质性、不可分离性和不可储存性四大特性，从而显著地提高了消费者购买过程中的感知风险[4]。不同程度的感知风险会带来不同的信息处理过程和消费者决策过程，因此有必要检验在无形性较高的服务业领域，暗示性品牌名字是否能够对消费者决策过程具有同样的正面效果。虽然在有关广告的研究中情感的重要性已经得到了普遍证实[5]，但是到目前为止，还没有学者检验暗示性品牌名字与消费者情感的关系。以往暗示性品牌名字的研究主要集中在西方国家，除上述几个研究外几乎没有专门针对中国服务品牌的文献。本研究从暗示性品牌名字的角度切入，系统分析中国服务业领域中暗示性品牌名字对消费者品牌决策的影响。此外由于服务本身的高风险特征，所以还考虑消费者本身的感知风险在其中所起的中介变量作用。

二、相关研究评述

（一）暗示性的品牌名字

在广告研究领域中，企业品牌命名一直是一个重要的研究课题。但是，目前国内外学者对品牌命名，尤其是暗示性品牌名字的实证研究相对比较少，存在着很大的研究空间。Keller 等[2]将暗示性的品牌名字定义为品牌名字传递了与某种特定产品或服务主要属性相一致、描述性或本质性特征的信息。某种程度上来说，暗示性的品牌名字浓缩了某种产品或服务的特色，简洁、准确地表达了产品或服务的性能和功用，如美加净、立白、捷马电动车等。通过暗示性的品牌名字，消费者可以直接获得有关品牌的主要特色。

早期的一些研究表明，消费者容易记住暗示性的品牌名字并且有利于发展广告中与品牌名字信息相关的记忆结构[2-3]。Keller[6-8]通过一系列的研究表明，不包含任何意义的无暗示性的品牌名字对于消费者记忆的刺激效果非常弱。随后，一些营销学者探讨品牌名字的暗示性对广告态度和品牌态度的积极影响[2,9]。由 Keller 等[2]的两个实验发现，与非暗示性的品牌名字相比，暗示性的品牌名字能够帮助消费者记忆广告中与品牌名字一致的信息；与此相反，如果广告中的信息与暗示性品牌名字不一致，则非暗示性品牌名字更有助于被试记忆广告中的信息[2]。在 Keller 等之后，一些学者对更深层次的品牌名字暗示性进行探讨。Sen[10]试图了解暗示性的品牌名字是如何影响消费者获取新品牌知识的内在机制，他发现暗示性的品牌名字会与不同的决策任务（从不同的品牌中进行选择或是对不同的品牌进行评价）发生交互作用，进而影响到被试对不同广告信息的获取和记忆；Lee 等[9] 则更加细致地从中国语言方面研究品牌名字的暗示性，他们把暗示性细化到字根层面，并且提出“消费者对含有暗示性字根的字的熟悉程度”这个调节变量。也就是说，如果品牌名字中含有一个消费者不熟悉的汉字，但是该汉字的字根具有很强的暗示性，消费者就会依赖这个字根来推断产品功效。但是如果消费者非常熟悉该汉字，字根的暗示性效应就不复存在。随后，Lee 等[11] 又发现暗示性的品牌名字和与其相一致的图片会产生交互作用来影响消费者对信息的记忆，品牌名字暗示的信息与图片的匹配会增加消费者的购买意向；Lowrey 等[12] 通过对真实的品牌名字进行研究发现，当消费者对该品牌名字不是很熟悉时，该品牌名字与产品类别的主要属性匹配程度越高，越有利于消费者对品牌信息的记忆；Brendl 等[13] 发现当品牌名字中包含该产品类别信息的字母时（如冰激凌品牌中包含“ice”这 3 个字母），被试倾向于对此类品牌产生好的品牌态度；Lowrey 等[14] 则从语言的最小单位元音的角度来研究品牌名字的暗示性问题，当品牌名字中包含的元音代表的信息与产品的正面属性一致时，被试会对该品牌产生积极的品牌态度；Chan 等[15] 通过实验研究证实，与非暗示命运的品牌名字（如双星电脑）相比，暗示命运的品牌名字（如幸运星电脑）会影响到消费者相信命运的程度和对服务补救效果的评价之间的关系。

通过对现有文献的梳理发现，尽管已有研究在一定程度上揭示了暗示性品牌名字对消费者品牌决策的影响以及暗示性品牌对消费者更具说服力，但这些研究在很大程度上都忽略了从服务领域的视角对暗示性品牌名字的探讨。目前，大家普遍意识到服务业在国家经济发展中起到的巨大作用，并有众多学者宣称以产品为中心的营销范式将被以服务为中心的范式所取代，非常有必要建立一个框架来研究服务品牌名字的暗示性。此外，以往文献大都关注暗示性品牌名字对消费者广告评价和品牌态度的影响，忽略了对消费者情感的关注，更没有从深层机制上揭示暗示性品牌名字对消费者决策过程的内在影响。

（二）体验型服务和信用型服务

现有营销文献通常关注两类典型服务。一类是体验型服务，即消费者消费完该服务就可以立即对服务做出评价，如宾馆和定制衣服的服务；另一类是信用型服务，即使消费者已经消费完该服务，也不能立即对该服务做出好坏的评价，如阑尾炎手术和牙科手术。病人在接受手术以后，由于通常不具备充足的医学知识，也很难判断这种手术是否施行得当，从而表现出较强的信用特征。从体验型服务到信用型服务，消费者付出的信息搜寻努力、购买复杂程度、花费程度以及感知风险相应逐步升高，也更难对服务质量做出客观评价[4]。本研究将集中探讨在这两种典型服务中暗示性品牌名字对消费者决策过程的影响，意在通过两种服务类型来证明暗示性品牌名字影响的可推广性和稳健性，并不期待两类服务有不同的效应。

三、研究假设

本研究探讨暗示性品牌名字的作用以及与广告信息的交互作用影响消费者情感、广告态度和服务品牌态度的内在机制，图1是本研究的理论框架，图中虚线框表示消费者感知风险为中间变量，在品牌名字暗示性与消费者情感、广告态度和品牌态度之间起中介作用。具体来说，本研究认为暗示性的品牌名字会与广告信息产生交互作用来促使消费者产生正面情感、积极的广告态度和品牌态度，并提出消费者感知风险可能是暗示性品牌名字与情感、广告态度、品牌态度之间的中间变量。

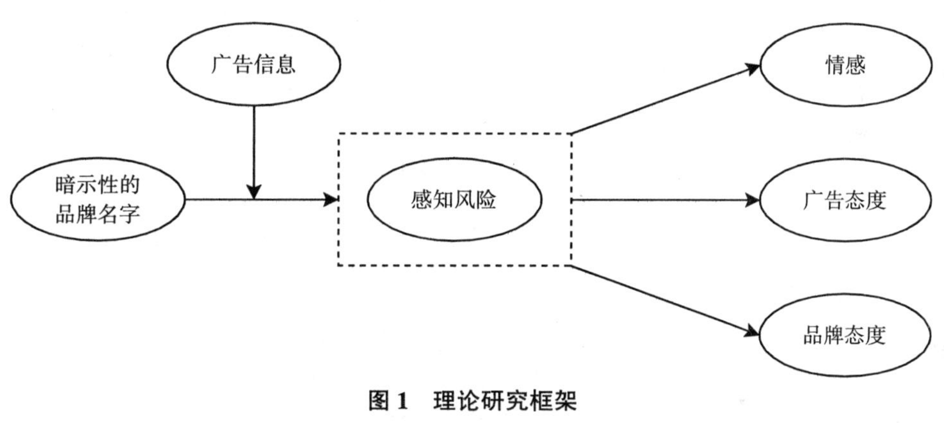

图1 理论研究框架

（一）品牌名字的暗示性和广告信息对消费者情感、广告态度和品牌态度的影响

根据关联网络理论，消费者的记忆通常是由一系列关系强弱不同的结点构成的，不同的结点往往通过强弱不同的关系与其他的结点相互联系[16]。同理，在消费者获取信息的过程中，当一个结点被激活时，与这个结点联系最密切的结点越有可能被激活，并且受的影响也最大。因此，如果将关联网络理论应用到广告中，那么广告信息之间的相关关系也会有助于帮助消费者记忆，这时广告中提到的信息联系越紧密，越有利于消费者记住相关的信息。所以，暗示性的品牌名字作为一种信息刺激，与广告信息一样对消费者信息处理过程具有很强的刺激作用，通过激发消费者的正面情感，对广告和品牌产生积极的态度。Pomerantz[17]认为一个刺激物中所包含的信息越匹配，越容易刺激消费者产生正面情感，并且这些匹配信息对于消费者更有吸引力、更有决策价值；Holbrook等[18]首先将消费者情感引入广告领域，他们通过实验发现广告内容可以刺激消费者情感；随后也有大量的实证研究表明消费者情感对消费者广告评价的重要影响[19~20]；MacInnis等[21]证实相互

匹配的刺激物相对于不相互匹配的刺激物而言，更容易激发消费者的正面情感。一个暗示性的品牌名字不仅仅是广告必要的组成部分，同样可以刺激消费者记忆与品牌名字相关的产品或服务信息，广告中这些与品牌名字相一致的信息是彼此相互联系和相互匹配的。虽然以往的研究没有系统检验暗示性品牌名字与消费者情感之间的联系，但是根据以上论述可以认为暗示性品牌名字有利于激发消费者正面的情感。

Keller 等[2]发现，与非暗示性的品牌名字相比，暗示性的品牌名字能够帮助消费者记忆广告中与品牌名字一致的信息；与此相反，如果广告中的信息与暗示性品牌名字不一致，则非暗示性品牌名字更有助于被试记忆广告中的信息。Sen[10]证实暗示性的品牌名字与不同的决策任务（从不同的品牌中进行选择或是对不同的品牌进行评价）发生交互作用，进而影响到被试对不同广告信息的获取和记忆。Lee 等[22]发现广告信息之间的有效联系、匹配性可以增强消费者对广告的正面态度。Lee 等[9]提出，广告中通过建立暗示性的品牌名字与广告信息之间的联系，增强它们之间的匹配性，进而产生积极的广告和品牌态度，即当广告里的中文品牌包含有暗示性的文字或是暗示性的偏旁部首时，消费者对于相一致的广告信息和品牌态度的评价更为正面。由此，本研究认为广告中包含越多的与暗示性品牌名字有关的信息，消费者感知匹配程度就会越高。基于关联网络理论，暗示性的品牌名字与广告信息之间越匹配，它们两者之间越容易发生交互作用来激发消费者的正面情感，对广告和品牌产生积极的态度。

H_1 品牌名字的暗示性与广告信息之间会产生交互作用，暗示性的品牌名字与广告信息之间越一致，越容易激发消费者正面的情感。

H_2 品牌名字的暗示性与广告信息之间会产生交互作用，暗示性的品牌名字与广告信息之间越一致，越容易激发消费者正面的广告态度。

H_3 品牌名字的暗示性与广告信息之间会产生交互作用，暗示性的品牌名字与广告信息之间越一致，越容易激发消费者正面的品牌态度。

（二）消费者感知风险在品牌名字暗示性与消费者情感、广告态度和品牌态度之间的中介作用

众所周知，相对有形产品而言，由于服务的无形性、异质性、不可分离性、缺少标准化和服务保证等，服务业领域的消费者感知风险相对较高。只有消费者真正消费了这项服务，他才能评价这个服务品牌的好坏。但是在一些信用特性比较高的服务领域，如保险业、心理咨询、远程教育培训等，即使消费者购买了这项服务，也很难立即对这项服务做出客观评价。因此，鉴于服务的高风险性，本研究认为消费者感知风险是暗示性品牌名字与广告信息影响消费者评价的重要中间变量。这种感知风险是消费者通过对品牌名字和广告信息综合评价后得出的不确定感知，它不仅仅包括对品牌名字的感知，本研究将其定义为在服务消费过程中消费者由于无法预料购买决策的优劣而主观感知的损失期望。Maheswaran 等[23]的研究通过实验发现，相比较处理一致性程度较高的信息，当被试处理不一致的信息时，他们会付出更多的时间和精力，会产生较大的不确定感，即风险感知，进

而影响到随后的判断。同理，由于广告信息与暗示性品牌名字一致会进一步增强消费者评价的确定性，从而可以减少消费者的感知风险。已有研究表明感知风险在影响消费者购买行为和购买评价等方面发挥着重要的中介变量作用，是影响其品牌决策和未来行为意向极为重要的要素。国外一些学者研究发现，品牌的一些外在特征（如价格、质量、声誉等）正是通过感知风险来影响其品牌态度和购买意向[4,24]。Lee 等[9]也发现被试的知识水平会影响到暗示性品牌名字作用的发挥。由于被试的知识水平和购买的不确定程度密切相关，本研究推断感知风险在品牌名字暗示性与消费者情感、广告态度和品牌态度之间发挥着中间变量的作用。

此外，由于中国正处在由计划经济向市场经济转型的特殊时期，市场规范性、政府的立法以及商业的自我监控体制等方面还有待完善[25]。一些不道德的商业行为，如虚假广告（夸大其词和欺骗性的广告）比比皆是[26]。广告中的一些信息可能不够真实，导致中国消费者对广告持谨慎的态度。所以，本研究认为，消费者的感知风险是其能否将暗示性品牌名字与相匹配的广告信息转移到品牌上的一个重要的决定因素。当暗示性品牌名字与广告信息相匹配时，会进一步增强消费者评价的确定性，让他们对这个广告和品牌更加信任；也就是说，消费者越有可能将对暗示性品牌名字与相匹配的广告信息的正面态度转移到情感、广告和品牌上面。反之，当暗示性品牌名字与广告信息不匹配时，消费者则会产生较强的风险感知，进而影响到其随后的情感状态、广告评价和品牌态度。因此，本研究认为在服务领域，暗示性品牌名字与广告信息的交互作用会对消费者风险感知产生影响，而且感知风险有效地传递了品牌名字暗示性与广告信息的交互作用对消费者情感、广告态度和品牌态度的影响，由此提出假设。

H_4 品牌名字的暗示性与广告信息之间会产生交互作用，暗示性的品牌名字与广告信息之间越一致，越容易降低消费者的感知风险。

H_5 消费者感知风险是品牌名字暗示性和广告信息两者的交互作用与消费者情感、广告态度和品牌态度之间关系的中介变量。

四、研究设计

（一）研究 1

1. 前测 1

有 15 个在校 MBA 学生参加第一个前测，前测 1 的目的是将不同的服务划分为体验型服务和信用型服务。首先向被试提供体验型和信用型服务的主要定义，即“通常我们将服务分为两种类型，①体验型服务，消费完该服务就可以立即对服务做出评价，如房屋清洁和定制衣服的服务；②信用型服务，即使您已经消费完该服务，也不能立即对该服务做出好坏的评价，如阑尾炎手术和保险”。然后，要求前测参加者将提供的 6 种服务（餐馆、宾馆、民航、保险、医院内科、心理咨询）分别划分到体验型服务和信用型服务中。根据行业代表性、熟悉性以及选择频率最高的原则，选取餐馆作为体验型服务代表，保险作为信用型服务代表。

2. 前测 2

本研究选择餐馆和保险作为最主要的服务行业。根据深度访谈，为每种服务设计 3 个暗示性和 3 个无暗示性的品牌名字。研究人员将设计的暗示性的和无暗示性的名字展示给 20 个 MBA 学生，要求被试对每一个品牌名字进行打分，1 为完全没有暗示性，7 为完全具有暗示性，得分最高的被选为暗示性的品牌名字，得分最低的被选为无暗示性的品牌名字。品牌名字暗示性程度的测量借鉴 Keller 等[2]的研究，采用“从多大程度上您认为这个品牌名字传递了餐馆/ 保险服务的典型特征”这个问项，前测结果请见表 1。

表 1　品牌名字暗示性程度得分

暗示性的品牌名字	均值	非暗示性的品牌名字	均值
味美滋	5.45	祥德轩	2.85
美食捷	4.45	维琪奥	3.70
速美达	4.10	涵香莱	3.70
安泰	5.60	伟宏	2.75
康安	4.70	永固	3.80
安信	4.20	安洋	3.75

从表 1 可以看出，与其他两个暗示性餐馆品牌名字相比，味美滋的得分显著地高于其他两个暗示性的名字美食捷（$t(19) = 2.15$，$p < 0.05$）和速美达（$t(19) = 3.94$，$p < 0.01$），因此本研究选择的暗示性的品牌名字是味美滋。同样，与另外两个非暗示性的餐馆品牌名字维琪奥（$t(19) = -2.24$，$p < 0.05$）和涵香莱（$t(19) = -2.43$，$p < 0.03$）相比，祥德轩的得分最低。保险服务中，暗示性的品牌名字是安泰，其均值为 5.60，显著高于备选的暗示性品牌名康安的均值 4.70（$t(19) = 2.31$，$p < 0.05$）和安信的均值 4.20（$t(19) = 6.66$，$p < 0.001$）。非暗示性的品牌名字伟宏的得分均值为2.75，显著低于永固的均值 3.80（$t(19) = -2.22$，$p < 0.05$）和安洋的均值 3.75（$t(19) = -2.24$，$p < 0.05$）。

除此之外，每一个暗示性的品牌名字后面都有一系列的与暗示性的品牌名字一致或不一致的广告文字信息描述。被试需要对这些文字描述与品牌名字的一致性程度进行打分，题项为“从多大程度上您认为这个品牌名字与下面的文字描述相匹配”，1 为完全不匹配，7 为完全匹配。在被试做出判断后，研究人员同样选择了两个与暗示性的品牌名字完全一致或不一致的文字信息。餐馆服务中，与暗示性的品牌名字完全一致的广告信息是“餐厅提供的菜肴味道可口、鲜美爽滑，让您尽享美好时光”，与暗示性的品牌名字不一致的广告信息是“餐厅环境温馨、价钱合理，给您家一样的感觉”。保险服务中，与暗示性的品牌名字完全一致的广告信息是“诚信天下，稳健人生。公司致力于您生活的平安、稳定、

泰然”，与暗示性的品牌名字不一致的广告信息是“专业·价值，公司为您提供专业的团队、优质的服务”。

3. 实验设计

实验设计是 2×2×2 组间设计，组间变量分别为两种服务类型、品牌名字的暗示性程度以及两种品牌名字与广告信息的一致性水平，两种服务类型分别为体验型服务和信用型服务，两种品牌名字的暗示性程度分别为暗示性的品牌名字和非暗示性的品牌名字，两种品牌名字与广告信息一致性水平分别为与暗示性品牌名字一致的广告信息和与暗示性品牌名字不一致的广告信息。来自某大学的 184 名 MBA 学生参加此次实验，并被随机分配到 8 种不同的实验条件下。剔除回答不完整和不认真的问卷后，最终得到 170 份有效问卷，每种实验条件下约有 21 名被试。选择 MBA 学生样本是因为他们与普通消费者样本最为接近，得到的研究结论更有推广性，并且所选择的 MBA 学生刚刚入学，还没有接触到营销学的相关课程。在问卷的最后，要求被试填写以前是否接触过类似研究，从而在一定程度上保证实验的可靠性。整个实验过程仍以被试自己独立填写为主，不能互相讨论，时间为 20 分钟。不同的实验条件组合呈现给被试不同的彩色平面广告图片，实验中出现的所有广告的格式都是一致的，即上面是餐馆或保险公司的彩色图片，品牌名字同时出现在图片中，接下来是对该服务的文字信息描述（与暗示性品牌名字一致或不一致的广告信息），最后是对服务描述的总结（××公司，您最值得信赖的选择）。

在看完平面广告之后，要求被试回答一系列的问题，测量他们的情感、对广告的态度、对品牌的态度和风险感知，以被试对不同服务的熟悉程度作为控制变量。问卷还包括有关介入度、不同广告易理解性和宣传效果等方面的问题，以确认实验得出的结论不是由于这些变量而造成影响。最后，给被试每人赠送一个小礼品表示感谢。

4. 实验问卷

测量消费者情感的问卷来源于 Watson 等[27]的 Positive Affect Negative Affect Scale (PANAS)，通过高兴、积极、兴奋、满足、活力、感兴趣测量被试情绪，让被试对自己浏览广告后的情感状态进行评分，分别为非常不高兴/非常高兴、非常不积极/非常积极、非常不兴奋/非常兴奋、非常不满足/非常满足、非常没有活力/非常有活力、非常不感兴趣/非常感兴趣。测量广告态度的问卷源自 Lee 等[9]的研究，让被试在以下三个方面对广告进行打分，分别为非常不好/非常好、非常无聊/非常有趣、非常不喜欢/非常喜欢。在测量品牌态度时，借鉴 Lee 等[9]的研究，让被试对该品牌在以下三个方面进行打分，分别为极其不满意/非常满意、非常不喜欢/非常喜欢、非常糟糕/非常棒。测量感知风险参考 Keh 等[4]的研究，分别为非常不重要/非常重要、完全不关心/非常关心、风险很高/风险很低。测量服务熟悉程度的问卷来源于 Malaviya[28]的研究，即非常陌生/非常熟悉、了解的很少/了解的很多、完全不知道/非常清晰地了解。上述问卷全部采用 7 点量表测量，为了更好地检验实验所选择的品牌名字的暗示性以及广告信息与品牌名字的一致程度，本研究在问卷中设计了“从多大程度上您认为这个品牌名字传递了餐馆/ 保险服务的典型特征”、“从多大程度上您认为这个品牌名字与广告下面的文字描述相匹配”的题项，1 为非

常低的程度，7 为非常高的程度。

5. 数据结果分析

（1）操纵检验。

与预期相一致，在餐馆服务中，暗示性的品牌名字的均值为 4.64，显著高于非暗示性的品牌名字的均值 3.70，$F(1, 77) = 8.78$，$p < 0.01$；在保险服务中，与非暗示性的品牌名字的均值 3.43 相比，暗示性的品牌名字的均值 5.13 更能够直接传递服务的典型特征，$F(1, 87) = 28.89$，$p < 0.001$。并且在餐馆服务中，品牌名字与广告信息一致的情况下，被试对品牌名字与信息匹配程度的评价均值为 4.22，显著高于品牌名字与广告信息不一致组的评价均值 3.59；在保险服务中，品牌名字与广告信息一致的情况下，被试对品牌名字与广告信息匹配程度的评价均值为 4.52，同样高于品牌名字与广告信息不一致组的评价均值 3.93，$F(1, 87) = 3.66$，$p = 0.05$。

（2）情感。

被试情感状态测量问卷的信度达到令人满意的水平，餐馆服务的 Cronbach's α 值为 0.87，保险服务的 Cronbach's α 值为 0.89。控制变量被试对服务熟悉程度对被试看完广告后的情感状态并没有显著影响，餐馆：$F(1, 75) = 1.86$，$p > 0.10$；保险：$F(1, 85) = 1.87$，$p > 0.10$。在餐馆和保险两种服务中，以品牌名字的暗示性程度、品牌名字与广告信息的一致性水平为因子进行 2×2 协方差分析检验前面提出的 H_1。品牌名字的暗示性程度分别为暗示性的品牌名字和非暗示性的品牌名字，品牌名字与广告信息的一致性水平分别为与暗示性的品牌名字相一致的广告信息和与暗示性的品牌名字不一致的广告信息（下同）。结果发现，品牌名字的暗示性程度和品牌名字与信息一致性之间的交互作用只有在餐馆服务中是显著的，餐馆：$F(1, 75) = 8.81$，$p < 0.01$；保险：$F(1, 85) = 0.24$，$p > 0.10$。鉴于在保险服务中两者的交互作用并不显著，本研究只在餐馆服务中进行两两比较，比较结果均支持 H_1，不同实验条件下被试的情感状态评价见图 2。

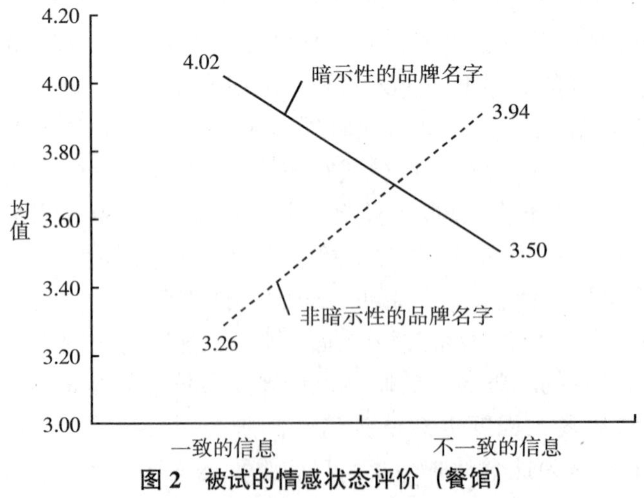

图 2 被试的情感状态评价（餐馆）

如图 2 所示，在广告信息与暗示性品牌名字一致的情况下，暗示性的品牌名字组的情感均值为 4.02，显著高于非暗示性的品牌名字组的情感均值，3.26，$F(1, 37) = 7.38$，$p < 0.01$，被试对暗示性的品牌名字的广告更容易产生积极的情感；在暗示性的品牌名字的情况下，广告信息与暗示性品牌名字一致组的被试情感均值为 4.02，显著高于不一致组的被试情感均值 3.50，$F(1, 37) = 2.86$，$p < 0.10$。因此，H_1 得到证实。此外，当广告信息与暗示性品牌名字不一致时，暗示性的品牌名字组的被试情感状态均值为 3. 50，与非暗示性的品牌名字组的被试情感状态均值 3.94 并没有显著差异，$F(1, 37) = 1.48$，$p > 0.10$。

（3）广告态度。

广告态度测量问卷的信度也达到令人满意的水平，餐馆的 Cronbach's α 值为 0.78，保险的 Cronbach's α 值为 0.89。与情感测量的结果一致，被试对两种服务类型的熟悉程度并没有对广告态度产生显著影响，餐馆：$F(1, 75) = 2.15$，$p > 0.10$；保险：$F(1, 85) = 1.50$，$p > 0.10$。以品牌名字的暗示性程度、品牌名字与广告信息的一致性水平为因子的 2×2 协方差分析表明，二者的交互作用是显著的，餐馆：$F(1, 75) = 3.07$，$p = 0.08$；保险：$F(1, 85) = 3.37$，$p = 0.07$。研究结果部分支持 H_2。图 3 和图 4 分别给出在餐馆和保险服务中不同实验条件下被试的广告态度。

如图 3 和图 4 所示，当广告信息与暗示性品牌名字相匹配时，在餐馆服务中，暗示性的品牌名字组的广告评价均值为 4.05，显著高于非暗示性的品牌名字组的广告评价均值 3.13，$F(1, 37) = 8.57$，$p < 0.05$；在保险服务中，暗示性的品牌名字组的广告评价均值为 4.21，高于非暗示性的品牌名字组的广告评价均值 3.45，$F(1, 41) = 3.26$，$p = 0.07$。当品牌名字同样是暗示性时，广告信息与暗示性的品牌名字一致组对餐馆广告的评价均值为 4.05，与不一致组的均值 3.87 没有显著差别，$F(1, 37) = 0.64$，$p > 0.60$；但是广告信息与暗示性的品牌名字一致组对保险广告的评价均值为 4.21，比不一致组的均值 3.49 高且显著，$F(1, 43) = 8.92$，$p < 0.01$。此外，当广告信息与暗示性的品牌名字不一致时，在餐馆

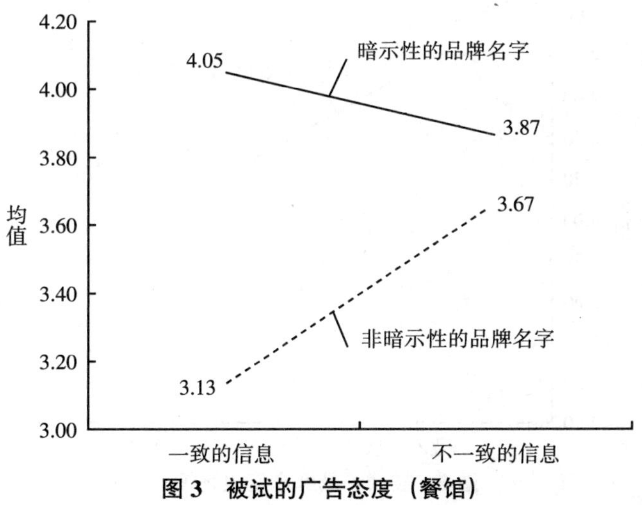

图 3 被试的广告态度（餐馆）

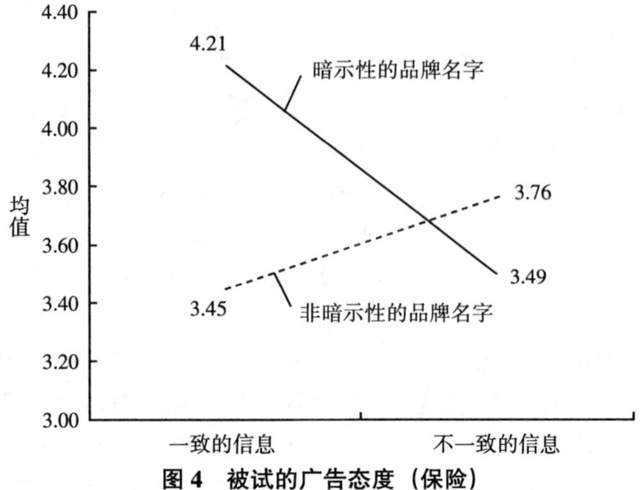

图 4　被试的广告态度（保险）

服务中，暗示性的品牌名字组的广告态度均值为 3.87，与非暗示性的品牌名字组的广告态度均值 3.67 并没有显著差异，F(1，37) = 0.37，p > 0.50；在保险服务中，暗示性的品牌名字组的广告态度均值为 3.49，与非暗示性的品牌名字组的广告态度均值 3.76 同样不存在显著差异，F(1，43) = 0.52，p > 0.50。

（4）品牌态度。

品牌态度测量问卷的信度水平是令人满意的，餐馆的 Cronbach's α 值为 0.90，保险的 Cronbach's α 值为 0.92。此外，控制变量被试对餐馆/保险服务的熟悉程度对品牌态度的影响均不显著，餐馆：F(1，75) = 2.05，p > 0.10；保险：F(1，85) = 1.93，p > 0.10。以品牌名字的暗示性程度、品牌名字与广告信息的一致性水平为因子的 2 × 2 协方差分析表明，二者的交互作用显著，餐馆：F（1，75）= 13.43，p < 0.001；保险：F（1，85）= 6.73，p < 0.05。餐馆和保险服务两两比较的具体结果见图 5 和图 6。

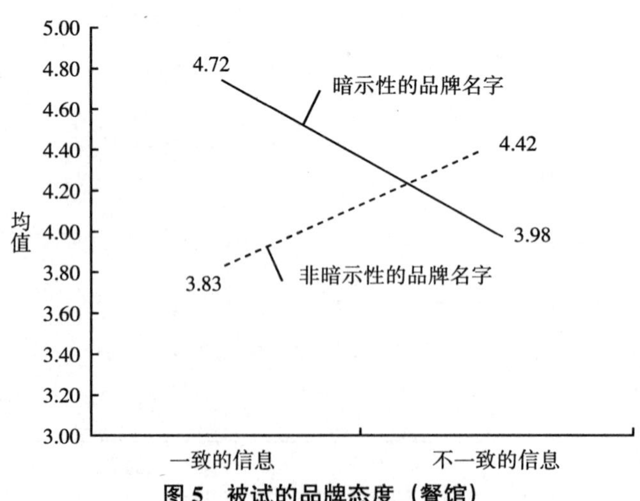

图 5　被试的品牌态度（餐馆）

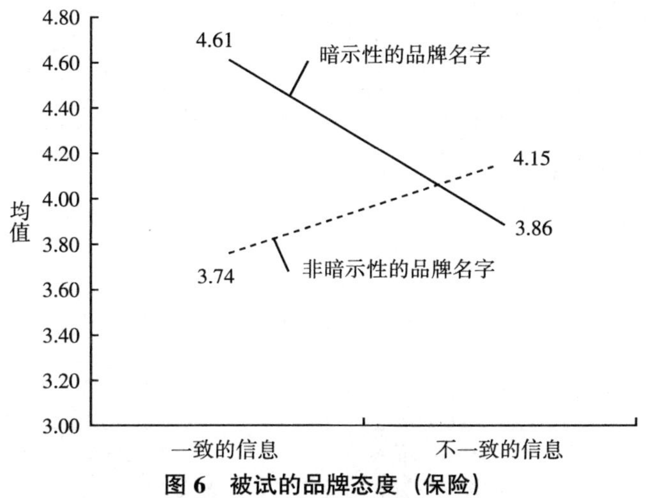

图 6　被试的品牌态度（保险）

如图 5 和图 6 所示，当广告信息与暗示性品牌名字一致时，在餐馆服务中，与非暗示性的品牌名字组的品牌态度均值 3.83 相比，暗示性的品牌名字组的品牌态度均值 4.72 更高，$F(1, 37) = 8.85$，$p < 0.01$；在保险服务中，暗示性的品牌名字组的品牌态度均值为 4.61，显著高于非暗示性的品牌名字组的品牌态度均值 3.74，$F(1, 41) = 6.67$，$p < 0.05$。在暗示性的品牌名字的情况下，餐馆广告信息与品牌名字一致组的品牌态度均值为 4.72，显著高于不一致组的均值 3.98，$F(1, 37) = 10.24$，$p < 0.005$；同样，保险广告信息与名字一致组的品牌态度均值为 4.61，显著高于不一致组的品牌态度均值 3.86，$F(1, 43) = 9.04$，$p < 0.01$，因此，H_3 得到证实。并且当广告信息与暗示性的品牌名字不一致时，非暗示性的餐馆品牌名字组的品牌态度均值为 4.42，显著高于暗示性的品牌名字组的品牌态度均值 3.98，$F(1, 37) = 3.78$，$p < 0.06$；在保险服务中，暗示性品牌名字情况下的品牌态度均值为 3.86，与非暗示性品牌名字情况下的品牌态度均值 4.15 并没有显著差异，$F(1, 43) = 0.93$，$p > 0.30$。

（5）感知风险。

感知风险的测量问卷是有效的，餐馆服务的 Cronbach's α 值为 0.76，保险服务的 Cronbach's α 值为 0.71。以品牌名字的暗示性、品牌名字与广告信息一致性为因子的 2×2 协方差分析表明，二者的交互作用是显著的，餐馆：$F(1, 75) = 4.70$，$p < 0.05$；保险：$F(1, 85) = 4.86$，$p < 0.05$。餐馆和保险服务中不同实验条件下被试的感知风险如图 7 和图 8 所示。

如图 7 和图 8 所示，在广告信息与暗示性品牌名字一致组，被试感知风险在暗示性餐馆品牌名字组的得分均值为 2.78，显著低于在非暗示性餐馆品牌名字组的得分均值 3.53，$F(1, 37) = 3.40$，$p = 0.07$；相类似，暗示性的保险品牌名字组的感知风险均值为 3.45，显著低于非暗示性的保险品牌名字组的感知风险均值 4.32，$F(1, 41) = 3.92$，$p = 0.05$。在暗示性品牌名字情况下，餐馆服务中与广告信息一致组的感知风险均值为 2.78，显著低于

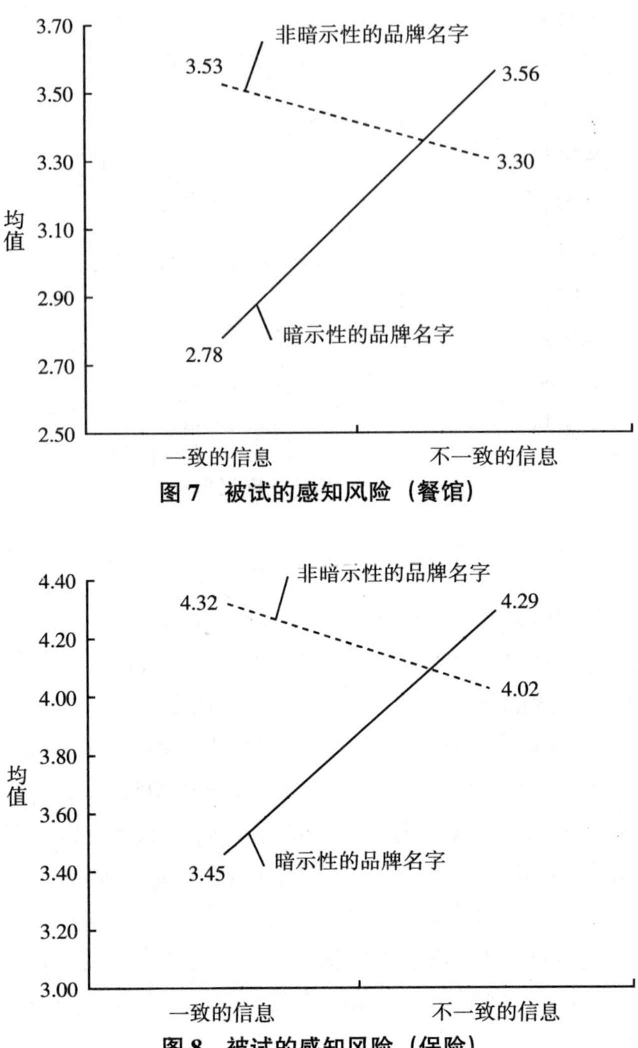

图 7　被试的感知风险（餐馆）

图 8　被试的感知风险（保险）

与广告信息不一致组的感知风险均值 3.56，$F(1, 37) = 4.85$，$p < 0.05$；保险服务中与广告信息一致组的感知风险均值为 3.45，显著低于与广告信息不一致的实验组感知风险均值 4.29，$F(1, 43) = 9.07$，$p < 0.01$。H_4 得到证实。当广告信息与暗示性品牌名字不一致时，暗示性的餐馆品牌名字组的感知风险均值为 3.56，与非暗示性的餐馆品牌名字组的感知风险均值 3.30 并没有显著差别，$F(1, 37) = 1.19$，$p > 0.28$；保险服务中，暗示性的品牌名字组的感知风险均值为 4.29，也不显著高于非暗示性的品牌名字组的均值 4.02，$F(1, 43) = 0.82$，$p > 0.30$。

（6）中介变量检验。

为了更加深入地挖掘 H_1~H_3 背后的运行机制，进行中介变量分析，以确定被试感知风险是否是导致以上不同结果的中间变量，本研究根据张莉等[29]和楼尊[30]的建议采用协方差分析的方法检验有中介的调节作用。

①构建模型一，分别以情感、广告态度和品牌态度作为因变量，以品牌名字的暗示性程度、品牌名字与广告信息一致性为因子进行 2×2 协方差分析，结果表明，品牌名字的暗示性程度和品牌名字与广告信息一致性两者的交互作用在餐馆情况下显著，情感：$F(1, 75) = 8.81$，$p = 0.004$；广告态度：$F(1, 75) = 3.07$，$p = 0.084$；品牌态度：$F(1, 75) = 13.43$，$p = 0.00$。在保险服务中，该交互作用除了在以情感作为因变量时不显著，其他的都显著，情感：$F(1, 85) = 0.24$，$p = 0.63$；广告态度：$F(1, 85) = 3.37$，$p = 0.07$；品牌态度：$F(1, 85) = 6.73$，$p = 0.01$。

②构建模型二，以感知风险作为因变量，仍然以品牌名字的暗示性程度、品牌名字与广告信息一致性为因子进行 2×2 协方差分析，两个因子的交互作用是显著的，餐馆：$F(1, 75) = 4.70$，$p = 0.03$；保险：$F(1, 85) = 4.86$，$p < 0.05$。

③分别以情感、广告态度和品牌态度作为因变量，以感知风险作为自变量进行回归。回归结果表明，在餐馆服务中，感知风险对情感、广告态度和品牌态度具有显著的负向影响，情感：$\beta = -0.31$，$t = -2.85$，$p < 0.01$；广告态度：$\beta = -0.25$，$t = -2.23$，$p < 0.05$；品牌态度：$\beta = -0.42$，$t = -4.08$，$p < 0.001$。在保险服务中，感知风险对 3 个因变量的影响也是显著的，情感：$\beta = -0.37$，$t = -3.76$，$p < 0.001$；广告态度：$\beta = -0.50$，$t = -5.41$，$p < 0.001$；品牌态度：$\beta = -0.53$，$t = -5.91$，$p < 0.001$。

④在餐馆服务中，当把感知风险放入模型一作为协变量时，品牌名字的暗示性程度和品牌名字与广告信息一致性交互作用变得不显著或相对于模型二有所下降，情感：$F(1, 74) = 5.68$，$p = 0.02$；广告态度：$F(1, 74) = 1.68$，$p > 0.10$；品牌态度：$F(1, 74) = 8.97$，$p = 0.004$。但是感知风险的作用仍然是高度显著的，情感：$F(1, 74) = 5.83$，$p < 0.02$；广告态度：$F(1, 74) = 3.05$，$p = 0.08$；品牌态度：$F(1, 74) = 9.95$，$p < 0.01$。同样，在保险服务中，品牌名字的暗示性程度和品牌名字与广告信息一致性两个因子的交互作用变得不显著或相对于模型一有所下降，情感：$F(1, 84) = 0.04$，$p = 0.84$；广告态度：$F(1, 84) = 0.94$，$p = 0.34$；品牌态度：$F(1, 84) = 2.99$，$p < 0.09$。但是感知风险的作用仍然是高度显著的，情感：$F(1, 84) = 9.10$，$p = 0.003$；广告态度：$F(1, 84) = 18.05$，$p < 0.001$；品牌态度：$F(1, 84) = 21.80$，$p < 0.001$。感知风险的中介变量作用成立，H_5 得到证实。

在餐馆服务中，Sobel 检验结果也进一步证实品牌名字的暗示性程度和与暗示性品牌名字一致的广告信息的交互作用通过感知风险影响消费者情感、广告态度和品牌态度。当以情感作为因变量时，检验结果为 1.84，$p < 0.07$；以品牌态度作为因变量时，检验结果为 1.87，$p < 0.07$；以广告态度作为因变量时，检验结果为 1.80，$p < 0.07$。感知风险的中介作用同样在保险服务中得到证实，以情感作为因变量时，检验结果为 1.78，$p < 0.08$；以品牌态度作为因变量时，检验结果为 1.99，$p < 0.05$；以广告态度作为因变量时，检验结果为 1.96，$p < 0.05$。

（二）研究 2

研究 2 意在检验研究 1 所得结论的稳健性，与研究 1 有两点不同。首先，在研究 2 中，本研究采用宾馆和心理咨询作为体验型服务和信用型服务的代表，并相应设计不同的实验刺激物。其次，考虑到研究 1 中 MBA 样本的局限性，研究 2 采用方便抽样的方式对北京高校的大学生施测。

1. 前测

与研究 1 中的两个前测类似，首先选择宾馆和心理咨询作为实验的服务行业。在被试大学生做出判断后，为每种服务选择暗示性和非暗示性的品牌名字，选择的暗示性的品牌名字分别为忆家酒店、知心心理咨询，非暗示性的品牌名字分别为国奥酒店、北方心理咨询。并选择两个与暗示性的品牌名字完全一致的文字信息或是不一致的文字信息，两个与暗示性品牌名字完全一致的文字信息是“给您有家的温馨、家的感觉，回忆家的味道”和“倾听您的心声，诉说您的烦恼，做您的知心人”，两个与暗示性品牌名字不一致的文字信息是“为您提供舒适、便捷的旅行住宿服务，为您开启时尚新生活”和“最权威的专家，最专业的帮助，优化您的人生”。鉴于篇幅，前测结果在此不再赘述。

2. 实验设计

实验设计是 2×2×2 组间设计。组间因子分别为服务类型、品牌名字的暗示性程度以及品牌名字与广告信息一致性水平，服务类型分为体验型服务和信用型服务，品牌名字的暗示性程度分为暗示性的品牌名字和非暗示性的品牌名字，品牌名字与广告信息一致性水平分为与暗示性的品牌名字一致的广告信息和与暗示性的品牌名字不一致的广告信息。来自各大学的 186 名学生参加了此次实验，并被随机分配到 8 种不同的实验条件下，每种实验条件下大概有 23 人。整个实验过程与研究 1 完全一致，所有测量问卷信度均达到令人满意的水平。

3. 数据结果分析

（1）操纵检验。

本研究对所有实验材料进行检验以保证之前所有操纵都是有效的，为了节省篇幅，不再详细赘述。

（2）情感。

协方差分析的结果表明无论是在宾馆还是心理咨询服务中，品牌名字的暗示性程度与品牌名字与广告信息一致性两者的交互作用均是显著的，宾馆：$F(1, 85) = 24.26$，$p < 0.001$；心理咨询：$F(1, 91) = 5.55$，$p < 0.03$，结果均支持 H_1。不同实验组合条件下被试情感状态评价如图 9 和图 10 所示。

如图 9 和图 10 所示，在广告信息与暗示性品牌名字一致的情况下，被试对暗示性的宾馆品牌名字广告产生的情感均值为 4.53，显著高于对非暗示性的宾馆品牌名字组的情感均值 3.29，$F(1, 42) = 24.74$，$p < 0.001$；在心理咨询服务中，暗示性的品牌名字组的情感均值为 4.58，也显著高于非暗示性品牌组的情感均值 3.57，$F(1, 45) = 14.89$，$p < 0.001$。

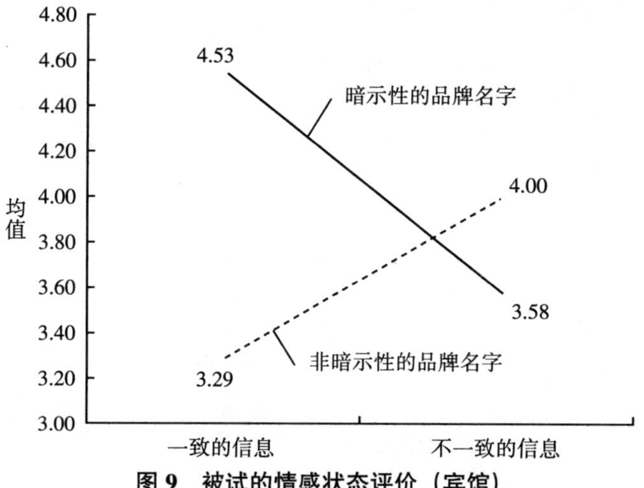

图 9　被试的情感状态评价（宾馆）

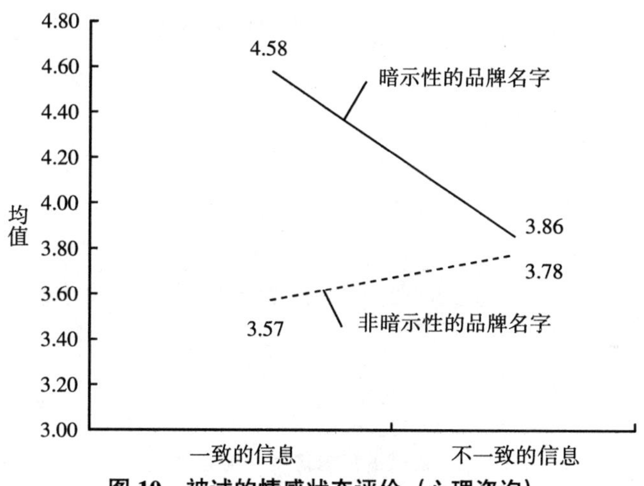

图 10　被试的情感状态评价（心理咨询）

在暗示性的品牌名字的情况下，宾馆服务中，与暗示性品牌名字一致的广告信息组的情感均值为 4.53，显著高于与暗示性品牌名字不一致的广告信息组的情感均值 3.58，$F(1, 41) = 19.86$，$p < 0.001$；心理咨询服务中，与暗示性品牌名字一致的广告信息组的情感均值为 4.58，也显著高于不一致组的情感均值 3.86，$F(1, 45) = 11.21$，$p < 0.005$。

（3）广告态度。

在两种服务中，品牌名字的暗示性程度和品牌名字与广告信息一致性的交互作用是显著的，宾馆：$F(1, 85) = 13.71$，$p < 0.001$；心理咨询：$F(1, 91) = 5.55$，$p < 0.03$。研究结果支持 H_2，如图 11 和图 12 所示。

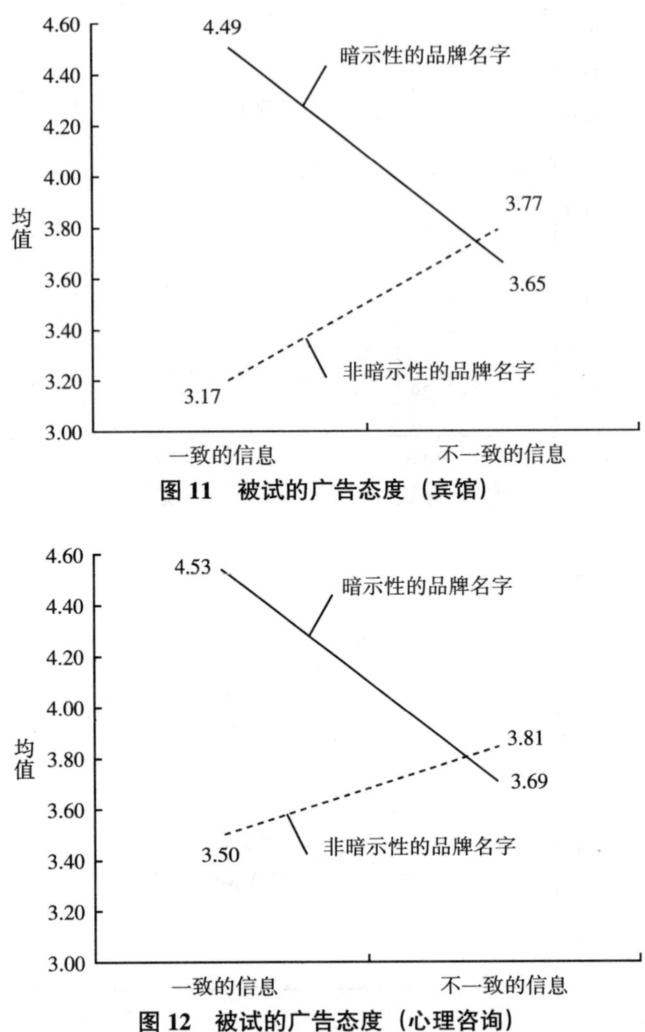

图 11　被试的广告态度（宾馆）

图 12　被试的广告态度（心理咨询）

当广告信息与暗示性品牌名字一致时，暗示性的宾馆品牌名字组的广告态度均值为 4.49，显著高于非暗示性的宾馆品牌名字组的广告态度均值 3.17，$F(1, 42) = 21.97$，$p < 0.001$；对于心理咨询服务，暗示性的品牌名字组的广告态度均值为 4.53，同样高于非暗示性的品牌名字组的广告态度均值 3.50，$F(1, 45) = 9.38$，$p < 0.005$。当品牌名字同样是暗示性时，与暗示性品牌名字一致的广告信息组的广告态度均值为 4.49，比不一致组的广告态度均值 3.65 高且显著，$F(1, 41) = 11.82$，$p < 0.001$；在心理咨询服务中，与暗示性品牌名字一致的广告信息组的广告态度均值为 4.53，也显著高于不一致组的广告态度均值 3.69，$F(1, 45) = 12.40$，$p < 0.001$。

（4）品牌态度。

协方差分析结果表明了品牌名字的暗示性程度和品牌名字与广告信息一致性的交互作用，宾馆：$F(1, 85) = 13.56$，$p < 0.001$；心理咨询：$F(1, 91) = 12.38$，$p < 0.001$，详见图

13 和图 14。

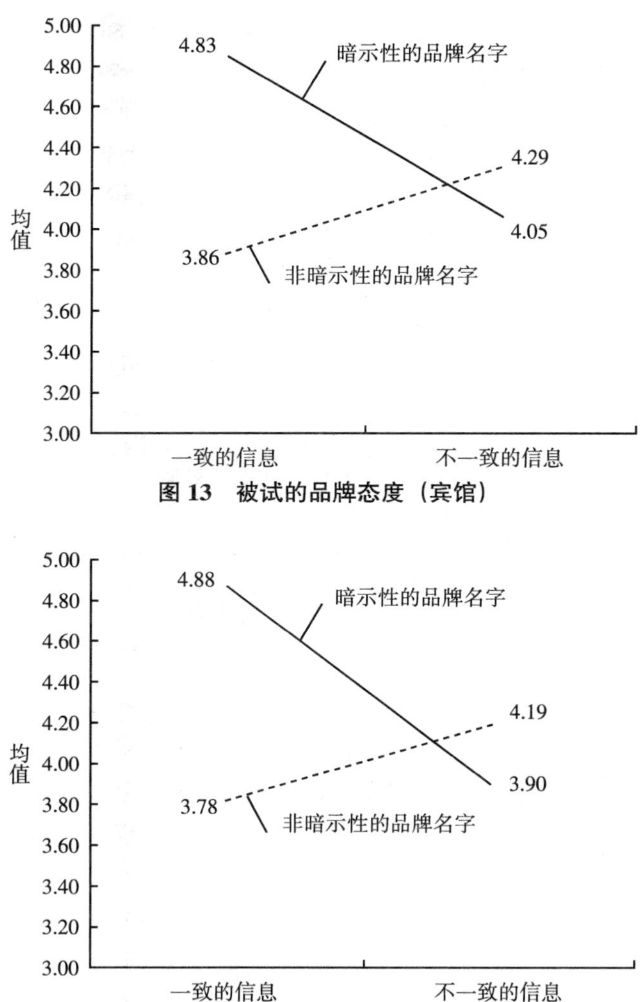

图 13　被试的品牌态度（宾馆）

图 14　被试的品牌态度（心理咨询）

两两比较的结果表明，当广告信息与暗示性的品牌名字一致时，相比较于非暗示性的宾馆品牌名字组的品牌态度均值 3.86，暗示性的宾馆品牌名字组的品牌态度均值 4.83 更高且显著，$F(1, 42) = 13.39$，$p < 0.001$；对于心理咨询服务来说，暗示性的品牌名字组的品牌态度均值为 4.88，也显著高于非暗示性的品牌名字组的品牌态度均值 3.78，$F(1, 45) = 14.41$，$p < 0.001$；在暗示性的品牌名字的情况下，宾馆服务中被试在与暗示性品牌名字一致的广告信息时的品牌态度均值为 4.83，显著高于不一致时的品牌态度均值 4.05，$F(1, 41) = 14.37$，$p < 0.001$；对于心理咨询服务来说，与暗示性品牌名字一致的广告信息组的被试品牌态度均值为 4.88，也显著高于不一致组的品牌态度均值 3.90，$F(1, 45) = 15.73$，$p < 0.001$。因此，H_3 得到证实。

（5）感知风险。

协方差分析表明品牌名字的暗示性程度和品牌名字与广告信息一致性两者的交互作用是显著的，宾馆：$F(1, 85) = 6.21$，$p < 0.05$；心理咨询：$F(1, 91) = 8.10$，$p < 0.005$，具体的数据结果如图 15 和图 16 所示。

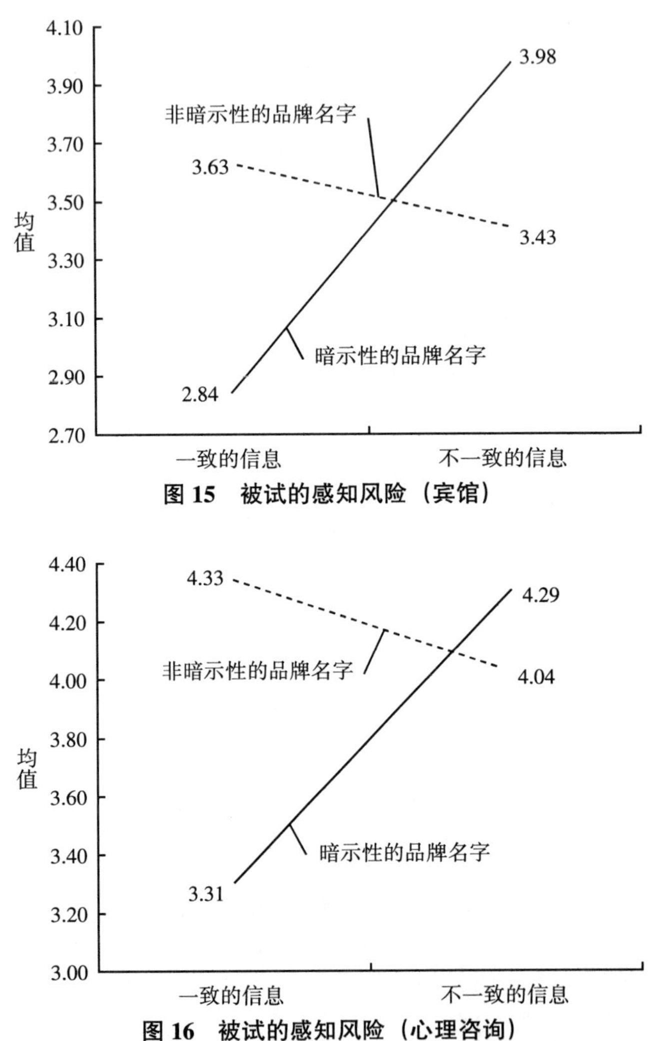

图 15　被试的感知风险（宾馆）

图 16　被试的感知风险（心理咨询）

在广告信息与暗示性的品牌名字一致组，被试在暗示性的宾馆品牌名字情况下的感知风险均值为 2.84，显著低于在非暗示性的品牌名字情况下的感知风险均值 3.63，$F(1, 42) = 3.97$，$p = 0.05$；暗示性的心理咨询品牌名字组的感知风险均值为 3.31，也显著低于非暗示性的品牌名字组的感知风险均值 4.33，$F(1, 45) = 8.36$，$p < 0.01$。在暗示性品牌名字情况下，对于宾馆服务来说，与暗示性品牌名字一致的信息组的感知风险均值为 2.84，显著低于不一致组的感知风险均值 3.98，$F(1, 41) = 7.73$，$p < 0.01$；对于心理咨询服务来说，与

暗示性品牌名字一致的信息组的感知风险均值为 3.31，也显著低于不一致组的感知风险均值 4.29，$F(1, 45) = 12.83$，$p = 0.001$。H_4 再一次得到验证。

（6）中介变量检验。

与研究 1 类似，同样进行中介变量分析以确定被试感知风险是否是导致以上不同结果的中间变量。

①构建模型一，分别以情感、广告态度和品牌态度作为因变量，以品牌名字的暗示性程度和品牌名字与广告信息的一致性为因子，进行协方差分析，结果表明二者的交互作用在宾馆和心理咨询服务中均是显著的。宾馆服务中，情感：$F(1, 85) = 24.26$，$p < 0.001$；广告态度：$F(1, 85) = 13.71$，$p < 0.001$；品牌态度：$F(1, 85) = 13.56$，$p < 0.001$。心理咨询服务中，情感：$F(1, 91) = 5.55$，$p < 0.03$；广告态度：$F(1, 91) = 5.55$，$p < 0.03$；品牌态度：$F(1, 91) = 12.38$，$p < 0.001$。

②构建模型二，以感知风险作为因变量进行协方差分析，分析结果表明，品牌名字的暗示性程度和品牌名字与广告信息一致性两者交互作用是显著的，宾馆：$F(1, 85) = 6.21$，$p < 0.05$；心理咨询：$F(1, 91) = 8.10$，$p < 0.005$。

③回归分析结果表明，在宾馆服务中，感知风险作为自变量对情感、广告态度和品牌态度具有显著的负向影响，情感：$\beta = -0.30$，$t = -2.90$，$p < 0.005$；广告态度：$\beta = -0.37$，$t = -3.75$，$p < 0.001$；品牌态度：$\beta = -0.41$，$t = -4.21$，$p < 0.001$。在心理咨询服务中，感知风险对 3 个因变量的影响也是显著的，情感：$\beta = -0.45$，$t = -4.93$，$p < 0.001$；广告态度：$\beta = -0.45$，$t = -4.92$，$p < 0.001$；品牌态度：$\beta = -0.51$，$t = -5.78$，$p < 0.001$。

④在宾馆服务中，当把感知风险放入模型一作为协变量时，品牌名字的暗示性和品牌名字与信息一致性的交互作用相对于模型一有所下降，情感：$F(1, 84) = 18.53$，$p < 0.001$；广告态度：$F(1, 84) = 8.90$，$p < 0.005$；品牌态度：$F(1, 84) = 8.50$，$p = 0.005$。但是感知风险的作用仍然是高度显著的，情感：$F(1, 84) = 4.32$，$p < 0.05$；广告态度：$F(1, 84) = 7.90$，$p < 0.01$；品牌态度：$F(1, 84) = 9.87$，$p < 0.005$。同样，在心理咨询服务中，品牌名字的暗示性程度和品牌名字与信息一致性的交互作用变得不显著或是相对于模型一中有所下降，情感：$F(1, 90) = 1.97$，$p > 0.10$；广告态度：$F(1, 90) = 1.95$，$p > 0.10$；品牌态度：$F(1, 90) = 6.09$，$p < 0.02$。但是感知风险的作用仍然是高度显著的，情感：$F(1, 90) = 11.90$，$p = 0.001$；广告态度：$F(1, 90) = 12.10$，$p = 0.001$；品牌态度：$F(1, 90) = 17.60$，$p < 0.001$。感知风险的中介变量作用成立，H_5 再一次得到证实。

在宾馆服务中，Sobel 检验结果也进一步证实感知风险在暗示性的品牌名字与消费者情感、广告态度和品牌态度关系之间的中介作用。以情感作为因变量时，检验结果为 1.60，$p = 0.10$；以品牌态度作为因变量时，检验结果为 1.95，$p < 0.05$；以广告态度作为因变量时，检验结果为 1.87，$p = 0.06$。类似的检验结果同样在心理咨询服务中得到证实，以情感作为因变量时，检验结果为 2.38，$p < 0.02$；以品牌态度作为因变量时，检验结果为 2.58，$p < 0.02$；以广告态度作为因变量时，检验结果为 2.38，$p < 0.02$。

（三）小结和讨论

通过前面两个实验，在体验型和信用型两种不同类型的服务中，笔者提出的 5 个假设均得到不同程度的证实。首先，H_1 在餐馆、宾馆和心理咨询服务中得到证实，而在信用特性非常高的服务（如保险）中，品牌名字的暗示性和与暗示性品牌名字一致的广告信息之间的交互作用并不显著，不会激发消费者不同的情感状态。其次，笔者发现被试的广告态度与品牌名字的暗示性和与暗示性品牌名字一致的广告信息之间的交互作用有关，H_2 在所有的服务类型中得到一定程度的证实。再次，与 H_3 完全一致，当广告信息与暗示性品牌名字一致时，与非暗示性的品牌名字相比，被试在暗示性的品牌名字情况下的品牌态度更高。最后，通过中介变量分析，感知风险的中介变量作用被证实，即品牌名字的暗示性和与暗示性的品牌名字一致的广告信息的交互作用对被试情感、广告态度和品牌态度的影响是通过风险感知起作用的。

本研究发现暗示性的品牌名字与广告信息一致性越高，越有利于激发消费者正面的情感以及更积极的品牌态度和广告态度。中国国内一些服务企业（如中国平安保险股份有限公司）便将企业品牌名字与提供的保险服务主要特色（如可靠、保障等）结合起来，有利于企业和服务的信息浓缩其中。平安的很多广告语中也准确、简洁地表达保险服务的功用和性能，在广告中同时宣传了企业的品牌，如平安保险广告语“让每个家庭拥有平安”、“中国平安，平安中国”、“人生旅途，平安相伴”等，暗示有平安保险陪伴左右，人生能够有保障，时时刻刻都会生活得平安。在传播策略中将暗示性的名字与广告信息相互呼应，彰显企业服务的竞争优势，在企业宣传方面起到事半功倍的作用。

五、结　论

本研究系统分析中国服务业领域暗示性品牌名字对消费者品牌决策的影响。通过两个组间实验设计，实证研究暗示性品牌名字的效果以及与广告信息的交互作用影响消费者情感、广告态度和服务品牌态度的内在机制，探讨消费者感知风险在这一作用机制过程中的中介变量作用。研究结果表明，①暗示性的品牌名字和广告信息能对被试情感状态产生影响，即暗示性的品牌名字与广告信息之间越匹配，它们之间越容易发生交互作用来刺激消费者的正面情感；②通过建立暗示性的品牌名字与广告信息之间的联系，增强它们之间的匹配性，有利于刺激消费者产生积极的广告态度和品牌态度；③当服务品牌具有一个暗示性的名字时，相一致的广告信息会进一步增强消费者评价的确定性，让他们对这个广告和品牌更加信任，其感知风险水平较低；④感知风险对暗示性品牌与广告信息交互项的中介作用的检验表明，暗示性服务品牌名字和与暗示性的品牌名字一致的广告信息的交互作用是通过感知风险的中介作用来实现的，感知风险有效地传递了品牌名字的暗示性和与暗示性的品牌名字一致的广告信息两者的交互作用对消费者情感、广告态度和品牌态度的影响。

本研究不仅为国外学者的一些主张提供了实证支持，同时也在基于中国消费者数据的基础上尝试了理论创新。一方面，从实证角度系统探讨在消费者介入程度及其无形性相对较高的两种典型服务领域（体验型服务和信用型服务）中，消费者如何根据暗示性的品牌名字和广告信息最终做出自己服务决策的心理过程，这有助于更好地理解消费者服务品牌决策的过程，从而更准确地预测消费者行为。另一方面，由于服务业中消费者感知风险和不确定性水平相对较高，本研究将消费者感知风险引入暗示性品牌名字的研究中，探讨服务领域中感知风险在品牌名字暗示性与消费者情感、广告态度和品牌态度之间的中介作用，从而为更加细致深入地了解暗示性服务品牌名字对消费者决策影响的内在心理驱动机制提供例证，进一步拓展服务业中消费者感知风险在暗示性品牌名字研究领域的应用。另外，在中国的背景下进行暗示性品牌名字的研究不仅能帮助中国的服务企业创建一个优秀的品牌名字，还可以帮助外国的企业将全球品牌本土化，进而促进其在中国市场的成功。

一些不知名的服务品牌和新兴的服务企业要想在激烈的市场竞争中占有一席之地，对于服务提供商，为了吸引消费者的注意和鼓励消费者购买自己企业提供的服务，应该为服务品牌起一个暗示性的品牌名字，从而使消费者能够通过品牌名字感知到服务提供商主要的竞争优势，即所能提供的主要利益，如特色服务、特色菜肴、消费环境、价格等。此外在广告传播策略中，也应该着力强调与暗示性品牌名字相一致的服务属性，使暗示性品牌名字与广告信息相得益彰，相互配合，共同激发消费者对品牌的正面、积极评价。

本研究只选择体验服务中的餐馆、宾馆和信用服务中的保险、心理咨询行业进行假设检验，所以研究结果还需要在更多的服务行业中进行验证，有助于将本研究结果进一步扩展到其他服务领域，从而为有关领域做出更大的贡献；以往研究证实当消费者对评价产品类型的知识程度相对较高时会影响到暗示性品牌名字作用的发挥，未来研究可以进一步探讨消费者专业化程度的调节作用；在实验中购买重要性均控制在相同的水平，在实际日常生活中，服务消费情境重要性程度存在差异，不同的购买重要性会引发消费者不同的购买介入程度，进而影响消费者购买决策过程，因此之前的研究结论能否推广到不同的购买重要性情况下是未来可探讨的方向。从品牌命名研究的主体看，目前还没有吸引足够的学者从事研究，品牌命名研究涉及多门学科的知识，期待着有更多的营销学者拓展品牌命名研究。

参考文献

[1] Keller K L. Conceptualizing, measuring, and managing customer: Based brand equity [J]. Journal of Marketing, 1993, 57 (1): 1–22.

[2] Keller K L, Heckler S E, Houston M J. The effects of brand name suggestiveness on advertising recall [J]. Journal of Marketing, 1998, 62 (1): 48–57.

[3] 郝佳. 全球化环境下的跨学科、跨文化品牌名称研究探析 [J]. 外国经济与管理，2009 (4)：51–58.

[4] Keh H T, Sun J. The complexities of perceived risk in cross-cultural services marketing [J]. Journal of International Marketing, 2008, 16 (1): 120-146.

[5] Qiu C, Yeung C W M. Mood and comparative judgment: Does mood influence everything and finally nothing? [J]. Journal of Consumer Research, 2008, 34 (5): 657-669.

[6] Keller K L. Memory factors in advertising: The effect of advertising retrieval cues on brand evaluations [J]. Journal of Consumer Research, 1987, 14 (3): 316-333.

[7] Keller K L. Cue compatibility and framing in advertising [J]. Journal of Marketing Research, 1991, 28 (1): 42-57.

[8] Keller K L. Memory and evaluation effects in competitive advertising environments [J]. Journal of Consumer Research, 1991, 17 (4): 463-476.

[9] Lee Y H, Ang K S. Brand name suggestiveness: A Chinese language perspective [J]. International Journal of Research in Marketing, 2003, 20 (4): 323-335.

[10] Sen S. The effects of brand name suggestiveness and decision goal on the development of brand knowledge [J]. Journal of Consumer Psychology, 1999, 8 (4): 431-455.

[11] Lee Y H, Ang S H. Interference of picture and brand name in a multiple linkage ad context [J]. Marketing Letters, 2003, 14 (4): 273-288.

[12] Lowrey T M, Shrum L J, Dubitsky T M. The relation between brand-name linguistic characteristics and brand-name memory [J]. Journal of Advertising, 2003, 32 (3): 7-17.

[13] Brendl C M, Chattopadhyay A, Pelham B W, Carvallo M. Name letter branding: Valence transfers when product specific needs are active [J]. Journal of Consumer Research, 2005, 32 (3): 405-415.

[14] Lowrey T M, Shrum L J. Phonetic symbolism and brand name preference [J]. Journal of Consumer Research, 2007, 34 (3): 406-414.

[15] Chan H, Wan L C, Sin L Y M. The contrasting effects of culture on consumer tolerance: Interpersonal face and impersonal fate [J]. Journal of Consumer Research, 2009, 36 (2): 292-304.

[16] Anderson J. Spreading activation [C] //Anderson J R, Kosslyn S M. Tutorials in Learning and Memory .New York, 1984: 61-90.

[17] Pomerantz J R. Perceptual organization in information processing [C] //Kubovy M, Pomerantz J R. Perceptual Organization. Hillsdale, NJ: Erlbaum, 1981: 141-180.

[18] Holbrook M B, Batra R. Assessing the role of emotions as mediators of consumer responses to advertising [J]. Journal of Consumer esearch, 1987, 14 (3): 404-420.

[19] White K, McFarland C. When are moods most likely to influence consumers' product preferences? The role of mood focus and perceived relevance of moods [J]. Journal of Consumer Psychology, 2009, 19 (3): 526-536.

[20] LaTour K A, LaTour M S. Positve mood and susceptibility to false advertising [J]. Journal of Advertising, 2009, 38 (3): 127-142.

[21] MacInnis D J, Park C W. The differential role of characteristics of music on high-and low-involvement consumers' processing of ads [J]. Journal of Consumer Research, 1991, 18 (2): 161-173.

[22] Lee Y H, Mason C. Responses to information incongruency in advertising: The role of expectancy, relevancy, and humor [J]. Journal of Consumer Research, 1999, 26 (2): 156-169.

[23] Maheswaran D, Chaiken S. Promoting systematic processing in low-motivation settings: Effect of in-

congruent information on processing and judgment [J]. Journal of Personality and Social Psychology, 1991, 61 (1): 13-25.

[24] Grewal D, Iyer G R, Gotlieb J, Levy M. Developing a deeper understanding of post-purchase perceived risk and behavioral intentions in a service setting [J]. Journal of the Academy of Marketing Science, 2007, 35 (2): 250-258.

[25] Burgess S M, Steenkamp J-B E M. Marketing renaissance: How research in emerging markets ad vances marketing science and practice [J]. International Journal of Research in Marketing, 2006, 23 (4): 337-356.

[26] 杨鹏鹏，王能民，杨彤. 虚假广告的产生及其监控分析 [J]. 中央财经大学学报，2008 (8): 91-96.

[27] Watson D, Clark L A, Tellegen A. Development and validation of brief measures of positive and negative affect: The PANAS scales [J]. Journal of Personality and Social Psychology, 1988, 54 (6): 1063-1070.

[28] Malaviya P. The moderating influence of advertising context on ad repetition effects: The role of amount and type of elaboration [J]. Journal of Consumer Research, 2007, 34 (1): 32-40.

[29] 张莉，Wan Fang，林与川，Qiu Pingping. 实验研究中的调节变量和中介变量 [J]. 管理科学，2011, 24 (1): 108-116.

[30] 楼尊. 参与的乐趣：一个有中介的调节模型 [J]. 管理科学，2010, 23 (2): 69-76.

Effect of Brand Name Suggestiveness on Consumer Decision Making

——An Empirical Evidence from Chinese Service Industry

SUN Jin　ZHANG Hong-xia

Abstract: Brand name is considered to be one of the major assets of a firm. A good brand name can enhance brand awareness and is considered as an important means to build brand equity. Synthesizing the literature, the main objective of this research is to systematically investigate whether the suggestive brand name can influence consumer advertising attitude in a Chinese service context.170 MBA students and 186 university students participated in the first and second experiments, The main data analysis method is ANCOVA. The results showed that there is a significant interaction effect between brand name suggestiveness and advertising verbal content in the scenarios such as restaurants, hotels, and psychology consultations. That is, the more consistency between suggestive brand name and advertisement content, the more positive emotional responses toward the information, and the more positive advertising and brand attitude.

However, the consistency can only bring postive brand and advertising attidue in insurance services In addition, perceived risk is an important mediator.

Key Words: suggestive brand name, perceived risk, brand attitude, advertising attitude, emotional responses

个人和家庭跨期决策与被试异质性*

——基于随机效用理论的实验经济学分析

何浩然

摘要：本文研究家庭成员个人偏好对家庭共同跨期决策的影响和被试异质性对实验行为的影响。在分别针对大学生和农村居民开展的高回报跨期决策实验中，本文在控制条件下获得两类被试的个人和家庭决策行为的可比资料，运用随机参数模型分别就夫妻双方的个人决策、个人决策与家庭共同决策，以及大学生与农村居民的决策进行比较分析，同时估计两位家庭成员对家庭共同决策的相对影响力。结果表明，收益金额和兑现时间这两项特征均显著影响跨期决策行为，其中大学生具有强烈的现时偏向型偏好。男性比女性、大学生比农村居民具有更强的对早兑现收益的偏好。此外，男性比女性对家庭共同决策具有更强的影响力，大学生家庭决策中男女性影响力的不平衡程度大于农村居民家庭。

关键词：家庭决策　跨期决策　现场实验　被试异质性　随机参数模型

一、引　言

跨期决策是对现期和未来所能获得的效用进行权衡的决策。正如亚当·斯密指出的那样，跨期决策不仅能影响人们的健康、财富和幸福程度，甚至可能影响国家的经济发展(Fredrick 等，2002)。然而，由于在可控性较弱的自然决策条件下难以获得不受干扰的有效数据，导致传统经济学方法对跨期决策进行精确研究存在困难。新近发展的实验经济学方法则能够对影响该决策的决定因素进行准确识别和衡量。早期的尝试包括 Hey 和 Dard-

* 本文选自《管理世界》2011 年第 12 期。

作者感谢 Fredrik Carlsson、Peter Martinsson、Matthias Sutter、秦萍、陈叶烽、蔡宏波、翁茜、周业安，以及歌德堡大学及北京大学的学术研讨会参加者在本研究的设计和成文过程中所给予的有益建议。感谢贵州大学和北京林业大学调查队所提供的协助。感谢瑞典海外发展研究署、瑞典 Jan Wallander and Tom Hedelius 基金会和瑞典研究委员会(Vetenskapsrådet) 对本研究的资助。作者文责自负。

anoni（1988）、Harrison 和 Morgan（1990）等开展简单跨期决策实验对跨期决策偏好进行初步度量，新近发展的研究方法则是运用多元价格表（multiple price list）定量探究跨期决策偏好（Coller 和 Williams，1999；Harrison、Lau 和 Williams，2002；Coller，Harrison 和 Rutström，2002）。采用多元价格表能够允许被试在不同跨期选择集中自由选择所偏好的选项，从而获得跨期决策偏好所在区间的精确度量。然而之前的跨期决策研究仅关注被试的个人决策，尚未发现对诸如以家庭、委员会等为单位做出的共同决策的研究。因此，本文旨在对共同跨期决策进行实验研究，并尝试构建个人与共同跨期决策相关关系的完整研究框架。

储蓄、投资、贷款购买大件商品以及子女教育等人们在生活中面对的许多重要决策，多是由丈夫和妻子这两位家庭成员共同做出的跨期决策。虽然传统经济学理论普遍将这种决策处理为单个理性人的行为，但家庭共同决策实际上却是由丈夫和妻子的个人偏好及其在家庭中的相对影响力所决定的。以家庭储蓄为例，在保持其他条件相同的情况下，若丈夫对家庭储蓄量的偏好为 m 货币单位，而妻子对家庭储蓄量的偏好为 n 货币单位（$m < n$），则丈夫和妻子对家庭决策的相对影响力强弱将决定家庭的实际储蓄量在以 m 和 n 为边界的区间上位于哪一位置。若丈夫的相对影响力较强，则家庭的实际储蓄量将会与丈夫个人所偏好的 m 货币单位更为接近，反之亦然。然而，在现实世界中，要在同等决策条件下同时观察到个人决策和家庭共同决策极为困难。例如家庭储蓄，仅能观察到家庭的实际储蓄量而无法在相同条件下同时再观察到两位家庭成员个人所偏好的家庭储蓄量，故传统经济学方法难以对丈夫和妻子的个人偏好在家庭共同决策中的分别体现进行有效衡量，亦无法量化各成员对家庭决策的相对影响力。因此，分别让家庭成员和整个家庭在相同实验条件下进行个人决策和共同决策的实验方法，近年来在诸如风险决策、消费决策、社会困境（social dilemma）等诸多的家庭决策研究领域被广泛应用（Dosman 和 Adamowicz，2006；Strand，2007；Beharry-Borg 等，2009；de Palma 等，2010；Cochard 等，2010），但对个人和家庭共同的跨期决策所进行的研究却尚为空白。本文运用随机参数模型对收益金额和兑现时间之间的权衡关系及其对跨期决策的影响进行定量分析，明晰家庭成员个人跨期决策行为与家庭共同跨期决策行为的特征和异同，以及家庭成员个人偏好对家庭共同决策的影响力。本文所发展的估计家庭成员个人在家庭决策中相对影响力的普适性方法，将为进一步研究跨期及其他类型的家庭决策提供有效的微观机制。

实验室实验作为经济学研究的新方法，已对现代经济学的发展产生了重要影响，其主要贡献包括解释经济现象、发现经济规律、检验经济理论，以及形成政策建议等（Roth，1988）。由于具有便于寻找、招募成本低、方便组织管理和理解力强等特点，在校大学生常被实验室实验作为主要被试对象。值得关注的是，被试大学生表现出的行为能否代表现实世界中普通人群的实际行为？换言之，采用大学生被试是否影响实验室实验结果的外部有效性（external validity）？已成为实验室实验能否被更广泛地接受和应用亟须解决的关键问题。[①] 大学生群体与普通人群相比，主要存在年龄偏小和受教育程度偏高的系统性差异。这使大学生一般具有更强的理解力和思维能力，因而可能导致两者在相同实验条件下的决策行为存在差别。对此潜在差异进行比较分析，能够为增强实验结果的普适性和扩大这类研究方法的适用范围提供有利建议。

对于实验室实验惯常采用在校大学生作为被试而可能降低实验结果外部有效性的问题，在实验心理学、实验经济学及其他行为科学的研究中均被长期关注（早期研究例如 Orne，1962；Rosenthal 和 Rosnow，1969；Doty 和 Silverthorne，1975），而 Henrich 等（2010）通过对采用不同类型被试的相似研究的结果进行跨研究比较分析（Meta study）发现，在校大学生的行为与真实人群的行为差异明显。鉴于 Henrich 等（2010）的跨研究比较的特征，其所发现的行为差异也可能受到各项研究间实验设计参数不同等其他方面差别的影响。由于难以在控制所有实验条件的基础上，采用不同类型被试开展相同实验，相关文献中对不同类型被试的行为差异进行直接实验验证的研究很少，即使在最接近的研究中，对被试类型的选择也存在一定缺陷，故研究结果亦缺乏十足的说服力。Fehr 和 List（2004）对一类特殊人群与大学生在相同实验条件下的行为进行比较。通过在哥斯达黎加的信任实验（trust game experiment），他们发现咖啡生产行业公司总经理比学生表现出更强的信任和被信任感。不过由于该研究采用的总经理被试过于特殊且两类被试的收入差距极大，其结论难以被一般化为“大学生和普通人群的行为存在差异”。本文分别在大学生和农村居民的家中开展高回报跨期决策的现场实验，获得两类被试的个人和家庭决策行为的可比数据。通过在相同实验控制条件下比较大学生被试和具有相似收入水平的普通成年人被试所表现出的同类决策行为，本研究不仅比较了其个人决策行为的异同，还进一步分析其家庭共同决策行为的异同。

本文将按以下结构展开：第二部分推导理论模型，第三部分介绍实验步骤和设计，第四部分报告实验结果，第五部分进行总结并提出建议。

---

① 实验室实验结果的外部有效性值得关注主要是由于实验室实验的决策行为与真实决策行为的产生条件存在差异（Levitt 和 List，2007）。越来越多的研究致力于比较相同被试在实验室和现实世界的相似情况下的决策行为，既有研究发现两者之间存在较高的正相关性，但也有研究发现两者存在显著差别（Karlan，2005；Carpenter 和 Seki，2011；Ashraf 等，2006；Benz 和 Meier，2008；Meier 和 Sprenger，2007；Fehr 和 Leibbrandt，2008；Carlsson 等，2009；Baran 等，2010）。具体而言，与真实决策情况相比，实验室中的决策者多由大学生被试充当，实验决策能够支配和影响的经济禀赋较小，实验决策受时间和可选行动的限制较大，实验室环境特殊，以及决策者在实验室中存在更强的被审查研究的特殊感受等。近年来国外已有一些研究致力于探讨如何缩小实验室实验与现实世界之间的差异，以增强实验结果的外部有效性。Carpenter 等（2005）、List 和 Cherry（2008）验证了实验禀赋金额大小对行为所产生的影响；Bardsley（2005）研究了实验中时间和可选行动的限制对行为所产生的影响；de Oliveira 等（2008）和 Carlsson 等（2009）探讨了实验环境和被试在实验中被审查等心理感受对行为所产生的影响。

二、理论模型

跨期选择的本质是决策者在不同兑现时间的不同收益间进行权衡的选择决策行为。本实验设计的多元价格表包含 18 道具有不同兑现时间和不同收益金额的跨期选择题，让被试先后分别以个人和家庭为决策单位在同样的多元价格表中进行选择。我们需要构建跨期决策的随机效用理论模型，对个人决策实验数据进行回归分析，以获得衡量个人跨期决策偏好强度的指标。之后再将该指标作为自变量放入解释共同决策行为的回归模型中，从而得以定量估计出各成员的个人决策偏好在共同决策中的作用。

具体而言，在每道选择题中包含两个选项，选项 A 的收益兑现时间早于选项 B，而选项 A 的收益金额小于选项 B。被试须就选项 A 和 B 做出二选一决策。被试若选择某一选项，则该选项为其带来的效用不低于另一选项。鉴于实验所观察到的是被试的选择决策行为而非其偏好本身，故我们需要掌握被试在一系列具有不同兑现时间和收益金额的选择题中所进行的跨期选择来估计其偏好。由于被试选择任一选项所获得的效用均包含可观察到的非随机部分和不可观察到的随机部分，故本文将运用 McFadden（1973）的随机效用理论（random utility framework）来估计被试跨期决策偏好的相关参数，并在此基础上进一步深入进行量化分析。

决策者的效用函数由两部分组成：可观察的非随机部分（υ）和不可观察的随机部分（ε）。当决策者进行二选一跨期决策时，决策者 i 在选择题 j 中选择早收益（选项 A）的概率等于此时该决策者选择早收益（选项 A）所获效用不低于选择迟收益（选项 B）所获效用的概率：

$$P_{ij}(A) = P[\upsilon_i(X_{jA}) + \varepsilon_{ijA} \geqslant \upsilon_i(X_{jB}) + \varepsilon_{ijB}] \tag{1}$$

其中，选项 A 表示早收益，选项 B 表示迟收益；向量 X 表示跨期决策的收益金额和兑现时间特征。

（一）男女性家庭成员的个人跨期决策偏好

家庭 i 的女性成员（F）在选择题 j 中选择早收益（选项 A）的概率为：

$$P^F_{ij}(A) = P[u^F_i(time_{jA},\ amount_{jA}) + \varepsilon^F_{ijA} \geqslant u^F_i(time_{jB},\ amount_{jB}) + \varepsilon^F_{ijB}] \tag{2}$$

其中，u^F_i 表示女性决策者效用函数的非随机部分。假设该部分是收益金额和兑现时间的线性函数，则（2）式所示概率模型可转换为：

$$\begin{aligned} P^F_{ij}(A) &= P[\alpha^F_i + \beta^F_i time_{jA} + \gamma^F_i amount_{jA} + \varepsilon^F_{ijA} \geqslant \beta^F_i time_{jB} + \gamma^F_i amount_{jB} + \varepsilon^F_{ijB}] \\ &= P[\alpha^F_i + \beta^F_i(time_{jA} - time_{jB}) + \gamma^F_i(amount_{jA} - amount_{jB}) + (\varepsilon^F_{ijA} - \varepsilon^F_{ijB}) \geqslant 0] \end{aligned} \tag{3}$$

其中，引入参数 α^F_i 使得模型能够允许决策者具有独立于收益金额和兑现时间的对早收益或迟收益的偏好。这类偏好可能包含决策者对尽早获得收益的偏好或仅仅是在答题时具有选择左边或右边选项的偏好等。

在本实验设计出的全部 18 道选择题中，早收益和迟收益的兑现时间组合有今天和 4 天后、今天和 8 天后，以及 4 天后和 8 天后 3 种。考虑到收益金额和兑现时间对决策可能存在的非线性影响，我们将第一种兑现时间组合设为基组，并用虚拟变量对后两种组合分别进行标示。故（3）式所示选择早收益的概率模型可被重新表述为：

$$P_{ij}^{F}(A) = P[\alpha_i^F + \beta_{i08}^F D_{08} + \beta_{i48}^F D_{48} + \gamma_{i1}^F amount_{jA} + \gamma_{i2}^F \Delta amount_j + \eta_{ij}^F \geqslant 0] \quad (4)$$

其中，D_{08} 为二元虚拟变量，若选择题的早收益和迟收益的兑现时间组合为今天和 8 天后，其值为 1，否则为 0；D_{48} 为二元虚拟变量，若选择题的早收益和迟收益的兑现时间组合为 4 天后和 8 天后，其值为 1，否则为 0。$\Delta amount_j = amount_{jB} - amount_{jA}$，$\eta_{ij}^F = \varepsilon_{ijA}^F - \varepsilon_{ijB}^F$，而 β 和 γ 是待估计参数。由于本模型表示兑现时间组合的两个虚拟变量所对应的基组是早、迟收益的兑现时间组合为今天和 4 天后，我们预计 β_{i08}^F 应为负；如果 β_{i48}^F 的值与 0 没有显著差异，则表明被试在本实验所涉及的时间范围内不具有现时偏向型偏好 (present-biased preference)；[①] 记录收益金额差异的变数系数 γ_{i2}^F 预计为负。此外，为了控制可能存在的收入效应（income effect），将早收益金额变量 $amount_{jA}$ 引入模型。

按照同（4）式的构建方式，家庭 i 的男性成员（M）在选择题 j 中选择早收益（选项A）的概率模型为：

$$P_{ij}^{M}(A) = P[\alpha_i^M + \beta_{i08}^M D_{08} + \beta_{i48}^M D_{48} + \gamma_{i1}^M amount_{jA} + \gamma_{i2}^M \Delta amount_j + \eta_{ij}^M \geqslant 0] \quad (5)$$

尽管对男性和女性家庭成员跨期选择的个人偏好，我们可以运用普通离散选择模型进行估计，但更好的方法是借助随机参数模型，这是因为随机参数模型能够允许各特征变量的系数随机分布，从而能够考虑决策者存在的却不可观察的异质偏好（preference heterogeneity）（Train，2003）。为方便进行模型估计，我们将截距项设为固定参数。运用随机参数模型使我们在模型不包含决策者个人特征变量的情况下，也能针对每道选择题估计各个家庭成员的预计选择概率，即$\hat{P}_{ij}^M$和$\hat{P}_{ij}^F$。假设所有随机参数均为正态分布。由于具有可重复的观察值（每位决策者均对相同的 18 道选择题进行决策），需进一步假设所有随机参数对于任一给定个人决策者在不同选择题中保持不变，即个人决策者具有稳定的跨期决策偏好。为使用随机参数二元 probit 模型，我们假设模型的残差项为正态分布。模型估计采用模拟极大似然值法。

（二）家庭的共同跨期决策

在家庭共同决策模型中，选择早收益的概率依然是跨期选择特征的函数。此外，另引

① 现时偏向型偏好是指在跨期决策中所表现出的一种现时偏向，即对任一决策时期 t，t 与 t+1 期之间的贴现率高于 t+k 与 t+k+1 期之间的贴现率，其中 k 为不小于 1 的整数。更详细的研究和解释可参见 McClure 等（2004）、McClure 等（2007），以及 Meier 和 Sprenger（2010）。

入两个额外解释变量以反映男性和女性成员的个人偏好对家庭共同决策的绝对影响力。在具体变量选择上，比较直接的办法是采用个人决策者在个人决策部分的相同选择题中做出的跨期决策。然而，采用该个人决策作为解释变量的明显弱点在于这些决策仅能反映对应选择题中个人选择了早收益还是迟收益，而无法反映该个人决策的偏好强度。① 因此，我们转而采用从个人选择概率模型中估计出的能够反映偏好强度的预计个人选择概率，$\hat{P}_{ij}^{M}$和$\hat{P}_{ij}^{F}$，进而得以衡量家庭成员的个人偏好强度对家庭共同决策的影响。综上，家庭 i 的共同决策（J）是在选择题 j 中选择早收益（选项 A）的概率为：

$$P_{ij}^{J}(A) = P[\alpha_i^J + \beta_{i08}^{J} D_{08} + \beta_{i48}^{J} D_{48} + \gamma_{i1}^{J} amount_{jA} + \gamma_{i2}^{J} \Delta amount_j + \delta_i^M \hat{P}_{ij}^{M} + \delta_i^F \hat{P}_{ij}^{F} + \eta_{ij}^{J} \geqslant 0] \quad (6)$$

这一模型仍采用随机参数二元 probit 模型进行估计。所有随机参数也被同样假设为正态分布，并且假设这些随机参数对于任一给定家庭决策者在不同选择题中保持不变，即家庭共同决策具有稳定的跨期决策偏好。

通过估计上述家庭决策概率模型，可以得到各个家庭的男性和女性成员对家庭共同决策的绝对影响力参数，即预计个人选择概率的参数$\hat{\delta}_i^M$和$\hat{\delta}_i^F$，而这两个参数的比值则表示家庭 i 的男性和女性成员对该家庭共同决策的相对影响力 $Influence_i$：

$$Influence_i = \hat{\delta}_i^F / \hat{\delta}_i^M \quad (7)$$

该比值大于 1 表示女性比男性对家庭共同决策具有更强的相对影响力，反之亦然。由于家庭成员对家庭共同决策的相对影响力更具实际意义，故此后分析将以此为重点。

为得到$\hat{\delta}_i^M$和$\hat{\delta}_i^F$，需要通过模拟方法估计该随机参数的分布而非特定决策者的具体参数。根据 Train（2003），这一估计需运用贝叶斯定理（Bayes Theorem）来实现：若 $h(\beta|y_i, \theta)$ 表示在一系列选择（y_i）和总体参数（θ）条件下参数向量 β 的分布，则对于决策者 i 做出的具体选择，参数 β_i 的均值为：

$$E[\beta_i|y, \theta] = \int \beta \cdot h(\beta|y_i, \theta) = \frac{\int \beta P(y_i|\beta) f(\beta|\theta) d\beta}{\int P(y_i|\beta) f(\beta|\theta) d\beta} \quad (8)$$

其中，$f(\beta|\theta)$ 表示参数 β 在总体中的分布。（8)式是对某个特定决策者 i（本例中为家庭成员或家庭）的参数估计，其依赖于通过随机参数模型对总体分布的估计。由于该式不具有解析解形式（closed form），故需再次运用模拟方法得到（8）式的渐进表述：

$$\tilde{E}[\beta_i|y, \theta] = \sum_r \omega^r \beta^r = \sum_r \frac{\beta^r P(y_i|\beta^r)}{\sum_r P(y_i|\beta^r)} \quad (9)$$

其中，β^r 表示从总体密度函数 $h(\beta|y_i, \theta)$ 中的第 r 次抽样值。

---

① 也就是说，我们仅能观察到在某个选择题中决策者选择了早/迟收益，却无法获知决策者此时对早/迟收益的偏好是位于微弱偏好到强烈偏好的区间上的什么位置。

三、实验步骤和设计

(一) 实验步骤

本实验于 2007 年 8 月和 10 月分别在贵州省麻江县农村小区和该省 3 所大学附近的学生聚居小区展开。贵州省 2007 年人均国内生产总值为 6742 元，仅相当于当年全国人均国内生产总值 21049 元的 32%。我们选择在欠发达地区开展实验，是为了在给定实验预算下对较低收入的被试开展高回报实验，从而增强实验结果的严谨性。

实验通过随机入户方式在两类居民区共征募 101 个居民家庭和 100 个大学生家庭。在同时获得男女双方的许可后，实验员在被试家中开展现场实验 (field experiment)：[①] 首先要求男女性两位家庭成员分坐于不同房间或同一房间的两角，并且不允许进行任何交流，而后实验员开始大声朗读实验指南，被试按照指示逐步完成 4 个部分的实验任务。第一部分，每位被试须独立回答关于其个人社会经济特征、健康状况、社会资本等方面的问题；第二部分，每位被试须在跨期决策实验中独立进行个人决策，即完成 18 道涉及跨期决策的二选一型选择题；第三部分，两位被试被聚集在一起，在双方协商并达成一致的前提下共同回答关于其家庭财政状况及其他家庭特征方面的问题；第四部分，与第二部分的实验完全相同，唯一区别在于两位被试须在双方协商并达成一致的前提下对同样 18 道选择题作答。需要指出的是，各部分均是在前一部分已经完成后才被顺序引入的，即实验员在前一部分结束后，才朗读与后一部分有关的实验指南。因此，在前一部分完成前，被试不知道关于后面部分的任何信息。[②]

在第二部分和第四部分开始前被试分别获知，在实验结束后会采取让他们从标明 1~18 数字的 18 张卡片中抽取 1 张的方式，从 18 道选择题中随机选取一道题，并按他们在该题中选择的金额和兑现时间实际支付收益。被试还被告知，他们在第二部分的个人决策实验中所获收益将在另一位被试不在场的情况下进行独立选取和支付。由于在实验结束后每道题具有同等概率被选中来进行实际支付，从而保证被试同等认真地对待每道题中的选择。如果被试选择了“今天 (参与实验当天)”作为收益的兑现时间，则若该题被选中他

---

① 对两种类型被试均开展现场实验的目的有二：一是让他们在更自然的实验环境下做出更具外部有效性的实验决策；二是控制实验类型及其环境对被试决策行为的影响。

② Baker II 等 (2008) 在类似的风险偏好实验中控制了个人决策和共同决策的实验开展顺序，以对先个人决策后共同决策的单一顺序可能产生的顺序效应 (order effect) 进行了检验，但其研究结果表明在此类风险偏好实验中不存在顺序效应。我们进一步考虑到采用先共同决策后个人决策的实验开展顺序会对后发生的个人决策的独立性产生极大影响而令该个人决策数据无法被使用，故本实验采用被试先个人决策后共同决策的顺序进行。所有被试在参加完个人决策实验后均自愿参加共同决策实验。

们将会在实验结束后立即获得收益；如果被试选择在未来兑现收益，则若该题被选中他们将会获得北京大学出具的欠款证明，以保证在选定的兑现时间获得相应收益。[①] 未来收益的具体支付形式为实验助理在兑现收益当天的约定时间将收益送到被试家里以换取欠款证明，这一设计尽可能地降低了被试兑现未来收益的成本。为了保证每位被试在进行个人决策和共同决策时的货币激励相同，在第四部分的共同决策实验开始前被试还获知，两位被试均能从该部分实验中分别获得一份单独的实验收益，而非两人共享一份收益。实验员须负责监督每次共同决策均是在两位被试达成共识的前提下做出的。参与本实验的每位被试平均获得了 32 元实验收益和额外的 10 元实验参与费。

（二）实验设计

本实验开展了如表 1 所示的 2×3 实验设计，共 6 个实验局，目的在于对不同类型决策者的跨期决策偏好进行估计，并比较男性和女性成员的个人决策行为，个人成员在共同决策中的相对影响力，以及不同类型家庭间个人和共同决策行为。

表 1　实验设计总览

	男性个人决策制定	女性个人决策制定	家庭共同决策制定
居民	实验局 1（T1）	实验局 3（T3）	实验局 5（T5）
大学生	实验局 2（T2）	实验局 4（T4）	实验局 6（T6）

实验局 1~4 为个人决策，即男性和女性被试分开进行个人独立决策；实验局 5 和 6 为共同决策，即来自同一家庭的男性和女性被试被聚集在一起进行家庭共同决策。每个实验局中的个人或家庭决策者都面临如表 2 的前 5 列多元价格表中所示的 18 道相同的选择题。在每道选择题中，决策者须在具有不同收益金额和兑现时间的选项 A（早收益）和选项 B（迟收益）之间二选一。例如，在表 2 所示的第一道选择题中，决策者须在今天获得 12 元和 4 天后获得 13 元之间抉择。在所有选择题中，收益金额的变化幅度在 9~21 元，早收益的兑现时间可为今天或 4 天后，而迟收益的兑现时间可为 4 天后或 8 天后，早收益和迟收益之间的收益金额差异可为 1 元、3 元或 5 元。本实验的早、迟收益之间较短的兑现时间间隔产生的年贴现率较高，这是为了方便决策者进行跨期决策而非估计贴现率本身。[②]

鉴于实验目标之一是检验“被试效应”（subject effect），故采用两类被试人群：实验室实验惯用的大学生和真实的农村普通居民（以下简称“居民”）。我们在“真实”人群中

① 为了尽可能排除被试因为信任原因而出现的具有选择现期收益的偏好，实验员在实验前就向他们出示了北京大学的相关官方证明文件，并向他们说明若其选择了迟收益则将会在何时以何种方式获得收益。这对构建被试相信他们将会按照约定的金额和兑现时间获得收益的信任感十分重要。

② 本实验迟收益的兑现时间被设计为仅推迟数天是基于如下考虑：第一，短时间周期能够避免被试考虑物价变动等方面的因素；第二，采用较短的迟收益推迟兑现时间也能够在后勤上方便实验助理在规定时间上门去支付获得迟收益的被试。尤其是对居民的迟收益支付，实验助理可以利用后来去临近村做实验的机会，顺便将迟收益按时送给之前的被试，从而显著节省实验的后勤成本。

表 2　跨期决策实验多元价格表中 18 对跨期选择的描述以及选择早收益的平均比例

跨期选择	选项 A（早收益）		选项 B（迟收益）		选择早收益所占比例					
	兑现时间	收益金额	兑现时间	收益金额	居民（N=101）			大学生（N=100）		
	（天）	（元）	（天）	（元）	男性（T1）	女性（T3）	共同（T5）	男性（T2）	女性（T4）	共同（T5）
1	0	12	4	13	0.73	0.67	0.79	0.96	0.91	0.96
2	0	17	4	18	0.74	0.64	0.79	0.98	0.96	0.98
3	0	11	4	14	0.38	0.28	0.38	0.68	0.66	0.74
4	0	16	4	19	0.42	0.38	0.39	0.71	0.66	0.75
5	0	10	4	15	0.24	0.13	0.19	0.45	0.36	0.44
6	0	15	4	20	0.28	0.17	0.21	0.49	0.35	0.43
7	0	11	8	12	0.75	0.70	0.81	0.96	0.96	0.98
8	0	16	8	17	0.72	0.68	0.81	0.98	0.98	0.99
9	0	10	8	13	0.57	0.51	0.56	0.89	0.86	0.90
10	0	15	8	18	0.56	0.52	0.54	0.84	0.87	0.88
11	0	9	8	14	0.40	0.30	0.30	0.62	0.50	0.54
12	0	14	8	19	0.38	0.33	0.28	0.61	0.61	0.63
13	4	13	8	14	0.64	0.61	0.76	0.79	0.83	0.84
14	4	18	8	19	0.71	0.67	0.76	0.80	0.86	0.82
15	4	12	8	15	0.51	0.35	0.46	0.59	0.54	0.56
16	4	17	8	20	0.39	0.30	0.40	0.53	0.48	0.45
17	4	11	8	16	0.32	0.19	0.22	0.28	0.28	0.17
18	4	16	8	21	0.28	0.17	0.24	0.25	0.25	0.22
在所有跨期选择题中选择早收益的平均比例					0.50	0.42	0.49	0.69	0.66	0.68

注：“兑现时间”栏中的 0、4 和 8 分别表示今天（开展实验当天），以及从今天开始计算的 4 天后和 8 天后。

选择该类居民是由于他们占我国人口大多数，并且与城市普通居民相比，他们与大学生的收入水平更为接近，以便在实验中尽可能控制收入水平对决策行为的影响。此外，18 道选择题在实验中将按照固定的随机顺序出现，以避免决策者的决策因 18 道题按照表 2 所示顺序出现而受到顺序效应（order effect）的影响。

四、实验结果

（一）跨期决策概述及其比较

表 2 的后 6 列分别报告了男性个人、女性个人和家庭共同决策在 18 道选择题中选择早收益（选项 A）的频率。该表所列的总体数据显示男性比女性选择早收益的平均频率更

高，同时家庭决策选择早收益的平均频率更靠近男性决策。但是，对居民和大学生被试分别进行的 108 次卡方检验（chi-square test）① 显示，选择早收益的频率在同类被试中的男性个人与女性个人、男性个人与家庭，以及女性个人与家庭之间均不存在统计显著的分布差异。鉴于该表数据仅是对样本的决策均值进行的总体描述，其不能对个体层面所发生的详细情况给出任何信息。

在实验样本中，有 8 个居民和 3 个大学生家庭，其男女性成员在 18 道选择题中的个人决策完全相同，因此无法获知这些家庭中各家庭成员对家庭共同决策的相对影响力。我们将去掉这些样本，以其余 93 个居民和 97 个大学生家庭的数据为基础进行后续分析。

（二）对跨期特征条件的反应

本文理论模型的基础上，利用随机参数计量模型分析个人和家庭的跨期决策及其相互关系，考察被试的跨期决策对选项的收益金额和兑现时间等特征的权衡反应。

分析的第一步是估计个人决策的随机参数二元 probit 模型。所有模型均通过 Nlogit4.0 获取 500 个海尔屯随机抽样（Halton draw）为基础来进行估计。表 3 的第［1］列和第［2］列以及第［5］式和第［6］列分别报告了基于居民和大学生的个人决策的估计结果。可以看到，并非所有解释变量的边际影响均值均显著，但几乎所有解释变量的边际影响标准差都显著。这意味着随机参数模型估计确实考虑到且捕获到了不同男性和女性个人决策中不可观察的异质偏好。居民和学生的男、女性个人决策的截距项均为正显著，表明存在与收益金额和兑现时间的变化无关的对早收益的个人偏好。其中，不论男性还是女性大学生决策者对早收益的这一偏好均显著强于相应性别的居民决策者（经极大似然比检验，P 值 <0.01）。虚拟变量 D_{48} 的边际影响在男、女性居民的个人决策模型中均不显著，但在相应性别大学生的个人决策模型中均显著。鉴于 D_{48} 所参照的基组中早收益和迟收益兑现时间组合为今天和 4 天后，该虚拟变量标示的跨期选择与基组相比，早收益与迟收益的兑现时间差别同为 4 天，但兑现时点存在差别。据此可判定居民决策者不存在现时偏向型偏好，但大学生决策者的该类型偏好显著存在。现时偏向型偏好表示决策者在时间动态选择中更偏向于现期获得收入的偏好。大学生具有现时偏向型偏好表明，由于其现金流紧张和消费需求旺盛两方面的原因，现期收入对大学生具有相当强的诱惑力。因此，大学生决策者对现期获得收入表现出了显著偏好。虚拟变量 D_{08} 的边际影响均为正显著表明，早收益与迟收益之间兑现时间差别的扩大增加了决策者选择早收益的概率。值得注意的是，兑现时间差别扩大对大学生类决策者产生的影响显著大于其对非大学生类决策者的影响，且对男性和女性均是如此（经极大似然比检验，P 值 <0.05）。早收益的收益金额对所有类型决策者均

① 由于表 2 后 6 列所显示的数据为所有同类样本对每道题的选择决策的总体数据而非个体观测值，故不符合使用配对 t 检验或 Wilcoxon 配对秩和检验（signed rank-sum test）来直接进行检验的条件，也就是说，各样本决策行为之间的总体关系不能被直接检验。正确的检验方法则是在居民和大学生被试中就 18 道题中的选择决策在男性、女性和共同决策之间的差别分别进行卡方检验，共 108（=2×18×3）个。

无显著影响，表明在实验所设计的收益金额变化范围内，不存在收入效应。迟收益金额与早收益金额之间的差别对决策存在与预期相同的显著影响：收益金额差别的扩大显著减小了选择早收益的概率，其对学生决策者产生的影响同样显著大于其对居民决策者的影响，且对男性和女性决策者均如此。总体而言，大学生被试比居民被试对跨期选择特征条件的变化更为敏感。

表 3 随机参数二元 probit 模型对男性个人、女性个人和家庭共同决策的估计结果（边际影响）

	居民				大学生			
	男性 T1	女性 T3	共同 T5		男性 T2	女性 T4	共同 T6	
	[1]	[2]	[3]	[4]	[5]	[6]	[7]	[8]
边际影响均值								
截距项	2.421*** (0.343)	1.495*** (0.312)	4.024*** (0.413)	−0.294 (0.461)	3.704*** (0.380)	2.786*** (0.346)	4.199*** (0.393)	−1.508*** (0.428)
兑现时间 D_{48}	0.094 (0.131)	−0.056 (0.119)	0.232 (0.148)	0.174 (0.161)	−1.060*** (0.129)	−0.572*** (0.106)	−1.422*** (0.129)	−0.653*** (0.117)
兑现时间 D_{08}	1.001*** (0.146)	1.094*** (0.121)	1.313*** (0.177)	0.329** (0.162)	1.325*** (0.154)	1.196*** (0.121)	1.185*** (0.153)	0.054 (0.140)
早收益金额	−0.015 (0.021)	−0.011 (0.021)	0.017 (0.026)	−0.025 (0.028)	0.007 (0.024)	−0.024 (0.021)	0.011 (0.024)	−0.003 (0.024)
迟收益金额—早收益金额	−0.913*** (0.053)	−0.887*** (0.043)	−1.634*** (0.097)	−0.812*** (0.069)	−0.931*** (0.049)	−0.822*** (0.041)	−1.030*** (0.054)	−0.204*** (0.043)
男性选择早收益的预计概率				3.507*** (0.243)				2.916*** (0.168)
女性选择早收益的预计概率				2.662*** (0.225)				2.303*** (0.184)
边际影响标准差								
截距项	1.914*** (0.113)	0.388*** (0.055)	0.557*** (0.073)	0.962*** (0.088)	0.044 (0.057)	1.024*** (0.064)	1.226*** (0.079)	0.119** (0.055)
兑现时间 D_{48}	0.824*** (0.105)	0.836*** (0.102)	1.048*** (0.131)	1.384*** (0.147)	2.350*** (0.148)	1.476*** (0.105)	2.107*** (0.141)	1.131*** (0.104)
兑现时间 D_{08}	1.085*** (0.125)	0.752*** (0.098)	0.946*** (0.142)	0.901*** (0.137)	1.330*** (0.139)	0.450*** (0.095)	1.102*** (0.130)	0.905*** (0.117)
早收益金额	0.144*** (0.009)	0.157*** (0.008)	0.257*** (0.016)	0.109*** (0.008)	0.078*** (0.006)	0.047*** (0.004)	0.054*** (0.005)	0.020*** (0.004)
迟收益金额—早收益金额	0.673*** (0.039)	0.398*** (0.024)	0.529*** (0.039)	0.473*** (0.036)	0.528*** (0.029)	0.364*** (0.020)	0.371*** (0.022)	0.200*** (0.018)
男性选择早收益的预计概率				1.697*** (0.155)				0.617*** (0.080)
女性选择早收益的预计概率				0.778*** (0.140)				0.923*** (0.092)
户数	93	93	93	93	97	97	97	97
Pseudo R^2	0.47	0.39	0.53	0.41	0.33	0.26	0.28	0.13

注：①括号中数字表示对应系数的标准误；②*、** 和 *** 分别表示该边际影响在 10%、5%和 1%的统计水平上显著。

分析的第二步则是估计家庭共同决策选择早收益的概率模型。表 3 的第［3］列和第［4］列以及第 ［7］列和第 ［8］列分别报告了基于居民和大学生的家庭共同决策的估计结果。由虚拟变量 D_{48} 的边际影响可以看到，居民决策者的家庭决策仍不存在现时偏向型偏好，而大学生决策者的家庭决策仍存在该类型偏好。在第［3］列和第［7］列模型中，未引入男性和女性成员选择早收益的预计个人选择概率 $\hat{P}^M_{ij}$ 和 $\hat{P}^F_{ij}$ 作为解释变数。就统计显著性而言，这两个共同决策模型的估计结果与对应个人决策模型的估计结果一致：共同决策依然存在对早收益的明显偏好；扩大早、迟收益之间兑现时间的差别和减小早、迟收益之间收益金额的差别均显著增加了选择早收益的概率。居民家庭在共同决策时变得更为谨慎，也即共同决策对跨期选择特征条件的变化更为敏感。这一现象可被解释为通过两位家庭成员的共同讨论和先前个人决策所积累的经验产生了学习效应，非大学生类决策者在从个人到共同决策的变化中表现出更强的学习效应。比较跨期选择各特征条件对居民和大学生被试家庭共同决策的影响可知，两者在数量上的差异比个人决策时的对应差异明显减小。

第［4］列和第［8］列模型则在前述共同决策模型的基础上，进一步引入了男、女性成员选择早收益的预计个人选择概率 $\hat{P}^M_{ij}$ 和 $\hat{P}^F_{ij}$ 作为解释变量。估计结果显示，两位家庭成员的预计个人选择概率的边际影响均高度显著，表明男、女性成员的个人偏好强度均显著影响共同决策。需要注意的是，男、女性成员的个人偏好强度对家庭共同决策中所存在的与收益金额和兑现时间变化无关的对早收益的偏好具有很强的解释力，即在第 ［3］ 列和第［7］ 列的共同决策模型中由截距项解释的这种偏好，被后来引入的预计个人选择概率变量所解释，并使截距项在第［4］列和第［8］列的两个模型中均不再显著。换言之，剔除个人决策对早收益的偏好后，共同决策本身并不存在与收益金额和兑现时间变化无关的对早收益的偏好。个人预计概率的边际影响均值男性显著大于女性（经 F 检验，P 值 < 0.01），意味着男性对共同决策的影响平均而言要强于女性。估计的相对影响力在居民家庭和学生家庭中分别为 0.76 和 0.79。由于该比值实际为对应解释变量边际影响均值的比值，其直接显示了男性对共同决策的影响强于女性的程度：男性和女性选择早收益的预计个人选择概率均显著影响家庭共同决策选择早收益的概率，但在居民和大学生家庭中，女性对共同选择概率的影响分别仅为男性对应影响的 76%和 79%。最后，大学生被试男性、女性家庭成员的预计个人选择概率对其共同选择概率的影响均显著小于居民被试。本部分所有边际影响在跨模型之间的比较均基于对应的极大似然比值检验的结果。

（三）个人偏好对共同决策的相对影响力

通过随机参数模型，我们分别获得了男、女性成员的个人偏好强度对共同决策的绝对影响力在每个家庭的估计均值（$\hat{\delta}^M_i$ 和 $\hat{\delta}^F_i$），据此可以计算女性估计均值与男性估计均值的比值 $Influence_i$ 来衡量女性相对于男性对共同决策的影响力均值。如果该比值大于 1，表示女性对共同决策的平均影响力大于男性，反之亦然。图 1 报告了这一相对影响力在每个样本

家庭中的情况。

图 1 所示分布表明，随机参数模型估计出的相对影响力均值在 75%的居民和大学生家庭之间变化不大（$0.5 < Influence_i < 1$），但在女性成员具有较强影响力的家庭（如 $Influence_i > 1$ 的家庭）中，该相对影响力在居民家庭间的变化大于其在大学生家庭间的变化（经 t 检验和 Wilcoxon-Mann-Whitley 检验，P 值均小于 0.05）。表 4 分别报告了在居民和大学生家庭中对相对影响力的统计描述，以及比较相对影响力在两类被试家庭间的异同。

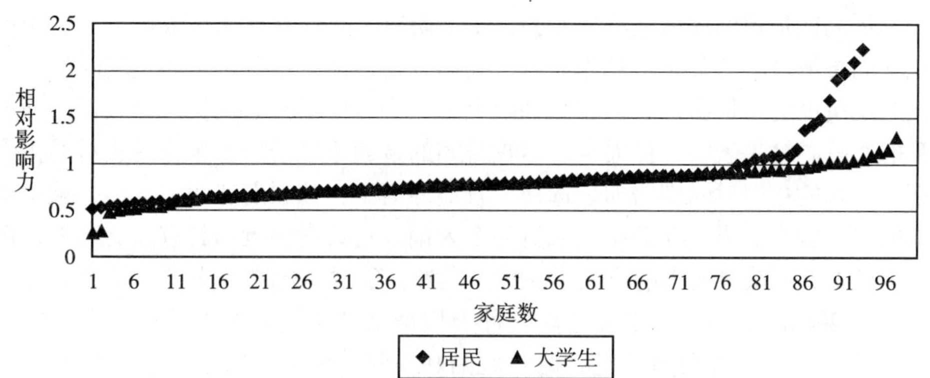

图 1　个人偏好对共同决策相对影响力的分布

表 4　男性和女性成员对家庭共同决策相对影响力的统计描述和统计检验

	居民	大学生	P 值
均值	0.832	0.795	0.522[a]
标准差	0.327	0.167	n.a.
最大值	2.210	1.281	n.a.
最小值	0.505	0.261	n.a.
女性相对影响力强于男性的户数比例	15%	7%	0.085[a]
分布检验	n.a.	n.a.	0.071[b]
户数	93	97	n.a.

注：a 表示该结果通过比例检验（tests of proportions）获得；b 表示该结果通过 Wilcoxon-Mann-Whitley 检验获得。

在居民家庭中，相对影响力的均值为 0.83，最大值和最小值分别为 2.21 和 0.51，而在大学生家庭中，该均值为 0.80，最大值和最小值分别为 1.28 和 0.26。上述在个体估计值基础上获得的居民和大学生家庭的相对影响力均值稍高于模型估计出的总体均值（0.76 和 0.79）。15%的居民和 7%的大学生家庭的相对影响力大于 1，意味着在这些家庭中女性比男性对共同决策的影响力强。表 4 中相关统计检验的 P 值显示，相对影响力均值在两类家庭间没有显著差异，但相对影响力的分布和女性具有较强影响的家庭数比例在居民和大学生家庭之间均存在显著差异。在本研究农村居民的采样地区，男性劳动力外出打工较为普遍，因此在许多家庭中女性成为家庭生活和农业生产的主要决策者，较多地担负起传统上更多应由男性承担的家庭决策，因而可能强化了女性对家庭决策的相对影响力。而大学生家庭则相对更多地保留了男性主要负责家庭决策的传统。

五、结　论

通过开展高回报跨期决策经济学实验，本文研究了男、女性家庭成员个人的跨期决策偏好与家庭共同决策之间的关系。具体而言，我们分别估计了收益金额和兑现时间等因素对个人和共同跨期决策的定量影响，并在此基础上进一步分析了家庭成员的个人偏好强度对家庭共同决策的影响。结果表明，扩大早、迟收益间的金额差异增加了选择迟收益的概率，而拉大早、迟收益间的兑现时间则增加了选择早收益的概率。控制上述两因素后，被试仍表现出对早收益的显著偏好。男、女性家庭成员的个人偏好对共同决策均具有显著影响，但在大部分家庭中男性对共同决策的影响要大于女性。此外，通过对标准的大学生被试和非标准的农村居民被试开展相同的实验，本文还对两种类型被试在实验中的决策行为进行了比较。我们发现，大学生被试具有强烈的现时偏向型偏好，而居民被试却没有这种偏好。学生与居民相比，其跨期选择具有更强的不能被收益金额和兑现时间的变化所解释的对早收益的偏好，这一发现与 Bishai（2004）所发现的较高智商者具有更强早收益偏好的现象一致。在大学生被试中，男性对共同决策的影响力大于在居民被试中其相应的影响力。

作为首个对个人和家庭跨期决策之间关系进行的实验研究，本文试图构建个人与家庭跨期决策相关关系的完整研究框架，目标在于为后续同类研究提供有益的方法借鉴。以此出发，我们设计了现场实验对该问题进行了实证探讨，所得结果增强了对家庭成员在家庭跨期共同决策过程中作用的理解。关于被试异质性对实验结果产生的影响方面，实验结果表明，两种被试的决策行为存在联系，但也存在差异，某些行为甚至还存在较为显著的差异。这一结果不应被作为反对在实验室实验中使用大学生被试的论据，而应作为采用非标准类型被试增强实验结果外部有效性的尝试。本研究指出，大学生被试比非大学生被试在总体上对实验条件的变化更为敏感，这应是由于大学生受教育程度较高因而观察、考虑较仔细且思考较积极所致。正如 Gächter（2010）在响应 Henrich 等（2010）对采用大学生被试的批评性文章中提到的那样——正确选择被试类型完全取决于具体研究的问题。例如，在研究细微条件变化对决策行为的精确影响时，使用大学生作为被试无疑存在其合理性。对于目的是希望实验结果对现实世界具有较强的解释力和借鉴作用的研究而言，实验室实验应尽可能创造条件使用非大学生类型的真实人群作为被试，从而增强实验结果的外部有效性。

参考文献

[1] Ashraf N, D Karlan, W Yin. Tying odysseus to the mast: Evidence from a commitment savings product in the Philippines [J]. Quarterly Journal of Economics, 2006, Vol.121 (2), pp. 635-672.

[2] Baker II R J, S K Laury, A W Williams. Comparing small-group and individual behavior in lottery-choice experiments [J]. Southern Economic Journal, 2008, 75 (2), pp.367-382.

[3] Bardsley N. Dictator game giving: Altruism or artifact? [J]. Experimental Economics, 2005, Vol. 11, pp. 282-298.

[4] Baran N M, P Sapienza, L Zingales. Can we infer social preferences from the lab? Evidence from the trust game [R]. NBER Working Paper No. 15654. http: //www.nber.org/papers/w15654, 2010.

[5] Beharry-Borg N, D Hensher, R Scarpa. An analytical framework for Joint vs Separate Decisions by couples in choice experiments: The case of Coastal Water Quality in Tobago [J]. Environmental Resources Economics, 2009, Vol.43, pp. 95-117.

[6] Benz M, S Meier. Do people behave in experiments as in the field? Evidence from donations [J]. Experimental Economics, 2008, Vol. 11, pp. 268-281.

[7] Bishai D M. Does time preference change with age? [J]. Journal of Population Economics, 2004, Vol. 17 (4), pp.583-602.

[8] Carlsson F, H He, P Martinsson. Easy come, easy go-The role of Windfall Money in lab and field experiments [R]. University of Gothenburg, Working paper No. 374, 2009.

[9] Carpenter J, E Seki. Do social preferences increase productivity? Field experimental evidence from Fishermen in Toyama Bay [J]. Economic Inquiry, 2011, Vol. 49 (2), pp.612-630.

[10] Carpenter J, E Verhoogen, S Burks. The effect of stakes in distribution experiments [J]. Economics Letters, 2005, Vol. 86, pp. 393-398.

[11] Cochard F, H Couprie, A Hopfensitz. Do spouses cooperate? And if not: Why? [R]. Toulouse School of Economics, Working Paper Series, 2010, pp.9-134.

[12] Coller M, G W Harrison, E. E. Rutström. Dynamic consistency in the laboratory [R]. Economics Working Paper B-0203, Department of Economics, University of South Carolina; available at http: //dmsweb.moore.sc.edu/glenn/wp/, 2002.

[13] Coller M, M B Williams. Eliciting individual discount rates [J]. Experimental Economics, 1999, Vol.2, pp. 107-127.

[14] de Oliveira A C M, R T A Croson, C Eckel. Are preferences stable across domains? An experimental investigation of social preferences in the field [R]. University of Texas at Dallas, CBEES Working Paper 2008-2013.

[15] de Palma A, N Picard, A Ziegelmeyer. Individual and couple decision behavior under risk: evidence on the dynamics of power balance [J]. Theory and Decision, 2010, Vol. 70 (1), pp. 45-64.

[16] Dosman D, W Adamowicz. Combining stated and revealed preference data to construct an empirical examination of intrahousehold bargaining [J]. Review of the Economics of the Household, 2006, Vol. 4, pp. 15-34.

[17] Doty R L, C Silverthorne. Influence of menstrual cycle on volunteering behavior [J]. Nature, 1975, Vol. 254, pp. 139-140.

[18] Gächter S. (Dis) Advantages of student subjects: What is your research question? [J]. Behavioral and Brain Sciences, 2010, Vol. 33 (2-3), pp. 92-93.

[19] Fehr E, A Leibbrandt. Cooperativeness and impatience in the tragedy of the commons [R]. IZA Discussion Paper No. 3525. http: //papers.ssrn.com/sol3/papers.cfm? abstract_id=1214914, 2008.

［20］ Fehr E, J A List. The hidden costs and returns of incentives–trust and trustworthiness among CEOs［J］. Journal of the European Economic Association, 2004, Vol. 2 (5), pp. 743–771.

［21］ Frederick S, G Loewenstein, T O' Donoghue. Time discounting and time preferences: A critical review［J］. Journal of Economic Literature, 2002, Vol. 40 (2), pp. 351–401.

［22］ Harrison G W, M I Lau, M B Williams. Estimating individual discount rates for denmark: A field experiment［J］. American Economic Review, 2002, Vol.92 (5), pp.1606–1617.

［23］ Harrison G W, P B Morgan. Search intensity in experiments［J］. Economic Journal, 1990, 100, pp.478–486.

［24］ Henrich J, S J Heine, A Noranyazan. The weirdest people in the world? ［J］. Behavioral and Brain Sciences, 2010, Vol. 33 (2–3), pp. 61–83.

［25］ Hey J D, V Dardanoni. Optimal consumption under uncertainty: An experimental investigation［J］. Economic Journal, 1988, Vol. 98, pp. 105–116.

［26］ Karlan D. Using experimental economics to measure social capital and predict financial decisions［J］. American Economic Review, 2005, Vol. 95 (5), pp. 1688–1699.

［27］ Levitt S D, J A List. What do laboratory experiments measuring social preferences reveal about the real world? ［J］. Journal of Economic Perspectives, 2007, Vol. 21 (2), pp.153–174.

［28］ List J A, T L Cherry. Examining the role of fairness in high stakes allocation decisions［J］. Journal of Economic Behavior and Organization, 2008, Vol. 65 (1), pp. 1–8.

［29］ McClure S M, D I Laibson, G Loewenstein, J D Cohen. Separate neural systems value immediate and delayed monetary rewards［J］. Science, 2004, Vol. 306, pp. 503–507.

［30］ McClure S M, K M Ericson, D I Laibson, G Loewenstein, J D Cohen. Time discounting for primary rewards［J］. Journal of Neuroscience, 2007, Vol. 27 (21), pp. 5796–5804.

［31］ McFadden D. Conditional logit analysis of qualitative choice behavior［M］//Frontiers of Econometrics, P. Zarembka (Ed.), Academic Press, New York, 1973, pp.105–142.

［32］ Meier S, C Sprenger. Present–Biased preferences and credit card borrowing［J］. American Economic Journal–Applied Economics, 2010, Vol. 2 (1), pp. 193–210.

［33］ Meier S, C Sprenger. Impatience and credit behavior: Evidence from a field experiment［R］. Federal Reserve Bank of Boston Working Papers 07 –3. http: //papers.ssrn.com/sol3/papers.cfm? abstract_id = 982398, 2007.

［34］ Orne M T. On the social psychological experiment: With particular reference to demand characteristics and their implications［J］. American Psychologist, 1962, Vol. 17 (10), pp. 776–783.

［35］ Rosenthal R, R L Rosnow. Artifact in behavioral research［M］. New York: Academic Press, 1969.

［36］ Roth A E. Laboratory experimentation in economics: A methodological overview［J］. Economic Journal, 1988, Vol. 98, pp. 974–1031.

［37］ Strand J. Public–good valuation and intra–family allocation［J］. Environmental and Resource Economics, 2007, Vol. 38, pp. 527–543.

［38］ Train K. Discrete choice methods with simulation［M］. Cambridge University Press, New York, 2003.

The Individual and Household Trans-period Decision-making and the Subject Heterogeneity

—An Analysis Based on the Theory of Random Utility, of Experimental Economics

HE Hao-ran

Abstract: In this article, we have studied the effect of the individual preferences of family members on household joint trans-period decision-making and on the subject heterogeneity. In the experiment that aims respectively at university students and at rural residents, of the trans-period high repayment, and under controlled conditions, we have acquired two kinds of comparable data on the decision-making behavior of the individuals and households who have been tested. We have used the random parameter model to compare the individual decision-making of husband and wife, the individual decision-making, the household joint decision-making, and the decision-making of students and rural residents, and made an analysis, and estimated the relative strength of effect of the members of two-member families on the family joint decision-making. The results indicate that both the characteristics of the amount and those of the timing of reward have obvious impact on the behavior of the trans-period decision-making, which makes students have strong preferences for the present time. Males have a stronger influence than females on the preference for early-gained benefit, and the same is true with students compared with rural residents. Moreover, males have stronger impact on the family joint decision-making than females, and, in the decision-making in student-families, the degree of the influential inequality between males and females in student-families is higher than in families of rural residents.

Key Words: family decision-making, trans-period decision-making, field experimentation, subject heterogeneity, random parameter model

管理科学研究中的计算实验方法 *

盛昭瀚[①] 张维

摘要：随着实际管理问题复杂性的不断提高和社会经济系统的复杂性不断被人们所认识，关于管理科学研究方法论体系也在不断拓展。在不同学科交叉和融合的推动下，管理科学研究领域内的计算实验方法应运而生。它不仅提供了研究复杂管理系统自组织、动态演化及宏观与微观层次之间相互作用等问题的新的工具和手段，而且还可以和传统研究方法一起，在综合集成思想的指导下形成现代管理科学研究方法体系，即定性定量、科学实验、虚实结合、综合集成。该体系在充分发挥已有各种研究方法重要作用的基础上，能够形成更加综合、更加深刻的关于复杂管理科学问题的认识和分析能力。

关键词：管理科学　复杂系统　方法论创新　计算实验

一、引　言

在一般意义下，管理科学是以管理活动及其一般性规律为研究对象，并运用逻辑思维方法而形成的具有内涵与外延统一的管理知识体系。自 19 世纪末期以来，管理科学不仅形成了门类和领域众多、内容丰富的学科体系，而且在研究方法论与方法方面也随着人类对于管理活动之复杂性本质认识的深入而不断丰富，不仅出现了体系内学科相互融合和交叉的现象，并且同其他科学一样开始了对管理复杂性的探索。

---

* 本文选自《管理科学学报》2011 年第 14 卷第 5 期。

基金项目：国家自然科学基金重点资助项目（70731002）；国家自然科学基金资助项目（70901036）；国家留学基金管理委员会资助项目（27U03031）；高等学校博士点基金资助项目（20090091110001）。

① 作者简介：盛昭瀚（1944–），男，江苏镇江人，教授，博士生导师。E-mail：zhsheng@nju.edu.cn。

二、管理科学面临复杂性的挑战

复杂性思维和对复杂性的探索，不断加深了人们对管理系统自身复杂性的理解和认识。今天，人们已在管理活动，尤其是在社会经济系统具有高度复杂性这一问题上形成共识，并且认为社会经济系统的复杂性主要源自于：

（1）系统中人的行为的复杂性。无论是作为管理主体还是作为管理客体的人，都是理性与非理性、主动与被动、主观与客观的统一体，具有高度智能性、自主性、目的性以及对外界的自适应能力。其认知与决策行为本身就是一个通过与其他主体以及环境之间的交互，并通过学习、模仿、尝试等手段进而改变自身行为以适应环境变化的适应性过程。因此，“适应性造就复杂性”[1]，这是构成管理问题复杂性的根源之一。

（2）社会结构的复杂性。社会经济系统是人、物、信息等要素通过一定（可变的）规则而相互关联的动态整体，各种要素之间形成一定的层次或网络结构，并且这种结构随系统的演化进程而不断变化，一般会呈现出复杂的“涌现”现象[2]。

（3）要素间关联的复杂性。社会经济系统中要素之间相互关联方式与因果关系具有各种形式的内在机理，并呈现多种类型的复杂性，如时间延滞、信息不完全与不对称、个体与整体的目标指向差异等。所有这些关联作用在非线性和外界影响下，可能会产生聚集等大尺度宏观或全局行为。

（4）环境的复杂性。社会经济系统在演化过程中由于环境的影响存在选择和进化机制，特别是外部环境的突变现象会诱发复杂管理行为的产生。

概括地说，在对管理系统复杂性的上述认识基础上，我们认为，今后的管理科学研究较之传统的研究，将呈现出以下几种趋势特征：

第一，充分考虑系统众多要素的异质性，特别是系统中人的自主性和自适应性。

第二，充分考虑环境动态性，特别是非连续变化环境与社会经济系统宏观结构和微观行为演化的相互影响。

第三，将系统微观行为和宏观整体行为综合起来，把握管理系统的全局性规律。

第四，充分考虑系统行为和功能在不同层次上的“涌现”现象，帮助人们从微观、中观和宏观等不同层面更全面地理解复杂管理现象。

第五，充分考虑系统演化途径的多种可能性。其中的一些可能性或许从来就没有出现过，但却是未来可能的真实状态之一。

事实已经表明，管理活动及相应的科学问题的复杂性特征日益凸显，并不断向管理科学研究方法论提出新的挑战。这不仅推动了管理科学研究方法论的不断发展，更因此而推动了管理科学本身的发展。

三、迎接复杂性挑战的途径：方法论创新

事实上，纵观管理学发展的历程，管理研究方法论一直未停止过发展。从起初的定性分析到后来的定量分析，人们从对系统外在表现与特征的描述、解释或思辨，到通过统计分析、数理推理等方法探索管理活动的内在规律。方法和工具的进步推动了人们对管理认识从外在表象向内在本质的跨越。实证方法和数理分析方法由此形成了管理科学研究中重要的手段。同时，对于管理活动中涉及的大量自主主体行为或心理活动，传统的方法仍感难以描述或分析能力不足。

为了更有效地反映和表达自主主体的心理活动和行为，人们又运用由人直接参与的实验方法，即构造实验环境与条件，在一定源于社会现实的假设之下，让人直接参与同被研究管理问题具有映射关系的实验，并由此探讨这类有人参与的复杂管理问题，这已经取得了不少成果。然而，由于这类实验设计和过程都较为复杂，或者成本、道德、伦理等原因，该方法在实际使用中也存在着较大的限制。

另外，从系统整体论看，无论上述哪一类方法，主要还是偏重于还原论，基本上还是强调对系统的特定剖面进行分解，并从某个时间断面分析问题，相对而言，比较忽视真实管理系统的复杂性、整体性和动态演化性，以及系统不同层次之间的相互影响和系统行为的整体涌现。为了提高管理科学研究能力，人们也注意到不同研究方法的结合，如定性与定量相结合，定性、定量与实验方法相结合等。但这些结合更多地表现为研究者个人的经验和才能，缺少比较范式化的途径，因此对于充分揭示管理系统整体性现象及动态演化的复杂性来说，仍然需要努力探索和创新。所以，面对管理活动的系统复杂性，要求我们借鉴、吸收、集成、融合不同学科的理论、工具与技术，特别是综合自然科学、社会科学与人文科学的技术和方法，在已有研究方法的基础上，形成新的关于复杂系统管理问题研究的方法论与方法。随着计算机科学的迅猛发展，基于计算机技术的“可计算”在一些自然科学领域已经成为一种新的科学研究方法，从刻画组成系统的微观个体单元的行为或者特性出发，进而通过领域知识表达它们在一定环境背景下彼此之间的关联关系及其演化行为，揭示对于系统宏观（集结性）层次涌现出来的规律性的认识。与传统的“自上向下”的建模思想相比，这种“自下向上”的建模思想给复杂管理问题研究提供了新的路径。

四、一种新的管理问题研究方法：计算实验

（一）何为计算实验

计算实验是以综合集成方法论为指导，融合计算技术、复杂系统理论和演化理论等，通过计算机再现管理活动的基本情景、微观主体的行为特征及相互关联，并在此基础上分析揭示管理复杂性与演化规律的一种研究方法。

从系统建模角度来讲，传统的建模方式大致可归结为结构性建模与功能性建模。前者主要从要素组成、关联或结构的构造来研究和分析系统，后者则主要为再现系统输入—输出行为。而计算实验方法可以认为是一种区别于传统建模方式的情景建模方式。所谓情景建模，主要通过构造问题中主体行为及其关联的情节（情）以及问题所依托的环境背景（景），因此，计算实验的最基本要素为行为主体的“文化基因”（即主体的基本管理活动行为反应模式）、主体之间行为的基本规则。

（二） 计算实验的支撑条件

作为一种建模手段，计算实验需要以复杂系统、自组织理论等为基本理论，综合运用博弈论、决策科学和统计分析等数学方法、计算机技术、元胞自动机、多主体系统等信息科学技术、有限理性等行为科学理论，以及相关的管理、经济及其他社会科学领域知识。这里，系统科学的综合集成思想、复杂系统理论、计算机智能建模方法和技术、演化理论是计算实验方法的四大支撑。

（1）计算实验借鉴演化理论的演化机制来分析复杂系统的动态演化[3]，对微观个体采用有限理性假说，以多样性、异质性、复杂性代替同质简单性，重视复杂系统管理中的随机因素和筛选机制，强调描述“尘埃是如何落定的”，而不仅仅是尘埃落定之后的世界。

（2）计算实验方法借鉴复杂适应系统理论（Complex Adaptive System，CAS）来分析主体的行为与交互[4]。计算实验方法基于 CAS 理论的基本思想，利用计算机技术构造可计算的复杂适应系统实验模型，在很大程度上摆脱了传统的管理实验困难带来的困扰。

（3）计算实验采用多主体建模技术构建与被研究问题相关联的“人工社会”。多主体建模技术中的智能主体应具备以下或部分特征，自主性、主动性、反应性和社会性。所以，以多主体建模技术为基础构建人工社会可以研究主体的组织结构，主体间的通信、协作、自组织、自学习等，以及系统是否演化及演化方式，如何对系统演化进行评价等问题。因此，在计算实验中，多主体建模技术在分析和建立人群交互模型和交互理论中可以发挥重要作用。

（4）综合集成是计算实验的方法论基础。还原论无法处理复杂系统整体性问题。20 世

纪 70 年代末，钱学森等提出将还原论和整体论辩证统一起来，形成一种创新性的将定性、定量方法结合起来的综合集成思想和方法论[5-7]。从前面的讨论中可以看出，计算实验方法事实上恰恰构成了实现上述综合集成思想的一类特定的研究方法，运用这种方法开展管理问题研究，将有利于克服机械论和还原论的局限。

（三）计算实验的研究思路与模型结构

用计算实验方法对管理科学领域问题进行建模时，一般其整体模型结构包括三个层次：社会系统层次、智能主体层次、智能主体基元层次，如图 1 所示。这是采用计算实验研究经济、社会等宏观管理问题的集成框架。

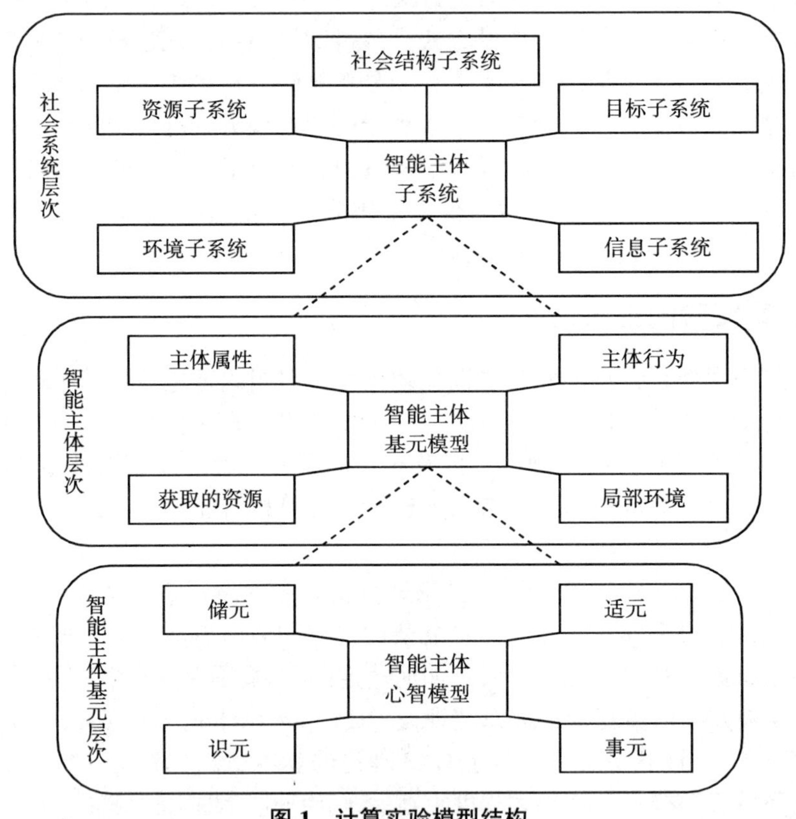

图 1　计算实验模型结构

每一层次的子系统及其要素都有各自的属性与输入、输出关系，并通过相互作用及其演化决定了上一层次系统的输入和输出状态；整个系统的输入和输出状态实际上是由各个层次子系统之间的相互作用而“涌现”出来的，因此，这三层模型结构构成了一个自演化系统。

(1) 社会系统层次属于系统的宏观层次，描述了拟研究问题或系统的宏观特征。如供应链系统、金融系统、区域社会系统、城市交通系统、技术创新扩散系统等宏观行为特征。社会系统层次也可以进一步划分为环境子系统、资源子系统、社会结构子系统等。该层次的系统结构一方面取决于所研究问题的需要，另一方面也取决于其下层主体层次的构造与设定。

（2）智能主体层次主要用来描述系统中智能主体的行为特征。智能主体可以是现实系统中的人、企业或社会组织等。智能主体层次通常包括智能主体的属性、可获取的资源、所处局部环境以及主体行为等。因此，构建该层次需要充分考虑智能主体的属性与行为、所处局部环境及其相互作用、可获取的资源、信息等。

（3）智能主体基元层次由描述智能主体“行为”活动的基本元素组成，是构建人工社会系统和研究系统演化问题的最基本层次。基元模型在考虑人工主体的记忆、认知、行为、学习、偏好的基础上，关注单个主体的行为在系统中的动态变化过程，能够抽象反映智能主体的自演化机制。智能主体的基元层次组成包括储元（描述智能主体的记忆、偏好、知识、信息等一切可以用物理、化学或其他形式存储的，与智能主体行为直接相关的东西）、识元（描述智能主体对外部输入以及内部储元的感觉、认知、判断等意识活动）、适元（描述智能主体的适应机制，包括一切在目标驱动下对储元所做的复制、改变等活动）、事元（智能主体对应社会系统的综合输入产生的反应行为）以及可能的主体心智模型（描述影响智能主体决策的心理和文化因素）。

（四）计算实验的研究范式

计算实验需要有其基本的研究范式，这样，才能保证计算实验结构的客观性和可信度。其研究范式应包括以下五个方面。

（1）界定研究的问题。它决定着实验研究的目的和设计，影响着实验的建模方法及其技术细节。具体工作包括确定研究对象及其类型、寻找研究视角和切入层面、界定研究对象的时间和空间特性、设定实验最终目的、对研究的自然和社会环境界定以及环境模式变化等。

（2）设定研究的基本假设。根据研究的目的，有选择地构造所处的环境和行为规则等，形成模型的基本假设。它们建立在管理科学研究中被证明或证实了的常识、知识和统计规律的基础上，是计算实验研究的基础。对于管理科学的计算实验一般可以考虑如下基本假设：环境资源假设、主体属性与行为偏好假设、主体行为交互假设等。

（3）建立可计算模型。构造计算实验模型的关键不在于图形化人机界面，也不在于抽象的程度，而在于表达方式。因此，在相关计算实验模型设计过程中，应该认真考虑以下建模关键点：系统环境的建模、主体对象的建模、主体演化规则的建模等。

（4）计算实验实现。计算实验的实现涉及计算机技术，包括计算实验的软件与硬件环境、实验变量与初始数据设计、实验边界条件定义、关键算法与数理模型、实验结果的可视化等环节。更重要的，计算实验应当以所研究问题的领域知识作为基础，设计出具有相应领域学术意义和内容的实验方案，否则实验结果将成为“无源之水”、“无本之木”，只是一些堆砌起来的实验数据和图形，并不能对揭示管理现象和规律有所帮助。

(5) 实验结果的评估与比较。如同其他严谨的研究方法一样，计算实验的模型也有一个“模型校正”的问题，需要建立对计算研究方案和结果的评估标准。一般有以下几个需要解决的关键问题：评估的对象、评估的内容、评估的依据、评估的方法和评估的结果等。目前这方面的研究已经形成了计算实验研究的重要分支内容。

计算实验把“科学实验”引入到复杂管理科学问题的研究中，不仅为我们提供了研究复杂管理系统自组织、动态演化及宏观与微观层次之间相互作用的新的工具和手段，而且还和传统科学研究方法（即实证方法、数理方法和实验方法）相融合，在综合集成思想指导下形成现代复杂管理科学问题研究的新的方法体系：定性定量、科学实验、虚实结合、综合集成。

这一体系在充分肯定和发挥管理科学研究中已有各种有效方法的重要作用的基础上，将它们相互集成、互补优势，形成更为全面和有效的关于管理科学问题的认识、分析能力。这既是计算实验自身意义的体现，更是在综合集成思想下整体方法体系价值的体现。

五、关于计算实验方法的几点说明

（一）计算实验与实验管理学方法

从概念来看，计算实验与实验管理学方法都是在对现实问题的简化下，利用实验的方法来再现真实管理现象，并对实验结果进行分析。但是，从方法思路上来讲，两种方法却存在很大的区别。

(1) 最明显的区别是实验主体不同。实验管理学方法以真实的参与者（人）为实验主体。研究者根据所研究问题的目的、背景对实验参与者进行合理挑选，以使他们具备与研究课题相近的经历和行为能力。因此，实验管理学方法常常受到实验成本、周期、条件及条件实验过程不可逆性的限制，一些复杂问题的研究很难进行有效实验。

然而，计算实验中的实验主体为计算机程序所构建的人工代理，能够充分体现代理的学习、自适应、系统非结构化、定量模型与规则模型有机结合等特点。计算实验研究将人工社会思想引入到管理问题的研究中[8]，把社会组织系统模型化为特定网络结构下相互作用的“人工代理”所构成的演化系统，并利用计算机技术构造与实体系统向对应的“人工组织系统”，对系统演化机制、与环境的交互作用、系统中各要素的动力学行为进行实验研究。

(2) 实验方法和思路不同。实验管理学方法主要由真实人群参与的实验和为参与实验人员提供模拟组织环境的计算机系统所组成。整个过程分为实验准备阶段、实验实施阶段、实验结果分析阶段。

而计算实验的研究方法则以自下而上的多代理建模过程为主，在人工系统模型的基础上，模拟系统基本的演化规律，实现系统微观层面与宏观层面的双向反馈。

（3）研究重心不同。实验管理学方法通过以人为主，以计算机为辅助工具，本质上是一种经验调查的方法，重点对管理问题特定剖面进行研究。而计算实验方法因为可以克服实验场地、实验成本等约束以及多代理系统本身具有很高的灵活性和可变性，所以可以根据设计者的意图建立包含多样复杂性的情景模型，因此适于对复杂管理问题的系统机制与演化机制、微观行为与系统宏观行为相互影响和作用等方面进行研究。

（二）计算实验与系统仿真

（1）广义地讲，无论系统仿真，还是计算实验，都是通过模仿实际系统来研究真实系统。从此意义上讲，两者都是仿“真”技术。但仿“真”是一个相对概念，任何“仿”都没有必要也不可能完全“真”。这样，“仿真”就有程度之分、级别之分、角度与侧重点之分，也有手段和方法之分。因此，对不同的仿“真”技术很难笼统地评判优劣，但可以分析它们之间特点的异同。

（2）系统仿真是以真实系统为“标杆”，“仿真”要尽量“逼真”。即，它是视某一真实的现象为“真”，通过构建仿真模型模仿它，如能与实际之“真”充分一致，则认为仿真效果好，否则就逐步修正仿真模型，以减少“失真”。因此，系统仿真一般是通过计算机尽可能重现“一种”现实，多次调整后会使仿真结果越来越“逼真”。

（3）虽然计算实验从广义上讲，也是一种“仿真”，但这里的“真”，已不再是真实系统的“一种”状态、“一条”轨迹，不再是“尘埃”某一次落地的路径，而是在一定的基本情景和法则下的多种可能状态、轨迹和落地路径中的“一种”。因此，计算实验方法是通过计算机尽可能重现“一束”社会现实，一次实验得到的只是“一束”中的“一种”，而多次实验得到的则是那“一束”，它们之中包括我们见过的“几种”，也包括我们从来没有见过的所谓“怪异”情形，这恰恰是系统演化复杂性的表现，是计算实验方法能力的体现。

（三）计算实验与多代理建模

计算实验方法采用自下而上的研究思路，综合集成多种研究方法和工具，通过对系统中自主个体建模并观察其行为决策与交互机制来研究系统整体特性的涌现。由于需要在计算环境中对人工对象进行建模，计算实验方法必然需要依托一个能够用计算机语言表达，适应于计算环境的基本建模方法，因此，元胞自动机、基于主体的建模技术等自然成为计算实验方法的主要研究手段。在计算环境下，将学习方法、进化方法、推理方法以及博弈论、复杂网络、运筹优化、数理统计等数理方法和工具综合集成在计算实验方法体系中，对复杂管理问题进行深入研究是必要的。

因此，可以明确地说，基于多代理的建模方法仅仅是创建一个有效计算实验模型的手段之一，而计算实验方法体系将会根据所研究问题的特性选择多种方法建立实验模型。

（四）计算实验结果的可信性分析

和数学建模、物理实验一样，计算实验本身是一种研究方法。以该方法为基础得到的实验结果的可信性更多取决于实验设计、实验环境与实验规则设计、实验的评价标准等科学性与正确性。当然，“可信”是一个带有主观性的概念，它建立在对于结果的合理性判断的基础上。因此，需要结合合理性判断标准辩证地看待计算实验结果的可信性。

如果仅仅将已经发生的这“一种”作为衡量实验结果合理性的唯一判断依据，那么计算实验结果可能被认为“不可信”。因为计算实验的一次结果可能是我们尚未见过的那“一种”。但如果认为计算实验的结果不仅包含历史已经出现过的演化轨迹，还有历史上尚未出现的演化轨迹，特别是不同的初始条件与行为规则的初始敏感性都会导致不同的演化路径与演化结果，这正是计算实验方法超越传统实验局限性的主要贡献。因为现实社会系统自身的动态性、自主性、自组织、非线性等复杂性，决定其演进中存在不确定性和社会选择多种可能性特征，因此，计算实验所产生的任何结果都是一种可能出现的现实[8]，它或许在历史上及目前尚未出现，但不能肯定其永远不会出现。因此，从这一意义上讲，计算实验结果多样性的特征与计算实验结果的可信性是不矛盾的。同时，由于计算实验以复杂系统思想为理论指导，以系统科学的基本理论、复杂系统的研究方法为基础，从方法论上来讲，它是现实系统与现实问题在一定程度上的抽象，其研究结果“可信性”自然也有一定的程度。因此，有必要对其实验结果的可信程度做进一步分析。

（1）如同数理模型一样，前提假设是模型的基础，计算实验结果可信性基础是实验模型前提假设的科学性，即计算实验的结果只有在一定的前提条件下才是正确的。为了提高实验结果的可信性，关键要尽可能准确地提出前提假设。

（2）实验结果可信性的第二个条件是实验模型的正确性。只有正确的实验模型才能保证在模型的假设条件下能够产生正确的结果。目前对于复杂实验模型的正确性验证主要包括两部分，模型语法上的正确性与模型功能上的正确性。对于模型语法上的正确性可以通过软件工程技术来保障，有较多学者对此进行了深入研究。而就目前来看，对于模型功能的有效性验证尚无非常有效的通用方法，其中，模型的高度非线性是主要原因。模型的非线性主要来自系统内部的随机动态性、非线性交互和微宏观层次之间的交互。不同模型的研究内容千差万别也为设计统一的验证方法提出了极大挑战。目前的验证方法主要集中在经验验证层面，其本质就是前面提到的“虚实联动”，将模型的演化结果与现实情况相对比，并对模型的假设与规则不断修正，使其趋于更合理、更可信。

（3）通过实验模型的正确性验证之后，模型的不同运行结果才具有较高的参考与启发价值。特别是涉及人类心理活动与决策行为方面的研究，模型的运行步骤与现实时间的对应问题也是计算实验的一大挑战。在某些情况下，计算实验模型无法就其运行结论的时间问题得出正确结论。由此可以看出，在实验模型有效的情况下，计算实验的结果在一定程度上可以认为是可信的。

因此，提高计算实验结果的可信性首先应提高实验模型的正确性，可从以下几个方面

着手：科学的系统分析方法、严格的模型构建手段、符合软件工程学的模型开发方法、模型的正确性验证环节、模型的功能性验证和结果分析等。

六、关于计算实验方法研究与应用的思考

从20世纪80年代开始，伴随着人们对系统复杂性认识的不断加深，以美国圣塔菲研究所为标志的复杂性科学的研究逐渐兴起，许多研究机构相继成立，如加州大学社会科学计算中心、普林斯顿大学社会科学实验室、密歇根大学复杂系统研究中心等。作为一种尝试，计算实验方法被应用在众多社会经济管理领域，如电力系统、能源政策、金融市场等，并取得了显著研究成果与经济效益[9~12]。

在国内，天津大学张维教授等运用计算实验方法对常规金融方法难以分析的各种市场异象做出解释。并在此基础上，借助计算实验方法的独特优势，以及考虑“中国情景”特征，通过建立具有中国金融市场制度及投资者特点的金融市场实验模型，来检验西方行为金融理论在我国市场经济条件下的适用性，并根据实验模型提供的信息推导适用我国市场条件的行为金融数理模型[13~14]。

中国科学院自动化研究所王飞跃教授等将新一代高性能计算技术、Cyberspace社会传感器等与计算实验方法相融合，从信息获取、建模、实验、决策等层面突破目前软科学和计算科学交叉借鉴的困境，提高计算实验的社会经济计算能力[15~16]。该研究部分成果“平行管理系统”近期已经在茂名石化成功上线。

南京大学社会科学计算实验中心盛昭瀚教授等近十年来基于计算实验方法先后开展了供应链协调与优化、太湖流域系统演化及其管理政策分析、供应链计算实验平台设计、社会舆论传播以及软件盗版管理等问题研究，取得了进展[17~26]。

与此同时，华中科技大学王红卫教授提出了通过系统动力学与多主体建模技术相结合，实现背景或内容嵌入的公共政策计算实验方法架构。① 湖南大学马超群教授利用计算机实验去发掘金融市场非线性特征的形成机理，从而有效进行市场风险管理。华东理工大学马铁驹教授将基于主体的建模技术与基于运筹学的优化模型整合在一起，对能源技术经济系统的演化路径与应对措施进行研究[27~28]。

从以上研究可以看出，计算实验方法在管理科学研究中的作用至少体现在两点：

其一，计算实验结果可以启发我们对管理问题的理论思考和定量规律的揭示。

其二，计算实验方法可以帮助我们对复杂管理现象深层次的认识和解释。

---

① 2010年11月24日，天津大学第50期“双清论坛”会议发言。

（一）计算实验理论研究展望

为了更好地运用计算实验方法研究管理科学问题，可对如下问题进行深入研究：

（1）方法论的进一步提炼。深入开展可以有效处理复杂社会系统的计算实验方法，特别是计算实验方法的实现框架和工具研究。

（2）研究社会个体不同心理、认知模式的模型化表达方式以及对群体行为涌现的影响。

（3）研究社会个体之间的交互机制，创建有效的计算实验模型内部交互机制，并且分析由此而产生的社会性关联。

（4）研究将社会科学各领域专业知识与计算实验技术相结合，扩展计算实验方法的应用性。

（5）研究创建计算实验模型的系统分析方法与建模手段，研究实现不同实验模型的快速编程技术，开发计算实验平台，提高计算实验模型的开发效率。

（6）深入研究计算实验方法论与其他方法体系的综合集成，通过不同方法的综合，提高解决复杂社会科学研究问题的能力。

（二）计算实验应用展望

目前，计算实验方法已在多个领域有所应用，但其应用范围和深度都有所不足。其进一步扩展可以包括（但不局限于）如下一些方面：

（1）复杂供应链管理的研究。分析企业之间的合作机制，研究复杂供应链管理方案。

（2）组织管理理论研究。分析组织的设计、协调与风险控制等。

（3）环境管理。研究人类活动对自然环境的影响，制定行之有效的管理制度。

（4）社会管理研究。例如传染病传播机理与控制、公共安全问题、公共交通管理等。

（5）大型复杂工程管理。包括大型工程复杂性分析与综合管理等问题。

（6）复杂系统的涌现与扩散机制等。

（7）管理行为研究。例如社会中利他主义、互惠行为、社会阶层的流动群体行为等。

（三）应大力加强计算实验等方法论创新的研究与推广工作

建议一，对管理学研究中方法论创新给予关注和支持。建议自然科学基金委员会在“十二五”期间不仅关注重要复杂管理科学问题的研究和资助，也希望能够对科学研究中方法论与方法创新给予关注和支持。具体包括：

（1）对相关研究方向和领域给予专项支持；

（2）举办方法论创新培训班，使更多的年轻学者掌握如计算实验等新的研究方法和技术；

（3）促进学部之间、学科之间的交叉，联合攻关，争取在方法论创新和应用方面有重大突破。

建议二，开展计算实验平台共性关键技术研究。为了使计算实验方法成为一种新的、

普及性的管理学研究方法，建议开展计算实验平台的共性关键技术研究，主要包括：

（1）计算实验基础理论与方法研究；

（2）管理问题的环境情景建模与计算实现；

（3）管理主体行为特征提取与 Agent 建模技术；

（4）设计能实现计算实验基本功能的系统架构、面向 Agent 的程序设计支撑环境、适于大规模运算的分布式或同步协同等计算技术等。

建议三，应用计算实验等方法论创新，使管理科学研究为国家做出更大贡献。管理科学研究应该以国家重大现实需求为导向。作为一种新的方法论，应用计算实验等方法论创新来研究国家重大任务管理中的复杂问题，具有重要的理论与实践意义，值得积极探索和认真组织。同时，国家重大任务的管理实践中存在相当丰富的复杂性管理理论元素，实际工作者的经验和知识里有许多朴素的复杂系统管理思想，一旦以其为背景并进行理论升华，将对我国管理科学和复杂系统管理的发展产生重要的推动力量。

总之，管理科学研究方法论创新及其在重大国家战略任务中的应用，对于促进管理科学本身的发展、提高解决重大实际问题的能力具有重要意义，对于培养新一代管理学家也具有积极的促进作用，应该引起关注并在实际工作中大力推广。

参考文献

[1] Holland J H. Hidden order: How adaptation builds complexity [M]. Reading, Mass: Addison-Wesley, 1995.

[2] Holland J H. Emergence: From chaos to order [M]. Reading, Mass: Addison-Wesley, 1998.

[3] 盛昭瀚，蒋德鹏. 演化经济学 [M]. 上海：上海三联出版社，2002.

[4] Bertalanffy L V. General system theory: Foundations, development, applications [M]. New York: State of New York Press, 1968.

[5] 钱学森，于景元，戴汝为. 一个科学新领域——开放复杂巨系统及其方法论 [J]. 自然杂志，1990，13 (1)：3-10.

[6] 于景元. 从定性到定量综合集成方法及其应用 [J]. 中国软科学，1993 (5)：31-35.

[7] 于景元，周晓纪. 从综合集成思想到综合集成实践——方法、理论、技术、工程 [J]. 管理学报，2005 (1)：4-10.

[8] 王飞跃. 人工社会、计算实验、平行系统——关于复杂社会经济系统计算研究的讨论 [J]. 复杂系统与复杂性科学，2004，1 (4)：25-35.

[9] Norman E. Agent-based modeling: The Santa Fe Institute Artificial Stock Market Model revisited [M]. Berlin: Springer-Verlag, 2008.

[10] Basu N, Pryor R J, Quint T. ASPEN: A microsimulation model of the economy [J]. Computational Economics, 1998, 12 (3): 223-241.

[11] Bankes S. Models as lab equipment: Science from computational experiments [J]. Computational and Mathematical Organization Theory, 2009, 15 (1): 8-10.

[12] Cardenas J C. Experiments in environment and development [J]. Annual Review of Resource Economics, 2009 (1): 157-182.

[13] 张维，张永杰，熊熊. 计算实验金融研究 [M]. 北京：科学出版社，2010.

[14] 张维，赵帅特，熊熊，等. 基于计算实验方法的行为金融理论研究综述 [J]. 管理评论，2010，22（3）：3-11.

[15] Wang F Y，Kathleen M C，Daniel Z，et al. Social computing：From social informatics to social intelligence [J]. IEEE Intelligent Systems，2007，22（2）：79-83.

[16] Wang F Y. Toward a paradigm shift in social computing：The ACP approach [J]. IEEE Intelligent Systems，2007，22（5）：65-67.

[17] 盛昭瀚，张军，杜建国. 社会科学计算实验理论与应用 [M]. 上海：上海三联出版社，2009.

[18] 盛昭瀚，李静，陈国华. 社会科学计算实验基本教程 [M]. 上海：上海三联出版社，2010.

[19] 盛昭瀚，张军，刘慧敏. 社会科学计算实验案例分析 [M]. 上海：上海三联出版社，2011.

[20] Sheng ZH，Huang TW，Du JG，et al. Study on self-adaptive proportional controlmethod for a class of output models [J]. Discrete and Continuous Dynamical Systems，2009（11）：1-19.

[21] Li J，Sheng Z H. Liu H M. Mult-iagent simulation for the dominant players' behavior in supply chains [J]. Simulation Modelling Practice and Theory，2010（18）：850-859.

[22] Jin S，Sheng Z H. Modeling and simulation research on diffusion of the public voice [C]. IEEE Congress on Evolutionary Computation，2008.

[23] Li J，Sheng Z H. Simulating the S-Controlled Stochastic System in different supply chains by Amulti-agent System [C]//Proceeding of International Conference on Computer Science and Information Technology，2008.

[24] Jiang C Z，Sheng Z H. Case-based reinforcement learning for dynamic inventory control in a multi-agent supply-chain system [J]. Expert Systems with Applications，2009（36）：6520-6526.

[25] 张军. 计算管理研究方法及其实现 [D]. 南京：南京大学，2006.

[26] 李静. 供应链研究计算实验平台及其应用研究 [D]. 南京：南京大学，2010.

[27] Ma T J. Coping with uncertainties in technological learning [J]. Management Science，2010，56（1）：192-201.

[28] Ma T J，Grubler A，Nakamori Y. Modeling technology adoptions for sustainable development under increasing returns，uncertainty and heterogeneous agents [J]. European Journal of Operational Research，2009，195（1）：296-306.

Computational Experiments in Management Science and Research

SHENG Zhao-han，ZHANG Wei

Abstract: Along with the continuous increase of the complexity of problems in management practices，methodology for management is constantly being improved. Particularly，holistic understandings of social–economic complex system are being accepted progressively, and inter–discipline cross different fields turn to be an upward tendency. Under the drive of system science computer technologies and others, a new method for studying management science, computational experiment emerges as the times require. It not only provides new instruments to investigate complex systems, but also forms a methodology for modern management science together with other traditional methods, combination quantitative and qualitative analysis, scientific experiments, Combination of virtualness and reality, meta–synthesis. This methodology play an important role of exploring the methods contributing to management science, allowing the integration between them, and exciting Complementary strengths, finally improving the capabilities for cognizing, analyzing and reining scientific problems of management.

Key Words: management science, complex system, computational experiments, methodological innovation

恒生指数期货与现货市场之间的跳跃溢出行为研究*

刘庆富[①]　朱迪华　周思泓

摘要：为探索恒生指数期货与现货市场之间的跳跃溢出行为，本文利用贝叶斯 MCMC 推断的 SVCJ 模型对恒生指数期货与现货市场的跳跃溢出概率、跳跃强度与跳跃大小进行了实证分析。研究结果表明：恒生指数期货与现货市场均存在明显的跳跃特征，并且，两市场之间具有显著的跳跃溢出行为；相对于包含跳跃的波动变化和收益，不包含跳跃的波动和收益模型会过度估计恒生指数期货与现货市场之间的相关性；对同日或次日而言，恒生指数期货市场对现货市场的条件跳跃溢出概率均大于现货市场对期货市场的条件跳跃溢出概率，且跳跃引起负收益的跳跃溢出概率均大于条件跳跃溢出概率；此外，恒生指数期货与现货市场之间的同日跳跃强度与同日跳跃大小均是显著的，相对而言，恒生指数期货的平均跳跃大小要远小于恒生指数的平均跳跃大小，并且，彼此的跳跃溢出均可在同日或次日到达对方。

关键词：恒生指数　SVCJ　MCMC　跳跃溢出

一、引　言

自我国股指期货推出以来，各方人士对股指期货市场的讨论逐渐升温，在各种热议中，股指期货与股指现货市场的跳跃行为特征及其之间的风险传导关系始终是讨论的核心议题之一。而现有研究主要集中于股票市场的跳跃行为特征及其市场之间的跳跃溢出效应

* 本文选自《管理工程学报》2011 年第 25 卷第 1 期。

基金项目：国家自然科学基金项目（71073026，70873055）；教育部人文社会科学规划项目（09YJC790044，08JA790064）和上海哲学社会科学规划项目（2010BJB015）的资助。

① 作者简介：刘庆富（1973.9–），男，山东人，复旦大学金融研究院副教授，博士；研究方向：期货与期权、金融风险管理与金融工程。

方面。国外学者 Backus [1] 研究了国际权益市场跳跃风险的多样化及其风险传递过程；De Bandt 和 Hartmann [2]、Forbes 和 Rigobon [3] 给出了大国风险事件产生的跳跃是如何跨境传递到其他国家的经验证据。Rucker 等 [4] 利用新的 DERM 事件分析技术研究了低频信息事件对期货价格的影响及信息在价格中的扩散速度。然而，以上研究并未估计权益市场的实际跳跃次数与跳跃大小。与前者研究不同，Eraker 等 [5] 利用含有收益和波动跳跃的连续时间随机模型，对 S&P 和 Nasdaq100 进行了实证分析，实现了对现货波动、跳跃次数和跳跃大小等参数的估计，并且，利用正式和非正式的诊断技术，发现了跳跃在波动和收益中的显著证据。进一步地，Asgharian 和 Bengtsson [6] 利用 SVCJ 的跳跃—扩散模型研究了多个国家股票指数之间的跳跃溢出行为，并给出了风险事件对权益市场产生影响的实际跳跃次数与大小，这使得我们对风险事件的刻画更为准确和客观。

对国内市场而言，Cai [7] 以中国股票市场的潜在事件风险——国有权益发行为例，分析了含有跳跃的资产价格行为。研究发现，投资者会考虑事件风险发生的概率并做出最优决策；并且，潜在事件风险阻止了一些投资者的入市，进而导致熊市的出现。此外，童汉飞和刘宏伟 [8] 利用 Jump-GARCH 对沪深两市 A 股和 B 股的跳跃特征进行了实证分析。结果表明，该模型能够有效估计出沪深两市收益和波动的跳跃性变化，比正态分布的 GARCH 模型更合理地反映了市场收益和波动过程。与此同时，胡素华等 [9,10] 分别用双指数跳跃扩散模型和连续时间多变结构点模型，并用 MCMC 对上证综指进行了模拟试验。结果表明，这些方法能够较准确地刻画资产收益的尖峰后尾特性。进一步地，周彦等 [11] 利用收益和波动中同时具有跳跃因子的连续时间随机波动模型，研究了 1996~1997 年与 2002~2004 年两个时期我国股票市场的波动和跳跃行为。结果表明，近年来我国股市的波动和跳跃较 10 年前有所减少。王春峰等 [12] 以二次幂变差的测量为理论基础，研究了上证综指波动中的跳跃行为。研究结果发现，几乎所有日、周和月都已实现波动率的可预测性，这表明二次变差中的连续样本路径成分是我国股市实现波动率预报的决定因素。

以上研究表明，股票市场或期货市场在收益和波动方面不仅具有跳跃行为，并且，利用含有跳跃的模拟技术能够检测出这些跳跃的次数、跳跃大小等。虽然如此，恒生指数期货与现货市场分别具有怎样的跳跃行为特征？这两个市场之间的跳跃行为到底具有怎样的溢出关系？对此问题的解释并不十分清楚。为此，本文将借鉴能确定历史跳跃次数的 SVCJ 模型，并利用贝叶斯（Bayesian）的马尔可夫链蒙特卡洛（MCMC）模拟技术来进行参数估计 [5,13]，① 以探寻恒生指数期货与现货市场的跳跃特征及其之间的风险传导行为。

① MCMC 方法的优越之处在于，它能够同时估计出 SVCJ 模型的潜在过程（包括跳跃次数、跳跃大小和点波动路径）。

二、SVCJ模型与估计方法

（一）SVCJ模型

假设期货市场或现货市场价格的自然对数为 $S_{i,t}$，SVCJ 的随机微分方程为[6]：

$$\begin{pmatrix} d\ln(S_{i,t}) \\ dV_{i,t} \end{pmatrix} = \begin{pmatrix} \mu_i \\ \kappa_i(\theta_i - V_{i,t-}) \end{pmatrix} dt + \sqrt{V_{i,t-}} \begin{pmatrix} dW^Y_{i,t} \\ \sigma_{V,i} dW^V_{i,t} \end{pmatrix} + \begin{pmatrix} \xi^Y_{i,t} \\ \xi^V_{i,t} \end{pmatrix} dN_{i,t} \quad (1)$$

其中，t 为时间 t 前与之最近的时间点；$W^Y_{i,t}$ 和 $W^V_{i,t}$ 均为瞬时关系是 ρ_i 的标准一维维纳过程；$N_{i,t}$ 为常数项是 λ_i 的一维泊松过程；$\xi^Y_{i,t}$ 和 $\xi^V_{i,t}$ 为跳跃的大小；假定期货或现货波动的跳跃大小 $\xi^V_{i,t}$ 服从均值为 $\mu_{V,t}$ 的指数分布，且假设收益和波动跳跃的大小是相关的；同时，假设 $\xi^Y_{i,t}$ 服从均值为 $\mu_{Y,i} + \rho_{J,i}\xi^V_{i,t}$ 的条件正态分布；并且，标准差为 $\sigma_{Y,i}$。为捕捉收益和波动之间的杠杆效应，该模型同时考虑了扩散项之间的关系[14]。

本文之所以选择 SVCJ 模型来对恒生指数期货与现货市场的跳跃行为进行分析，一是因为 SVCJ 模型能简化这一分析；二是因为若波动确实存在跳跃，那么，在一定意义上假定跳跃对收益和波动都有影响要比假定跳跃只对收益或波动的影响要好。

（二）估计方法

对 SVCJ 模型的估计，本文将采用贝叶斯的 MCMC 方法。为此，首先要对 SVCJ 模型进行欧拉离散化处理。由于本文所用数据为日数据，我们令时间间隔 $\Delta = 1$ 来进行离散化。由此，SVCJ 模型的离散化形式为：

$$\begin{pmatrix} Y_{i,t+1} \\ V_{i,t+1} \end{pmatrix} = \begin{pmatrix} \mu_i \\ \alpha_i + (1+\beta_i)V_{i,t} \end{pmatrix} + \sqrt{V_{i,t}} \begin{pmatrix} \varepsilon^Y_{i,t+1} \\ \sigma_{V,i}\varepsilon^V_{i,t+1} \end{pmatrix} + \begin{pmatrix} \xi^Y_{i,t+1} \\ \xi^V_{i,t+1} \end{pmatrix} J_{i,t+1} \quad (2)$$

其中，$Y_{t+1} = 100 \times \ln(S_{t+1}/S_t)$ 为对数收益；$J_{t+1} = 1$ 表示以 λ 概率发生的跳跃；在波动漂移系数中，$\alpha = \kappa\theta$ 和 $\beta = -\kappa$；$\varepsilon^Y_{i,t+1}$ 和 $\varepsilon^V_{i,t+1}$ 为相关系数是 ρ 的标准正态随机变量。在对低频数据进行 MCMC 估计时，对连续时间过程离散化虽然会导致潜在的离散化偏差，但通过提高 MCMC 估计的模拟次数，离散化偏差将会非常小[5]。

用 MCMC 方法进行统计推断和参数估计是一个以贝叶斯和模拟为基础的估计方法。然而，与传统的将参数和潜在变量作为未知数的方法不同，贝叶斯法将它们看作随机变量。贝叶斯分析的基础是参数的联合分布和数据的潜在条件变量。这一联合条件分布（常称为后验分布）是源于贝叶斯规则：

$$p(\Theta, V, J, \xi^V, \xi^Y|Y) \propto p(Y|\Theta, V, J, \xi^V, \xi^Y) \cdot p(V, J, \xi^V, \xi^Y|\Theta) \cdot p(\Theta) \quad (3)$$

其中，Y 为 T×1 阶向量；V、J、ξ^V 和 ξ^Y 分别为潜在期货或现货价格波动、跳跃次

数、收益跳跃大小和波动跳跃大小的 T × 1 阶向量；Θ 为参数向量。$p(Y|\Theta, V, J, \xi^V, \xi^Y)$ 为数据的概率；$p(V, J, \xi^V, \xi^Y|\Theta)$ 为参数潜在条件变量的（先验）分布；p(Θ 为参数的先验分布。特别地，参数的贝叶斯点估计和潜在变量被看作它们的后验均值。然而，依样本数据进行估计的参数先验分布常是独立的（潜在变量的先验分布、Θ 的条件被认定为模型假设）。如果存在或需要，有时常在模拟中强加非样本、平稳性和非负性信息。如果不加入非样本信息，我们常选择先验数据以使其尽可能地非信息化（尤其在方差非常大时），这正是本文需要去做的。（3）式的后验分布是极其复杂和不标准的，且不存在闭合解（closed-form solution），① 因此，我们不得不采用模拟法来求解。

此外，我们还需要求出期货或现货市场的潜在历史跳跃次数 J，J 的估计方程为：

$$\hat{J} = \frac{1}{M}\sum_{j=1}^{M} J^{(j)} \tag{4}$$

其中，$J^{(j)}$ 为每次模拟的跳跃概率，M 为模拟次数。

当然，需要注意的是，这一估计不再是 0/1 向量；更恰当地，$\hat{J}$表示在 t 时发生跳跃的后验概率。借鉴 Johannes、Kumar 和 Polson（1999）的思想，本文给出了测度跳跃次数的公式 [6]：

$$\hat{J}_t^* = \begin{cases} 1 & (\hat{J}_t > l) \\ 0 & (\hat{J}_t \leqslant l) \end{cases} \tag{5}$$

其中，l 为阈值；如果跳跃次数足够大，其概率超过了阈值 l，跳跃就会发生。在本文中，l 为跳跃的总次数除以观测值个数，这与跳跃密度 λ 是一致的。为具有可比性，对于恒生指数期货与现货市场的测度本文使用同一阈值，平均而言，该值能够使隐含跳跃幅度和实际估计跳跃幅度之间的平均距离达到最小。②

三、实证结果与分析

（一）数据选择与统计特征

当检测香港恒生指数期货与恒生指数现货市场的跳跃特征及两市场之间的跳跃溢出行为时，我们关注跳跃发生的当日和次日。为准确刻画恒生指数期货市场和现货市场的跳跃次数、跳跃大小与跳跃溢出持续期，本文以期货交易和现货交易的每日收盘价格为代表，时间跨度为 2002 年 1 月 4 日至 2008 年 12 月 31 日，数据来源于桥讯（Bridge）数据库和

---

① 闭合形式解是指在给定的可接受集中，利用方程与数学运算，所得到的既定问题的方程表达式 [15]。

② 本文阈值 l 的选择主要是通过估计隐含跳跃幅度和估计跳跃幅度之间平均间隔最小的临界值来模拟给出的 [6,16]。

世华财经信息系统。

表 1 给出了恒生指数期货与现货市场对数收益的基本统计量。可以看出，恒生指数期货收益的标准差要大于恒生指数现货市场;从最大值和最小值的差异程度看，期货市场要小于现货市场;恒生指数期货和现货市场收益均为右偏的，且均具有尖峰后尾特征与异方差性。

表 1　恒生指数期货与现货市场对数收益的基本统计特征

	恒生指数期货收益	恒生指数现货收益
均值（10^{-5}）	-1.99	-2.13
最大值	0.110139	0.134068
最小值	-0.114469	-0.135820
标准差	0.018177	0.017724
偏度	0.141081	0.173099
峰度	9.380632	13.12059
Q（12）	17.517 [0.131]	25.162 [0.014]
Q^2（12）	1377.7 [0.000]	1315.2 [0.000]
样本个数	1456	1456

注：方括号 [ ] 中为概率值。

（二）参数估计

表 2 给出了恒生指数期货与现货价格的参数估计结果。我们取恒生指数期货与现货市场的共同阈值取 l = 0. 1415，模拟次数为 12000 次。由于本文关注的是恒生期货市场与现货市场的跳跃，所以，以检测收益跳跃的绝对平均幅度开始，每个市场的幅度都等于 $\mu_Y + \rho_J\mu_V$；且从测度值看，期货市场的平均跳跃幅度为 2.2737，现货市场的平均跳跃幅度为 2.2248，显然，期货市场的平均跳跃幅度大于现货市场。对方差而言，恒生指数期货收益方差要大于现货收益方差，而期货波动方差却小于现货波动方差。

表 2　恒生指数期货与现货市场的参数估计结果

	恒生指数期货市场		恒生指数现货市场	
	后验均值	标准差	后验均值	标准差
μ	-3.0121	1.7586	-2.9689	2.0749
θ	-8.9609	97.9805	4.3987	32.1345
κ	0.0972	0.1749	0.1032	0.1795
σ_V	0.2400	0.0692	0.2436	0.0779
ρ	-0.0141	0.5606	-0.0167	0.5684
μ_V	0.3343	0.0979	0.3849	0.6505
μ_Y	2.2311	2.2586	2.1898	2.0260
σ_Y	2.0457	4.9575	1.3277	3.0248
ρ_J	0.1118	0.1691	0.1011	0.1760
λ	0.0963	0.1936	0.0866	0.1725

此外，我们还考察了恒生指数期货和现货市场平均收益跳跃大小之间的关系。作为跳跃频率和跳跃大小之间相关性的一个简单测度，我们计算了收益的跳跃强度（Jump Intensities）和绝对平均跳跃大小之间的横向关系。如果样本关系为负，这意味着与低跳跃强度的期货市场相比，高跳跃强度的期货市场具有较小的平均跳跃大小。也就是说，一市场的跳跃经历（experience）很少，却有大的跳跃，而另一市场的跳跃经历频繁，却有很小的跳跃。由表 2 可知，不同市场收益和波动扩散冲击（diffusive shock）之间的相关系数 ρ 均为负值，且相对而言，恒生指数的参数要比恒生指数期货要小；而描述恒生指数期货市场跳跃行为的杠杆效应参数 ρ_J 要大于现货市场。

图 1 与图 2 给出了恒生指数期货和现货市场对数收益、跳跃概率和波动图。由图可知，跳跃概率显然被很好地估计了，且在高波动时期呈现出集聚特性。并且，从恒生指数期货与现货市场的波动路径与跳跃强度来看，这两个市场具有很强的相关性。

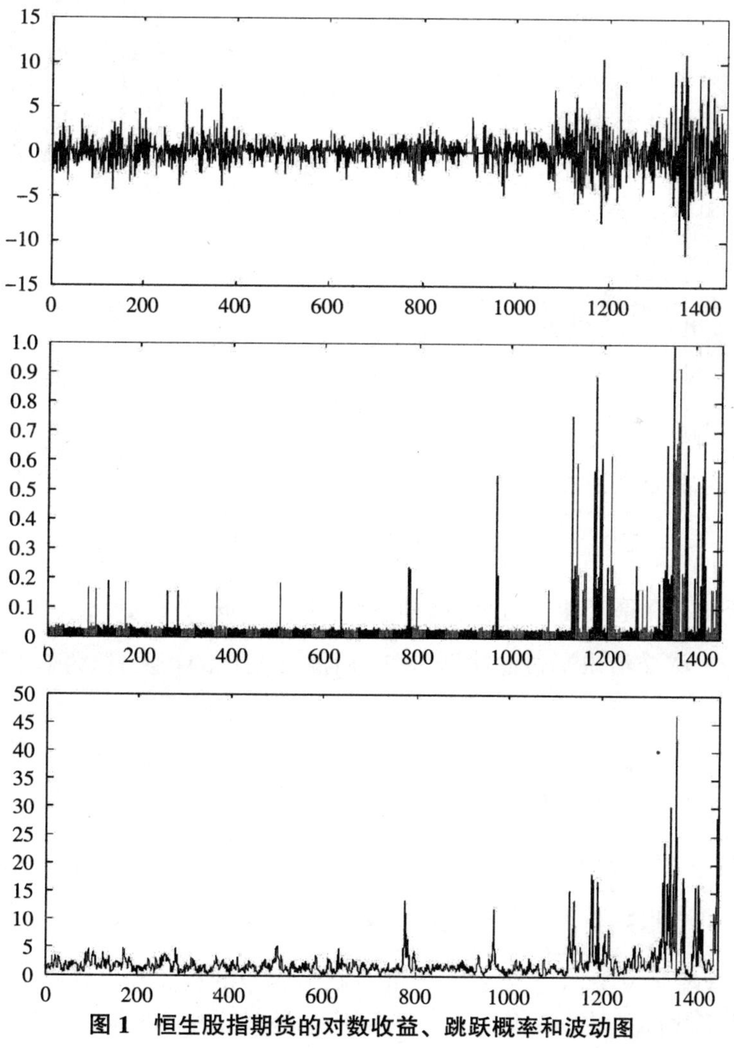

图 1　恒生股指期货的对数收益、跳跃概率和波动图

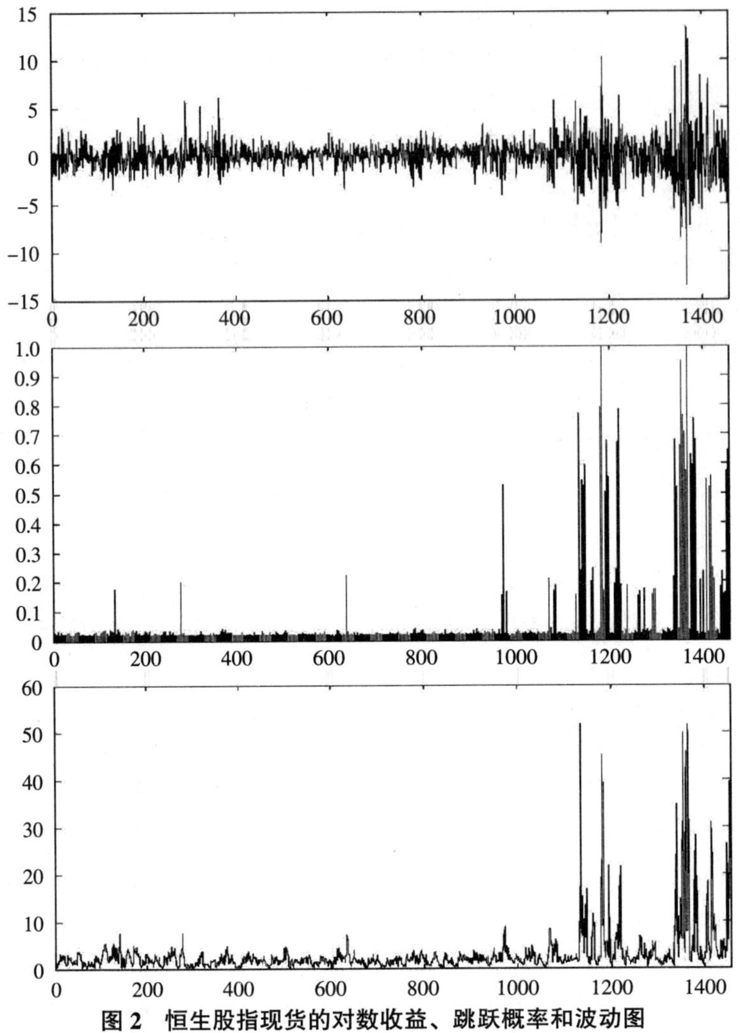

图 2　恒生股指现货的对数收益、跳跃概率和波动图

为检测跳跃的存在是否使得恒生指数期货与现货市场的波动变化、收益变化的相关系数估计是有偏的，本文给出了过滤跳跃$\bar{\xi}^{V}_{i,t}J_{i,t}$后波动变化的相关性。波动变化中的过滤跳跃部分$\bar{\xi}^{V}_{i,t}J_{i,t}$为:

$$\bar{\xi}^{V}_{i,t}J_{i,t}=(M-m)^{-1}\sum_{j=m+1}^{M}\xi^{V(j)}_{i,t}J^{V(j)}_{i,t} \tag{6}$$

其中，i=1，2 分别表示期货市场与现货市场，t=1，2，…，T。

表 3 给出了恒生指数期货市场和现货市场之间的波动变化$\sqrt{\hat{V}_{i,t}}-\sqrt{\hat{V}_{i,t-1}}$、过滤跳跃后的波动变化$\sqrt{\hat{V}_{i,t}}-\sqrt{\hat{V}_{i,t-1}}$、收益、过滤跳跃后收益的相关性。研究结果显示，恒生指数期货和现货市场之间的波动变化、过滤跳跃后的波动变化、收益、过滤跳跃后收益的关

系系数均为正，由此说明，恒生指数期货市场和现货市场是同向变动的。并且发现，过滤跳跃后的恒生指数期货与现货市场之间的收益、波动的相关性均降低了，这表明没有包含跳跃的收益和波动模型高估了恒生指数期货与现货市场之间的相关性。

表 3　恒生指数期货和现货市场之间的波动变化、过滤跳跃后的波动变化、收益、过滤跳跃后收益的相关系数

波动变化之间的相关系数		收益之间的相关系数	
波动变化之间相关系数	过滤跳跃后波动变化之间相关系数	收益之间相关系数	过滤跳跃后收益之间的相关系数
0.5223	0.3788	0.9572	0.9061

（三）跳跃溢出行为

下面，我们将利用前文所估计的潜在历史跳跃次数来分析恒生指数期货与现货市场之间的跳跃溢出行为。

1. 同时跳跃强度

本部分主要通过考察恒生指数期货与现货市场之间同时发生跳跃的强度来刻画两个市场跳跃溢出行为。两个市场同时跳跃强度的测度公式是通过如下方式实现的：两个市场的同时跳跃强度可表示为同时发生跳跃的数量除以重叠观测数；一个市场的同时跳跃强度则为跳跃次数除以观测数据的数量，就是我们提到的潜在跳跃强度，且这一数值与 λ 的估值基本一致。

表 4 给出了同时跳跃强度的估计值及其显著性水平。① 可以发现，恒生指数期货与现货市场之间的同时跳跃强度为 0.0488，且在 1%置信水平下显著。这一结论与前文的观测结果相一致。

表 4　同时跳跃强度的估计值

	恒生指数期货	恒生指数现货
恒生指数期货	0.0632	
恒生指数现货	0.0488**	0.0598

注：*（**）表示在 5%（1%）的置信度下显著。

2. 条件跳跃溢出概率

下面，我们来检测一个市场对另一市场的条件跳跃溢出概率，即一个市场的跳跃能否在同日或次日到达另一市场。为此，我们将检测恒生指数期货市场（或现货市场）的跳跃

① 这一测试认为，在零假设和选择性假设下，同时跳跃强度以及下文研究的条件跳跃溢出概率均是随机的。我们还用解靴带法（bootstrap method）以较高的置信水平测试了同时跳跃强度 [17]。需要说明的是，在零假设下，两个市场同时发生跳跃的强度可被简化为两个市场潜在跳跃强度的乘积。

溢出是在同日还是在次日传递到恒生指数（或期货市场）。一市场的跳跃溢出概率的测度公式是通过如下方式实现的：同日跳跃溢出概率可表示为与基准市场（Benchmark market）同时跳跃的总次数除以基准市场跳跃的总次数；次日跳跃溢出概率的计算方式与此相同，但要以次日来取代同日的基准跳跃溢出总次数。同时，本文给出了概率估计值的显著性水平。

表 5 给出了恒生指数期货与现货市场之间的同日和次日条件跳跃溢出概率。研究结果显示，所有估计均在 5%置信水平下显著；对同日或次日而言，无论是条件跳跃溢出概率还是跳跃引起负收益的条件跳跃溢出概率，[①] 恒生指数期货市场对现货市场的跳跃溢出概率均大于现货市场对期货市场的跳跃溢出概率；并且，两市场之间跳跃引起负收益的跳跃溢出概率均大于条件跳跃溢出概率。另外，两市场之间的同日跳跃溢出概率均大于次日的跳跃溢出概率。

表 5　恒生指数期货与现货市场之间的条件跳跃溢出概率

		期货对现货	现货对期货
条件跳跃溢出概率	同日	0.7724**	0.5281**
	次日	0.3039**	0.1345*
跳跃引起负收益的条件溢出概率	同日	0.8717**	0.6018**
	次日	0.4046**	0.1780**

注：*（**）表示在 5%（1%）的置信度下显著。

3. 同日平均跳跃大小

基于前文估计的同日跳跃强度，我们来分析收益中同时发生跳跃的潜在跳跃程度。第 i 个市场与之同时发生跳跃的第 j 个市场的平均跳跃大小 SJ_t 的计算公式为：

$$SJ_t = \sum_{t=1}^{T} \hat{J}^*_{i,t}\hat{J}^*_{j,t}\hat{\xi}^Y_{i,t} / \sum_{t=1}^{T} \hat{J}^*_{i,t}\hat{J}^*_{j,t} \tag{7}$$

其中，$\hat{\xi}^Y_{i,t}(t = 1, 2, \cdots, T)$ 为 i 个市场在收益中的潜在跳跃大小。

表 6 给出了恒生指数期货和现货市场同时发生跳跃的平均跳跃大小。由表可知，平均跳跃大小均为负，且不同市场之间的平均跳跃大小是相等的，相对而言，恒生指数期货的平均跳跃大小要远小于恒生指数的平均跳跃大小。

表 6　同时跳跃的平均跳跃大小

	恒生指数期货	恒生指数现货
恒生指数期货	-1.2832	-1.2553
恒生指数现货	-1.2553	-0.8105

① 为分析跳跃溢出的较弱形式，本文检测了基准市场的跳跃仅导致其他市场不寻常的大的负收益与不必要的跳跃。这就是本文所指的“跳跃引起负收益的条件跳跃溢出概率”，与跳跃引起负收益的条件跳跃溢出概率相对应，本文的“条件跳跃溢出概率”是指由跳跃引起正收益和负收益的条件跳跃溢出概率。为简单起见，我们定义不寻常的大的负收益来作为每一市场历史收益较低 10%的收益。这种概率是以上述方法估计的，在基准跳跃和不寻常的大的负收益间的独立性零假设下，如果它们比相关概率大，则可再检测。

四、结论与启示

为检测恒生指数期货与现货市场之间的跳跃溢出行为，本文运用 SVCJ 模型来刻画恒生指数期货与现货市场的跳跃强度、跳跃概率和跳跃大小。并利用贝叶斯 MCMC 的模拟技术对恒生指数期货与现货市场之间的跳跃溢出行为进行了实证研究。研究结果表明：

（1）恒生指数期货与现货市场均存在明显的跳跃特征，并且，两个市场之间具有显著的跳跃溢出行为；

（2）恒生指数期货市场和现货市场不仅是同向变动的，且过滤跳跃后的恒生指数期货与现货市场之间的收益、波动的相关性均降低了，这表明不包含跳跃的收益和波动模型会高估恒生指数期货与现货市场之间的相关性；

（3）对同日或次日而言，恒生指数期货市场对现货市场的条件跳跃溢出概率均大于现货市场对期货市场的条件跳跃溢出概率，且跳跃引起负收益的跳跃溢出概率均大于条件跳跃溢出概率；

（4）恒生指数期货与现货市场之间的同日跳跃强度与同日跳跃大小均是显著的，而彼此的跳跃溢出均可在同日或次日到达对方，且同日的影响均大于次日；

（5）恒生指数期货与现货市场收益之间同时发生的平均跳跃大小均为负，且不同市场之间的平均跳跃大小是相等的，相对而言，恒生指数期货的平均跳跃大小要远小于恒生指数的平均跳跃大小。

由此，我们不难得到如下启示：

（1）借助于恒生指数期货与现货市场之间的跳跃溢出行为，投资者可在突发事件之前、中、后期构建预防、处理和化解跳跃事件风险的最佳投资组合，以避免由于不知晓其跳跃行为的事件危机。而忽略这些事件风险无疑会给投资者带来比想象中更多的风险。

（2）根据恒生指数期货与现货市场之间的跳跃溢出关系，可为进行恒生指数期货市场监管部门的跨市场联合监管提供帮助，还可为我国即将推出的股指期货的交易制度、法律法规及相关政策的制定提供经验借鉴，以保障恒生指数期货市场的稳健运行及市场功能的有效发挥。

参考文献

[1] Backus D, Foresi S, Wu L. Crashes, contagion, and international diversification [R]. Working paper, Fordham University, 1999.

[2] De Bandt O, Hartmann P. Systemic risk: A survey [R]. Working paper, European Central Bank, 2000.

[3] Forbes K, Rigobon R. No contagion, only interdependence, measuring stock market comovements

[J]. Journal of Finance, 2002, 55: 285-297.

[4] Rucker R R, Thurman W N, Yoder J K. Estimating the structure of market reaction to news: Information events and lumber futures prices [J]. American Journal of Agricultural Economics, 2005, 87 (2): 482-500.

[5] Eraker B, Johannes M, Polson N. The impact of jumps in volatility and returns [J]. Journal of Finance, 2003, 58 (3): 1269-1300.

[6] Asgharian H, Bengtsson C. Jump spillover in international equity markets [J]. Journal of Financial Econometrics, 2006, 4 (2): 167-203.

[7] Cai M, Wang Y, Wu W. Investment under event risk in China stock market: A theoretical analysis [J]. Economic Modelling, 2007, 24: 673-682.

[8] 童汉飞，刘宏伟. 中国股市收益率与波动率跳跃性特征的实证分析 [J]. 南方经济，2006 (5): 61-72.

[9] 胡素华，张世英，张彤. 双指数跳跃扩散模型的 MCMC 估计 [J]. 系统工程学报，2006，21 (2): 113-118.

[10] 胡素华，张世英，张彤. 连续时间资产收益变结构模型的研究 [J]. 系统工程学报，2007，22 (4): 244-351.

[11] 周彦，张世英，张彤. 跳跃连续时间 SV 模型建模及实证研究 [J]. 系统管理学报，2007，16 (5): 531-536.

[12] 王春峰，庄泓刚，房振明，卢涛. 基于广大极值分布的高频极值条件 VaR 模型 [J]. 系统管理学报，2008，17 (3): 261-272.

[13] Jacquier E, Polson N, Rossi P. Bayesian analysis of stochastic volatility models [J]. Journal of Business and Economic Statistics, 1994, 12: 371-390.

[14] Das, S R, Sundaram R K. Of smiles and smirks: A term structure perspective [J]. Journal of Financial & Quantitative Analysis, 1999, 34: 211-240.

[15] Chow, T Y. What is a closed-form number? [J]. Ameican Mathematics Monthly, 1999, 106: 440-448.

[16] Johannes M, Kumar R, N Polson. State dependent jump models: How do U. S. equity markets jump? [R]. Working paper, University of Chicago, 1999.

[17] Hogg R, Tanis E. Probability and statistical inference, 6th ed [M]. Englewood Cliffs, NJ: Prentice Hall., 2001.

[18] Chen S-H, Tsai M-S, Liao F-L. An alternative method for measuring risk compensation of event jumps [J]. Applied Financial Economics Letters, 2008, 4 (5): 355-361.

[19] Liu J, Longstaff F A, Pan J. Dynamic asset allocation with event risk [R]. working paper, 2001.

[20] Masood O, Sergi B S. How political risks and events have influenced Pakistan's stock markets from 1947 to the present [J]. International Journal of Economic Policy in Emerging Economies, 2008, 1 (4): 427-444.

Jump Spillover Behavior between HSI Futures and HSI Markets

LIU Qing-fu, ZHU Di-hua, ZHOU Si-hong

Abstract: The jump behavior between Hang Seng index (HSI) futures and Hang Seng index (HSI) spot markets has received heated discussion. The objective of this paper is to provide insights on different forms of jump spillover behavior and help investors better understand the jump behavior.

First, we measure the simultaneous jump intensities for these two markets and assess if these intensities are statistically significant from each other. Second, we perform an analysis of conditional jump spillovers to examine to what extent jumps occur in the two markets between January 4, 2002 and December 31, 2008. We use the correlated jumps (SVCJ) model and the Bayesian approach to estimate the jump spillover probabilities, jump intensities, jump sizes, and stochastic volatility. These methods are based on Markov chain Monte Carlo (MCMC) methods and enable us to estimate the latent processes of the model—in particular the jump times.

We further analyze jump spillover effects between HSI future and spot markets based on the estimates of the latent jump times produced from these methods. We enter parameters into the SVCJ model by using the Bayesian MCMC method for the HSI futures and HSI spot markets. Historical log returns, the estimated jump probabilities and the annualized smoothed volatility paths are calculated. The analysis results show that jumps and prominent jump spillovers between HSI futures and HSI spot markets do exist. In addition, we calculate the simultaneous jump intensity of these two markets by simply dividing the number of overlapping observations by the number of identified simultaneous jumps. In comparison with volatility changes and returns, the model may overestimate the correlations between HSI futures and HSI spot markets because the jumps are not included. We also compare the conditional spillover probability in two conditions: same-day (conditional) jump spillover and next-day (conditional) jump spillover. Empirical testing results show that the Hsi futures market has a higher conditional jump spillover probability than the HSI spot market in both conditions. Simultaneous jump intensity and size are prominent. The average size of the jumps of the HSI futures market is much smaller than that of the HSI spot market.

In summary, there are prominent jump spillovers between HSI futures and HSI spot markets. The jump spillover from one market to the other and vice versa appears in the same day or next day.

Key Words: hang seng index, stochastic volatility with correlated jumps (SVCJ), markov chain monte carlo (MCMC), jump spillover

基于 BP 神经网络的家族企业契约治理模式识别与选择研究 *

田银华[①] 周志强 廖和平 李石新

摘要： 企业契约分为显性契约与隐性契约，家族企业契约治理按其强度可分为 9 种模式。本研究按误差逆传播多层前馈方法构建的 25-13-3 型 BP 神经网络模型，能有效地识别家族企业契约治理模式。由此可推知，成长期、发展期和成熟期家族企业通常会分别选择弱显强隐、中显中隐和强显强隐的契约治理模式。而家族企业经营绩效的分类分析表明，强显强隐是家族企业最有效率的契约治理模式。

关键词： 家族企业 BP 神经网络 契约治理模式识别 契约治理模式选择

一、引 言

现代企业理论认为，企业治理实质上是通过一系列契约的耦合来协调企业与其利益相关者之间的关系，以确保决策科学化的过程。根据不完全契约理论，契约治理可分为显性契约治理和隐性契约治理。前者是指利用明确的契约条款对缔约双方的利益关系进行规划治理，后者是指利用企业情感、信任、声誉、文化和习俗等弹性机制对企业各利益主体的合作关系进行治理。通常地，企业依靠显性治理的刚性降低了机会主义行为产生的可能性，而隐性治理则能充分利用其弹性机制增强企业治理的适应力。家族企业的契约治理同样是显性治理和隐性治理的结合，但由于企业成员的特殊性而使其契约治理具有强烈的隐

---

* 本文选自《中国管理科学》2011 年第 19 卷第 1 期。

基金项目：国家自然科学基金项目（70973035）；湖南省社科规划项目（08JD37）；湖南省哲学社会科学基金项目（09YBB150）。

① 作者简介：田银华（1954-），男（汉族），湖南常德人，湘潭大学商学院，教授，博士生导师，湖南科技大学党委书记，湖南省“新型工业化”研究基地负责人，研究方向：企业治理理论。

性契约治理倾向。

目前，关于家族企业契约治理问题的研究还处在起步阶段。国外学者主要从关系治理和契约治理视角，对家族企业治理模式及治理绩效问题进行了探讨。Macneil（1978）[1]等人将关系契约治理区分为正式治理和关系治理，认为正式治理表现为企业间和企业内正式订立的契约，而关系治理则表现为通过各种关系性规则来治理交易。Gomez-mejia（2001）[2]等人区分了家族缔约下的关系契约与强关系契约，认为两者有重合部分，但也有不同：强关系契约有家族缔约和非家族缔约两种情况，而家族缔约时可能是强关系契约也可能是弱关系契约。Baker、Gibbons 和 Murphy（2002）[3]指出关系契约贯穿于企业始终，如果代理人工作因其性质是难以程序化而无法明文规定时，委托人与代理人之间就存在关系契约。Poppo 和 Zenger（2002）[4]认为，由于未来事件的复杂性和不确定性以及交易人的有限理性，家族企业和职业经理达成的合同具有不完备性，此时关系治理能对契约治理起补充作用。Mustakallio 等（2002）[5]通过实证研究表明，关系治理和契约治理同时对家族企业绩效产生影响，即二者的作用是相互补充的。Uhlaner、Floren 和 Geerlings（2007）[6]从家族企业主承诺视角研究了关系契约对企业绩效的影响，认为两者存在明显的正相关关系。

国内学者主要对关系治理在家族企业中的作用及模式选择进行了探讨。胡军等（2002）[7]的研究表明，华人家族企业现阶段的关系治理是现存儒家文化积淀和环境上的最小交易费用安排。余立智（2003）[8]认为，家族企业的性质可归结为一个由创业家族与非家族要素资本之间的“要素使用权合约”和创业家族内部成员之间的“永久性关系合约”所共同组成的复合企业契约结构。王志明、顾海英（2004）[9]的研究表明，作为关系治理基础的利他主义在家族企业早期起积极作用，而当企业成长到一定规模时却妨碍企业成长，其实证研究结论表明契约治理是家族企业持续成长的基础。王加胜（2006）[10]指出，关系密集型契约在家族企业成长初期具有一定适应性，但获得持续发展的前提是突破关系密集型契约安排，进行制度创新与变迁。李新春、陈灿（2005）[11]的实证分析表明，中国家族企业治理模式的选择会直接影响其业绩水平，强关系强契约的治理模式是家族企业提升经济绩效的正确选择。马丽波、付文京（2006）[12]和汤小华（2008）[13]也认为，家族企业应把契约治理和关系治理相结合，采用强关系强契约治理模式。

综上所述，学者们对家族企业契约治理问题的研究取得了较丰富的成果，但也存在明显不足之处：其一，把关系契约视同与正式契约相对应的非正式契约[14]存在认识上的偏差，事实上，关系契约属于非正式契约（隐性契约）范畴，前者是通过企业利益相关者之间的情感、信任和声誉等关系纽带所形成的行为范式，后者除关系契约外还包括由文化习俗等社会规则所形成的行为范式；其二，将契约治理简单地区分为强、弱两种程度，缺乏定性问题的定量转化；其三，以时间数据或面板数据进行线性计量回归，未能反映其现实的非线性。鉴于现有研究的以上缺陷，本文依据契约的约束能力和起源，把契约划分为显性契约（正式契约）和隐性契约（非正式契约），并依据其治理的强、中、弱 3 个层次构建了9种契约治理模式方格理论，并在构建家族企业契约治理评价指标体系的基础上，运用BP神经网络模型进行非线性实证检验，从而提高了研究结论的可信度，能为家族企业治理模式选择提供很好的理论依据。

二、研究方法与模型设计

（一）研究方法

如前所述，对家族企业契约治理问题的现有研究大都采用多元线性回归的方法进行计量统计检验。但事实上，契约治理模式及其治理绩效以及影响因素之间存在复杂的因果关系，往往具有非线性特点，用线性方法对其进行检验其结论显然不具有完全可靠性。BP神经网络是一个非线性动力系统，能有效反映契约治理与其相关因素之间的非线性关系。同时，BP网络能够学习和存贮大量的输入—输出模式映像关系，无须事前揭示或描述这种映射关系的数学方程，具有颁式存储、并行协同处理以及自学习能力等优点，是人类思维模拟的有效方法。因此，本研究选择BP神经网络模型对家族契约治理模式的识别和选择问题进行探讨。

因此，本研究在对研究模型进行初步设计的基础上，通过数据的预处理、学习训练和测试检验建立能识别家族企业契约治理模式的BP神经网络模型，并通过家族企业契约治理模式演进和治理绩效研究解决家族企业契约治理模式的选择问题。在治理模式识别研究中，课题组运用了BP神经网络模型的误差逆传播算法进行训练和测试，而治理模式绩效分析中，则运用了归类分析和图表分析的研究方法。

为了使分析有据可依，先对BP神经网络模型进行简要介绍是必要的。BP（Back Propagation）网络是一种按照误差逆传播算法训练的多层前馈网络，其拓扑结构包括包含若干神经元的输入层（input layer）、隐含层（hide layer）和输出层（output layer）（见图1），其中隐含层可以是多层的。图中，x_1，x_2，…，x_n 表示各神经元的输入值，w_{jk} 为不同层次各神经元的连接权值，b_j 为第j个神经元的阈值，则第j个神经元的净输入值为 $S_j=\sum_{i=1}^{n} w_{ji}\cdot x_i+b_j$。假设BP神经网络的输入层有n个节点，隐含层有p个节点，输出层有q个节点；输入层与隐含层之间的权值为 v_{ki}，隐含层与输出层之间的权值为 w_{jk}。隐含层的传递函数为 $f_1(\cdot)$，输出层的传递函数为 $f_2(\cdot)$，则隐含层节点的输出值和输出层节点的输出值分别为 $z_k=f_1(\sum_{i=0}^{n} v_{ki}x_i)$ 和 $y_j=f_2(\sum_{k=0}^{p} w_{jk}z_k)$。

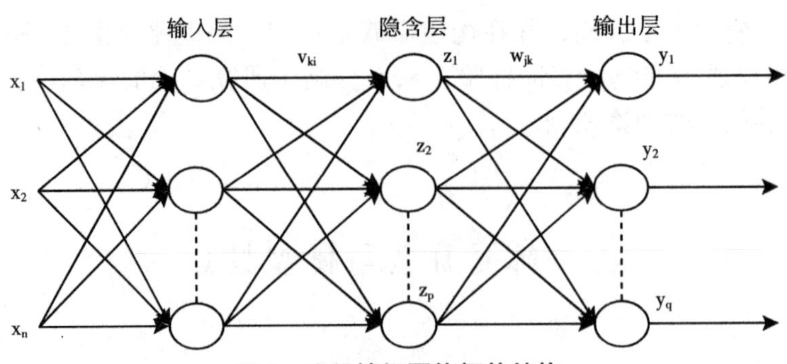

图 1　三层神经网络拓扑结构

BP 算法是由数据流前向计算（正向传播）和误差信号反向传播的有限次动态迭代过程构成。正向传播时，传播方向为输入层→隐含层→输出层，且每层神经元的状态只影响下一层神经元。图 1 显示了数据流的正向传播过程。

若通过上述正向传播得不到期望的输出，则转向误差信号的反向传播流程。t_j^i 为第 i 个样本输出层的期望输出值，y_j^i 为第 i 个样本的输出值，则由平方型误差函数得到的全局误差为 $E=\frac{1}{2}\sum_{i=1}^{P}\sum_{j=1}^{m}(t_j^i-y_j^i)^2$。如果全局误差大于某一值，则需逆向调整输出层和隐含层权值为 $\Delta w_{jk}=\sum_{i=1}^{P}\sum_{j=1}^{m}\eta(t_j^p-y_j^p)\cdot f_2'(S_j)z_k$ 和 $\Delta v_{ki}=\sum_{i=1}^{P}\sum_{j=1}^{m}\eta(t_j^p-y_j^p)f_2'(S_j)w_{jk}f_1'(S_k)x_i$。经过权值的不断调整，可以实现全局误差最小化。当最小化全局误差小于某一允许值时，目标模型构建完成；否则需重新构建目标模型。

（二）模型设计

根据 BP 神经网络理论的基本原理，结合家族企业契约治理的实际情况，我们构建了家族企业契约治理 BP 神经网络模型，见图 2。该图显示了本研究家族企业契约治理 BP 神经网络模型的学习训练过程：①对初始数据进行归一化处理，并将各连接权值和神经元阈值赋予较小的随机值；②给定样本输入值和期望输出变量，并计算和输出各类神经元实际输出值；③调整输入层与隐含层、隐含层与输出层的连接权值；④返回第二步，进行重复迭代。当期望输出值与实际输出值的误差小于某一允许许值时，网络的学习训练结束，评价模型建立。

在该 BP 网络神经模型中，输入层和输出层以及各层神经元连接权值的确定是研究成功的关键。为此，课题组设计了作为输入层的输入值向量的家族企业治理指标体系，见表 1。表中，家族企业契约治理包含显性契约治理和隐性契约治理两个一级指标。其中，显性契约治理分为市场契约治理、产权契约治理、职权契约治理、组织契约治理，并可进一步分解为 16 项三级指标；隐性契约治理分为关系契约治理和文化契约治理，并进一步分解为 9 项三级指标。为了计算方便，以上三级指针可以按顺序用 x_1，x_2，…，x_n 标示。

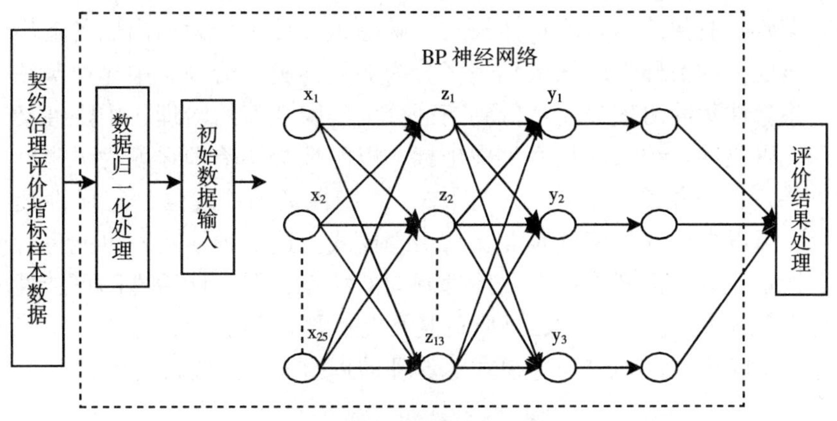

图 2 家族企业契约治理的 BP 神经网络模型

表 1 家族企业契约治理评价指标体系

契约治理	显性契约治理	市场契约治理	金融资本市场
			人力资本市场
			产品市场
		产权契约治理	家族内部产权明晰度
			职业经理人产权激励
			家族外成员股权比重
			家族外中高层管理者比重
		职权契约治理	家族控制力
			家族与职业经理权力协同性
			家族企业家执行力
			职业经理执行力
		组织契约治理	人力资源管理体系
			财务管理体系
			业务运营管理体系
			后勤保障服务体系
			内部风险控制体系
	隐性契约治理	关系契约治理	家族成员内部关系
			与职业经理人关系
			与债权人（银行等）关系
			与政府关系
			与客户关系
		文化契约治理	家文化与现代文化的协同性
			学习文化
			执行文化
			企业形象建设

为了判断家族企业契约治理的具体模式，课题组设计了作为输出层各输出向量的契约治理模式，将显性契约治理强度从低到高区分为弱显性契约治理、中显性契约治理和强显性契约治理，将隐性契约治理强度从低到高区分为弱隐性契约治理、中隐性契约治理和强隐性契约治理。以显性契约治理强度为横坐标，以隐性契约治理强度为纵坐标，可以构建家族企业契约治理的方格图（见图 3）。图中，对隐性契约治理强度与显性契约治理强度进行排列组合，可以得到 9 种家族企业契约治理模式。这 9 种模式不可能每种模式都普遍存在，根据家族企业具有强烈隐性契约治理倾向的特点，弱隐性治理的可能性较小，显性治理一般也是中等强度以上。因此，通常的情形是，弱显强隐模式、中显中隐模式、中显强隐模式、强显中隐模式、强显强隐模式等 5 种治理模式为比较常见模式。

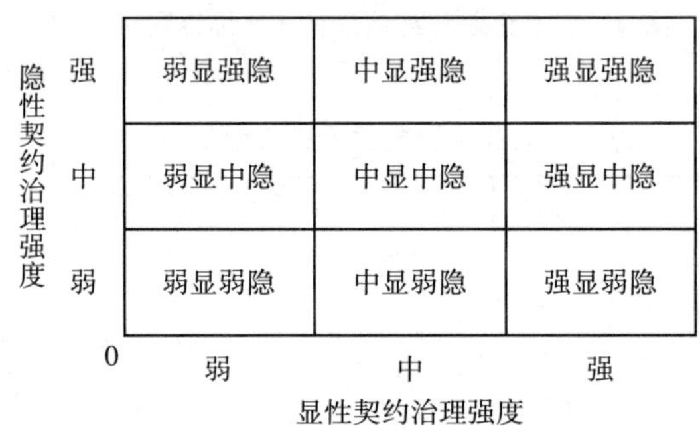

图 3　家族企业契约治理方格图

模型中各层之间初始连接权值的确定是相对棘手的问题，但具体权值可通过逆向传播进行调整。因此，可根据各层次输入值的重要程度估计确定，也可按输入值个数平均确定。在确定输入层与隐含层连接权值 v_{ki} 时，如果认为市场契约治理和产权契约治理对家族企业较重要，则可以为这两类契约治理的 7 项三级指标确定较高的连接权值；如果认为家族企业契约治理的 25 项三级指标很难确定重要性时，可以平均赋予 0.04 的权值。在确定隐含层和输出层连接权值 w_{jk} 时，由于输入值的重要性无法判断，因此可按隐含层节点数平均确定连接权值。值得注意的是，连接权值 v_{ki} 和 w_{jk} 之和都必须等于 1。

三、家族企业契约治理模式识别

在对家族企业契约治理 BP 神经网络模型进行设计的基础上，通过其 BP 神经网络的设计、学习和测试等过程，可以建立用于识别家族企业契约治理模式的 BP 模型。

（一）数据的获取与预处理

为了了解家族企业契约治理情况，课题组协同相关专家调查了大型、中型、小型家族

企业各 20 家（共 60 家），根据家族企业契约治理评价指标体系（见表 1）对被调查企业进行了评价打分，从而获取输入层的输入值。其指标的具体评价方法是：显性契约治理指标按其规范程度进行评价打分，而其规范程度是根据国家法律法规的完备程度和企业各项规章制度的完善程度确定的；隐性契约治理指标按每项指标的契约治理在企业运行中所体现的内部凝聚力和外部影响力进行评价打分。对于不能直接量化的定性指针可以通过等级隶属方法使其量化：采用专家调查和集值统计方法确定隶属度向量；或采用模糊数学中隶属函数的确定方法确定隶属度向量。如"执行文化"指标评价集 A =（好，较好，一般，较差，差），其采用的评估标度为 B = [0.9，0.7，0.5，0.3，0.1]。根据这一方法，本课题组获取了 60 家家族企业 25 组契约治理评价指标分值。

调查得来的资料具有一定的粗糙性，同时鉴于神经网络输入层输入数据的要求，必须对其进行预处理。就本研究来说，模型中的输入数据应尽量在 0.2~ 0.8 的范围内。因此，必须对原始数据进行归一化处理，其具体公式是：

$$x'_{ij} = \frac{0.6[x_{ij} - \min\limits_{j}(x_{ij})]}{\max\limits_{j}(x_{ij}) - \min\limits_{j}(x_{ij})} + 0.2$$

其中，j = 1，2，…，40，x_{ij} 为第 i 项指标的原始值，x'_{ij} 为第 i 项指标归一化后的分值。

（二）BP 神经网络结构的确定

在将归一化后的数据输入 BP 神经网络前，需要决定 BP 神经网络的结构及其节点数。本研究按通常的情形，采用 3 层的 BP 神经网络，即 1 个输入层、1 个隐含层和 1 个输出层。上述 25 个指标为输入层的输入指标，因此输入层有 25 个节点的单元数。建立的模型希望能正确地分析出企业的 9 种契约治理模式。9 种治理模式中有些不常见，在调查中只出现了 7 种，所以将这 7 种治理模式作为输出向量。由于 $2^2 < 7 < 2^3$，可将输出节点确定为 3 个。由于误差的存在，网络的输出向量为 0~1 的数值，本文规定如果输出数值小于 0.3 则近似看作 0，大于 0.7 则近似为 1。参考相关文献的一组经验公式，可以确定隐含层节点数目：$p = \sqrt{n+q} + a$ [15]，其中 p 为隐含层单元数，n 为输入层单元数，q 为输出层单元数，a 为正整数，且 $a \in [1, 10]$。经初步估算，隐含层节点的数目应该在 7~15，经试验取 p = 13 时，用标准算法 traingd 训练，发现收敛效果最好。据此，课题组建立了拓扑结构为 25-13-3 型的 BP 神经网络模型。

（三）BP 神经网络的学习训练

在该模型中，隐含层选用曲正切 S 型激活函数：$f(x) = \frac{1 - e^{-x}}{1 + e^{-x}}$，输出层选用对数 S 型激活函数：$f(x) = \frac{1}{1 + e^{-x}}$。为了构造较合理的样本集，本文分别取小型企业 14 家，中型企业 14 家，大型企业 12 家，共 40 组数据作为神经网络模型的学习训练数据；而剩余的 6 家小型企业、6 家中型企业及 8 家大型企业共 20 组作为测试资料。将归一化后的 40 组训练集数据输入模型，对网络多次训练，保存误差较小的一次用来测试。经过 676 次训练后，网络全局收敛误差很小，为 9.858×10^{-4}，效果较好（如图 4 所示）。

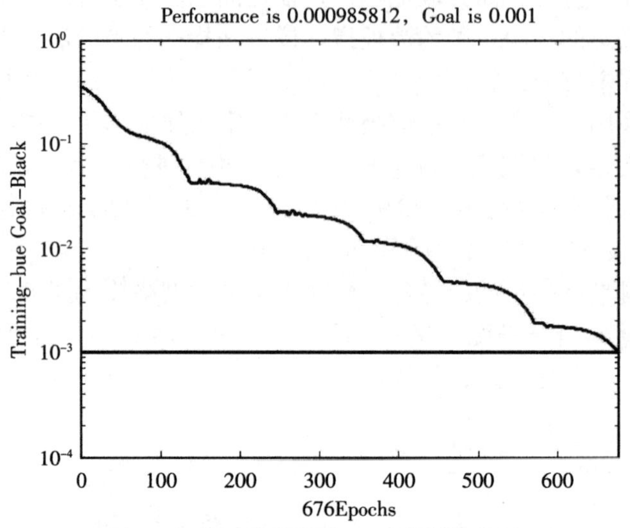

图 4　隐含层单元数为 13 时的训练结果

（四）BP 神经网络的测试验证

构建神经网络模型最重要的工作是使所建模型具有较强的范化能力，即对于没有经过训练的输入也能输出想要的结果。把归一化的 20 组测试集数据输入网络模型仿真验证，其验算结果如表 2 所示。表中数据是按输出层神经元节点数进行排列的，期望输出值是相关专家采用传统的综合等级评分法对被测试家族企业的两类契约治理强度进行评价的结果。其中，（0，1，1）代表弱显强隐模式；（1，0，0）代表中显中隐模式；（1，0，1）代表中显强隐模式；（1，1，0）代表强显中隐模式；（1，1，1）代表强显强隐模式。

表 2　神经网络模型的期望输出与实际输出值对比表

企业编号	期望输出	实际输出	企业编号	期望输出	实际输出
企业 07	（1，0，0）	（0.9956，0.0432，0.0576）	企业 35	（1，0，1）	（0.9937，0.0008，0.9944）
企业 08	（1，0，0）	（0.9979，0.0072，0.0020）	企业 36	（1，0，1）	（0.9296，0.0030，0.9996）
企业 09	（1，0，0）	（0.9885，0.0073，0.0233）	企业 44	（1，1，1）	（0.9998，0.9875，0.8084）
企业 10	（1，0，0）	（0.9968，0.0040，0.0096）	企业 45	（1，1，1）	（0.9995，0.9918，0.8553）
企业 14	（1，0，1）	（0.9659，0.0032，0.9989）	企业 46	（1，1，1）	（0.9978，0.9982，0.8951）
企业 15	（1，0，1）	（0.9953，0.0015，0.9908）	企业 49	（1，1，0）	（0.9850，0.9991，0.0292）
企业 21	（1，1，1）	（0.9997，0.9879，0.9996）	企业 50	（1，1，0）	（0.8898，0.9881，0.0715）
企业 28	（0，1，1）	（0.0013，0.8959，0.9999）	企业 54	（0，1，1）	（0.0218，0.9888，0.9682）
企业 29	（0，1，1）	（0.0004，0.9892，0.9999）	企业 56	（0，1，0）	（0.4381，0.9791，0.4941）
企业 31	（0，1，1）	（0.0080，0.9768，0.9989）	企业 58	（1，0，1）	（0.9996，0.0205，0.8951）

测试结果表明，测试误差仅为 0.0094，准确率为 95%，达到了较高精度，证明所建网络模型正确合理，能够很好地识别家族企业的契约治理模式。

（五）随机情况下 BP 神经网络的测试验证

从 60 组企业中随机选取 40 组做训练学习，剩下 20 组做测试。首先进行 BP 神经网络的学习训练。同理建立拓扑结构为 25-13-3 型的 BP 神经网络模型。经过 542 次训练后，网络全局收敛误差很小，为 9.519×10^{-4}，效果较好（如图 5 所示）。

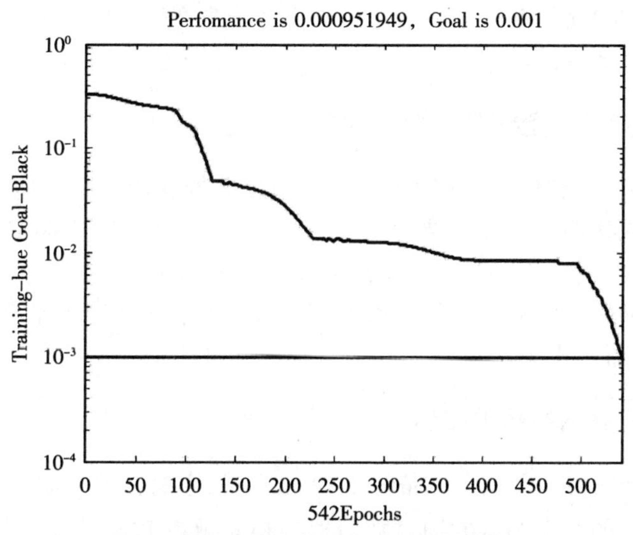

图 5 隐含层单元数为 13 时的训练结果

学习训练之后对余下 20 组企业进行测试验证，验证结果如下（见表 3）：

表 3 随机神经网络模型的期望输出与实际输出值对比表

企业编号	期望输出	实际输出	企业编号	期望输出	实际输出
企业 02	(1，1，1)	(0.9997，0.9402，0.9938)	企业 41	(1，1，1)	(0.9866，0.9397，0.9994)
企业 07	(1，0，0)	(0.9996，0.0148，0.0106)	企业 42	(1，1，1)	(0.9986，0.9911，0.9950)
企业 08	(1，0，0)	(0.9995，0.0682，0.0081)	企业 44	(1，1，1)	(0.9969，0.9788，0.9401)
企业 09	(1，0，0)	(0.9990，0.0963，0.0147)	企业 48	(1，1，0)	(0.9618，0.9992，0.0319)
企业 13	(1，0，1)	(0.9990，0.0639，0.9986)	企业 50	(1，1，0)	(0.9598，0.9977，0.5543)
企业 15	(1，0，1)	(0.9977，0.0002，0.9976)	企业 52	(1，1，0)	(0.9952，0.9948，0.0187)
企业 18	(0，1，1)	(0.0035，0.9993，0.9966)	企业 53	(0，1，1)	(0.0064，0.9995，0.9723)
企业 23	(1，1，1)	(0.9996，0.9917，0.9005)	企业 55	(0，1，1)	(0.0477，0.9927，0.9554)
企业 24	(1，1，1)	(0.9989，0.9888，0.9835)	企业 56	(0，1，0)	(0.7562，0.9993，0.0028)
企业 34	(1，0，1)	(0.9992，0.0179，0.9801)	企业 59	(1，0，1)	(0.9955，0.0531，0.9837)

随机条件下的测试结果表明，测试误差为0.0321，准确率为90%，达到了较高精度，证明所建网络模型正确合理，随机情况下也能很好地识别家族企业的契约治理模式。

四、家族企业契约治理模式选择

在运用BP神经网络模型对家族企业治理模式进行识别的基础上，可以通过家族企业生命周期中契约治理模式的演进分析和家族企业不同契约治理模式的绩效比较，为家族企业契约治理的模式选择提供依据。

（一）家族企业契约治理模式的演进

家族企业规模通常与其发展周期相关：小型企业处在成长期，中型企业处在发展期，而大型企业则处在成熟期。据此，课题组从60家样本企业中随机抽取14家小型企业、12家中型企业和11家大型企业，考察其契约治理模式的演进。将37个家族企业的显性契约治理和隐性契约治理所对应的指标均值作为家族企业显性契约治理强度和隐性契约治理强度的调查数据，分别记作 $y_1=(y_{1,1}, y_{1,2}, \cdots, y_{1,37})$，$y_2=(y_{2,1}, y_{2,2}, \cdots, y_{2,37})$，其中 $i=1, 2, \cdots, 37$，并且将两组数据按如下公式标准化：$y'_{1,i}=\frac{y_{1i}-\overline{y_1}}{var(y_1)}$，$y'_{2i}=\frac{y_{2,i}-\overline{y_2}}{var(y_2)}$，其中 $\overline{y_1}$ 和 $\overline{y_2}$ 分别表示 y_1 和 y_2 的平均值，$var(y_1)$ 和 $var(y_2)$ 分别表示 y_1 和 y_2 的标准差。由此可绘出其契约治理模式的散点图，并通过数值拟合和matlab软件编程在散点图中绘出其拟合曲线（图6）。

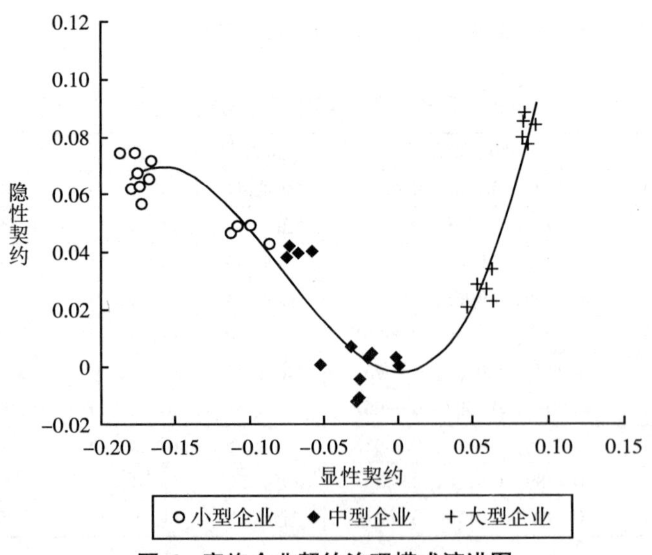

图6　家族企业契约治理模式演进图

由图 6 可知，随着企业规模的扩大，家族企业的契约治理模式呈现 V 型分布的演进规律：①在家族企业发展初期，由于企业内部还没有形成完善的规章制度，国家各种法律法规对企业的规治也处在自发阶段，因而此时家族企业的显性契约治理相对较弱；另外，企业处在创业阶段，家族成员具有相互信任和积极上进的精神，家族文化有效地融入企业管理，因而此时家族企业的隐性契约治理相对较强。二者结合，形成了弱显强隐的契约治理模式。②企业进入发展中期阶段后，企业各项规章制度日趋成熟，国家政府管理逐步到位，显性契约治理逐步强化，转入中显性契约治理；但同时由于外来人员的进入以及家族成员利益分配的均衡性，使得家族企业抱团现象弱化，利他动机衰减，从而强隐性契约治理转入中隐性治理。二者结合形成了中显中隐契约模式。③企业进入成熟阶段后，企业各项规章制度已经完备，政府管理也基本到位，企业进入强显性契约治理模式；同时现代人本管理的企业文化已经建成，企业强隐性契约治理模式逐步形成。二者结合，形成了强显强隐的契约治理模式。

由此可得到有关家族企业契约治理模式选择的第一个结论：家族企业契约治理模式呈 V 型演进规律，即成长期家族企业一般选择弱显强隐契约治理模式，发展期家族企业通常选择中显中隐契约治理模式，成熟期家族企业基本选择强显强隐契约治理模式。

（二）家族企业契约治理模式的绩效

尽管上述分析说明了不同时期家族企业契约治理模式选择的趋势，但这些模式并不代表最具有效率的模式选择。为了分析后一问题，可以通过构建企业绩效评价指针体系比较不同规模家族企业契约治理模式的效率（见表 4）。这些指标分为财务指标和非财务指标，共 6 个一级指标 22 个二级指标。其可计量指标采用定量化区间评定，而定性描述指标则可根据专家综合打分评定，指标权数按国际通行的非尔德法确定，将各项指标加权平均可得到各家族企业的绩效水平。

表 4　家族企业绩效评价指标体系

财务指标		非财务指标	
企业获利能力指标	总资产报酬率	市场绩效指标	市场占有率
	净资产报酬率		市场占有率增长率
	销售净利率		销售增长率
	成本利润率		客户保有率
企业营运能力指标	总资产周转率	企业管理状况	人力资源管理状况
	流动资产周转率		管理者素质
	存货周转率		产品质量与服务水平
	应收账款周转率		技术设备状况
偿债能力指标	资产负债率	创新与发展指标	资本积累率
	已获利息倍数		创新投入率
	现金流量比		企业竞争优势

与前类似，可以将家族企业分为小型企业、中型企业和大型企业。在此基础上，将三类企业各自相同的契约治理模式的绩效水平归为一类，分别记为 J^k_{t1}，J^k_{t2}，…，J^k_{ti}。其中，J^k_{ti}表示第 k（k = 小型企业，中型企业，大型企业）类企业的第 t（t = 1，2，…，9）种契约治理模式中，第 i 个企业的绩效水平。由此可求出第 k 类企业的第 t 种契约治理模式所有企业的平均绩效，即 $J^k_t = \frac{J_{k1} + J_{k2} + \cdots + J_{ki}}{i}$，共有 27 个这样的均值。据此，可建立每类企业的经营绩效 J^k_t与该类企业契约模式 t 的关系，用柱形图表示如下（见图 7）。

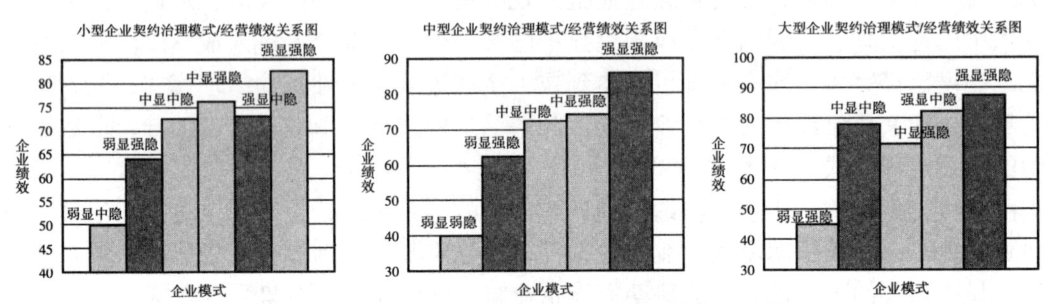

图 7　家族企业契约治理模式与经营绩效关系图

从图 7 可以看出，小型企业经营绩效从高到低所对应的契约治理模式依次是强显强隐、中显强隐、强显中隐、中显中隐、弱显强隐、弱显中隐；中型企业经营绩效从高到低所对应的契约治理模式依次是强显强隐、中显强隐、中显中隐、弱显强隐、弱显弱隐；大型企业经营绩效从高到低所对应的契约治理模式依次是强显强隐、强显中隐、中显中隐、中显强隐、弱显强隐。由此可以看出，无论是大型、中型，还是小型家族企业，强显强隐模式（强强模式）下的企业经营绩效都是最好的。

据此，可得到有关家族企业契约治理模式选择的第二个结论：在条件允许的情况下，强显性契约治理强隐性契约治理模式是家族企业最有效率的契约治理模式。

五、结　语

本文在对家族企业契约治理研究进行综述的基础上，通过运用现代 BP 神经网络理论，对我国家族企业契约治理模式的识别和选择问题进行了探讨，得到以下三个重要结论：

（1）以家族企业契约治理评价指标体系为输入向量，以家族企业契约治理模式为输出向量，按照误差逆传播多层前馈方法构建的家族企业契约治理 BP 神经网络模型，能正确合理地识别家族企业契约治理模式。

（2）对家族企业契约治理模式演进进行研究，得出家族企业契约治理模式选择的第一个结论：家族企业契约治理模式呈 V 型演进规律，即成长期家族企业一般选择弱显强隐契

约治理模式，发展期家族企业通常选择中显中隐契约治理模式，成熟期家族企业基本选择强显强隐契约治理模式。

（3）对不同规模家族企业的不同契约治理模式进行分类分析，得到家族企业契约治理模式选择的第二个结论：在条件允许的情况下，强显性契约治理强隐性契约治理模式是家族企业最有效率的契约治理模式。

对于我国家族企业，传统文化（家文化）在很大程度上影响企业治理模式的选择，加之我国职业经理人市场和金融资本市场不成熟，隐性契约治理倾向明显，这种裙带关系和非制度化治理严重影响了家族企业经营效率和长期生存。因此，从企业长远发展来看，职业化管理是必然趋势，必然要求强化显性契约治理，即便是家族企业创业初期，考虑到未来家族内部成员的利益争端，也应加强显性契约治理，如明晰家族产权和职权。总之，中国家族企业既要重视显性契约治理，又要强化隐性契约治理，家族控制与职业化管理有机结合，制度规范与文化渗透有机结合，加强外部沟通与增进内部协调有机结合，巩固家族关系与发展外部关系有机结合，构筑一个由隐性契约与显性契约“协同治理”的治理模式，即强隐性契约与强显性契约治理为我国家族企业的管理模式。当然，在管理实践中，家族企业“强强”治理模式具体内容还应依据创业者的特质、家族内部管理资源、家族资金及资金需求、企业规模以及外部宏观环境而定。具体如何构建可操作性强的隐性契约与显性契约协同治理模式是将来研究的一个重要主题。

参考文献

[1] Macneil I R. Contracts：Adjustment of long-term economic relations under classical，neoclassical，and relational contract law [J]. Northwestern Universal Law Review，1978，72 (6)：854-905.

[2] Gomez-Mejia L R，Nunez-Nickel M，Gutierrez I. The role of family ties in agency contracts [J]. Academy of Management Journal，2001，44 (1)：81-95.

[3] Baker G，Gibbons R，Murphy K J. Relational contracts and the theory of the firm [J]. Quarterly Journal of Economics，2002，117 (1)：39-84.

[4] Poppo L，Zenger T. Do formal contracts and relational governance function as substitutes or complements? [J]. Strategic Management Journal，2002，23：707-725.

[5] Mustakallio M，Autio E，Zahra S A. Relational and contractual governance in family firms：effects on strategic decision making [J]. Family Business Review，2002，15 (3)：205-222.

[6] Uhlaner L M，Floren R H，Geerlings J R. Owner commitment and relational governance in the privately-held firm：An empirical study [J]. Small Business Economics，2007，29：275-293.

[7] 胡军，朱文胜，庞道满. 劳动契约、交易费用与关系治理——华人家族企业内部治理行为分析 [J]. 暨南学报（哲学社会科学），2002，24 (3)：14-19.

[8] 余立智. 我国民营经济发展中的家族治理问题研究 [J]. 商业研究，2003 (2)：36-39.

[9] 王志明，顾海英. 家族企业契约治理及其实证研究 [J].上海交通大学学报（哲学社会科学版），2004，12 (5)：55-61.

[10] 王加胜. 家族企业的公司治理结构：关系密集型契约安排 [J]. 山东理工大学学报（社会科学版），2006，22 (5)：27-29.

[11] 李新春，陈灿. 家族企业的关系治理：一个探索性研究 [J]. 中山大学学报，2005，45（6）：107-115.

[12] 马丽波，付文京. 产权契约与家族企业治理演进 [J]. 中国工业经济，2006（5）：120-126.

[13] 汤小华. 家族企业治理模式与公司绩效关系的实证分析 [J]. 上海交通大学学报（社会科学版），2008，7（2）：81-85.

[14] 张传洲. 正式契约与非正式契约：家族企业治理结构演进的一个分析框架 [J]. 改革与战略，2007，23（11）：9-11.

[15] 颜佳华，宁国良，盛明科. 基于 BP 神经网络的电子政务绩效评价研究 [J]. 中国管理科学，2005，12（6）：127-128.

A Research on Identifying and Selecting the Contract Governance Mode of Family Enterprises Based on BP Neural Network

TIAN Yin-hua，ZHOU Zhi-qiang，LIAO He-ping，LI Shi-xin

Abstract: Enterprise contracts are divided into dominant contract and recessive contract, so, the contract governance of family enterprises can be divided into nine modes by its strength agreement. The 25-13-3 type BP neural network model, which is constructed in this research by the method of multilayer forward feedback transmitting inversely error, can effectively identify the contract governance mode of family enterprises. It infers that family enterprises in formative, developing and matured period always select respectively the week-dominant and strong-recessive contract governance model, the medium-dominant and medium-recessive contract governance model, and the strong-dominant and strong-recessive contract governance model. The classified analysis about the performance of family enterprises shows that the strong-dominant and strong-recessive contract governance mode is the most efficient in all.

Key Words: family enterprise, BP neural network, the contract governance mode identification, the contract governance mode selection

基于 QSIM 算法的舆论主体行为模拟研究 *

刘怡君　顾基发①

摘要：社会舆论是一个复杂系统，而探寻舆论形成过程中社会公众（舆论主体）的群体行为特征和相互作用关系，进而为有效调控社会舆论的导向更是一项复杂的系统工程。本文以我国 2003 年的 SARS 事件为例，对初期的舆论形成状态，这里特指谣言肆起阶段，基于 QSIM 算法对社会公众的行为进行定性推理及分析。社会舆论的定性推理方法将为从定性到定量研究舆论提供一个桥梁、一种视角和有效途径。

关键词：舆论　QSIM 算法　舆论主体行为

一、引　言

和谐社会离不开和谐的舆论。舆论和谐是社会和谐的重要条件，舆论和谐的程度反映和影响着社会和谐的程度。在构建和谐社会的进程中，要实现各类发展的和谐、各类建设力量的和谐、各种思想观念的和谐、各种利益关系的和谐，都需要正确的舆论导向提供保证 [1]。

至今，舆论还没有一个统一的定义，社会学家注重舆论的社会化产生过程；心理学家更多地关注公众意见表达的心理历程；政治学家侧重于其对决策的影响；物理学家则从舆论的机理模型和定量表达入手加以研究等。但这并不妨碍各领域学者对舆论存在一种普遍的认识 [2-7]：舆论是处于不同历史阶段的社会公众对某些社会现实和现象的主观反映，是群体性的意识、思想、意见和情绪等的综合表现。舆论的主体是社会公众，客体是社会某

---

* 本文选自《管理评论》2011 年第 23 卷第 9 期。

基金项目：国家自然科学基金重大项目（91024010）。

① 作者简介：刘怡君，中国科学院科技政策与管理科学研究所副研究员，博士，中国科学院自然与社会交叉科学研究中心主任助理；顾基发，中国科学院数学与系统科学研究院研究员，中国科学院自然与社会交叉科学研究中心学术委员会副主任。

一焦点事件，本体则是公众对此焦点的倾向性的意见或言论。

作为舆论主体的社会公众，是自主地对外部社会有一定的共同感知，或者对具体的社会现象和问题（舆论的客体）有相近看法（舆论的本体）的人群。舆论主体有多种划分方式，如可分为不同阶层，各阶层持有不同的社会政治态度[5]。目前，我国对社会阶层的划分具有代表性观点的有：朱光磊[8]将中国社会分为四种阶层，分别为基本阶层，包括产业工人、知识分子、官员、农业劳动者和退休职工等；新兴阶层，包括乡镇企业职工、三资企业职工和第三产业职工；复新阶层，包括个体劳动者、私营企业主和失业者等；边缘阶层，包括军人和大学生以及游民和乞丐等。中国社会科学院重大研究项目——“当代中国社会阶层研究”课题组对当代中国社会阶层进行了分析，划分出了“十大阶层”[9]：国家与社会管理阶层、经理阶层、产业工人阶层、农业劳动者阶层、私营企业主阶层、专业技术人员阶层、办事人员阶层、个体工商户阶层、商业服务人员阶层和城市无业、失业和半失业阶层。王来华[5]在《舆情研究概论：理论、方法和现实热点》一书中针对上述十大阶层与舆情的关系分别进行了深入而细致的分析。

对舆论主体的划分还可以从民众在舆论形成过程中所扮演的角色和起到的作用上进行定义。本文将舆论主体划分为三类：第一类是领导型，即意见领袖，引导舆论的形成过程和演化走势；第二类是从众型，即随大流的民众，按照“沉默的螺旋”理论[10]，多数人在心理和情感上依赖着周围的人或服从着意见领袖；第三类是坚定型，即固执己见型，他们抱定对事物的看法，从不改变。

本文将基于群体行为的定性仿真方法，特别是 QSIM 算法对三类舆论主体的行为模式进行分析，获取舆论形成过程中主体的行为演化特征和规律，为国家管理者对舆论的正确引导和调控提供系统和科学的帮助。

二、QSIM 算法

定性仿真是定性推理的一种主要方法，Kuipers[11]提出的基于定性微分方程的 QSIM 算法是定性推理研究领域最为成熟的理论方法之一。QSIM 算法从一个定性约束集和一个初始状态出发，按照一定的推理规则，得到系统中每一个变量的定性变化方向和变化幅度，预测系统未来所有可能的行为[12~15]。

1. 定性状态

QSIM 算法以状态树的形式预测出系统可能的行为，系统的一个特定行为由这棵树的树根结点（初始状态）到叶子结点（终止状态）路径上的所有状态组成，其形式可表示为：

$$\text{behavior}: \{\text{state}(t_0),\ \text{state}(t_0, t_1),\ \text{state}(t_1),\ \cdots,\ \text{state}(t_n)\} \quad (1)$$

对系统分析时，首先在区间中取有限个可区分时间点（time）和一个有限路标值（landmark value）集合，路标值是指可推理函数 f 在行为上有标志性意义的重要点处的取值，表达如下：

$$\text{time}: \{t_0 < t_1 < t_2 < \cdots < t_n\} \tag{2}$$

$$\text{landmark value}: \{l_0 < l_1 < l_2 < \cdots < l_n\} \tag{3}$$

由此定义变量 t 时刻的定性状态为：

$$QS(f, t) = <QVAL(f, t), QDIR(t, t)> \tag{4}$$

其中，<QVAL(f, t), QDIR(f, t)>为二元组，QVAL(f, t) 是推理函数 f 在 t 时刻的路标值，QDIR(f, t) 是其在 t 时刻的方向，具体是：

$$QVAL(f, t) = \begin{cases} l_j & (f(t) = l_j) \\ (l_j, l_{j+1}) & (f(t) \in (l_j, l_{j+1})) \end{cases} \tag{5}$$

$$QDIR(f, t) = \begin{cases} inc & (f'(t) > 0) \\ std & (f'(t) = 0) \\ dec & (f'(t) < 0) \end{cases} \tag{6}$$

2. 定性状态转换

定性仿真是通过由当前定性状态产生其后继状态的一个不断推进的过程。参数从一个定性状态转换到另一个定性状态必须遵守介值定理（Intermediate Value Theorems）和中值定理（Mean Value Theorems）。定性状态转换有两类：一类叫 P 转换，该类转换是从时间点到时间区间的转换；另一类是 I 转换，从时间区间到时间点的转换，P、I 组成了通用函数状态转换表（见表 1）。

表 1 通用函数状态转换表 [13]

P 转换	$QS(f, t_i) \to QS(f, t_i, t_{i+1})$	I 转换	$QS(f, t_{i-1}, t_i) \to QS(f, t_i)$
P_1	$<l_j, std> \to <l_j, std>$	I_1	$<l_j, std> \to <l_j, std>$
P_2	$<l_j, std> \to <(l_j, l_{j+1}), inc>$	I_2	$<(l_j, l_{j+1}), inc> \to <l_{j+1}, std>$
P_3	$<l_j, std> \to <(l_{j-1}, l_j), dec>$	I_3	$<(l_j, l_{j+1}), inc> \to <l_{j+1}, inc>$
P_4	$<l_j, inc> \to <(l_j, l_{j+1}), inc>$	I_4	$<(l_j, l_{j+1}), inc> \to <(l_j, l_{j+1}), inc>$
P_5	$<(l_j, l_{j+1}), inc> \to <(l_j, l_{j+1}), inc>$	I_5	$<(l_j, l_{j+1}), dec> \to <l_j, std>$
P_6	$<l_j, dec> \to <(l_{j-1}, l_j), dec>$	I_6	$<(l_j, l_{j+1}), dec> \to <l_j, dec>$
P_7	$<(l_j, l_{j+1}), dec> \to <(l_j, l_{j+1}), dec>$	I_7	$<(l_j, l_{j+1}), dec> \to <(l_j, l_{j+1}), dec>$
		I_8	$<(l_j, l_{j+1}), inc> \to <l^*, std>$
		I_9	$<(l_j, l_{j+1}), dec> \to <l^*, std>$

注：其中 I_8 和 I_9 转化发现了新的路标值 l^*，$l_j < l^* < l_{j+1}$。

QSIM 算法中还有 6 种约束关系（ADD，MULT，MINUS，DERIV，M+，M-），分别代表了加、乘、反、微分、单调增和单调减的意思。算法的操作步骤将在本文下节中，针对具体的研究对象加以阐述。

三、基于 QSIM 算法的舆论主体行为仿真

社会舆论是一个复杂系统[16]，而探寻舆论形成过程中社会公众（舆论主体）的群体行为特征和相互作用关系，进而为有效调控社会舆论的导向更是一项复杂的系统工程。本文将以我国 2003 年的 SARS 事件为例，对初期的舆论形成状态，这里特指谣言肆起阶段，基于 QSIM 算法对社会公众的行为进行定性推理及分析。

1. 舆论主体及其行为特征的分类与定义

SARS 事件初期由于信息渠道的不统一、不畅通、不确定，致使社会公众对自己的生存环境表示担忧、焦虑，甚至恐慌。据严三九、徐晖明[17]等人的调查结果显示：SARS 初期，广州市民对该疾病的传言，有 56.1%的人半信半疑；有 20.3%的人确信不疑；基本不信和毫不相信的人分别占 10%和 7.9%，后两者之和低于确信不疑的人。人们基本盲目地“从众”跟风，被谣言所迷惑，并随意散布谣言，在此期间的人际互动过程中，谣言压倒性地占据了多数意见，人们更加坚信谣言。之后经有关部门的多方努力和主流媒体的多次辟谣报道，才逐步树立了良好的舆论环境，纠正了舆论的导向，社会公众渐渐趋于理性，使谣言最终破灭。

根据本文对舆论主体角色及其作用的分类，结合严三九等人的社会调查结果，可将 SARS 事件中的舆论主体（广州市民）分为三类：第一类是对谣言“确信不疑者”，我们将其称作“意见领袖”，在舆论形成过程中具有较强的领导力；第二类是对谣言“半信半疑者”，他们对事情没有强烈看法，服从多数人的行动，属随大流型，我们将其称作“从众者”；第三类则是对谣言“基本不信和毫不相信的人”，他们相信政府，态度坚定，对这次谣言的形成起到“负作用”，表现出了不合群的特征，相当于“异类”，我们将其称作“固执己见者”。

设 SO_1、SO_2、和 SO_3 分别表示这三类舆论主体的行为能力，SO 代表舆论（谣言）形成的状态强度，它们的取值及其含义如下：

$$SO_1=\begin{cases}-1 \text{ 意见领袖的领导力低}\\0 \text{ 意见领袖的领导力一般}\\1 \text{ 意见领袖的领导力高}\end{cases} \tag{7}$$

$$SO_2=\begin{cases}-1 \text{ 从众者的服从力低}\\0 \text{ 从众者的服从力一般}\\1 \text{ 从众者的服从力高}\end{cases} \tag{8}$$

$$SO_3=\begin{cases}-1 \text{ 固执己见者的坚持力低}\\0 \text{ 固执己见者的坚持力一般}\\1 \text{ 固执己见者的坚持力高}\end{cases} \tag{9}$$

$$SO=\begin{cases}-1\ 舆论（谣言）形成度低\\0\ 舆论（谣言）形成度一般\\1\ 舆论（谣言）形成度高\end{cases} \tag{10}$$

外部环境（E_E）和内部环境（E_I）对舆论主体的行为表现起着至关重要的作用，是决策要素。其中，外部环境包括相关的法律法规、媒体宣传及其导向等；内部环境涉及已有的约定俗成或宗教信仰等。

设 e_E 和 e_I 分别表示谣言形成过程中外部和内部环境的决策变量，其影响程度表示为：

$$e_E\ 或\ e_I=\{-,\ 0,\ +\} \tag{11}$$

其中，"-"表示影响程度为"小"，"0"表示"一般"，"+"表示"大"。

2. 舆论主体相互作用的定性表示

外部和内部环境作为决策变量，将对不同类型的舆论主体，即状态变量之间产生相互作用，本文将外部和内部环境统一为一个"媒体错误引导"的谣言环境（e），如图 1 所示。

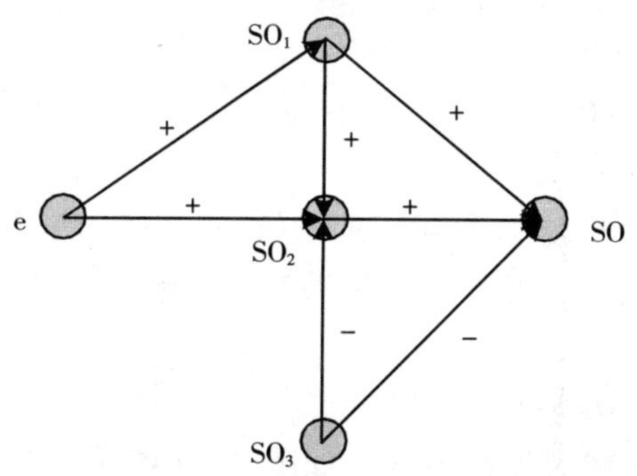

图 1　舆论主体行为变化中各因素相互作用关系图

基于 QSIM 算法中的定义，状态变量是一个二元组，其中，l_j 的取值为 {-1，0，1}，方向表示为 {-，0，+}；决策变量是一元组，表示见（11）式所示。

3. 基于 QSIM 算法的舆论主体行为定性模拟

（1）算法步骤。

Step 1，确定决策变量的状态；

Step 2，对每个参数按转换表找出所有可能的转移，即后续行为；

Step 3，依约束关系，过滤掉与约束不一致的元组；

Step 4，对元组进行配对一致性过滤，即具有相同函数的元组须对同一函数转换一致；

Step 5，从过滤后剩余下的元组中加以组合，生成所有可能的全局解释；

Step 6，判断活动状态表是否为空，若空，结束；否则，转到 Step 1。

（2）舆论主体行为的定性模拟。

本文将研究两个时间点 t_0、t_1 和一个时间区间 [t_0，t_1] 情景下的模拟推理过程，利用通用函数状态转换表（见表 1），生成新的后继状态，依据 QSIM 算法步骤，对推理过程进行过滤和解释。

①初始条件：

初始时刻 t_0，给定决策变量的状态 QS(e，t_0) = <+>，即外界媒体在不知真相的情况下，更多地采取猜测和臆断等误导民众。

②推理过程：

a. $t = t_0$：

QS(e，t_0) = <+>，QS(SO_1，t_0) = <0，0>，QS(SO_2，t_0) = <0，0>，QS(SO_3，t_0) = <0，0>，QS(SO，t_0) = <0，0>。

b. $t = (t_0，t_1)$：

这是由时间点向时间区间的转移，是 P 转换。由状态转移规则表可以得到状态变量的后继状态为：

SO_1：P_2 = >QS(0，0) = <(0，1)，+>

解释："意见领袖"是谣言形成的组织者和领导者，因此，当谣言环境（e）的影响程度大时，他们将更加活跃，其领导力从"一般"进入"高"，发展趋势也从"持平"转变"上升"状态，如图 2(a) 所示。

SO_2：P_2 = >QS(0，0) = <(0，1)，+>

P_1 = >QS(0，0) = <0，0>

解释："从众者"受谣言环境（e）和"意见领袖"（SO_1）的影响，保持与"意见领袖"一样的状态；抑或是，"固执己见者"的意见潜在地影响了"从众者"，使他们保持初始状态，如图 2(b) 所示。

SO_3：P_1 = >QS(0，0) = <0，0>

解释："固执己见者"的状态保持不变，如图 2(c) 所示。

SO：P_2 = >QS(0，0) = <(0，1)，+>

P_1 = >QS(0，0) = <0，0>

解释：谣言的形成，受到"意见领袖"（SO_1）和"从众者"（SO_2）的"正面"影响，可采用 P_2 规则转换；但也要考虑，受"固执己见者"（SO_3）的"负面"影响，保持原态，即状态为<0，0>，如图 2(d) 所示。

此时，新的状态描述为：

SO_1：<(0，1)，+>

SO_2：<(0，1)，+>，<0，0>

SO_3：<0，0>

SO：<(0，1)，+>，<0，0>

c. $t = t_1$：

这是由时间区间向时间点的转移，是 I 转换。由状态转移规则表可以得到状态变量的后继状态为：

SO_1：I_3 = > <1，+>

SO_2：I_3 = > <1，+>

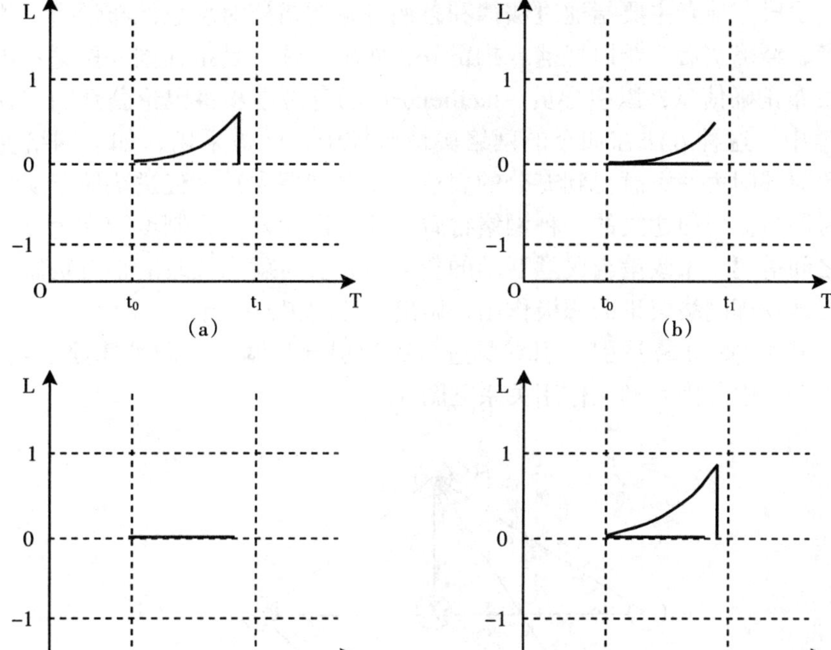

图 2 （t_0，t_1）时刻内 P 转换的图形解释

I_4 = > <(0，1)，+>

I_1 = > <0，0>

SO_3：I_1 = > <0，0>

SO：I_3 = > <1，+>

I_4 = > <(0，1)，+>

I_1 = > <0，0>

最后，谣言分成两种状态，即得以形成和没有形成，其状态表示如表 2 所示：

表 2 t_1 时刻谣言状态的推理结果

谣言得以形成 <SO_1，SO_2，SO_3；SO>	谣言没有形成 <SO_1，SO_2，SO_3；SO>
<I_3，I_3，I_1；I_3>	<I_3，I_1，I_1；I_1>
<I_3，I_4，I_1；I_3>	
<I_3，I_3，I_1；I_4>	
<I_3，I_4，I_1；I_4>	

4. 基于 QSIM 定性模拟方法的舆论引导与调控

舆论的引导和调控需要政府的有效干预。一般情况下，干预（intervene）可分为“硬”

手段和“软”手段。前者主要指通过法律和条例等强制措施对恶意散布谣言，挑动不明群众恐慌情绪者，经确实后，予以逮捕或拘留等；而软干预，是指在同一舆论氛围中，公开事实真相，发布正确信息，以引导员（facilitator）的身份逐步将舆论公众的“视线”拉回到正确的轨道中。这种方法在如今的网络舆情监控中，多被采用，如“网络发言人”制度，具体是政府部门为使民意得到充分的表达，又要把握主动，促进决策落实，部分政府机构积极应对网络监督而建立的一种网络行政制度。网络发言人制度旨在为互联网在普通民众与政府之间搭建一条政策与民意互动的新通道，及时就有关政府信息披露的帖子进行回复，以更好地发挥网络舆论的积极作用，做出正确的舆论引导。

本文中，基于 QSIM 算法引入引导员进行舆论引导与调控，即破坏谣言生成。此时，舆论主体行为变化中各因素相互作用关系见图 3：

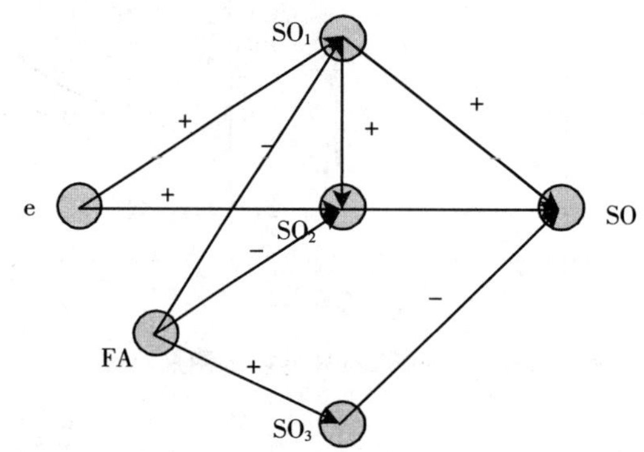

图 3 加入引导员下的舆论主体行为变化中各因素相互作用关系图

推理规则和过程同理于本文第三章第三节的第（2）部分，具体不再推导。受引导员影响，SO_1 和 SO_2 的 P 转换状态中，分别增加了 $P_1 = ><0，0>$和 $P_3 = ><(-1，0)，->$，即方向背离谣言生成。

经过 I 转换，状态变量的后继状态为：

SO_1：I_2

SO_2：I_4，I_6，I_7

SO_3：I_1

SO：I_2，I_4，I_1，I_6，I_7

此时，加入引导员后，谣言形成状态如表 3 所示：

表 3 加入引导员后的谣言状态的推理结果

谣言得以形成 <SO_1，SO_2，SO_3；SO>	谣言没有形成 <SO_1，SO_2，SO_3；SO>	
<I_2，I_4，I_1；I_2>	<I_2，I_6，I_1；I_1>	<I_2，I_7，I_1；I_1>
<I_2，I_4，I_1；I_4>	<I_2，I_6，I_1；I_6>	<I_2，I_7，I_1；I_6>
	<I_2，I_6，I_1；I_7>	<I_2，I_7，I_1；I_7>

经过政府软干预，即加入引导员机制，基于 QSIM 算法分析的结果显示出，谣言得以形成的状态比不加入引导员时减少 2 个，而谣言没有形成的状态由原来的 1 种变为 6 种。可见，软干预机制有助于舆论引导和调控，目前南京市推出了 90 个部门的网络发言人，其力度之大国内罕见。而更让人注意的是，南京还要求网络发言人针对网帖，要在 24 小时内予以回复，此举更被舆论评价为网络发言人制度的一大进步。

四、结　语

定性仿真是处理不完备信息的有效方法，随着其理论研究的不断深入，在工业、医疗、人工智能、生态环境、社会学、非线性系统等越来越多的领域中得到了大量的应用。

本文应用定性仿真中的 QSIM 算法对不同类型舆论主体行为进行了模拟推理研究，虽然所假设的舆论主体间的关系较为简单，但这种将定性推理方法用在社会舆论的研究中，将成为舆论研究从定性走向定量的一种新视角和有效途径，本文的目的亦是期望可以将社会问题用自然科学和社会科学相交叉的方法加以研究和实现。

本文的研究还很初步，下一步的工作主要将集中在以下两点：一是将 QSIM 算法与 CA（Cellular Automata，元胞自动机）相结合，应用 QSIM 算法推理出舆论主体行为的运动规则，再利用 CA 算法及其可视化手段加以仿真分析；二是定性模拟结果需要结合专家的经验加以判断，因此，还需与“专家会商系统”加以对接。

参考文献

[1] 努力营造和谐舆论促进构建和谐社会［EB/OL］.［2005-10-25］www.gov.cn.

[2] 邵培仁. 20 世纪中国新闻学与传播学（宣传学和舆论学卷）［M］. 上海：复旦大学出版社，2002.

[3] 陈力丹. 舆论学——舆论导向研究［M］. 北京：中国广播电视出版社，1999.

[4] 刘建明. 社会舆论原理［M］. 北京：华夏出版社，2002.

[5] 王来华. 舆情研究概论：理论、方法和现实热点［M］. 天津：天津社会科学院出版社，2003.

[6] 刘怡君，牛文元. 基于社会物理学的舆论形成和演化研究［J］. 中国应急管理，2008，15（3）：28-32.

[7] Liu Y J，Gu J F. Systems analysis and modeling of opinion infection［C］. IEEE International Conference on Systems，Man and Cybernetics，2008，10：484-488.

[8] 朱光磊. 当代中国社会阶层分析［M］. 天津：天津人民出版社，1998.

[9] 陆学艺. 当代中国社会阶层研究报告［M］. 北京：社会科学文献出版社，2002.

[10] 伊丽莎白·诺尔·诺依曼. 沉默的螺旋：舆论——我们的社会皮肤［M］. 北京：中国社会科学出版社，2000.

[11] Kuripers B. J. Qualitative Simulation［J］. Artificial Intelligence，1986，29（3）：289-338.

[12] 邵晨曦，白方舟. 定性仿真技术及应用［J］. 系统仿真学报，2004，16（2）：202-209.

[13] 胡斌. 群体行为的定性模拟原理与应用 [M]. 武汉：华中科技大学出版社，2006.

[14] 刘广锋. 定性仿真理论研究及其应用 [J]. 福建电脑，2008 (3)：1-2.

[15] 贾传亮，池宏，孙颖，李桂君. 基于 QSIM 算法的突发事件应急处置过程模拟研究 [J]. 中国管理科学，2007，15：740-744.

[16] 钱学森. 创建系统学 [M]. 太原：山西科学技术出版社，2001.

[17] 严三九，徐晖明. 广州非典型肺炎事件中的流言传播调查 [J]. 华东师范大学学报 (哲学社会科学版)，2004，36 (3)：82-88.

Study on the Group Behavior of Public Opinion Based on QSIM Algorithm

LIU Yi-jun，GU Ji-fa

Abstract：Public opinion is a complex system，and effective control of the social public opinion is a more complicated system engineering through exploring individual's interactions and group behavior characteristics during the formation of public opinion. This paper explores the rumor of SARS accident using the qualitative reasoning and analysis method based on QSIM algorithm，which aims at qualitative and quantitative research on the public opinion with a new perspective and a practical way.

Key Words：public opinion，QSIM Algorithm，group behavior of public opinion

基于邻域粗糙集属性约简的对偶约束式 LS-SVM 财务困境预测模型研究 *

赵冠华 ①

摘要： 为了提高财务困境预测的正确率，改善模型预测的效果，将邻域粗糙集和遗传算法应用于对偶约束式最小二乘支持向量机，提出了一种基于邻域粗糙集属性约简的对偶约束式最小二乘支持向量机预测模型。同时，给出了这一改进模型的实现步骤。实证结果表明，通过邻域粗糙集指针预处理和遗传算法参数优化后，不但提高了模型预测的正确率，还降低了模型运行的时间，证实了该模型应用于财务困境预测是有效的。

关键词： 邻域粗糙集　对偶约束　最小二乘支持向量机　遗传算法　财务困境预测

一、引　言

随着各种财务困境预测方法的提出，有关财务困境预测的研究成果也日渐丰富。Beaver [1] 和 Altman [2] 最早使用一元判别分析（UDA）和多元判别分析（MDA）模型，随后，Ohlson [3] 等提出了逻辑回归（LR）模型。但这些传统统计类预测模型在使用上都有一定的限制条件，方法本身也存在一定的局限性。为了解决这些问题，一些人工智能型预测模型被广泛应用到财务困境预测中，并取得了较好的效果。

Odom [4] 第一次把人工神经网络（ANN）模型应用于财务困境预测研究中，并与传统的 MDA 模型进行了比较研究；杨淑娥 [5]、李秉祥 [6] 也用 ANN 模型对公司的财务状况

---

* 本文选自《运筹与管理》2011 年第 20 卷第 3 期。

基金项目：国家自然科学基金资助项目（70840018）；山东省科技攻关计划项目（2008GG30009005）；山东省软科学研究计划项目（2008RKA223）。

① 作者简介：赵冠华（1962-），男，管理学博士，山东财政学院会计学院副教授，研究生导师，研究方向：财务决策支持系统、管理系统分析与决策、机器学习与优化理论。

进行了分类预测并取得了较好的效果。ANN 相对于传统统计类模型的优势在于，它能够同时处理定性变量和定量变量，而且无须考虑变量之间的统计关系。但 ANN 模型的拓扑定义较难实现，模型计算量较大以及判别能力不强等。

Fan A 等[7]最早建立了支持向量机（Support Vector Machine，SVM）财务危机预警模型；Jae H. M. in 和 Young-Chan Lee[8]采用表格搜索技术对 SVM 核函数参数进行优化后，建立的 SVM 预警模型，预测效果优于 MDA、LR 和 ANN 模型；李贺[9]的研究也表明：SVM 模型的预测性能优于 ANN 模型。SVM 在经验风险最小化的前提下采用结构风险最小化的原则，它可以在很大程度上提高模型的泛化能力，但是传统的 SVM 模型也同样存在错误分类导致经验风险升高的问题，特别是当样本点与最优超平面十分接近的时候，这种误分类的经验风险显著升高。另外，传统 SVM 需要求解一个二次规划问题，求解难度大，且占用较多的运行时间和空间。

Suykens[10]等提出了最小二乘支持向量机（Least Squares Support Vector Machine，LS- SVM），其核心思想就是用等式约束替换标准 SVM 中的不等式约束。从而，将一个二次规划问题转换成了一个线性方程组去求解，大大降低了求解的难度，收敛速度也快于 SVM 模型。Van Gestel T.等[11]利用 LS-SVM 构建了财务危机预警模型，模型的判别准确率高达 86%；国内利用 LS-SVM 模型进行财务困境预测的较少，林红华[12]选取了 8 个财务指标作为 LS-SVM 的输入变量，采用人工方法获取模型和核参数，取得了较好的预测效果。但采用这种方法获得的参数值工作量大，且容易陷入局部最优解。

本文在上述研究的基础上，作了以下几点尝试：①将邻域粗糙集属性约简算法应用于预选指标变量的优化，并与经典粗糙集和因子分析法进行比较；②在传统 LS-SVM 模型的约束条件中，通过增加对偶约束项改进核函数的方法，来改善模型的预测效果；③在LS-SVM 模型参数的选取中，采用遗传算法对模型参数进行自动寻优。

二、对偶约束式 LS-SVM

LS-SVM 的一般性描述如下：给定 l 个训练样本的集合 $\{(x_i, y_i), i=1, 2, \cdots, l\}$，第 i 个输入数据为 $x_i \in R^n$，第 i 个输出数据 $y_i \in \{+1, -1\}$ 为二分变量。LS-SVM 就是构造一个分类函数：

$$f(x) = \operatorname{sgn}[w^T\phi(x) + b] \tag{1}$$

使得样本 x 能够被 f(x) 正确分类，即求解下面的优化问题：

$$\min \frac{1}{2}w^Tw + \frac{1}{2}C\sum_{i=1}^{l}\xi^2 \tag{2}$$

$$\text{s.t.}\quad y_i[w^T\phi(x_i) + b] = 1 - \xi_i,\ i = 1, 2, \cdots, l \tag{3}$$

其中，$w = (w_1, w_2, \cdots, w_l)^T$ 为权重向量，它是一个垂直于分类超平面的向量，C 是惩罚因子，ξ_i 是一个大于零的松弛变量，$\phi(x_i)$ 称为映像函数，b 为常数项偏差。

现在（3）式的基础上，再增加一项约束条件：

$$w^T\phi(x_i) = aw^T\phi(-x_i),\ i = 1, 2, \cdots, l \tag{4}$$

其中，当非线性函数为奇函数时，a = 1，偶函数时，a = −1。

(2)~(4) 式的对偶问题为 Lagrange 多项式：

$$L(w, b, \xi_i, \alpha_i, \beta_i) = \frac{1}{2}w^Tw + \frac{1}{2}C\sum_{i=1}^{l}\xi_i^2 - \sum_{i=1}^{l}\alpha_i[w^T\phi(x_i) + b + \xi_i - y_i] - \sum_{i=1}^{l}\beta_i[w^T\phi(x_i) - aw^T\phi(-x_i)] \tag{5}$$

其中，α_i 为 Lagrange 乘子，将（5）式分别对 w、b、ξ_i、α_i、β_i 求偏导数并令其等于零，根据 Karush–Kuhn–Tucker（KKT）互补条件，同时考虑到 $y_i \in \{+1, -1\}$，有：

$$\begin{cases} w = \sum_{i=1}^{l}(\alpha_i + \beta_i)\phi(x_i) - a\sum_{i=1}^{l}\beta_i\phi(-x_i) \\ \sum_{i=1}^{l}\alpha_i = 0 \\ C\xi_i = \alpha_i \\ y_i = w^T\phi(x_i) + b + \xi_i \\ w^T\phi(x_i) = aw^T\phi(-x_i) \end{cases} \tag{6}$$

消去 ξ_i 和 w 后，可得到如下的线性方程组：

$$\begin{vmatrix} 0 & \_1^T \\ \_1 & (\Omega + a\Omega^*)/2 + I/C \end{vmatrix} \begin{vmatrix} a \\ b \end{vmatrix} = \begin{vmatrix} 0 \\ Y \end{vmatrix} \tag{7}$$

其中，$\_1 = (1, 2, \cdots, 1)^T$，$\Omega_{ij} = y_iy_jK(x_i, x_j)$，$\Omega_{ij}^* = y_iy_jK(-x_i, x_j)$，$Y = (y_1, y_2, \cdots, y_l)^T$，$\alpha = (\alpha_1, \alpha_2, \cdots, \alpha_l)^T$，I 是单位矩阵，$\forall i, j = 1, 2, \cdots, l$。

求解该线性方程组，并将内积运算用满足 Mercer 条件的对称核函数 $K(x_i, x_j) = \phi(x_i)(x_j)$ 来代替，从而得到对偶约束式 LS-SVM 的分类预测模型：

$$\begin{aligned} y_i &= \frac{1}{2}\sum_{i=1}^{l}[w^T\phi(x_i) + aw^T\phi(-x_i)] + b + \frac{1}{C}\alpha_i \\ &= \frac{1}{2}\sum_{i=1}^{l}\alpha_i[K(x_i, x_j) + aK(-x_i, x_j)] + b + \frac{1}{C}\alpha_i \end{aligned} \tag{8}$$

令 $K_{equ}(x_i, x) = \frac{1}{2}[K(x_i, x) + aK(-x_i, x)]$，并引入符号函数，则（8）式等价于：

$$f(x) = sgn[\sum_{i=1}^{l}\alpha_iy_iK_{equ}(x_i, x) + b] \tag{9}$$

（9）式中，b、α 由（7）式求得，y_i 根据训练样本性质确定，当样本为 ST 公司时，$y_i = -1$，否则，$y_i = +1$。$K_{equ}(x_i, x)$ 是核函数，本文采用高斯核，它的表达式为 $K_{equ}(x_i, x) = \exp(-|x_i - x|^2/2\sigma^2)$，$\sigma^2$ 为高斯核参数。σ^2 和前述的惩罚因子 C 对模型的预测结果有直接的影

响，本文采用遗传算法自动寻找最优的 σ^2 和 C 值。

三、邻域粗糙集与属性约简算法

（一）邻域粗糙集

粗糙集是由 Pawlak 教授于 1982 年提出来的，它用粗糙逼近的方法从大量的、杂乱无章的、强干扰的数据中筛选、挖掘出潜在的、有重要价值、不可缺少的信息[13]。因此，粗糙集被广泛应用于属性约简、决策规则提取、分类预测等领域。但经典粗糙集只适合处理名义变量，对于数值型数据要通过各种方法将其离散化，而离散化处理又不可避免地带来有效信息的损失[14]。

T. Y. Lin[15] 最早提出了邻域模型的概念，该模型通过空间点的邻域来粒化论域空间。它将邻域理解为基本信息粒子，用来描述空间中的其他概念。胡清华等[16] 利用邻域模型在经典粗糙集理论的基础上进行改进，提出了邻域粗糙集模型的概念。邻域粗糙集模型是以实数空间中的每一个点形成一个 δ 邻域，δ 邻域族构成了描述空间中任一概念的基本信息粒子，它的基本描述如下：

对于信息系统 IS = <U，A，V，f>，其中 $U=\{x_1, x_2, \cdots, x_n\}$ 表示非空有限集合，称为论域，对财务困境预测而言，论域由样本空间集合构成，A 是属性集合，这里指的是预测指标集，V 是值域。f：U × AV 是一个信息函数，表示样本与其属性取值的对应映像关系。如果 $A=C\cup D$，其中，C 是条件属性集，D 是决策属性集，且要求 $C\cap D=f$，则 IS = <U，A，f，V>是一个决策表。给定 $x_i\subseteq U$ 且 $B\subseteq C$，则 x_i 的在属性集合 B 的邻域可以定义为

$$\delta_B(x_i)=\{x_i | x_i\in U, \Delta_B(x_1, x_2)\leqslant\delta\} \tag{10}$$

其中，Δ 是距离函数，对于 $\forall x_1, x_2, x_3\in U$，Δ 满足如下关系：

$$\begin{cases}\Delta(x_1, x_2)\geqslant 0, \Delta(x_1, x_2)=0，当且仅当 x_1=x_2\\ \Delta(x_1, x_2)=\Delta(x_2, x_1)\\ \Delta(x_1, x_2)\leqslant\Delta(x_1, x_2)+\Delta(x_2, x_3)\end{cases} \tag{11}$$

对于 N 个属性的样本集，距离可用 P 范数表示：

$$\Delta_P(x_1, x_2)=(\sum_{i=1}^{N}|f(x_1, a_i)-f(x_2, a_i)|^P)^{1/P} \tag{12}$$

其中，$f(x_i, a_i)$ 为样本 x_i 在属性 a_i 上的取值。$\Delta_P(x_1, x_2)$ 是对于数值型属性集而言的，但邻域模型很容易将距离计算扩展到含有符号和数值型的数据上来，对于符号型属性 a_i，可以定义：

$$\begin{cases} f(x_1,\ a_i)-f(x_2,\ a_i)=0,\ 当\ x_1,\ x_2\ 在\ a_i\ 上取值相同时 \\ f(x_1,\ a_i)-f(x_2,\ a_i)=1,\ 当\ x_1,\ x_2\ 在\ a_i\ 上取值相同时 \end{cases} \tag{13}$$

从而，邻域粗糙集的下近似和上近似分别定义为：

$$\begin{cases} \underline{N}X=\{x_i|\delta(x_i)\subseteq X,\ x_i\in U\} \\ NX=\{x_i|\delta(x_i)\cap X\neq f,\ x_i\in U\} \end{cases} \tag{14}$$

则对应 X 的近似边界为 $BN(X)=NX-\underline{N}X$。

对于一个邻域决策系统 NDT = <U，C∪D，V，f>，D 将 U 划分为 N 个等价类：X_1，X_2，…，X_N，$\forall B\subseteq C$，定义决策 D 关于 B 的下近似、上近似及决策边界分别为：

$$\underline{N_B}D=\bigcup_{i=1}^{N}\underline{N_B}X_i \tag{15}$$

$$\overline{N_B}D=\bigcup_{i=1}^{N}\overline{N_B}X_i \tag{16}$$

$$BN(D)=\overline{N_B}D-\underline{N_B}D \tag{17}$$

决策 D 的下近似亦称为决策正域，记为 $POS_B(D)$。正域的大小反映了分类问题在给定属性空间中的可分离程度，正域越大，表明各类的重叠区域即边界越少。因此，定义决策属性 D 对条件属性的依赖性 B 为：

$$\gamma_B(D)=\frac{|POS_B(D)|}{|U|} \tag{18}$$

（18）式表示样本集合中根据条件属性 B 的描述，能够被某一类决策完全包含的样本所占全体样本的比率。

（二）邻域粗糙集属性约简算法

由于影响企业财务困境的指标多达几十个，这些指针数据间往往存在大量的信息重叠，它们不仅影响到支持向量机的推广能力，还会使支持向量机的结构变得复杂。因此，可以借助邻域粗糙集理论来对众多的备选指针（条件属性）进行属性约简，即在保持分类能力不变的前提下，剔除冗余属性，在降低财务困境预测成本的同时减少噪声，提高预测精度。本文在文献［16］的基础上，结合财务困境预测的实际，给出了一种快速属性约简算法，并利用条件属性对决策属性的依赖性进行度量，对各属性进行加权处理。该算法在 MATLAB R2007 上编程实现，具体步骤如下：

输入：决策表<U，C，D，V，f>

输出：约简 red

Step 1：对条件属性集 C 里的每一个值，利用公式 $x=(x-x_{min})/(x_{max}-x_{min})$ 将所有数值型属性都标准化到［0，1］；

Step 2：即初始化 red = f，即初始化待检验样本集 sam_chk = U；

Step 3：flag = 1；

Step 4：while sam_chk ≠ f;

Step 5：for each $k_i \in (C - red)$；

Step 6：DT_i = <U，red∪k_i，D，V，f>；

Step 7：初始化 $POS_i = f$；

Step 8：for each $a_j \in$ smp_chk；

Step 9：计算 a_j 在 DT_i 下的邻域 $\delta(a_j)$；

Step 10：如果 $\delta(a_j)$ 各样本决策属性 D 取值相同；

Step 11：$POS_i = POS_i \cup a_j$；

Step 12：end if;

Step 13：end for;

Step 14：if flag = 1；

Step 15：$\gamma_i = \frac{POS_i}{smp\_chk}$；

Step 16：end for;

Step 17：flag = 0；

Step 18：找出最大 POS_i 的和对应的 k_i；

Step 19：if$POS_i \neq f$；

Step 20：red = red∪k_i；

Step 21：smp_chk = smp_chk−PSO_i；

Step 22：else;

Step 23：退出 while 循环；

Step 24：end if;

Step 25：end while;

Step 26：return red;

Step 27：对约简后的训练样本集进行属性加权，分别乘以相应的属性重要度 γ_i。

四、实证研究

（一）样本的来源及选取

本文的研究数据来自深圳国泰安信息技术有限公司开发的 CSMAR 数据库，从沪深两市随机抽取了 2004~2009 年 384 家 A 股上市公司作为研究样本，剔除金融类和数据不全的样本，剩下的 352 家 A 股上市公司作为最终的研究样本，其中，120 家作为测试样本，其余 232 家作为训练样本。训练样本和测试样本分别按照 1 : 1 原则配对，即训练样本中有 116

家非 ST 公司，116 家 ST 公司，测试样本中分别有 60 家非 ST 公司和 60 家 ST 公司。

（二）初始变量集的选择

由于导致企业财务困境的因素既有财务方面的，也有非财务方面的，因此，本文在国内外相关学者指标选择的基础上，不但选用了财务指标，还引入了非财务指标，而且，在某些指标的选取上作了新的尝试，如表 1 所示。

表 1　本文选定的财务指标和非财务指标

<table>
<tr><th>指标性质</th><th>指标名称</th><th>指标性质</th><th>指标名称</th></tr>
<tr><td rowspan="3">短期偿债能力</td><td>流动比率（X_1）</td><td rowspan="3">成长能力</td><td>固定资产增长率（X_{17}）</td></tr>
<tr><td>速动比率（X_2）</td><td>总资产增长率（X_{18}）</td></tr>
<tr><td>营运资金对资产总额比率（X_3）</td><td>净利润增长率（X_{19}）</td></tr>
<tr><td rowspan="4">长期偿债能力</td><td>资产负债率（X_4）</td><td rowspan="4">现金流量</td><td>主营业务收入现金比率（X_{20}）</td></tr>
<tr><td>长期负债比率（X_5）</td><td>每股经营活动现金净流量（X_{21}）</td></tr>
<tr><td>有形净值债务率（X_6）</td><td>每股现金净流量（X_{22}）</td></tr>
<tr><td>应收账款周转率（X_7）</td><td>销售现金比率（X_{23}）</td></tr>
<tr><td rowspan="3">营运能力</td><td>存货周转率（X_8）</td><td rowspan="3">股本结构</td><td>高管持股比例（X_{24}）</td></tr>
<tr><td>固定资产周转率（X_9）</td><td>国有股比例（X_{25}）</td></tr>
<tr><td>总资产周转率（X_{10}）</td><td>董事长和总经理兼任情况（X_{26}）</td></tr>
<tr><td rowspan="6">盈利能力</td><td>主营业务利润率（X_{11}）</td><td rowspan="2">公司治理</td><td>董事人数（X_{27}）</td></tr>
<tr><td>资产报酬率（X_{12}）</td><td>监事总规模（X_{28}）</td></tr>
<tr><td>总资产利润率（X_{13}）</td><td rowspan="2">企业规模</td><td>高管人数（X_{29}）</td></tr>
<tr><td>固定资产利润率（X_{14}）</td><td>资产的对数（X_{30}）</td></tr>
<tr><td>净资产收益率（X_{15}）</td><td></td><td></td></tr>
<tr><td>主营业务收入增长率（X_{16}）</td><td></td><td></td></tr>
</table>

（三）指标数据的预处理

本文分别采用因子分析法和邻域粗糙集约简法对预选指标进行预处理，以便比较这两种方法对财务困境预测效果的影响。

（1）因子分析法。首先，用 Wilcoxon 符号秩法对样本的 31 个指针进行显著性差异检验，其次，再对这些存在显著性差异的变量进行因子分析，以消除变量间存在的多重共线性。经因子分析处理后，最终确定有 8 个因子，它们包含了 16 个原始指标，这 8 个因子就是模型的输入变量。8 个因子及其所包含的指标见表 2。

表 2　因子分析处理后的公共因子及其包含的财务指标

公共因子	公共因子包含的指标	公共因子	公共因子包含的指标
F_1	主营业务利润率（X_{11}）、资产报酬率（X_{12}）、总资产利润率（X_{13}）、固定资产利润率（X_{14}）、净资产收益率（X_{15}）	F_5	销售现金比率（X_{23}）
F_2	流动比率（X_1）、营运资金对资产总额比率（X_3）、资产负债率（X_4）	F_6	国有股比例（X_{25}）
F_3	总资产周转率（X_{10}）、主营业务收入增长率（X_{16}）	F_7	应收账款周转率（X_7）
F_4	主营业务收入现金比率（X_{20}）、每股经营活动现金净流量（X_{21}）	F_8	净利润增长率（X_{19}）

（2）邻域粗糙集约简法。在对备选的 31 个指标数据进行标准化的基础上，应用基于邻域粗糙集的约简算法进行指标选择。为了与经典粗糙集方法进行比较，实验中引入 CART 分类学习算法，具体步骤为：对于经典粗糙集属性约简，首先采用 Rosetta 软件中 Equal frequency binning 算法对数据进行离散化，然后通过 Johnson reducer 算法对离散化的数据进行属性约简；对于邻域粗糙集属性约简，采用本文提出的算法在 MATLAB R2007 中编程实现。由于该算法的约简属性个数受到邻域 δ 大小的影响，本文将 δ 以 0.1 为步长，δ 变化范围为 0.1~1，结果显示，δ = 0.9 时分类精度达到最优（以最少的属性个数实现最高的分类精度）。表 3 给出了两种方法下的属性约简结果。

表 3　经典粗糙集和邻域粗糙集指标约简方法比较

指标预处理方法	约简后指标
经典粗糙集约简	流动比率（X_1）、速动比率（X_2）、资产负债率（X_4）、应收账款周转率（X_7）、存货周转率（X_8）、主营业务利润率（X_{11}）、主营业务收入增长率（X_{16}）、总资产增长率（X_{18}）、净利润增长率（X_{19}）、主营业务收入现金比率（X_{20}）、每股经营活动现金净流量（X_{21}）、高管人数（X_{29}）
邻域粗糙集约简	应收账款周转率（X_7）、主营业务收入增长率（X_{16}）、净利润增长率（X_{19}）、每股经营活动现金净流量（X_{21}）、每股现金净流量（X_{22}）

综合表 2、表 3 可以看出，因子分析法共提取了 8 个公共因子，这 8 个因子包含了 16 个指标；经典粗糙集约简法提取了 12 个指标，而邻域粗糙集约简法则提取了 5 个指标。

（四）模型参数的优化

对偶约束式 LS-SVM 模型中的惩罚因子 C 和高斯核参数 σ^2 的取值会直接影响到模型的预测效果，为了提高模型预测的正确率，本文采用遗传算法（Genetic Algorithm，GA）对上述参数进行自动寻优。利用 GA 进行参数优化的核心问题，就是针对具体问题对个体进行编码、选择、交叉和变异。

本文采用二进制编码方式，因为二进制编码易于实现选择、交叉和变异操作。遗传算法中，以适应度来评价个体的优良程度，这里以模型的预测正确率作为适应度函数值，选择操作数采用“轮盘赌”方法，并辅以最优保存策略（用父代最优个体替代子代最差个体）。

交叉操作数中的交叉运算采用双点交叉，在相互配对的两个个体编码串中随机设置两个交叉点 k_1，$k_2 \in [1, l]$，然后按交叉概率 P_c 交换两个染色体在所设定的交叉点之间的部分基因。变异操作数以变异概率 P_m 在个体编码串中以（0，1）随机数代替随机指定的某一位或某几位基因座上的原基因值。遗传算法的实现用 MATLAB R2007 编程实现，算法实现详见文献［17］。

（五）实证结果分析

不同指标预处理下各模型预测正确率如表 4 所示，可以看出，无论是 LS-SVM 模型，

还是对偶约束式 LS–SVM 模型，采用邻域粗糙集属性约简法对预选指标进行处理后，模型预测正确率不但好于传统的因子分析法，也好于经典粗糙集法。另外，采用遗传算法对参数优化后，能显著改善模型预测正确率。图 1 给出的是不同指标预处理方式下，基于 GA 的 LS–SVM 模型与 LS–SVM 模型预测正确率的比较情况。从表 4 和图 1 可以看出，经过 20 代的遗传操作后，基于 GA 的 LS–SVM 模型的预测正确率均收敛到一个稳定的值。但以邻域粗糙集指标预处理方式下模型的预测效果最好，达到 92.2%，其次是经典粗糙集和因子分析指标预处理方式，分别是 90.4%和 86.0%；而没有经过 GA 参数优化的三种指标预处理下的 LS–SVM 模型的预测正确率分别为 88.6%、86.5%、84.0%，也以邻域粗糙集指标预处理下的效果最好，但它们均低于经过 GA 参数优化后模型的预测正确率。

表 4　不同指标预处理下各模型预测正确率比较表

模型名称	指标预处理方法	惩罚因子 C	高斯核参数 σ^2	预测正确率
LS–SVM	因子分析	5	1	84.0%
	经典粗糙集约简	5	1	86.5%
	邻域粗糙集约简	5	1	88.6%
基于 GA 的 LS–SVM	因子分析	4.7613	1.0362	86.0%
	经典粗糙集约简	4.7613	1.0362	90.4%
	邻域粗糙集约简	4.7613	1.0362	92.2%
对偶约束式 LS–SVM	因子分析	5	1	86.0%
	经典粗糙集约简	5	1	88.2%
	邻域粗糙集约简	5	1	89.8%
基于 GA 的对偶约束式 LS–SVM	因子分析	4.7613	1.0362	88.0%
	经典粗糙集约简	4.7613	1.0362	90.6%
	邻域粗糙集约简	4.7613	1.0362	94.0%

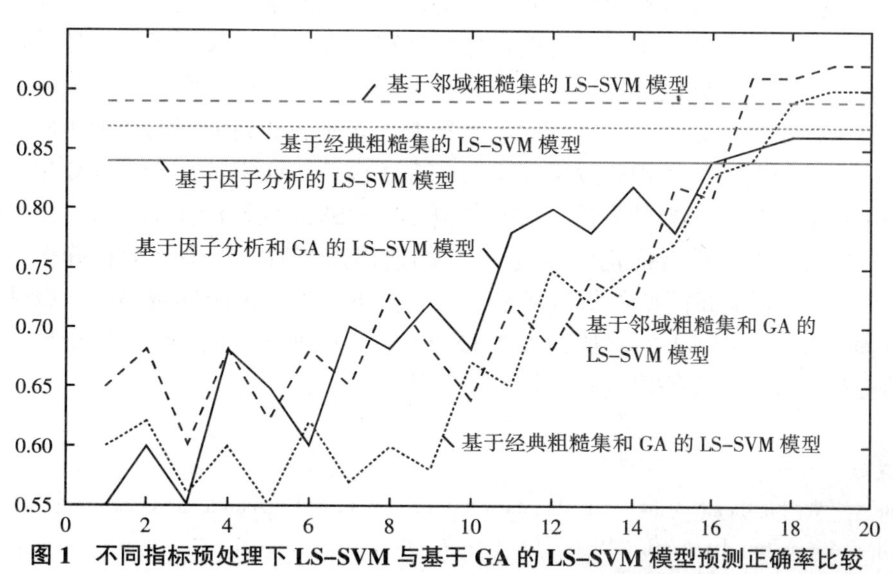

图 1　不同指标预处理下 LS–SVM 与基于 GA 的 LS–SVM 模型预测正确率比较

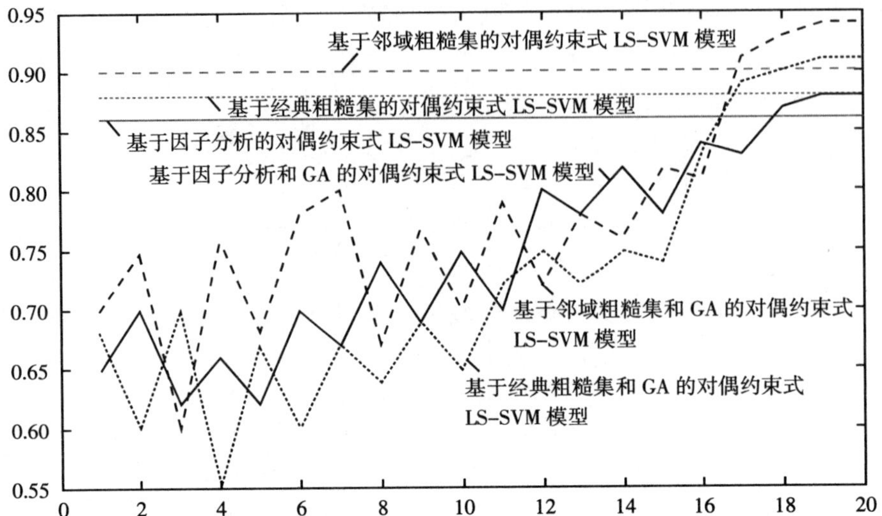

图 2　不同指标预处理下对偶约束式 LS-SVM 与基于 GA 的对偶约束式 LS-SVM 模型预测正确率比较

图 2 给出的是不同指标预处理方式下，基于 GA 的对偶约束式 LS-SVM 模型与对偶约束式 LS-SVM 模型预测正确率的比较情况。图 2 的分析结论基本与图 1 相似，但对偶约束式 LS-SVM 模型的整体预测效果好于 LS-SVM 模型。

五、结　论

为了提高支持向量机财务困境预测的精度，减少误判率，本文从三个视角，通过实证研究得出了以下几点结论：①在对备选指标预处理的方法上，采用了基于邻域粗糙集的指标预处理方法，并与经典粗糙集以及因子分析方法进行了对比，实证结果表明，采用邻域粗糙集约简法提取的指标数量少，有效信息量大，能显著提高模型的预测正确率；②对偶约束式 LS-SVM 模型的整体预测效果好于 LS-SVM 模型，证实了在 LS-SVM 模型中通过增加对偶约束项来改进核函数的方法，确实提高了 LS-SVM 模型的预测精度；③采用 GA 对 LS-SVM 模型的核参数进行优化，经过 20 代的遗传操作后，模型预测正确率收敛到一个稳定值，GA 能显著提高模型预测正确率。综上所述，本文采用邻域粗糙集属性约简法对指标进行预处理、采用 GA 对对偶约束式 LS-SVM 参数进行优化，财务困境预测的效果有了显著的提高，说明本文提出的改进模型是有效的。

参考文献

[1] Beaver W. Financial ratios as predictors of failure, empirical research in accounting: selected studies [J]. Journal of Accounting Research, 1966, 19 (5): 71-111.

[2] Altman E. Financial ratios, discriminant analysis and the prediction of corporate bankruptcy [J]. The Journal of Finance, 1968, 23 (4): 589-609.

[3] Ohlson J. Financial ratios and the probabilistic prediction of bankruptcy [J]. Journal of Accounting Research, 1980, 18 (1): 109-131.

[4] Odom M, Sharda R A. Neural networks model for bankruptcy prediction [C]. Proceedings of the IEEE International Conference on Neural Network, 1990: 163-168.

[5] 杨淑娥，黄礼. 基于 BP 神经网络的上市公司预警模型 [J]. 系统工程理论与实践，2005，1：12-18.

[6] 李秉祥. 企业财务危机非线性组合预测方法及实证 [J]. 系统工程理论与实践，2004，6：222-225.

[7] Fan A, Palaniswami M, Selecting bankruptcy predictors using a support vector machine approach [J]. Proceeding of the international joint conference on neural network, 2000 (6): 354-359.

[8] Jae H M in, Young-Chan Lee, Bankruptcy prediction using support vector machine with optimal choice of kernel function parameters [J]. Expert Systems with Applications, 2005, 28 (4): 603-614.

[9] 李贺，冯天谨. 一种基于 SVM 的多变量企业财务预警模型 [J]. 通讯和计算机，2005，2 (8)：56-60.

[10] Suykens J A K, Vandewalle J. Least squares support vector machine classifiers [J]. Neural Processing Letter, 1999 (9): 293-300.

[11] Van Gestel T, Baesens B, Suykens J et al. Bankruptcy prediction with least squares support vector machine classifiers, computational intelligence for financial engineering [J]. In, IEEEE international conference proceeding, 2003: 1-8.

[12] 林红华. 上市公司财务危机预测的最小二乘支持向量机方法研究 [J]. 商场现代化，2006 (10)：346-348.

[13] Pawlak Z. Rough Sets [J]. International Journal of Information and Computer Sciences, 1982 (11): 341-356.

[14] Qinhua Hu, Daren Yu. Neighborhood roush set Based heteroge-neous feature subset selection [J]. Information Sciences, 2008 (8): 357-359.

[15] Lin T Y, Granular computing on binary relations I: datamining and neighborhood system [J]. Proc of Rough Sets in Knowledge Discovery. Heidelberg, Germany: Physica-Verlag, 1998 (10): 107-121.

[16] 胡清华，赵辉，于达仁. 基于粗糙集的符号与数值属性的快速约简算法 [C]. 第七届中国 Rough 集与软计算学术会议. 山西，太原，2007.

[17] 赵冠华. 基于遗传算法和熵的缩减记忆式 LS-SVM 财务困境预测模型研究 [J]. 运筹与管理，2010 (5)：71-77.

Study on Financial Distress Prediction Model of Least Squares Support Vector Machine of Dual Constraint Type Based on Attribute Reduction of Neighborhood Rough Set

ZHAO Guan-hua

Abstract: In order to increase the accuracy of financial distress prediction and improve the prediction effect of model, this paper applies neighborhood rough set and genetic algorithm to least squares support vector machine of dual constraint type and advances a prediction model of least squares support vector machine of dual constraint type which is based on attribute reduction of neighborhood rough set. Besides, it presents the procedures of carrying out the improved model. The experimental results show that the model increases its prediction accuracy and reduce its running time by pretreating indicators with neighborhood rough set and optimizating parameters with genetic algorithm. The model is effective in forecasting financial distress.

Key Words: neighborhood rough set, dual constraint, least squares support vector machine, genetic algorithm, financial distress prediction

基于最小最大后悔值准则的供应链鲁棒协调模型 *

邱若臻　黄小原①

摘要：研究了需求不确定条件下，基于最小最大后悔值准则的供应链鲁棒回购契约协调问题。针对未知需求具体分布形式的两级供应链系统，建立了供应链鲁棒回购契约协调模型。在仅知需求区间这一信息条件下，采用鲁棒优化方法求解了最小最大后悔值准则下的集成供应链鲁棒订货策略和分散供应链鲁棒契约协调策略。分析了不同服务水平和契约参数条件下，由于信息缺失而未能实现最优运作的供应链及其成员后悔值情况。最后，进行了数值计算，验证了不同需求分布形式假设下的最优决策与基于最小最大后悔值准则的鲁棒决策的优劣性，以及供应链鲁棒回购契约协调策略的有效性。结果表明，基于最小最大后悔值准则的供应链回购契约协调策略具有良好的鲁棒性，并且能够有效减少需求不确定性对系统及其成员运作绩效的影响。

关键词：供应链　最小最大后悔值准则　鲁棒优化　回购契约

供应链节点成员的分散性和经济上的独立性，使得供应链协调机制的设计成为供应链运作管理领域的重要问题[1]。许多研究都集中于供应链协调机制的设计。供应链契约作为经济学契约在供应链运作管理中的一种表现形式，在供应链协调机制的设计方面起到了重要的作用[2]。Cachon 等[3]研究了供应链收入共享契约、回购契约、价格折扣和数量折扣等契约协调问题，指出了各种契约协调的条件。此后，许多国内外学者在此基础上对供应链契约协调问题进行了相应的创新和扩展性研究[4-9]。然而，目前关于契约协调问题的研究在具体建模时大多考虑需求是服从某一已知分布的随机需求，这就使得研究成果缺乏实际应用的可操作性。随着竞争环境的复杂多变，各种不确定因素日益加剧，特别是消

---

* 本文选自《系统管理学报》2011 年第 20 卷第 3 期。

基金项目：国家自然科学青年基金资助项目（70702037）；中国博士后科学基金资助项目（20090450111，201003623）；中央高校基本科研业务费资助专案（N090406004）。

① 作者简介：邱若臻（1980-），男，博士，讲师。研究方向为供应链管理。E-mail：orz1980@163.com。

费者消费观念和市场信息的快速变化，以及企业自身在掌握市场变化能力方面的有限性，使得这种需求假设不再适应实际情况。

针对上述情况，Gallego 等[10]对仅知需求均值和方差等有限需求信息的报童订货问题，给出了鲁棒订货策略。Roels 等[11-15]在此基础上分别采用最大最小以及后悔值方法进行了相应扩展[11-15]。Roy[16]对此类研究进行了综述，分析了运作管理和决策支持中的鲁棒性问题。这些研究从另一角度分析了需求不确定条件下的供应链问题，并给出了相应的鲁棒策略，但他们仅考虑了单一报童决策。本文在此基础上，采用主从对策理论和基于最小最大后悔值准则的鲁棒优化方法，研究了包括一个供应商和一个零售商的二级供应链系统鲁棒回购契约协调问题，给出了仅知需求区间信息的鲁棒回购契约协调策略，对比分析了不同服务水平和契约参数下，分散决策与集中决策对供应链及其成员绩效的影响，并验证了该方法在应对需求不确定性方面的有效性。

一、基本模型描述

考虑由一个供货商和一个零售商组成的二级供应链系统（见图 1）。零售商作为市场终端，面临不确定季节性随机需求 d，假设需求在区间［A，B］($0 \leqslant A \leqslant B$) 上具有服从某一类未知分布 Ψ 的累积分布函数 F，即 $F \in \Psi$。在销售季节末，对于未满足需求的部分，零售商将获得单位损失 s，对于超过市场需求的订货量，供货商将以单位回购价格 b 给予补偿，同时，零售商可以以单位残值 v 将其处理。令 $x^+ = \max\{x, 0\}$，不失一般性，假设 $p > c_r + c_s > v$，$p > w + c_r$，$w \geqslant b$。

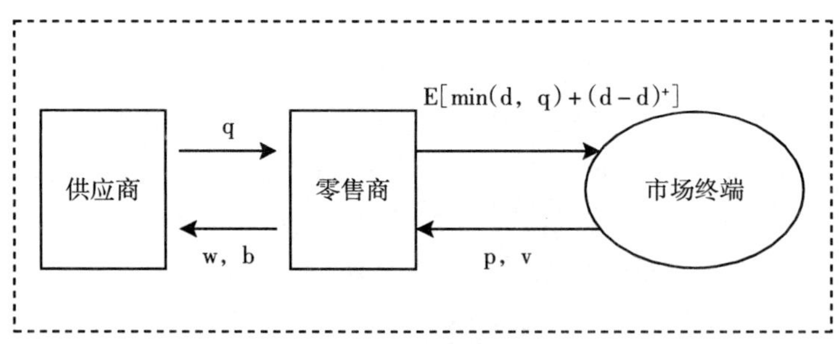

图 1 二级供应链系统

零售商期望利润为：

$$z_r = pE\min(d, q) + (b + v)E(q - d)^+ - sE(d - q)^+ - (w + c_r)q \tag{1}$$

式中，z_r 为零售商期望利润；q 为零售商订货量，决策变数；p 为市场零售价格，外生变量；v 为单位产品残值收益；s 为单位产品缺货损失；w 为单位产品批发价格；c_r 为零

售商边际成本。

供货商期望利润为：

$$z_s = (w - c_s)q - bE(q - d)^+ \tag{2}$$

式中，z_s 为供货商期望利润；c_s 为供货商单位生产成本。

集成供应链期望利润为：

$$z = pE\min(d, q) + vE(q - d)^+ - sE(d - q)^+ - (c_s + c_r)q \tag{3}$$

式中，z 为集成供应链期望利润。

二、基于最小最大后悔值准则的供应链鲁棒协调策略

（一）集成供应链情况

集成供应链是供应链系统的一种理想运作形式。在供应链协调机制设计问题中，集成供应链运作绩效通常作为标杆来衡量所设计的协调机制的效率。因此，为了比较分散供应链与集成供应链决策和运作绩效，首先考虑集成供应链情况。对集成供应链来说，目标是确定最优订货量 q，使系统总利润最大。通过代数变换，（3）式集成供应链期望利润可表示为：

$$z = (p + s - v)E[\min(d, q)] - (c_r + c_s - v)q - sE[d] \tag{4}$$

显然，上述问题是一个凸函数优化问题，因此，最优订货量可由下式确定，即：

$$q^* = \inf\{q \geq 0 : F(q) \geq 1 - \beta\} \tag{5}$$

式中，$\beta = \frac{c_r + c_s - v}{p + s - v}$。

（5）式可以解释为能以最小概率 100(1 - β)%满足所有需求的最少产品数量，即该决策下的系统服务水平为 100(1 - β)%。因此，参数 β 可作为衡量系统服务水平的指标。如果需求分布 F 是严格递增的，则存在唯一最优订货量 q^* 使得下式成立，即：

$$q^* = F^{-1}(1 - \beta) \tag{6}$$

因此，如果知道需求分布的具体形式，系统最优订货量可由（6）式直接得出。而在本文问题中，由于未知具体需求分布信息，无法得到订货量决策的解析表达形式。这里考虑一种最小最大后悔值准则，即选择合适的订货量 q，使得当获取需求分布具体信息时，该决策下的最大利润损失最小，即：

$$\theta^* = \min_{q \geq 0} \theta(q) = \min_{q \geq 0} \max_{F \in \Psi} \{\max_{Q \geq 0} [z(Q)] - z(q)\} \tag{7}$$

式中，$\max_{Q \geq 0} \{z(Q)\} - z(q)$ 衡量了当知道需求分布具体信息时所能得到的额外利润，而最大后悔值 $\theta(q) = \max_{F \in \Psi} \{\max_{Q \geq 0} [z(Q)] - z(q)\}$ 可解释为为获取该信息所愿支付的最大成本

（如市场调研）。

不失一般性，令 $p+s-v=1$，则（7）式等价于：

$$\theta^*=\min_{q\geqslant 0}\max_{Q\geqslant 0}\{\max_{F\in\Psi}\int_A^B[\min(x,\ Q)-\min(x,\ q)]dF(x)+\beta(q-Q)\} \tag{8}$$

首先考虑下述内层优化问题：

$$\xi(Q;\ q)=\max_{F\in\Psi}\int_A^B[\min(x,\ Q)-\min(x,\ q)]dF(x)+\beta(q-Q) \tag{9}$$

即，寻找一分布 F 使得（9）式取最大值。为了求解这一问题，在文献［15］的基础上给出如下引理及其证明。

引理 1 （1）函数 $\xi(Q;\ q)$ 分别是区间 $Q\in[0,\ q]$ 和 $Q\in[q,\ \infty]$）上的拟凹函数，但在区间 $Q\in[0,\ \infty]$）上并不一定是拟凹函数。

（2）最大后悔值函数 $\theta(q)$ 是凸函数。

证明 （1）令：

$$\zeta(x,\ Q;\ q)=\min(x,\ Q)-\min(x,\ q)+\beta(q-Q)$$

则

$$\xi(Q;\ q)=\max_{F\in\Psi}\int_A^B\zeta(x,\ Q;\ q)dF(x)$$

很明显，函数 $\zeta(x,\ Q;\ q)$ 是凹函数。考虑如下两种情况，即：

①当 $Q\geqslant q$ 时，令 $Q_2\geqslant Q_1\geqslant q$，假设存在分布 F_1 使得后悔值 $\xi(Q;\ q)$ 在 $Q=Q_1$ 处取最大值，即：

$$\xi(Q_1;\ q)=\max_{F\in\Psi}\int_A^B\zeta(x,\ Q_1;\ q)dF(x)=\int_A^B\zeta(x,\ Q_1;\ q)dF_1(x)$$

由于 $\zeta(x,\ Q;\ q)$ 是凹函数，因此，对所有 $A\leqslant x\leqslant B$ 和 $\lambda\in[0,\ 1]$，$\zeta[x,\ \lambda Q_1+(1-\lambda)Q_2;\ q]\geqslant\lambda\zeta(x,\ Q_1;\ q)+(1-\lambda)\zeta(x,\ Q_2;\ q)$。又 $Q_2\geqslant Q_1$，又由函数 $\zeta(x,\ Q;\ q)$ 的非减性，得 $\zeta(x,\ Q_2;\ q)\geqslant\zeta(x,\ Q_1;\ q)$，因此，$\zeta[x,\ \lambda Q_1+(1-\lambda)Q_2;\ q]\geqslant\zeta(x,\ Q_1;\ q)$。对不等式两边进行积分，得：

$$\xi[\lambda Q_1+(1-\lambda)Q_2;\ q]\geqslant\int_A^B\zeta[x,\ \lambda Q_1+(1-\lambda)Q_2;\ q]dF_1(x)\geqslant$$
$$\int_A^B\zeta(x,\ Q_1;\ q)dF_1(x)=\xi(Q_1;\ q)$$

因此，函数 $\xi(Q;\ q)$ 是区间 $Q\in[0,\ q]$ 上的拟凹函数。

②当 $Q\leqslant q$ 时，证明同上，略。

然而，函数 $\xi(Q;\ q)$ 在整个区间［0，∞）并不一定是凹函数。实际上，对于所有 $F\in\psi$，有下式成立（具体求解见定理 1），即：

$$\xi(Q;\ q)=\begin{cases}(1-\beta)(Q-q),\ Q\geqslant q\\ \beta(q-Q),\ Q\leqslant q\end{cases}$$

因此，函数 $\xi(Q;\ q)$ 是一分段线性凸函数。

（2）对任一需求分布 $F\in\Psi$，$-z(q)$ 是关于 q 的凸函数，在最大化准则下，凸性保持不变，因此，$\theta(q)$ 是凸函数。证毕。

上述引理 1 中第（1）部分表明，由于函数 $\xi(Q;\ q)$ 在整个区间上的非凹性，因此，要求解（9）式问题，必须分别考虑 $Q\geqslant q$ 和 $Q\leqslant q$ 的情况。而第（2）部分则说明要使最大后悔值取最小，实际上就是保证由于订货过少导致的后悔值等于订货过多导致的后悔值。在上述引理基础上，有如下定理成立。

定理 1 对于区间 $[A,\ B]$ 上的任一非负需求分布 $F\in\Psi$，最小最大后悔值准则下的系统鲁棒订货量为：

$$q^*=\beta A+(1-\beta)B \tag{10}$$

最小最大后悔值为 $\theta^*=\beta(1-\beta)(B-A)$。

证明 根据引理 1，考虑 $Q\leqslant q$ 和 $Q\geqslant q$ 的情况。

（1）$Q\leqslant q$。当 $x\leqslant Q\leqslant q$ 时，$\zeta(x,\ Q;\ q)=\beta(q-Q)$。当 $x\geqslant Q$ 时，分两种情况：①$Q\leqslant x\leqslant q$，$\zeta(x,\ Q;\ q)=q-x+\beta(q-Q)$；②$x\geqslant q\geqslant Q$，$\zeta(x,\ Q;\ q)=(1-\beta)(Q-q)$。综合上述情况，得：

$$\xi(Q;\ q)=\max_{F\in\Psi}\int_Q^q(Q-x)dF(x)+\int_q^B(Q-q)dF(x)+\beta(q-Q)=\max_{F\in\Psi}\{(1-\beta)(Q-q)+\int_Q^q F(x)dx\}=-\beta(Q-q)$$

显然，在可行域 $Q\in[A,\ q]$ 上，最大后悔值为 $\beta(q-A)$。

（2）$Q\geqslant q$。当 $x\geqslant Q\geqslant q$ 时，$\zeta(x,\ Q;\ q)=(1-\beta)(Q-q)$。当 $x\geqslant Q$ 时，分如下两种情况：①$x\leqslant q\leqslant Q$，$\zeta(x,\ Q;\ q)=\beta(q-Q)$；②$q\leqslant x\leqslant Q$，$\zeta(x,\ Q;\ q)=x-q+\beta(q-Q)\geqslant\beta(q-Q)$。因此，有

$$\xi(Q;\ q)=\max_{F\in\Psi}\int_q^Q(x-q)dF(x)+\int_Q^B(Q-q)dF(x)+\beta(q-Q)=\max_{F\in\Psi}\{(1-\beta)(Q-q)-\int_q^Q F(x)dx\}=(1-\beta)(Q-q)$$

显然，在可行域 $Q\in[q,\ B]$ 上，最大后悔值为 $(1-\beta)(B-q)$。根据引理 1，最大后悔值函数 $\theta(q)$ 是凸函数，因此可得 $\beta(q-A)=(1-\beta)(B-q)$，从而 $q^*=\beta A+(1-\beta)B$，（10）式成立。将 $q^*=\beta A+(1-\beta)B$ 代入 $\beta(q-A)$，得最小最大后悔值 $\theta^*=\beta(1-\beta)(B-A)$。得证。

由定理 1 可以看出，q^* 随着 β 的增加而递减少，反之亦然。这可以解释为系统服务水平越高，要求的订货量越多，从而能够保证满足市场需求，反之亦然。θ^* 关于 β 的单调性却并不明显。实际上，由 $\frac{\partial\theta^*}{\partial\beta}=(1-2\beta)(B-A)$ 可以看出，当 $0\leqslant\beta\leqslant0.5$ 时，θ^* 是关于 β 的非减函数，当 $0.5\leqslant\beta\leqslant1$ 时，θ^* 是关于 β 的非增函数。特别地，当 $\beta=0.5$ 时，θ^* 达最大值 $(B-A)/4$。定理 1 给出的订货量决策 q^* 并非是最优的，但却是具有鲁棒性的。根据前文，任何给定订货量决策 q 下的最大后悔值可表示为 $\theta(q)=\max\{(1-\beta)(B-q),$

$\beta(q-A)\}$，对于任一决策准则下的订货量，令 $\gamma=\theta(q)/\theta^*$，则 γ 衡量了其他决策准则与最小最大后悔值准则之间的优劣程度。

（二）分散供应链情况

分散供应链系统中，零售商和供货商是一种主从关系，他们以各自期望利润最大化为目标制定决策，其中，零售商决定产品订货量，供货商决定产品批发价格。供应链成员双方这种决策上的独立性，使得分散供应链系统很难实现集成供应链运作绩效。这里考虑一种回购契约协调机制，保障成员双方各自决策下的系统整体运作绩效最优。具体地，为了刺激零售商增加订货，供货商将提供一种回购政策，即对于每单位未出售的产品，供货商将给予一定的补偿。遵循集成供应链鲁棒订货量求解过程，可得分散供应链中零售商鲁棒订货量决策及其后悔值如下述定理 2 所示。

定理 2 分散供应链中，对任一未知需求分布 $F\in\Psi$，给定供货商批发价格 w 和回购价格 b 基础上，零售商最小最大后悔值准则下的鲁棒订货量决策是：

$$q_D^*=\beta_1A+(1-\beta_1)B \tag{11}$$

式中，$\beta_1=(w+c_r-v-b)/(1-b)$。最小最大后悔值 $\theta_r^*=\beta_1(1-\beta_1)(1-b)(B-A)$。

证明 对比零售商目标函数（1）式与集成供应链目标函数（3）式可以发现，两者在结构上具有一致性，因此，定理 2 的证明同定理 1 证明过程，从略。

对比（9）式和（10）式可以发现，要想实现供应链协调，供货商可以通过控制批发价格和回购价格实现。具体地，可令 $q_D^*=q^*$，得批发价格和回购价格满足下式，即：

$$w(b)=-(c_r+c_s-v-1)b+c_s=(1-\beta)b+c_s \tag{12}$$

（11）式给出了分散供应链系统实现协调的充分条件。由（11）式可以看出，供货商批发价格 w 随着回购价格 b 的增加线性增加，这表明，供货商对于零售商每单位未出售产品给予较高回购价格的同时，为了弥补自身利润损失也会相应提高产品批发价格。而且，在（11）式协调条件下，零售商最小最大后悔值为：

$$\theta_r^*=\beta_1(1-\beta_1)(1-b)(B-A)=(1-b)\theta^* \tag{13}$$

实际上，对供货商来说，在不考虑系统协调的情况下，希望零售商依据其最优性条件制定订货决策，遵循前文处理过程，供应链希望的订货量为：

$$q_D^{s*}=\beta_2A+(1-\beta_2)B \tag{14}$$

式中，$\beta_2=(c_s+b-w)/b$。

将（11）式代入（13）式，得 $q_D^{s*}=\beta_2A+(1-\beta_2)B=q_D^*=q^*$，表明在（11）式协调机制下，零售商依据（10）式做出的鲁棒订货量决策恰好是供货商希望的订货量决策。此时，供货商最小最大后悔值为

$$\theta_s^*=b\beta_2(1-\beta_2)(B-A)=b\theta^* \tag{15}$$

对比（12）式和（14）式发现，（11）式协调机制实现了供货商与零售商之间的风险分担，回购价格 b 决定了分担比例。而且，随着回购价格 b 的增加，θ_r^*线性减少，θ_s^*线性

增加。由 $\theta_s^* - \theta_r^* = (2b-1)\theta^*$（假设 $\theta^* \neq 0$。实际上，当 $\theta^* = 0$，即 $\beta = 0$ 或 $\beta = 1$ 时，$\theta_s^* = \theta_r^* = 0$）可以发现，当 $0.5 < b \leqslant 1$ 时，供货商比零售商具有更高的最小最大后悔值；而当 $0 \leqslant b < 0.5$ 时，结论正好相反。特别地，当 $b = 0.5$ 时，供货商和零售商具有同样的最小最大后悔值。

需要指出的是，最优契约策略的实施需要双方就相关契约参数达成一致，从而保证双方能够参与到契约框架当中，这通常取决于成员双方的相对议价能力。关于这一问题的一种标准解决方法是假设企业拥有一个外在的保留利润水平，当某一特定契约下的供应链成员利润高于这一保留利润时，就接受此契约，否则，企业将只能获得其保留利润水平，保留利润水平越高，议价能力越强。例如，合理的做法是要求供应链成员双方采用契约后获得的利润至少等于不采用契约时获得的利润[17]，该激励约束将会影响契约参数的取值范围。在无契约协调情况下，由于双重边际化效应的存在，将严重影响供应链成员双方及整个系统运作绩效。而在上述（11）式协调机制下，供货商和零售商运作绩效是整个供应链系统绩效的仿射函数，在改进整个系统运作绩效基础上，通过同时调整回购价格和批发价格，可以有效改进双方绩效水平。从这一角度说，可以放松供应链成员双方参与此回购契约的约束条件。例如，针对本文问题，当不考虑回购契约协调时，容易求得最优订货量和批发价格决策为：

$$q_D^{NC} = \beta_{NC}A + (1-\beta_{NC})B$$

$$w^{NC} = \frac{B}{2(B-A)} + \frac{c_s + v - c_r}{2}$$

零售商最小最大后悔值为 $\theta_r^{NC} = \beta_{NC}(1-\beta_{NC})(B-A)$，其中，$\beta_{NC} = \frac{B}{2(B-A)} + \frac{\beta}{2}$。很显然，$q_D^{NC} < q^*$，实际上，从上述分析可以看出，回购契约协调机制下，供货商可以有效刺激零售商增加订货，从而改进自身绩效水平。而对零售商来说，有无契约下的绩效偏差为 $\theta_r - \theta_r^{NC} = (B-A)[\beta(1-\beta)(1-b) - \beta_{NC}(1-\beta_{NC})]$，因此，通过选择合适的回购价格，可以改进零售商运作绩效，即 $\theta_r - \theta_r^{NC} < 0$。然而，当参与双方的保留利润水平是一种非理性的任意指定值时，将使这一问题变得更为复杂，可能导致问题无解。正如 Cachon[17] 指出，并不总能推理出一个确定的企业外部机会值。因此，目前多数关于契约协调问题的研究并未考虑这一问题，更多的是关注于如何设计一种通过调节契约参数可以实现总利润在参与双方之间合理分配的柔性契约，进而通过分析不同契约参数下参与各方可接受的绩效水平来确定合适的契约参数取值范围。

三、数值算例

为了分析供应链鲁棒协调决策对集成供应链和分散供应链及其成员利润的影响，对模型（1）~（3）进行数值计算。参数设定如下：A = 0，B = 10。

（1）集成供应链情况。根据定理 1，集成供应链鲁棒订货量和最小最大后悔值的数值计算结果如图 2 所示。图 2 表明，随着服务水平衡量参数 β 的增加，系统订货量单调递减，说明服务水平越低，要求的订货量越少。而最小最大后悔值在 β ≤ 0.5 时单调增加，在 β ≥ 0.5 时单调减少，当 β = 0.5 时达最大值 2.5。特别地，当已知需求在区间［A，B］上服从均匀分布时，有：

$$\theta(q)=\max_{F}\left[\max_{Q\geq 0}\{z(Q)\}-z(q)\right]=\max_{Q\geq 0}\frac{(Q-q)\left[(1-\beta)B+\beta A-\frac{1}{2}(q+Q)\right]}{B-A}$$

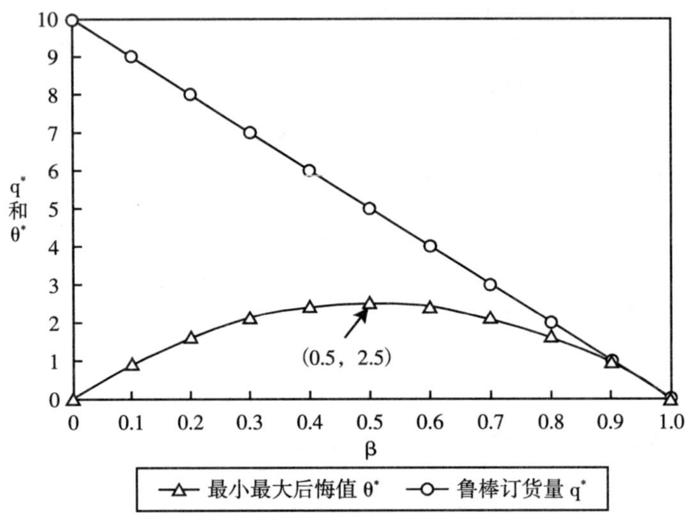

图 2　不同 β 下集成供应链鲁棒订货量与最小最大后悔值

因此，集成供应链系统订货量：

$$q_U^*=\arg\min_{q\geq 0}\theta(q)=F^{-1}(1-\beta)=q^*$$

最大后悔值为：

$$\theta(q_U^*)=\max\{(1-\beta)(B-q_U^*),\ \beta(q_U^*-A)\}=\theta^*$$

则 $\gamma=\theta(q_U^*)/\theta^*=1$。这表明，均匀分布下的系统最优决策与未知需求分布下，基于最小最大后悔值准则的系统鲁棒决策一致，表明了最小最大后悔值准则下系统决策的有效性。当假设需求在区间［A，B］=［$\mu-\sqrt{3}\sigma$，$\mu+\sqrt{3}\sigma$］上服从正态分布时，根据（6）式，系统订货量 $q_N^*=F_N^{-1}(1-B)$。根据 $\theta(q_N^*)=\max\{(1-\beta)(B-q_N^*),\ \beta(q_N^*-A)\}$ 和 $\gamma=\theta(q_N^*)/\theta^*$，正态需求分布下，系统最大后悔值与最小最大后悔值 θ^* 的比较结果如图 3 所示。

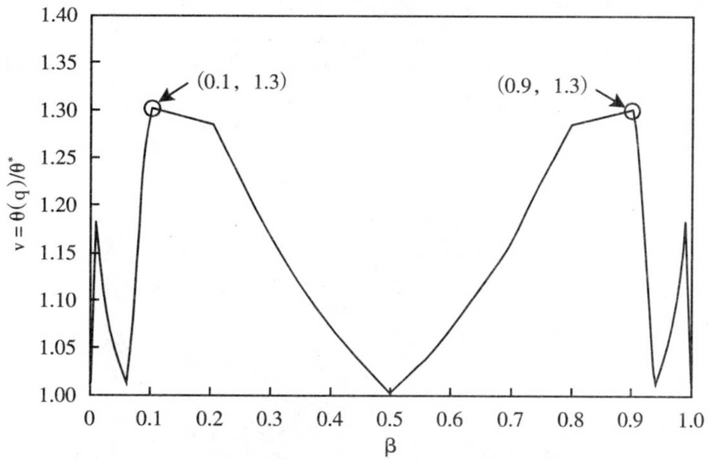

图 3　正态需求分布下集成供应链最大后悔值与最小最大后悔值比值

由图 3 可以看出，当假设需求服从正态分布时，$\gamma = \theta(q_N^*)/\theta^* \geq 1$，即该假设下做出的订货量决策，将使系统可能的利润损失要高于文中最小最大后悔值准则下的利润损失。特别地，最高比值 $\gamma_{max} = 1.30$。对比均匀分布和正态分布需求下的计算结果可以得出如下结论：对于决策者来说，当仅只需求区间信息时，可以事先假设需求服从均匀分布。

（2）分散供应链情况。分散供应链系统中，在（11）式协调机制，供应链可以实现完全协调，即分散供应链可以达到集成供应链运作绩效。同时，由于需求不确定导致的风险也实现了在供应链成员之间的分担，而且，参数 b 决定了分担比例。不同参数 b 和 β 下的零售商和供应商最小最大后悔值 θ_r^* 和 θ_s^* 分别如图 4 和图 5 所示。

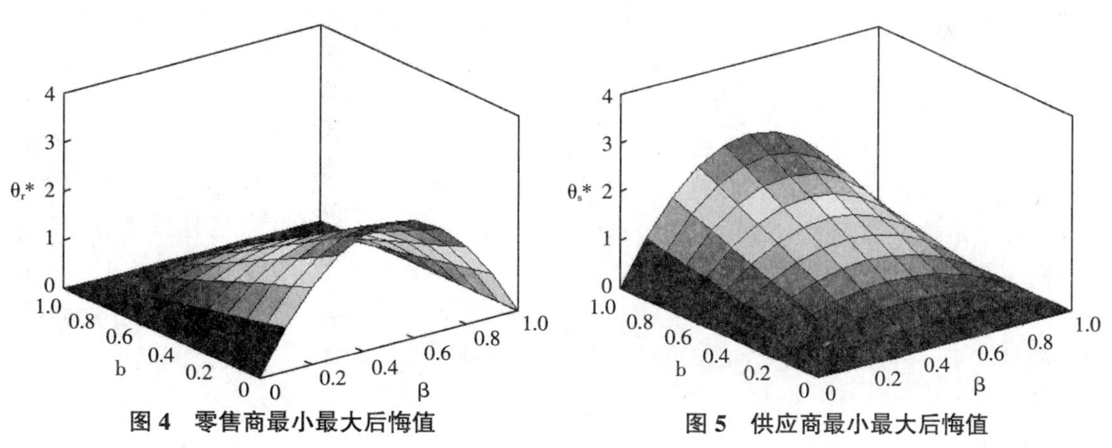

图 4　零售商最小最大后悔值　　**图 5　供应商最小最大后悔值**

由图 4 和图 5 可以看出，零售商和供货商的最小最大后悔值随参数 b 和 β 的变化趋势正好相反，而且两者具有相同的最小 θ_r^* 和最大 θ_s^*，分别为 0 和 2.5。进一步地，通过比较两者的最小最大后悔值差额，得到结果如图 6 所示，可以看出，供货商和零售商的最

小最大后悔值差额关于 b = 0.5 呈对称趋势。特别地，当（β，b）=（0.5，1）和（β，b）=（0.5，0）时，两者的差额分别达最大值 2.5 和最小值-2.5，而在（β，0.5）(β∈[0，1]) 位置上，两者差额恒等于 0。与前文分析一致。

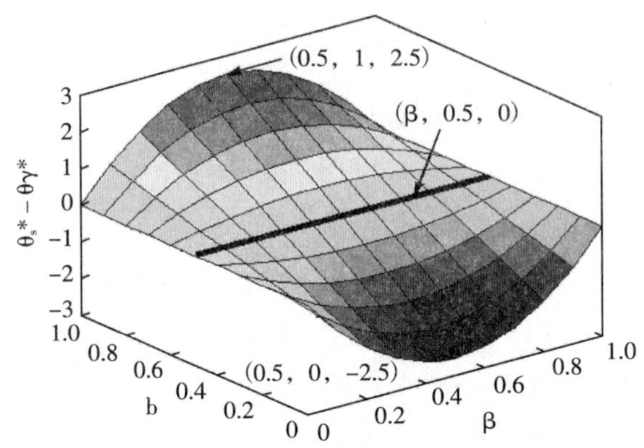

图 6　供应商与零售商的最小最大后悔值差额

四、结　语

本文研究了需求不确定条件下，基于最小最大后悔值准则的供应链鲁棒回购契约协调问题。应用鲁棒优化方法求解了仅知需求区间信息下，集成供应链鲁棒订货策略和分散供应链鲁棒契约协调策略，并分析了不同服务水平和契约参数条件下，由于信息缺失而未能实现最优运作的供应链及其成员绩效情况。结果表明，随着服务水平的提高，系统鲁棒订货量呈增加趋势，而鲁棒订货决策下的集成供应链后悔值呈现先减后增的趋势，特别地，当服务水平为 50%时达最大值。而分散供应链系统成员后悔值却取决于服务水平和回购价格两个因素，并且也在服务水平为 50%时达最大值。进一步地，基于最小最大后悔值准则的鲁棒协调策略将优于需求服从正态分布假设下的协调策略，而与需求服从均匀分布假设下的协调策略一致，表明该方法具有良好的鲁棒性。因此，当仅知需求区间信息时，可以通过假设需求服从均匀分布来进行决策。进一步地，可以考虑供应链及其成员风险偏好因素，研究基于条件风险值（CVaR）的供应链鲁棒策略。

参考文献

[1] Li X H，Wang Q N. Coordination mechanisms of supply chain systems [J]. European Journal of Operational Research，2007，179 (1)：1-16.

[2] Wang C X. A general framework of supply chain contract models [J]. Supply Chain Management：An International Journal，2002，7 (5)：302-310.

[3] Cachon G P, Lariviere M A. Supply chain coordination with revenue-sharing contracts: Strengths and limitations [J]. Management Science, 2005, 1 (1): 30-44.

[4] 徐庆，朱道立，李善良. 不对称信息下供应链最优激励契约的设计 [J]. 系统工程理论与实践，2007，27 (4)：27-33.

[5] 胡本勇，王性玉，彭其渊. 供应链柔性契约与单向及双向期权模式选择 [J]. 系统管理学报，2009，18 (2)：165-171.

[6] Yao Z, Leung S C, Lai K K. Analysis of the impact of price-sensitivity factors on the returns policy in coordinating supply chain [J]. European Journal of Operational Research, 2008, 187 (3): 275-282.

[7] Lee C H, Rhee B D. Channel coordination using product returns for a supply chain with stochastic salvage capacity [J]. European Journal of Operational Research, 2007, 177 (2): 214-238.

[8] Ding D, Chen J. Coordinating a three level supply chain with flexible return policies [J]. Omega, 2008, 36 (9): 865-876.

[9] 苏菊宁，陈菊红，杨变红. 基于提前期压缩的非对称信息供应链契约 [J]. 系统工程理论与实践，2009，29 (6)：39-45.

[10] Gallego G, Moon I. The distribution free newsboy problem: Review and extensions [J]. The Journal of the Operational Research Society, 1993, 44 (8): 825-834.

[11] Roels G, Perakis G. The price of information: Inventory management with Limited information about demand [J]. Manufacturing & Service Operations Management, 2006, 8 (1): 98-117.

[12] Yue J F, Chen B T, Wang M C. Expected value of distribution information for the newsvendor problem [J]. Operations Research, 2006, 54 (6): 1128-1136.

[13] Yue X H, Raghunathan S. The impacts of the full returns policy on a supply chain with information asymmetry [J]. European Journal of Operational Research, 2007, 180 (7): 630-647.

[14] Yue J F, Wang M C, Chen B T. Mean-range based distribution-free procedures to minimize "overage" and "underage" costs [J]. European Journal of Operational Research, 2007, 176 (9): 1103-1116.

[15] Perakis G, Roels G. Regret in the new svendor model with partial information [J]. Operations Research, 2008, 56 (1): 188-203.

[16] Roy B. Robustness in operational research and decision aiding: Amulti-faceted issue [J]. European Journal of Operational Research, 2010, 200 (7): 629-638.

[17] Cachon G. Supply chain coordination with contracts [A]. In: Graves S, de Kok S. Handbooks in Operations Research and Management Science: Supply Chain Management [M]. North Holland Press, 2003.

A Robust Supply Chain Coordination Model Based on Minimax Regret Criterion

QIU Ruo-zhen, HUANG Xiao-yuan

Abstract: A supply chain robust coordination model based on buyback contract is developed for the two-stage supply chain system with unknown demand distribution. The robust order policy for integrated supply chain, together with the robust contract coordination policy for decentralized supply chain, based on minimax regret criterion, is proposed by using robust optimization with only support information of demand. The regrets of a supply chain system and its members who do not operating optimally for lack of information are analyzed under different service levels and contract parameters. Lastly, numerical example is used to evaluate the optimal decision and robust decision based on minimax regret criterion, and to verify the effect of supply chain robust buyback contract coordination strategy under different demand distribution. The results show that supply chain coordination strategy with buyback contract based on minimax regret criterion has strong robustness and can reduce the impact of demand uncertainty on the performance of supply chain system and its members effectively.

Key Words: supply chain, minimax regret criterion, robust optimization, buyback contract

集成博弈和多智能体的人群工作互动行为研究*

蒋国银[①]　胡斌

摘要：基于进化博弈视角，对人群工作互动行为进行多智慧体模拟研究，建立了收益和惩罚共享的群体工作收益博弈模型，考虑工作个体的个性决策特征，设计基于历史信息和个体决策特性的混合学习规则，并用多智慧体方法对群体工作场景进行描述。在Repast类库基础上，用Java实现该多智能体模拟系统。模拟结果表明：①群体规模对宏观工作趋势影响小，但对合作频率影响大。②工作总收益b越大，越有利于工作人群的工作状态稳定。当工作付出c与惩罚d相当时，群体行为呈针锋相对态，当工作付出大于惩罚时，背叛占优，反之，则合作占优。③工作难度对群体行为有影响。高难度下，群体行为不稳定，获利低，风险大，而低难度下，群体行为稳定，获利高，风险小。④由具有不同比例决策特性个体组成的群体工作收益和状态各异，保守型和中立个体较多时，合作比例大，而获利也多。该研究可为电子/移动商务环境下的工作行为管理问题提供决策支持。

关键词：进化博弈　互动行为　多智能体　混合学习

一、引　言

随着电子商务的发展，企业之间的竞争变得日益激烈，团队协作成为企业间和企业内的一种有效工作方式。通信技术的快速发展，使得团队成员之间的沟通变得方便而快捷，而团队成员的工作变得更加有弹性[1]。企业工作不再是简单的人—机结合物，而是复杂、有机的人群工作互动管理系统[2-3]。企业人群与工作互动活动是随时间的动态协同演进过

* 本文选自《管理科学学报》2011年第14卷第2期。
基金项目：国家自然科学基金资助项目（70671048）；湖北省教育厅人文社科资助项目（2010q091）。
① 作者简介：蒋国银（1976–），男，湖北天门人，博士生，讲师。E-mail：guoyin_jiang@126.com。

程[4]，在这种动态工作环境下，如何设计工作任务，选用团体成员，引导群体合作行为，是企业工作的重点。

国内外较多研究者从不同角度研究了群体与工作的互动行为。①群体对任务绩效的影响。有研究表明，群体大小会影响任务和决策绩效[5-6]，对加和性任务，规模越大，绩效提升越小，如拔河；对连接性任务，规模与绩效成反比，如文件处理，需报送部门越多，效率越低；而对析取性任务，规模大，可能会产生正效果，毕竟只要有一个人能提出较成功的决策方案，整个任务就能完成。魏光兴等[7]研究表明，团队规模适中的工作团队合作程度更高，而规模太小或规模太大的工作团队合作程度都较低。Haag 和 Lagunoff[8]基于重复博弈理论，探讨了异构和有限时间下，不同群体规模和结构对合作的影响。蒋国银等[9]引入时间过程，考查了不同沟通方式下具有不同决策个性比例个体组成的企业群体对任务的影响。②任务对人群工作的影响。张剑等[10]用情景实验法研究了自我需求满足程度对个体创造性绩效的影响，结果表明，获得内容选择权的实验者，自主需要得到较高满足，反映出较高的内部动机，产生更高的创造性。严进和王重鸣[11]探讨了决策任务的结构、决策者自身的价值取向会影响决策者在社会两难问题中的合作行为。在此基础上，基于动态博弈视角，又探讨了电子商务环境下群体任务中合作行为的跨阶段演变问题[1]。Timmermans 和 Vlek[12]证明了任务难度不但影响决策的过程，还影响决策辅助的作用。

上述研究从不同视角研究了群体和工作的单向影响关系，但对时间演进环境下，工作群体和工作之间的互动背景下的群体工作研究较少。尤其是当收益与风险共享时，不同决策特性人群构成群体对工作绩效的影响，以及不同工作参数和不同任务难度下，人群工作行为演化等问题的研究较少。

从研究方法来看，现有关于人群工作互动方面的研究主要利用静态的实验研究和数理推演，这些方法是自上而下的研究方法，所建模型存在以下问题：①所建模型为静态模型，当系统边界发生改变时，模型缺乏自适应调整特性；②对不同的工作参数，需重新建模和推演，缺乏可重用性；③所建模型常用于描述单期行为，难于描述多期宏观涌现行为。

群体工作演化行为具有动态性，人群工作过程是复杂的管理问题，具有非线性特征。多智能体模拟方法适用于复杂系统建模，是自底向上的方法，能描述复杂系统动态演化行为。本文基于进化博弈和多智慧体模拟方法，建立人群工作互动模拟系统，探讨不同工作参数设置下，群体成员随时间的沟通学习时工作状态的演化规律，还探讨不同群体搭配对工作绩效的影响。

二、问题描述

群体工作中，个体可能持合作和背叛两种态度。当群体中两类群体的竞争与合作关系犹如“雪堆”博弈场景，可用表1所示博弈矩阵描述[5]。

表1 “雪堆”博弈矩阵

个体1	个体2	
	合作	背叛
合作	b－c/2，b－c/2	b－c，b
背叛	b，b－c	0，0

注：b为工作总收益，c为工作成本。

考虑两个个体决策特性一样，则表1可能有两个纯策略纳什均衡，“合作，合作”和“背叛，背叛”，这两个均衡中，前者明显强于后者，事实在实际场景中，有可能达不到这个均衡。在群体工作中，如果有风险偏好较高的个体，他们可能持搭便车的思想，反正事情有人完成，偷偷懒，只要不被发现或者没有惩罚，他们可能会采取背叛策略，不用付出，也能收益b，但如果双方都持冒险态度，此时可能达到最坏均衡，即“背叛，背叛”，事情没人做，各方收益为0。

为避免部分个体采取背叛策略，同时调动成员积极性，管理者可能采取监控和惩罚机制，以控制个体投机行为，这时，联盟收益矩阵可能为表2所示决策情形。

表2 含惩罚参数的博弈矩阵

个体1	个体2	
	合作	背叛
合作	b－c/2，b－c/2	b－c，b－d
背叛	b－d，b－c	0，0

注：b为工作总收益，c为工作成本，d为对背叛策略者给予惩罚大小。

令x为合作比例，则有：

合作期望收益P_c

$$P_c = x(b - c/2) + d(1 - x) \tag{1}$$

背叛期望收益P_d

$$P_d = x(b - d) \tag{2}$$

群体平均收益$\bar{P}$

$$\bar{P} = xP_c + (1 - x)P_d \tag{3}$$

此时群体中个体容易得到有效的博弈均衡点为：

$$x = \frac{b-c}{b-c/2-d} \tag{4}$$

可以得出，当 $b>c>2d$ 时，是合作占优的格局，而当 $b<c<2d$ 时，是针锋相对的格局。因此，如果群体博弈为表 2 情形，不考虑个性特征，容易得出进化趋势。但在实际场景中，群体工作是学习和演化的过程，属于进化博弈范畴，是一类有限理性群体进行重复博弈，相互学习，不断演化的过程[9,13]。考虑群体中个体的付出和风险都分摊，此时，工作群体中个体收益变为如表 3 所示情形，当 $n=2$ 时，表 3 退化为表 2，表 3 不失一般性。

表 3　成本分摊的博弈矩阵

个体 1	个体 2	
	合作	背叛
合作	b－c/(nx)，b－c/(nx)	b－c/(nx)，b－d/[n(1－x)]
背叛	b－d/[n(1－x)]，b－c/(nx)	0，0

注：b 为工作总收益，c 为工作成本，d 为对背叛策略者给予惩罚大小，n 为工作群体总数，x 为合作人群比例。

于是，合作期望收益 P_c

$$P_c = b - c/(nx) \tag{5}$$

背叛期望收益 P_d

$$P_d = x\{b - d/[n(1-x)]\} \tag{6}$$

群体平均收益 $\bar{P}$

$$\bar{P} = xP_c + (1-x)P_d \tag{7}$$

博弈均衡方程为：

$$b - \frac{c}{nx} = x\left(b - \frac{d}{n(1-x)}\right) \tag{8}$$

即：

$$bnx^3 - (2bn-d)x^2 + (bn+c)x - c = 0 \tag{9}$$

群体中个体不易得到均衡点，而且，考虑群体中个体差异时，个体之间的模仿过程不一样，不能用（4）~（9）式所示的复制动态方法获取到行为进化过程和求解出收益大小。

在工作群体中，成员决策态度各异，主要分为三类个体：①保守型，该类不易受其他个体影响，比较坚持自己的策略；②中立型，该类个体不盲目追随高收益个体，兼顾参考高收益个体行为和自身决策行为；③易变型，其策略易受其他个体影响，对相同类型个体做决策时参考度大些，而对不同类型个体参考度较小，同时较少考虑自身过去历史信息。

通常认为，社会网络是由个体之间或人群之间在相互交往过程中按照某种方式组织和联系起来的一个整体[14]，比如个人之间的友谊网络、企业间的商业关系网络[15]、科研

网络[16]。可将工作团队看成社会网络，他们是为完成工作组合而成，可将团队成员视为网络上节点，成员的联系或交往程度用边来描述。因此，网络中的工作个体能感受邻居的工作行为，而对网络的全局信息了解不到，因此，群体工作动态演化也不能简单地利用(4)~(9)式描述。

与定性分析、数学建模和实证研究方法不同，模拟的方法能描述复杂经济管理场景中动态演化过程，是自底向上建模分析的方法。多智能体建模方法是流行的复杂系统建模方法，多智能体模型能使研究者创造、分析和再现复杂系统中个体之间，个体与环境之间的互动现象[17]。本文将集成进化博弈、社会网络和多智能体理论，对人群工作互动关系进行实验研究，以探讨下列问题：①团队成员数对团队绩效及工作状态的影响；②工作参数（收益、付出、惩罚及任务难度）对团队个体决策行为的影响；③工作群体中具有不同决策特性工作个体比例构成对工作绩效和工作状态的影响。

三、系统建模

用Agent代表工作群体中个体，这些个体持何态度（合作态度或持背叛态度）与其自身特性和工作群体策略有关。一般个体自身特征分为三类，即保守型、中立型和易变型。整个团队工作是不同时刻个体之间互动博弈的过程。

（一）基本模型

用Agent表示具有独立决策的个体，用网络表示Agent工作环境，网络中节点为单个Agent，它们之间有关联，通常，根据任务的难度和平常的性格特征建立工作关系，即存在关联，高难度任务，成员之间关联度高些，反之，低难度任务，关联度小。

定义1 Agent = {Ω，S，C，P，T，Φ，F，t}

其中

(1) Ω为工作团队，为Agent集合，有：

$\Omega = \{Agent^1, Agent^2, \cdots, Agent^n\}$

1个Agent对应1个工作个体。

(2) S为状态空间，$S = \{C_o, D_e\}$；C_o为合作状态，D_e为背叛状态。本系统中用Agent上的颜色区分其工作状态。

(3) C为个体决策特征，C = {1，2，3}，其中1表示保守型，2表示中立型，3表示易变型，在模拟系统中，用卷标方式在Agent的上标标注其所属类型。

(4) P为$Agent_i$与其他$Agent_j$的协同工作概率，即该Agent愿意与其他Agent有效地协调合作、共享信息的程度。在系统中用连接关系表示两Agent能协作。

(5) Φ为Agent局部邻居空间函数，有：

$\Phi = \{\Phi_1, \Phi_2, \cdots, \Phi_n\}$

其中，$\Phi_i = \{Agent_i \rightarrow Agent_j\}$，即 Φ 由 Agent 与其协同工作的 Agent 组成。本系统中，用网络上该 Agent 节点的入度节点构成（即连接该节点的所有节点）。

（6）F 为状态转移函数，有：

$F: \{(C^i, P^i, \Phi^i) \rightarrow S^{(t)}\} \times t \rightarrow S^{(t+1)}$

即 $Agent^i$ 在 t+1 时刻的状态与 t 时刻自身特征、策略以及领域 Agent 状态有关。

（7）t 为系统时钟，有 $t = \{1, 2, 3, \cdots\}$，是模拟系统的基础。

对团队收益集合，用表 3 所示收益表描述。在系统中 B，C，D 表示收益表中参数 b，c，d。

（二）规则设定

（1）网络构建规则。

系统根据任务的难度，按一定的概率分布为网络上节点之间进行概率连接。难度大的任务，如时间要求紧迫的任务，需要员工充分协作才可能完成，故用高概率进行节点连接。在本系统中，此类网络节点连接概率为 L(1)~Uniform(0.2，0.3)。反之，对难度小的任务，员工之间相对独立工作，协作率较低，则节点之间的连接概率较小，为 L(2)~ Uniform(0.1，0.2)，而对难度适中的任务，节点连接概率也适中，L(3)~Uniform(0，0.1)。

（2）工作群体收益分配规则。

设系统中总员工数为 n，持合作态度员工比例为 x，则持背叛态度的群体比例为 1 - x。当合作数大于 0 时，则合作群体中个体收益为 $b - c/(nx)$，而背叛方个体收益为 $b - d/[n(1-x)]$，若全部都采取背叛态度，则个体收益均为 0。

（3）演化规则。

与传统网络中扩散行为不同，本系统考虑网络中所有个体在某刻受自身特征和邻近个体的影响，对下期行为是否合作进行决策。由于个体只能感知近邻行为，对整体状况不了解，因此，系统中个体表现出一种学习行为，通过自身历史知识和邻居传递的信息进行决策。关于学习算法较多，如以局部进化稳定策略和复制动态等为依据的学习方式[18]，这些方式有一定合理性，但把个体描绘为只受周围个体的总体影响，而忽略个体自身特征和历史信息[9]，本文设计了结合考虑个体自身，近邻特征以及历史信息的混合学习模式。

用概率分布描述 3 类特征个体策略改变阈值，记为 $P_i(i = 1, 2, 3)$，分别为保守型、中立型和易变型个体的策略改变阈值。

定义 2 各类型个体策略改变阈值 P_i 服从概率分布，即 P_i~Uniform(a，b)。i = 1，2，3 时，本系统中，p_1~Uniform(0.8，1)，p_2~Uniform(0.3，0.8)，p_3~Uniform(0，0.3)。

工作群体中的个体，除了按自己的性格特征进行策略改变，更主要的可能是通过工作关系，模仿邻居中某个体行为。通常可用个性匹配方式表示模仿程度，即个体 P_i 效仿个体 P_j 的决策的程度。本文采取个性概率匹配方式。

定义 3 个体概率匹配度为：

$Mapping(P_i, P_j) \in (0, 1)$，i = 1，2，3；j = 1，2，3。本文中，令 $Mapping(P_1, P_1) = Uniform(0.8, 1)$，$Mapping(P_2, P_2) = Uniform(0.8, 1)$，$Mapping(P_3, P_3) = Uniform(0.8, 1)$，$Mapping(P_1, P_2) = Uniform(0.3, 0.8)$，$Mapping(P_2, P_3) = Uniform(0.3, 0.8)$，$Mapping(P_1, P_3) = Uniform(0, 0.3)$。

从个体的邻域中，以概率方法选出最大总收益的邻居为模仿对象。模仿概率为：

$$P(j \to i) = \frac{1}{1 + e^{-(u_j - u_i)/k}} \tag{10}$$

其中，u_j 为邻域中以个性匹配方式筛选到的最大的个体累积收益；u_i 为学习者累积收益；k 为信息噪声[19]，其值越大，模仿概率 P 越小，当 k~∞ 时，P~1/2，此时，是一种抛硬币模仿方式，而当 k~0 时，P~1，此时是高概率模仿方式。

如果模仿成功，此时，个体下一期的策略与被模仿者当期策略一致；若不在模仿概率内，说明选择模仿失败，此时个体将按概率和自己的判断选择改变，选择改变策略的概率为超出性格阈值的概率。由于个体并不知道整个工作群体的合作状态，只能以局部邻域策略整体现状进行决策。设在局部，合作数为 cn，不合作数为 dn，考虑邻居也可能发生改变，以一定比例考虑两类人数的变化，此时当 $b - c/(cn) > b - d/(dn)$ 时，该个体选择合作态度，反之，选择背叛态度。若改变概率低，则该个体选择延续现有策略。

四、模拟系统及模拟实验

（一）模拟系统

Recursive porous agent simulation toolkit（Repast[20]）是 Agent 模拟工具套件，广泛用于复杂系统建模与仿真，较之其他用于 Agent 建模的模拟软件，如 swarm、anylogic 等，它具有更好的开源性和系统集成等特点[21]，具体说明和开发示例可参考文献 [20]。本文基于 Repast 提供的 Java 类库框架，在 Eclipse 开发环境上用 Java 实现人群工作互动模拟系统，其系统接口如图 1 所示。该模拟系统主要包含三个类档：一个 CModel 档用于构建基本的模型，能创建用户图形接口，控制模型的初始化、参数设置和各种运行状态；CEdge 类文件用于定义工作网络的边；CNode 类文件用于定义工作网络中的节点（Agent）。

图 1 中左下区为 Agent 演化显示区，中间为合作、背叛 Agent 数变化图与合作、背叛 Agent 利润变化图，右边为模型参数设置区，其中 B、C、D 分别为收益表中的 b、c、d，DiffType 为工作任务难度，有三个选项：High、Middle 和 Low，Num Nodes 为网络节点（Agent）数，Poa、Pob、Poc 分别为保守、中立和易变型 Agent 数比例。表 4 为系统参数设置。

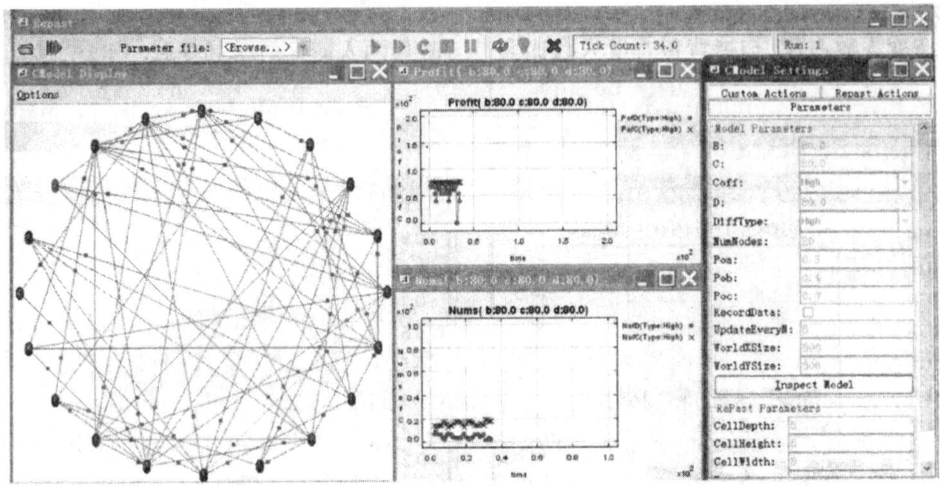

图 1　模拟系统用户接口

表 4　模拟系统参数

参数	说明	默认值
b	工作收益	100
c	参与工作人员总付出成本	80
d	不参与工作人员总惩罚成本	80
poa	保守型工作个体比例	0.3
pob	中立型工作个体比例	0.4
poc	易变型工作个体比例	0.3
NumNodes	总工作人数（网络节点数）	40
DiffType	任务难度（Diff，Middle，Low）	Middle

（二）模拟实验

由于模拟数据较多，篇幅的原因，将采用典型图标和数据进行说明（200 期）。

1. 成员数对工作状态的影响

图 2 为节点数为 20、40 和 60 时工作群体中合作与背叛人数变化图（200 期），从宏观趋势来看，3 组节点数下，合作与背叛的趋势一致。当 $c < d$ 时，此时总的成本超出总的惩罚，群体表现为合作者占优，即合作人数多于背叛人数。随着节点数的增加，合作占优趋势越发明显。当 $c = d$ 时，呈针锋相对格局，即部分人群在某时刻合作，当观察到对方呈背叛态，下一时刻可能也呈背叛态。当 $c > d$ 时，总的惩罚高于成本，此时，呈背叛态度人数较多。

由图 2 可以看出，节点数较少，状态扩散越快，群体行为变化较快（具有两面性，正确引导，工作人群能快速收敛到合理的工作状态，否则，工作人群状态将呈无序变化）。随着节点数增加，群体学习或状态扩散较慢。因此，节点数将影响状态扩散的快慢。这也

是为什么管理团队要适当控制规模的一方面原因。

采集 200 期模拟数据，可以得到表 5 所示统计数据。可以看出，在不同节点数下，当 c 与 d 相当时（c = 120，d = 120），工作群体中持合作态度与持背叛态度人数为逐渐弱化的针锋相对格局。当节点数为 20 时，工作群体中两类人群比例接近 1∶1，方差较小，是典型的针锋相对格局，而当节点数增加到 40 时，两类人数变化趋势持弱针锋相对格局，方差较节点数为 20 时大（9.65 > 4.56），此时，持合作态度人数占优，与持背叛态度人数比为 2∶1 左右，而当节点数增加到 60 时，两类比例为 7.83∶1。

当 c < d 时，在不同节点数下，持合作态度人数大于持背叛态度人数，工作格局为合作占优，此时与两人博弈时格局一致。在工作人群总数相对较少时，两类人群数变化方差较小，合作占优且较稳定，而当人数增加，方差变大，合作占优但较不稳定。

当 c > d 时，不同节点数下，持背叛态度人数大于持合作态度人数，工作格局为背叛占优，此时与两人博弈时格局一致。

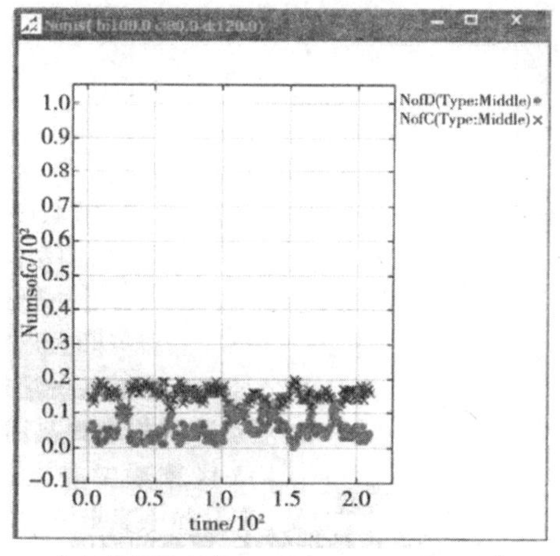

（a）节点数 20(b = 100，c = 80，d = 120)

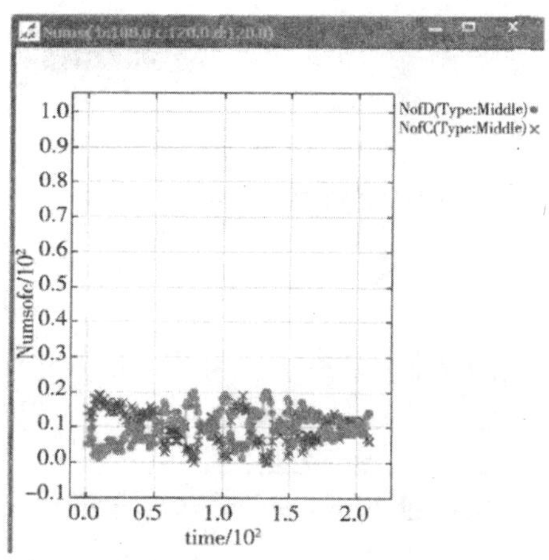

（b）节点数 20(b = 100，c = 120，d = 120)

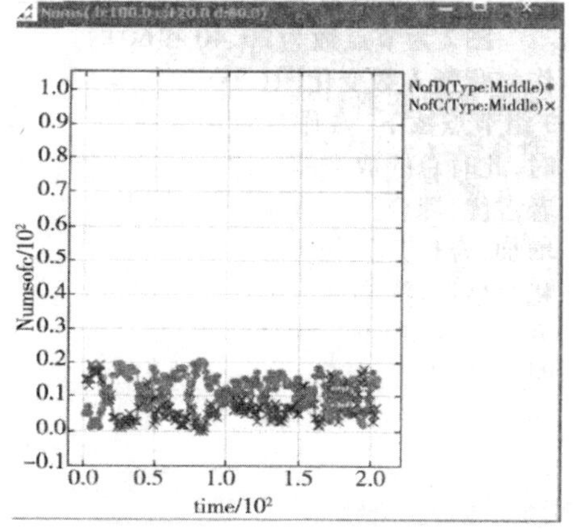

（c）节点数 20(b = 100，c = 120，d = 80)

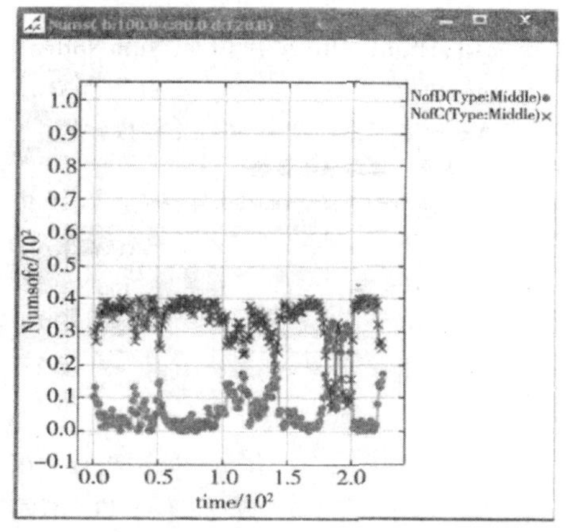

（d）节点数 40(b = 100，c = 80，d = 120)

图 2 （a）~（d）不同节点规模下的群体行为

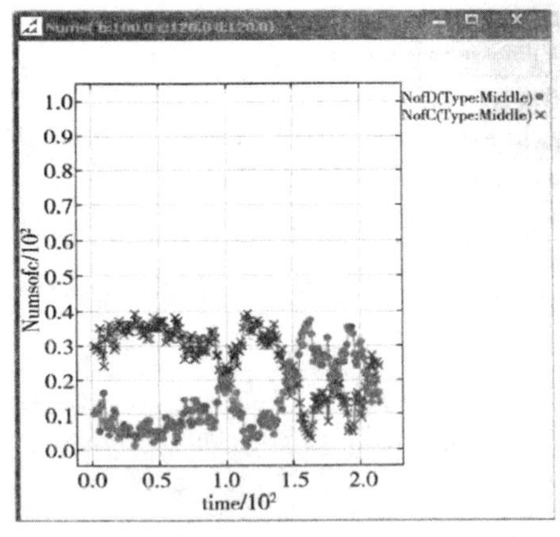

（e）节点数 40(b = 100，c = 120，d = 120)

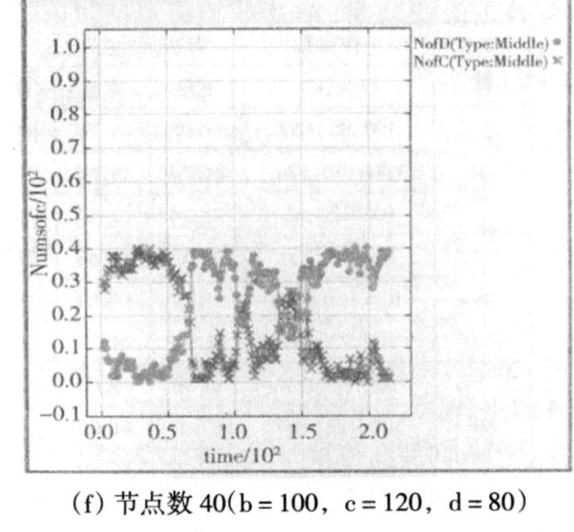

（f）节点数 40(b = 100，c = 120，d = 80)

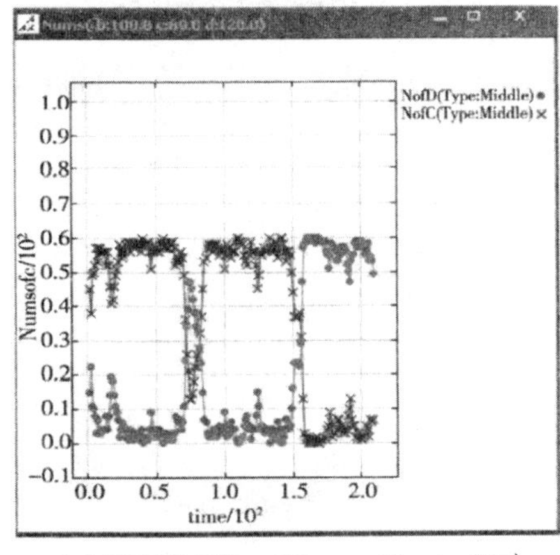

（g）节点数 60(b = 100，c = 80，d = 120)

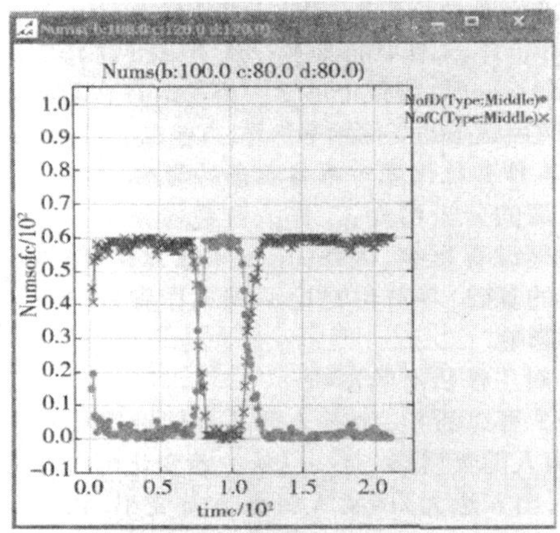

（h）节点数 60(b = 100，c = 120，d = 120)

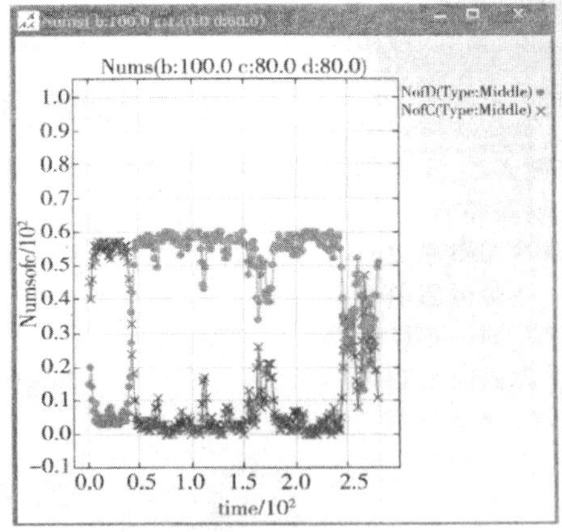

（i）节点数 60(b = 100，c = 120，d = 80)

图 2 （e）~（i）不同节点规模下的群体行为（续）

表 5 不同节点数下的个体收益

节点数	工作参数	背叛者收益		合作者收益		背叛数		合作数	
	(b, c, d)	期望	方差	期望	方差	期望	方差	期望	方差
20	100，80，120	65.92	26.99	94.37	1.29	5.17	2.78	14.83	2.78
	100，120，120	81.74	18.85	81.13	21.14	10.04	4.56	9.97	4.56
	100，120，80	90.24	12.87	75.67	21.95	12.26	4.42	7.75	4.43
40	100，80，120	58.90	37.58	97.22	1.54	7.32	7.74	32.69	7.74
	100，120，120	84.04	15.57	93.90	5.23	13.66	9.65	26.35	9.65
	100，120，80	88.65	19.59	76.32	31.91	23.00	13.71	17.00	13.71
60	100，80，120	66.93	35.03	89.01	23.22	19.00	22.21	41.00	22.21
	100，120，120	107.14	44.05	148.43	0.46	6.80	8.66	53.21	8.66
	100，120，80	91.35	25.50	60.07	32.05	51.67	9.96	8.34	9.96

由上面分析可以看出，相同工作条件下，不同参与人的工作群体，工作状态基本一致，但由于工作中的期望利润不一样，导致个体学习模仿时存在差异性，因此，两类状态的变化频率各异，方差也不同。

2. 工作参数设置对群体状态的影响

由上面的分析可知，工作人群数对整个工作的宏观格局没有影响，因此，选个体数为 40 作为数据采集的基础。本节将讨论不同工作参数对工作状态的影响。

（1）b 对工作状态的影响。

由图 3 可以看出，两类人群是近似针锋相对状态，与两人博弈情形一致。但从方差变化可以看出（见表 6），当 b 越大，两类人群数方差变小，状态变化较小，说明 $b-c/(nx)$ 和 $b-d/[n(1-x)]$ 的差值越大。工作人群的工作行为越稳定。反之，工作人群状态变化大。这种现象与现实工作中场景一致，如获益较大的场合，大家都稳定于合作工作状态，而对获益较小的工作，工作人群重视程度也低，工作状态变化也大。从获利期望和方差来

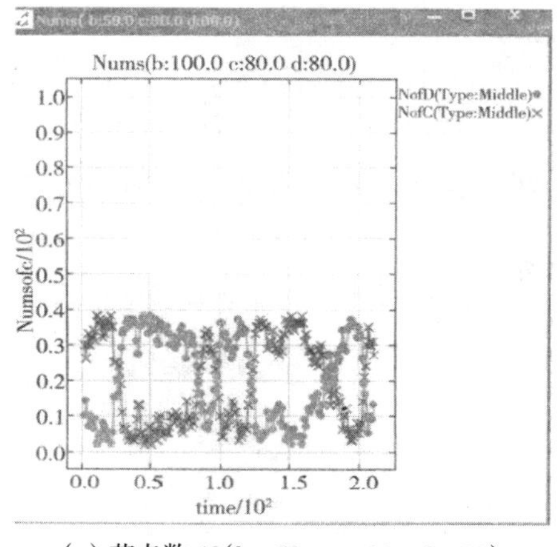

（a）节点数 40（b = 50，c = 80，d = 80）

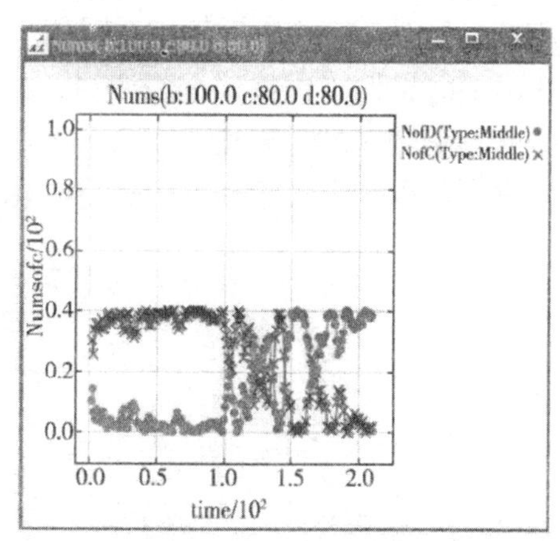

（b）节点数 40（b = 100，c = 80，d = 80）

图 3 （a）~（c）b 对群体行为影响图

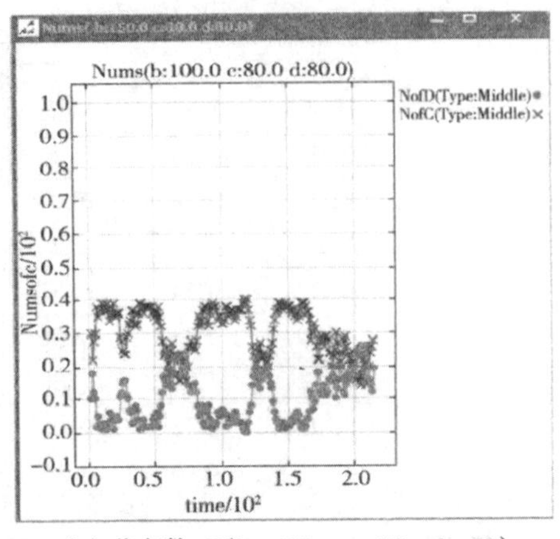

(c) 节点数 40(b = 150, c = 80, d = 80)

图 3 (a)~(c) b 对群体行为影响图（续）

看，b 的增加，背叛方期望收益增大，但方差也大，即风险变大，而合作方收益变大时，风险却小。因此，一定的信息披露和引导，将有助于工作群体向合作行为演化。

表 6 不同工作参数下个体收益（c = d）

工作参数	背叛者收益		合作者收益		背叛数		合作数	
b，c，d	期望	方差	期望	方差	期望	方差	期望	方差
50，80，80	32.96	19.99	38.89	18.14	15.94	14.47	24.07	14.47
100，80，80	81.73	18.54	97.20	1.22	8.57	7.08	31.43	7.08
150，80，80	128.86	24.34	147.28	0.70	8.93	6.68	31.08	6.68

(2) c、d 对工作状态的影响。

当 c > d 时，由表 7 可以看出，背叛状态占优，而 d 值越小，背叛占优程度越大。当 c ≤ d 时，合作人数占优，说明在群体工作中，通过学习和状态扩散，群体能收敛到与两人博弈时一致，即工作付出大于惩罚，群体稳定于背叛，而当惩罚力度大于付出，群体倾向于合作。随着 d 的逐渐增大，合作数收益不断增加，方差越来越小，因此，加大惩罚力度，一方面可以打击背叛者，另一方面也能提高合作者收益，这也印证了在较多管理活动

表 7 不同工作参数下个体收益（c ≠ d）

工作参数	背叛者收益		合作者收益		背叛数		合作数	
b，c，d	期望	方差	期望	方差	期望	方差	期望	方差
100，120，40	97.76	9.85	70.79	25.76	33.11	5.06	6.90	5.06
100，120，80	88.65	19.59	76.32	31.91	23.00	13.71	17.00	13.71
100，120，120	84.04	15.57	93.90	5.23	13.66	9.65	26.35	9.65
100，120，160	67.67	29.74	95.06	4.72	9.70	8.35	30.30	8.35
100，120，200	49.51	46.95	96.06	1.66	7.28	6.06	32.72	6.06

中，通过加大惩罚力度，能有效控制非法和规范不合理行为。

通过各表和上述简单分析，说明本文所提模拟模型合理，该系统能应用于工作场景中各类参数的合理设定（b，c，d）。

（3）任务难度对工作状态的影响。

由表 8 可以看出，在 3 种工作难度下（高、中和低，分别用 H、M 和 L 表示），随着惩罚参数 d 增加，背叛人数不断减少，而合作人数不断增加。而相同工作参数下，不同任务难度，工作人群状态不相同。当 $c > d$ 时，高难度任务下，背叛人数较中低难度任务下多，而方差也大，合作和背叛者收益随任务难度的降低而增加，而风险（方差）却逐渐降低。当 $c \leqslant d$ 时，随着任务难度的降低，合作人数占优趋势变大，方差变小，平均利润增加，而获利风险却降低。

因此，可以看出，任务难度低，能产生高利润，且风险低。对任务难度高的工作，工作人群状态变化大，相对不稳定，期望利润低，利润风险（方差）也大。在高难度任务中，工作个体由于能充分了解周围的工作状态，存在两面性，受正确引导和投机诱引的可能性都大，工作状态变化大，而在低任务工作中，由于了解他人信息少，个体主要依靠个人历史信息进行工作决策，寻求稳定和保守的做法，状态变化小。

（4）不同决策性格工作人群组成对工作绩效的影响。

考察当 $b = 100$，$c = 80$，$d = 80$ 时，不同性格人群比例组成的工作群体对工作状态的影响。理想状态下，二人博弈的工作状态下是针锋相对的格局，但在群体博弈的工作环境中，由于群体中个体的性格特征各异，导致群体工作时，相互学习和信息传递场景不一样，即扩散过程不一样，最终工作行为不一样，如图 4 所示，该系列图标为不同性格人群比例构成的工作群体的工作状态变化图。由图 4 可以看出，不同性格比例构成的工作群体对工作状态的影响有差异。当比例不均匀时，呈合作或者背叛占优，如组合 0.8，0.1，0.1 和 0.6，0.2，0.2 呈合作占优，而组合 0.2，0.2，0.6 和 0.1，0.1，0.8 呈背叛占优。

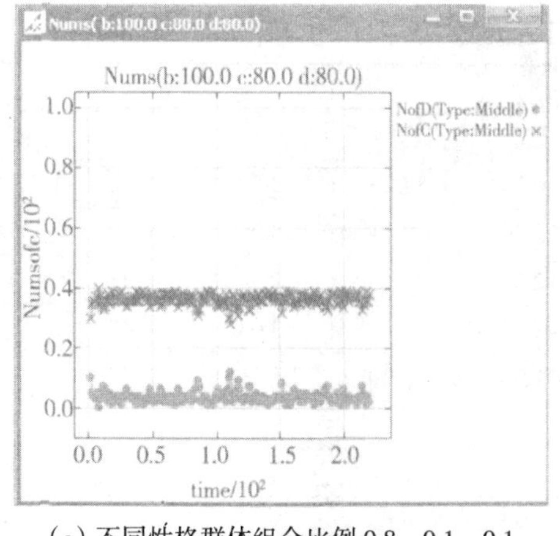

（a）不同性格群体组合比例 0.8，0.1，0.1

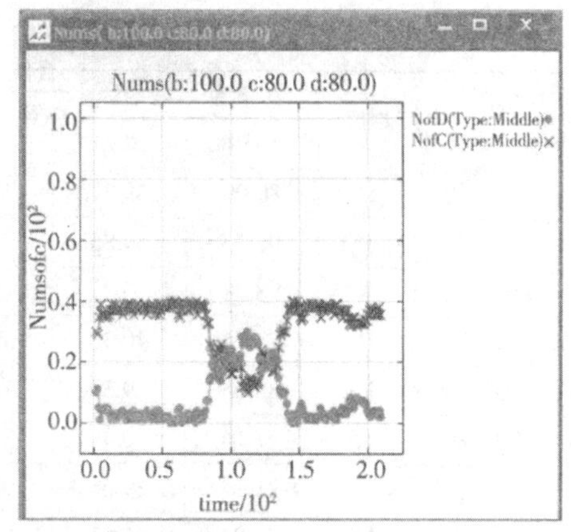

（b）不同性格群体组合比例 0.6，0.2，0.2

图 4 （a）~（d）不同性格比例群体构成时群体行为图

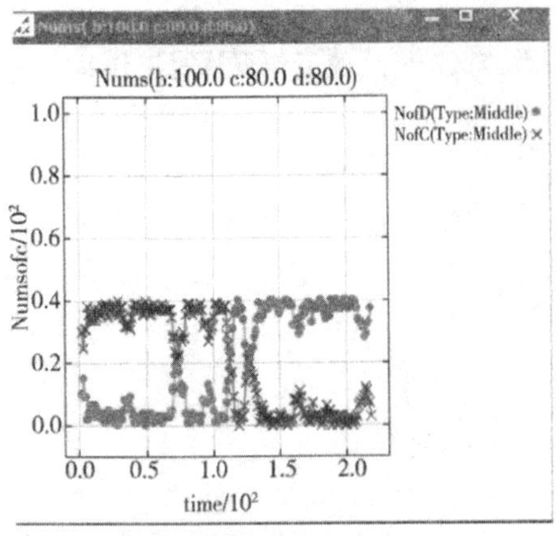

(c) 不同性格群体组合比例 0.2，0.6，0.2

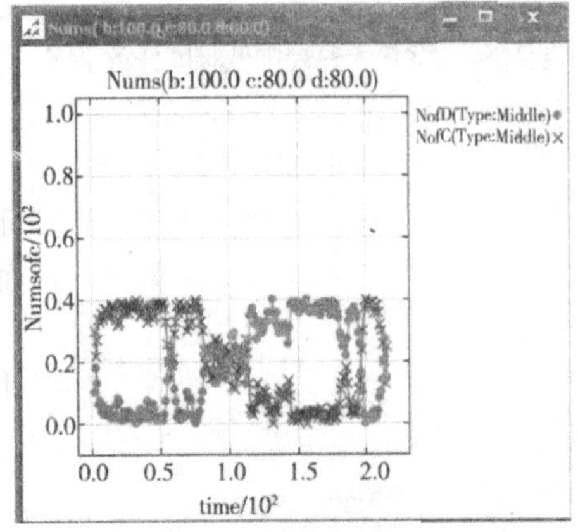

(d) 不同性格群体组合比例 0.1，0.8，0.1

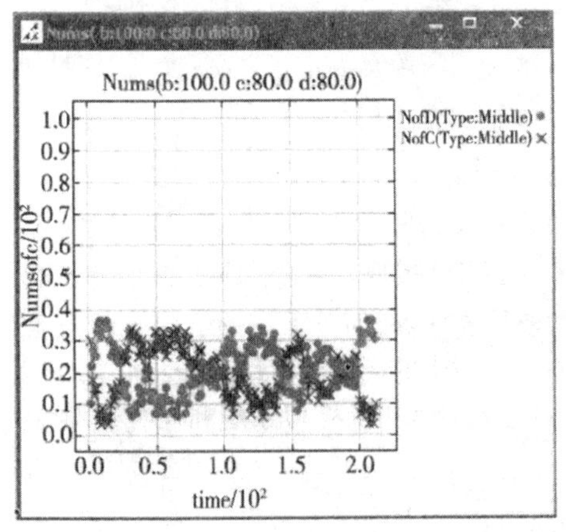

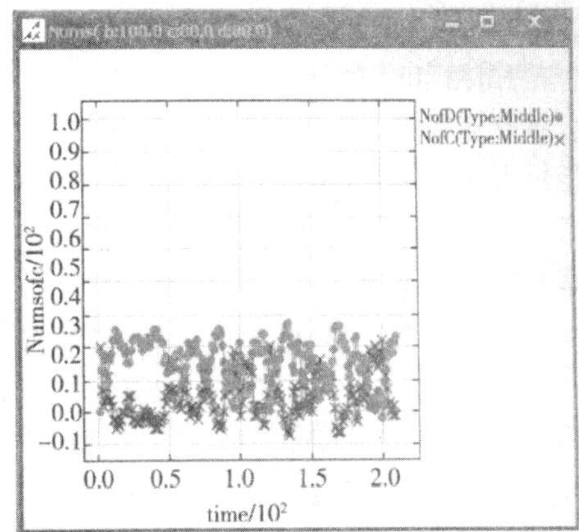

图 4 (e)~(f) 不同性格比例群体构成时群体行为图（续）

表 8 不同任务难度下个体收益

工作参数 b，c，d	难度	背叛者收益		合作者收益		背叛数		合作数	
		期望	方差	期望	方差	期望	方差	期望	方差
100，120，40	H	80.09	38.89	25.75	40.14	37.25	3.82	2.75	3.82
100，120，40	M	97.76	9.85	70.79	25.76	33.11	5.06	6.90	5.06
100，120，40	L	98.78	0.22	78.16	12.68	33.29	2.94	6.71	2.94
100，120，80	H	72.75	40.30	50.42	42.65	29.51	13.65	10.49	13.65
100，120，80	M	88.65	19.59	76.32	31.91	23.00	13.71	17.00	13.71
100，120，80	L	97.14	0.49	88.62	3.69	28.50	3.35	11.51	3.35
100，120，120	H	21.14	39.66	96.76	0.44	2.51	3.67	37.50	3.67
100，120，120	M	84.04	15.57	93.90	5.23	13.66	9.65	26.35	9.65
100，120，120	L	55.70	26.16	96.68	0.26	3.66	2.30	36.35	2.30

续表

工作参数 b，c，d	难度	背叛者收益		合作者收益		背叛数		合作数	
		期望	方差	期望	方差	期望	方差	期望	方差
100，120，160	H	35.59	57.52	67.91	42.63	17.68	17.01	22.33	17.01
100，120，160	M	52.77	44.05	95.83	2.43	7.95	7.34	32.06	7.34
100，120，160	L	58.92	30.53	96.50	96.50	5.45	2.92	34.56	2.92
100，120，200	H	-0.78	67.39	83.51	31.81	8.86	14.37	31.15	14.37
100，120，200	M	49.51	46.95	96.06	1.66	7.28	6.06	32.72	6.06
100，120，200	L	50.26	37.94	96.51	0.27	5.41	2.50	34.60	2.50

整理原始模拟数据，得到表 9 所示统计数据。可以看出，当保守型和中立型个体比例占优，合作人数大于背叛人数，而此时合作人员期望收益也远高于背叛人员期望收益，而且获利风险（方差）也低。而当易变型个体占优时，合作人数下降，合作平均收益降低。因此，在 c ≤ d 的工作中，考虑群体配备时，管理者应该适当考虑使用保守型和中立型人员数多于易变型个体数的人群分布，将有利于工作开展，同时也能使合作个体在低风险下获取高收益。而当保守型成员过多，在 c > d 的工作场合下，也容易导致工作团体过快地进入背叛占优的格局。

因此，为了能迎合不同工作格局，适度人员比例的配备，如（0.3，0.4，0.3）的组合将有利于工作团体快速达到稳定状态，而不是过度偏执收敛于某一种状态，如图 3(b) 所示情形。

表 9　不同决策特性群体比例下个体收益

参数 poa，pob，poc	背叛者收益		合作者收益		背叛数		合作数	
	期望	方差	期望	方差	期望	方差	期望	方差
0.8，0.1，0.1	45.67	28.49	97.89	0.09	1.95	1.44	38.06	1.44
0.6，0.2，0.2	68.47	28.96	97.21	1.20	7.81	8.51	32.19	8.51
0.3，0.4，0.3	81.73	18.54	97.20	1.22	8.57	7.08	31.43	7.08
0.2，0.6，0.2	89.60	12.73	94.89	7.48	15.09	10.14	24.92	10.14
0.1，0.8，0.1	86.59	19.64	90.36	17.33	16.60	12.53	23.40	12.53
0.2，0.2，0.6	95.07	4.36	89.80	10.10	24.45	11.12	15.55	11.12
0.1，0.1，0.8	93.84	7.33	88.82	11.06	24.81	12.19	15.19	12.19

五、结束语

为揭示在不同工作设置（工作的收益、惩罚、协同工作环境和任务难度等）下，团队工作行为的动态演化规律，以及不同团队构成对工作的影响等，基于进化博弈理论，利用多智慧体模拟对人群工作互动关系进行了研究。在群体工作框架下，考虑工作个体的决策个性，建立基于历史信息和个体特性的混合学习规则，基于 Repast 图形类库框架，用 Java 实现模拟系统。该模拟系统可辅助决策者进行人群工作环境下的模拟实验，有效地采集不同模型参数下仿真资料、统计与跟踪以及性能指针的观测。

通过分析模拟数据，可以得出：团队规模对工作的宏观趋势没有影响，但对微观合作频率有影响；工作设置对群体状态的影响，$b-c/(nx)$ 和 $b-d/[n(1-x)]$ 的差值越大，越有利于工作人群的工作状态稳定，反之，工作人群状态变化大，当工作付出与惩罚相当时，群体行为呈针锋相对态，而 b 增大，该状态越弱，向合作或者背叛占优转移，当工作付出与惩罚不等时，工作付出大，背叛占优，反之，合作占优。工作难度对群体行为有影响，高难度下，群体状态变化大，获利风险大，利润相对低，而低难度下，群体行为稳定，获利高，风险小；具有不同决策特性比例个体的群体搭配下的工作收益和状态各异，保守型和中立个体较多时，合作数高，而获利也高。

本文所述模拟模型和模拟系统能辅助管理者进行工作参数设置、人员选择与搭配和利益分配提供理论基础和决策依据，如用于电子/移动商务服务商的事务工作和联盟事务管理。当然，本研究尚存不足，今后的研究拟从以下方面进行：①计算模型参数合理性和系统稳健性深入研究；②本文考虑的互动场景有限，而对更全面的互动场景还需深入，如对工作场景的信息沟通有效性对工作演化的影响等有待进一步研究；③理论联系实际，将本文的模拟系统和研究结果应用于企业工作管理实践，加以检验，从而促进管理系统模拟方法在企业管理中的应用，有效地指导企业实践。

参考文献

[1] 严进，王重鸣. 群体任务中合作行为的跨阶段演变 [J]. 心理学报，2003，35 (4)：499–503.

[2] 席酉民，韩巍. 管理研究的系统性再剖析 [J]. 管理科学学报，2002，6 (5)：1–8.

[3] 席酉民，韩巍，尚玉钒. 面向复杂性：和谐管理理论的概念、原则及框架 [J]. 管理科学学报，2003，6 (4)：1–8.

[4] 蒋国银，胡斌. 人群工作协同进化动力学模型及模拟 [J]. 科学学与科学技术管理，2008，29 (12)：151–156.

[5] Doebeli M, Hauert C. Models of cooperation based on the prisoners dilemma and the snowdrift game [J]. Ecology Letters, 2005, 8 (7): 748–766.

[6] 刘树林，席酉民. 群体大小与群体创建决策方案数量的实验研究 [J]. 控制与决策，2002，17 (5)：

583–586.

[7] 魏光兴，余乐安，汪寿阳，等. 基于协同效应的团队合作激励因素研究 [J]. 系统工程理论与实践，2007 (1)：1–9.

[8] Haag M，Lagunoff R. On the size and structure of group cooperation [J]. Journal of Economic Theory，2007，135 (1)：68–89.

[9] 蒋国银，胡斌，王缓缓. 基于 Agent 和进化博弈的服务商动态联盟协同管理策略研究 [J]. 中国管理科学，2009，17 (2)：86–92.

[10] 张剑，郭青山，彭长桂. 任务内容选择与创造性绩效关系的情景实验研究 [J]. 人类工效学，2007，13 (1)：7–13.

[11] 严进，王重鸣. 两难情景下任务结构与价值取向的效用特征转换 [J]. 心理学报，2002，34 (5)：529–533.

[12] Timmermans D，Vlek C. An evaluation study of the effectiveness of multi– attribute support as a function of problem complexity [J]. Organizational Behavior and Hum an Decision Processes，1994，59 (1)：75–92.

[13] Jorgen W W. Evolution，rationality and equilibrium in games [J]. European Economic Review，1998，42 (3/5)：641–649.

[14] Grabowski A. Interpersonal interactions and human dynamics in a large social network [J]. Physica A，2007，385 (1)：363–369.

[15] Newm an M E J，Strogatz S H，Watts D J. Random graphs with arbitrary degree distribution and their applications [J]. Physical Review E，2002，64：026118.

[16] Newm an M E J. Who is the best connected scientist? A study of scientific coauthorshi networks [J]. Physical Review E，2001，64：016132.

[17] Gilbert N. Agent–Based Models [M]. SAGE Publications，Inc.，2008.

[18] 谢识予. 经济博弈论 [M]. 上海：复旦大学出版社，2002.

[19] Du W B，Cao X B，HuM B，et al. Effects of expectation and noise on evolutionary games [J]. Physica A，2009，388 (11)：2215–2220.

[20] NorthM J，Collier N T，Vos J R. Experiences creating three implementations of the repast agentmodeling toolkit [J]. ACM Transactions on Modeling and Computer Simulation，2006，16 (1)：1–25.

[21] Railsback S F. Agent–based simulation platform s：Review and development recommendations [J]. Simulation Modeling Practice and Theory，2006，82 (9)：609–623.

Study on Interaction Behavior between Group and Work Based on Game and Multi–agent

JIANG Guo–yin, HU Bin

Abstract: Agent–based simulation for interaction behavior between group and work was explored from an evolutionary game–theoretical perspective. This paper develops a payoff–shared and punishment–shared gamemodel, design evolution learning rules considering of historical inform ation and decision characteristic of neighbors, and uses multi –agent approach to represent group work. Based on class lib of Repast, weuse Java 2 to program the multi–agent simulation system. Simulation results indicate that①the size of work group has a minor effect on cooperation trend and major effect on cooperation frequency of group, ②total work payoff b has a positive effect on the stability of work state of group. Group behavior is in a state of Tit–for–Tat when work cost c is equivalent to work pun ishmentd, more players want to cooperate when c>d, and vice versa, the more players wants to defect when c<d, ③group behavior in doing highly difficult work is unstable, players can get lower profit from more highly difficult work with larger risk, or vice versa, and④groups made up of individuals with different decision–making characteristics have different effects on the work state of group. The number of conservative and neutral individuals has a positive effect on cooperation and profit. This study contributes some decision support to behaviorrm anagement under E –commerce orMobile commerce envi–ronment.

Key Words: evolutionary game, interaction behavior, multi–agent, combination learning

我国民营企业政治关联、多元化战略与公司绩效 *

邓新明 ①

摘要： 本文以我国 2002~2005 年在沪深证券交易所上市的民营企业为样本，综合考察了政治关联与多元化对公司绩效的共同影响，探讨企业政治关联是否具有多元化效应，这种多元化效应是否真正促进了企业绩效的实现。本文研究结果发现：第一，无政治关联企业的多元化与公司业绩关系呈“倒 U 型”，具有政治关联的企业多元化与公司业绩关系呈“逆 L 型”。第二，具有政治关联的企业更可能实施多元化，尤其是非相关多元化。第三，有政治关联的民营企业在进行国际化发展时，更有可能通过非相关多元化战略进行扩张，但是对于无政治关联的企业，则更可能通过专业化战略拓展海外市场。进一步，本文发现，国际化与相关多元化在一定程度上存在着替代关系，而与非相关多元化存在一定程度的互补关系。第四，具有政治关联企业的多元化（包括相关多元化与非相关多元化）比无政治关联企业更可能促进企业短期经营状况的改善，即会计绩效的提高；但具有政治关联企业的非相关多元化将对未来的绩效表现产生负面影响，即损害公司的市场价值。

关键词： 政治关联　多元化　民营企业　非正式机制　公司绩效

一、引　言

近年来，新兴市场的多元化问题成为战略管理领域的一个新的研究热点 [1~3]。然而，与主要集中于竞争观 [4]、代理理论 [5]、资源基础理论 [6,7] 等视角探讨美国等市场发达条件下企业的多元化动因与价值效应不同，当研究转型经济条件下的企业多元化时，大部分

* 本文选自《南开管理评论》2011 年第 14 卷第 4 期。本文受国家自然科学基金项目（70902053）、教育部人文社会科学项目（09YJC630177）资助。

① 作者简介：邓新明，武汉大学经济与管理学院副教授、博士，研究方向为商业伦理、企业非市场战略或行为以及动态竞争。

学者采用的是制度理论的解释，认为多元化是企业对所处制度环境理性适应的结果[2,3,8]。

在转型经济中，由于支持市场发展的基础性制度欠缺，比如信贷资源的非市场配给、行业准入的政府审批等，政府通常对经济资源的配置实施很强的控制[9]，从而导致民营企业依赖于一些替代性的非正式机制来支持其多元化发展[10,11]，其中政治关联就是一种非常重要的替代性机制[12,13]。因为在转型经济中，市场体制还不完善，政府掌握着大量稀缺资源，并且行政的随意性较大，缺乏对私有财产的有力保护，这使得商人往往处于危险的境地，因此他们会本能地向政府靠拢。无论是商人参政（企业家兼任各级人大代表、政协委员），还是官员下海（企业聘请政府官员或官员自主创业），都是我国民营企业试图通过构建与政府之间的关系，使影响企业生存空间的法规与政策维度对企业更加有利的策略性行为[14]。现有研究表明，在制度越落后的国家或地区，企业越有动机通过建立政治关联来克服制度缺失对企业成长的阻碍[15]。

实际上，以上论述充分表明政治关联对民营企业的多元化成长战略具有重要影响。比如 Chang 和 Hong[10] 与 Guillen[6] 等的研究均表明政府对企业的支持，包括授权、政策支持乃至直接投资，是促成企业多元化程度提高的重要原因。然而，迄今为止，学者们在考察企业政治关联的多元化效应时，并没有涉及战略管理理论所关心的研究问题——政治关联与多元化战略对企业绩效的共同影响。这个问题其实很重要，因为如果民营企业的政治关联虽然促进了企业的多元化战略，但对公司绩效并没有显著影响，甚至会导致“多元化折扣”，则学者们就会对政治关联作为转型经济中支持企业发展的一种非正式替代机制的有效性产生质疑，并进一步对政治关联与企业多元化关系的研究价值产生怀疑。

因此，本文试图综合考察转型经济条件下企业政治关联、多元化与公司绩效的关系，重点分析我国民营企业建立的政治关联是否能够作为克服转轨经济条件下制度缺失的一种替代性的非正式机制，帮助企业顺利实施多元化战略，并进而实现企业的绩效。本文的研究在以下三个方面丰富和拓展了相关文献：

第一，拓展了多元化与公司绩效关系的相关文献。长期以来，多元化战略对公司绩效的影响一直是战略管理领域的研究重点[16~18]。但大量学者在对企业多元化进行理论解释时，均以发达市场经济条件下企业为研究对象，即使一些学者在研究转轨经济中企业多元化问题时突出了制度因素的作用，但只是从规范层面进行一般意义上的理论推断，认为外部市场的不发达或者效率较低的环境使企业更多地通过内部市场分配资源，从而具有多元化的动机[2]。然而，以上学者的研究缺乏对制度因素影响多元化的深度定量研究，这是本文试图弥补的一个研究缺口。

第二，深化了政治关联影响企业绩效的相关文献。已有研究发现，企业和政府（官员）的关系与绩效存在正向关系[19,20]。但是，以上研究只是关注了政治关系对企业绩效的影响，而忽视了政治关联对企业绩效产生影响的作用机制的深层次研究。因为从逻辑上讲，企业政治关联充其量只是一种非市场战略，它对企业绩效的影响是间接的[21]。企业政治关联应该首先影响到企业战略选择，然后通过战略执行，最终变为企业绩效。因此，本文将同时关注政治关联影响企业战略选择的过程，以及这种过程执行的结果，即对企业

绩效的影响。

第三，深入分析了在正式制度缺乏的条件下，政治关联这种非正式的替代性机制是如何运行的。Allen 等[13]认为在中国可能存在基于关系、名誉和信任基础上的非正式机制，这些非正式机制支持着企业的发展。不过，关于这些非正式机制是如何起作用的，现有研究还知之甚少[22]。本文从企业政治关联视角，深入分析了政治关联这种非正式替代性机制是如何作用并影响民营企业的多元化行为选择的，并进一步探讨政治关联的多元化效应是如何影响企业绩效的。

二、理论分析与研究假说

1. 多元化战略与企业绩效

实质上，考察多元化战略与公司绩效的关系必须从增值方式和协调成本两方面考虑[7,23]：一方面，多元化使企业以资源共享和能力扩散的方式通过规模经济或者范围经济提高效率[4]。同时，由于外部资本市场存在缺陷，公司多元化经营可以获取能使其最大化利用资源的能力，诸如生产能力、知识、管理能力、企业家精神和市场等[6]。另一方面，由于多元化决策中"管理者机会主义"行为、内部协调成本以及内部资本市场失效等原因，将导致"多元化折扣"现象[24,25]。尤其是在转型经济中，由于外部市场条件不成熟或效率较低，民营企业会通过建立内部市场替代外部市场[2,10,26]。而这种多元化企业中所存在的内部市场，在分配资源上会更有效率[27]。但是，谭伟强与彭维刚等[28]认为转型经济中民营企业可以通过内部运作或核心部门内部化的方式有效承担必须外包的业务，但是由于企业缺乏有效的治理结构来解决代理问题，从而会引发协调成本的增加。尽管中国引入了旨在解决所有权问题的股权改革，但仍然存在代理人非法侵吞企业资产[29]、旨在追求私人利益（比如职位安全和个人提升等）的过度多元化[30]等。综合以上观点，我们提出假设 1：

假设 1：多元化战略与公司绩效存在显著相关性。

假设 1a：多元化战略与公司绩效存在显著的正向相关性。

假设 1b：多元化战略与公司绩效存在显著的负向相关性。

2. 政治关联与企业绩效

现有研究表明，企业涉足政治被认为可以显著提升企业价值[31,32]。比如 Faccio[31]以 47 个国家的跨国数据为样本，对政治关联进行了系统研究，发现相对于非政治关联公司而言，政治关联公司有更高的银行贷款率、更优惠的税率与更高的市场占有率；进一步地，Niessen 和 Ruenzi[33]以德国企业为样本作为实证研究，发现具有政治关联的企业绩效——无论是以市场为基础的绩效指标还是以会计为基础的绩效指标——都显著地高于缺乏政治关联的企业。

然而，我国企业政治行为在理论上是受到否定的，因为有些学者认为企业的政治行为是一种非生产性行为，企业把大量的精力投入到政治领域，必然影响企业的经营效率，进而影响企业绩效[34]。但总体而言，积极构建政治关联的企业和企业家往往能够得到政府良好的对待和有效的保护，从而取得竞争优势[35]。比如 Luo[36] 的研究表明，与政府官员的关系和销售增长显著相关，而且，与政府官员的关系和利润增长正相关。和与其他企业的关系（横向关系）相比，与政府官员的关系（纵向关系）与企业的表现有更强的关联。也就是说，企业能够从发展与政府官员的关系中获得更多的好处。边燕杰[37] 对广州的 188 家公司的研究也发现，CEO 高水平的社会资本——其中企业与政府间的垂直关系是最重要的渠道——能够提高生产能力与经营业绩。因此，我们提出假设 2：

假设 2：政治关联与企业绩效呈正相关关系。

3. 政治关联与企业多元化

事实上，现有研究在考察多元化问题时，鲜有将企业的政治关联纳入研究框架的。但是，部分学者已经开始关注企业政治关联对多元化的影响研究。例如韩国和印度的研究[6,10] 均表明政府对企业的支持，包括授权、政策支持乃至直接投资，是促成企业多元化程度提高的重要原因。Khannan 和 Palepu[2] 认为在市场基础性制度不完善的情况下，多元化企业集团的出现有助于解决外部市场的失灵。中国学者也有类似研究，比如巫景飞等[38] 认为企业高管政治网络中所蕴含的社会资本对企业多元化战略具有显著的正向促进作用。实质上，相对于国有企业与政府之间的天然“血缘”关系，政企关系对转轨时期民营企业发展的影响更为重要[14,39]。在转轨经济条件下，除了具备传统的企业家能力外，企业家的政治活动能力（主要指处理好与政府关系的能力）对民营企业的发展具有重要影响[40]。胡旭阳和史晋川[39] 从民营企业的政治资源对民营企业多元化投资影响的角度，分析了政企关系影响民营企业成长的作用机制。认为在中国转轨环境下，民营企业的政治资源影响民营企业多元化程度与民营企业多元化策略的选择。因此，我们提出假设 3。

假设 3：政治关联与企业多元化呈正相关关系。

4. 政治关联、多元化与企业绩效

企业的成长环境包括市场环境与非市场环境，而非市场环境中最重要的是政治环境。相应地，企业战略包括市场战略与政治战略[14,35,41]。Baron[21,42] 认为企业的政治战略对企业的成长与市场战略具有同等重要性，其中政治策略主要通过与关键政治人物之间的政治联系而得以实施[31]。实质上，民营企业构建政治关联的主要目的是为了拓展企业的生存空间[14,43]。然而，在转型经济中，民营企业多元化成长面临的最重要的制度约束主要是贷款融资难[12,22] 与行业进入的行政壁垒[39,44] 等问题。正如国内一位私营企业董事长所说，“资金与政策对一个企业发展起到了决定性作用，但是民营企业在资金上比不过外资，在政策支持上比不过国企，它承受着来自这两方面的双重压力”。①

具体而言，在融资约束方面，由于中国金融体系主要由四大国有银行占据主导地位，

① 资料来源：http：//job.china-b.com/cymx/490028.html。

政府作为国有银行的最终所有者，决定着银行信贷资源的配置，从而导致银行信贷资源更多地流向了国有企业，私营企业遭受到了明显的信贷歧视[13]。同时，我国证券市场的设立虽然为民营企业的融资开辟了途径，但是国家较多地运用了计划手段干预证券市场的运作，企业上市的资格、额度和时间等都需要以行政方式进行分配，从而更多地向国有企业倾斜，民营企业在证券市场上长期处于边缘化地位。

因此，中国金融发展的落后导致民营企业难以在市场化的基础上获得贷款，所以转而寻求一套克服不利于自身发展的替代机制，即依靠政治关系替代正式渠道来获得信贷资源。目前，民营企业参与政治已成为不争的事实。① 正如胡旭阳[12]的观点，很多民营企业在发展过程中不得不通过企业家获取某种政治身份来保证企业发展所需资金的获得。事实上，政治关联可以缓解落后制度对民营企业发展的阻碍作用，帮助民营企业获得银行的信贷支持，促进企业经济绩效的提升[22]。

另外，我国民营企业在多元化成长过程中，不仅面临着信贷歧视，还遭受着市场准入方面的政策“歧视”。有关调查数据显示，垄断行业中民营资本进入比重最多的不过20%，而有“铁老大”之称的铁路行业，这一比例仅为0.6%。而且按照目前市场准入格局，在全社会80多个行业中，允许国有资本进入的有72种，允许外资进入的有62种，而允许民营资本进入的只有41种。即使在当前应对经济危机过程中，国家围绕扩内需、保增长、调结构、惠民生，相继出台了四万亿元投资计划、十大产业振兴规划等举措，力图通过政府投资行为带动社会投资的有效扩大，从而实现保增长的经济目标。然而，在石油、铁路、电力、电信、市政公用设施等诸多重要领域，一些制度性、结构性壁垒依然阻碍着民营资本的进入。②

事实上，企业进入或退出市场，实质就是资源重新配置的一种形式，一旦企业凭借政治关系突破壁垒进入市场后，经济绩效就会优于未进入该行业的其他企业[44]。Mann[45]与Fraumeni和Jorgenson[46]等学者考察了进入壁垒与企业绩效的相关性，发现具有极高进入壁垒的行业享有比具有较高壁垒行业高的利润，而具有较高壁垒的行业又比中低壁垒行业的利润要高。正因为如此，在存在行政壁垒的条件下，企业对进入管制行业获取超额利润的竞争，往往会转变成通过各种政治关系以取得有关行政部门进入许可的寻租活动[44,47]。越来越多的企业认识到，积极主动与政府建立关系可以有效影响政府政策与法规制定，这已成为企业赢得竞争优势的关键[48]。比如在2004年以前，我国对汽车业有严格的准入限制。但吉利集团在2001年成功地获得生产轿车的许可证。吉利集团作为当时唯一一家进入轿车业的民营企业，发展至今已成为一家跨地区、跨行业的国家级大型企业集团。事实上，这和吉利集团董事长李书福积极构建良好政企关系的努力以及他的个人

① 由中共中央统战部、全国工商联、国家工商总局和中国民营经济研究会联合进行的一项调查显示，在接受调查的民营企业家中，将近1/3的人希望当人大代表和政协委员。而且2003年的“两会”是民营企业家的转折点，当年在北京召开的十届全国人大一次会议和全国政协十届一次会议上，出现一百多位来自非公经济的代表、委员，数量之多为新中国成立以来之空前。

② 资料来源：http：//www.china news.com.cn/cj/cj-gncj /news/2009/05-28/1711034.shtml。

政治影响力是分不开的。比如，李书福是全国政协委员、浙江省工商联常委、浙江省政协委员、浙江省台州市工商联副会长、台州市人大代表等。当时吉利集团在争取轿车生产审批的过程中，曾得到浙江省政府与国家经贸委的大力支持，浙江省政府还专门给国务院提交了报告。

以上论述充分表明，在转型经济中具有政治关联的民营企业比没有政治关联的企业更有可能克服行业准入的行政性壁垒进行多元化投资，同时还更可能获得多元化投资的信贷支持，进而实现企业的经营绩效。因此，我们提出假设 4：

假设 4：具有政治关联企业的多元化战略比没有政治关联企业的多元化战略更可能促进企业的绩效。

三、研究设计

1. 样本的建立与数据来源

本文以 2002~2005 年所有在沪深证券交易所上市的民营上市公司为原始样本。之所以将样本限制在民营企业，是因为在我国，相对于国有企业而言，民营企业把关系放在更加重要的位置，同时也在建立关系上投入更多的资源，以期得到从法律和正式制度中得不到的支持和保护[49]。进一步，本文按照以下原则对原始样本进行筛选：①考虑到金融公司资产负债表的特殊性，本文剔除了金融类和包含金融类经营单元的公司；②剔除 ST、主营业务收入为负以及数据不完整的公司；③剔除 2002~2005 年任何一年中未在年报中披露分行业和分地区销售收入数据的公司；④剔除年报中信息披露不详，故无法判断是否具有政治关联的公司；⑤剔除了个别样本极端值的公司。最后，我们得到的样本总数 1084 个，其中 2002 年 163 个、2003 年 237 个、2004 年 329 个、2005 年 355 个。

上市公司的多元化数据是作者根据 WIND 资讯数据库所提供的主营业务收入行业构成数据进行系统的分析整理所得。民营上市公司的财务相关数据来自 CSMAR 中的公司财务年报数据。上市公司的政治关联数据是基于我们对各方面资料的整理所得，其中董事会背景资料与控制人数据库主要来自 WIND 资讯数据库。

2. 变量定义与模型说明

（1）政治关联指标。

对公司政治关联的刻画方法主要参照了 Faccio[31]、Fan 等[50]与田志龙[43]等学者的做法。Faccio[31]认为只要公司的控股股东或高管是国会议员、总理或跟某位高官以及政党有紧密联系都认为是有政治联系。Fan 等[50]对政府背景的刻画也是看在董事会成员中有政府背景的董事比例。田志龙等[43]认为中国的民营公司目前大致有以下渠道正式参与政治：第一，商人参政，如进入人大、政协，或者在工商联、青联、妇联等社团组织担

任一定职务；[①] 第二，官员下海，即政府官员利用其身份或能力到民营企业任职或自创企业；[②] 第三，企业通过捐赠、参与公益事业等社会责任行为获得政府好感。目前而言，对民营上市公司政治关联可以通过公开数据收集得到的大多是这些公司的控制人或董事会成员有政府背景的资料。因此，我们在本文中关于政治关联数据的获取主要来自于前两种方式。

我们建立了一个民营上市公司2002~2005年度的政治关联数据库，基本做法如下：根据WIND资讯数据库中"股票深度资料"中"董事会及管理者信息"逐一识别出民营上市公司终极控制人以及董事会各个董事的资料；然后根据其个人资料查找他（她）是否是人大、政协委员或者是曾经在政府部门任职。通过以上数据收集工作，我们基本能比较完整地把民营上市公司的政治关系刻画出来。Policonn是表示企业是否具有政治关联的虚拟变量，如果公司的控制人或董事会成员具有政府背景，则将Policonn定义为1，否则为0。

（2）多元化指标。

目前大多数国外学者在多元化的研究中，采用的是以SIC代码为基础的行业分类和统计办法进行多元化研究，根据研究的需要分别采用不同的代码位数构建多元化的度量指标。本文以2001年中国证监会正式制定的《中国上市公司行业分类指引》作为划分上市公司经营所跨行业及行业间相关性的主要依据，根据我国的实际情况，我们按照行业大类即三位行业代码将公司的各项业务收入归类合并计算出各行业的主营业务收入所占比例，然后再计算多元化度量指标。本文主要采用熵指数（Entropy Index，EI）来度量多元化指标，计算公式为：

$$EI = \sum_{i=1}^{n} P_i \ln(1/P_i)$$

其中 P_i 为行业i收入占主营业务收入的比重，n为采用三位行业代码所计算的公司业务行业数，多元化程度越高，该指数越高。借鉴林晓辉与吴世农[51] 的方法，将熵指数依据行业分类进一步分解为相关熵指数（ER）和不相关熵指数（EU），来度量相关与不相关多元化的程度。如下式表示：

$$EI = ER + EU$$

---

① 在中国，商人参政始于20世纪90年代，但真正的参政则是在中共十六大之后。在中国当前的情况下，商人参政的途径主要有：担任人大代表或政协委员、担任工商联领导职位、入党等。我们这里所说的商人参政，主要是指企业家到各级人大和政协任职。十六大之后，越来越多的企业家当选人大代表或政协委员。如果从地市级的人大和政协算起，当选人大代表和政协委员的企业家人数更多。"《新财富》500富人榜"2005年的统计表明，500位富人中总共有236人在市级或市级以上的人大或政协任职，占富豪榜总人数近一半。

② 自改革开放以来，官员下海现象从未间断过。主要包括以下三种情况：第一，在机构改革过程中，一些地方出台多种形式的政策（比如停薪留职、留薪留职等）鼓励官员干部下海。比如，在吉林省通化市，大批官员下海与该市1996年、1998年制定的鼓励干部下海的优惠政策是密切相关的。截至2003年7月，在下海的141名科级以上干部中，享受优惠政策下海的有91人，占64.6%；提前退休下海的34人，占24.1%；辞职下海的16人，占11.3%。第二，一些地方政府官员为了表示对经济发展的支持，主动兼任当地龙头企业的领导职务。第三，政府官员辞职或提前退休后，到企业任职。其中前两种情况更多的是政府导致的结果，而后一种更多的是个人行为，而且呈现越来越普遍的趋势[43]。

$$ER = \sum_{j=1}^{m} ER_j p_j, \quad ER_j = \sum_{i \in 行业集 j} (p_i/p_j)\ln(p_j/p_i)$$

$$EU = \sum_{j=1}^{m} p_j \ln(1/p_j)$$

其中，ER_j 为公司行业集 j 内部的多元化程度；m 为 n 个行业种类所属的行业集数目（$n \geq m$）；p_j 为行业集 j 的收入之和在企业主营业务收入中的比重，行业集的划分以行业门类为准，但是由于制造业公司占了上市公司总数的一半以上，因此对于制造业以次类为准划分行业集。

（3）企业绩效指标。

在实证研究中，公司绩效的度量可以采用财务绩效指标（如资产收益率、净资产收益率等）和市场绩效指标（如 Tobin's Q 值、股票年收益率等）。这些指标各有利弊：财务绩效指标综合性强，代表着公司短期年度经营状况，但易受会计方法和盈余管理的影响；市场绩效指标在一定程度上反映了企业的预期情况，是公司长期绩效的表现形式。国外大量研究采用市场绩效指标，但是在计算 Tobin's Q 值时，由于非流通股不具有市场价格，该部分市场价值难以确定。其中 Chen 和 Peng [52] 通过实证研究发现，中国非流通股价格相对于流通股价格而言，平均具有 78%~86% 的折价。因此，我们取其中位值对非流通股价格进行折算后计算非流通股的价值。最后，本文同时采用资产收益率（ROA）与 Tobin's Q 值两个指标来综合分析公司绩效。指标的具体计算如下：

资产收益率：ROA = 净利润/期初和期末平均总资产；Tobin's Q = [流通股股数 × 流通股股价 +（总股数 − 流通股股数）× 流通股股价 ×（1 − 82%）+ 负债的账面价值] /资产的账面价值。

（4）控制变量。

控制可能对绩效产生显著影响的变量十分重要。根据现有相关文献，本文主要选取以下一些变量作为控制变量，具体界定如下：

①企业规模（Lnassets）。相关研究表明，规模较大的企业更可能凭企业的经济实力而拥有更多“事实的政治权力”。而且大企业具有更强的动因去实施政治策略或行为，进而影响到企业的市场表现 [53,54]。本研究以公司总资产作为公司规模的控制指标，同时为了避免数值过高带来的数据偏差，我们取其自然对数值。

②企业年龄（lnAge）。相关研究表明，有较长历史的企业会更好地积累与当地政府或官员的关系 [55]。同时，公司年龄对制度化会有积极影响，公司持续时间越长，制度化程度越高，将削弱政治关联对企业多元化的积极影响。本研究以上市公司公布的注册年份为起始年，计算截至本研究样本设定的时间（2002~2005 年）持续年数。具体公式为：$lnAge_i = \ln(T_i - T_0 + 1)$。其中 T_i = (2003，2004，2005)，T_0 为公司注册成立时间。

③国际化程度（International）。一些学者的研究表明国际化与产品多元化之间存在着冲突，两者是一种相互替代的成长模式 [56,57]；而另一些学者在探讨产品多元化与国际化的结合给企业带来的经济效果时间接地验证了产品多元化与国际化之间的互补关系 [58,59]。

进一步，中国学者薛有志与周杰[25]认为国际化与产品多元化之间的关系对企业绩效将产生显著的影响。本文采用 Geringer 等[60]与 Hitt 等[59]的方法，利用海外销售收入占主营业务收入比重这一指标来衡量企业的国际化状况。由于我国港澳台地区在制度上与内地仍存在一定的差异，因而本文将在这些地区的销售收入仍计入海外销售收入。

④民营企业所在地（Area）。中国各地的经济发展水平不平衡，不同地区经济发展水平与市场化程度存在较大差异，政府在经济社会中扮演的角色也不相同。本文将民营企业所在地设置为虚拟变量，如果企业总部在市场化程度较高的中国东部地区则为 1；如果在市场化程度落后的中西部地区则为 0。

⑤资本结构（DEBT）。Burgman[61]与中国学者薛有志与周杰[25]等认为资本结构调节着企业多元化对公司绩效的影响，本文用资产负债率来度量资本结构。

另外，本文同时采用虚拟变量来控制行业影响与年度影响。行业虚拟变量（Industry）依据中国证监会颁布的《指引》中的行业门类和次类进行设定；年度虚拟变量（Year）则以不同年份设定虚拟变量。

四、实证结果与分析

1. 描述性统计结果

表 1 列出了样本的描述性统计结果，数据表明总样本 1084 家企业中，其中有政治关联的企业数为 474 家，所占比例高达 43.73%，表明我国民营企业参与政治的积极性非常高，这在一定程度上说明积极构建与政府（部门或官员）之间的关系对民营企业是有利可图的。进一步的结果发现有政治关联企业组中，多元化企业数为 357 家，占其总数的 75.32%，其中非相关多元化企业数占 44.51%；而在没有政治关联的企业中，实施了多元化战略的企业所占相应比例为 57.54%，其中非相关多元化企业比例仅为 32.46%，从而表明具有政治关联的企业实施多元化战略的积极性更高，而且更偏好于非相关多元化的成长模式。进一步地，我们还发现有政治关联组企业的 ER 与 EU 均值分别为 0.5943 与 0.6787，高于无政治关联组企业的 0.5417 与 0.5902，这一结果在一定程度上表明政治关联确实可以作为转型经济中外部制度缺失的一种有效的替代机制，促进企业多元化程度的提高，尤其是非相关多元化。事实上，以上结果表明政治关联具有一定程度的多元化效应，即具有政治关联的企业比无政治关系的企业更可能进行多元化，在一定程度上支持假设 3 的成立。而且我们的结果进一步表明，政治关联的非相关多元化效应比相关多元化效应更强。

同时，我们还发现有政治关联企业的专业化业绩平均要低于多元化绩效，而无政治关联企业的专业化绩效整体上要高于多元化绩效。这一结果似乎表明无政治关联的企业更应该关注核心专长，采取有限度的多元化和集中在核心竞争能力的“归核化”战略。但对于

表 1 样本公司特征变量的描述性统计分析

	有 Policonn 组			无 Policonn 组			
	专业化	多元化		专业化	多元化		总样本
		相关多元化	非相关多元化		相关多元化	非相关多元化	
N（企业数）	117	146	211	259	153	198	1084
N%	10.79%	13.47%	19.46%	23.89%	14.11%	18.27%	100%
ER	0.000 [0.000]	0.5943 [0.5471]		0.000 [0.000]	0.5417 [0.5992]		0.3972 [0.3771]
EU	0.000 [0.000]		0.6787 [0.6429]	0.000 [0.000]		0.5902 [0.5744]	0.4471 [0.4397]
ROA	0.0198 [0.0223]	0.0190 [0.0199]	0.0268 [0.0239]	0.0231 [0.0327]	0.0213 [0.0342]	0.0190 [0.0201]	0.0227 [0.0211]
Tobin's Q	0.0198 [0.0207]	0.0187 [0.0187]	0.0212 [0.0227]	0.0222 [0.0319]	0.0208 [0.0351]	0.0188 [0.0224]	0.0233 [0.0249]
Lnassets	2.8298 [2.7694]	2.9984 [2.7059]	2.7098 [2.8543]	2.9241 [2.5035]	2.8025 [2.7759]	2.9675 [2.6676]	2.7747 [2.9715]
LnAge	2.003 [1.872]	[2.297] [2.118]	2.310 [2.331]	1.997 [1.872]	[2.118] [2.005]	2.229 [2.117]	2.287 [1.998]
International	0.089 [0.000]	0.109 [0.059]	0.137 [0.051]	0.083 [0.000]	0.047 [0.000]	0.069 [0.000]	0.089 [0.000]
Area	0.532 [0.511]	0.497 [0.519]	0.490 [0.487]	0.539 [0.553]	0.521 [0.511]	0.478 [0.490]	0.511 [0.509]
DEBT	0.493 [0.488]	0.481 [0.492]	0.696 [0.487]	0.317 [0.499]	0.281 [0.472]	0.317 [0.491]	0.459 [0.461]

注：如果样本企业既实施了相关多元化，又进行了非相关多元，我们只将其界定为非相关多元化企业；表格内为各变量均值，中括号 [ ] 内的数值为中位数。

具有政治关系的企业，应积极通过非相关多元化战略进行扩张。这和我国转轨经济的制度特点是相关的，因为我国存在所有制歧视和许多行业的准入面临政府的行政壁垒，民营企业的政治关联性将影响企业获得相关行业许可资格的可能性。而一旦企业凭借政治关系突破壁垒进入市场后，经济绩效就会优于未进入该行业的其他企业[44]。①

进一步地，通过组间比较，我们发现有政治关联企业组的专业化与相关多元化的 ROA 与 Tobin's Q 比较接近，但均低于无政治关联组企业；而有政治关联企业的非相关多元化的 ROA 与 Tobin's Q 均好于无政治关联型企业②，这一结果在一定程度上解释了在政治关

① 比如新希望集团，其产业涉及饲料、乳业及肉食品加工、房地产、金融与投资、基础化工、商贸物流、国际贸易等领域。新希望集团尽管被冠以“农业”之名，但公司净利润一半左右来自公司参股的另一家上市公司——民生银行。同时，涉足房地产领域也让新希望收益不菲。而集团董事长刘永好目前担任全国政协常委、全国政协经济委员会副主任、中国饲料工业协会副会长、中国乳业协会副会长等政府职务。

② 数据表明对于有政治关联组企业而言，非相关多元化的 ROA 均值与相关多元化和专业化业绩的差距明显要高于 Tobin's Q 值。这一结果在多变量分析中将得到进一步验证，比如表 5、表 6 结果显示，有政治关联企业的非相关多元化对企业的短期绩效 ROA 有显著的促进作用，但对于长期市场价值 Tobin's Q 值却具有一定程度的负向影响。

联型多元化企业中，实施非相关多元化战略的企业数远高于无政治关联企业，是因为具有政治关联企业的非相关多元化战略能带来更高的企业绩效。以上结果只是部分地支持假设4，即政治关联型企业的非相关多元化比没有政治关联企业的非相关多元化战略更可能促进企业的绩效。但对于相关多元化而言，情形恰好相反，即不具有政治关联企业的相关多元化比具有政治关联企业的相关多元化更可能促进企业的绩效。我们将在后文的多变量回归分析中进一步严格检验这个假设。

另外，在国际化方面，我们发现有政治关联企业的国际化程度均高于无政治关联型企业。而对于有政治关联型企业而言，非相关多元化企业的国际化程度均值最高，为0.137，高于专业化与相关多元化的0.089与0.109；而无政治关联型企业的国际化程度最高的是专业化企业，均值为0.083，高于相关与非相关多元化的0.047与0.069，这在一定程度上表明，有政治关联的民营企业在进行国际化时，更有可能通过非相关多元化战略进行扩张，但是对于无政治关联型企业，则更可能通过专业化战略拓展海外市场。

最后，数据还显示有政治关联组企业的资产负债率DEBT平均值均明显高于无政治关联型企业。这在一定程度上支持胡旭阳[12]与余明桂和潘红波[22]等国内学者的观点，认为有政治关系的企业比没有政治关系的企业将获得更多的信贷支持。而本文的研究进一步表明，这种信贷支持更多地促进了民营企业非相关多元化的发展。因为表1数据显示，在具备政治关联的企业组中，非相关多元化企业的DEBT均值最高，高达0.696，明显高于无政治关联组中非相关多元化企业。

2. 单变量检验

表2列出了企业绩效ROA的单变量检验结果。表2的数据显示有政治关联企业的ROA平均为2.337%，无政治关联企业则为1.617%，前者比后者高出0.72%，这种差异在1%的水平上是显著的。这在一定程度上支持假设2的成立。我们将在后文的多变量回归分析中进一步严格检验这个假设。同时，数据显示对所有样本而言，无论是政治关联型，还是非政治关联型企业，专业化企业的ROA均值最高，为2.174%；其次是相关多元化（1.971%）；最后才是非相关多元化（1.877%）。但是通过分组考察后，发现情形却不一样，其中有政治关联企业组中，非相关多元化企业的ROA平均为2.484%，分别比专业化与相关多元化高出0.505%与0.581%，这种差异在5%的水平上是显著的；而在无政治关联型企业组中，非相关多元化企业的ROA均值最低，仅为1.121%，而专业化与相关多元化企业的ROA均值接近，分别为2.312%与2.331%。这一结果与一些西方学者[24-25]的研究结论是不一致的，他们认为多元化与企业经济业绩的关系呈现“倒U型”，即专业化与非相关多元化的绩效均不如相关多元化。而本文研究表明这一结论在非政治关联型企业组中是适合的，但对于有政治关联的企业而言，结论恰恰相反，结果表明多元化与企业经济业绩呈现“逆L型”，即非相关多元化企业的业绩ROA要显著好于专业化与相关多元化。

表3列出了企业绩效Tobin’s Q的单变量检验结果。结论与表2基本一致，不同之处主要在于：第一，具有政治关联企业的非相关多元化的Tobin’s Q均值还是最高，但是相对于ROA而言，这种绩效和专业化与相关多元化企业的差异变得不显著，同时均值之间

表 2 企业绩效 ROA 单变量检验结果

	专业化	多元化		t test	总样本
		相关多元化	非相关多元化	Z-Score	
有政治关联	0.01979 [0.02232] (N=117)	0.01903 [0.01991] (N=146)	0.02484 [0.02392] (N=211)	-2.1779** -1.998**	0.02337 [0.02471] (N=474)
无政治关联	0.02312 [0.03271] (N=259)	0.02331 [0.03421] (N=153)	0.01121 [0.02012] (N=198)	0.01779 0.367	0.01617 [0.02314] (N=610)
t test	2.7715	2.7749***	4.1789***		4.3694***
Z-Score	2.118	3.794***	4.566***		5.177***
总样本	0.02174 [0.0223] (N=376)	0.01971 [0.02011] (N=299)	0.01877 [0.01994] (N=409)	-1.7741 -0.996	

注：既实施了相关多元化，又进行了非相关多元化，我们只将其界定为非相关多元化企业；中括号 [ ] 内的数值为中位数，括号 ( ) 内的数值为企业样本数量。均值与中位数分别采用双尾 t 检验和 Wilcoxon 检验。***、**、* 分别表示在 1%、5% 和 10% 水平上统计显著。

表 3 企业绩效 Tobin's Q 单变量检验结果

	专业化	多元化		t test	总样本
		相关多元化	非相关多元化	Z-Score	
有政治关联	0.01977 [0.02074] (N=117)	0.01873 [0.01873] (N=146)	0.02119 [0.02267] [N=211]	0.02178 0.377	0.02197 [0.04015] (N=474)
无政治关联	0.02219 [0.03190] (N=759)	0.02377 [0.03509] (N=153)	0.01877 [0.02244] (N=198)	0.01779 0.367	0.02091 [0.02314] (N=610)
t test	2.8790	2.9901***	2.3890		4.3694***
Z-Score	2.129	3.889***	2.0991		5.177***
总样本	0.02081 [0.02318] (N=376)	0.01844 [0.02342] (N=299)	0.01690 [0.03193] (N=409)	2.7793*** 3.174**	

注：既实施了相关多元化，又进行了非相关多元化，我们只将其界定为非相关多元化企业；中括号 [ ] 内的数值为中位数，括号 ( ) 内的数值为企业样本数量。均值与中位数分别采用双尾 t 检验和 Wilcoxon 检验。***、**、* 分别表示在 1%、5% 和 10% 水平上统计显著。

的差距变小；第二，具有政治关联与无政治关联企业的非相关多元化的 Tobin's Q 均值差异变得不显著。以上结果在一定程度上表明政治关联的长期作用小于即期效果。事实上，在多变量回归分析中，我们还发现具有政治关联企业的非相关多元化与企业的短期绩效 ROA 呈正相关关系，但却负向于长期业绩 Tobin's Q 值（见表 5、表 6）。一个合理的解释是因为民营企业虽然可以通过政治关系获得一定的政府支持，从而实现多元化发展。但是，企业也必须承担一些政府的“社会包袱”，比如兼并收购一些业务不相关的濒临破产的中小型国有企业。而这种“政府导向式”的被动多元化从长远来看必定会损害公司价值。①

3. 多元回归分析

在进行回归分析之前，首先考察了模型中主要变量的 Pearson 相关系数（见表 4）。结果发现有些自变量间存在显著相关性，但不会导致多重共线性，因为大部分变量的方差膨胀因子（VIF）均低于 2.5 且其平均值为 1.69；另外，自变量的条件指数（Condition Index）均低于导致共线性的临界值 20 [62]。

表 4 Pearson 相关系数矩阵

	1	2	3	4	5	6	7	8	9
1. ROA									
2. Tobin's Q	0.579***								
3. Policonn	0.371**	0.298***							
4. ER	0.412*	-0.498**	-0.039***						
5. EU	-0.379**	-0.418***	0.052**	-0.477**					
6. Lnassets	0.713**	0.679***	0.782***	0.587***	0.675*				
7. Age	0.329***	0.477***	0.694***	0.379**	0.512***	0.886**			
8. International	0.371	0.277*	0.399***	-0.218**	0.376***	0.447***	0.399***		
9. Area	0.387**	0.479***	0.279**	0.210	0.118	0.372**	0.329***	0.277**	
10. DEBT	0.098**	0.117**	0.317	0.376**	0.479***	0.651**	0.277*	0.455***	0.519*

注：***、**、* 分别表示双尾 t 检验值在 1%、5%和 10%水平上统计显著。

表 4 结果表明政治关联与 Tobin's Q 和 ROA 均具有显著的正相关性。这一结果支持假设 2。另外，政治关联与相关多元化（ER）显著负相关，与非相关多元化（EU）显著正相关，表明政治关联的多元化效应主要体现在非相关多元化方面，这一结论在前面的单变量分析中已得到验证。同时，结果还发现 ER 与企业绩效 ROA 呈显著正相关关系，而与 Tobin's Q 呈显著负相关关系；EU 与企业绩效 Tobin's Q 和 ROA 均呈显著负相关关系。这意味着相关多元化在短期内会带来多元化溢价，但长期而言，仍会导致"多元化折扣"；而非相关多元化无论短期还是长远影响，均会带来"多元化折扣"。但是这一结论与后文的多变量分析结论并不一致，而且在有政治关联与无政治关联组之间存在显著性差异，我们将在后文的多元回归分析中通过引入控制变量作进一步探讨。

进一步地，我们发现企业国际化程度与政治关联显著正相关。其中国际化程度与 ER 显著负相关，而与 EU 呈显著正相关关系。事实上，目前关于国际化与产品多元化的关系一直存在着争论，比如 Madura 和 Rose [63] 与 Sambharya [64] 等学者认为两者之间存在着

① 比如春都集团的例子，春都集团基本是在当地政府的诱导和干预下，进入非相关产业的。在崩溃以前曾经横跨五个行业，旗下拥有 40 多家企业。当地政府曾经多次提醒春都集团："你们是大型企业、著名企业、先进企业，你们不能光顾着自己发展，还要把本市落后的企业也带动起来！"在政府这种思想的干扰下，旋宫大厦、洛阳制革厂、洛阳木材公司等一大堆互不相干的亏损企业都进入了春都集团。不光是兼并企业，市政府提出捐款要求，春都集团都会慷慨解囊。然而，当政府的社会效益与企业的经济效益发生矛盾的时候，承担风险的只能是企业。

替代关系；而 Kim 等[58]与中国学者薛有志与周杰[25]认为两者间存在着互补关系。我们的研究结果表明国际化与相关多元化在一定程度上存在着替代关系，而与非相关多元化存在一定程度的互补关系。

表 2 与表 3 的单变量分析虽然对相关假设进行了检验，但以上的研究只是基于单变量进行检验，并没有控制其他因素的影响。因此，以下我们将加入控制变量采用 OLS 方法进行深入研究。为了避免可能存在的异方差问题，本文的回归分析使用了 White[65]的异方差校正技术，检验结果如表 5 与表 6 所示。我们先来看表 5 的结果，模型 1、2 检验多元化对企业绩效 ROA 的影响，在模型 1 中，我们只将总体的多元化程度 EI 放入模型进行检验，结果发现，EI 的系数在 5% 的水平上显著为负。在模型 2 中，我们对多元化的绩效影响进行分解，分别考察相关多元化 ER 与非相关多元化变量 EU 对企业绩效的影响，结果表明 ER 系数不显著，而 EU 系数在 10% 水平上显著为负。因此，以上结果支持假设 1b 的成立。

模型 3 我们单独考虑政治关联 Policonn 的绩效影响，发现 Policonn 系数在 10% 水平显著为正，该结果与单变量检验结果一致，支持假设 2 的成立。模型 4 中同时放入政治关联与多元化程度变量，发现 EI 和 Policonn 系数符号与显著度均没有变化，只是相对模型 1、2 而言，Adj.R^2 有了显著的提高，表明政治关联是影响企业绩效的重要因素。事实上，我们发现模型 4、5、6、7、8 在引入政治关联变量后，模型均变得更稳健。模型 5 中，同样对 EI 进行分解处理，发现 ER 系数从模型 2 中的不显著变得显著了，系数为正，而 EU 系数虽然仍然显著为负，但变得更小。这一结果表明在一定程度上，政治关联作为一种替代机制可以调节多元化与企业绩效之间的关系。正如 Allen 等[13]的观点，中国之所以能够在基础性制度缺失情况下取得高速的经济发展，原因在于中国存在替代性的机制。而政治身份可能就是中国存在的替代机制之一，并有利于企业获取资源或发展企业。

我们在模型 6、7、8 中开始引入政治关联与多元化的交互项。模型 6 中，交叉变量 POLICEI 由表示总体多元化程度 EI 与 Policonn 相乘而得，其系数为正，而且在 10%的水平上显著，与假设 4 的预期一致。这意味着，具有政治关联企业的多元化程度对企业业绩将产生显著的正向作用。我们对 EI 进行分解，在模型 7 中，我们同时引入 POLICEU 与 POLICER 两个交叉变量，发现 POLICEU 与 POLICER 的系数均为正，而且分别在 10% 与 5% 的水平上高度显著。这一结果表明具有政治关联企业的相关多元化与非相关多元化均与 ROA 正相关，从而支持假设 4 的成立。根据资源基础理论，企业组织资源（包括关系资源、政治资源以及市场资源等）是异质与难以转让的，是形成企业核心竞争力的关键。企业通过多元化使这些组织资源能够得到充分利用。由于在中国的转轨经济中，民营企业主要集中在一般竞争性产业，较少进入基于市场垄断或行政垄断的垄断性产业。而政治关系将有助于民营企业获得相关行业准入的许可资格，从而促进企业充分利用范围经济与规模经济，通过分享企业的组织资源而获得持续性的竞争优势。

进一步地，在模型 8 中，我们引入国际化程度与 Policonn 的交叉变量，结果发现系数为正，且在 1% 水平上高度显著。这意味着具有政治关联企业的国际化程度对企业绩效将

表 5 政治关联、多元化与 ROA

	Model 1	Model 2	Model 3	Model 4	Model 5	Model 6	Model 7	Model 8
Intercept	-0.577*** (-2.117)	-0.264*** (-3.101)	-0.669*** (-3.119)	-0.167*** (-2.710)	-0.386*** (-7.331)	-0.326*** (-7.009)	-0.172*** (-2.771)	-0.172*** (-2.771)
EI	-0.124** (-4.108)			-0.113* (-2.173)		-0.069** (2.319)		
ER		0.079 (2.277)			0.047* (2.193)		0.039* (2.009)	0.022* (3.011)
EU		-0.167* (-5.119)			-0.118* (-4.552)		-0.112* (-3.422)	-0.092* (-2.471)
Policonn			0.017* (3.339)	0.023* (2.448)	0.035* (2.651)	0.021* (2.218)	0.013* (2.471)	0.011* (2.701)
POLICEP[a]						0.030* (2.253)		
POLICER[b]							0.018* (2.119)	0.012* (2.005)
POLICEU[c]							0.017** (-2.188)	0.009** (-2.314)
Lnassets	0.142*** (5.452)	0.097** (2.336)	0.132*** (4.711)	0.064 (1.041)	0.149*** (4.411)	0.071 (1.044)	0.211*** (5.401)	0.198*** (6.701)
Age	0.031*** (2.195)	0.115** (1.760)	0.221** (1.701)	0.111** (2.179)	0.211** (2.312)	0.091** (2.118)	0.070** (2.233)	0.091** (2.432)
International	0.141*** (4.622)	0.099** (1.472)	0.151*** (3.598)	0.074 (1.741)	0.150*** (5.311)	0.064 (1.071)	0.159*** (5.311)	0.210*** (4.398)
POLINATION[d]								0.094*** (4.309)
Area	0.032*** (3.275)	0.025** (1.830)	0.027** (1.701)	0.042** (2.158)	0.030** (2.633)	0.042** (2.158)	0.030** (2.933)	0.027** (2.909)
DEBT	0.241*** (4.622)	0.199** (2.372)	0.352*** (4.798)	0.167 (1.141)	0.256*** (3.411)	0.169 (2.041)	0.170*** (5.312)	0.118*** (5.444)
Industry	yes	yes	yes	yes	yes	yes	yes	yes
Year	yes	yes	yes	yes	yes	yes	yes	yes
Adj. R^2	0.063	0.114	0.095	0.277	0.249	0.318	0.221	0.271
F Value	5.799	4.019	5.633	4.159	2.794	3.781	4.445	3.499

注：a. POLICEI=Policonn·EI；b. POLICER= Policonn·ER；c. POLICEU= Policonn·EU；d. POLINATION=Policonn·International；***、**、* 分别表示双尾 t 检验值在 1%、5% 和 10% 水平上统计显著，括号中的数字为双尾检验的 t 值。

产生显著性的正向作用。事实上，中国企业的国际化之路走得并不顺畅，它们在前进的道路上遇到了重重困难。因为在企业国际化扩张的进程中，国际化的影响要素并不限于经济层面，企业还得考虑相关国家频繁作祟的政治因素，比如联想在美遭遇“安全门”事件、中兴与华为在印度遭遇“政客”阻挠、海尔在美泰克收购战中铩羽而归等。以上事例充分说明在国际市场上，中国企业的政府公关能力还比较差①。正如 Rugman[66] 的观点，只有当企业积累了各种在国际竞争中所需的知识与技能时，企业才能在海外市场获得成功。这种知识与技能不仅指企业优越的市场能力，同时也包括处理好与东道国政府关系的政治能力。

表 6 政治关联、多元化与 Tobin's Q

	Model 1	Model 2	Model 3	Model 4	Model 5	Model 6	Model 7	Model 8
Intercept	-0.489*** (-2.809)	-0.273*** (-4.190)	-0.774*** (-3.219)	-0.209*** (-2.178)	-0.428*** (-7.229)	-0.345*** (-7.919)	-0.221*** (-2.970)	-0.229*** (-2.871)
EI	-0.209** (-4.339)			-0.159* (-2.193)		-0.071** (2.419)		
ER		0.101 (2.309)			0.019* (2.339)		0.044* (2.019)	0.018* (2.777)
EU		-0.178* (-5.410)			-0.241* (-4.432)		-0.119* (-3.433)	-0.107* (-3.512)
Policonn			0.298* (4.712)	0.276* (3.490)	0.234* (3.009)	0.231* (2.325)	0.249* (2.331)	0.209* (2.887)
POLICEP[a]						0.231* (2.112)		
POLICER[b]							0.193* (2.339)	0.187* (3.007)
POLICEU[c]							0.187** (2.132)	0.110** (2.319)
Lnassets	0.110*** (5.352)	0.088** (2.437)	0.128*** (4.333)	0.059 (1.031)	0.148*** (4.401)	0.112 (1.066)	0.197*** (5.409)	0.219*** (5.535)
Age	0.044*** (2.395)	0.112** (1.763)	0.215** (1.722)	0.166** (2.154)	0.245** (2.444)	0.102** (2.133)	0.071** (2.234)	0.124** (2.432)
International	0.139*** (4.621)	0.078** (1.332)	0.167*** (3.545)	0.121 (1.742)	0.166*** (5.381)	0.091 (1.044)	0.153*** (5.441)	0.167*** (5.221)
POLINATION[d]								0.199*** (3.274)
Area	0.019*** (3.254)	0.021** (1.820)	0.026** (1.777)	0.051** (2.144)	0.033** (2.612)	0.051** (2.122)	0.021** (2.433)	0.132** (2.091)
DEBT	0.233*** (4.523)	0.143** (2.354)	0.333*** (4.231)	0.154 (1.112)	0.212*** (3.870)	0.121 (2.077)	0.189*** (4.321)	0.131*** (6.013)

① 据美国媒体报道，鉴于美国政府对全球政治经济的影响力，有近 100 个国家将其列为公关游说的主要目标。1998 年以来，投入的游说费用高达 6.24 亿美元，其中大部分来自发达国家跨国公司的投入，占据前五的是英国、瑞士、德国、日本和法国，它们投入的费用高达 4.23 亿美元。而美国"公共廉正中心"的调查报告显示，1997 年 7 月以来，来自中国大陆以及香港地区投放在美国的游说费用只有 1900 万美元。尽管中国游说行为在不断加强，但仍远远落后于西方其他国家。

续表

	Model 1	Model 2	Model 3	Model 4	Model 5	Model 6	Model 7	Model 8
Industry	yes	yes	yes	yes	yes	yes	yes	yes
Year	yes	yes	yes	yes	yes	yes	yes	yes
Adj. R^2	0.077	0.109	0.076	0.231	0.222	0.337	0.236	0.279
F Value	5.913	4.009	6.179	4.425	3.651	3.880	4.443	5.418

注：a. POLICEI=Policonn·EI；b. POLICER= Policonn·ER；c. POLICEU= Policonn·EU；d. POLINATION=Policonn·International；***、**、* 分别表示双尾 t 检验值在 1%、5% 和 10% 水平上统计显著，括号中的数字为双尾检验的 t 值。

表 6 的结果基本上与表 5 一致，不同之处主要在于模型 7、8 中，政治关联 Policonn 与 EU 的交叉变量（POLICEU）系数为负，而且在 5% 的水平上高度显著。这意味着具有政治关联企业的非相关多元化尽管在短期内可以带来企业绩效 ROA 的提升（如表 5 所示），但是从长期来看，仍然会导致“多元化折扣”。这和我国的传统文化与转型经济的制度特征是有一定关联的。在中国，“商而优则仕”的观念根深蒂固，开始时企业家把企业当企业办，后来荣誉多了，光环多了，就把企业办成了为自己获取荣誉的政治实体。因为在中国的政治制度环境下，民营企业的规模越大，对当地 GDP 增长和就业贡献越大，就越可能拥有更多的政治影响力，包括得到追求政绩的地方官员的青睐、当选各级人大代表与政协委员等。因此，一些民营企业会为了迎合政府发展的需要而失去经济理性，比如积极为政府搞样板项目、盲目进行多元化扩张等，比如铁本的例子。① 因此，我们的观点是不管企业的政治能力有多强，但始终不要忽略自己的市场能力建设。正如 Baron [41,42] 的观点，尽管企业政治策略可导致高的企业绩效，然而作为企业，最终还是要回归到市场，并参与市场竞争。实际上，企业构建政治关联的最终目的是为企业的市场策略创造一个良好的环境，并增强企业在行业中的竞争地位。因此，成功企业的经验，都是政治行为服从于市场战略 [35,67]。比如联想的政治行为很突出，组织了政府大量的采购，但它并没有因为具有较强的政治能力而忽视了市场能力建设，而是根据政府采购的特点提高了专业服务的能力，进一步强化了与政府的合作关系；又比如娃哈哈，虽然具备良好的政企关系，但它的销售业绩主要还是靠品牌和渠道建设，这也是市场能力。②

① 最典型的是铁本，它的总经理戴国芳本是常州的一个农民，因为自己勤劳，积累了一些资本，后来要建一个钢铁厂。刚开始设计的产量是 260 万吨，但当地政府官员认为这是一个很好的项目，让他扩大规模，最后加到了 860 万吨的产能，翻了三倍都不止；用地最初设计是 2000 亩，最后攀升到 9375 亩，翻了五倍；总投资从最初的 10 亿元，上升到最后的 106 亿元，上升了十倍。这个时候铁本的固定资产总共 12 亿元，净资产只有 6.7 亿元，显然是拉不动了。当地政府对这个项目很支持，把整个项目分为七个子项目，用地化整为零、切割成 14 块单独上报。因为国家对土地控制很严，2004 年宏观调控的时候，这个情况暴露，铁本作为牺牲品被处罚，戴国芳进了监狱。

② 资料来源：http：//bbs. ciotimes. com/read-topic-46-402881e61af12d31011b0be29be33b89-0-1-index-1.html。

五、研究结论与重要启示

关于多元化与公司绩效的研究一直以来是战略管理领域的研究重点。本文基于政治关联这一独特视角，综合考察了政治关联与企业多元化对公司绩效的共同影响，重点分析我国民营企业建立的政治关联是否能够作为克服转轨经济条件下制度缺失的一种替代性的非正式机制，帮助企业顺利实施多元化战略，并进而实现企业的绩效。本文的主要结论如下：第一，企业多元化与绩效总体上呈负相关关系，其中相关多元化对企业绩效具有正向的促进作用，但非相关多元化却显著负向作用于公司绩效。本文发现无政治关联企业的多元化与公司业绩的关系呈“倒 U 型”，即相关多元化绩效高于专业化与非相关多元化。但是，具有政治关系的企业多元化与公司业绩的关系呈“逆 L 型”，即非相关多元化绩效显著高于专业化与相关多元化。第二，政治关联对企业绩效有显著的正向影响。第三，具有政治关联的企业更可能实施多元化，尤其是非相关多元化，即政治关联的非相关多元化效应显著强于相关多元化效应。比如有政治关联企业中，多元化企业数为 357 家，其中非相关多元化企业数占 44.51%；而在无政治关联的企业中，非相关多元化企业比例仅占 32.46%。第四，有政治关联的民营企业在进行国际化时，更有可能通过非相关多元化战略进行扩张，但是对于无政治关联型企业，则更可能通过专业化战略拓展海外市场。本文发现国际化与相关多元化在一定程度上存在着替代关系，而与非相关多元化存在一定程度的互补关系。第五，具有政治关联企业的多元化（包括相关多元化与非相关多元化）比无政治关联企业更可能促进企业短期经营状况的改善，即会计绩效的提高；但是具有政治关联企业的非相关多元化将对未来的绩效表现产生负面影响，即损害公司的市场价值。

实质上，尽管大部分学者认为企业政治关联可以促进企业绩效，但本文通过对政治关联影响企业成长机制，进而影响公司绩效的深层次分析，认为企业的政治关联是一把“双刃剑”：一方面，企业的政治关联作为一种有效的非正式替代机制，有助于企业突破各种行政性准入壁垒进行非相关多元化投资，并获得相对于无政治关联企业更多的信贷支持；另一方面，企业的非相关多元化效应虽然在短期内可以改善企业的会计绩效，但对于企业长期市场价值的提升并没有好处。因此，本文的重要启示如下：第一，企业应保持与政治的“适度”距离。本文研究结果表明，有政治关联的企业具有内在的非相关多元化“冲动”，因为政治关联的非相关多元化效应显著高于相关多元化效应。但是，有政治关联企业在多元化，尤其是在非相关多元化发展过程中，不能一味地去迎合政府，并将企业办成为企业家个人捞取荣誉的政治实体。企业应该坚持政治嵌入的自主性，在坚持企业独立性和经济理性的前提下，拉近与政府的距离，并正确处理政治行为与市场战略的关系。第二，企业应有效地对政治行为与市场策略进行整合。不管企业的政治能力有多强，但始终不要忽略自己的市场能力建设。西方很多学者的研究均表明企业政治行为可导致较高的企业绩效。然而，作为企业，最终还是要回归到市场，并参与市场竞争。实际上，企业构建政治关联的政治行为的最终目的是为企业的市场策略实施创造一个良好的环境，并增强企业在行业中的竞争地位。正如蒙牛的经验是“向政府借势，靠产品蓄势，于市场造势”，表明最后还是靠市场来赢得长久的成功。因此，如何有效地将政治行为与市场策略整合起来以及如何制定一个整合战略计划就成了提高中国企业战略管理水平的当务之急。

参考文献

[1] Khanna T，Palepu K. Why focused strategies may be wrong for emerging markets [J]. Harward Business Review，1997，75 (4)：41–51.

[2] Khanna T，Palepu K. The futrue of business groups in emerging markets：Long–run evidence from chile [J]. Academy of Management Journal，2000，43 (3)：268–285.

[3] Fauver Larry，Houston J，Naranjo A. Cross–country evidence on the value of corporate industrial and international diversification [J]. Journal of Corporate Finance，2004，10 (5)：729–752.

[4] Montgomery C A. Corporate diversification [J]. The Journal of Economic Perspectives，1994，8 (3)：163–178.

[5] Hoskisson R，Hitt M. Antecedents and performance outcomes of diversification：A review and critique of theoretical perspectives [J]. Journal of Management，1990，16 (2)：461–509.

[6] Guillen Mauro F. Business groups in emerging economies：A resource–based view [J]. Academy of Management Journal，2000，43 (3)：362–380.

[7] S Chen，W Ho. Corporate diversification，ownership structure，and firm value [J]. International Review of Financial–Analysis，2000，9 (3)：315–327.

[8] Chung K. Business groups in Japan and Korean [J]. International Journal of Political Economy，2003，34 (3)：131–154.

[9] McMillan J. Markets in transition. Advances in economics and econometrics [M]. Volume Ⅱ，Edited by David M Kreps and Kenneth F Wallies，Cambridge：Cambridge University Press，1997：210–239.

[10] Chang S–J，Hong J. How much does the business group matter in Korea? [J]. Strategic Management Journal，2002，23 (3)：265–274.

[11] Chung H–M. Managerial ties，control，and deregulation：An investigation of business groups entering the deregulated banking industry in Taiwan [J]. Asia Pacific Journal of Management，2006，23 (4)：505–520.

[12] 胡旭阳. 民营企业家的政治身份与民营企业的融资便利——以浙江省民营百强企业为例 [J]. 管理世界，2006 (5)：107–113.

[13] Allen F，J Qian，M J Qian. Law，Finance and Economic Growth in China [J]. Journal of Financial Economics，2005，77 (4)：57–116.

[14] 田志龙，邓新明. 企业政治策略形成影响因素：中国经验 [J]. 南开管理评论，2007，10 (1)：81–90.

[15] Bartels L，H Brady. Economic behavior in political context [J]. American Economic Review，2003，93 (2)：156–161.

[16] Chandler A Jr. Strategy and structure：chapters in the history of industrial enterprises [M]. Cam–

bridge, Mass: MIT Press, 1962.

[17] Rumelt R. Strategy, Structure, and economic performance Boston: Division of Research [M]. Harvard Business School, 1974.

[18] Martin J D, Sayrak A. Corporate diversification and shareholder value: A survey of recent literature [J]. Journal of Corporate Finance, 2003, 9 (1): 37-57.

[19] Peng M, Luo Y. Managerial ties and firm performance in a transition economy: The nature of a micro-macro link [J]. Academy of Management Journal, 2002, 43 (3): 486-501.

[20] Haiyang Li, Yan Zhang. The role of managers' political networking and functional experience in new venture performance: Evidence from China's transition economy [J]. Strategic Management Journal, 2007, 28 (8): 791-804.

[21] Baron David P. Business and its environment, 5th Ed [M]. Upper Saddle River, NJ: Prentice Hall, 2006.

[22] 余明桂，潘洪波. 政治关系，制度环境与民营企业银行贷款——来自中国民营上市公司的经验证据 [J]. 管理世界，2008 (8)：9-21.

[23] 姚俊，吕源，蓝海林. 我国上市公司多元化与经济绩效关系的实证研究 [J]. 管理世界，2004，(11)：119-126.

[24] P Berger, E. Ofek, D L. Yermack. Managerial entrenchment and capital structure decisions [J]. Journal of Finance, 1997, 52 (4): 1411-1438.

[25] 薛有志，周杰. 产品多元化、国际化与公司绩效——来自中国制造业上市公司的经验证据 [J]. 南开管理评论，2007，10 (3)：77-86.

[26] Lee Keonbeom, Peng Mike W, Lee Keun. From diversification premium to diversification discount during institutional transitions, manuscript [M]. Fisher College of Business, The Ohio State University, 2003.

[27] Stulz R M. Managerial discretion and optimal financing policies [J]. Journal of Financial Economics, 1990, 14 (2): 501-521.

[28] 谭伟强，彭维刚，孙黎. 规模竞争还是范围竞争——来自中国企业国际化战略的证据 [J]. 管理世界，2008 (2)：126-135.

[29] Xu D, Pan Y, Wu C, Yim B. Performance of domestic and foreign-invested enterprises in China [J]. Journal of World Business, 2006, 41 (3): 261-274.

[30] R Morck, A Shelifer, R Vishny. Management ownership and corporate performance: An empirical analysis [J]. Journal of Financial Economics, 1988, 20 (3): 293-315.

[31] Faccio M. Politically connected firms [J]. American Economic Review, 2006, 96 (1): 369-386.

[32] Fisman R. Estimating the value of political connections [J]. American Economic Review, 2001, 91 (4): 1095-1102.

[33] Niessen A, Ruenzi S. Political connectedness and firm performance-evidence from Germany [M]. University of Cologne Working Paper, 2007.

[34] 张维迎. 企业寻求政府支持的收益、成本分析 [J]. 新西部，2001 (8)：55-56.

[35] 张建军，张志学. 中国民营企业家的政治战略 [J]. 管理世界，2005 (7)：94-105.

[36] Luo Yadong. Guangxi and business [M]. Singapore: World Scientific Press, 2000.

[37] 边燕杰. 公司的社会资本及其对公司业绩的影响 [M]//徐淑英，刘忠明. 中国企业管理前沿研究. 北京：北京大学出版社，2004.

[38] 巫景飞，何大军，林炜，王云. 高层管理者政治网络与企业多元化战略：社会资本视角——基于我国上市公司面板数据的实证分析 [J]. 管理世界，2008（8）：107-118.

[39] 胡旭阳，史晋川. 民营企业的政治资源与民营企业多元化投资——以中国民营企业 500 强为例 [J]. 中国工业经济，2008（4）：14.

[40] 汪伟，史晋川. 进入壁垒与民营企业的成长——吉利集团案例研究 [J]. 管理世界，2005（7）：31-46.

[41] Baron D P. Integrated market and non-market strategies in client and interest group politics [J]. Business and Politics，1999，1（1）：7-34.

[42] Baron David P. Private politics [J]. Journal of Management Strategy and Economics，2003，12(1)：31-66.

[43] 田志龙，高勇强，贺远琼. 拓展企业生存空间：企业政治策略与行为的理论研究 [M]. 北京：清华大学出版社，2008.

[44] 罗党论，刘晓龙. 政治关系，进入壁垒与企业绩效——来自中国民营上市公司的经验证据 [J]. 管理世界，2009（5）：97-106.

[45] Mann H M. Seller concentration，barriers to entry，and rates of return in thirty industries，1950-1960 [J]. Review of Economics and Statistics，1966，48（3）：296-307.

[46] Fraumeni B M，Jorgenson D W. Rates of return by industrial sector in the United States，1948-1976 [J]. American Economic Review，1980，70（2）：326-330.

[47] Buchanan J M. Contractarian political economy and constitutional interpretation [J]. American Economic Review，1988，78（2）：135-139.

[48] Lenway S，Rehbein K. Leaders，followers，free riders：An empirical test of variation in corporate political involvement [J]. Academy of Management Journal，1991，34（4）：893-905.

[49] Xin K，J Pearce. Guanxi：Connections as substitute for formal institutional support [J]. Academy of Management Journal，1996，39（6）：1641-1658.

[50] Fan Joseph P H，Wong T J T Zhang. Politically-connected CEOs，corporate governance and Post-IPO performance of China's newly partially privatized firms [J]. Journal of Financial Economics，2007，84(2)：330-357.

[51] 林晓辉，吴世农. 股权结构、多元化与公司绩效关系的研究 [J]. 证券市场导报，2008（1）：56-63.

[52] Chen Z，X Peng. The illiquidity discount in China [M]. International Center for Financial Research，Yale University，2002.

[53] Vernon R. Sovereignty at bay [M]. New York：Basic Books，1971：109-211.

[54] Deephouse D. Does isomorphism legitimate? [J]. Academy of Management Journal，1996，39（4）：1024-1039.

[55] 陈钊，陆铭，何俊志. 权势与企业家参政议政：一项实证研究 [J]. 世界经济，2008（6）：39-49.

[56] Wolf B. Industiral diversification and internationalization：Some empirical evidence [J]. Journal of Industrial Economics，1977，26（2）：177-191.

[57] Sambharya R B. The combined effect of international diversification and product diversification strategies on the performance of U. S. -based multinational corporations [J]. Management International Review，1995，35（3）：187-218.

[58] Kim W, P Hwang, W Burger. Global diversification strategy and corporate profit performance [J]. Strategic Management Journal, 1989, 10 (1): 45-57.

[59] Hitt M, R Hoskission, H Kim. International diversification: Effects on innovation and firm performance in product-diversified firms [J]. Academy of Management Journal, 1997, 40 (4): 767-798.

[60] Geringer M J, P W Beamish, R C Costa. Diversification strategy and internationalization: Implication for MNE performance [J]. Strategic Management Journal, 1989, 10 (2): 109-119.

[61] Burgman T A. An empirical examination of multinational corporate capital structure [J]. Journal of International Business Studies, 1996, 27 (3): 553-570.

[62] Snijders T, Bosker T. Multilevel analysis: An introduction to basic and advanced multilevel modeling [M]. Sage: Thousand Oaks, CA., 1999: 117-214.

[63] Madura J, C Rose. Are product specialization and international diversification strategies compatible? [J]. Management International Review, 1987, 27 (3): 38-44.

[64] Sambharya R. The combined effect of international diversification and product diversification strategies on the performance of U. S. -based multinational corporations [J]. Management International Review, 1995, 35 (3): 187-218.

[65] White H. Heteroskedasticity-consistent covariance matrix estimator and a direct test for heteroskedasticity [J]. Econometrica, 1980, 48 (4): 817-838.

[66] Rugman A. Inside the multinational: the economics of internal markets [M]. New York: Columbia University Press, 1981.

[67] 田志龙，邓新明，Taïeb Hafsi. 企业市场行为、非市场行为与竞争互动：基于中国家电行业的案例研究 [J]. 管理世界，2007 (8)：116-128.

Chinese Private Enterprises' Political Connection, Diversification Strategy, and Corporate Performance

DENG Xin-ming

Abstract: The research about the diversification and corporate performance has been a key position in the field of strategic management. Based on a unique perspective of political connection, this paper comprehensively examines the combined influences of political connection and corporate diversification on firm performance, focusing on whether the political connection of Chinese private enterprises can become a valid substitutive informal mechanism for institution shortage in transitional economy. And the mechanism could help the firms to implement diversification strategy smoothly, and thus obtain the performance. The main conclusions are as follows: Firstly, in general, diversification is negatively correlated with corporate performance, in which related diversification has a positive role in promoting firm performance, but unrelated diversification has a significantly negative effect on corporate performance. Further, we find that the relationship between diversification of non-politically connected enterprises and corporate performance displays "inverted U" type, that is to say the related diversification performance is higher than that of specialization and unrelated diversification. However, the relationship between diversification of politically connected firms and corporate performance is "reverse L" type, that is, unrelated diversification performance is significantly higher than that of specialization and related diversification; Secondly, political connection has a significant positive impact upon corporate performance; Thirdly, the firms with political connections are more likely to implement the diversification strategy, especially unrelated. That is to say, the effects of unrelated diversification of political connection were stronger than that of related diversification. For example, in politically connectedfirm group, the number of diversification firms is up to 357, of which the number of unrelated diversified businesses accounted for 44.51%; However in non-politically connected group, unrelated diversified firms only account for 32.46%; Fourthly, for those private enterprises with political connections, when conducting internationalization, they are more likely to enter into overseas through unrelated diversification strategy, but for non-politically connected firms, they are more likely to develop the overseas market through specialization strategy. Further, we find out that internationalization substitutes for related diversification, but complement unrelated diversification to some extent; Fifthly, diversification of politically connected firms, including related and unrelated diversification, are more likely to enhance the corporate short-termperformance, that is the accounting performance than non-politically connected firms. However, unrelated diversification of those firms with political connection would pose a negative impact upon firm's future performance, which is to impair firm's market value.

Key Words: political connection, diversification strategy, private enterprises, informal mechanism, corporate performance

向量 MRS-GARCH 模型波动持续性研究*

江孝感① 蔡宇

摘要：为了描述金融变量在不同阶段的不同波动关系，在向量 GARCH 模型中引入 Markov 转换机制，构建了向量 MRS-GARCH 模型。运用滤波技术推导了模型的参数估计方法，基于预测公式研究了向量 MRS-GARCH 过程的持续性，并从状态持续时间和引入 Markov 链的向量 GARCH 过程的持续性两个方面探讨了向量 MRS-GARCH 模型的持续性，提出了向量 MRS-GARCH 过程的衰减速度指数，给出并证明了向量 MRS-GARCH 过程满足平稳性和协同持续性的定理。由此可分析在不同阶段内金融变量之间的特定关联属性，得出各金融变量之间关联性的“状态转移”性质，从而能够有针对性地给出相应的策略消除这种波动的持续性影响，对于防范经济或金融风险具有重要的指导意义和实践意义。最后用向量 MRS-GARCH 模型对沪市、深市收益率进行了实证研究，证实在考虑状态转换后两者间存在协同持续关系。

关键词：向量 MRS-GARCH 模型　Markov　变结构　持续性　协同持续

一、引　言

许多宏观经济或金融时间序列的正常行为会发生偶然性中断，致使经济系统从一个体制转换到另一个体制，此类动态行为可能源于战争、经济危机、股市泡沫、政策变化等[1]。当这种转换发生时，数据的分布特征也将随之变化，导致不同时期的经济运行规律有不同的特征和表现形式，故不能将数据简单汇总在一起进行建模分析。已经存在的经济模型，即使能很好地解释历史现象，也不一定对未来做出准确的预测。然而，经典 ARCH 模型族对金融时间序列进行建模及预测时，其前提假设为拟合期数据与预测期数据服从同一参数

---

* 本文选自《管理科学学报》2011 年第 14 卷第 8 期。
基金项目：国家自然科学基金资助项目（70471029）。
① 作者简介：江孝感（1953-），男，江西人，教授。E-mail：jiangxiaogan@163.Com。

模型，即结构不变，从而忽视了波动中变结构的存在[1~3]。对非平稳的时间序列数据用ARCH类模型建模所得到的波动的持续性和平滑性都不能反映波动的真实特性，它往往会低估高波动时期的波动率，高估低波动时期的波动率。

研究表明ARCH类模型描述波动性的高持续性与波动性预测能力之间存在着内在的矛盾：Chou[4]发现用ARCH模型族往往会呈现出很高水平的持续性水平[5~7]。Lamoureux[8]和Hamilton[9]对美国股票市场的研究表明，标准的GARCH模型过高地估计了波动性的持续性[8~12]。Engle等[13]对1987年美国股市崩溃时的分析表明，基于股票期权价格估计的隐含波动性远低于基于GARCH模型预测的波动性，说明GARCH模型高估了冲击对股票市场未来影响的强度[13~16]。Lobato和Savin[17]以及Granger和Hyung①都认为波动均值中结构的破坏可能是持续性根源之一。Lamoureux和Lastapes等[18]的研究结果表明如果在波动中考虑结构转换，其持续性水平确实降低了。

对于存在变结构的模型，最直接的方式即分段考虑各段的性质，为每一个可能的状态选择合适的表达式。但是若对每一个状态都设置不同的参数显然不利于计算，且参数过于臃肿。而且如果变化发生的频率较高，简单地用分段建模的方法估计作用是有限的，比如如何分段就会成为首要的棘手问题。行之有效的办法是引入一个不可观察的状态变量，序列状态之间的变换通过这个状态变量来体现。而通过引进Markov转换机制描述各状态之间的转换关系，能够有效减少参数数目。Hamilton[19]首先把动态Markov转换模型作为处理变结构的工具，提出Markov机制转换模型（Markov switching model），并提出了状态转移的ARCH（regime-switching ARCH）模型，取得了良好的模拟效果。Marcucci等[20]用单变量GARCH模型与Markov结构转换GARCH模型对美国股票市场S&P指数进行了实证研究。Haas等[21]提出了改进的结构转换GARCH模型。

目前国内对Markov机制转换模型及结构转换的相关研究相对较少，且在为数不多的相关研究文献中，基本上都是对国外研究学者提出的Markov机制转换模型的简单套用研究分析，缺乏从定量上进行研究。谢赤和吴雄伟[22]利用虚拟变量证实了存在结构转换；在考虑模型中结构转变因素方面，蒋祥林等[23]将波动性结构转换的ARCH模型对中国股票市场波动性进行研究发现，较之传统的ARCH类模型，结构转换的ARCH模型能更好地估计中国股票市场的波动性，极大地提高波动性的预测精度；孙金丽[24]将结构转换的GARCH模型与基本的GARCH模型进行比较表明前者能减少波动的持续性，大大提高对市场波动的预测能力；郭名媛[25]提出了持续时间依赖Markov状态转换（DDMRS-GARCH）模型，指出状态之间的转移概率不仅与波动状态有关，且与波动状态的持续时间相关。而对Markov机制转换模型更深层次问题的探讨和研究非常少，鲜有对Markov机制转换模型的持续性研究，协同持续性研究则仍是空白。

金融市场是一个复杂的系统，需用多个金融变量反映系统特征，仅利用单变量模型无

① Granger C W J，Hyung N. Occasional Structural Braks and Long Memory [J]. Discussion Paper，Department of Economics，University of California，San Diego，1999：99-14.

法分析一些宏观经济变量之间的替代和影响关系。为此，需要将单变量模型扩展到多变量的向量模型，进而研究各变量之间的波动关系。由于金融时间序列的结构变化，其持续性特征也是变结构的。未考虑序列之间的变结构特性是导致两个序列的整体相关性较弱的原因之一，从而导致两者之间的相关性被忽略。已有的研究成果只注重对样本区间内多个变量整体关联性的检验，忽视了分析在不同阶段内变量之间的特定关联属性，因此无法得到全面性的结论。为了准确描述金融变量在各个阶段的区制相关性，必须结合变结构问题研究协同持续性，分阶段考虑在不同状态下变量的协同关系。

为了研究金融变量在不同阶段的不同波动关系，本文构建了向量 MRS-GARCH(k，p，q）模型，并探讨其平稳性与协同持续性质，研究向量 MRS-GARCH 模型的性质，不仅可以得到各分量之间的变动关系，并且能够研究这种关联性的“状态转移”性质，即向量间的联动效应。

二、向量 MRS-GARCH(k，p，q）模型构建

令 Y_t 表示 $N\times1$ 维离散时间的向量随机过程向量，其条件均值和条件方差函数分别为：

$E_{t-1}(Y_t)=M_t$，

$Var_{t-1}(Y_t)=H_t$，$t=0，1，2，\cdots$

其中，$E_{t-1}(\cdot)$ 表示基于 t－1 期的信息集上的条件期望，M_t 为 $N\times1$ 维向量，$Var_{t-1}(\cdot)$ 表示基于 t－1 期的信息集上的条件方差，H_t 为对所有时间 t 的 $N\times N$ 正定对称矩阵。用 $N\times1$ 维向量 u_{s_t} 表示对条件均值的扰动。

假设向量 GARCH 过程的参数依赖于 k 个离散的状态变量 $\{s_t\}$，这一状态变量是隐含变量，是不可观测的，状态间的转移服从离散的 Markov 过程，满足无后效性：

$p(s_t=j|s_{t-1}=i，s_{t-2}=k，\cdots)=p(s_t=j|s_{t-1}=i)=p_{ij}$，$i，j=1，2，\cdots，k$

在此给出引入了状态变量的向量 MRS-GARCH 模型表达式：

$$Y_t=M_t+u_{s_t} \tag{1}$$

$$u_{s_t}=\sqrt{g_{s_t}}\times\tilde{u}_t \tag{2}$$

$$\tilde{u}_t=H_t^{1/2}\upsilon_t，\upsilon_t\sim i.i.d(0，I_N) \tag{3}$$

$$vec(H_t)=H_0+\sum_{i=1}^{q}A_i vec(\tilde{u}_{t-i}\tilde{u}'_{t-i})+\sum_{j=1}^{p}B_i vec(H_{t-j}) \tag{4}$$

式中，$\tilde{u}_t$ 为 $N\times1$ 维标准向量 GARCH(p，q）过程；I_N 为 $N\times N$ 维单位矩阵；vec(·）表示向量算子，即把 $N\times N$ 矩阵的所有元素映射成为 $N^2\times1$ 维向量；W 表示 $N^2\times1$ 维向量；A_i 和 B_i 为 $N^2\times N^2$ 矩阵。

由（2）式知数据的波动 u_{s_t} 为状态变量和某状态内向量 GARCH(p，q）过程的乘积。标量 g_{s_t} 刻画了由状态所引起的波动，反映了状态变量的动态变化特征，若 $g_1 = g_2 = \cdots = g_k = 1$，即为向量 GARCH(p，q）过程。将状态 g_1 标准化为 1，其他状态 $g_i > 1$，$i = 2, 3, \cdots, k$。

三、向量 MRS-GARCH 模型参数的极大似然估计方法

Markov 机制转换模型是一个高度非线性的模型，所以通常的最小二乘法不适用于该类模型的估计。对于 Markov 机制转换模型的参数估计目前主要采用极大似然法，主要通过滤波过程求得模型的似然函数，并由此得到基于全样本的平滑概率。

模型待估参数为 $\theta = (p_{11}, \cdots, p_{1k}, \cdots, p_{k1}, \cdots, p_{kk}; g_1, \cdots, g_k; A_1, \cdots, A_q; B_1, \cdots, B_p; W_0)$，限制条件为 $g_1 = 1$，$\sum_{j=1}^{k} p_{ij} = 1$，$0 \leqslant p_{ij} \leqslant 1$，$i = 1, 2, \cdots, k$，其中：

$$A_i = (a_{i1}, \cdots, a_{iN}^2)$$

$$B_i = (b_{i1}, \cdots, b_{iN}^2)$$

$$W_i = (\omega_1, \cdots, \omega_N^2)$$

得到模型的参数估计结果的同时并能够对时刻 t 时状态变量 s_t 所处特定状态做出推断。

下面推导向量 MRS-GARCH 模型的极大似然参数估计过程。

令 Φ_{t-1} 表示考虑至时间 t－1 的信息，称为基于 t 时刻及之前的所有可观测的信息。可得到向量 Y_t 在状态 j 基于至时间 t－1 的信息的条件密度函数为（T 个观测值）

$$f(Y_t | s_t = j, \Phi_{t-1}; \theta) = (2\pi)^{-T/2} |H_{i,t}|^{-1/2} \exp\left(-\frac{1}{2} u_{s_t}' H_{i,t}^{-1} u_{s_t}\right) \tag{5}$$

$H_{i,t}$ 为在状态 i 即 $s_t = i$ 时的协方差矩阵。

为方便推导，令一列向量 η_t 表示 Y_t 在 k 个不同状态下的条件概率密度函数，即：

$$\eta_t = \begin{bmatrix} f(Y_t | s_t = 1, \Phi_{t-1}; \theta) \\ f(Y_t | s_t = 2, \Phi_{t-1}; \theta) \\ \vdots \\ f(Y_t | s_t = k, \Phi_{t-1}; \theta) \end{bmatrix}$$

令 $P(s_t | \Phi_t; \theta)$ 表示基于至时刻 t 的所有可观测信息和参数 θ 推断对状态变量位于状态 i 的概率，用一个 k 维列向量 $\xi_{t|t}$ 来表示对于状态变量 s_t 在时刻 t 的取值。同样令 $P(s_t | \Phi_{t-1}; \theta)$ 表示基于所有至时刻 t－1 的可观测信息和参数 θ，对状态变量处于状态 i 的推断概率，记为 $\xi_{t|t-1}$。

由贝叶斯公式可得到：

$$P(s_t, Y_t | \Phi_{t-1}; \theta) = P(s_t | \Phi_{t-1}; \theta) \times f(Y_t | s_t, \Phi_{t-1}; \theta) \tag{6}$$

(6) 式右边即为向量 $\xi_{t|t-1}$ 与 η_t 对应分量之间的乘积，则 (6) 式可改写为：

$$P(s_t, Y_t|\Phi_{t-1}; \theta) = \xi_{t|t-1} \cdot \eta_t \tag{7}$$

再由全概率公式，按照状态变量的不同取值进行求和，得到向量 Y_t 仅基于滞后变量和参数 θ 的条件分布密度函数：

$$f(Y_t|\Phi_{t-1}; \theta) = \sum_{j=1}^{k} P(s_t = j, Y_t|\Phi_{t-1}; \theta) = \sum_{j=1}^{k} P(s_t = j|\Phi_{t-1}; \theta) \times f(Y_t|s_t = j, \Phi_{t-1}; \theta)$$

由 (7) 式可得到：

$$f(Y_t|\Phi_{t-1}; \theta) = 1'(\xi_{t|t-1} \cdot \eta_t) \tag{8}$$

其中，1′表示各分量为 1 的列向量，$1'(\xi_{t|t-1} \cdot \eta_t)$ 表示对列向量 $(\xi_{t|t-1} \cdot \eta_t)$ 各分量求和。而式 $(\xi_{t|t-1} \cdot \eta_t)$ 中 $\xi_{t|t-1}$ 成分仍然未知，下面继续推导 $\xi_{t|t-1}$ 的取值过程。

由贝叶斯公式的另一种表达形式可得：

$$\frac{P(s_t, Y_t|\Phi_{t-1}; \theta)}{f(Y_t|\Phi_{t-1}; \theta)} = P(s_t = j|Y_t, \Phi_{t-1}; \theta)$$

$$= P(s_t = j|\Phi_t; \theta)$$

$$P(s_t = j|\Phi_t; \theta) = \frac{P(s_t, Y_t|\Phi_{t-1}; \theta)}{\sum_{j=1}^{k} P(s_t = j|\Phi_{t-1}; \theta) \times f(Y_t|s_t = j, \Phi_{t-1}; \theta)}$$

$$= \frac{P(s_t|\Phi_{t-1}; \theta) \times f(Y_t|s_t, \Phi_{t-1}; \theta)}{\sum_{j=1}^{k} P(s_t = j|\Phi_{t-1}; \theta) \times f(Y_t|s_t = j, \Phi_{t-1}; \theta)}$$

将 (8) 式代入上式，得到：

$$P(s_t = j|\Phi_t; \theta) = \frac{P(s_t, Y_t|\Phi_{t-1}; \theta)}{1'(\xi_{t|t-1} \cdot \eta_t)}$$

再代入 (7) 式，得到：

$$\xi_{t|t} = P(s_t = j|\Phi_t; \theta) = \frac{\xi_{t|t-1} \cdot \eta_t}{1'(\xi_{t|t-1} \cdot \eta_t)} \tag{9}$$

又由马尔可夫链的性质，有：

$$\xi_{t|t+1} = P\xi_{t|t} \tag{10}$$

由 (9) 式和 (10) 式，给定初始值 $\xi_{1|0}$，进行迭代运算就可以得到 $\xi_{t|t+1}$ 和 $\xi_{t|t}$ 值，按照 (8) 式，则可以得到向量 Y_t 仅基于滞后变量和参数 θ 的条件分布密度函数。因此可求出对数似然函数：

$$L(\theta) = \sum_{t=1}^{T} \ln f(Y_t|\Phi_{t-1}; \theta) \tag{11}$$

通常设定初始向量值 $\xi_{1|0}$ 为状态变量概率转移矩阵的特征向量 [4]，计算公式为：

$$\pi = (A'A)^{-1}e_{N+1}$$

$$A=\begin{bmatrix} I_N-P \\ 1' \end{bmatrix}$$

其中，e_{N+1} 表示单位阵的第 N + 1 列。

同单变量 MRS-GARCH 模型一样，当推断基于时刻 t 观察到的所有信息时，也可以得到向量 MRS-GARCH 模型的过滤概率，$p(s_t, s_{t-1}, \cdots, s_{t-q}|Y_t, Y_{t-1}, \cdots)$，其意义为变量在时刻 t 的值为 s_t，t - 1 时刻的值为 s_{t-1}，…，t - q 时刻的值为 s_{t-q} 情况下的联合条件概率。基于全样本可以构建“平滑概率” $p(s_t|Y_t, Y_{t-1}, \cdots)$，表示基于全样本条件下推断出在时刻 t 变量处于某一个状态的概率。

四、向量 MRS-GARCH 模型方差持续性

金融风险存在波动聚集效应，即当前波动必定会对未来波动产生一定影响。为度量这种影响的强弱和持续效应，Engle 等[26~27] 首次提出持续性的概念。方差持续性是指对条件方差各个时期的预测都对初始值具有敏感依赖性，即当前条件方差的波动对未来条件方差的预测会产生持续性的影响。

下面从预测的角度探讨向量 MRS-GARCH 的波动持续性，基于 t + m - 1 期信息集向前 m 期预测推导，假设时刻 t，t - 1，…，t - q + 1 对应的状态 $s_t, s_{t-1}, \cdots, s_{t-q+1}$ 已知：

$$\begin{aligned} Var_{t+m-1}(u_{t+m}) &= E(u^2_{t+m}|s_t, s_{t-1}, \cdots, s_{i-q+1}, \tilde{u}_t, \tilde{u}_{t-1}, \cdots, \tilde{u}_{t-q+1}) \\ &= E(g_{s_{t+m}}|s_t, s_{t-1}, \cdots, s_{t-q+1}) \times E(\tilde{u}^2_{t+m}|\tilde{u}_t, \tilde{u}_{t-1}, \cdots, \tilde{u}_{t-q+1}) \\ &= E(g_{s_{t+m}}|s_t, s_{t-1}, \cdots, s_{t-q+1}) vec(H_t) \end{aligned} \tag{12}$$

这里 $Var_{t+m-1}(\cdot)$ 表示基于 t + m - 1 时刻信息集的条件方差。

由（12）式可知，残差 u_{s_t} 的预测由两部分构成：一部分为对状态波动的预测；另一部分为引入 Markov 链的向量 GARCH 过程的波动预测。故向量 MRS-GARCH 过程的波动持续性，需要探讨状态期望持续时间与向量 GARCH 成分的持续性。下文将分析这两部分研究向量 MRS-GARCH 过程的持续性。

（1）对于状态持续时间的推导。

状态变量 s_t 为一阶 Markov 链过程，概率转移矩阵中由状态 $s_t=1$ 转移到 $s_{t+1}=1$ 的概率为 p_{11}。在时刻 t 时状态变量 $s_t=1$，时刻 t + 1 时 $s_{t+1}=1$ 的概率为 p_{11}。给定 t + 1 时刻 $s_{t+1}=1$ 的概率为 p_{11}，t + 2 时刻 $s_{t+2}=1$ 的概率为 p_{11}^2。同理可以得到 t 时刻 $s_t=1$ 的条件下，以后各时刻状态变量取值均为 1，即各时刻状态一直取 1 的概率分别为 $(p_{11}, p_{11}^2, p_{11}^3, \cdots)$。对时刻 t 及其后的期数依据状态变量取值为 1 的概率求期望值即得到状态 1 的平均持续期：

$$(1+p_{11}+p_{11}^2+p_{11}^3+\cdots)=\frac{1}{(1-p_{11})} \tag{13}$$

同理，可以求出其他各状态的持续期为 $1/(1-p_{ii})$，i=1，2，…，k。若得到各状态的取值概率，将其代入 $1/(1-p_{ii})$，即得到状态变量 $s_t=i$ 的平均持续期。一个状态的持续期越长，表明这个状态越稳定，表明从该状态转换到其他状态的概率较小。

（2）引入 Markov 链的向量 GARCH 过程的波动持续性。

下面基于向前 m 期预测公式讨论向量 MRS-GARCH 过程中向量 GARCH(p，q) 过程的持续性，求 $\tilde{u}_t$ 向前 m 期的预测公式

$$E_s(vec(H_{t+m}))=W_0+\sum_{i=1}^{q}A_iE_s(vec(H_{t+m-i}))+\sum_{j=1}^{q}B_;\ E_s(vec(H_{i+m-j}))$$

$$=\begin{cases}W_0+(A_1+B_1)E_s(vec(H_{t+m-1}))+\cdots(A_q+B_q)E_s(vec(H_{t+m-q}))+\\ B_{q+1}E_s(vec(H_{t+m-q-1}))+\cdots+B_pE_s(vec(H_{t+m-p})) & p>q\\ W_0+(A_1+B_1)E_s(vec(H_{t+m-1}))+\cdots(A_q+B_q)E_s(vec(H_{t+m-q})) & p=q\\ W_0+(A_1+B_1)E_s(vec(H_{t+m-1}))+\cdots(A_q+B_q)E_s(vec(H_{t+m-q}))+\\ A_{p+1}E_s(vec(H_{t+m-p-1}))+\cdots+A_qE_s(vec(H_{t+m-q})) & p<q\end{cases}\quad(14)$$

这里 $E_s(\cdot)$ 表示基于 s 期信息集的条件期望。

令 $l=\max(p, q)$，则

$$E_s(vec(H_{t+m}))=W_0+\sum_{i=1}^{l}(A_i+B_i)E_s(vec(H_{t+m-i}))\quad(15)$$

$i>q$ 时，$A_i=0$；$i<q$ 时，$B_i=0$

令

$vec_n(H_t)=(vec(H_{t+m}), vec(H_{t+m-1}), \cdots, vec(H_{t+s-l-1}))^T$

为 $l\cdot N^2$ 维列向量。则（15）式可写为：

$E_s(vec_n(H_t))=D_n^TW+F_nE_s(vec_n(H_{t-1}))$

D_n 为 $N^2\times n$ 阶矩阵，其（i，i）处元素为 1，其余均为 $0(i=1, 2, \cdots, N^2)$。F_n 为如下 $n\times n$ 伴随矩阵

$$F_n=\begin{pmatrix}A_1+B_1 & A_2+B_2 & \cdots & A_l+B_l\\ I & 0 & \cdots & 0\\ 0 & I & \cdots & 0\\ \vdots & \vdots & \ddots & \vdots\\ 0 & 0 & 0 & 0\end{pmatrix}\quad(16)$$

则特征方程

$$\det\left[I-\sum_{i=1}^{q}A_i(\lambda^{-1})-\sum_{j=1}^{p}B_j(\lambda^{-1})\right]=0$$

的根等价于特征方程 $\det[I-F_n(\lambda^{-1})]=0$ 的根，其特征根为 $\lambda_1, \lambda_2, \cdots, \lambda_n$，$n=lN^2$。若 $p>q$，特征根为 $\lambda_1, \lambda_2, \cdots, \lambda_{pN^2}$；若 $p<q$，特征根为 $\lambda_1, \lambda_2, \cdots, \lambda_{qN^2}$。

令 $\lambda^*=\max\{\lambda_1, \lambda_2, \cdots, \lambda_n\}$，则 λ^* 为向量 MRS-GARCH 过程中向量 GARCH 成分的波动性参数。若 $|\lambda^*|<1$，则向量 MRS-GARCH 过程中向量 GARCH 过程关于波动协方差平稳，从而由文献［17］的定理得到向量过程关于波动非持续。

由上面分析得知，向量 MRS-GARCH 过程的方差变动中存在两种成分，一种是前期的方差波动导致现在方差的波动，另一种是状态的变化导致的波动。所以向量 MRS-GARCH 过程关于波动的持续性应考察两部分指标：状态期望持续时间 $1/(1-p_{ii})$（i 为 s_t 所处的状态）和引入 Markov 链的向量 GARCH 过程的系数多项式矩阵的最大特征根 λ^*。若令 $\delta=\sum_{i=1}^{k}p_{ii}-1$，表示由 Markov 性所导致的异方差存在度，向量 MRS-GARCH 过程以 $\max\{\lambda^*, \delta\}$ 的速度指数衰减，λ^* 度量了波动冲击对协方差的影响，而 δ 度量了状态变化所导致的异方差的存在度。

基于上文对向量 MRS-GARCH 过程持续性研究的基础，继续探讨满足何种条件向量 MRS-GARCH 过程保持平稳性。下面给出更为直接的判断向量 MRS-GARCH 模型的持续性的结论。

令 $N\times N$ 维正定对称矩阵 $\widetilde{H}_t$ 表示向量 Y_t 的协方差矩阵，$H_{i,t}$ 表示 Y_t 在状态 i 即 $s_t=i$ 时的协方差矩阵。存在 k 个状态时向量 Y_t 的协方差矩阵，其形式为：

$$vec(\widetilde{H}_t)=\sum_{i=1}^{k}vec(H_{i,t})p(s_t=i|\Phi_{t-1})=\sum_{i=1}^{k}vec(H_{i,t})p_{ii} \tag{17}$$

容易看出向量 MRS-GARCH 过程 Y_t 的协方差矩阵 $\widetilde{H}_t$ 实际上是 k 个状态下协方差矩阵 $H_{i,t}$ 依据其状态概率为权重的加权和。下面给出向量 MRS-GARCH 过程满足协方差平稳性的充分条件。

定理 1 已知向量 MRS-GARCH 过程在每一个状态 $s_t=i(i=1, \cdots, k)$ 对应的概率 P_{ii}，每个状态下向量 GARCH 过程的特征方程 $dec|I-A^{(i)}(\lambda)-B^{(i)}(\lambda)|=0$ 的特征根 $\lambda_{i1}, \lambda_{i2}, \cdots, \lambda_{in}$，$n=N^2$，$(i=1, 2, \cdots, k)$，$A^{(i)}$，$B^{(i)}$ 为状态 i 时向量 GARCH 过程协方差矩阵方程的系数矩阵。

令

$$\lambda_i^*=\max\{\lambda_{i1}, \lambda_{i2}, \cdots, \lambda_{ik}\}$$

若 $|\sum_{i=1}^{k}p_{ij}\cdot\lambda_i^*|<1$，则向量 MRS-GARCH 过程平稳，即关于波动非持续。

证明 向量 Y_t 的协方差矩阵形式为：

$$vec(\widetilde{H}_t)=\sum_{i=1}^{k}vec(H_{i,t})p_{ii}=\sum_{i=1}^{k}p_{ii}[W_0^{(i)}+A^{(i)}(L)vec(\tilde{u}_t, \tilde{u}_t')+B^{(i)}(L)vec(H_{i,t})]$$

其中，$H_{i,t}$ 为在状态 i 即 $s_t=i$ 时的协方差矩阵。

向量 MRS-GARCH 过程的系数矩阵的特征多项式为：

$$\sum_{i=1}^{k} p_{ii}\det|I - A^{(i)}(\lambda) - B^{(i)}(\lambda)| = 0 \tag{18}$$

令各状态下的 GARCH 过程的系数矩阵的特征值为λ_{i1}，λ_{i2}，…，λ_{in}，$n = N^2$，$i = 1$，2，…，k。

由（18）式可得到向量 MRS-GARCH 过程的系数矩阵的最大特征值为$\sum_{i=1}^{k} p_{ii}\lambda_i^*$，由向量 GARCH 过程的性质[13]，当且仅当特征方程 $\det|I - A^{(i)}(\lambda) - B^{(i)}(\lambda)| = 0$ 的根都在单位圆内，Y_t 是协方差平稳的。令 $\lambda_i^* = \max\{\lambda_{i1}, \lambda_{i2}, \cdots, \lambda_{ik}\}$ 为系数矩阵的特征值的最大值，则相当于要求$|\lambda_i^*| < 1$，由此可得若$|\sum_{i=1}^{k} p_{ii}, \lambda_i^*| < 1$，则向量 MRS-GARCH 过程 Y_t 是协方差平稳的，从而关于波动非持续[28]。

证毕。

定理 1 说明对于向量 MRS-GARCH(k，p，q) 过程，并不要求每个状态下的波动持续性参数都满足$|\lambda_i^*| < 1$，某些状态下的条件波动可以是单整的甚至是易波动的，但是平均起来这些状态的概率分布应该满足$|\sum_{i=1}^{k} p_{ii}, \lambda_i^*| < 1$，即若某些状态存在较大的波动性参数值，但是这些状态必须有足够小的概率。

在向量 MRS-GARCH 模型持续性研究的基础上，进一步讨论其关于方差的协同持续性。

五、向量 MRS-GARCH(k，p，q) 模型的协同持续性

根据投资组合理论，通过资产多样化可分散市场风险，但 Lamoureux[29] 与 Karnasos[30] 指出：组合投资在使市场风险分散化的同时，却伴生了组合资产收益波动持续性增长的倾向，为此波动的协同持续研究显得尤为重要。若多元金融时间序列的各个分量具有波动持续性，而存在一个或者多个线性组合使它们经过组合后关于波动不具有持续性时，则称该向量时间序列关于波动是协同持续的。协同持续性的定义首先由 Bollerslev 和 Engle[31] 给出。另外，张世英[32]、李汉东[33-36] 从单位根的角度给出了关于多元 GARCH 过程协同持续性的定义。有关协同持续性的研究，在经济和金融时间序列的建模和分析中有重要的指导意义，尤其是在动态组合资产投资和资本资产定价分析中用处极大。

下面给出向量 MRS-GARCH 过程的存在协同持续性定理。

定理 2 令 N×1 维向量

$$\gamma=\begin{cases}\gamma_1 & s_t=1\\ \gamma_2 & s_t=2\\ \vdots & \vdots\\ \gamma_k & s_t=k\end{cases}$$

Y_t^i 为状态 i 下向量随机过程 Y_t 的不同表现形式。

假设在每个状态 $s_t=i(i=1, 2, \cdots, k)$ 下，向量过程 $\gamma_i Y_t^i$ 的最大特征值为$\tilde{\lambda}_i^*$。若满足条件$|\sum_{i=1}^k p_{ii}\cdot\tilde{\lambda}_i^*|<1$，则向量 MRS-GARCH（k，p，q）过程是协同持续的，此时向量 γ 称为变结构协同持续向量。

证明

$$\begin{aligned}vec(\gamma\gamma')'vec(\tilde{H}_t)&=vec(\gamma\gamma')'\sum_{i=1}^k p_{ii}[WW_0^{(i)}+A^{(i)}(L)vec(\tilde{u}_t\tilde{u}_t')+B^{(i)}(L)vec(H_{i,t})]\\&=\sum_{i=1}^k vec(\gamma_i\gamma_i')'p_{ii}[W_0^{(i)}+A^{(i)}(L)vec(\tilde{u}_t\tilde{u}_t')+B^{(i)}(L)vec(H_{i,t})]\\&=\sum_{i=1}^k p_{ii}vec(\gamma_i\gamma_i')'[W_0^{(i)}+A^{(i)}(L)vec(\tilde{u}_t\tilde{u}_t')+B^{(i)}(L)vec(H_{i,t})]\end{aligned}\tag{19}$$

其中，$vec(\gamma\gamma')$ 表示一个 $N^2\times 1$ 维向量，$H_{i,t}$ 为在状态 i 即 $s_t=i$ 时的协方差矩阵，$A^{(i)}$，$B^{(i)}$ 为状态 i 下向量 GARCH 过程协方差矩阵方程的系数矩阵。

令各状态下的向量 $[vec(\gamma_i\gamma_i')vec(H_{i,t})]$ 过程的系数矩阵 $[vec(\gamma_i\gamma_i')'A^{(i)}(L)+vec(\gamma_i\gamma_i')'B^{(i)}(L)]$ 的特征值为 $\tilde{\lambda}_{i1}$，$\tilde{\lambda}_{i2}$，…，$\tilde{\lambda}_{in}$，$n=N^2$，$i=1, 2, \cdots, k$。

令$\tilde{\lambda}_i^*=\max\{\tilde{\lambda}_{i1}, \tilde{\lambda}_{i2}, \cdots, \tilde{\lambda}_{ik}\}$，由协同持续定义，若$|\tilde{\lambda}_i^*|<1$，则在状态 i 下向量 GARCH 过程协同持续。

$[vec(\gamma\gamma')'vec(\tilde{H}_t)]$ 系数多项式矩阵为 $\sum_{i=1}^k p_{ii}(vec(\gamma_i\gamma_i')'A^{(i)}(L)+vec(\gamma_i\gamma_i')'B^{(i)}(L))$，由（19）式可知其最大特征值为 $\sum_{i=1}^k p_{ii}\tilde{\lambda}_i^*$，若其所有特征根的模都在单位圆内，则向量 MRS-GARCH 模型是协同持续的。即若其满足$|\sum_{i=1}^k p_{ii}\cdot\tilde{\lambda}_i^*|<1$，则向量 MRS-GARCH 模型是协同持续的。

证毕。

由定理 2 可以看出，对于向量 MRS-GARCH 过程，类似其协方差平稳性质结论，并不要求在每个状态下都具有协同持续性，但是平均起来这些状态的概率分布应该满足协方差平稳。

六、实证研究

本文选取 2000 年 1 月 4 日到 2008 年 12 月 31 日上证综合指数和深证成份指数每个交易日的收盘价进行实证分析，样本数为 2177，分别用 SH 和 SZ 表示，所选数据来自 wind 资讯软件系统。主要通过 GAUSS8.0 软件及 OPTMUM 优化包获得实证分析结果。以 p_t 表示 t 时刻的收盘价，分别以 p_{1t}，p_{2t} 表示上证综合指数和深证成份指数的收盘价。根据处理一般金融数据的方法，为了得到稳定的时间序列，将已有数据取对数收益率，即把 $y'_t = \ln(p_t/p_{t-1})$ 作为因变量进行估计，以 $y_t=(y_{1t},\ y_{2t})$ 表示两个指数的对数收益率。

对两个序列分别用 GARCH（1，1）模型估计，沪市反映波动持续性的 GARCH 项系数之和为 $p=0.985$，深市为 $p=0.990$，可见两个序列的波动均具有很强的持续性。

首先用传统向量 GARCH 模型对 2 个序列进行建模。用沪市收益率对深市收益率进行回归，按照规律，对于尖峰厚尾的非正态分布，用 GARCH（1，1）模型就能够刻画其分布，故对残差用 GARCH（1，1）模型拟合，得到回归残差模型为：

$$y_{1t}=0.004107+0.439788y_{2t}$$

$$\sigma_t^2=0.033058+0.147033\varepsilon_{t-1}^2+0.853476\sigma_t^2$$

可见残差序列高度持续，则 $y_t=(y_{1t},\ y_{2t})$ 不存在协同持续。

下面用向量 MRS-GARCH 模型对沪市、深市收益率进行建模，研究两者之间的协同持续关系。一般认为股市波动有 3 种状态，分别用 p_1，p_2，p_3 表示。对沪市、深市收益率用向量 MRS-GARCH 建模，得到结果为：

$$\begin{pmatrix} y_1 \\ y_2 \end{pmatrix}=\begin{pmatrix} 0.85102 \\ 0.86121 \end{pmatrix}+\begin{pmatrix} u_{1s_t} \\ u_{2s_t} \end{pmatrix}$$

$$u_{s_t}=\begin{pmatrix} u_{1s_t} \\ u_{2s_t} \end{pmatrix}$$

$$u_{s_t}=\sqrt{g_{s_t}}\times\tilde{u}_t$$

$$g_1=1,\ g_2=4.2,\ g_3=12.3$$

$$\tilde{u}_t=H_1^{1/2}v_t,\ v_t\sim i.i.d(0,\ I_2)$$

$$\begin{pmatrix} h_{1t} \\ h_{12t} \\ h_{2t} \end{pmatrix}=\begin{pmatrix} 5.4093E-006 \\ 0.0782 \\ 7.0229E-006 \end{pmatrix}+\begin{pmatrix} 0.11791 & 0.65142 & 0.0286 \\ -0.07372 & 0.3217 & 0.0389 \\ 0.13878 & 0.0912 & 0.6582 \end{pmatrix}\times vec(\tilde{u}_{t-1}\cdot\tilde{u}'_{t-1})+$$
$$\begin{pmatrix} 0.86102 & 0.0233 & 0.6027 \\ 0.84879 & 0.3511 & 0.4761 \\ 0.9108 & 0.87021 & 0.1701 \end{pmatrix}\begin{pmatrix} h_{1t-1} \\ h_{12t-1} \\ h_{2t-1} \end{pmatrix}$$

3 个状态之间的转移概率矩阵为：

$$P=\begin{pmatrix} 0.980727 & 0 & 0.019273 \\ 0.019212 & 0.974605 & 0.006183 \\ 0 & 0.027697 & 0.972303 \end{pmatrix}$$

状态 1 的平均持续时间为 $1/(1-p_{11})$，约为 52 天，状态 2 的平均持续时间为 39 天，状态 3 的平均持续时间为 36 天，可见状态 1 内波动的稳定性最强，持续期最长，波动周期向该状态转移的概率也最大，令 $\delta=\sum_{i=1}^{k}p_{ii}-1=1.929635$，表示由 Markov 性所导致的异方差存在度。

进一步求出向量 MRS-GARCH 模型中向量 GARCH 过程部分的波动性参数为：状态 1 时 $\lambda_1^*=0.06993$，状态 2 时 $\lambda_2^*=0.183$，状态 3 时 $\lambda_3^*=0.051$，计算出向量 MRS-GARCH 过程的持续性参数 $\lambda^*=0.186$，故向量 MRS-GARCH 过程波动持续性平稳，即引入 Markov 链之后，沪市、深市收益率存在协同持续性，由此可见波动状态的转换可能导致序列组合的伪持续性，而考虑了状态转移之后伪持续性消失。

七、结束语

金融市场的波动具有普遍的方差持续性，因此研究多个变量的波动性及协同持续性对于金融风险的防范和金融资产的组合问题具有重要意义。而由于存在变结构问题，必须将持续性研究与变结构问题结合起来，分析多个变量之间在不同阶段内的特定关联属性，以得到变量在不同阶段不同状态下的波动关系，即联动性。

为了研究各变量在不同阶段的不同波动关系，本文构建了向量 MRS-GARCH 模型，该模型可以在平稳波动状态和剧烈波动状态之间转换，能够更好地模拟和预测波动在高、低波动状态之间的转换以及制度、政策变迁引起的状态跳跃或转换时的特征。

本文运用滤波技术推导了模型的参数估计过程，给出了具体极大似然函数估计方法。从状态持续时间和引入 Markov 链的向量 GARCH 过程持续性两个方面探讨了向量 MRS-GARCH 模型的持续性，提出了向量 MRS-GARCH 过程的衰减速度指数，得出了向量 MRS-GARCH 过程满足协方差平稳性和协同持续性的充分必要条件，指出了向量 MRS-GARCH 过程并不要求在每个状态下保持平稳或协同持续，但是平均起来所有状态下的概率分布应该满足平稳性和持续性的条件。最后进行了实证研究，证实用向量 MRS-GARCH 模型建模之后，沪市、深市存在变结构协同持续性，即在考虑了状态转移之后伪持续性消失。

本文考虑的 Markov 链转移概率为恒定转移概率，即假设转移概率是固定不变的，可以更一般地考虑转移概率是时变的，即依赖于某些外生或预先确定的变量，从而能够更好地描述金融时间序列的状态跳跃性，这也是非常值得研究的领域。

另外，有待更进一步地研究关于基于 Markov 转换机制的向量金融时间序列高阶矩阵模型的持续性与协同持续性问题。这对于金融市场、风险管理、资产投资组合都具有良好的理论意义和应用价值。

参考文献

[1] Hamilton J D. A new approach to the economic analysis of nonstationary time series and the business cycle [J]. Econometrica, 1989, 57 (2): 357-384.

[2] 陈云，陈浪南，林伟斌. 中国股票市场一体化的时变特征分析 [J]. 管理科学学报，2009，12 (2)：67-76.

[3] 刘金全，刘兆波. 我国货币政策作用非对称性和波动性的实证检验 [J]. 管理科学学报，2003，6 (3)：35-40.

[4] Chou R Y. Volatility persistence and stock valuations: Some empirical evidence using GARCH [J]. Journal of Applied Economertics, 1998, 3 (2): 279-294.

[5] 魏宇. 沪深 300 股指期货的波动率预测模型研究 [J]. 管理科学学报，2010，13 (2)：66-76.

[6] 樊智，张世英. 多元 GARCH 建模及其在中国股市分析中的应用 [J]. 管理科学学报，2003，6 (2)：68-73.

[7] 王承炜，吴冲锋. 中国股市价格—交易量的线性及非线性因果关系研究 [J]. 管理科学学报，2002，5 (4)：7-12.

[8] Lamoureux C G, Lastrapes W D. Heteroskedasticity in stock return data: Volume versus GARCH effects [J]. Journal of Finance, 1990, 55 (1): 221-229.

[9] Hamilton J D, Susmel R. Autoregressive conditional heteroskedasticity and changes in regime [J]. Journal of Econometrics, 1994, 64 (1/2): 307-333.

[10] 魏宇. 股票市场的极值风险测度及后验分析研究 [J]. 管理科学学报，2009，12 (2)：67-76.

[11] 王明进，陈奇志. 基于独立成分分解的多元波动率模型 [J]. 管理科学学报，2006，9 (5)：56-64.

[12] 余素红，张世英，宋军. 基于 GARCH 模型和 SV 模型的 VaR 比较 [J]. 管理科学学报，2004，7 (5)：61-66.

[13] Engle R F, Mustafa C. Implied ARCH models from options prices [J]. Journal of Econometrics, 1992, 52 (1/2): 289-311.

[14] 李汉东，张世英. 存在方差持续性的资本资产定价模型分析 [J]. 管理科学学报，2003，6 (1)：75-80.

[15] 杜子平，张世英. 向量随机波动模型的共因子研究 [J]. 管理科学学报，2002，5 (5)：1-5.

[16] 柯珂，张世英. ARCH 模型的诊断分析 [J]. 管理科学学报，2001，4 (2)：12-18.

[17] Loboat N, Svain N E. Real and spurious long-memory properties of Stock-market data [J]. Journal of Busness and Economic Statistics, 1998, 16 (3): 261-268.

[18] Lamoureux C, Lastapes W. Persistence in variance, structural change and the GARCH models [J]. Journal of Business and Economics Statistics, 1990, 8 (4): 225-234.

[19] Hamilton J D. Analysis of time series subject to change in regime [J]. Journal of Econometrics, 1990, 45 (1/2): 39-70.

[20] Marcucci J P，Forecasting stork market volatility with regime–Switching GARCH models [M]//Studies in Nonlinear & Econometics，Berkeley Electronic Press，2005，9 (4).

[21] Haas M，Mittnik S，Paolella M S. Volatility dynamics in exchange rates：Markov switching GARCH–mixtures [J]. Review of Financial Sutdies，2003，14 (3)：521–553.

[22] 谢赤，吴雄伟. 一个基于水平模型的利率结构转换模型 [J]. 系统工程，2002，20 (1)：20–23.

[23] 蒋详林，王春峰，吴晓霖. 基于状态转移 ARCH 模型的中国股市波动性研究 [J]. 系统工程学报，2004，19 (3)：270–277.

[24] 孙金丽，张世英. 具有结构转换的 GARCH 模型及其在中国股市中的应用 [J]. 系统工程，2003，21 (6)：86–91.

[25] 郭名媛，张世英. 基于 DDMRS–GARCH 的 VaR 模型及其在上海股票市场的实证研究 [J]. 统计与决策，2007，16 (3)：285–290.

[26] Engle R F，Bollerslev T. Modeling the persistence of conditional variances [J]. Econometric Reviews，1986，5 (1)：1–50.

[27] Engle R F，Kroner K F. Multivariate simultaneous generalized ARCH [J]. Econometric Theory，1995，11 (1)：122–150.

[28] 杜子平，张世英. 向量 GARCH 过程协同持续性研究 [J]. 系统工程学报，2003，18 (5)：385–390.

[29] Lamoureux C G，Lastrapes W D. Persistence in variance，structural change and the GARCH model [J]. Journal of Business and Economic Statistics，1990，8 (2)：225–234.

[30] Karnasos M，Psaradakis Z，Sola M. Cross–sectional aggregation and persistence in conditional variance [R]. Heslington，York：University of York，1999.

[31] Bollerslev T，Engle R F. Common persistence in conditional variances [J]. Econometrica，1993，62 (1)：167 – 186.

[32] 张世英，李汉东，樊智. 金融风险的持续性及其规避策略 [J]. 系统工程理论与实践，2002，22 (5)：31–36.

[33] 李汉东，张世英. 自回归条件异方差的持续性研究 [J]. 预测，2000 (1)：51–54.

[34] 李汉东，张世英. 波动持续性对资本资产定价模型的影响分析 [M]//亚太金融学会第七届年会论文选，上海：上海交通大学出版社，2001：1–15.

[35] 李汉东，张世英. BEKK 模型的协同持续性研究 [J]. 系统工程学报，2001，16 (3)：225–231.

[36] 李汉东，张世英. 随机波动模型的波动持续性研究 [C]//系统科学和复杂性研究文集. 宜昌：中国系统工程学会第 11 届年会，2000：375–380.

Research on Volatility Persistence of Vector MRS-GARCH Model

JIANG Xiao-gan, CAI Yu

Abstract: In order to describe the volatility relationship in the different stages between financial variables, this paper introduces markov conversion mechanism into vector GARCH model to construct the vector MRS-GARCH model. The paper derives aparameter estimation method of this model with filtering technology, then studies the persistence of the vector process based on the prediction equation. Next this article explores the persistence of vector MRS-GARCH model from two aspects of the state duration time and the persistent of vector GARCH process with markov chain, then puts forward exponential decay rate of the vector MRS-GARCH. Afterward, the theorem that satisfied coordination of persistent of vector MRS-GARCH process is given and proved, which can analyze the specific association of financial variables at different stages, and derive the regime-swithing linkages between various financial variables. In the end, this essay uses the vector MRS-GARCH model to empirically research on Shanghai and Shenzhen stock yield rates, then confirmes that the two stock markets exizsted co-peresitence after considering state transition.

Key Words: vector MRS-GARCH, Markov, structure change, persistent, co-peresitence

第二节

国外期刊论文精选

文章名称：“I Think You Think I Think You're Lying”：The Interactive Epistemology of Trust in Social Networks

期刊来源：Management Science，February 2011，Vol. 57，No. 2，pp. 393-412

作者：Mihnea C. Moldoveanu，Joel A. C. Baum

摘要：We investigate the epistemology of trust in social networks. We posit trust as a special epistemic state that depends on actors' beliefs about each others' beliefs as well as about states of the world. It offers new ideas and tools for representing the core elements of trust both within dyads and larger groups and presents an approach that makes trust measurable in a non-circular and predictive, rather than merely post dictive fashion. After advancing arguments for the importance of interactive belief systems to the successful coordination of behavior, we tune our investigation of trust by focusing on beliefs that are important to mobilization and coordination and show how trust functions to influence social capital arising from network structure. We present empirical evidence corroborating the importance of higher-order beliefs to understanding trust and the interactive analysis of trust to the likelihood of successful coordination.

关键词：organizational studies，strategy，networks graphs，theory，design，information，philosophy of modeling

摘要：我们研究社交网络中的信任认识论。我们假设信任作为一种特殊的认知状态，这取决于参与者的“个人的信仰”以及关于世界的状态的信念。它提供了新的思路和工具，用来表示两人之间和较大的团队之间的信任的核心要素，并提出了一种方法，使信任在一个非圆和预测方面上进行衡量，而不仅仅是后测和方法。在推进相互信任体系对于成功的协调行为的重要性的论据之后，我们调整我们的信任研究集中于信任对于动员和协调的重要性，展示了信任是如何影响从网络结构所产生的社会资本。我们提出的经验证据确证了理解信任和信任的成功协调的可能性交互式分析的高阶信念的重要性。

关键词：组织研究，战略，网络图，理论，设计，信息，造型理念

文章名称：A Computational Approach for Optimal Joint Inventory–Pricing Control in an Infinite–Horizon Periodic–Review System

期刊来源：Operations Research，September October，2011，Vol. 59，No. 5，pp. 1297–1303

作者：Youyi Feng，Youhua（Frank）Chen

摘要：This note considers a joint inventory–pricing control problem in an infinite–horizon periodic–review system. Demand in a period is random and depends on the posted price. Besides the holding and shortage costs，the system incurs inventory replenishment costs that consist of both variable and fixed components. At the beginning of each period，a joint inventory and pricing decision is made. Under the long–run average profit criterion，we show that an optimal policy exists within the class of so–called（s，S，p）policies. This is established based on our algorithmic development，which also results in an algorithm for finding an optimal（s，S，p）policy.

关键词：joint pricing and inventory control，setup cost，price dependent demand，stochastic inventory model

摘要：本文考虑了在无限期界定期审查的系统上的联合库存价格的控制问题。在一段时间内的需求是随机的，并且依赖于贴现价格。除了持有和缺货成本，系统会带来可变和固定部件组成的库存补货成本。在每个周期的开始，做出联合库存和定价决定。根据长期平均利润的标准，我们证明了存在于类（s，S，p）政策范围内的最优策略。这是基于我们的算法开发的，这也得到一种寻找最佳的（s，S，p）政策的算法。

关键词：联合定价与库存控制，设置成本，价格取决于需求，随机库存模型

文章名称： A Multicriteria Decision Making Model for Reverse Logistics Using Analytical Hierarchy Process

期刊来源： OMEGA，2011，Vol. 39，pp. 558–573

作者： Theresa J. Barker，Zelda B. Zabinsky

摘要： Product recovery activities such as recycling，refurbishing and direct reuse are becoming integral to manufacturing supply chains. This study presents a multicriteria decision making model for reverse logistics using analytical hierarchy process（AHP）. The AHP model evaluates a hierarchy of criteria and subcriteria，including costs and business relations，for critical decisions regarding network design. Using sensitivity analysis with AHP，the work provides insights into the preference ordering among eight alternative network configurations. For instance，the choice of test sites is largely dependent on the potential for cost savings on testing procedures and transportation of scrap，and this decision is not sensitive to the importance of business relations. By contrast，the choice of collection sites is largely determined by the relative importance of business relations considerations vs. cost considerations. As well，the processing location decision favors a third–party reprocessor if there is little need to protect proprietary product knowledge and cost savings is very important. The model is demonstrated using three case studies of real–world applications.

关键词： reverse logistics，decision making models，product recovery，sensitivity analysis，AHP

摘要： 产品回收活动，如回收、翻新和直接再利用，正在成为不可或缺的生产供应链。本文采用层次分析法（AHP），提出了一种用于逆向物流的多准则决策模型。层次分析法模型评估的标准和子标准，包括成本和业务关系，为关于网络设计的关键决策的层次结构。通过层次分析法、敏感性分析，该研究提供了对于八个供选择的网络配置的优先顺序的深入了解。例如，测试点的选择在很大程度上取决于对测试程序和废料运输成本节约的潜力，这个决定并不对企业关系的重要性敏感。相比之下，收集点的选择在很大程度上取决于考虑业务关系和成本的相对重要性。同时，如果有一点需要来保护专有产品知识和节约成本，加工地点的决定有利于第三方重新加工，这一点是很重要的。该模型是用三个现实应用案例研究进行论证的。

关键词： 逆向物流，决策制定模型，产品回收，敏感性分析，层次分析法

文章名称： A Multiproduct Risk-Averse Newsvendor with Law-Invariant Coherent Measures of Risk

期刊来源： Operations Research, March-April, 2011, Vol. 59, No. 2, pp. 346-364

作者： Sungyong Choi, Andrzej Ruszczyński, Yao Zhao

摘要： We consider a multiproduct risk-averse newsvendor under the law-invariant coherent measures of risk. We first establish several fundamental properties of the model regarding the convexity of the problem, the symmetry of the solution, and the impact of risk aversion. Specifically, we show that for identical products with independent demands, increased risk aversion leads to decreased orders. For a large but finite number of heterogeneous products with independent demands, we derive closed-form approximations for the optimal order quantities. The approximations are as simple to compute as the classical risk-neutral solutions. We also show that the risk-neutral solution is asymptotically optimal as the number of products tends to be infinity, and thus risk aversion has no impact in the limit. For a risk-averse newsvendor with dependent demands, we show that positively (negatively) dependent demands lead to lower (higher) optimal order quantities than independent demands. Using a numerical study, we examine the convergence rates of the approximations and develop additional insights into the interplay between dependent demands and risk aversion.

关键词： multiple products, newsvendor, risk aversion, coherent measures of risk, diversification, portfolio

摘要： 在法律环境不变的风险测度指标下，我们建立了多产品风险规避的报童模型。我们首先基于问题凸性、解的对称性以及风险规避影响等问题建立了几个模型的基本性质。具体而言，我们的研究表明，对于拥有独立的需求的同质性产品，风险规避意识增强会导致订单量减少。对于形态巨大但独立需求数量有限的异质性产品，我们得出关于最优订购量封闭形式下的近似值。近似值和古典风险中性解决方案计算一样简单。我们还表明，在产品数量趋于无穷大时，风险中性的解决方案是渐近最优的。因此，风险厌恶情绪在极限条件下是没有影响的。对于风险规避的独立需求的报童模型，相较于独立需求而言，正（负）相关需求会引起较低（高）的最佳订购量。利用数值模拟研究，我们研究了近似值的收敛速度，并对需求和规避风险之间的相互作用提出了新的见解。

关键词： 多产品，报童模型，风险厌恶情绪，一致性风险的措施，多样化，投资组合

文章名称： A Sequential Sampling Procedure for Stochastic Programming

期刊来源： Operations Research，July-August 2011，Vol. 59，No. 4，pp. 898-913

作者： Güzin Bayraksan，David P. Morton

摘要： We develop a sequential sampling procedure for a class of stochastic programs. We assume that a sequence of feasible solutions with an optimal limit point is given as input to our procedure. Such a sequence can be generated by solving a series of sampling problems with increasing sample size，or it can be found by any other viable method. Our procedure estimates the optimality gap of a candidate solution from this sequence. If the point estimate of the optimality gap is sufficiently small according to our termination criterion，then we stop. Otherwise，we repeat with the next candidate solution from the sequence under an increased sample size. We provide conditions under which this procedure (i) terminates with probability one and (ii) terminates with a solution that has a small optimality gap with a prespecified probability.

关键词： programming，stochastic，simulation，efficiency，statistics，sampling

摘要： 我们为一类随机程序开发了顺序采样过程。我们假定具有最优极值点可行解的序列在输入到我们的程序中时是给定的。这样的序列可以通过解决增加样本容量的一系列抽样问题加以产生，或者通过任何其他可行的解决途径加以发现。我们的程序可以估计出该序列与候选解的最优差距。如果根据我们的终止条件，最优差距点估计值足够小，我们将停止运行。否则，我们在扩大样本容量的序列中重复计算下一个候选解。我们给出了判别条件，在该条件下此程序（i）依概率1终止，或者（ii）依预定的概率终止于一个较小的最优差距的解。

关键词： 编程，随机，模拟，效率，统计，抽样

文章名称： A Study of DEA Models without Explicit Inputs
期刊来源： OMEGA，2011，Vol. 39，pp. 472–480
作者： W.B. Liu，D. Q. Zhang，W. Meng，X. X. Li，F. Xu

摘要： In performance evaluations，data without explicit inputs（such as index data，pure output data）are widely used. To directly use such data，this paper presents a study on building DEA models without explicit inputs，so-called DEA–WEI models，which are applicable to the evaluation applications where inputs are not directly considered. We provide an axiom foundation of these kinds of models，and further discuss how to incorporate value judgments of decision makers into these DEA–WEI models. Several such models are derived. Finally，applications of the DEA–WEI models are presented.

关键词： performance evaluation，data without explicit input，DEA

摘要： 在绩效评估中，没有明确输入的数据（例如，索引数据、纯输出数据）被广泛使用。为了直接使用这些数据，本文构建了没有明确输入的 DEA 模型，称为 DEA–WEI 模型。这个模型可以不直接考虑输入数据而进行评估应用。我们给出了这些模型的公理基础，进一步探讨如何将决策者的价值判断加入这样的模型中，导出了几个衍生模型。最后，讨论了 DEA–WEI 模型的应用。

关键词： 绩效评估，无明确输入数据，DEA

文章名称： A Study of Interactions in the Risk Assessment of Complex Engineering Systems: An Application to Space PSA

期刊来源： Operations Research，November–December 2011，Vol. 59，No. 6，pp. 1461–1476

作者： E. Borgonovo，C. L. Smith

摘要： Risk managers are often confronted with the evaluation of operational policies in which two or more system components are simultaneously affected by a change. In these instances, the decision–making process should be informed by the relevance of interactions. However, because of system and model complexity, a rigorous study for determining whether and how interactions quantitatively impact operational choices has not been developed yet. In light of the central role played by the multilinearity of the decision support models, we investigate the presence of interactions in multilinear functions first. We identify interactions that can be a priori excluded from the analysis. We introduce sensitivity measures that apportion the model output change to individual factors and interaction contributions in an exact fashion. The sensitivity measures are linked to graphical representation methods as tornado diagrams and Pareto charts, and a systematic way of inferring managerial insights is presented. We then specialize the findings to reliability and probabilistic safety assessment (PSA) problems. We set forth a procedure for determining the magnitude of changes that make interactions relevant in the analysis. Quantitative results are discussed by application to a PSA model developed at NASA to support decision making in space mission planning and design. Numerical findings show that suboptimal decisions concerning the components on which to focus managerial attention can be made, if the decision–making process is not informed by the relevance of interactions.

关键词： risk analysis，sensitivity analysis，multilinearity，interactions，system risk，safety，probabilistic safety assessment，importance measures，operational decision making

摘要： 风险管理者常常面临对两个或更多个系统部分同时变化的业务政策的评价。在这些情况下，决策过程应该在相互的信息交流后进行。但是因为系统和模型的复杂性，关于相互交流如何定量化影响决策的严谨的研究还没有被进行。鉴于多元线性决策模型的重要性，我们首先研究了相互交流的多元线性函数是否存在，我们确定可以从分析中预先排除相互交流。我们进行了精确形式下关于分派模型产出变化到单个因素和相互交流的敏感性测试，将测试结果用龙卷风图和柏拉图等图表展现方法以及涉及管理性视角的系统性方法展现出来。我们详细说明了关于可靠性和 PSA 问题的发现。我们给出了计算相互交流变动的程序。我们将 PSA 模型用到 NASA 的关于太空任务的决策上，结果支持任务的进行。数值结果表明，如果决策过程并没有相互交流的介入，那么关于关注管理成分的次优决策将会被制定。

关键词： 风险分析，敏感性分析，多元线性，相互交流，系统风险，安全，概率安全评价，重要措施，经营决策

文章名称：Accounting for Parameter Uncertainty in Large-Scale Stochastic Simulations with Correlated Inputs

期刊来源：Operations Research，May-June 2011，Vol. 59，No. 3，pp. 661-673

作者：Bahar Biller，Canan G. Corlu

摘要：This paper considers large-scale stochastic simulations with correlated inputs having normal-to-anything（NORTA） distributions with arbitrary continuous marginal distributions. Examples of correlated inputs include processing times of workpieces across several workcenters in manufacturing facilities and product demands and exchange rates in global supply chains. Our goal is to obtain mean performance measures and confidence intervals for simulations with such correlated inputs by accounting for the uncertainty around the NORTA distribution parameters estimated from finite historical input data. This type of uncertainty is known as the parameter uncertainty in the discrete-event stochastic simulation literature. We demonstrate how to capture parameter uncertainty with a Bayesian model that uses Sklar's marginal-copula representation and Cooke's copula-vine specification for sampling the parameters of the NORTA distribution. The development of such a Bayesian model well suited for handling many correlated inputs is the primary contribution of this paper. We incorporate the Bayesian model into the simulation replication algorithm for the joint representation of stochastic uncertainty and parameter uncertainty in the mean performance estimate and the confidence interval. We show that our model improves both the consistency of the mean line-item fill-rate estimates and the coverage of the confidence intervals in multiproduct inventory simulations with correlated demands.

关键词：bayesian，correlation，design of experiments，sampling，statistical analysis

摘要：文章研究了大规模随机模拟，其相关输入服从边缘分布连续的 NORTA 分布。相关输入的例子有车间生产设备上工件的处理时间，产品需求以及全球供应链中的利率。我们的目的是通过对用有限的历史的输入数据估计出的服从 NORTA 分布的参数的不确定性做出相关输出然后获得平均绩效的度量和模拟的置信区间。这种类型的不确定性在离散事件随机仿真文献中被称为参数不确定性。我们证明了怎样利用 Sklar 的 marginal-copula 表示和 Cooke 的服从 NORTA 分布参数样本的 copula-vine 说明的贝叶斯模型捕捉到参数的不确定性。这篇文章的主要贡献是发展了这样一个能够很适合处理相关输入的贝叶斯模型。考虑到贝叶斯模型和仿真复制算法在平均绩效评估和置信区间中的随机不确定性和参数不确定性，我们将两者结合在一起。我们的模型展示了使用相关需求数据的多元库存仿真能够改进项目填充率估计以及置信区间估计的一致性。

关键词：贝叶斯，相关性，实验设计，抽样，统计分析

文章名称：An Extension of the Electre I Method for Group Decision-making under a Fuzzy Environment

期刊来源：OMEGA，2011，Vol. 39，pp.373-386

作者：Adel Hatami-Marbini，Madjid Tavana

摘要：Many real-world decision problems involve conflicting systems of criteria，uncertainty and imprecise information. Some also involve a group of decision makers（DMs）where a reduction of different individual preferences on a given set to a single collective preference is required. Multi-criteria decision analysis（MCDA）is a widely used decision methodology that can improve the quality of group multiple criteria decisions by making the process more explicit，rational and efficient. One family of MCDA models uses what is known as "outranking relations" to rank a set of actions. The Electre method and its derivatives are prominent outranking methods in MCDA. In this study，we propose an alternative fuzzy outranking method by extending the Electre I method to take into account the uncertain，imprecise and linguistic assessments provided by a group of DMs. The contribution of this paper is fivefold：①we address the gap in the Electre literature for problems involving conflicting systems of criteria，uncertainty and imprecise information；②we extend the Electre I method to take into account the uncertain，imprecise and linguistic assessments；③we define outranking relations by pairwise comparisons and use decision graphs to determine which action is preferable，incomparable or indifferent in the fuzzy environment；④we show that contrary to the TOPSIS rankings，the Electre approach reveals more useful information including the incomparability among the actions；and⑤we provide a numerical example to elucidate the details of the proposed method.

关键词：multi-criteria decision-making，Electre I，fuzzy preference modeling，ranking problem

摘要：许多实际决策问题都会涉及有条件的冲突系统、不确定性和不准确的信息，其中，一些也涉及一组决策者，这样一来，不同的个人偏好减少，给定设置为一个集体偏好就需要给出。多条件决策分析（MCDA）是一种被广泛应用的决策技术，这种技术通过使决策过程更明确合理以及有效来提升群体多条件决策的质量。一种家庭 MCDA 模型使用被称为"级别高于关系"的方法去给一系列的行为进行排序。Electre 和它的导数在 MCDA 中是最重要的方法。在这个研究中，我们通过在 Electre I 方法中加入一组决策者们提供的不确定性、不精确性和语言评估来对模型进行扩展，进而提出了一个模糊级别优先工具。这篇文章的贡献有五点：①我们解决了在涉及 Electre 文献中的关于条件冲突系统、不确定性和不准确信息的问题。②我们通过加入不确定性、不精确性和语言评估扩展了 Electre I 方法。③我们通过成对比较定义了级别优先序，使用决策图形去判断在模糊环境中哪一个行为是更好的、不可比的或者中立的。④我们展示出和 TOPSIS 排序相反的是，Electre

方法能够揭示出包括行为的不可比性在内的更有用的信息。⑤我们提供了一个数值例子来详细说明这种方法。

关键词：多准则决策，Electre I，模糊偏好模型，排序问题

文章名称：Crossdocking Distribution Networks with Setup Cost and Time Window Constraint

期刊来源：Omega，2011，Vol. 39，pp.64–72

作者：Hong Ma，Zhaowei Miao，Andrew Lim，Brian Rodrigues

摘要：In this work，we study a new shipment consolidation and transportation problem in crossdocking distribution networks that considers trade–offs between transportation costs，inventory and time scheduling requirements. Transportation costs include time costs，truck setup costs，and thenumber of trucks used. The model is formulated as an integer program，and shown to be NP complete in the strong sense. Moreover，a solution approach is provided which consists of two stages. First，a reduced problem is solved for atruck load transportation plan. This is followed by a heuristic solution approach to the remaining less–than–truck load problem. Computational experiments are conducted to test the effectiveness and efficiency of the heuristics. The various cost parameters and time window settings of the distribution network are also discussed.

关键词：transportation，integer program，heuristics，crossdocking

摘要：文章中我们研究了一种新的运输整合以及在交叉配送分销网络中对于交通运输费用、存货和时间调度的权衡的交通问题。交通运输成本包括时间成本、卡车配置成本以及卡车使用的数量。模型被设定为整数规划，并且表现出强烈的 NP 完备。并且给出了包含两阶段的解决方法。首先，解决了卡车荷载降低问题。紧接着的是通过启发式解决工具解决了剩下的少于卡车荷载的问题。我们用计算实验方法检验了启发式算法的有效性。最后也讨论了不同的成本参数和分销网络的时间窗口设定。

关键词：运输，整数规划，启发法，交叉配送

文章名称：Exact Simulation of Point Processes with Stochastic Intensities

期刊来源：Operations Research，September-October 2011，Vol. 59，No. 5，pp. 1233-1245

作者：K. Giesecke，H. Kakavand，M. Mousavi

摘要：Point processes with stochastic arrival intensities are ubiquitous in many areas，including finance，insurance，reliability，health care，and queuing. They can be simulated from a Poisson process by time scaling with the cumulative intensity. The paths of the cumulative intensity are often generated with a discretization method. However，discretization introduces bias into the simulation results. The magnitude of the bias is difficult to quantify. This paper develops a sampling method that eliminates the need to discretize the cumulative intensity. The method is based on a projection argument and leads to unbiased simulation estimators. It is exemplified for a point process whose intensity is a function of a jump-diffusion process and the point process itself. In this setting，the method facilitates the exact sampling of both the point process and the driving jump-diffusion process. Numerical experiments demonstrate the effectiveness of the method.

关键词：point process，intensity projection，filtering，exact sampling

摘要：具有随机到达强度的点过程在很多领域存在，包括金融、保险、可靠性、卫生保健。它们能够通过带有时间尺度上的累积强度的泊松过程来进行模拟。累积强度过程通常使用离散化方法生成。但是离散化方法会给仿真结果带来偏误，偏误的大小很难被量化。文章发展出了一种抽样方法，能够消除离散累积强度的需要。该研究对于那些以跳远—离散过程函数为强度的点过程以及点过程本身都是一个很好的例证。在这样的设定下，这种方法能够促进点过程和驱动跳跃—离散过程中的抽样精确性。数值实验证明了这种方法的有效性。

关键词：点过程，密度投影，过滤，精确采样

文章名称： Fixed-Point Approaches to Computing Bertrand-Nash Equilibrium Prices Under Mixed-Logit Demand

期刊来源： Operations Research，March-April 2011，Vol. 59，No. 2，pp. 328-345

作者： W. Ross Morrow，Steven J. Skerlos

摘要： This article describes numerical methods that exploit fixed-point equations equivalent to the first-order condition for Bertrand-Nash equilibrium prices in a class of differentiated product market models based on the mixed-logit model of demand. One fixed-point equation is already prevalent in the literature， and one is novel. Equilibrium prices are computed for the calendar year 2005 new-vehicle market under two mixed-logit models using (i) a state-of-the-art variant of Newton's method applied to the first-order conditions as well as the two fixed-point equations and (ii) a fixed-point iteration generated by our novel fixed-point equation. A comparison of the performance of these methods for a simple model with multiple equilibria is also provided. The analysis and trials illustrate the importance of using fixed-point forms of the first-order conditions for efficient and reliable computations of equilibrium prices.

关键词： Bertrand-Nash equilibrium prices，differentiated product markets，mixed logit，Newton's method，GMRES-Newton hookstep，Fxed-point iteration

摘要： 文章描述了一种数值方法，这种方法旨在探寻基于需求的混合 logit 模型的差异化产品市场上，伯川德—纳什均衡价格的一阶条件和不动点方程的等价问题。一个不动点方程已经普遍被知道，但是另一个却没有。对于日历年份 2005 年基于两个混合 Logit 模型的新车市场上的均衡价格是这样计算的：(i) 先进的牛顿算法的变形被应用到一阶条件和两个不动点方程中。(ii) 不动点的迭代是通过我们新的不动点方程生成的。将这些方法应用于一种含有多重均衡的简单模型，并对这些方法的效果进行了比较。文章的分析和尝试阐释了有效可靠的计算均衡价格过程中使用一阶条件的不动点形式的重要性。

关键词： Bertrand-Nash 均衡价格，差异化的产品市场，混合 logit 模型，牛顿法，GMRES-Newton 迭代法，定点迭代

文章名称： Taking the Politics Out of Paving：Achieving Transportation Asset Management Excellence Through OR

期刊来源： Interfaces，January–February，2011，Vol. 41，No. 1，pp. 51–65

作者： Ugo Feunekes，Steve Palmer，Andrea Feunekes et al.

摘要： The New Brunswick Department of Transportation（NBDoT）maintains over 18000 kilometers of roads，2900 bridges，various ferry crossings，and other assets. Because of its limited budget，NBDoT faced significant challenges in rehabilitating its infrastructure assets valued at several billion dollars. Its goal was to develop transparent，defensible，long–term plans for managing New Brunswick's highway infrastructure，and secure commitment from decision makers and support from the public for these plans. The operations research component of the asset management framework uses a unique combination of linear programming and heuristic techniques. The model incorporates long–term objectives and constraints from an operations perspective—it weighs all options；considers costs，timings，and asset life cycles；and produces optimal treatment plans and schedules of activities. NBDoT anticipates $72 million（discounted）in annual savings，amounting to $1.4 billion（discounted）over the next 20 years. NBDoT has become a global leader in the field of asset management，and the success has attracted the attention of transportation officials around the world.

关键词： asset management，transportation，roads and bridges，linear programming，heuristics，decision optimization

摘要： 加拿大纽省交通部（NBDoT）维护着超过 18000 公里的公路、2900 座桥梁、不同的渡口和其他的资产。因为预算的限制，NBDoT 在需要花费几十亿美元的修复基础设施的计划上面临着挑战。它的目标是为管理纽省公路基础设施制定透明的、合理的长期计划，保证决策者的承诺和公众对于这项计划的支持。由资产管理框架组成的运营调查使用了将线性规划和启发式技术结合起来的方法。该模型结合长期目标和约束，从操作的角度来看：它对全部设定进行加权；考虑成本，时序和资产生命周期；并产生最佳的治疗方案和活动计划。NBDoT 预计（贴现）每年节省 7200 万美元，未来 20 年总计节省 14 亿美元（贴现）。NBDoT 已经在资产管理领域成为全球领导者，并成功吸引了世界各地的运输官员的注意。

关键词： 资产管理，运输，道路与桥梁，线性规划，启发，优化决策

文章名称：Managing Global Brand Investments at DHL

期刊来源：Interfaces，January–February 2011，Vol. 41，No. 1，pp. 35–50

作者：Marc Fischer，Wolfgang Giehl，Tjark Freundt

摘要：In this paper，we introduce the customer–insight based approach that Deutsche Post DHL adopted to improve its global express delivery business. DHL has used the operations research based brand assessment tool in more than 20 large countries on four continents since 2004. The tool supports local brand managers in allocating marketing resources to activities that grow the global brand in their country market. Its application led to an estimated increase in brand value of USD 1.32 billion over five years. This corresponds to a return on investment of 38 percent and an internal rate of return of 24 percent. The tool's implementation also had a major impact on DHL's strategy and organization.

关键词：brand management，buyer behavior，estimation–statistical techniques，choice models，OR/MS implementation，service industries，nonlinear optimization

摘要：在本文中，我们介绍了德国邮政 DHL 用来提高其国际快递业务的以客户视觉为基础的方法。自 2004 年以来 DHL 已经在四大洲 20 多个大国使用基于品牌评估工具的操作研究。该工具支持本地品牌经理分配营销资源给能在全国市场发展全球品牌的活动。它的应用导致了在品牌价值上 5 年内估计 13.2 亿美元的增加。这相当于投资回报 38%的回报率和 24%的内部收益率。该工具的实现也对 DHL 的战略和组织产生重大影响。

关键词：品牌管理，购买行为，估计—统计技术，选择模型，OR/MS 实施，服务行业，非线性最优化

文章名称： A Nonhomogeneous Agent-Based Simulation Approach to Modeling the Spread of Disease in a Pandemic Outbreak

期刊来源： Interfaces，May-June 2011，Vol. 41，No. 3，pp. 301-315

作者： Dionne M. Aleman，Theodorus G. Wibisono，Brian Schwartz

摘要： To effectively prepare for a pandemic disease outbreak，knowledge of how the disease will spread is paramount. The global outbreak of severe acute respiratory syndrome (SARS) in 2002-2003 highlighted the need for such data. This need is also apparent in preparing for and responding to all disease outbreaks，from pandemic influenza to avian flu. Many previous studies of disease make simplistic assumptions about transmission and infection rates and assume that each member of the population is identical or homogeneous. We propose an agent-based simulation model that treats each individual as unique，with nonhomogeneous transmission and infection rates correlated to demographic information and behavior. The results of the model are output to geographic information system software to provide a map of the estimated disease spread area，which can be used as a policy-making tool for determining a suitable mitigation strategy. The Ontario Agency for Health Protection and Promotion (OAHPP) uses the model for pandemic planning for the Greater Toronto area in Ontario，Canada.

关键词： pandemic，influenza，SARS，disease spread，agent-based simulation，nonhomogeneous mixing model

摘要： 有效地对流行性疾病暴发进行准备，了解疾病的传播是至关重要的。在 2002~2003 年严重急性呼吸系统综合症（SARS）在全球暴发后就更加需要这些数据。这种需求也是在准备和应对所有疾病的暴发，比如从大流行感冒到禽流感。以前的许多疾病研究做出关于传输和感染率的简单假设，并假设群体的每个成员是相同或同质的。我们提出了一个基于 Agent 的仿真模型，将每个个体都看作独特的，将非齐次传输和感染率与人口统计信息和行为相关联。该模型的结果输出到地理信息系统软件，以提供一个估计的疾病传播区域地图，其可以被用作决策工具，用于确定合适的缓解策略。安大略保健与促进局（OAHPP）利用该模型对安大略大多伦多地区的流感大流行进行规划。

关键词： 全球性流行病，流感，非典，疾病的传播，基于 Agent 的模拟，非均匀的混合模式

文章名称： An Improved Dynamic Programming Decomposition Approach for Network Revenue Management

期刊来源： Manufacturing and Service Operations Management，Winter 2011，Vol. 13，No. 1，pp. 35–52

作者： Dan Zhang

摘要： We consider a nonlinear nonseparable functional approximation to the value function of a dynamic programming formulation for the network revenue management（RM）problem with customer choice. We propose a simultaneous dynamic programming approach to solve the resulting problem，which is a nonlinear optimization problem with nonlinear constraints. We show that our approximation leads to a tighter upper bound on optimal expected revenue than some known bounds in the literature. Our approach can be viewed as a variant of the classical dynamic programming decomposition widely used in the research and practice of network RM. The computational cost of this new decomposition approach is only slightly higher than the classical version. A numerical study shows that heuristic control policies from the decomposition consistently outperform policies from the classical decomposition.

关键词： network revenue management，choice behavior，multinomial logit choice model，dynamic programming

摘要： 我们认为一个含有非线性不可分的价值函数近似结果的动态规划可以解决制定网络收益管理（RM）的问题以及客户的选择。我们提出了一个同步动态规划方法来解决由此产生的问题，这是一个非线性约束的非线性优化问题。和已有文献中的一些已知的边界约束相比，我们证明了我们的近似结果产生了一个更严格的最优期望收益边界约束。我们的方法可以被看作是经典动态规划分解变种广泛应用于网络管理的研究和实践。这一新的分解方法计算成本仅比经典版稍高。数值模拟研究表明，不断分解的启发式调控政策能够超越经典分解策略。

关键词： 网络收益管理，选择行为，多项 logit 选择模型，动态规划

文章名称：Achieving a Long–Term Service Target with Periodic Demand Signals：A Newsvendor Framework

期刊来源：Manufacturing and Service Ooerations Management，Winter 2011，Vol. 13，No. 1，pp. 73–88

作者：Alain Bensoussan，Qi Feng，Suresh P. Sethi

摘要：We deal with the problem of a profit–maximizing vendor selling a perishable product. At the beginning of a planning cycle，the vendor determines a minimum committed order per period. During the cycle，he may also place a supplemental order in each period based on the observed demand signal in that period. Moreover，the vendor is committed to a specific service target evaluated over the planning cycle. This is a complex problem，and we，as an approximation，offer a single–period，two–stage modeling approach. Under this approach，the vendor determines a first–stage order as the minimum committed order with the possibility of supplementing it based on a demand signal observed at the second stage. The problem is to maximize his expected profit subject to a constraint on his overall service performance across all possible values of the demand signal. We characterize the optimal policy for in–stock rate and fill–rate targets，and make comparisons. Whereas in the classical newsvendor model a service target can be replaced by a single unit shortage cost，it is not so in our model. Instead，a set of unit shortage costs are imputed—one for each demand signal. The imputed shortage costs reflect trade–offs among the profits under different demand signals in meeting the service targets. We also show that under a given ordering policy，the in–stock rate is lower（higher）than the fill rate when the demand has an increasing（decreasing）hazard rate. This result suggests that the vendor can infer a fill–rate measure from the corresponding in–stock rate without the difficult task of tracking lost sales. Furthermore，we analyze how the order quantity varies according to the observed signal，which allows us to formalize the notion of a valuable demand signal.

关键词：newsvendor model，in–stock probability，fill rate，demand signal，service constraint，Kuhn–Tucker conditions

摘要：我们解决了一个追求利润最大化的厂商销售易腐产品的问题。在规划周期的开始，供应商确定每期最低承诺订单。在循环时，他也可以基于在此期间观察到的要求信号补充每个周期的命令。此外，供应商正在致力于规划周期评估的特定服务对象。这是一个复杂的问题，我们，作为一个近似值，提供单期，两阶段的建模方法。根据这种方法，在供应商确定的第一阶段的顺序为最小提交的顺序，用于补充其基于在所述第二阶段观察到的需求信号的可能性。问题是如何最大限度地发挥其预期利润受到整体服务性能需求信号可能取值的约束。我们描述的最优策略为库存率和填充率指标，并进行比较。而在经典报童模型中，服务对象可通过一个单一的单元短缺成本来代替，它不在我们的模型中。相反，一组单位缺货成本用来估算每一个需求信号。该估算出的短缺成本反映权衡不同的需求信号在满足服务对象时的利益。我们还表明，在给定的订货政策下，在需求具有上升的（下降的）风险率时，存货率低于（高于）填充率。这一结果表明，供应商可以从存货率推断出相应的填充率测量，不需要跟踪销售损失这一艰巨任务。此外，我们分析如何根据观察到的信号正式确定订购数量，这能够正式化我们的价值需求信号的概念。

关键词：报童模型，存货的概率，填充率，需求信号，服务的约束，Kuhn–Tucke 条件

文章名称：Regret in Overbooking and Fare-Class Allocation for Single Leg

期刊来源：Manufacturing and Service Operations Management，Spring 2011，Vol. 13，No. 2，pp. 194-208

作者：Yingjie Lan，Michael O. Ball，Itir Z. Karaesmen

摘要：Focusing on a seller's regret in not acting optimally，we develop a model of overbooking and fare-class allocation in the multifare，single-resource problem in revenue management. We derive optimal static overbooking levels and booking limits，in closed form，that minimize the maximum relative regret（i.e.，maximize competitive ratio）. We prove that the optimal booking limits are nested. Our work addresses a number of important issues. ①We use partial information，which is critical because of the difficulty in forecasting fare-class demand. Demand and no-shows are characterized using interval uncertainty in our model. ②We make joint overbooking and fare-class allocation decisions. ③We obtain conservative but practical overbooking levels that improve the service quality without sacrificing profits. Using computational experiments，we benchmark our methods to existing ones and show that our model leads to effective，consistent，and robust decisions.

关键词：revenue management，worst-case analysis，regret，overbooking，fare-class allocation

摘要：关注卖家的后悔并不是最合适的，我们针对收益管理中的多方收益、单一资源等方面的问题开发了一个超额预订和等级分配的模型。我们得到在封闭状况下最优的静态超额预定水平和预订限制，并且最小化最大的相对后悔（例如，最大化竞争率）。我们证明最优预订限制是嵌套的。我们的工作能够解决一些重要问题：①我们用局部信息，这是至关重要的，因为很难预测等级分配的需求。在我们的模型中，需求和无表现用不确定的间距表现。②我们联立超额预订和等级分配的决策。③我们获得保守的却实际可行的超额预订水平，提高了不牺牲利润的服务质量。利用计算实验，我们现有的基准方法表明，我们的模型会导致有效的、一致的、稳健性的决策。

关键词：收益管理，最坏情况分析，后悔，超额预订，等级分配

文章名称： Herding in Queues with Waiting Costs：Rationality and Regret

期刊来源： Manufacturing and Service Operations Management，Summer 2011，Vol. 13，No. 3，pp. 329-346

作者： Senthil K. Veeraraghavan，Laurens G. Debo

摘要： We study how consumers with waiting cost disutility choose between two congested services of unknown service value. Consumers observe an imperfect private signal indicating which service facility may provide better service value as well as the queue lengths at the service facilities before making their choice. If more consumers choose the same service facility because of their private information，longer queues will form at that facility and indicate higher quality. On the other hand，a long queue also implies more waiting time. We characterize the equilibrium queue-joining behavior of arriving consumers and the extent of their learning from the queue information in the presence of such positive and negative externalities. We find that when the arrival rates are low，utility-maximizing rational consumers herd and join the longer queue，ignoring any contrary private information. We show that even when consumers treat queues as independently evolving，herd behavior persists with consumers joining longer queues above a threshold queue difference. However，if the consumers seek to minimize ex post regret when making their decisions，herd behavior may be dampened.

关键词： herd behavior，queueing games，learning，regret，bounded rationality

摘要： 我们研究消费者在等待成本下是如何在两个不知道服务质量且拥挤的服务之间进行无效选择的。消费者看到一个不完美的私人信号暗示着哪个服务设施可能会提供更好的服务质量且在服务设施的队列长度下做出自己的选择。如果更多的消费者选择相同的服务设施，是因为他们的私人信息，那么在该设施处将会形成长队列，且还会显示出较高的质量。另外，长队列也意味着更多的等待时间。我们描述联合队列到达消费者的行为和消费者从队列信息中学习的程度之间的平衡，这样的情况下积极和消极的外部性都存在。我们发现，当到达率很低时，效用最大化的理性消费者群，加入到较长的队列中，会忽略任何相反的私人信息。我们表明，即使消费者将队列视为独立进化，羊群行为与在不同队列阈值以上消费者会持续加入长队列一致。然而，如果消费者试图减少决策的事后后悔，那么羊群行为可能会被抑制。

关键词： 羊群行为，排队游戏，学习，后悔，有限理性

文章名称：Optimal and Competitive Assortments with Endogenous Pricing Under Hierarchical Consumer Choice Models

期刊来源：Management Science，September 2011，Vol. 57，No. 9，pp. 1546–1563

作者：A. Gürhan Kök，Yi Xu

摘要：This paper studies assortment planning and pricing for a product category with heterogeneous product types from two brands. We model consumer choice using the nested multinomial logit framework with two different hierarchical structures：a brand-primary model in which consumers choose a brand first，then a product type in the chosen brand，and a type-primary model in which consumers choose a product type first，then a brand within that product type. We consider a centralized regime that finds the optimal solution for the whole category and a decentralized regime that finds a competitive equilibrium between two brands. We find that optimal and competitive assortments and prices have quite distinctive properties across different models. Specifically，with the brand-primary model，both the optimal and the competitive assortments for each brand consist of the most popular product types from the brand. With the type-primary choice model，the optimal and the competitive assortments for each brand may not always consist of the most popular product types of the brand. Instead，the overall assortment in the category consists of a set of most popular product types. The price of a product under the centralized regime can be characterized by a sum of a markup that is constant across all products and brands，its procurement cost，and its marginal operational cost，implying a lower price for more popular products. The markup may be different for each brand and product type under the decentralized regime，implying a higher price for brands with a larger market share. These properties of the assortments and prices can be used as effective guidelines for managers to identify and price the best assortments and to rule out nonoptimal assortments. Our results suggest that to offer the right set of products and prices，category and/or brand managers should create an assortment planning process that is aligned with the hierarchical choice process consumers commonly follow to make purchasing decisions.

关键词：assortment planning，product variety，category management，pricing，inventory costs，nested multinomial logit model

摘要：本文研究来自两个品牌的产品类型和异构产品类型的分类规划和定价。我们使用嵌套的多项 logit 模拟消费者在两个不同层次结构的框架下的选择：品牌优先模型中，消费者会优先选择品牌，接着在选择品牌后选择产品类别；类别优先模型中，消费者优先选择产品类型，接着在选择产品类型后选择品牌。我们考虑一个集中的政权，在两个品牌之间的竞争平衡中找到整个类别和分散机制中的最优解决方案。我们发现最优的竞争分类和价格都有相当独特的属性贯穿在不同的模型中。具体地说，品牌优先模型中，最优的每个品牌的竞争分类包括品牌中最受欢迎的产品类型。类别优先选择模型中，最优的每个品牌的竞争分类并不总是品牌中最受欢迎的产品类型。相反，总体分类的类别由一组最受欢迎的产品类型组成。集权下的产品价格可以进行标记，描述成在采购成本及其边际运营成本中所有产品和品牌是常数，这意味着以较低的价格选择较受欢迎的产品。每个品牌和产品类型的标记可能在不同类型的分散政权下，品牌意味着较高的价格和较大的市场份额。这些属性的分类和价格可以为管理者在最好的分类和排除非最佳分类时识别和定价作有效指导。我们的研究结果表明，提供合适的产品和价格，类别和（或）品牌经理应创建一个分类规划过程，与消费者通常做出的购买决定遵从的层次的选择过程相一致。

关键词：分类规划，产品种类，类别管理，定价，库存成本，嵌套多项 logit 模型

文章名称： Production Control and Stock Rationing for a Make-to-stock System with Parallel Production Channels

期刊来源： IIE Transactions，2011，Vol. 43，pp. 432-450

作者： Önder Bulut，Mehmet Murat Fadiloğlu

摘要： This article considers the problem of production control and stock rationing in a make-to-stock production system with lost sales，multiple servers in parallel production channels，and several customer classes. It is assumed that independent stationary Poisson demand streams and exponential service times are in operation. At decision epochs，the control specifies whether or not to increase the number of active servers in conjunction with the stock allocation decision. Previously placed production orders cannot be cancelled. The system is modeled as an M/M/s make-to-stock queue，and properties of the optimal cost function and of the optimal production and rationing policies are characterized. It is shown that the optimal production policy is a state-dependent base-stock policy，and the optimal rationing policy is of threshold type. Furthermore，it is shown that the rationing levels are non-increasing in the number of active channels. It is also shown that the optimal ordering policy transforms into a bang-bang type policy when the model is relaxed by allowing order cancellations. Another model with partial order-cancellation flexibility is provided to fill the gap between the no-flexibility and the full-flexibility models. The additional gain that the optimal policy provides over the suboptimal base-stock policy proposed in the literature is qualified along with the value of the flexibility to cancel production orders.

关键词： inventory/production，rationing，make-to-stock，multiple servers，optimal control

摘要： 本文考虑存货式生产系统和销售损失下多台服务器与生产渠道并行和几个客户类别的生产控制和库存配给问题。假设操作的需求为独立平稳的泊松需求流和指数服务时间。在决定时代，控制指定伴随着股票分配的决定是否要增加活动服务器的数量。以前下的生产订单不能取消。系统建立一个 M/M/s 库存式生产队列模型，包含最优成本函数下的属性和配给政策下的最优生产。结果表明，最优生产策略是依赖政府的基本库存政策和最优配给政策的阈值类型。此外，它表明活动通道的数量不增加配给水平。它也表明，最优订购策略转换成暴烈行为类型政策的时候，通过允许取消订单模型是轻松的。另一个有局部订单取消灵活性的模型被用来填补无流动性和充足流动性模型的缺口。最优政策所提供的额外收益并非最优，在文献中具有可以取消生产订单灵活性的基本库存策略是合格的。

关键词： 库存/生产，配给，库存式生产，多服务台，最优控制文章名称：Quasi-Monte Carlo Methods in Financial Engineering：An Equivalence Principle and Dimension Reduction

期刊来源：Operations Research，January-February 2011，Vol. 59，No. 1，pp. 80-95

作者：Xiaoqun Wang，Ian H. Sloan

摘要：Quasi-Monte Carlo（QMC）methods are playing an increasingly important role in the pricing of complex financial derivatives. For models in which the prices of the underlying assets are driven by Brownian motions，the performance of QMC methods is known to depend crucially on the construction of Brownian motions. This paper focuses on the impact of various constructions. Although the Brownian bridge（BB）construction often yields very good results，as Papageorgiou pointed out，there are financial derivatives for which the BB construction performs badly [Papageorgiou，A. 2002. The Brownian bridge does not offer a consistent advantage in quasi-Monte Carlo integration. J. Complexity 18（1）171-186]. In this paper we first extend Papageorgiou' s analysis to establish an equivalence principle：if the BB construction（or any other construction）is the preferred construction for a particular financial derivative，then for any other construction，there is another financial derivative for which the latter construction is the preferred one. In this sense，all methods of construction are equivalent and no method is consistently superior to others；it all depends on the particular financial derivative. We then show how to find a good construction for a particular class of financial derivatives. In practice，our strategy is to find a good construction for an "easy" problem and then apply it to more complicated problems related to the easy one. This strategy is applied to the arithmetic Asian options（including Bermudan Asian options）based on the weighted average of the stock prices. We do this by studying a simpler problem，namely，the geometric Asian option，for which the best construction is easily available，and applying it to the arithmetic Asian option. Numerical experiments confirm the success of this strategy：whereas in QMC all the common methods（the standard method，BB，and principal component analysis）may lose their power in some situations，the new method behaves very well in all cases. Further large variance reduction can be achieved in combination with a control variate. The new method can be interpreted as a practical way of reducing the effective dimension for some class of functions.

关键词：finance：financial engineering，asset pricing，simulation：Quasi-Monte Carlo methods，dimension reduction，brownian bridge，principal component analysis

摘要：在复杂的金融衍生品的定价中，拟蒙特卡洛（QMC）方法发挥着越来越重要的作用。模型中的基础资产的价格受到布朗运动的驱动，QMC 的表现方法主要取决于布朗运动的建设。本文关注的是多种建设的影响。尽管布朗桥（BB）建设往往产生很好的结果，正如 Papageorgiou（2002）所指出的，金融衍生品的 BB 建设却表现不佳（Papageorgiou，A. 2002. The Brownian bridge does not offer a consistent adwantage in quasi-Monte Carlo integration. *J. Complexity* 18（1）171–186)。在本文中，我们首先扩展了 Papageorgiou 对建立等效原理的分析：如果 BB 建筑（或任何其他建设）是首选的一个特定的金融衍生品建设，然后任何其他建筑有另一个金融衍生品，后者建设是首选。从这个意义上说，所有的施工方法是等价的，没有方法始终优于别人；这一切都取决于特定的金融衍生品。然后我们展示了如何为特定类别的金融衍生品找到一个好的构建。在实践中，我们的策略是为一个“简单”的问题找到好构建，然后把它应用到与该简单问题相关的更复杂的问题中。这策略基于加权平均股票的价格应用于算术亚洲选项（包括亚洲百慕大期权）。我们这样做是通过研究一个简单的问题，即几何亚洲选项，该选项最好的施工便于利用，并将它应用到算术亚洲选项。数值实验成功证实了这种策略：在某些情况下在 QMC 中所有常用方法（标准方法，BB 和主成分分析）可能会失去它们的效力，而新方法在所有情况下都表现得很好。进一步的大方差缩减可以结合一个控制变量实现。新方法可以解释为降低某类功能有效维度的实用方法。

关键词：金融：金融工程，资产定价，仿真：拟蒙特卡洛方法，维度减少，布朗桥，主成分分析

文章名称： Rational Generating Functions and Integer Programming Games

期刊来源： Operations Research，November–December 2011，Vol. 59，No. 6，pp. 1445–1460

作者： Matthias Köppe，Christopher Thomas Ryan，Maurice Queyranne

摘要： We explore the computational complexity of computing pure Nash equilibria for a new class of strategic games called integer programming games，with differences of piecewise-linear convex functions as payoffs. Integer programming games are games where players' action sets are integer points inside of polytopes. Using recent results from the study of short rational generating functions for encoding sets of integer points pioneered by Alexander Barvinok，we present efficient algorithms for enumerating all pure Nash equilibria，and other computations of interest，such as the pure price of anarchy and pure threat point，when the dimension and number of "convex" linear pieces in the payoff functions are fixed. Sequential games where a leader is followed by competing followers（a Stackelberg–Nash setting）are also considered.

关键词： algorithmic game theory，integer programming，Barvinok's generating functions，pure Nash equilibria，Stackelberg–Nash games

摘要： 一种新的所谓整数规划博弈的策略博弈类别，采用分段线性凸函数的差异作为支付矩阵，我们探讨了计算这一类别的博弈的纯纳什均衡的计算复杂程度。整数规划博弈是博弈者的行动集被限定在多面体内部的整数点位上。使用由 Alexander Barvinok 首创的关于短期理性生成函数对整数点位集进行编码的最新研究结果，我们提出了用于枚举所有纯纳什均衡的高效算法，以及其他有趣的计算，如当"凸"线性部分的支付函数的维度和数量被固定时，无政府状态下的纯价格和纯威胁点。某个领导者被竞争者追随的惯序博弈(斯坦博格—纳什设置）也被考虑在内。

关键词： 算法博弈论，整数规划，Barvinok 的生成函数，纯纳什均衡，Stackelberg-Nash 博弈

文章名称：Restrictiveness and Guidance in Support Systems
期刊来源：OMEGA，2011，Vol. 39，pp. 242–253
作者：Paul Goodwin，Robert Fildes，Michael Lawrence，Greg Stephens
摘要：Restrictiveness and guidance have been proposed as methods for improving the performance of users of support systems. In many companies computerized support systems are used in demand forecasting enabling interventions based on management judgment to be applied to statistical forecasts. However，the resulting forecasts are often "sub-optimal" because many judgmental adjustments are made when they are not required. An experiment was used to investigate whether restrictiveness or guidance in a support system leads to more effective use of judgment. Users received statistical forecasts of the demand for products that were subject to promotions. In the restrictiveness mode small judgmental adjustments to these forecasts were prohibited（research indicates that these waste effort and may damage accuracy）. In the guidance mode users were advised to make adjustments in promotion periods，but not to adjust in non-promotion periods. A control group of users were not subject to restrictions and received no guidance. The results showed that neither restrictiveness nor guidance led to improvements in accuracy. While restrictiveness reduced unnecessary adjustments，it deterred desirable adjustments and also encouraged over-large adjustments so that accuracy was damaged. Guidance encouraged more desirable system use，but was often ignored. Surprisingly，users indicated it was less acceptable than restrictiveness.
关键词：restrictiveness，guidance，judgmental forecasting，sales promotions，system design

摘要：限制性和指导性，已被提议作为用于改进用户支持系统性能的方法。在许多公司计算机支持系统被用于基于管理层判断的需求预测可干预进行统计预测。然而，由此产生的预测往往是“次优”，因为很多判断调整在没被要求的情况下已做出。文章用一个实验来调查限制性或指导性在支持系统中是否会导致更有效的判断。用户收到的产品的需求统计预测源于促销。在限制性模式判断中对这些预测的小调整是禁止的（研究表明，这些浪费努力并可能损坏精度）。在指导模式下用户被建议在推广期做出调整，而不是在非推广期调整。对照组的用户不受限制，也没有得到指导。结果表明，无论是限制性还是指导性都不会导致精度的改进。虽然限制性减少了不必要的调整，但它阻止可取的调整并鼓励调整过大，从而导致精度受损。指导性鼓励在更理想的系统中使用，但往往被忽视。令人惊奇的是，用户表明它比限制性更不可接受。
关键词：限制性，指导，判断预测，促销，系统设计

文章名称： Risk Preferences at Different Time Periods：An Experimental Investigation

期刊来源： MANAGEMENT SCIENCE，May 2011，Vol. 57，No. 5，pp. 975–987

作者： Mohammed Abdellaoui，Enrico Diecidue，Ayse Öncüler

摘要： Intertemporal decision making under risk involves two dimensions：time preferences and risk preferences. This paper focuses on the impact of time on risk preferences，independent of the intertemporal trade-off of outcomes，i.e.，time preferences. It reports the results of an experimental study that examines how delayed resolution and payment of risky options influence individual choice. We used a simple experimental design based on the comparison of two-outcome monetary lotteries with the same delay. Raw data clearly reveal that subjects become more risk tolerant for delayed lotteries. Assuming a prospect theory-like model under risk，we analyze the impact of time on utility and decision weights，independent of time preferences. We show that the subjective treatment of outcomes（i.e.，utility）is not significantly affected by time. In fact，the impact of time is completely absorbed by the probability weighting function. The effect of time on risk preferences was found to generate probabilistic optimism resulting in a higher risk tolerance for delayed lotteries.

关键词： time preferences，risk preferences，delayed lotteries，attitude toward risk，utility，decision weights，optimism，sensitivity to probabilities

摘要： 跨期决策下的风险决策涉及两个层面：时间偏好和风险偏好。本文重点介绍的是时间风险偏好的影响，独立跨期权衡的结果，也就是说，时间偏好。本文报告了实验研究结果，即延迟和分辨率支付风险的选择如何影响个人的选择。我们使用基于两结果货币彩票具有相同的延迟进行比较的简单实验设计。原始数据清楚地表明，受试者对延迟彩票有更多的风险承受能力。假设一个风险前景理论模型，我们分析了时间效用和决策权重独立于时间偏好的影响。我们表明，主观处理的结果（即效用）并不显著受时间的影响。事实上，时间的影响被概率加权函数完全吸收。时间对风险偏好的影响这一发现产生的概率乐观导致了对延迟彩票更高的风险容忍。

关键词： 时间偏好，风险偏好，延迟彩票，对风险的态度，实用，决策权重，乐观，敏感性概率

第三章　管理科学与工程学科 2011 年出版图书精选

经过对国内外管理科学与工程相关领域图书出版物的检索和整理，剔除译著和教材，本报告共收集相关的图书著作 334 本，其中：国外出版图书 182 本，国内出版图书 152 本。图书检索渠道主要基于亚马逊、谷歌学术、当当网、国际著名出版社网站等互联网平台。同样地，我们依据以下原则对全部收录的图书著作进行了精选，以方便相关领域学者的检索和学习：文献的分类口径符合；论文与学科相对度高；论文检索频次较高；理论与方法具有前沿性与创新性；针对重要的社会经济问题，对于管理实践具有现实意义。另外，对于 2010 年 12 月出版而在《2010 年管理科学与工程学科前沿报告》未予收录的两部著作进行了追加收录。

第一节

书名：非平稳综列数据分析——理论与应用

作者：杨继生

出版时间：2010 年 12 月 1 日

出版社：中国社会科学出版社

内容提要：本书主要的理论创新包括：①在综列单位根检验方面，基于 ADF 检验建立了联合 p 值检验统计量，发现和修正了非线性工具变量检验统计量的有偏性，建立了具有普适性的广义非线性工具变量（GNIV）检验统计量，并且给出了这一统计量的理论和经验分布。②在综列协整方面，给出了基于 PVECM 的检验统计量在各种设定形式下的临界值，建立了基于 PVECM 的无约束似然比综列协整检验统计量。③在应用方面，本书分别通过基于残差的综列协整检验、基于 PVECM 的综列协整检验和单独应用综列单位根检验，分析了我国工业能源消费、人民币均衡汇率以及我国证券市场的弱有效性，为综列单位根和综列协整的应用研究提供了完整的范例。这些应用性研究，不仅体现了丰富的经济学含义，也说明本书的理论研究对我国的综列数据具有适用性，具有显著的应用价值。

图书目录：

书名： 博弈论应用与经济动态模拟
作者： 王文举
出版时间： 2010 年 12 月 1 日
出版社： 中国社会科学出版社

内容提要：《博弈论应用与经济动态模拟》是国家哲学社会科学基金资助项目《博弈论应用与经济动态模拟研究》的研究成果，书中包括博弈论、经济动态模拟与实验经济学；保险问题博弈分析及其动态模拟检验；市场竞争、垄断和规制博弈分析及其动态模拟检验；博弈论应用与社会经济动态模拟四篇内容。结合我国经济发展的特点，用博弈论、信息经济学、复杂适应系统理论（CAS）、数量经济学、制度经济学、产业组织学的原理和方法，借鉴并参考美国 ASPEN 模型的理论框架，建立数学模型和经济动态模拟（仿真）模型分析和研究我国经济问题，用 Swarm 等软件进行政策动态模拟（仿真）实验研究，进一步探究经济系统的本质；建立博弈分析模型，从理论上研究利益相互冲突的个体的决策问题，进行经济预测，为政府决策提供参考。

图书目录：

书名：中国证券市场流动性溢价及其稳定性和效应计量研究

作者：佟孟华

出版时间：2011年3月1日

出版社：中国社会科学出版社

内容提要：在国内外研究的基础上，该学术专著全面地、综合性地研究了我国证券市场流动性溢价的存在性及其特征，研究了流动性溢价的稳定性效应以及流动性溢价的动态波动性及系统流动性风险和流动性之间的关系，填补了这一领域多项研究空白，不仅具有理论价值而且具有十分广泛的应用价值。

图书目录：

书名：员工创造力——员工—组织关系与领导行为的影响机制研究

作者：郭桂梅

出版时间：2011 年 6 月 1 日

出版社：中国社会科学出版社

内容提要：本书针对当前世界范围企业巨大的管理变革及中国企业多样化的员工—组织关系模式及由此引发的领导行为有效性日显重要的现实展开研究，提出了一个反映员工—组织关系、领导行为与员工创造力之间关系的理论模型，然后对这两方面组织因素对员工创造力的独立作用和联合作用进行了论证，并探索了员工的内在动机和创造性工作氛围感知对二者影响员工创造力的中介作用机制。

图书目录：

第五章　实证分析与结果

　　第一节　数据特征分析

　　第二节　描述性统计结果

　　第三节　多重共线性检验

　　第四节　假设检验结果

　　第五节　本章小结

第六章　结果的分析与讨论

　　第一节　假设检验结果的分析与讨论

　　第二节　研究结果的理论意义

　　第三节　研究结果的实践意义

第七章　结论与展望

　　第一节　研究总结及基本结论

　　第二节　主要创新点

　　第三节　研究的局限性及进一步的研究

附录　企业员工工作状况调查问卷

参考文献

后记

书名：基于供应链的产业集群升级研究

作者：曹丽莉

出版时间：2011年3月1日

出版社：中国社会科学出版社

内容提要：20世纪，产业集群呈风起云涌之势。伴随经济发展，产业集群在世界范围内也逐步开始"此起彼落"。尽管产业集群的竞争优势有目共睹，但一些早期的产业集群由盛及衰，走向没落却也是不争的事实。这些衰落的产业集群一个共同特征就是发展缓慢没有适时地实现产业升级。《基于供应链的产业集群升级研究》研究的内容是我国制造业产业集群的升级，研究的重点是产业集群升级的目标和具体的升级路径，研究的视角是基于全球价值链和集群内的供应链，力求构建一个集群升级的体系。

图书目录：

书名： 多目标决策理论、方法及其应用
作者： 方国华 黄显峰
出版时间： 2011 年 3 月 22 日
出版社： 科学出版社

内容提要： 多目标决策是现代决策科学的重要组成部分。《多目标决策理论、方法及其应用》（方国华、黄显峰编写）全面系统地介绍了多目标决策的理论与方法及其在水利水电规划与管理工作中的应用。《多目标决策理论、方法及其应用》共 8 章。第 1 章绪论；第 2 章介绍多目标决策基本理论；第 3 章介绍非劣解生成技术；第 4 章和第 5 章分别介绍离散和连续多目标决策技术；第 6 章介绍发展中的多目标决策方法；第 7 章和第 8 章分别介绍多目标决策方法在区域水资源规划和水库优化调度中的实际应用。本书可作为高等院校水利类、工程管理类等相关专业的研究生教材，也可作为水利水电工程技术人员、涉及管理决策领域的技术人员和管理人员的参考书。

《多目标决策理论、方法及其应用》的基本内容包括多目标决策基本理论、多目标决策技术和多目标决策理论方法在水利水电规划与管理工作中的具体应用。多目标决策理论主要包括向量优化理论和效用理论；多目标决策技术主要包括非劣解生成技术（包括权重法、约束法、多目标线性规划的单纯形法和多目标动态规划等）、结合偏好的连续决策技术（包括目的规划、替代价值权衡法）、结合偏好的离散决策技术（包括字典序法、加权平均法与层次分析法等）和逐步结合偏好的交互式决策技术（包括逐步法、均衡规划、序贯多目标问题求解方法等）；具体应用包括水资源系统多目标规划、水库（群）控制运用和综合利用水库多目标运行管理等。

图书目录：

书名：供应链协同的知识创新
作者：吴冰
出版时间：2011 年 3 月 1 日
出版社：科学出版社

内容提要：《供应链协同的知识创新》系统地介绍了供应链协同知识创新的基本概念、价值链模型、决策方法、激励机制及其应用。全书以供应链协同知识创新的价值链模型为出发点，研究了供应链协同知识创新的辅助环节和基本过程。在此基础上，研究了供应链协同知识创新的决策方法和激励机制，以及如何有效地利用知识资源，控制供应链风险，提高供应链应对环境不确定性的响应能力，即供应链柔性水平。《供应链协同的知识创新》可供从事管理科学、系统工程、知识管理等专业的研究人员以及现代物流综合管理领域的工程技术人员参考阅读。

图书目录：

5.2　供应链协同知识创新的模糊多属性决策模型
5.3　制造商协同供应商的知识创新模型
5.4　制造商协同供应商知识创新的投资决策
第 6 章　供应链协同的知识创新策略研究
6.1　供应商协同的知识创新模型
6.2　供应商协同知识创新的定价策略
6.3　供应链协同的共享知识库策略
6.4　供应链协同合作创新的激励策略
第 7 章　基于知识的供应链柔性
7.1　应对客户需求不确定性的供应链柔性
7.2　应对供应商不确定性的供应链柔性
第 8 章　知识联结的供应链柔性测度
8.1　供应链采购契约参数
8.2　供应链采购契约柔性
8.3　知识联结的供应链结构柔性
第 9 章　协同知识创新的供应链整体柔性测度
9.1　供应链整体柔性测度指标体系
9.2　供应链整体柔性度量的模式
9.3　供应链整体柔性度量模式分析与算例
第 10 章　结语

书名： 数据与文本挖掘及其在研发决策中的应用
作者： 郝占刚
出版时间： 2011 年 12 月 1 日
出版社： 经济管理出版社

内容提要： 数据挖掘和文本挖掘是当前信息技术中的一个重要研究领域；将遗传算法和社会演化算法应用于数据及文本挖掘方法研究，具有较大的理论意义和实用价值。本书研究了基于遗传算法和社会演化算法的数据挖掘和文本挖掘方法，主要包括数据挖掘和文本挖掘中的属性约简问题、聚类问题，并将其应用于产品研发决策中。所做主要工作包括：提出一种基于遗传算法和 k-medoids 算法的新的聚类方法；采用模式聚合和遗传算法进行文本特征降维；采用潜在语义索引和遗传算法进行文本特征降维；采用社会演化算法进行聚类；采用混沌社会演化算法进行聚类；采用改进的遗传算法和社会演化算法进行文本聚类研究；将文本挖掘应用到产品研发决策中，构建产品研发文本知识地图，以期提高产品研发的效率和质量。

图书目录：

书名：比较管理前沿问题研究（第 1 辑）
作者：高闯等
出版时间：2011 年 7 月 1 日
出版社：经济管理出版社

内容提要：《比较管理前沿问题研究（第 1 辑）》内容有：比较管理理论的“丛林”，比较管理学的“春天”——比较管理学的研究方法、理论模式及对我国的现实意义，比较管理学与中国特色企业管理理论创新，我国比较管理研究的学科发展问题，比较营销的基本范畴、研究现状与发展方向，管制理论的跨文化研究：源起、争论与启示，比较管理学研究中的“文化”与其他解释变量，从多维视角看管理与领导研究，基于制度文明的跨文化比较管理学新分析框架，比较管理的研究对象与边界，比较管理：共时与历时、说明与理解，管理思想的学派之争和比较研究，比较管理研究的演化分析方法：范畴、意义及应用路径等。

图书目录：

中西互为体用：论中国传统管理思想的批判性继承与创造性发展
再议“中国式管理”研究领域的研究方法问题——一个研究方法体系的建构
超越集体与个体主义之争——基于社会网理论对中国组织文化的分析
圈子理论——以社会网的视角分析中国人的组织行为
面子预期、自己人感知对组织成员合作倾向的影响研究
鞍钢宪法的批判与解放意蕴
管理“移植”与创新的演化分析——基于鞍钢宪法的研究
东亚企业文化比较研究中的缺失
日韩企业创新管理的比较分析
中日韩企业社会责任发展的比较研究——基于三国全球契约成员企业的问卷调查分析
中美组织沟通开放，陆性的比较研究
福特和盖茨的管理比较
企业员工人力资源实践、组织承诺、职业承诺和离职行为——日、韩比较
基于制度视角的中德家族企业治理结构的对比分析
传统文化与公司治理：中日韩企业模式的比较分析
裁员与雇佣：对日本企业员工心理的影响分析
管理理论范式的比较分析
管理学方法论的辨析
管理层次论
知识管理的东西方理论流派的比较
公司治理模式：一个比较制度分析的视角
基于资本来源差异的创业比较研究
“上位解”与“下位解”的比较管理
辩证经济组织——嵌入式企业与科层制企业的范式比较
产学研合作创新与企业间合作创新的比较研究

书名： 组织复杂性管理
作者： 刘洪
出版时间： 2011 年 1 月 1 日
出版社： 商务印书馆

内容提要：《组织复杂性管理》的内容，主要是作者刘洪主持承担的国家自然科学基金项目“组织变革的复杂适应系统理论研究”的成果，书中包括了组织复杂性管理研究评述、复杂适应组织、组织复杂适应性能力、组织变革的复杂适应系统理论等 10 部分内容。进入 21 世纪，学者们越来越关注中国的组织和管理学研究。对系统性分析和实证检验重要性的理解与认同，逐步取代了早期的研究方法。研究者们意识到中国持续而显著的社会、经济、组织的变革不仅提供了一个检验已有理论的丰富情景，还提供了发现中国组织和管理的新的、独特的方法的潜力。《组织复杂性管理》正是一批中国管理学研究者的研究成果。

图书目录：

书名： 决策科学理论与科学决策
作者： 中国系统工程学会决策科学专业委员会（编者）
出版时间： 2011 年 10 月 1 日
出版社： 知识产权出版社

内容提要： 中国系统工程学会决策科学专业委员会编写的《决策科学理论与科学决策》系统思想是决策科学的源泉。决策科学从朴素的决策思维产生发展到今天——用理性的思维、科学的思维来处理需要决策的问题——经过了漫长的探索。系统科学的产生为决策科学的蓬勃发展提供了强有力的理论支撑。钱学森倡导和创立的系统工程又为决策科学提供了十分有效的技术支撑。他主张，社会经济问题研究，需要有系统的思想、系统的观念、系统的方法。我们面临的所有问题都不是孤立的，而是社会大系统的一部分，就像地球是宇宙的一部分一样，将决策问题放到大系统之中考虑、衡量、统筹，就会使问题的解决更加科学、更加协调、更加有效。钱学森倡导的定性定量相结合的综合集成方法，亦是决策科学的关键技术。《决策科学理论与科学决策：中国系统工程学会决策科学专业委员会第九届学术年会论文集》收集了中国系统工程学会决策科学专业委员会第九届学术年会的 86 篇论文，内容涉及层次分析法（AHP）与网络层次分析法（ANP）、决策科学与系统评价方法、系统建模与计算机仿真、管理科学理论与方法等多个领域，集中反映了国内近几年来在决策科学理论和应用领域取得的最新成果。

图书目录：

模型研究；（8）基于多粒度语言评价的模糊群决策方法；（9）不确定性决策要做不确定性分析；（10）基于模糊本体的不确定性决策问题形式化方法；（11）公共部门公众信任度研究——基于改进的ACSI模型与多元联系数的综合评价；（12）DEA在中小企业客户盈利能力评价中的应用；（13）基于集对分析的战场目标价值评估；（14）装备科研项目策划综合评价研究；（15）工程兵桥梁分队架设桥梁行动方案优选模型设计；（16）基于规划的语义Web服务决策支持系统；（17）基于状态的维修及其决策模型研究；（18）科研合同综合评价方法研究；（19）基于SaaS的通用综合评价支持系统研究初探；（20）基于灰色层次理论的炮兵雷达效能评估；（21）基于理想点的多属性决策优选防御要点；（22）基于遗传算法的后勤装备体系结构优化研究；（23）基于WSEIAC模型的装甲工程机械作战效能评估方法研究；（24）士官队伍人才资本价值评估指标体系的构建及其应用；（25）最优批密钥更新间隔动态决策模型；（26）工程兵旅团作战指挥机构效能评估研究；（27）基于ADC法的工程装备系统效能评估；（28）基于可拓模式识别的体系作战能力分析方法研究；（29）基于TOPSIS的炮兵雷达质量综合评价；（30）基于ISD/SAT过程的空投师训练需求决策研究；（31）主成分分析结合神经网络法在装备质量评价中的应用。

三、建模与仿真

（1）项目管理软件关于网络定性分析与定量分析的开发；（2）战役火力毁伤弹药消耗量预测研究；（3）批发商订货量与相互转运决策模型；（4）应用SD方法解决复杂防空导弹系统火力运用问题的可行性分析；（5）大规模突发事件应急医疗设施点选址模型与算法；（6）基于探索性分析的质心式干扰决策研究；（7）工程装备型号论证模型需求研究；（8）趋势面—逐步回归耦合模型及其应用；（9）基于CBRRBR的坦克营作战指挥决策仿真研究；（10）基于整型规划的航空发动机修理级别决策；（11）抗震救灾道路分队道路保障方案优选模型；（12）基于主观一致性和客观信息补充的组合赋权法；（13）模型库开发和应用中的软件复用技术探讨；（14）体系对抗仿真实验设计中的敏感参数辨识方法；（15）UAV在突发威胁下的局部航迹重规划方法；（16）体系对抗仿真中武器系统建模方法研究；（17）基于遗传算法的无人机编队多任务指派问题研究；（18）工程兵道路分队维和行动智能决策支持系统设计；（19）工兵分队摩托化行军三维模拟研究；（20）武器装备使用保障费用控制方法浅析；（21）综合自然环境剧情生成系统研究；（22）基于遗传算法的特征频率选优；（23）美军联合试验中建模与仿真应用策略分析；（24）基于统计分析的企业家年薪模型。

四、管理科学理论与方法

（1）装备保障决策信息可视化需求分析研究；（2）基于关键链理论的项目进度管理研究；（3）法商管理概念解读与法商管理学派创建；（4）知识类生物原理及其模型表达；（5）管理信息势与多元化战略决策——势科学视角；（6）高校教师组织公民行为研究；（7）设计项目信息管理系统分析与构建；（8）基于人工任务服务化的DSS架构模式探讨；（9）基于物联网的苏北洪水资源化风险管理探索；（10）装备知识产权管理机制研究；（11）关于绿色建筑投资决策阶段的思考；（12）海军武器装备体系协同论证方法与支撑技术研究；（13）军

事装备信息安全管理研究；（14）车辆防雷技术与对策研究；（15）科技期刊的学术风险与管理；（16）加强决策科学研究提高科学决策素养；（17）美军综合试验中的试验风险控制研究。

书名：决策理论与方法
作者：罗党　王淑英
出版时间：2011 年 1 月 1 日
出版社：机械工业出版社

内容提要：《决策理论与方法》系统地介绍了决策领域的基本理论、方法及其应用；在章节安排上，《决策理论与方法》注重知识的递进和内容的衔接，重点突出理论讲解与实际应用相结合。《决策理论与方法》的主要特点在于：融案例于理论和方法讲解之中。力求通过理论联系实际使读者能够分析实际问题，运用决策理论、方法研究和建立决策的数学模型，掌握基本的决策概念、分类、方法和模型，并把这些体现在解题的思路与技巧上。《决策理论与方法》每章都配备了习题，便于读者通过习题加深对该章内容的理解。《决策理论与方法》可作为经济管理类各专业的本科生、研究生教材，同时可作为其他相关专业的本科生、研究生教材和参考书，还可以作为从事管理的企事业单位领导、管理人员和科技工作者的自学教材与参考用书。

图书目录：

书名： 应用 Bootstrap 方法的空间相关性检验：数理证明与模拟分析

作者： 龙志和 欧变玲 林光平

出版时间： 2011 年 6 月 1 日

出版社： 科学出版社

内容提要：《应用 Bootstrap 方法的空间相关性检验：数理证明与模拟分析》将基础理论研究与实际应用工具相结合，应用一种非参数方法——Bootstrap 方法解决空间经济计量分析中的空间相关性检验难题。首先，基于线性回归模型的 OLS 估计残差，利用 Bootstrap 方法构建空间相关性检验统计量，通过数理推导和模拟实验证明 Bootstrap 方法用于空间相关性检验的有效性；其次，基于空间滞后模型的 GMM 或 2SLS 估计残差，提出空间相关性检验统计量（OLL-Moran）的渐近分布和精确分布；最后，基于空间滞后模型的 2SLS 估计残差，利用 Bootstrap 方法构建空间相关性检验统计量，通过数理推导和模拟实验证明 Bootstrap 方法用于空间相关性检验的有效性。《应用 Bootstrap 方法的空间相关性检验：数理证明与模拟分析》在 Gauss 软件中编写了一系列 Bootstrap 方法和空间相关性检验程序，丰富了 Gauss 软件工具箱。《应用 Bootstrap 方法的空间相关性检验：数理证明与模拟分析》可供高等院校和科研机构的研究人员，尤其是经济计量、空间经济计量和经济金融领域的研究者使用。

图书目录：

书名：未观测经济：测算方法与实证研究
作者：刘丹丹
出版时间：2011年10月1日
出版社：东北财经大学出版社

内容提要：《未观测经济：测算方法与实证研究》对未观测经济的三种测算思路及各种具体测算方法进行了全面总结和评价，在阐述各种方法的理论基础和操作步骤基础上，进一步分析其优势、不足及适用条件，尤其是密切关注目前未观测经济测算方法的创新和改进，针对其可取之处和尚待改进之处提出自己的看法。除此之外，《未观测经济：测算方法与实证研究》还对为自身最终使用的住户生产的测算方法进行了探索。

图书目录：

书名： 低碳经济规划：理论·方法·模型
作者： 娄伟　李萌
出版时间： 2011 年 3 月 1 日
出版社： 社会科学文献出版社

内容提要： 由于面临越来越大的气候变化及能源替代压力，低碳经济迅速成为国内外各界关注的焦点。我国大量城市提出发展“低碳经济”、建设“低碳城市”、打造“低碳产业”、构建“低碳经济示范区”、开发新能源与可再生能源等目标。要实现这些目标诉求，制定科学性、针对性强的低碳经济方面的发展规划是重要保障。由于各类低碳经济规划有自身的特点，需要在原有的区域规划、城市规划、产业规划等规划方法的基础上进行发展创新。《低碳经济规划：理论·方法·模型》既介绍一般的低碳经济规划理论及方法，又系统分析了低碳城市规划、低碳产业规划、新能源与可再生能源规划、低碳技术规划等主要低碳经济规划的理论、方法及模型。同时，也详细介绍了碳足迹、可再生能源资源等的计算方法，以及众多规划重点。本书主要篇章都附有典型案例，读者依据书中介绍的低碳经济规划方法及案例，就可熟练掌握低碳经济规划的方法。

图书目录：

书名：经济及科技政策评估：方法与案例
作者：雷家骕
出版时间：2011 年 3 月 1 日
出版社：清华大学出版社

内容提要：政策评估是在某项政策实施后，对其设计、执行、效果及成因进行系统分析和评判，以便为完善相关政策和制定新的政策提供依据的活动，其目的是为了进一步完善相关政策，并为后续政策的制定提供借鉴。与通常熟悉的技术评估、工程评估不同，政策评估是一个新的领域，它不仅需要程序公正，更需要一系列方法和工具。《经济及科技政策评估：方法与案例》为此做出了积极的探索，为我们提供了新理念、新方法。本书介绍了政策评估最为基础的知识，如政策评估的目的与主体、政策评估的基本范畴、政策评估模式的演进与惯用模式、政策评估的评判标准等。进而详细介绍了作者近年来所开展的“以市场换技术的政策评估”、“我国产业安全相关政策评估”、“北京市高新技术企业成长的政策环境评估”以及“北京市留学人员高新技术企业成长政策环境评估”。

图书目录：

书名：计算机生成兵力智能决策方法及其应用
作者：杨瑞平　黄晓冬
出版时间：2011 年 1 月 1 日
出版社：电子工业出版社

内容提要：《计算机生成兵力智能决策方法及其应用》将作战仿真系统开发、计算机生成兵力应用和智能决策方法紧密结合起来，从理论上对智能决策方法进行了探讨，同时又给出了每一种方法在计算机生成兵力智能决策中的应用实例。主要内容包括：基于规则推理系统的方法，基于人工神经网络的方法，基于有限状态机的方法，基于贝叶斯网络的方法，基于多 Agent 系统的方法，基于语境推理的方法，基于案例推理的方法，基于遗传算法的方法等。书中实例既有国外典型的基于计算机生成兵力的作战仿真系统，也有作者多年来从事智能决策研究和计算机生成兵力建模研究的成果。《计算机生成兵力智能决策方法及其应用》内容翔实，实用性强，特别适合从事计算机生成兵力研究的高校师生和研究人员学习和参考，同时可作为高等院校仿真专业、军事仿真系统研究和开发人员的教材或参考书，也可作为从事分布式交互仿真的科技工作者的参考用书。

图书目录：

第二节

英文图书著作精选

书名： Regulating Technological Innovation：A Multidisciplinary Approach
《监管技术创新：基于多学科的途径》
作者： Michiel A. Heldeweg，Evisa Kica
出版时间： 2011 年 12 月 12 日
出版社： Palgrave Macmillan

Abstract： A collection of essays concerning the relationship between regulation and technological innovation. It represents an academic exchange of ideas on the realities and challenges of regulating technological innovation and examines the regulatory issues of fostering technological innovation and its applications. The authors combine this with legal，economic and administrative science perspectives. The book provides answers to important questions including the following：What type of regulatory framework would best fit the needs of technology and innovation developments? What competences or authorities should be given to the regulatory actors and other stakeholders to shape the future paths of technology innovation? What lessons can we distil from other regulatory fields and how we can apply what we have learnt to further enhance the development of technology innovation?

摘要： 这是一部有关规制和技术创新之间的关系的文集。它代表了那些关于监管技术创新的现实和挑战的思想方面的学术交流，并探讨了关于促进技术创新及其应用的监管问题。本书中，作者将这些思想与法规、经济和管理科学的观点相结合，以此对以下几个重要问题做出解答：什么类型的常规架构最适合技术和创新发展的需要？应给予监管者和其他利益相关者什么样的能力或权力，去塑造科技创新的未来路径？我们如何借鉴其他监管领域的经验，以及我们如何运用自己所掌握的知识，以进一步提高技术创新的发展？

书名： Operations Research and Artificial Intelligence: The Integration of Problem-Solving Strategies
《运筹学与人工智能：问题解决策略的集成》
作者： Donald E. Brown，Chelsea C. White
出版时间： 2011 年 10 月 9 日
出版社： Springer

Abstract: The purpose of this book is to introduce and explain research at the boundary between two fields that view problem solving from different perspectives. Researchers in operations research and artificial intelligence have traditionally remained separate in their activities. Recently, there has been an explosion of work at the border of the two fields, as members of both communities seek to leverage their activities and resolve problems that remain intractable to pure operations research or artificial intelligence techniques. This book presents representative results from this current flurry of activity and provides insights into promising directions for continued exploration. This book should be of special interest to researchers in artificial intelligence and operations research because it exposes a number of applications and techniques, which have benefited from the integration of problem solving strategies. Even researchers working on different applications or with different techniques can benefit from the descriptions contained here, because they provide insight into effective methods for combining approaches from the two fields. Additionally, researchers in both communities will find a wealth of pointers to challenging new problems and potential opportunities that exist at the interface between operations research and artificial intelligence. In addition to the obvious interest the book should have for members of the operations research and artificial intelligence communities, the papers here are also relevant to members of other research communities and development activities that can benefit from improvements to fundamental problem solving approaches.

摘要： 本书致力于介绍和审视运筹学与人工智能这两个领域的学科边界，基于不同的视角尝试解决问题传统的运筹学和人工智能的研究者的研究活动保持相互独立。而最近，在这两个领域的边界出现了碰撞，两个学术团体的成员都尝试利用对方的技术来解决那些对于纯运筹学或人工智能技术来说十分棘手的问题。这本书介绍了从当前众多的交互研究工作选取的一些代表性成果，并为未来进一步深入拓展研究提供了建设性意见。从事人工智能和运筹学研究的人员应该对这本书特别感兴趣，因为它提供了大量的能够从问题解决策略的整合途径中受益的应用程序和技巧。而本书中针对这两个学术领域技术整合的有效方法的建议，对于那些工作在不同的应用领域或使用不同的技术的研究人员来说也有积极的意义。此外，本书还将向这两个领域的研究人员展示在运筹学研究和人工智能研究连接进程中的具有挑战性的新问题和潜在的机会，这将令他们受益匪浅。除了对该书有明显的兴趣的运筹学和人工智能领域的学者，本书中的论文也对其他学术领域的学者和学术活动具有借鉴意义，帮助他们从改进基础问题的解决途径中获得收益。

书名： Fuzzy Stochastic Multiobjective Programming
《模糊随机的多目标规划》

作者： Masatoshi Sakawa，Ichiro Nishizaki，Hideki Katagiri

出版时间： 2011 年 2 月 9 日

出版社： Springer –Verlag New York Inc.

Abstract： Although studies on multiobjective mathematical programming under uncertainty have been accumulated and several books on multiobjective mathematical programming under uncertainty have been published，there seems to be no book which concerns both randomness of events related to environments and fuzziness of human judgments simultaneously in multiobjec–tive decision making problems. In this book，the authors are concerned with introducing the lat–est advances in the field of multiobjective optimization under both fuzziness and randomness on the basis of the authors' continuing research works. Special stress is placed on interactive deci–sion making aspects of fuzzy stochastic multiobjective programming for human–centered systems under uncertainty in most realistic situations when dealing with both fuzziness and randomness. Organization of each chapter is briefly summarized as follows：Chapter 1 is about introduction and historical remarks. Chapter 2 is devoted to mathematical preliminaries，which will be used throughout the remainder of the book. Starting with basic notions and methods of multiobjective programming，interactive fuzzy multiobjective programming as well as fuzzy multiobjective pro–gramming is outlined. In Chapter 3，by considering the imprecision of decision maker's（DM's）judgment for stochastic objective functions and/or constraints in multiobjective problems，fuzzy multiobjective stochastic programming is developed. In Chapter 4，through the considera–tion of not only the randomness of parameters involved in objective functions and/or constraints but also the experts' ambiguous understanding of the realized values of the random parameters，multiobjective programming problems with fuzzy random variables are formulated. In Chapter 5，for resolving conflict of decision making problems in hierarchical managerial or public organiza–tions where there exist two DMs who have different priorities in making decisions，two–level programming problems are discussed. Finally，Chapter 6 outlines some future research direc–tions.

摘要： 虽然不确定条件下的多目标数学规划的研究不断增多，同时关于不确定条件下多目标数学规划的书籍相继出版，但似乎都尚未涉及在多目标决策问题中同时考虑环境事件的随机性及人类判断的模糊性。本书中，作者在持续研究的基础上，将关注对多目标优化领域的最新进展的介绍，即模糊性和随机性。本书着重阐述以处理模糊性和随机性时的最现实情况为基础，在不确定性条件下针对以人为中心的系统进行模糊随机多目标规划的交互决策的各个方面。本书的章节结构简要总结如下：第 1 章是关于简介和历史评论。第 2 章专注于数学基础的预演，本书的其他部分将广泛涉及这些基础知识。开篇内容包括对多目标规划的概述、交互式模糊多目标规划以及模糊多目标规划的基本概念和方法。针对决策者在多目标问题中对随机目标函数和（或）约束条件无法精确判断的现实情况，在第 3 章中，提出了模糊多目标随机规划问题。在第 4 章中，考虑到不仅目标函数和/或约束参数具有随机性，而且专家对于随机参数的真实值也主观随意，因此，带有模糊随机变量的多目标规划问题被构建出来。为了解决存在两个在决策上拥有不同的优先级的决策者的分层管理机构的或公共组织机构中的决策冲突问题，第 5 章讨论了两级规划问题。最后，第 6 章概述了未来的研究方向。

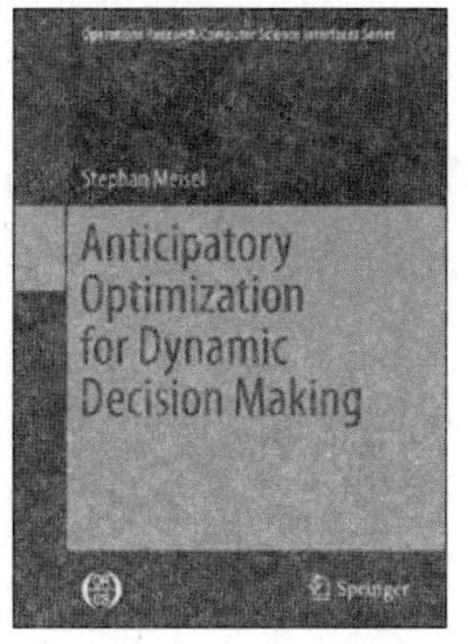

书名： Anticipatory Optimization for Dynamic Decision Making
《预期优化动态决策》
作者： Stephan Meisel
出版时间： 2011 年 6 月 24 日
出版社： Springer-Verlag New York Inc.

Abstract: The availability of today's online information systems rapidly increases the relevance of dynamic decision making within a large number of operational contexts. Whenever a sequence of interdependent decisions occurs, making a single decision raises the need for anticipation of its future impact on the entire decision process. Anticipatory support is needed for a broad variety of dynamic and stochastic decision problems from different operational contexts such as finance, energy management, manufacturing and transportation. Example problems include asset allocation, feed-in of electricity produced by wind power as well as scheduling and routing. All these problems entail a sequence of decisions contributing to an overall goal and taking place in the course of a certain period of time. Each of the decisions is derived by solution of an optimization problem. As a consequence a stochastic and dynamic decision problem resolves into a series of optimization problems to be formulated and solved by anticipation of the remaining decision process. However, actually solving a dynamic decision problem by means of approximate dynamic programming still is a major scientific challenge. Most of the work done so far is devoted to problems allowing for formulation of the underlying optimization problems as linear programs. Problem domains like scheduling and routing, where linear programming typically does not produce a significant benefit for problem solving, have not been considered so far. Therefore, the industry demand for dynamic scheduling and routing is still predominantly satisfied by purely heuristic approaches to anticipatory decision making. Although this may work well for certain dynamic decision problems, these approaches lack transferability of findings to other, related problems. This book has serves two major purposes: -It provides a comprehensive and unique view of anticipatory optimization for dynamic decision making. It fully integrates Markov decision processes, dynamic programming, data mining and optimization and introduces a new perspective on approximate dynamic programming. Moreover, the book identifies different degrees of anticipation, enabling an assessment of specific approaches to dynamic decision making. -It shows for the first time how to successfully solve a dynamic vehicle routing problem by approximate dynamic programming. It elaborates on every building block required for this kind of approach to dynamic vehicle routing. Thereby the book has a pioneering character and is intended to provide a footing for the dynamic vehicle routing community.

摘要：当今网络信息系统的可用性迅速增加了在海量业务环境条件下的动态决策的相关性。一旦相互依存的决策序列出现，就需要预期每个单一决定对整个决策过程的未来影响。诸如金融、能源管理、生产和运输等不同的业务环境下各种各样的动态和随机决策问题都需要预测性支持。典型的案例问题包括风电的资产配置和上网问题，以及调度和路径规划等。所有这些问题导致一个促成同一整体目标并在一定的时间周期的过程中发生的决定序列。每一个决定都由一个优化问题的解推导得出。其结果是，一个随机的动态决策问题分解成一系列需要通过剩余决策进程的预期进行规划和解决的优化问题。然而，实际通过近似动态规划方法来解决动态决策问题依然是一项重大的科学挑战。到目前为止，大多数相关研究工作致力于能够将基础优化问题规范化为线性规划的情况。诸如调度与路径规划等问题领域，由于线性规划通常没有给问题解决带来显著的效益，以至于至今仍未被考虑。因此对于动态的调度和路径规划的行业需求仍然主要是基于纯粹的启发式途径进行预期决策来加以满足的。虽然这种方法对于某些动态决策问题有效，但是缺乏发现其他相关问题的转换能力。本书主要基于两个目标：其一，为动态决策问题提供了预期优化的全面而独特的视角。它完全结合了马尔可夫决策过程、动态规划、数据挖掘和优化，并介绍了近似动态规划的新视角。此外，这本书界定了不同程度的预期，使特定的动态决策评估方法成为可能。其二，首次提出如何通过近似动态规划来成功解决动态交通规划问题的方式。它详尽阐述了这种动态交通规划途径中的每一个基本构架。因此，本书具有开拓性质，它旨在为动态交通规划的智能社区提供一个技术基础。

书名：Supply Chain Management：Models，Applications，and Research Directions
《供应链管理：模型，应用和研究路线》
作者：Joseph Geunes，Panos M. Pardalos，H. Edwin Romeijn
出版时间：2011 年 7 月 29 日
出版社：Springer–Verlag New York Inc.

Abstract：This work brings together some of the most up to date research in the application of operations research and mathematical modeling techniques to problems arising in supply chain management and e–Commerce. While research in the broad area of supply chain management encom–passes a wide range of topics and methodologies，we believe this book provides a good snapshot of current quantitative modeling approaches，issues，and trends within the field. Each chapter is a self–contained study of a timely and relevant research problem in supply chain management. The individual works place a heavy emphasis on the application of modeling techniques to real world management problems. In many instances，the actual results from applying these techniques in practice are highlighted. In addition，each chapter provides important managerial insights that apply to general supply chain management practice. The book is divided into three parts. The first part contains charters that address the new and rapidly growing role of the internet and e–Commerce in supply chain management. The second part elaborates the coordination models and applications of supply chain. The third part focous on the models and applications for supply chain planning and design.

摘要：这项工作汇集了一些关于将运筹学和数学建模技术应用于供应链管理和电子商务中时出现的问题的最新研究。尽管在供应链管理工程技术这一大领域的研究涵盖了广泛的议题和方法，但认为这本书提供了当前这一领域中量化模型的方法、议题和趋势等方面的相当有益的概述。书中每一章都是供应链管理最新的相关问题的独立研究内容。这些独立的研究强调建模技术在现实世界的管理问题中的应用。在许多情况下，在实践中应用这些技术的实际效果都是异常显著的。此外，每章都提供了适用于一般供应链管理实践的重要的管理学见解。本书分为三个部分。第一部分的章节着力阐述供应链管理中互联网和电子商务这一新的快速增长的角色。第二部分的章节详细论述供应链协调模型及其应用。第三部分的章节重点阐述供应链规划和设计的模型及应用技术。

书名： Decision Science and Social Risk Management: A Comparative Evaluation of Cost-Benefit Analysis, Decision Analysis, and Other Formal Decision-Aiding Approaches
《决策科学与社会风险管理：成本效益分析、决策分析以及其他形式决策辅助途径的比较评估》

作者： Merkhofer M. W.

出版时间： 2011 年 10 月 1 日

出版社： Springer

Abstract: Economists, decision analysts, management scientists, and others have long argued that government should take a more scientific approach to decision making. Pointing to various theories for prescribing and rationalizing choices, they have maintained that social goals could be achieved more effectively and at lower costs if government decisions were routinely subjected to analysis. Now, government policy makers are putting decision science to the test. Recent government actions encourage and in some cases require government decisions to be evaluated using formally defined principles 01' rationality. Will decision science pass this test? The answer depends on whether analysts can quickly and successfully translate their theories into practical approaches and whether these approaches promote the solution of the complex, highly uncertain, and politically sensitive problems that are of greatest concern to government decision makers. The future of decision science, perhaps even the nation's well-being, depends on the outcome. A major difficulty for the analysts who are being called upon by government to apply decision-aiding approaches is that decision science has not yet evolved a universally accepted methodology for analyzing social decisions involving risk. Numerous approaches have been proposed, including variations of cost-benefit analysis, decision analysis, and applied social welfare theory. Each of these, however, has its limitations and deficiencies and none has a proven track record for application to government decisions involving risk. Cost-benefit approaches have been extensively applied by the government, but most applications have been for decisions that were largely risk-free.

摘要： 经济学家、决策分析者、管理科学家和其他相关学者长期以来一直认为政府应该采取更科学的决策方法。针对定制化和合理化选择的各种各样的理论，他们认为如果对政府决策进行常规化的分析，则社会目标将可以以更低的成本被更加有效地实现。现在，政府的政策制定者正在进行决策科学的测试。当前的政府行动鼓励并在某些情况下要求采用正式定义的 01 原则对政府的决策进行评价。决策科学是否能通过此测试？这个问题的答案取决于分析人员是否可以迅速并成功地把自己的理论付诸实践的方法，以及这些方法是否促进解决政府决策者最关心的、复杂的、高度不确定性的和政治敏感的问题。决策科学的未来，甚至整个国家良性运行的未来，取决于这一结果。对于那些被政府要求应用辅助决策方法的分析人员来说，最主要的困难是决策科学迄今尚未发展出一个能够被普遍接受的用于社会决策风险分析的方法体系。尽管许多方法已经被提出，其中包括各种成本效益分析、决策分析和社会福利应用理论。然而，所有这些方法都具有局限与缺陷，而且目前没有记录显示，在涉及风险的政府决策领域有成功应用案例。成本—收益的方法已被广泛地应用在政府，但大多数决策上的应用在很大程度上是无风险的。

书名：Strategies for Knowledge Management Success：Exploring Organizational Efficacy
《知识管理的成功策略：探索组织效能》

作者：Murray E. Jennex，Stefan Smolnik

出版时间：2011 年 4 月 15 日

出版社：Information Science Reference

Abstract：Knowledge management captures the right knowledge，to the right user，who in turn uses the knowledge to improve organizational or individual performance to increase effectiveness. "Strategies for Knowledge Management Success：Exploring Organizational Efficacy" collects and presents key research articles focused on identifying，defining，and measuring accomplishment in knowledge management. A significant collection of the latest international findings within the field，this book provides a strong reference for students，researchers，and practitioners involved with organizational knowledge management.

摘要：知识管理将正确的知识给予那些用知识来提高组织和个人绩效并以此来提高效果的正确的用户。《知识管理的成功策略：探索组织效能》一书收集并展示了集中研究识别、定义和测量知识管理成果的关键性学术论文。由于着重收集该领域内最新的国际发现，本书对于那些涉及组织知识管理的学生、研究人员和从业者具有较强的参考价值。

书名：Innovative Knowledge Management：Concepts for Organizational Creativity and Collaborative Design

《创新的知识管理：组织创新和协同设计的概念》

作者：Alan Eardley，Lorna Uden

出版时间：2011 年 6 月 15 日

出版社：Engineering Science Reference

Abstract：Innovative Knowledge Management：Concepts for Organizational Creativity and Collaborative Design provides a valuable resource for promoting current academic discourse on innovation in knowledge–intensive organizations and contexts. A defining collection of field advancements，this Premier Reference Source creatively showcases wide–ranging issues relevant to the use of knowledge management.

摘要：《创新的知识管理：组织创新和协同设计的概念》一书为知识密集型组织和背景的创新问题提供了一个宝贵的资源，它促进了当前对于这一问题的学术探讨。这部基本参考书提供了关于知识管理应用领域的先进研究成果的定义集合，同时创造性地展示了这一领域的广泛的问题。

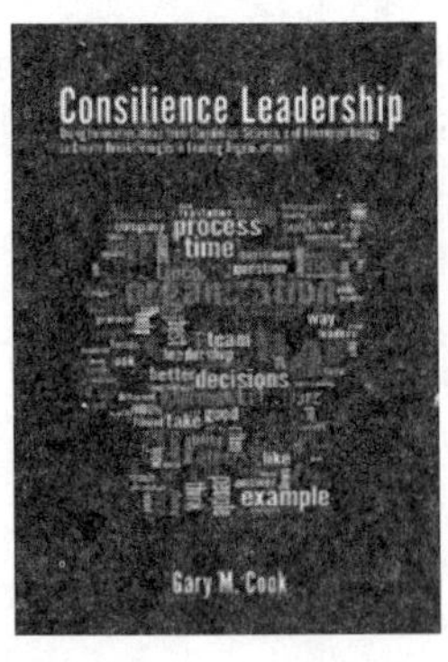

书名：Consilience Leadership：Using Innovative Ideas from Economics，Science，and Neuropsychology to Create Breakthroughs in Leading Organizations
《契合领导：运用经济、科学和神经心理学的创新思路，创建领导组织的突破》

作者：Gary M. Cook

出版时间：2011 年 7 月 1 日

出版社：Inflection Point Press

Abstract：Consilience Leadership introduces business leaders to the multitude of ways that science in all its forms is helping to transform the art of leadership into the science of leadership. What do Osama Bin Laden's death，April's deadly tornados in the southern US，the "Arab Spring，" and recent comments from the US Coast Guard and others about the Deepwater Disaster all have in common? They all are examples of what leaders can learn from Consilience Leadership. Cook demonstrates how lessons learned from Highly Reliable Organization theory，behavioral economics，neuroscience and other disciplines are helping us understand how to better deal with terrorism and Katrina-like disasters. You and your organization can learn to better anticipate and avoid political and other disasters by reading Gary Cook's new book.

摘要：《契合领导》一书为商业领导者介绍了多种科学的领导方式，促使领导艺术转换为领导科学。本·拉登的死、美国南部 4 月的死亡龙卷风、“阿拉伯之春”事件以及最近来自于美国海岸警卫队和其他部门的关于墨西哥湾漏油事件的评论，这些事件有何共同之处？答案是，它们都是领导者可以从契合领导中学到的案例。本书作者提出了如何从高度可靠组织理论、行为经济学、神经科学及其他学科中吸收知识，以帮助我们了解如何更好地应对恐怖主义和像飓风“卡特里娜”一样的灾害。你和你的组织可以通过学习该书的内容，从而更好地预测和避免政治风险和其他自然灾害。

书名： Process Mining: Discovery, Conformance and Enhancement of Business Processes
《流程挖掘：业务流程的发现、一致性和加强性》
作者： Wil van der Aalst
出版时间： 2011 年 4 月 6 日
出版社： Springer-Verlag Berlin and Heidelberg GmbH & Co. K

Abstract: More and more information about business processes is recorded by information systems in the form of so-called "event logs". Despite the omnipresence of such data, most organizations diagnose problems based on fiction rather than facts. Process mining is an emerging discipline based on process model-driven approaches and data mining. It not only allows organizations to fully benefit from the information stored in their systems, but it can also be used to check the conformance of processes, detect bottlenecks, and predict execution problems. Wil van der Aalst delivers the first book on process mining. It aims to be self-contained while covering the entire process mining spectrum from process discovery to operational support. In Part Ⅰ, the author provides the basics of business process modeling and data mining necessary to understand the remainder of the book. Part Ⅱ focuses on process discovery as the most important process mining task. Part Ⅲ moves beyond discovering the control flow of processes and highlights conformance checking, and organizational and time perspectives. Part Ⅳ guides the reader in successfully applying process mining in practice, including an introduction to the widely used open-source tool ProM. Finally, Part Ⅴ takes a step back, reflecting on the material presented and the key open challenges. Overall, this book provides a comprehensive overview of the state of the art in process mining. It is intended for business process analysts, business consultants, process managers, graduate students, and BPM researchers.

摘要： 越来越多的关于业务流程的信息采取所谓“事件日志”的形式被信息系统所记录。尽管这些数据无所不在，但大多数组织仍然基于虚构情景而非实施情况来对问题做出诊断。流程挖掘是基于流程的模型驱动方法和数据挖掘的一门新兴学科。它不仅允许组织从存储在其系统中的信息中充分获益，它还可以被用来检查流程的一致性，检测瓶颈，并预测执行问题。本书作者提供了第一本关于流程挖掘的专著。它的目标是自称一家之言，它同时覆盖了从流程发现到业务支持的整个挖掘流程的全领域。在第一部分中，作者提供了关于业务流程建模和数据挖掘技术的必要的基本知识，以帮助了解这本书的其余部分。第二部分着重于流程发现这个最重要的流程挖掘任务。第三部分突破对流程控制流的发现工作，重点强调一致性检查，以及组织和时间的透视。第四部分指导读者如何在实践中成功应用流程挖掘技术，同时介绍了目前广泛使用的开源工具 ProM。最后，第五部分退一步反思现有原料和关键的公开挑战。总体而言，本书面向业务流程分析、业务咨询、流程管理人员、研究生和其他业务流程控制（BPM）的研究人员，为其提供了一个关于流程挖掘的技术工艺状况的全面的概述。

书名：Optimization of Temporal Networks under Uncertainty
《不确定条件下的时间网络优化》
作者：Wolfram Wiesemann
出版时间：2011 年 12 月 31 日
出版社：Springer-Verlag Berlin and Heidelberg GmbH & Co. K

Abstract: Many decision problems in Operations Research are defined on temporal networks, that is, workflows of time-consuming tasks whose processing order is constrained by precedence relations. For example, temporal networks are used to model projects, computer applications, digital circuits and production processes. Optimization problems arise in temporal networks when a decision maker wishes to determine a temporal arrangement of the tasks and/or a resource assignment that optimizes some network characteristic (e.g. the time required to complete all tasks). The parameters of these optimization problems (e.g. the task durations) are typically unknown at the time the decision problem arises. This monograph investigates solution techniques for optimization problems in temporal networks that explicitly account for this parameter uncertainty. We study several formulations, each of which requires different information about the uncertain problem parameters.

摘要：运筹学的许多决策问题都是基于时间网络定义的，即耗时任务的工作流，其处理顺序由优先关系进行约束。例如那些被应用于建模工程、计算机应用、数字电路和生产过程的时间网络。当决策者希望确定某些任务的时间安排和/或确定某些优化网络特性的资源分配（如完成所有任务所需的时间）问题时，则引发了对时间网络的优化问题。这些优化问题（如任务的持续时间）中的参数在决策问题提出的时点上通常是未知的。这本专著针对那些明确具有参数不确定性的时间网络的优化问题着重探讨其解决技术。我们研究了若干规划，其中每一个都需要关于不确定问题参数的不同信息。

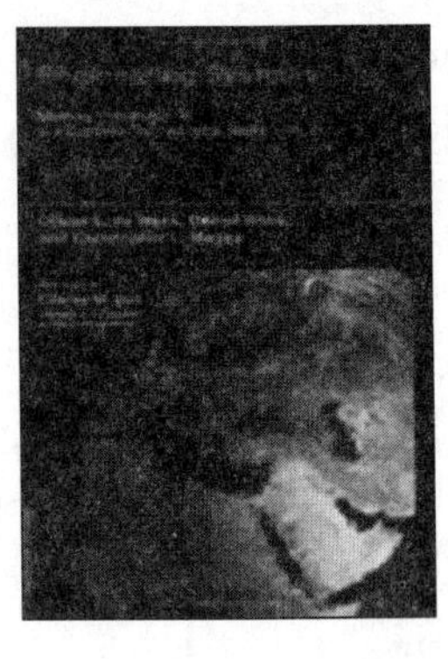

书名： Engineering Systems: Meeting Human Needs' in a Complex Technological World
《工程系统：满足人类在复杂的科技世界里的需要》
作者： Olivier L. de Weck，Daniel Roos，Christopher L. Magee
出版时间： 2011 年 10 月 1 日
出版社： The MIT Press

Abstract: Engineering, for much of the twentieth century, was mainly about artifacts and inventions. Now, it's increasingly about complex systems. As the airplane taxis to the gate, you access the Internet and check email with your PDA, linking the communication and transportation systems. At home, you recharge your plug-in hybrid vehicle, linking transportation to the electricity grid. Today's large-scale, highly complex sociotechnical systems converge, interact, and depend on each other in ways engineers of old could barely have imagined. As scale, scope, and complexity increase, engineers consider technical and social issues together in a highly integrated way as they design flexible, adaptable, robust systems that can be easily modified and reconfigured to satisfy changing requirements and new technological opportunities. Engineering Systems offers a comprehensive examination of such systems and the associated emerging field of study. Through scholarly discussion, concrete examples, and history, the authors?consider the engineer's changing role, new ways to model and analyze these systems, the impacts on engineering education, and the future challenges of meeting human needs through the technologically enabled systems of today and tomorrow.

摘要： 对于大部分的 20 世纪的工程而言，主要是关于工业制品和发明的。而现在，它们则是越来越多地关于复杂系统的。当飞机滑翔至停机坪，你可以用掌上电脑（PDA）连接通信和交通系统，以访问互联网和收发电子邮件。在家里，你将交通工具与电力网络连接，以实现为你的插电式混合动力汽车充电。今天的大规模的高度复杂的社会技术系统相互融合、进行互动并互相依赖，这种方式是传统工程师几乎无法想象的。由于规模、范围和复杂性的增加，工程师采用一种高度集成的方式对技术和社会问题进行综合考察，以此设计灵活的、适应性强的、强大的系统，该系统可以实现便捷的修改和重新配置，以满足不断变化的现实需求和新技术的机遇。《工程系统》一书提供了关于该类系统和相关研究领域的新进展的全面审查。通过学术讨论、具体案例和历史回顾，作者基于技术功能的系统的现状与未来，仔细构想了工程师的角色转变、建模和分析这些系统的新的方法、对工程教育的影响，以及未来为适应人类需要的挑战等问题。

书名：Modeling Business Processes：A Petri Net-Oriented Approach
《业务流程建模：基于 Petri 的网络导向方法》
作者：Wil van der Aalst，Christian Stahl
出版时间：2011 年 8 月 2 日
出版社：The MIT Press

Abstract：His comprehensive introduction to modeling business-information systems focuses on business processes. It describes and demonstrates the formal modeling of processes in terms of Petri nets，using a well-established theory for capturing and analyzing models with concurrency. The precise semantics of this formal method offers a distinct advantage for modeling processes over the industrial modeling languages found in other books on the subject. Moreover，the simplicity and expressiveness of the Petri nets concept make it an ideal language for explaining foundational concepts and constructing exercises. After an overview of business information systems，the book introduces the modeling of processes in terms of classical Petri nets. This is then extended with data，time，and hierarchy to model all aspects of a process. Finally，the book explores analysis of Petri net models to detect design flaws and errors in the design process. The text，accessible to a broad audience of professionals and students，keeps technicalities to a minimum and offers numerous examples to illustrate the concepts covered. Exercises at different levels of difficulty make the book ideal for independent study or classroom use.

摘要：作者全面介绍了侧重于业务流程的商业信息系统建模。通过采用成熟理论获取和分析并发机制模型，本书描述和演示了基于 Petri 网络的公式化的流程建模方法。这种基于形式化方法的精确语义相对于关于这个问题的其他书籍中能够找到的工业建模语言来说，具有明显的优势。此外，Petri 网络概念的简单性和表现力使其成为解释基本概念和建造实例操作的理想的语言。在对业务信息系统进行概述之后，本书介绍了关于经典 Petri 网络方面的流程建模方法。进而基于数据、时间和层级将论述扩展至流程建模的各个方面。最后，本书进一步探讨 Petri 网络模型的分析过程，以发现在流程设计中存在的设计缺陷和错误。本书广泛适用于相关领域的专业人士和学员，它最小化了技术门槛，并提供了大量的例子来解释所涉及的概念。本书所提供的不同难易程度的实例，使其非常适合于自学或教学使用。

书名：Uncertainty Management in Information Systems：From Needs to Solutions
《信息系统的不确定性管理：从需求到解决方案》
作者：Amihai Motro，Philippe Smets
出版时间：2011 年 12 月 6 日
出版社：Springer-Verlag New York Inc.

Abstract：As its title suggests，"Uncertainty Management in Information Systems" is a book about how information systems can be made to manage information permeated with uncertainty. This subject is at the intersection of two areas of knowledge：information systems is an area that concentrates on the design of practical systems that can store and retrieve information；uncertainty modeling is an area in artificial intelligence concerned with accurate representation of uncertain information and with inference and decision-making under conditions infused with uncertainty. New applications of information systems require stronger capabilities in the area of uncertainty management. Our hope is that lasting interaction between these two areas would facilitate a new generation of information systems that will be capable of servicing these applications. Although there are researchers in information systems who have addressed themselves to issues of uncertainty，as well as researchers in uncertainty modeling who have considered the pragmatic demands and constraints of information systems，to a large extent there has been only limited interaction between these two areas. As the subtitle，"From Needs to Solutions，" indicates，this book presents viewpoints of information systems experts on the needs that challenge the uncertainty capabilities of present information systems，and it provides a forum to researchers in uncertainty modeling to describe models and systems that can address these needs.

摘要：正如书名所暗示的，"信息系统的不确定性管理"是一本关于如何令信息系统能够对不确定性信息进行管理的专著。该主题处于两个知识领域的交集：信息系统是其中一个知识领域，它集中关注可以存储和检索信息的实际系统的设计工作；不确定性建模则属于人工智能研究的另一个知识领域，它涉及不确定信息的精确表述以及在嵌入不确定性条件下的推理和决策。信息系统的最新应用，要求在不确定性管理方面具有更加强大的能力。而我们的设想是，这两个领域之间的持续互动将促进新一代的能够服务于这些应用的信息系统。尽管已经有信息系统领域的研究人员在致力于解决不确定性问题，同时不确定性建模领域的研究人员也在考虑信息系统的业务需求和限制条件，但在很大程度上出现在这两个区域之间的互动是非常有限的。作为副标题，"从需求到解决方案"

表明，本书展示了信息系统专家关于挑战当前信息系统不确定性能力方面的需求的观点，同时也搭建了一个为不确定性建模领域的研究人员去描述用于实现这些需求的模型和系统的论坛。

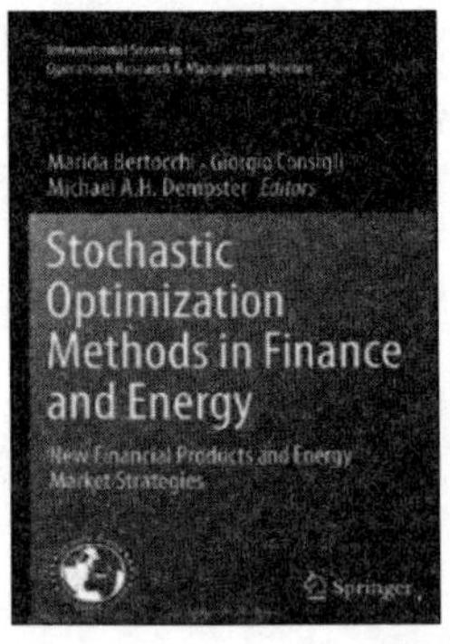

书名： Stochastic Optimization Methods in Finance and Energy
《金融和能源领域的随机优化方法》

作者： Marida Bertocchi，Giorgio Consigli，Michael A. H. Dempster

出版时间： 2011 年 9 月 15 日

出版社： Springer-Verlag New York Inc.

Abstract: This volume presents a collection of contributions dedicated to applied problems in the financial and energy sectors that have been formulated and solved in a stochastic optimization framework. The invited authors represent a group of scientists and practitioners, who cooperated in recent years to facilitate the growing penetration of stochastic programming techniques in real-world applications, inducing a significant advance over a large spectrum of complex decision problems. After the recent widespread liberalization of the energy sector in Europe and the unprecedented growth of energy prices in international commodity markets, we have witnessed a significant convergence of strategic decision problems in the energy and financial sectors. This has often resulted in common open issues and has induced a remarkable effort by the industrial and scientific communities to facilitate the adoption of advanced analytical and decision tools. The main concerns of the financial community over the last decade have suddenly penetrated the energy sector inducing a remarkable scientific and practical effort to address previously unforeseeable management problems. "Stochastic Optimization Methods in Finance and Energy: New Financial Products and Energy Markets Strategies" aims to include in a unified framework for the first time an extensive set of contributions related to real-world applied problems in finance and energy, leading to a common methodological approach and in many cases having similar underlying economic and financial implications. Part 1 of the book presents 6 chapters related to financial applications; Part 2 presents 7 chapters on energy applications; and Part 3 presents 5 chapters devoted to specific theoretical and computational issues.

摘要： 本卷图书介绍那些致力于金融和能源领域的应用问题并在随机优化框架下已经被公式化和被解决的学术文稿的集合。被邀请的作者代表了一组在最近几年通过合作方式促成了随机编程技术在现实世界应用中日益普及的相关科学家和从业者，其工作导致该项研究在复杂决策问题的广泛领域中取得显著领先地位。在经历了欧洲能源部门近年来广泛的市场化以及国际大宗商品市场能源价格空前上涨之后，我们看到能源和金融部门的战略决策显著趋同。这往往导致常见的开放问题，并引起工业和科技领域加大投入以促进先进的分析和决策工具的采用。在过去十年中金融界的主要关注点已迅速地渗入能源领域，这

引发了大量的科学性和实用性的工作，以解决先前无法预知的管理问题。《金融和能源领域的随机优化方法》一书致力于首次将在金融和能源领域涉及现实世界应用问题的一整套方法的学术成果纳入一个统一的框架下，其导向共同的方法和途径并且在很多情况下具有相似的基本经济和财政效应。本书的第一部分介绍了有关金融应用的 6 个章节的内容；第二部分介绍了关于能源应用的 7 个章节的内容；第三部分用 5 个章节专门讨论具体的理论和计算问题。

书名：Systems Life Cycle Costing：Economic Analysis，Estimation，and Management
《系统生命周期成本：经济分析，预测和管理》

作者：John Vail. Farr

出版时间：2011 年 6 月 20 日

出版社：CRC Press

Abstract：Although technology and productivity has changed much of engineering，many topics are still taught in very similarly to how they were taught in the 70s. Using a new approach to engineering economics，Systems Life Cycle Costing：Economic Analysis，Estimation，and Management presents the material that a modern engineer must understand to work as a practicing engineer conducting economic analysis.

Organized around a product development process that provides a framework for the material，the book presents techniques such as engineering economics and simulation-based costing (SBC)，with a focus on total life cycle understanding and perspective and introduces techniques for detailed analysis of modern complex systems. The author includes rules of thumb for estimation grouped with the methods，processes，and tools (MPTs) for conducting a detailed engineering buildup for costing. He presents the estimating costing of complex systems and software and then explores concepts such as design to cost (DTC)，cost as an independent variable (CAIV)，the role of commercial off-the-shelf technology，cost of quality，and the role of project management in LCC management.

No product or services are immune from cost，performance，schedule，quality，risks，and tradeoffs. Yet engineers spend most of their formal education focused on performance and most of their professional careers worrying about resources and schedule. Too often，the design stage becomes about the technical performance without considering the downstream costs that contribute to the total life cycle costs (LCC) of a system. This text presents the methods，processes，and tools needed for the economic analysis，estimation，and management that bring these costs in line with the goals of pleasing the customer and staying within budget.

摘要：尽管技术和生产力已经在很大程度上改变了工程结构，然而关于该领域的诸多主题的教授内容仍然与 20 世纪 70 年代十分相似。应用工程经济学的新方法，《系统生命周期成本：经济分析，预测和管理》一书提出了现代工程师必须掌握的资料，以帮助其承担实践工程师进行经济分析的任务。围绕着为这些资料提供框架的产品开发过程，本书介绍了诸如工程经济学和基于模拟的成本计算（SBC）等技术，其重点是全生命周期的理解和

观点，并介绍了用于现代复杂系统的详细分析的各种技术。作者基于那些细化工程建设成本的方法、流程和工具（MPTs）对估计的经验法则进行分组阐述。他提出复杂系统和软件的估计成本计算方法，并进而探索了诸多概念，例如，按成本设计（DTC），将成本作为独立变量（CAIV），商用现货供应技术的作用，质量的成本，以及 LCC 管理中项目管理的作用。没有哪种产品或服务能够摆脱成本、执行、进度、质量、风险和交易等问题。然而，工程师的大部分正规教育的重点在于执行环节，而其大部分职业生涯中关心的核心问题是资源和时间进度。大多时候，设计阶段沦为仅仅关注某种技术性能，而忽略了在整个系统的生命周期成本（LCC）中起重要作用的下游成本。本书介绍了经济分析、预测和管理所需的方法、流程和工具，这些技术将保持成本与满足客户需求的目标相一致并控制在预算之内。

第四章 管理科学与工程学科 2011 年大事记

第一节 管理科学与工程学科国内大事记

一、“中国工程管理论坛 2011”

中国工程管理论坛是旨在研究我国工程管理理论与实践，探讨我国工程管理现状及发展关键问题的全国性会议。自 2007 年开始，至 2011 年已连续举办五届。

2011 年 5 月 21 日，由中国工程院和湖南省人民政府共同举办的第五届中国工程管理论坛在长沙开幕。中国工程院院长周济，省委副书记、省长徐守盛出席并致辞。省委副书记梅克保出席，中国工程院副院长樊代明主持。省政府秘书长盛茂林出席。本次论坛以“中部崛起与工程管理”为主题，涉及低碳能源开发与利用、油气资源开采、航天产品质量管理等高新技术行业和领域，主要议题有：中国工程管理理论体系、石化行业工程管理、基础设施建设与工程管理、煤基低碳工程管理、工程机械行业工程管理、机械工程与工程管理、区域经济发展与工程管理、工程管理专业学位建设等八个，论坛吸引了包括王基铭、朱高峰、傅志寰、王安、何继善等 18 位院士在内的 300 多位国内专家学者参加。

二、第三十届中国控制会议（CCC’11）

第 30 届中国控制会议（简称 CCC’11）于 2011 年 7 月 22~24 日在烟台国际会议中心召开。会议共收到包括中国大陆在内的 22 个国家和地区的投稿论文 2304 篇，经严格评审会议论文集收录 1261 篇，参会代表达 1000 余人。会议程序委员会和组织委员会为本次会议的成功召开做出了大量重要的工作，得到了参会人员的高度认可。中国科学院系统控制重点实验室多名学者参加了会议的领导和组织工作。

会议开幕式于 7 月 21 日上午隆重举行，由山东大学贾磊教授主持。烟台大学党委书记崔明德教授、中国自动化学会理事长孙优贤教授和大会总主席陈翰馥院士分别致辞，向大会的召开表示热烈祝贺，向各位代表的到来表示热烈欢迎。

本次会议邀请了 7 位国内外知名专家担任大会报告人，他们分别是：美国伊利诺斯大学的 Tamer Basar 教授（美国工程院院士，IFAC Giorgio Quazza Medal 获奖者），中国科学院程代展研究员（IEEE Fellow，IFAC Fellow），意大利罗马大学的 Alberto Isidori 教授（IFAC 主席，IFAC Giorgio Quazza Medal 获奖者，IEEE Bode Lecture Award 获奖者），澳大利亚国立大学的 Matthew James 教授（IEEE Fellow，IFAC Fellow），瑞典德隆大学的 Anders Rantzer 教授（瑞典皇家工程科学院院士，IEEE Fellow），新加坡南洋理工大学的谢立华教授（IEEE Fellow）和清华大学的张钹院士。

北京理工大学的陈杰教授和新加坡南洋理工大学的谢立华教授为本次会议组织了 2 个大会专题研讨会，邀请浙江大学孙优贤院士、上海交通大学席裕庚教授、西安交通大学管晓宏教授、香港城市大学陈杰教授、美国路易斯安那州立大学顾国祥教授、美国密歇根大学孙静教授和美国佛罗里达大西洋大学王沅教授担任主题发言人。会议同时安排了 2 个会前专题讲座，分别由山东大学张焕水教授和浙江大学、澳大利亚纽卡索大学付敏跃教授主讲。

CCC’11 安排口头报告 90 组（包括 22 个邀请组），共 529 篇论文，未出席率为 11%。其中 54 个为英文报告分组，其所有论文都用英文宣读。会议安排张贴论文 4 组，共 426 篇论文。

本次会议共吸引 254 篇论文竞逐关肇直奖，经评审委员会多轮严格评审，来自澳大利亚国立大学的刘腾飞（与其合作者）和中国科学院数学与系统科学研究院的赵寅分别获得中国控制会议第 17 届关肇直奖。第五届中国控制会议张贴论文奖则分别由华中科技大学的肖江文等人和中国科学院数学与系统科学研究院的牟玉涛、方海涛获得。

7 月 24 日，在欢快的音乐声中，第三十届中国控制会议在烟台国际会议中心中华厅落下帷幕。作为国际化的学术交流平台，CCC 的每一次相聚都是一次思想的盛宴，每一次相逢都留下新朋老友的欢笑，我们共同期待明年合肥见。

中国控制会议（CCC）是由挂靠在中国科学院数学与系统科学研究院的中国自动化学会控制理论专业委员会主办的国际性学术会议，每年举办一次。本届会议由山东大学、烟台大学承办。中国科学院数学与系统科学研究院陈翰馥院士任本届会议总主席，中国科学院数学与系统科学研究院的张纪峰研究员和清华大学的赵千川教授担任程序委员会主席，山东大学的王玉振教授和烟台大学的宋宜斌教授担任组织委员会主席，烟台大学的王培进教授和中国科学院数学与系统科学研究院系统科学研究所的赵延龙副研究员担任会议秘书长。会议得到中国科学院数学与系统科学研究院等国内外组织机构的大力支持，为海内外控制领域的专家、学者、研究生及工程设计人员提供了一个及时交流科研成果的机会和平台。

三、第六届（2011）中国管理学年会

2011 年 9 月 24 日上午，由中国管理现代化研究会主办、西南财经大学工商管理学院承办，国内最高层次、最大规模的管理学界学术盛会——中国管理学年会在成都金牛宾馆拉开帷幕，大会主题为“管理学术创新的回顾与展望：全球视野、主流范式与中国实践”。

本届年会由中国管理现代化研究会名誉理事长、全国人大常委会原副委员长、著名经济学家成思危任名誉主席，西南财经大学校长赵德武、中国管理现代化研究会理事长赵纯均任大会主席，工商管理学院执行院长杨丹担任大会副主席。四川省政协副主席解洪、西南财经大学校长赵德武、中国管理现代化研究会理事长赵纯均、国家自然科学基金委管理学部处长冯芷艳等出席开幕式并致辞，中国管理现代化研究会秘书长石勇主持了开幕式。

开幕式后，2003 年诺贝尔经济学奖获得者罗伯特·恩格尔（Robert F. Engle）教授，西交利物浦大学执行校长、英国利物浦大学副校长席酉民教授，南京大学商学院名誉院长赵曙明教授分别以“The Global Volatility Outlook”、“反思与整合：新环境下的管理探索”以及“国外人力资源研究进展和人力资源管理中国化”为主题发表了精彩的主题演讲，西南财经大学工商管理学院院长陈滨桐主持了三位特邀嘉宾的主题演讲。

24 日下午，年会优秀论文颁奖仪式举行，西南财经大学工商管理学院副院长杨石磊主持了仪式。本届年会共收录中英文学术论文 483 篇，经过各专业委员会专家的严格评审，共评出优秀论文 15 篇。随后还举行了与下届年会承办单位的交接仪式，陈滨桐院长作为本届年会主办方代表将年会会旗交予下届承办方天津大学管理与经济学部。24 日下午和 25 日全天，来自全国各大高校及研究机构的管理学者们，按照管理学相关 16 个学科主题，分小组宣读论文并进行学术研讨。

中国管理学年会是中国管理学领域规模最大、层次最高的综合性学术会议，旨在加强中国管理学界的合作与交流，推动中国管理科学研究的发展，提升中国管理实践的水平。此前，中国管理学年会已成功举办五届，此次年会为第一次在西部举办，将对西部地区管理学研究水平的提升及西部企业管理理念的发展产生深远影响。

四、第七届中国科技政策与管理学术年会

2011 年 10 月 22~23 日，第七届中国科技政策与管理学术研讨会暨中国科学学与科技政策研究会理事会在南京信息工程大学隆重举行，来自全国各大高校、科研院所的 200 余名专家、学者参会，提交学术作品 170 余篇。会议主题是“培育和发展战略性新兴产业——战略、政策与管理”，重点研讨战略性新兴产业发展的战略、政策与管理问题，以及科学学与科技政策发展趋势、国家创新体系与科技体制改革、区域创新发展和产业创新管理与能力建设等相关问题。会议内容：

（1）培育和发展战略性新兴产业政策。探讨国家培育和发展战略性新兴产业的政策思路、政策举措、政策效果、产业发展技术路线图、产业技术创新体系与创新能力等。

（2）企业创新能力建设与产学研合作。涉及自主创新的理论与实证研究，企业创新能力与创新管理，产学研合作动力与模式等。

（3）科技体制改革与国家创新体系建设。涉及科技管理体制改革，资源配置模式，重大科技项目的管理和国家创新体系的理论与实证研究等。

（4）区域创新、社会发展与改善民生。涉及区域创新的理论与实证研究，地方政府在科技创新中的作用，区域创新战略与政策，科技创新与社会发展，科技创新与民生等。

（5）科学学基本理论与学科建设。涉及科学学与科学技术学理论进展，研究方法和学科建设，科学计量学的理论与应用等。

中国科学学与科技政策研究会理事长、中国科学院党组副书记方新出席并致辞。中国科协书记处书记王春法，江苏省科协党组书记、常务副主席徐耀新，中国科学院南京分院副院长谷孝鸿，中国科学学与科技政策研究会原副理事长张碧晖，研究会副理事长李健民、陈劲、李新男、李廉水等出席会议。开幕式由研究会副理事长、中国科学院科技政策与管理科学研究所所长穆荣平主持。

开幕式上，方新理事长首先致辞，她代表研究会感谢与会嘉宾的积极参与和社会各界对研究会的关心支持，同时感谢南京信息工程大学为承办大会所做的工作。方新理事长针对研究会工作的开展提出三点建议：一是科技政策和创新研究必须注重理论与实际的紧密结合，为科技发展的决策制定提供合理建议和方案；二是要在理论方法上不断探索，将其与实际问题相结合；三是要更好地发挥“思想库”的作用，注重研究队伍的建设，吸引更多新生力量加入到科学学研究的队伍中。王春法、徐耀新、李廉水教授分别致辞，并预祝大会圆满顺利召开。

开幕式后，江志红、陈劲、刘则渊、孙海鹰、朱桂龙、游光荣、李正风、李新男、穆荣平等 9 位专家分别做了大会报告，报告集中反映了我国科学学与科技政策研究水平，引起了与会人员的浓厚兴趣和热烈讨论。10 月 22 日下午及 10 月 23 日上午，与会人员还围绕培育和发展战略性新兴产业政策，企业创新能力建设与产学研合作，科技体制改革与国家创新体系建设，区域创新、社会发展与改善民生，科学学基本理论与学科建设等主题开展了深刻而热烈的讨论。大会还向到会的 6 位论文作者颁发了优秀论文证书。

五、中国优选法统筹法与经济数学研究会纪念 30 周年暨第十三届中国管理科学学术年会

10 月 28~31 日，由中国优选法统筹法与经济数学研究会、中国科学院科技政策与管理科学研究所、《中国管理科学》编辑部主办，浙江理工大学和浙江农林大学承办的“中国优选法统筹法与经济数学研究会 30 周年纪念大会暨第十三届中国管理科学学术年会”，在浙江理工大学隆重举行。来自中科院、各高校、编辑部及中国优选法统筹法与经济数学研

究会的现任和前任领导和会员等300余位专家学者出席学术年会。

年会开幕式由学会副理事长、中科院科技政策与管理科学研究所学术委员会主任池宏研究员主持，中科院科技政策与管理科学研究所所长穆荣平研究员代表主办方，浙江理工大学校长裘松良教授代表承办方分别致欢迎辞，对本次大会的顺利召开表示衷心祝贺，对与会代表的到来表示热烈欢迎。研究会理事长、中科院科技政策与管理科学研究所蔡晨研究员做了纪念学会30周年报告，回顾了华罗庚教授创办研究会的背景和主导思想，概括总结了30年的发展历程。会议还为多年来在推广"双法"中做出卓越贡献的会员颁发了"终身会员"证书。本次大会分为主题报告和专题学术交流两个环节。国务院参事、国家能源专家咨询委员会主任徐锭明，国务院发展研究中心发展战略和区域发展研究部研究员李善同，研究会副理事长、国家自然科学基金委员会管理学部副主任高自友，解放军理工大学首席教授徐泽水，中科院数学与系统科学研究员刘卓军，以及浙江省政府参事、温州神力董事长、温州市商会会长、市政协副主席郑胜涛和浙江省政府参事、原浙江省中小企业局正厅级副局长何荣飞等专家分别做了主题报告。

在专题学术交流环节，与会代表围绕优选学与优化管理、统筹学与项目管理、经济数学与金融风险管理、供应链与运作管理、企业战略与经营管理和能源与复杂系统管理等议题展开了热烈的讨论。

本次大会还特别召开了第三届中国优选法统筹法与经济数学研究会青年论坛暨青年工作委员会成立会，选举产生了青年工作委员会成员；同时召开了研究会30年回顾与展望座谈会和研究会第八届二次理事工作会议，评选出本次年会优秀论文并为优秀论文获得者颁发了证书。

国家一级学会中国优选法统筹法与经济数学研究会由著名数学家华罗庚院士于1981年发起成立并担任第一任理事长，历经各届理事会成员努力而发展壮大，在推动学术交流、开展企业管理咨询、完成国家重大项目、普及科技知识方法等方面取得了显著成绩。该学会目前已成为联系从事优选法、统筹法、经济数学等管理科学的研究、应用与教育的科技工作者的桥梁和纽带，是推动我国管理科学与技术发展的重要平台。

六、北京—青岛博弈理论与算法高端论坛

2011年11月4日"北京—青岛博弈理论与算法高端论坛"在青岛大学数学科学学院隆重召开。由挂靠青岛大学的中国运筹学会对策论专业委员会主办。论坛的主题是探讨中国博弈论与管理科学的发展趋势以及学术交流。中国运筹学会秘书长、中科院数学与系统科学研究院胡晓东研究员担任论坛的程序委员会主席，中国运筹学会对策论专业委员会主任委员、青岛大学数学科学学院高红伟教授担任论坛的组委会主席。来自北京与青岛和美国加利福尼亚等地的从事博弈理论与算法研究的专家、学者和研究生共70余人参加了论坛。

青岛大学数学科学学院院长田志远教授主持了开幕式。青岛大学副校长邵峰晶教授、

中国科学院数学与系统科学研究院副院长、中国运筹学会副理事长汪寿阳研究员、青岛大学复杂性科学研究所所长张嗣瀛院士出席了开幕式并先后致辞。邵校长向出席论坛的代表介绍了青岛大学的学科设置以及近年来的发展状况，特别提到了本次高端论坛对于青岛大学“十二五”科研发展规划将带来的重要影响。她代表青岛大学感谢中国运筹学领域老一辈科学家的关心与爱护，特别提到了张嗣瀛院士以及中国运筹学会前任理事长章祥荪研究员对于中国博弈论学科领域的发展与壮大所给予的亲切关怀与大力扶持。作为论坛的直接倡议者，汪寿阳研究员在致辞中阐述了博弈理论高端论坛举办的宗旨，他希望本次高端论坛能够成为一个具有国际影响力的系列论坛的起点，希望中国科学院数学与系统科学研究院通过论坛期间的学术交流活动能够与青岛地区的高校特别是青岛大学在博弈理论以及管理科学等领域建立长期、实质性的合作研究机制，他从宏观战略的角度对于青岛地区可能占据中国博弈理论学科领域的研究中心地位寄予了极高的期望。张嗣瀛院士在致辞中回顾了中国博弈论专业领域的发展进程，并对该学科领域中年轻人的迅速成长以及本次论坛的成功举办寄予了很高的期望。中科院管理、决策与信息系统重点实验室主任杨晓光研究员，山东大学“博弈论与经济行为研究中心”主任、美国加州大学圣芭芭拉分校经济学系秦承忠终身教授，中国海洋大学数学科学学院院长方奇志教授，青岛大学数学科学学院高红伟教授，中科院数学与系统科学研究院的年轻学者陈旭瑾、曹志刚、鲍勤、穆义芬分别就博弈模型、方法、理论及算法做了邀请报告。

七、第五届中国立信风险管理论坛

2011 年 11 月 5 日，中国立信风险管理研究院与《经济研究》编辑部在上海立信会计学院联合举办了第五届中国立信风险管理论坛，来自政府、高校及研究机构的 80 多位专家学者参加了本次论坛。论坛采用主报告和会议论文交流的学术研讨会形式，对后危机时期中国经济运行中的风险管理理论及实践问题，进行了全面深入的研讨。

论坛主报告阶段，中国社会科学院经济研究所所长、《经济研究》杂志主编裴长洪研究员对 2011 年的中国宏观经济形势进行了分析，并对 2012 年的经济形势进行了展望。上海交通大学安泰经济与管理学院吴冲锋教授发表了《基于产业链的投资组合研究》的主题演讲。《经济研究》副主编、编辑部主任王诚研究员对目前中国的流动性风险问题进行了探讨。中国立信风险管理研究院副院长贾德奎博士就中国的货币政策操作风险进行了学术交流。在论文交流阶段，与会学者主要围绕后危机时期中国经济在宏观层面以及微观层面的风险管理问题以及风险管理方法与技术的最新进展等展开了热烈的讨论，形成了一批具体针对中国经济运行中风险管理问题的具有显著理论和现实意义的研究成果。

第五届中国立信风险管理论坛在中国立信风险管理研究院与《经济研究》编辑部的积极筹划和通力合作下成功举办，论坛营造了活跃的学术氛围，为国内外关心风险管理研究领域的学者们提供了开放高效的学术交流平台，并将进一步推动国内风险管理研究的发展。

八、管理科学与工程学会 2011 年年会暨第九届中国管理科学与工程论坛

“中国管理科学与工程论坛”是我国管理科学与工程学科领域内最具影响力的高峰论坛。2003 年，中国工程院院士、北京工业大学经济与管理学院院长李京文教授，根据管理科学与工程一级学科没有建立一级学会的实际，应部分高校的要求，在北京工业大学发起召开了首届中国管理科学与工程论坛，并选举成立了“中国管理科学与工程论坛学术委员会”。尔后，国内多所著名高校争相承办，迄今已连续成功举办了八届论坛。在此基础上，通过学科前辈的不断号召与支持，通过学科全体同仁的共同努力与争取，经民政部批准，2009 年成立了国家一级学会——“管理科学与工程学会”。从此，学会年会与论坛每年同步召开，使得这一年度盛会的规模和号召力更加扩大，影响力更为显著，与会学者代表已由首届的百余名，发展到现在的四百多名。

由中国管理科学与工程学会主办的“管理科学与工程学会 2011 年年会暨第九届中国管理科学与工程论坛”于 2011 年 11 月 6~7 日在南京举行，由南京大学工程管理学院承办，江苏省内十所高校联合支持协办（东南大学、中国矿业大学、南京理工大学、南京航空航天大学、江苏大学、河海大学、南京师范大学、江苏科技大学、南京邮电大学、南京信息工程大学）。

本次大会以“经济转型与管理创新”为主题，探讨“十二五”时期中国社会与经济发展即将面临的新机遇和新挑战，研究新时期、新环境下管理方式方法的创新，为学科前沿发展如何服务于社会变革与进步共谋蓝图。

大会通过学术报告、专题讨论、成果展示和经验交流等形式就中国管理科学与工程的理论方法、实践应用、学科发展以及人才培养等诸多方面展开深入广泛的交流。大会特邀我国管理学界的多位院士、国内百余所具有管理科学与工程博士学位授予点的管理学院院长、学科带头人、海内外知名学者代表以及杰出企业家代表与会，为专家、学者以及业界同行提供了一个氛围热烈、形式多样的交流互动平台。

九、第二届中国管理创新与大企业竞争力国际会议

立足于经济全球化和区域经济特色化发展，探索新时期企业管理创新以及大企业竞争力的模式与路径，为我国大企业竞争实力的提升，实现经济可持续、高质量发展，提供理论、实证与政策的支撑，由《经济研究》杂志社和辽宁大学商学院联合主办的“第二届中国管理创新与大企业竞争力国际会议”于 2011 年 11 月 12 日在辽宁大学隆重召开，会议的主题为“管理创新与大企业竞争力——现代产业组织理论的视角”。此次会议特邀的海内外专家学者有：日本大学商学院樱井澈教授，韩国东国大学朴春烨教授、李胜荣教授，辽宁省经济和信息化委员会蔺晓刚副主任，《经济研究》主编裴长洪研究员、常务副主编郑红亮教授，哈尔滨工程大学经济与管理学院院长张铁男教授，东北财经大学工商管理学院

院长高良谋教授，哈尔滨工业大学管理学院李东教授、胡珑瑛教授。与会的还有来自清华大学、哈尔滨工业大学、东北财经大学、东北大学、沈阳农业大学以及沈阳理工大学等国内近20所大专院校的80余位专家学者。辽宁大学商学院的部分教师及博士研究生也参加了此次会议。美国康奈尔大学的 Calum Turvey 教授向大会提交了论文。会议围绕宏观经济与区域经济发展、大企业竞争力与技术创新以及产业集群与产业规制等具体内容展开了研讨，提出了许多具有创造性的观点。

在论坛的最后环节，《经济研究》常务副主编郑红亮教授作了大会总结发言。他在介绍了《经济研究》的学术定位后，重点从管理学与经济学交叉角度，对管理创新与大企业竞争力的理论背景进行了系统阐述。他认为，一个高质量研究应该是运用管理学或经济学构建一个理论框架，可以用管理学的理论，也可以用经济学的理论来分析它。只有构建起相应的理论框架，并提出一个好的理论命题，研究才会有高度的理论性和思想性。从现代产业组织理论的视角，探索管理创新与大企业竞争力，不仅是管理学和经济学的一种融合，也是学科建设新的增长点。他认为，全球化、经济发展方式转变等外部环境，对大企业竞争力提升具有很大影响。在发挥治理、品牌、并购、竞争等诸多微观层面管理创新的同时，对于后发国家而言，适当的政府介入也很必要。政府创造好的市场和法律等外部环境，制定科学的产业政策对于指导大企业健康成长也具有重要意义。

十、运筹学的发展方向与挑战

2011年12月3日上午，中国运筹学会在北京密云县瑞海姆田园度假酒店举办了“运筹学的发展方向与挑战”研讨会。会议邀请京区部分常务理事、在京各专业委员会主任、北京市运筹学会代表以及中科院数学与系统研究院有关专家共26人参加了会议。

会议由胡晓东秘书长主持。袁亚湘理事长首先欢迎各位专家利用周末来参加这次研讨会，并介绍了2012年学会的重要活动。刘德刚副秘书长详细介绍了亚太运筹学联合会大会（APORS2012，7月28~30日，西安）和学会第九次全国代表大会暨学术交流年会（ORSC2012，10月19~22日，沈阳）的筹备情况，并就会议日程等征求了与会专家的意见和建议。副理事长杨新民教授和学术交流委员会主任修乃华教授介绍了国家自然科学基金项目申请和评审情况。杨新民教授重点说明了基金项目的总体结构，总结了运筹学领域各类基金申报和资助情况，特别指出运筹学领域青年基金项目近年支持力度和范围都有所提高，并强调了基金申请中应注意的若干问题。通过与数学其他方向的比较，修乃华教授分析了运筹学及相关方向近年来申请和获得基金项目的情况。

会议就运筹学领域未来三十年的发展方向、重要研究问题、理论和实践突破重点、创新机遇与挑战等专题开展了研讨。《中国科学院学部学科发展战略》研究合作项目正在进行中，其中《应用数学学科发展战略研究》课题由马志明院士负责，2011年11月13日在成都召开了课题启动会，马志明院士主持，应用数学相关领域专家参加。会上建议，涉及运筹学部分由中国运筹学会袁亚湘理事长负责。参加研讨会的专家一致认为，《发展战略》的撰写对运筹学及相关方向的研讨、分析、梳理、规划和展望，对我国运筹学更好地发展很有意义。

十一、第一届国际优化与复杂系统会议暨上海大学运筹与优化开放实验室年会

2011 年 12 月 14 日第一届国际优化与复杂系统会议暨上海大学运筹与优化开放实验室年会在上海大学隆重召开。本次会议为加强国际优化与复杂系统领域研究者之间的交流和相互联系，总结学者之间的最新理论和应用研究成果，了解最优化领域的国际发展动态和研究热点，推动上海大学运筹与优化开放实验室的发展，同时，为上海大学名誉教授、美国北卡罗来纳州立大学方述诚教授庆祝 60 岁生日。

会议的开幕式由上海市运筹学与控制论重点学科带头人、上海大学白延琴教授主持，上海大学常务副校长周哲玮教授，中国运筹学会名誉理事长越民义教授，中国运筹学会数学规划分会名誉理事长韩继业教授，上海大学张连生教授，美国北卡罗莱纳州立大学方述诚教授，中国科学院数学与系统科学研究院副院长汪寿阳教授，上海大学理学院执行院长翁培奋教授，冯·诺依曼理论奖获得者、上海大学名誉教授、美国斯坦福大学叶荫宇教授以及来自中国内地、中国香港、美国、澳大利亚、新加坡、中国台湾等多所知名高校的一百多位相关领域的专家、学者及博士研究生出席，开放实验室的部分学术委员也出席了会议。周校长在会上致欢迎辞，代表学校向来自海内外的与会人员表示欢迎，并致以感谢，他介绍了上海大学的运筹学与控制论，作为上海市重点学科，它的辉煌历史以及蓬勃的趋势，表达了校方对于此学科发展的高度重视，也希望通过此次会议，促进该学科与国内外同行之间的学术交流与合作，实现长足发展。周校长还特别介绍了方述诚教授对我国运筹学的发展，特别是上海大学运筹学与控制论学科所做的贡献。中国运筹学主要奠基人之一越民义教授，中国系统工程学会理事长、中国运筹学会副理事长汪寿阳教授，上海大学运筹与优化开放实验室学术委员会主任方述诚教授也分别致辞。本次会议有 7 个大会报告和 24 个邀请报告，主要就最优化领域和复杂系统等方面的研究展开交流，探讨与之相关的理论研究热点及实际应用背景。叶荫宇教授就 L2–Lp 范数的无约束优化问题展开了探讨，汪寿阳教授就 TEI@I 方法及其在经济分析与预测中的应用做了汇报，另外澳大利亚科厅大学张国礼教授、新加坡国立大学孙捷教授、中国台湾国立清华大学赖汉卿教授、上海大学刘曾荣教授、澳大利亚巴拉瑞特大学高扬教授分别报告了最新研究成果。

十二、金融创新与风险管理研讨会

美国次贷危机引发的国际金融危机对全球经济、金融各个层面均造成了严重的冲击，引发了学者和业界的深刻反思。同时，中国加入“WTO”十周年，国内金融业全面推进创新，究竟该如何科学认识金融创新与金融风险的关系，如何落实有效监管激励，引导、规范和保障创新，针对这些问题，2011 年 12 月 24 日，西南财经大学金融学院和中国社会

科学院《经济研究》杂志在西南财经大学联合举办了“金融创新与风险管理”研讨会。

研讨会主题报告阶段，《经济研究》主编裴长洪研究员做了题为《2011 年中国宏观经济形势分析》的主题报告，并分析了欧洲主权债务危机及其可行的三种解决方法，指出在这样一个金融危机余波未平、欧债危机风起云涌的关头，从外需拉动转向内需拉动，从偏重生产转向并重消费，是中国经济发展方式转变和经济可持续发展的现实选择。西南财经大学金融学院院长、长江学者特聘教授刘俊从微观经济的角度做了题为《资金成本和非对称信息》的主题报告，报告以三星、索尼等知名企业为例，向大家解释了他的最新研究成果及结论。

研讨会分组讨论进程中，来自全国高等院校和科研机构的专家、学者针对金融创新和风险管理的热点议题进行了广泛而深入的交流，形成三个主要的研讨内容和学术观点：①控制虚拟交易、防范金融风险；②提升监管有效性，确保我国银行、股市的稳健发展；③加强金融立法，规范金融创新。

此次会议共收到了来自全国各高校及金融机构的 50 余篇论文，经过评选，最终来自包括中国社会科学院经济研究所、南京大学、中国人民银行金融研究所、上海证券交易所、云南财经大学、广东金融学院、西南财经大学等单位的 21 篇论文入选。

第二节　管理科学与工程学科国际大事记

一、第 44 届夏威夷系统科学国际会议（The Forty-Fourth Hawaii International Conference on System Sciences，HICSS-44）

第 44 届夏威夷系统科学国际会议（HICSS-44）于 2011 年 1 月 4~7 日在夏威夷君悦考爱岛温泉度假村举行，本届会议收到超过 490 篇论文，围绕着系统科学研究主题，具体议题涉及 10 大领域。与以往历届夏威夷系统科学国际会议相同，此次会议仍然是以若干专题讨论会、研讨会和教程为亮点，会议期间，与会学者进行了广泛而深入的交流和研讨，会后，一些专题讨论会主持人还将其研讨内容在 HICSS 网站上进行了独立发布。

此次会议收录论文的选取标准十分严格，被收录论文均为尚未发表的学术成果，并且经过了细致的同行评审过程。在会议上，论文作者与相关学者针对该论文开展高度互动的会议讨论。由此，HICSS 为信息、计算和系统科学等相关领域学者和从业人员提供了一个独特的、能够充分交流经验的论坛。

此次 HICSS 由夏威夷大学马诺阿分校 Shidler 商学院主办。在计算机高速发展的近半个世纪时间，HICSS 已累计举办了 44 届，成为计算机科学和信息技术应用领域的重要事件。很少有会议能够坚持如此之久，发展如此壮大。今年，HICSS 收到来自世界各地的 30

多个国家和地区的超过700个注册，会议主办方精心选择最恰当的参会人员数量并努力打造会场的和谐氛围。

此次会议仍然吸引了相关领域内世界顶级的科学家、工程师和专业人士，他们在与会期间进行了高水平的激烈的学术碰撞。一些主要的主题，如协作系统、模型管理系统以及谈判支持系统的研究工作已基本启动，其相关演讲和论文已被HICSS收录。会后，许多HICSS收录的论文和报告成功在期刊发表或形成相关专著成果。其中一些发表在（Computer，IEEE Software，Decision Support Systems以及Journal of Management Information Systems）等重要刊物上。

二、2011年运作管理研究前沿国际研讨会（“Mostly OM”）

2011年5月29~31日，由清华大学经济管理学院和清华大学现代管理研究中心联合主办的第二届“Mostly OM”运作管理前沿国际研讨会在清华大学经济管理学院成功举办。此次研讨会得到了国家自然科学基金委员会以及清华大学经济管理学院的大力支持。研讨会联席主席由清华大学经管学院的三位特聘教授——哥伦比亚大学的David Yao教授、佐治亚理工学院的Jim Dai教授、密歇根大学Xiuli Chao教授以及清华大学经管学院的陈剑教授共同担任。

此次研讨会的主题依然围绕运作管理领域的最新国际前沿展开，共有来自哥伦比亚大学、麻省理工学院、清华大学等知名高校的13位国际顶尖学者和学术新星，通过讲座和报告的形式，为与会者带来了运作管理领域最新的观点见解和研究成果。会议共吸引了来自麻省理工学院、清华大学、北京大学、上海交通大学、香港科技大学、香港理工大学、澳门大学、达拉斯德州大学、威斯康辛大学和新加坡国立大学等国内外50余所高校共计200多名教授与博士研究生报名参加。

会议联席主席、清华大学经管学院管理科学与工程系系主任陈剑教授为大会致辞。会上，来自哥伦比亚大学的Garrett J. van Ryzin教授以Choice-Based Revenue Management为题做了专题讲座，从顾客行为的角度介绍了收益管理的研究模型、研究方法以及策略等内容。圣路易斯华盛顿大学的Yossi Aviv教授、纽约大学的René A. Caldentey教授、明尼苏达大学的William L. Cooper教授、宾州州立大学的Susan Xu教授等多位该领域的顶尖学者也就研究前沿带来了精彩的学术报告。

研讨会中的讲座和报告主要围绕会议主题“收益管理与动态定价”展开，并涉及运作管理前沿领域的多个热点话题。Yossi Aviv教授、William L. Cooper教授、Leon Yang Chu教授、Vivek Farias教授等从顾客选择行为的角度介绍了收益管理和动态定价领域的相关发展，René A. Caldentey教授提出了运作管理中的金融决策问题，L. Jeff Hong教授重点介绍了CVaR与VaR风险控制估计方法的比较，Anton Kleywegt教授则通过讨论卖方资源交换的影响，为收益管理模型提供了新的视角。其他报告则覆盖当前运作管理领域内一些倍受关注的问题，如Özalp ÖZER教授介绍了不对称信息下动态演化过程中的机制设计问题，

Amy Ward 教授的报告关注服务系统中的公平性问题，Susan Xu 教授则在动态伪订单的情形下介绍了 ATP 装配系统的管理问题。

参会师生及各位主讲教授都对此次会议给予了高度评价。哥伦比亚大学 Garrett J.van Ryzin 教授会后表示，此次会议的规格已达到本领域的世界顶尖水准，希望有机会能够再次来清华参加此项运作管理研究领域的盛事，与更多师生交流；香港科技大学 L. Jeff Hong 教授等认为本次会议对于促进国内外运作管理研究工作的交流和推动亚太地区运作管理研究的发展起着重要作用；圣路易斯华盛顿大学的 Yossi Aviv 教授表示感谢这次会议带来的高水准学术交流，自己也从与参会师生的交流和互动中受益良多。

作为清华大学经管学院着力打造的运作管理领域的国际顶级学术交流平台，本届 “Mostly OM” 的成功举办，进一步提升了清华经管学院在运作管理领域研究的地位和水准，同时极大地帮助了国内外从事相关研究的学者们拓展视野、把握运作管理研究的前沿动向。

三、第 19 届国际运筹学联合会大会（The 19th Triennial Conference of the International Federation of Operational Research Societies，IFORS2011）

2011 年 7 月 10~15 日第 19 届国际运筹学联合会大会（The 19th Triennial Conference of the International Federation of Operational Research Societies，IFORS2011）在澳大利亚墨尔本国际会议中心召开。国际运筹学联合会大会是由国际运筹学联合会（IFORS）主办的系列会议，每三年举办一次，是国际运筹学界最大规模的会议。中国大陆的近 50 名运筹学与管理科学学者与近千名国际同行参加了本届大会。

本届大会的主题是“世界运筹：全球经济与可持续环境”（World OR：Global Economy and Sustainable Environment）。大会特邀了 3 个大会报告，并设了 56 个专题分组会。会议期间进行了“运筹学进展奖”评奖。经初选进入决赛的 6 个高水平的运筹学实际应用项目的代表分别作了答辩报告，最后经过专家讨论，评选出一等奖和二等奖各一项；中国科学院研究生院郭田德教授代表其研究团队进行了答辩，获得提名奖。会议期间，IFORS 还举行了理事会工作会议，商讨 IFORS 的发展和换届工作，并投票决定下届国际运筹学联合会大会于 2014 年在西班牙巴塞罗那举办。中国运筹学会理事长袁亚湘研究员作为亚太地区运筹学联合会主席，还召集了亚太区域运筹学会理事会。会议商讨了 2012 年将在中国西安举办的第 10 届亚太运筹学联合会大会的准备工作。中国运筹学会组织了由国内 27 位运筹学及相关领域的专家学者组成的代表团参加了本届大会，并在会前与位于悉尼的 Macquarie University 共同举办了中—澳最优化研讨会。

四、海外华人学者管理科学与工程协会第四次国际年会（The Forth International Annual Conference of the Overseas Chinese Scholars Association in Management Science and Engineering）

海外华人学者管理科学与工程协会（OCSAMSE）第四次国际年会将于 2011 年 7 月 23~24 日在天津大学举行。该协会为目前海外管理科学与工程领域的华人学者的唯一代表性组织，其成员包括活跃在美国、加拿大、英国、新加坡、中国大陆、中国香港、中国台湾的优秀华人学者，关注中国管理理论与实践的非华人学者，以及常驻中国的知名跨国企业的相关代表。OCSAMSE 自 2007 年末创立以来，借助于国际年会这一重要方式旨在推动管理理论和实践在中国的发展，促进海内外管理领域学术界和工业界之间的交流，构筑海内外优秀管理科学与工程学者和杰出企业家领袖之间的对话平台，分享他们的经验和新的研究成果。本协会的系列年会在很短的时间内迅速发展成为国内该领域国际化程度和规格最高的学术会议，并且始终十分注重理论与实践的密切结合。

本次国际年会组委会期望“运营管理的新前沿（New Frontiers in Operations Management）”这一主题能够引导大会关注运营管理领域已经出现的新挑战。特别是在中国，劳动力成本上涨、对可持续发展的强调和高度关注企业社会责任感等都昭示了新的挑战和机遇。因此，我们诚邀管理科学与工程领域的海内外专家学者提交论文，参加论文演讲，并参与优秀论文奖大赛的评选。

五、2011 年国际统计与管理工程学术研讨会（2011 International Institute of Statistics & Management Engineering Symposium）

为构建学术交流平台，增进世界范围内统计与管理科学、管理工程领域的相互了解，在成功举办“2008 年国际应用统计学术研讨会”、“2009 年国际应用统计学术研讨会”、“2010 年国际统计与管理工程学术研讨会”的基础上，“2011 年国际统计与管理工程学术研讨会”由中国现场统计研究会统计综合评价研究分会、澳大利亚 Aussino Academic Publishing House、山东省应用统计学会联合发起，山东省应用统计学会具体承办，济南大学管理学院和上海南康科技有限公司协办。会议于 2011 年 7 月 24~29 日在辽宁省大连市顺利召开。

本届会议的主题是“当今世界应用统计、管理科学的创新与发展”，围绕统计领域和管理领域的 20 余个议题面向国内外征集论文。先后有 1200 多名作者向大会投稿，大会组委会组织有关专家从众多来稿中筛选出 800 多篇论文作为本次学术研讨会的交流论文，拟从中筛选出部分优秀论文出版相应的纸介质英文版论文集，分别提交 ISTP 和 EI 检索。

来自中国大陆、中国台湾、中国香港、美国、加拿大、英国、日本等国家和地区的论文作者代表，特别邀请的统计界、管理工程界的一些知名学者以及相关方面的领导和嘉宾共 200 多人参加会议。参会代表围绕“统计理论方法、统计应用、管理科学、管理工程”

等四个议题进行深入的探讨和交流，有7位专家先后在大会上作了主题报告，其余代表分别在相应的分会场上进行了专题发言。

六、第五届国际组合优化及其应用会议（The 5th Annual International Conference on Combinatorial Optimization and Applications，COCOA2011）

2011年8月4~6日中国运筹学会图论组合专业委员会承办的第五届国际组合优化及其应用会议（The 5th Annual International Conference on Combinatorial Optimization and Applications，COCOA2011）在张家界召开。学会秘书长胡晓东研究员担任本次会议主席。近50名来自世界各地的专家学者参加了本次会议并做了报告，他们分别来自13个国家和地区，其中包括中国、法国、美国、加拿大、韩国、日本、意大利、马来西亚、英国、德国、印度、中国香港及中国台湾。

会议的议题主要包括算法和数据结构、近似算法、生物信息学、计算代数、计算几何、计算金融、计算博弈论、计算数论、计算生物学、计算学习理论、通信网络、图论及其算法、网络优化、排序、资源管理、并行和分布式计算等。会议的论文集由斯普林格出版社作为计算科学系列丛书（Lecture Notes in Computer Science）中的第6831卷在会前出版。此外会后“Discrete Mathematics”，“Algorithms and Applications”，“Journal of Combinatorial Optimization”和“Theoretical Computer Science”等四家国际期刊为本次会议出版专辑。

七、第五届IEEE国际系统生物学会议（The 5th IEEE International Conference on Systems Biology，ISB2011）

2011年9月2~4日中国运筹学会计算系统生物学分会成立大会暨分会主办的第五届IEEE国际系统生物学会议（The 5th IEEE International Conference on Systems Biology，ISB2011）在珠海召开。

由计算系统生物学分会理事长陈洛南研究员及中国运筹学会名誉理事长章祥荪研究员共同担任本次会议主席。在第五届IEEE国际系统生物学会议召开之前举行了中国运筹学会计算系统生物学分会的成立典礼。中国运筹学会计算系统生物学分会理事长、中国科学院上海生命科学研究院系统生物学重点实验室执行主任陈洛南研究员主持了分会的成立典礼。他首先宣布了中国运筹学会关于成立计算系统生物学分会的决定，并简单回顾了分会筹备成立的过程，介绍了分会的组织机构。中国运筹学会理事长、中国科协第七届全国委员会委员、中国科学院数学与系统科学研究院袁亚湘研究员出席成立典礼并讲话。中国运筹学会名誉理事长、国际运筹学联合会副主席、中国科学院数学与系统科学研究院章祥荪研究员代表计算系统生物学分会顾问委员会致辞。随后中国科学院应用数学所所长、中国科学院国家数学与交叉科学中心生物/医学交叉研究部主任巩馥洲研究员代表分会挂靠单位表示，应用数学所、数学与系统科学研究院以及国家数学与交叉科学中心对分会的工作将给予全方位的支持。来自全国各高校以及研究机构的计算系统生物学研究领域的 120 位代表参加了成立典礼。

随后，由计算系统生物学分会主办的第五届 IEEE 国际系统生物学会议开幕。近 120 名来自世界各地的专家学者参加了本次会议并做了精彩报告，他们分别来自 17 个国家和地区，其中包括中国、美国、加拿大、日本、波兰、泰国、新加坡、中国香港及中国台湾等。会议的议题主要包括网络生物学、网络医学、生物信息学、计算生物学、机器学习、化学信息学、深度测序数据分析等。会议的论文集由 IEEE 出版社出版。此外会后国际系统生物学顶级期刊“BMC Systems Biology”为本次会议出版专辑。

八、工业工程与工程管理国际学术会议（IE & EM International Conference）

作为全球经济的持续驱动力，工业工程与工程管理为全球经济增长做出了杰出的贡献。在成功举办了十七届会议的基础上，第十八届工业工程与工程管理国际学术会议于 2011 年 9 月 3~5 日在吉林长春召开，本届会议的主题是“集工业工程专家之智慧，促进产业创新与发展，助推全球经济腾飞”，重点回顾、交流、总结和推广在过去一年里工业工程领域中所取得的成果，并对其未来发展提出新的设想和展望。与本届国际会议同期召开了由中国机械工程学会工业工程分会主办的 2011 年第二届工业工程企业应用与实践高峰论坛。

本次大会由中国机械工程学会工业工程分会和 IEEE 北京分会联合主办，由吉林大学承办，会议围绕着“高级决策分析与方法”、“工程经济与成本分析”、“项目管理与知识管理”、“信息系统与电子商务”等工业工程管理方向展开，共征集了来自世界各国相关领域学者和从业人员的学术论文 1000 余篇，被会议收录的论文均被 IEEE Xplore 收录同时被 EI 检索。

作为工业工程与工程管理领域的主要国际性学术盛会，IE&EM 的使命就是为这一领域的专家、学者和企业界人士提供一个理论研究、成果展示和实践探索的交流平台，以期推动工业工程在高校和企业中的发展及应用。

九、管理科学与工程国际会议（International Conference on Management Science and Engineering，ICMSE）

2011 管理科学与工程国际会议（第 18 届）于 2011 年 9 月 14~16 日在意大利罗马第二大学举行，包括意大利 University of Salento、法国 Université de Toulouse、澳大利亚 University of Ballaratt、哈尔滨工业大学、中山大学、华中科技大学、东北大学、东南大学、北京科技大学等共 14 所大学在内的 50 余名代表出席了此次会议。

本次会议意方组委会主席 Paolo Mancuso 教授主持会议。在开幕式上，哈工大副校长任南琪院士、罗马第二大学工程管理学院院长 Vittorio Rocco 教授致欢迎辞，IEEE 技术管理委员会主席 Gus Gaynor 教授致辞，罗马第二大学工程管理学院原院长 Agostino LA BEL-

LA 教授、Consel-Consorzio ELIS 副校长 Michele Crudele、Australia University of Ballaratt 的 Zhai Qingguo 教授、Fellow of the German Marshall Fund of the United States 的 Carlo Papa 教授和哈工大管理学院工商管理系主任张莉教授等国内外知名学者做了精彩的大会报告，与会学者在①创新，②企业融资和投资，③工作满意度和企业承诺，④评价模型，⑤测量与控制，⑥信息共享，⑦建模与优化，⑧人类发展与分工，⑨外国直接投资和金融市场等专题分组中做了学术报告并进行了深度交流。

会议期间，哈工大管理学院院长于渤教授与 IEEE 技术管理委员会主席 Tuna TARIM 的代表即 IEEE 第六分部主席 Irving Engelson 教授签署了合作备忘录。2011 年 IEEE 对其资助的 600 多个会议进行了重新审查，最后有 200 多个会议通过审查，本会议也通过审查继续获得 IEEE 的技术赞助，并且从 2011 年开始 IEEE 将与 ISI/Thomson Reuters' SCI、SS-CI 和 ISTP 合作，本会议也将进入 ISI 的 SCI 和 SSCI 数据库。

本次会议收到来自澳大利亚、美国、法国、俄罗斯、英国、瑞士、印度以及中国大陆的论文 832 篇，经过专家匿名评审录用论文 220 篇。会议论文集由 IEEE 出版管理集团出版，论文集被 EI、ISTP 和 IEEE 的 Xplore 检索。

十、2011 年统计与管理科学国际会议（2011 International Conference of Statistics and Management Science，SMS 2011）

2011 年 9 月 24 日上午，由中国现场统计研究会与重庆理工大学联合主办的“2011 年统计与管理科学国际会议”在重庆理工大学国际学术报告厅隆重开幕。

“统计与管理科学国际会议”是国内统计学学科的峰会，精英荟萃，专家云集。此次会议是统计学成为一级学科以来的第一次会议。会议旨在围绕统计理论、方法及其应用的前沿问题开展广泛的国际学术交流，加强统计与管理学科的融合与交流，更好地促进统计方法与管理科学在经济和社会发展各个领域的结合和推广应用。会议的主题紧扣重庆市“十二五”发展规划纲要的内容，很好地切合了重庆市积极打造内陆地区金融高地、国内最大离岸数据开发和处理中心、云计算中心以及大力发展以信息产业为主导的战略性新兴产业的发展潮流，对推动重庆市重点发展的信息产业、金融业、云计算产业和生物制药业等支柱产业的发展意义重大。

参加会议的有来自海内外 94 个高等院校和科研院所的近 200 名代表，囊括了几乎所有国内一流的统计学家和管理专家。其中既有“千人计划”入选者，又有国家重点实验室首席科学家，还有一批国家杰出青年基金获奖者、长江学者讲座教授等，代表了国内统计与管理科学界的最高水平。

重庆市政协副主席、重庆数学会理事长陈贵云，重庆市教委副主任舒立春，大会名誉主席、重庆理工大学党委书记朱新才，大会主席、中国现场统计研究会资源与环境统计分会理事长周勇，大会副主席、中国科学院数学与系统科学研究院副院长陈敏，中国现场统计研究会前理事长杨振海，重庆理工大学副校长许洪斌等领导与专家出席了开幕式并在主

席台就座。重庆理工大学数学与统计学院院长程新跃主持了开幕式。许洪斌、周勇、陈敏等相继致辞，市政协副主席陈贵云在开幕式最后作了热情洋溢的发言，在向中外来宾简要介绍了重庆的概况以后，他热烈祝贺大会在重庆召开，并期望这次盛会对推动重庆的数学、统计学、管理学、经济学以及信息科学等学科的发展产生积极影响。

重庆理工大学数学与统计学院院长程新跃教授、东北师范大学数学与统计学院院长郭建华教授在开幕式后接受部分媒体采访时，用深入浅出的案例介绍了统计学的发展历程，以及在当代社会发展及经济生活中的运用。郭建华结合长春市市长公开电话的案例说明，统计学及其应用已经成为服务当前社会和经济管理的重要手段。程新跃介绍说，重庆理工大学的统计学已经被批准为一类学科。在数学与统计学发展及应用上，重庆近几年发展很快。这次大会带来的学术成果以及人才流动，对重庆统计学、管理学、经济学以及信息科学等学科的发展影响巨大，意义深远。

十一、第五届模糊信息与工程国际会议（The 5th International Conference on Fuzzy Information and Engineering)

2011 年 10 月 15~17 日由中国运筹学会模糊信息与工程分会、广州大学、伊朗 Mazandaran 大学联合举办，西南石油大学承办的第五届模糊信息与工程国际会议，在四川省成都市西南石油大学召开。来自世界各国 20 余所高等院校和科研机构代表 80 余人出席了会议。

10 月 15 日上午在西南石油大学学术报告厅举行了隆重的开幕式，中国运筹学会模糊信息与工程分会常务副理事长、大连大学教授、博士生导师邹开其教授主持了大会；西南石油大学赵正文副校长代表承办单位致欢迎辞；本届大会主席、中国运筹学会模糊信息与工程分会理事长、广州大学博士生导师曹炳元教授致开幕辞；辽宁师范大学邹丽教授代表参会人员作了热情洋溢的发言。开幕式后，开始了紧凑而有序的大会报告，伊朗 Mazandaran 大学的 Hadi Nasseri 教授、西南交通大学的徐扬教授、西南师范大学的王学平教授、西南石油大学的刘志斌教授、伊朗 Faezeh. Zahmatkesh 博士分别做了高水平的大会报告。会议组织了 4 个分组报告。本次会议共收到模糊数学理论与应用、模糊信息与工程等方面的中英文论文共 138 篇，论文经过严格审查，共录用 58 篇，英文论文主要发表在由世界一流出版社 Springer 出版的、EI/ISTP 收录的会议论文集 Advance in Intelligent and Soft Computing 上，中文论文主要发表在江南大学学报自然科学版上，会后选取部分优秀英文论文发表在国际杂志 Fuzzy Information and Engineering。

十二、2011 年 IEEE 智能系统与知识工程国际会议（2011 IEEE International Conference on Intelligent Systems and Knowledge Engineering，ISKE 2011)

2011 年 IEEE 智能系统与知识工程国际会议（ISKE2011）于 2011 年 12 月 15~17 日在

上海举行。智能系统与知识工程国际会议为系列会议，已连续成功举办了5届，包括ISKE2006（上海）、ISKE2007（成都）、ISKE2008（厦门）、ISKE2009（比利时哈瑟尔特）、ISKE2010（杭州）。本届会议（ISKE2011）由上海交通大学主办，加利福尼亚州立大学、西南交通大学、比利时核研究中心协办。会议旨在为全世界智能系统、知识工程领域的专家、学者和专业技术人员提供一个交流最新研究成果的机会。

本次会议征集了智能计算、机器学习、模式识别、知识发现、模糊推理与概率推理、自然语言处理、语音及图像处理及识别、知识管理、内容管理、多 agent 系统、新型智能计算、智能控制、智能系统与知识工程在工业、商务、医疗、科学及政务等众多领域的研究成果，来自全世界各国的科研工作者向此次会议积极提交论文。会议具体围绕“智能系统”和“知识工程”两大议题开展了热烈而卓有成效的学术研讨。

会议中所有被录用的论文由 Springer 出版公司出版，Ei Compendex 与 ISTP 进行了收录并提供全文检索。部分优秀论文将被推荐到 SCI 检索期刊发表。

十三、行为运筹学与行为运作管理国际研讨会（International Workshop on Behavioral Operations Management）

行为运筹学与行为运作管理（BOR/BOM）是将人的行为与传统的运筹管理（OR/OM）相结合，针对含有人的系统开展研究工作。它是运筹学与管理科学（OR/MS）学科的重要领域，近年来受到广泛的关注。继成功举办“2009年、2010年行为运筹学与行为运作管理国际研讨会”后，为进一步促进我国行为运筹学与行为运作管理的研究和应用，并加强相关领域学者的国际合作。2011年12月18~19日在北京举办“2011年行为运筹学与行为运作管理国际研讨会”。

此次大会由清华大学工业工程系主办，会议紧密围绕行为运筹学与行为运作管理应用的最新科研成果和前沿问题。研讨会开幕仪式由清华大学工业工程系赵晓波教授主持，而特约主题报告阶段由美国北卡罗莱纳州立大学工业与系统工程系方述诚教授主持，荷兰鹿特丹伊拉斯姆斯大学 Peter P. Wakker 做主题为“An Efficient Way to Grade Students，to Measure Subjective Degrees of Beliefs，and to Obtain Neuro-Imaging Data for Free，Based on Modern Theories of Behavior under Risk and Ambiguity”的特约学术报告，来自美国宾州州立大学的学者 Gary Bolton 和 Elena Katok 分别以行为经济工程和运作管理中的实验方法为主题做特约学术报告。在此基础上，会议以圆桌会议方式开展了分组研讨，应邀出席的国际知名学者和相关专家学者针对分项主题热烈讨论了行为运筹学与行为运作管理未来在我国的研究方向，并探讨了国内外学者开展合作研究的模式。

第五章　管理科学与工程学科 2011 年文献索引

第一节　国内期刊论文

[1] John P. Walsh，洪伟. 美国大学技术转移体系概述 [J]. 科学学研究，2011，29（5）：641–649.

[2] 艾时钟，杜荣，张卫莉，等. 基于思维法则学的群决策方法及其应用 [J]. 中国管理科学，2011，1：177.

[3] 艾时钟，尚永辉，信妍. IT 外包知识转移影响因素分析——基于关系质量的实证研究 [J]. 科学学研究，2011，29（8）：1216–1222.

[4] 安辉，钟红云. 基于金融市场效率的美国金融监管有效性研究 [J]. 预测，2011，6：24–29.

[5] 安实，徐照宇. 双侧风险度量方法及其在投资组合优化模型中的应用 [J]. 运筹与管理，2011，2：160–169.

[6] 安彤. 模糊需求环境下供应商管理库存的延迟订货管理 [J]. 系统工程，2011，29（5）：92–97.

[7] 白海青，毛基业. 影响 ERP 成功应用的关键因素因果模型——上线后的视角 [J]. 管理世界，2011，3：102–111.

[8] 白洁. 基于吸收能力的逆向技术溢出效应实证研究 [J]. 科研管理，2011，32（12）：41–45.

[9] 白俊红，李婧. 政府 R&D 资助与企业技术创新——基于效率视角的实证分析 [J]. 金融研究，2011，6：181–193.

[10] 包国宪，孙斐. 演化范式下中国地方政府创新可持续性研究 [J]. 公共管理学报，2011，1：104–112.

[11] 包国宪，王学军，柯卉. 服务科学：概念架构、研究范式与未来主题 [J]. 科学学研究，2011，29（1）：18–24.

[12] 包海波，徐明华，陈锦其. 专利保护水平与企业专利保护需求 [J]. 科研管理，

2011, 32（11）: 71–77.

［13］包玲玲，王韬. 转型背景下雇佣关系模式对员工助人行为的影响［J］. 管理学报，2011，10（11）：1646–1654.

［14］包群，邵敏. 研发扩散、工资外溢与我国科技人员配置［J］. 科研管理，2011，32（12）：33–40.

［15］包兴. 考虑管理者风险态度因子的生产运作系统能力应急管理模型研究［J］. 管理工程学报，2011，3：37–42.

［16］薄洪光，黄文秋，陈胜武. 基于作业过程的钢铁企业制造资源清单模型［J］. 工业工程与管理，2011，6：50–54.

［17］宝贡敏，刘枭. 感知组织支持的多维度构思模型研究［J］. 科研管理，2011，32（2）：160–168.

［18］毕克新，杨朝均，黄平. FDI 对我国制造业绿色工艺创新的影响研究——基于行业面板数据的实证分析［J］. 中国软科学，2011，9：172–180.

［19］毕克新，赵瑞瑞，冉东生. 基于因子分析的国际科技合作知识产权保护影响因素研究［J］. 科学学与科学技术管理，2011，32（1）：12–17.

［20］边江泽，赵震宇. 中国股市二级市场交易基金收益与交易成本的关系研究［J］. 数理统计与管理，2011，30（5）：931–941.

［21］卞秋香，姚洪兴. 复杂网络的线性广义同步［J］. 系统工程理论与实践，2011，31（7）：1334–1340.

［22］卞松保，柳卸林. 国家实验室的模式、分类和比较——基于美国、德国和中国的创新发展实践研究［J］. 管理学报，2011，10（4）：567–576.

［23］卞曰瑭，何建敏，庄亚明. 股市投资网络模型构建及其稳定性［J］. 系统工程，2011，29（12）：19–25.

［24］卜华白，高阳. 我国铅锌企业低碳生产水平的“DS–BP”评价模型及其实证检验［J］. 管理评论，2011，4：03–11.

［25］部慧，何亚男. 考虑投机活动和库存信息冲击的国际原油期货价格短期波动［J］. 系统工程理论与实践，2011，31（4）：691–701.

［26］才静涵，夏乐. 卖空制度、流动性与信息不对称问题研究——香港市场的个案［J］. 管理科学学报，2011，2：71–85.

［27］蔡安辉. 实际控制人类型、市场化程度与民营企业金字塔结构的经济后果［J］. 管理评论，2011，8：9–20.

［28］蔡地，万迪，罗进辉. 阶段融资情境下不同债务契约激励效应的实验研究［J］. 系统工程，2011，29（10）：41–50.

［29］蔡风景，李哲，李元. 基于体制转换的图模型方法及其在证券市场的应用［J］. 系统工程理论与实践，2011，31（5）：881–888.

［30］蔡付龄，廖貅武，陈刚. 离岸服务外包承接地的分类决策方法［J］. 系统管理学

报，2011，5：520.

[31] 蔡宏波. 外包与劳动生产率提升——基于中国工业行业数据的再检验 [J]. 数量经济技术经济研究，2011，1：63-75.

[32] 蔡建湖，韩毅，周根贵，等. 基于承诺契约的两级供应链库存决策模型 [J]. 系统工程理论与实践，2011，31（10）：1879-1891.

[33] 蔡莉，朱秀梅，刘预. 创业导向对新企业资源获取的影响研究 [J]. 科学学研究，2011，29（4）：601-609.

[34] 蔡宁. 解禁股份交易中的“择时”行为与大股东侵害 [J]. 南开管理评论，2011，4：90-99.

[35] 蔡庆丰，陈娇. 证券分析师缘何复述市场信息——基于市场反应的实证检验与治理探讨 [J]. 中国工业经济，2011，7：140-149.

[36] 蔡跃洲. 技术经济方法体系的拓展与完善——基于学科发展历史视角的分析 [J]. 数量经济技术经济研究，2011，11：138-147.

[37] 柴建，郭菊娥，龚利，等. 基于 Bayesian-SV-SGT 模型的原油价格“Value at Risk”估计 [J]. 系统工程理论与实践，2011，31（1）：8-17.

[38] 程茂勇，赵红. 市场势力对银行效率影响分析——来自我国商业银行的经验数据 [J]. 数量经济技术经济研究，2011，10：78-91.

[39] 陈昀，贺远琼，陈向军. TMT 特征对多元化与企业绩效关系的调节效应研究 [J]. 预测，2011，1：10-17.

[40] 邓新明. 我国民营企业政治关联——多元化战略与公司绩效 [J]. 南开管理评论，2011，4：4-15.

[41] 何龙飞，赵道致. 反应型供应链多层库存运输优化与模糊博弈协调 [J]. 系统工程理论与实践，2011，31（10）：1864-1878.

[42] 何浩然. 个人和家庭跨期决策与被试异质性——基于随机效用理论的实验经济学分析 [J]. 管理世界，2011，12：12-20.

[43] 韩立岩，李伟，林忠国. 不确定环境下的期权价格上下界研究 [J]. 中国管理科学，2011，1：1.

[44] 江孝感，蔡宇. 向量 MRS-GARCH 模型波动持续性研究 [J]. 管理科学学报，2011，8：54-64.

[45] 蒋国银，胡斌. 集成博弈和多智能体的人群工作互动行为研究 [J]. 管理科学学报，2011，2：29-41.

[46] 李永立，吴冲，王崖声. 基于图论和信息最大化保留的在线推荐方法 [J]. 系统工程理论与实践，2011，31（9）：1718-1725.

[47] 李永友，徐楠. 个体特征、制度性因素与失地农民市民化——基于浙江省富阳等地调查数据的实证考察 [J]. 管理世界，2011，1：62-70.

[48] 李友，江志斌，李娜，等. 晶圆制造系统投料策略综述 [J]. 工业工程与管理，

2011，6：108–114.

[49] 李宇雨，但斌，黄波. 考虑客户驱动需求替代的产品生产组合及零部件补货策略 [J]. 系统工程理论与实践，2011，31（3）：471–479.

[50] 李玉刚，张腾. 企业战略行动成败与行动进程安排之间的关系——合法性视角下的多案例研究 [J]. 管理学报，2011，10（2）：195–205.

[51] 李玉龙，李忠富. 基于 DEA 和神经网络集成模型的我国基础设施投资有效性预测研究 [J]. 运筹与管理，2011，6：88–98.

[52] 李玉琼，朱桂龙. 企业生态系统竞争共生战略模型 [J]. 系统工程，2011，29（6）：71–77.

[53] 李煜华，高杨. 基于 Logistic 函数的互补关系创新产品的扩散叠加模型研究 [J]. 管理学报，2011，10（6）：925–928.

[54] 李云飞，周宗放. 基于过度自信和监督机制的风险投资契约模型 [J]. 预测，2011，4：48–54.

[55] 李云飞，周宗放. 基于委托—代理关系的风险投资家激励契约模型 [J]. 管理学报，2011，10（6）：872–878.

[56] 李云鹤，李湛，唐松莲. 企业生命周期、公司治理与公司资本配置效率 [J]. 南开管理评论，2011，3：110–121.

[57] 李云鹤，李湛. 自由现金流代理成本假说还是过度自信假说？——中国上市公司投资——现金流敏感性的实证研究 [J]. 管理工程学报，2011，3：155–161.

[58] 李云仙，王学仁. 带有缺失数据的结构方程模型中的模型选择问题 [J]. 数理统计与管理，2011，31（6）：1011–1021.

[59] 李增福，董志强，连玉君. 应计项目盈余管理还是真实活动盈余管理？——基于我国 2007 年所得税改革的研究 [J]. 管理世界，2011，1：121–134.

[60] 林强，叶飞，陈晓明. 随机弹性需求条件下基于 CVaR 与收益共享契约的供应链决策模型 [J]. 系统工程理论与实践，2011，31（12）：2296–2307.

[61] 刘立. 创新系统功能论 [J]. 科学学研究，2011，29（8）：1121–1128.

[62] 刘庆富，朱迪华，周思泓. 恒生指数期货与现货市场之间的跳跃溢出行为研究 [J]. 管理工程学报，2011，1：115–120.

[63] 刘小玄，周晓艳. 金融资源与实体经济之间配置关系的检验——兼论经济结构失衡的原因 [J]. 金融研究，2011，2：57–70.

[64] 刘怡君，顾基发. 基于 QSIM 算法的舆论主体行为模拟研究 [J]. 管理评论，2011，9：86–92.

[65] 柳毅，沈勤. 带时间窗可回程取货车辆路径问题的元胞鱼群算法 [J]. 系统管理学报，2011，6：739.

[66] 龙方，杨重玉，等. 自然灾害对中国粮食产量影响的实证分析——以稻谷为例 [J]. 中国农村经济，2011，5：33–44.

[67] 龙海明，唐怡，凤伟俊. 我国信贷资金区域配置失衡研究 [J]. 金融研究，2011，9：54-64.

[68] 龙静，汪丽. 并购后威胁感知与心理安全对员工创新的影响——基于高科技企业的实证研究 [J]. 科学学研究，2011，29（9）：1382-1388.

[69] 龙泉，丁永生. 零售信用组合的信用传染 [J]. 管理科学，2011，24（2）：94-102.

[70] 龙瑞，谢赤，曾志坚，等. 高频环境下沪深 300 股指期货波动测度——基于已实现波动及其改进方法 [J]. 系统工程理论与实践，2011，31（5）：813-822.

[71] 龙小兵. 企业研发项目绩效评价体系实证研究 [J]. 系统工程，2011，29（12）：116-119.

[72] 龙勇，付建伟. 资源依赖性、关系风险与联盟绩效的关系——基于非对称竞争性战略联盟的实证研究 [J]. 科研管理，2011，32（9）：91-99.

[73] 龙勇，李世清. 规模型竞争性联盟中结构模式选择的实证研究 [J]. 科研管理，2011，32（5）：112-119.

[74] 彭军龙，张学民. 灾害气候环境下道路交通安全动态趋势预警分析方法 [J]. 系统工程，2011，29（4）：66-70.

[75] 彭俊伟，杨忠直. 产品再利用的经济评价研究 [J]. 系统管理学报，2011，2：202.

[76] 彭涛，魏建. 基金产品零售中的金融消费者保护研究 [J]. 金融研究，2011，2：149-160.

[77] 彭新敏，吴晓波，吴东. 基于二次创新动态过程的企业网络与组织学习平衡模式演化——海天 1971~2010 年纵向案例研究 [J]. 管理世界，2011，4：138-148.

[78] 彭新敏. 企业网络与利用性—探索性学习的关系研究：基于创新视角 [J]. 科研管理，2011，32（3）：15-22.

[79] 彭煦舟，曾国屏. 运动的巴斯德象限——以 LED 为例对科学—技术螺旋互动律的考察 [J]. 科学学研究，2011，29（8）：1135-1140.

[80] 乔玉婷，曾立. 战略性新兴产业的军民融合式发展模式研究 [J]. 预测，2011，5：1-5.

[81] 秦剑. 组织学习、技术合作与跨国公司在华突破性创新 [J]. 管理学报，2011，10（11）：1655-1662.

[82] 秦海军，闫在在. 比类型估计量在数量特征随机化回答技术中的应用 [J]. 数理统计与管理，2011，31（6）：1003-1009.

[83] 秦辉，邱宏亮，吴礼助. 运动鞋品牌形象对感知、满意、忠诚关系的影响研究 [J]. 管理评论，2011，8：93-102.

[84] 秦建群，吕忠伟，秦建国. 农户分层信贷渠道选择行为及其影响因素分析——基于农村二元金融结构的实证研究 [J]. 数量经济技术经济研究，2011，10：37-49.

[85] 秦剑，徐子彬. 跨国公司在华新产品开发的绩效提升机制研究 [J]. 中国软科学，2011，3：128-139.

[86] 邱若臻，黄小原. 基于最小最大后悔值准则的供应链鲁棒协调模型 [J]. 系统管理学报，2011，3：296.

[87] 孙瑾，张红霞. 服务品牌名字的暗示性对消费者决策的影响——基于服务业的新视角 [J]. 管理科学，2011，24（5），56-69.

[88] 盛昭瀚，张维. 管理科学研究中的计算实验方法 [J]. 管理科学学报，2011，14（5）：1-10.

[89] 田银华，周志强，廖和平，等. 基于 BP 神经网络的家族企业契约治理模式识别与选择研究 [J]. 中国管理科学，2011，159：166.

[90] 王俊，龚强，刘冲. 基于参数模拟的中国物业税调控能力研究 [J]. 管理科学学报，2011，12：87-96.

[91] 王淑新，何元庆，王学定. 中国入境旅游经济的集聚与分散的实证分析 [J]. 中国软科学，2011，10：123-130.

[92] 王舒，吴江宁. 基于企业引用网络的技术影响力评价研究 [J]. 科学学研究，2011，29（3）：396-402.

[93] 王双成，裴瑱，毕玉江. 经济周期转折点预测的动态贝叶斯网络分类器模型 [J]. 管理工程学报，2011，2：173-177.

[94] 吴振球，李华磊. 我国上市零售企业行业内并购技术效率研究 [J]. 数量经济技术经济研究，2011，7：36-49.

[95] 赵冠华. 基于邻域粗糙集属性约简的对偶约束式 LS-SVM 财务困境预测模型研究 [J]. 运筹与管理，2011，3：132-139.

[96] 赵武阳，陈超. 研发披露、管理层动机与市场认同：来自信息技术业上市公司的证据 [J]. 南开管理评论，2011，4：100-107.

[97] 张煜，汪寿阳. 不对称信息下供应商安全状态监控策略分析 [J]. 管理科学学报，2011，14（5）：11-18.

第二节　国际期刊论文

[1] Aadhaar Chaturvedi，Victor Martínez-De-Albéniz. Optimal Procurement Design in the Presence of Supply Risk [J]. Manufacturing and Service Operations Management，2011，13（2）：227-243.

[2] Adamantios Diamantopoulos. Incorporating Formative Measures into Covariance-Based Structural Equation Models [J]. MIS Quarterly，2011：335-358.

[3] Adel Hatami-Marbini, Madjid Tavana. An Extension of the Electre I Method for Group Decision-making under a Fuzzy Environment [J]. OMEGA, 2011, 39: 373-386.

[4] Alain Bensoussan, Qi Feng, Suresh P. Sethi. Achieving a Long-Term Service Target with Periodic Demand Signals: A Newsvendor Framework [J]. Manufacturing and Service Operations Management, 2011, 13 (1): 73-88.

[5] Bahar Biller, Canan G. Corlu. Accounting for Parameter Uncertainty in Large-ScaleStochastic Simulations with Correlated Inputs [J]. Operations Research, 2011, 59 (3): 661-673.

[6] Bollegala D., Matsuo Y., Ishizuka, M.. Automatic Discovery of Personal Name Aliases from the Web [J]. IEEE Transactions on Data and Knowledge Systems, 2011, 6: 831-844.

[7] Boonlit Adipat, Dongsong Zhang, Lina Zhou. The Effects of Tree-View Based Presentation Adaptation on Model Web Browsing [J]. MIS Quarterly, 2011: 99-121.

[8] Borgonovo E., Smith C. L.. A Study of Interactions in the Risk Assessment of ComplexEngineering Systems: An Application to Space PSA [J]. Operations Research, 2011, 59 (6): 1461-1476.

[9] Brent Furneaux, Michael Wade. An Exploration of Organizational Level Information Systems Discontinuance Intentions [J]. MIS Quarterly, 2011: 573-598.

[10] Choo, Adrian S.. Impact of a Stretch Strategy on Knowledge Creation in Quality Improvement Projects [J]. IEEE Transactions on Engineering Management, 2011, 1: 87-96.

[11] Christian H. Wei, Murat Caner Testik. The Poisson INAR (1) CUSUM Chart under Overdispersionand Estimation Error [J]. IIE Transactions, 2011, 43: 805-818.

[12] Christine Harbring, Bernd Irlenbusch. Sabotage in Tournaments: Evidence from a Laboratory Experiment [J]. Management Science, 2011, 57 (4): 611-627.

[13] Christophe Roquilly. Control Over Virtual Worlds by Game Companies: Issues and Recommendations [J]. MIS Quarterly, 2011: 653-671.

[14] Dan Zhang. An Improved Dynamic Programming Decomposition Approach for Network Revenue Management [J]. Manufacturing and Service Operations Management, 2011, 13 (1): 35-52.

[15] Dionne M. Aleman, Theodorus G. Wibisono, Brian Schwartz. A Nonhomogeneous Agent-Based Simulation Approach to Modeling the Spread of Disease in a Pandemic Outbreak [J]. Interface, 2011, 41 (3): 301-315.

[16] Enrique Del Castillo, Eduardo Santiago. A Matrix-T Approach to the Sequential Design of Optimization Experiments [J]. IIE Transactions, 2011, 43: 54-68.

[17] Eric Van Den Steen. Overconfidence by Bayesian-Rational Agents [J]. Management Science, 2011, 57 (5): 884-896.

[18] Erik Brynjolfsson, Yu (Jeffrey) Hu, Duncan Simester. Goodbye Pareto Principle,

Hello Long Tail: The Effect of Search Costs on theConcentration of Product Sales [J]. Management Science, 2011, 57 (8): 1373-1386.

[19] Erim Kardeş, Fernando Ordóñez, Randolph W. Hall. Discounted Robust Stochastic Games and an Application to Queueing Control [J]. Operations Research, 2011, 59 (2): 365-382.

[20] Ezgi C. Eren, Natarajan Gautam. Efficient Control for a Multi-product Quasi-batch Process via Stochastic Dynamic Programming [J]. IIE Transactions, 2011, 43: 192-206.

[21] Frunza O., Inkpen D., Tran T.. A Machine Learning Approach for Identifying Disease-Treatment Relations in Short Texts [J]. IEEE Transactions on Data and Knowledge Systems, 2011, 6: 801-814.

[22] Gad Allon, Achal Bassamboo, Itai Gurvich. "We Will Be Right with You": Managing Customer Expectations [J]. Operations Research, 2011, 59 (6): 1382-1394.

[23] Gad Allon, Achal Bassamboo. The Impact of Delaying the Delay Announcements [J]. Operations Research, 2011, 59 (5): 1198-1210.

[24] Gürhan Kök, A., Yi Xu. Optimal and Competitive Assortments with Endogenous Pricing Under Hierarchical Consumer Choice Models[J]. Management Science, 2011, 57 (9): 1546-1563.

[25] Güzin Bayraksan, David P. Morton. A Sequential Sampling Procedure for StochasticProgramming [J]. Operations Research, 2011, 59 (4): 898-913.

[26] Hong Ma, Zhaowei Miao, Andrew Lim, Brian Rodrigues. Crossdocking Distribution Networks with Setup Cost and Time Window Constraint [J]. OMEGA, 2011, 39: 64-72.

[27] Jack Stecher, Timothy Shields, John Dickhaut. Generating Ambiguity in the Laboratory [J]. Management Science, 2011, 57 (4): 705-712.

[28] Jae Ho Kim, Warren B. Powell. Optimal Energy Commitments with Storage andIntermittent Supply [J]. Operations Research, 2011, 59 (6): 1347-1360.

[29] Jae-Gil Lee, Jiawei Han, Xiaolei Li, Hong Cheng. Mining Discriminative Patterns for Classifying Trajectories on Road Networks [J]. IEEE Transactions on Data and Knowledge Systems, 2011, 5: 713-726.

[30] Kabak O., Ruan D.. A Cumulative Belief Degree-Based Approach for Missing Values in Nuclear Safeguards Evaluation [J]. IEEE Transactions on Data and Knowledge Systems, 2011, 10: 1441-1454.

[31] Kalashnikov D.V., Mehrotra S., Jie Xu, Venkatasubramanian N.. A Semantics-Based Approach for Speech Annotation of Images [J]. IEEE Transactions on Data and Knowledge Systems, 2011, 9: 1373-1387.

[32] Kamra A., Bertino E.. Design and Implementation of an Intrusion Response System for Relational Databases [J]. IEEE Transactions on Data and Knowledge Systems, 2011, 6:

875-888.

[33] Kamran Paynabar, Jionghua Jin. Characterization of Non-linear Profiles Variations Using Mixed-effect Models and Wavelets [J]. IIE Transactions, 2011, 43: 275-290.

[34] Kim, Hee-Woong. The Effects of Switching Costs on User Resistance to Enterprise Systems Implementation [J]. IEEE Transactions on Engineering Management, 2011, 3: 471-482.

[35] Kjell Hausken. Strategic Defense and Attack of Series Systems When Agents Move Sequentially [J]. IIE Transactions, 2011, 43: 483-504.

[36] Kratzer, Jan, Gemuenden, Hans Georg, Lettl, Christopher. The Organizational Design of Large R&D Collaborations and Its Effect on Time and Budget Efficiency: The Contrast Between Blueprints and Reality [J]. IEEE Transactions on Engineering Management, 2011, 2: 295-306.

[37] Krishnan S. Anand, M. Fazıl Paç, Senthil Veeraraghavan. Quality-Speed Conundrum: Trade-offs in Customer-Intensive Services [J]. Management Science, 2011, 57 (1): 40-56.

[38] Kristine Watson Hankins. How Do Financial Firms Manage Risk? Unraveling the Interaction of Financial and Operational Hedging [J]. Management Science, 2011, 57 (12): 2197-2212.

[39] Lawrence W. Robinson, Rachel R. Chen. Estimating the Implied Value of the Cus tomer's Waiting Time [J]. Manufacturing and Service Operations Management, 2011, 13 (1): 53-57.

[40] Leon Yang Chu, Hao Zhang. Optimal Preorder Strategy with Endogenous Information Control [J]. Management Science, 2011, 57 (6): 1055-1077.

[41] Leroy B. Schwarz, Hui Zhao. The Unexpected Impact of Information Sharing on US Pharmaceutical Supply Chains [J]. Interface, 2011, 41 (4): 354-364.

[42] Letitia M. Pohl, Russell D. Meller, Kevin R. Gue. Turnover-based Storage in Non-traditional Unit-load Warehouse Designs [J]. IIE Transactions, 2011, 43: 703-720.

[43] Levandoski J.J., Khalefa M.E., Mokbel M.F.. On Producing High and Early Result Throughput in Multijoin Query Plans [J]. IEEE Transactions on Data and Knowledge Systems, 2011, 12: 1888-1902.

[44] Liu W.B., Zhang D.Q., Meng W., Li X.X., Xu F.. A Study of DEA Models without Explicit Inputs [J]. OMEGA, 2011, 39: 472-480.

[45] Marc Fischer, Wolfgang Giehl, Tjark Freundt. Managing Global Brand Investments at DHL [J]. Interface, 2011, 41 (1): 35-50.

[46] Matthias Köppe, Christopher Thomas Ryan, Maurice Queyranne. Rational Generating Functions and Integer Programming Games [J]. Operations Research, 2011, 59 (6): 1445-1460.

[47] Miguelañez E., Patron P., Brown K.E., Petillot Y.R.. Semantic Knowledge-Based Framework to Improve the Situation Awareness of Autonomous Underwater Vehicles [J]. IEEE Transactions on Data and Knowledge Systems, 2011, 5: 759-773.

[48] Mihnea C. Moldoveanu, Joel A. C. Baum. "I Think You Think I Think You're Lying": The Interactive Epistemology of Trust in Social Networks [J]. Management Science, 2011, 57 (2): 393-412.

[49] Mohammed Abdellaoui, Enrico Diecidue, Ayse Öncüler. Risk Preferences at Different Time Periods: An Experimental Investigation [J]. Management Science, 2011, 57 (5): 975-987.

[50] Natalie Privett, Feryal Erhun. Efficient Funding: Auditing in the Nonprofit Sector [J]. Manufacturing and Service Operations Management, 2011, 13 (4): 471-488.

[51] Natarajan Balasubramanian. New Plant Venture Performance Differences Among Incumbent, Diversifying, and Entrepreneurial Firms: The Impact of Industry Learning Intensity [J]. Management Science, 2011, 57 (3): 549-565.

[52] Nathan Williams, P. K. Kannan, Shapour Azarm. Retail Channel Structure Impact on Strategic Engineering Product Design [J]. Management Science, 2011, 57 (5): 897-914.

[53] Ola Bengtsson. Covenants in Venture Capital Contracts [J]. Management Science, 2011, 57 (11): 1926-1943.

[54] Oliver Hinz, Il-Horn Hann, Martin Spann. Price Discrimination in E-Commerce? An Examination of Dynamic Pricing in Name-Your-Own Price Markets [J]. MIS Quarterly, 2011: 81-98.

[55] Omar Besbes, Assaf Zeevi. On the Minimax Complexity of Pricing in a Changing Environment [J]. Operations Research, 2011, 59 (1): 66-79.

[56] Önder Bulut, Mehmet Murat Fadiloğlu. Production Control and Stock Rationing for a Make-to-stock System with Parallel Production Channels [J]. IIE Transactions, 2011, 43: 432-450.

[57] Paul Goodwin, Robert Fildes, Michael Lawrence, Greg Stephens. Restrictiveness and Guidance in Support Systems [J]. OMEGA, 2011, 39: 242-253.

[58] Refael Hassin, Yana Kleiner. Equilibrium and Optimal Arrival Patterns to a Server with Opening and Closing Times [J]. IIE Transactions, 2011, 43: 164-175.

[59] Ren, Steven Ji-Fan, Ngai, E.W.T., Cho, Vincent. Managing Software Outsourcing Relationships in Emerging Economies: An Empirical Study of the Chinese Small-and Medium-Sized Enterprises [J]. IEEE Transactions on Engineering Management, 2011, 4: 730-742.

[60] René Aïd, Gilles Chemla, Arnaud Porchet, Nizar Touzi. Hedging and Vertical Integration in Electricity Markets [J]. Management Science, 2011, 57 (8): 1438-1452.

[61] René Carmona, Juri Hinz. Risk-Neutral Models for Emission Allowance Prices and

Option Valuation [J]. Management Science, 2011, 57 (6): 1453–1468.

[62] Senthil K. Veeraraghavan, Laurens G. Debo. Herding in Queues with Waiting Costs: Rationality and Regret [J]. Manufacturing and Service Operations Management, 2011, 13 (3): 329–346.

[63] Sungyong Choi, Andrzej Ruszczyński, Yao Zhao. A Multiproduct Risk-Averse Newsvendor with Law-Invariant Coherent Measures of Risk [J]. Operations Research, 2011, 59 (2): 346–364.

[64] Theresa J. Barker, Zelda B. Zabinsky. A Multicriteria Decision Making Model for Reverse Logistics Using Analytical Hierarchy Process [J]. OMEGA, 2011, 39: 558–573.

[65] Thong J.Y.L., Venkatesh V., Xu X., Hong S.J., Tam K.J.. Consumer Acceptance of Personal Information and Communication Technology Services [J]. IEEE Transactions on Engineering Management, 2011, 4: 613–625.

[66] Tianjun Feng, L. Robin Keller, Xiaona Zheng. Decision Making in the Newsvendor Problem: A Cross-national Laboratory Study [J]. OMEGA, 2011, 39: 41–50.

[67] Tim S. Mclaren, Milena M. Head, Yufei Yuan, Yolande E. Chan. A Multilevel Model for Measuring Fit Between a Firm's Competitive Strategies and Information Systems Capabilities [J]. MIS Quarterly, 2011: 909–929.

[68] Timo Kuosmanen, Reza Kazemi Matin. Duality of Weakly Disposable Technology [J]. OMEGA, 2011, 39: 504–512.

[69] Timothy S. Simcoe, Dave M. Waguespack. Status, Quality, and Attention: What's in a (Missing) Name? [J]. Management Science, 2011, 57 (2): 274–290.

[70] Tirthankar Dasgupta, Benjamin Weintraub, V. Roshan Joseph. A Physical-statistical Model for Density Control of Nanowires [J]. IIE Transactions, 2011, 43: 233–241.

[71] Ugo Feunekes, Steve Palmer, Andrea Feunekes, John Macnaughton, Jay Cunningham, Kim Mathisen. Taking the Politics Out of Paving: Achieving Transportation Asset Management Excellence Through OR [J]. Interface, 2011, 41 (1): 51–65.

[72] van de Vrande, Vareska, Vanhaverbeke, Wim, Duysters, Geert. Additivity and Complementarity in External Technology Sourcing: The Added Value of Corporate Venture Capital Investments [J]. IEEE Transactions on Engineering Management, 2011, 3: 483–496.

[73] Van-Anh Truong, Robin O. Roundy. Multidimensional Approximation Algorithms for Capacity-Expansion Problems [J]. Operations Research, 2011, 59 (2): 313–327.

[74] Verloop I.M., Ayesta U., Núñez-Queija R.. Heavy-Traffic Analysis of a Multiple-Phase Network with Discriminatory Processor Sharing [J]. Operations Research, 2011, 59 (3): 648–660.

[75] Vernon N. Hsu, Kaijie Zhu. Tax-Effective Supply Chain Decisions Under China's Export-Oriented Tax Policies [J]. Manufacturing and Service Operations Management, 2011, 13

(2): 163–179.

[76] Victor Blanco, Justo Puerto, Ana B. Ramos. Expanding the Spanish High-speed Railway Network [J]. OMEGA, 2011, 39: 138–150.

[77] Victor Martínez-De-Albéniz, Kalyan Talluri. Dynamic Price Competition with Fixed Capacities [J]. Management Science, 2011, 57 (6): 1078–1093.

[78] Vish Krishnan, Karthik Ramachandran. Integrated Product Architecture and Pricing for Managing Sequential Innovation [J]. Management Science, 2011, 57 (11): 2040–2053.

[79] Wickramarathne T.L., Premaratne K., Kubat, Miroslav, Jayaweera D.T.. CoFiDS: A Belief-Theoretic Approach for Automated Collaborative Filtering [J]. IEEE Transactions on Data and Knowledge Systems, 2011, 2: 175–189.

[80] Wiebke Höhn, Felix G. König, Rolf H. Möhring, Marco E. Lübbecke. Integrated Sequencing and Scheduling in Coil Coating [J]. Management Science, 2011, 57 (4): 647–666.

[81] Willcocks, Leslie, Oshri, Ilan, Kotlarsky, Julia. Outsourcing and Offshoring Engineering Projects: Understanding the Value, Sourcing Models, and Coordination Practices [J]. IEEE Transactions on Engineering Management, 2011, 4: 706–716.

[82] Wouter Souffriau, Pieter Vansteenwegen, Greet Vanden Berghe, Dirk Van Oudheusden. The Planning of Cycle Trips in the Province of East Flanders [J]. OMEGA, 2011, 39: 209–213.

[83] W. Ross Morrow, Steven J. Skerlos. Fixed-Point Approaches to Computing Bertrand-Nash Equilibrium Prices Under Mixed-Logit Demand [J]. Operations Research, 2011, 59 (2): 328–345.

[84] Xiaoqun Wang, Ian H. Sloan. Quasi-Monte Carlo Methods in Financial Engineering: An Equivalence Principle and Dimension Reduction [J]. Operations Research, 2011, 59 (1): 80–95.

[85] Yingjie Lan, Michael O. Ball, Itir Z. Karaesmen. Regret in Overbooking and Fare-Class Allocation for Single Leg [J]. Manufacturing and Service Operations Management, 2011, 13 (2): 194–208.

[86] Youyi Feng, Youhua (Frank) Chen. A Computational Approach for Optimal Joint Inventory-Pricing Control in an Infinite-Horizon Periodic-Review System [J]. Operations Research, 2011, 59 (5): 1297–1303.

[87] Zavitsanos E., Paliouras G., Vouros G.A.. Gold Standard Evaluation of Ontology Learning Methods through Ontology Transformation and Alignment [J]. IEEE Transactions on Data and Knowledge Systems, 2011, 11: 1635–1648.

[88] Zhongsheng Hua, Xuemei Zhang, Xiaoyan Xu. Product Design Strategies in a Manufacturer-retailer Distribution Channel [J]. OMEGA, 2011, 39: 23–32.

[89] Zhou Xu, Brenda Cheang, Andrew Lim, Qi Wen. Evaluating OR/MS Journals via

PageRank [J]. Interface，2011，41 (4)：375-388.

[90] Zugang Liu，Anna Nagurney. Supply Chain Outsourcing under Exchange Rate Risk and Competition [J]. OMEGA，2011，39：539-549.

第三节 国内图书文献

[1] 卜庆娟. 基于让渡价值的顾客满意度比较模型构建与评价——以家电产品为例 [M]. 北京：中国社会科学出版社，2011.

[2] 曹垂龙. 人民币汇制改革的绩效及进一步改革研究 [M]. 北京：中国社会科学出版社，2011.

[3] 曹丽莉. 基于供应链的产业集群升级研究 [M]. 北京：中国社会科学出版社，2011.

[4] 曹永峰. 期权博弈视角下的对外直接投资研究 [M]. 北京：中国社会科学出版社，2011.

[5] 陈晨. 中国投资体制改革中的政府职能定位研究 [M]. 北京：中国社会科学出版社，2011.

[6] 陈时兴. 中国农村金融发展绩效与制度创新研究 [M]. 北京：中国社会科学出版社，2011.

[7] 陈文捷. 北部湾旅游可持续发展战略研究 [M]. 北京：中国社会科学出版社，2011.

[8] 陈智刚，博锋. 灰度·管理 [M]. 北京：科学出版社，2011.

[9] 程万高. 政府信息资源增值服务供给机制研究 [M]. 北京：科学出版社，2011.

[10] 邓红平. 网络会计信息披露真实度研究 [M]. 北京：中国社会科学出版社，2011.

[11] 丁宁. 中国银行业存贷利差的经济影响 [M]. 北京：中国社会科学出版社，2011.

[12] 东梅. 农牧交错带生态移民综合效益评价研究 [M]. 北京：中国社会科学出版社，2011.

[13] 董美霞，戴松梅. 我国企业内部控制评价研究 [M]. 济南：山东大学出版社，2011.

[14] 段忠东. 房地产价格与货币政策——理论与实证研究 [M]. 北京：中国社会科学出版社，2011.

[15] 范立夫. 金融创新下的货币政策 [M]. 北京：中国社会科学出版社，2011.

[16] 方国华，黄显峰. 多目标决策理论、方法及其应用 [M]. 北京：科学出版社，2011.

[17] 付翠莲. 重大事项社会稳定风险评估机制 [M]. 北京：中国社会科学出版社，

2011.

[18] 高闯. 比较管理前沿问题研究（第 1 辑）[M]. 北京：经济管理出版社，2011.

[19] 高建刚. 质量成本、收入分配与垂直产品差异研究 [M]. 北京：中国社会科学出版社，2011.

[20] 顾晓燕. 中国木质林产品出口贸易结构的实证研究 [M]. 合肥：合肥工业大学出版社，2011.

[21] 官翠玲. 互动质量及其对关系质量的影响 [M]. 北京：中国社会科学出版社，2011.

[22] 郭桂梅. 员工创造力——员工—组织关系与领导行为的影响机制研究 [M]. 北京：中国社会科学出版社，2011.

[23] 郭慧. 上市公司内部审计治理效应研究——来自中国证券主板市场的证据 [M]. 北京：中国社会科学出版社，2011.

[24] 郭薇. 政府监管与行业自律 [M]. 北京：中国社会科学出版社，2011.

[25] 韩丽华. 混合寡头市场分析 [M]. 济南：山东大学出版社，2011.

[26] 郝占刚. 数据与文本挖掘及其在研发决策中的应用 [M]. 北京：经济管理出版社，2011.

[27] 何逢标. 综合评价方法的 MATLAB 实现 [M]. 北京：中国社会科学出版社，2011.

[28] 黄东兵. IT 项目经济评价与投资决策 [M]. 北京：科学出版社，2011.

[29] 贾康. 建设创新型国家的财税政策与体制变革 [M]. 北京：中国社会科学出版社，2011.

[30] 姜英梅. 中东金融体系发展研究——国际政治经济学的视角 [M]. 北京：中国社会科学出版社，2011.

[31] 蒋来用. 住房保障财政政策研究 [M]. 北京：中国社会科学出版社，2011.

[32] 蒋永甫. 中国—东盟合作框架中的区域公共管理——基于广西北部湾经济区的实证研究 [M]. 北京：中国社会科学出版社，2011.

[33] 金颖若. 东西部比较视野下的乡村旅游发展研究 [M]. 北京：中国社会科学出版社，2011.

[34] 李春玲. 性别分层与劳动力市场 [M]. 北京：中国社会科学出版社，2011.

[35] 雷家骕. 经济及科技政策评估：方法与案例 [M]. 北京：清华大学出版社，2011.

[36] 李广众. 中国农村金融风险若干问题研究 [M]. 北京：中国社会科学出版社，2011.

[37] 李辉. 中国商业银行体系脆弱性分析 [M]. 北京：中国社会科学出版社，2011.

[38] 李俊杰. 腹地与软肋——土家苗瑶走廊经济协同发展研究 [M]. 北京：中国社会科学出版社，2011.

[39] 李俊青. 自由市场的坠落：美国、自由市场和世界经济的沉沦 [M]. 北京：机械

工业出版社，2011.

［40］李萍萍，李冬生. 温室生态经济系统分析［M］. 北京：科学出版社，2011.

［41］李士. 中国低碳经济发展研究报告［M］. 北京：科学出版社，2011.

［42］李铁岗，等. 基于供货的烟卷营销供应链构造与流程再造［M］. 济南：山东大学出版社，2011.

［43］李万慧. 中国财政转移支付制度优化研究［M］. 北京：中国社会科学出版社，2011.

［44］李心丹. 中国管理科学与工程学会 2011 年会文集［M］. 北京：经济管理出版社，2011.

［45］李燕生. 财政预算透明度提升的环境基础研究报告［M］. 北京：中国社会科学出版社，2011.

［46］李作战. 企业社会资本、创业导向和创业绩效关系研究——基于中小科技企业的创业［M］. 北京：中国社会科学出版社，2011.

［47］林茂光. 军事工程建设和谐管理研究与实践［M］. 北京：科学出版社，2011.

［48］林云. 内生性技术创新动力与效率研究［M］. 北京：中国社会科学出版社，2011.

［49］凌常荣. 资源型区域旅游产品开发路径研究［M］. 北京：中国社会科学出版社，2011.

［50］刘丹丹. 未观测经济：测算方法与实证研究［M］. 大连：东北财经大学出版社，2011.

［51］刘洪. 组织复杂性管理［M］. 北京：商务印书馆，2011.

［52］刘茂松. 模块化垄断结构企业模式研究——基于信息化和全球化的产业范式创新［M］. 北京：中国社会科学出版社，2011.

［53］刘世峰. 上市公司资产托管经营的制度经济学分析［M］. 北京：中国社会科学出版社，2011.

［54］刘益. 信用、契约与文明：基于实证研究的角度［M］. 北京：中国社会科学出版社，2011.

［55］刘则渊，姜照华，王贤文. 生态城市前沿探索——可持续发展的大连模式［M］. 北京：科学出版社，2011.

［56］刘肇军. 贵州石漠化防治与经济转型研究［M］. 北京：中国社会科学出版社，2011.

［57］刘自强. 国际环境变化与岛国奇迹的消失［M］. 北京：中国社会科学出版社，2011.

［58］娄伟，李萌. 低碳经济规划：理论·方法·模型［M］. 北京：社会科学文献出版社，2011.

［59］梁淑红. 国际会计趋同视角的中国—东盟会计比较［M］. 北京：中国社会科学出版社，2011.

［60］龙志和，欧变玲，林光平. 应用 Bootstrap 方法的空间相关性检验：数理证明与模拟分析［M］. 北京：科学出版社，2011.

［61］陆南泉. 中俄经贸关系的现状与前景［M］. 北京：中国社会科学出版社，2011.

［62］罗党，王淑英. 决策理论与方法［M］. 北京：机械工业出版社，2011.

［63］吕昕阳. 典型发达国家绩效预算改革研究［M］. 北京：中国社会科学出版社，2011.

［64］倪建伟. 村域工业可持续发展初探——基于浙江的案例研究［M］. 北京：中国社会科学出版社，2011.

［65］欧阳恩良. 天灾·人祸·善行——喀斯特环境下民国贵州经济社会诸问题研究［M］. 北京：中国社会科学出版社，2011.

［66］潘劲. 烟庄村：一个劳动力流出村庄的经济社会变迁［M］. 北京：中国社会科学出版社，2011.

［67］庞明川. 中国经济转轨中的宏观调控与公共政策［M］. 北京：中国社会科学出版社，2011.

［68］亓朋. 外商直接投资、所有制差异与工资决定［M］. 北京：中国社会科学出版社，2011.

［69］乔瑞中，姜国刚. 黑龙江省资源型产业发展研究［M］. 北京：中国社会科学出版社，2011.

［70］冉光和. 农村金融资源开发激励与风险控制［M］. 北京：中国社会科学出版社，2011.

［71］任志刚. 逆向物流网络选址优化策略研究［M］. 北京：中国社会科学出版社，2011.

［72］沙泉. 工程机械融资租赁实务和风险管理［M］. 北京：机械工业出版社，2011.

［73］申富平. 独立董事制度保障性问题研究［M］. 北京：中国社会科学出版社，2011.

［74］申清等. 粮价谁决定：食品价格中的经济学［M］. 北京：机械工业出版社，2011.

［75］申振东. 生态文明城市建设与地方政府治理［M］. 北京：中国社会科学出版社，2011.

［76］沈惠璋. 突发危机事件应急序贯群决策与支持系统［M］. 北京：科学出版社，2011.

［77］石子印. 我国不动产保有税研究［M］. 北京：中国社会科学出版社，2011.

［78］史仕新，付建平. 企业集团核心竞争力研究［M］. 北京：中国社会科学出版社，2011.

［79］宋娟. 外商直接投资对中国制造业市场结构的影响［M］. 北京：中国社会科学出版社，2011.

［80］隋鑫. 企业自主创新体系构建策略——基于沈阳的实证分析与对策研究［M］. 北京：中国社会科学出版社，2011.

［81］孙贺影等. 人力资源成为战略性业务伙伴［M］. 北京：机械工业出版社，2011.

［82］孙宁华. 金融衍生产品：性质、定价与风险管理［M］. 南京：南京大学出版社，2011.

［83］孙泽生. 贸易媒介与资源性商品定价［M］. 北京：中国社会科学出版社，2011.

［84］汤志强. 股权结构与公司价值的关系研究——基于中小企业板的经验数据［M］. 北京：中国社会科学出版社，2011.

［85］唐要家. 价格合谋的反垄断政策研究［M］. 北京：中国社会科学出版社，2011.

［86］田存志，赵萌. 机构投资者与股市波动［M］. 北京：中国社会科学出版社，2011.

［87］佟孟华. 中国证券市场流动性溢价及其稳定性和效应计量研究［M］. 北京：中国社会科学出版社，2011.

［88］王成勇. 基于产业集群的区域经济发展战略［M］. 北京：中国社会科学出版社，2011.

［89］王德健. 网络治理的生成机制研究［M］. 济南：山东大学出版社，2011.

［90］王进. 农村居民消费的区域比较研究［M］. 北京：中国社会科学出版社，2011.

［91］王娜. 中国财政支出拉动农村居民消费研究［M］. 北京：中国社会科学出版社，2011.

［92］王文举. 博弈论应用与经济动态模拟［M］. 北京：中国社会科学出版社，2011.

［93］王晓洁. 中国公共卫生支出理论与实证分析［M］. 北京：中国社会科学出版社，2011.

［94］王仰文. 中国公共政策冲突实证研究［M］. 北京：中国社会科学出版社，2011.

［95］王震. 南姚家庄村调查：村域经济视角下的农民收入与支出［M］. 北京：中国社会科学出版社，2011.

［96］王中昭. 产业协调机制与资源优化配置［M］. 北京：中国社会科学出版社，2011.

［97］卫武. 不同主体层次中组织的知识转化及其绩效影响：基于知识资本视角［M］. 北京：中国社会科学出版社，2011.

［98］魏国. 中国技工供给不足问题研究［M］. 北京：中国社会科学出版社，2011.

［99］文淑惠. 推进中国云南与 GMS 次区域全面经济合作对策研究［M］. 北京：中国社会科学出版社，2011.

［100］吴冰. 供应链协同的知识创新［M］. 北京：科学出版社，2011.

［101］吴开松. 中国民族地区农村发展研究（2010）［M］. 北京：中国社会科学出版社，2011.

［102］吴先华. 内生型产业集群知识创新［M］. 北京：科学出版社，2011.

［103］伍蓓. 研发外包——模式、机理及动态演化［M］. 北京：科学出版社，2011.

［104］夏秀亭. 民办高等教育的发展与创新［M］. 济南：山东大学出版社，2011.

［105］肖洪生. 不确定条件下的决策方法研究［M］. 济南：山东大学出版社，2011.

［106］忻红. 新时期河北省农村现代流通体系建设的理论与实证研究［M］. 北京：中

国社会科学出版社，2011.

［107］熊蕾. 广告的权力机制研究［M］. 北京：中国社会科学出版社，2011.

［108］徐祥民. 环境基本建设与海洋保护的完善［M］. 济南：山东大学出版社，2011.

［109］徐小杰. 石油啊，石油［M］. 北京：中国社会科学出版社，2011.

［110］徐勇. 中国农村调查（2011 年卷）［M］. 北京：中国社会科学出版社，2011.

［111］徐勇. 中国农村咨政报告（2010 年卷）［M］. 北京：中国社会科学出版社，2011.

［112］许丽君. 旅行社服务质量评价与集成化发展研究［M］. 北京：中国社会科学出版社，2011.

［113］薛力. 中国的能源外交与国际能源合作［M］. 北京：中国社会科学出版社，2011.

［114］杨继生. 综列数据分析——理论与应用［M］. 北京：中国社会科学出版社，2010.

［115］杨瑞平，黄晓冬. 计算机生成兵力智能决策方法及其应用［M］. 北京：电子工业出版社，2011.

［116］易开刚. 民营企业承担社会责任的理论与实证研究［M］. 北京：中国社会科学出版社，2011.

［117］昝胜锋. 动漫产业：新型业态与盈利模式［M］. 济南：山东大学出版社，2011.

［118］张海亮. 中国外汇储备的商品资产配置研究——基于产业需求的分析［M］. 北京：中国社会科学出版社，2011.

［119］张璟. 财政分权、区域金融发展与中国经济增长绩效［M］. 南京：南京大学出版社，2011.

［120］张丽杰. 南京国民政府的盐政改革研究［M］. 北京：中国社会科学出版社，2011.

［121］张平宇，李鹤，佟连军. 矿业城市人地系统脆弱性——理论·方法·实证［M］. 北京：科学出版社，2011.

［122］张平主. 中国经济增长前沿Ⅱ——转向结构均衡增长的理论和政策研究［M］. 北京：中国社会科学出版社，2011.

［123］张钦，周德群. 国防科技工业创新型企业评价研究［M］. 北京：科学出版社，2011.

［124］张昕竹. 中国垄断行业规制与竞争实证研究［M］. 北京：中国社会科学出版社，2011.

［125］张学鹏. 中国农业产业化组织模式研究［M］. 北京：中国社会科学出版社，2011.

［126］张友国. 中国对外贸易的环境成本——基于能耗视角的分析［M］. 北京：中国社会科学出版社，2011.

[127] 张云武. 城市化度与生活结构 [M]. 北京：中国社会科学出版社，2011.

[128] 郑春霞. 中国企业对外直接投资的区位选择研究 [M]. 北京：中国社会科学出版社，2011.

[129] 郑旭. 东亚货币合作的现实基础及中国的战略选择 [M]. 北京：中国社会科学出版社，2011.

[130] 中国城市发展研究院. 2011 中国城市科学发展综合评级报告 [M]. 北京：中国社会科学出版社，2011.

[131] 中国社会科学院经济学部. 中国经济学年鉴（2010）[M]. 北京：中国社会科学出版社，2011.

[132] 钟春平. 中国农业税与农业补贴政策及其效应研究 [M]. 北京：中国社会科学出版社，2011.

[133] 中国系统工程学会决策科学专业委员会（编者）. 决策科学理论与科学决策 [M]. 北京：知识产权出版社，2011.

[134] 周跃进. 企业资源管理控制一体化 [M]. 北京：机械工业出版社，2011.

第四节 国际图书文献

[1] Adrian V. Gheorghe, Liviu Muresan. Energy Security: International and Local Issues, Theoretical Perspectives, and Critical Energy Infrastructures [M]. Springer, 2011.

[2] Alan Bryman, Emma Bell. Business Research Methods [M]. Oxford University Press, 2011.

[3] Alan Eardley, Lorna Uden. Innovative Knowledge Management: Concepts for Organizational Creativity and Collaborative Design [M]. Engineering Science Reference, 2011.

[4] Alan L. Porter, Scott W. Cunningham, Jerry Banks, A. Thomas Roper. Forecasting and Management of Technology [M]. Wiley, 2011.

[5] Alan McKinnon, Emilio Esposito, Pietro Evangelista, Edward Sweeney. Supply Chain Innovation for Competing in Highly Dynamic Markets: Challenges and Solutions [M]. IGI Global, 2011.

[6] Alessandro D'Atri, Maria Ferrara, Joey F. George, Paolo Spagnoletti. Information Technology and Innovation Trends in Organizations [M]. Physica-Verlag GmbH & Co., 2011.

[7] Ali K. Kamrani, Maryam Azimi, Abdulrahman M. Al-Ahmari. Methods in Product Design: New Strategies in Reengineering [M]. CRC Press Inc., 2011.

[8] Amihai Motro, Philippe Smets. Uncertainty Management in Information Systems: From Needs to Solutions [M]. Springer-Verlag New York Inc., 2011.

[9] Andrea Calabro. Governance Structures and Mechanisms in Public Service Organizations [M]. Physica-Verlag GmbH & Co., 2011.

[10] Anna Shillabeer, Terry F. Buss, Denise M. Rousseau. Evidence-Based Public Management: Practices, Issues and Prospects [M]. M. E. Sharpe, 2011.

[11] Aysel T. Atimtay, Subhas Sikdar. Security of Industrial Water Supply and Management [M]. Springer, 2011.

[12] Bassam Haddad. Business Networks in Syria: The Political Economy of Authoritarian Resilience [M]. Stanford University Press, 2011.

[13] Carlo Carraro, Alain Haurie. Operations Research and Environmental Management [M]. Springer, 2011.

[14] Chang W. Kang, Paul H. Kvam. Basic Statistical Tools for Improving Quality [M]. Wiley, 2011.

[15] Charu C. Aggarwal. Social Network Data Analytics [M]. Verlag New York Inc., 2011.

[16] Christian Kern, Eva Schubert, Marianne Pohl. Rfid Fur Bibliotheken [M]. Verlag Berlin and Heidelberg GmbH & Co. K, 2011.

[17] Christof Weinhardt, Benjamin Blau, Tobias Conte, Lilia Filipova-Neumann. Business Aspects of Web Services [M]. Verlag Berlin and Heidelberg GmbH & Co. K, 2011.

[18] Cindy Barnhart, Barry Smith. Quantitative Problem Solving Methods in the Airline Industry [M]. Springer-Verlag New York Inc., 2011.

[19] Clifford S. Russell, William J. Vaughan. Steel Production: Processes, Products, and Residuals [M]. Resources for the Future Press (RFF Press), 2011.

[20] Robert W. Proctor, Shimon Y. Nof, Yuehwern Yih. Cultural Factors in Systems Design: Decision Making and Action [M]. CRC Press Inc., 2011.

[21] Da Ruan Physica. Fuzzy Systems and Soft Computing in Nuclear Engineering [M]. Verlag GmbH & Co., 2011.

[22] Dale Dauten. The Gifted Boss: How to Find, Create and Keep Great Employees [M]. William Morrow & Co., 2011.

[23] David C. Luckham. Event Processing for Business: Organizing the Real Time Enterprise [M]. Wiley, 2011.

[24] David Rogers. The Future of Lean Sigma Thinking in a Changing Business Environment [M]. Productivity Press, 2011.

[25] David Tuffley. Software Configuration Management: A How to Guide for Project Staff [M]. Createspace, 2011.

[26] Dhillon, B. S.. Transportation Systems Reliability and Safety [M]. CRC Press Inc., 2011.

[27] Dimitris G. Assimakopoulos, Elias Carayannis, Rafiq Dossani. Knowledge Perspectives of New Product Development [M]. Springer-Verlag New York Inc., 2011.

[28] Donald E. Brown, Chelsea C. White. Operations Research and Artificial Intelli gence: The Integration of Problem-Solving Strategies [M]. Springer, 2011.

[29] Edwin S. Iversen. Living Marine Resources: Their Utilization and Management [M]. Verlag New York Inc., 2011.

[30] Eiselt, H. A., Vladimir Marianov Springer. Foundations of Location Analysis [M]. Verlag New York Inc., 2011.

[31] Elias Carayannis, Ali Pirzadeh, Denisa Popescu. Institutional Learning and Knowledge Transfer Across Epistemic Communities [M]. Verlag New York Inc., 2011.

[32] Eliezer Geisler, Ori Heller. Retail Category Management [M]. Springer-Verlag New York Inc., 2011.

[33] Eliezer Geisler, Ori Heller. Managing Technology in Healthcare [M]. Springer-Verlag New York Inc., 2011.

[34] Eric Scherer, K. Preiss. Shop Floor Control-A Systems Perspective: From Deterministic Models Towards Agile Operations Management [M]. Springer-Verlag Berlin and Heidelberg GmbH & Co. K, 2011.

[35] Eric V. Denardo Springer. Linear Programming and Generalizations: A Problem-Based Introduction with Spreadsheets [M]. Verlag New York Inc., 2011.

[36] Erick C. Jones, Christopher A. Chung. RFID and Auto-ID in Planning and Logistics: A Practical Guide for Military UID Applications [M]. CRC Press Inc., 2011.

[37] Euro Beinat. Value Functions for Environmental Management [M]. Springer, 2011.

[38] Eva Semertzaki. Special Libraries as Knowledge Management Centres [M]. Chandos Publishing (Oxford) Ltd, 2011.

[39] Fons Wijnhoven. Information Services Design: A Design Science Approach for Sustainable Knowledge [M]. Routledge, 2011.

[40] Fred Sollish C. P. M., John Semanik C. P. M..Strategic Global Sourcing Best Practices [M]. Wiley, 2011.

[41] Frederick Betz. Managing Technological Innovation: Competitive Advantage from Change [M]. Wiley-Interscience, 2011.

[42] Gary Cook. Consilience Leadership: Using Innovative Ideas from Economics, Science, and Neuropsychology to Create Breakthroughs in Leading Organizations [M]. Inflection Point Press, 2011.

[43] Gary Klein. Streetlights and Shadows: Searching for the Keys to Adaptive Decision Making [M]. MIT Press, 2011.

[44] Geoff Walton, Alison Pope. Information Literacy: Infiltrating the Agenda, Chal-

lenging Minds [M]. Chandos Publishing (Oxford) Ltd, 2011.

[45] Gheorghe, A. V.. Integrated Risk and Vulnerability Management Assisted by Decision Support Systems: Relevance and Impact on Governance [M]. Springer, 2011.

[46] Gillian Oliver. Organisational Culture for Information Managers [M]. Chandos Publishing (Oxford) Ltd, 2011.

[47] Guglielmo Trentin. Technology and Knowledge Flow: The Power of Networks [M]. Chandos Publishing (Oxford) Ltd, 2011.

[48] Gwynne Richards. Warehouse Management: A Complete Guide to Improving Efficiency and Minimizing Costs in the Modern Warehouse [M]. Kogan Page, 2011.

[49] Gyongyi Kovacs, Karen M. Spens. Relief Supply Chain Management for Disasters: Humanitarian Aid and Emergency Logistics [M]. IGI Global, 2011.

[50] Haluk Demirkan, James C. Spohrer, Vikas Krishna. Service Systems Implementation [M]. Verlag New York Inc., 2011.

[51] Haluk Demirkan, James C. Spohrer, Vikas Krishna. The Science of Service Systems [M]. Verlag New York Inc., 2011.

[52] Harry Geerlings. Meeting the Challenge of Sustainable Mobility: The Role of Technological Innovations [M]. Verlag Berlin and Heidelberg GmbH & Co. K, 2011.

[53] Hsiao-Fan Wang, Surendra M. Gupta. Green Supply Chain Management: Product Life Cycle Approach [M]. McGraw-Hill Professional, 2011.

[54] Hugh M. Pattinson, David R. Low. E-novation for Competitive Advantage in Collaborative Globalization: Technologies for Emerging E-business Strategies [M]. Information Science Reference, 2011.

[55] Huppes, T.. The Western Edge: Work and Management in the Information Age [M]. Springer, 2011.

[56] Igor Linkov, Emily Moberg. Multi-Criteria Decision Analysis: Environmental Applications and Case Studies [M]. CRC Press Inc., 2011.

[57] Ilan Oshri. Offshoring Strategies: Evolving Captive Center Models [M]. MIT Press, 2011.

[58] Inyong Ham, Katsundo Hitomi, Teruhiko Yoshida. Group Technology: Applications to Production Management [M]. Springer, 2011.

[59] IRMA. Enterprise Information Systems: Concepts, Methodologies, Tools and Applications [M]. Information Science Reference, 2011.

[60] James W Cortada. Information and the Modern Corporation [M]. MIT Press, 2011.

[61] Jane Jordan-Meier. The Four Stages of Highly Effective Crisis Management [M]. CRC Press Inc., 2011.

[62] Jason A. Winfree, Mark S. Rosentraub. Sports Finance and Management: Real Es-

tate, Entertainment, and the Remaking of the Business [M]. CRC Press Inc., 2011.

[63] Jella Pfeiffer. Interactive Decision Aids in e-Commerce [M]. Physica-Verlag GmbH & Co., 2011.

[64] Jens Kappauf, Bernd Lauterbach, Matthias Koch. Logistic Core Operations with SAP: Procurement, Production and Distribution Logistics [M]. Verlag Berlin and Heidelberg GmbH & Co. K, 2011.

[65] Jerzy Mikulski. Modern Transport Telematics [M]. Verlag Berlin and Heidelberg GmbH & Co. K, 2011.

[66] Jiuping Prof. Xu, Zhimiao Tao. Rough Multiple Objective Decision Making [M]. Chapman & Hall/CRC, 2011.

[67] John Child. Man and Organization: The Search for Explanation and Social Relevance [M]. Routledge, 2011.

[68] John Curutchet. When Habits Aren't Enough: Real Strategies for Successful Trust-building Management [M]. Tate Pub & Enterprises Llc, 2011.

[69] John J. Salerno, Shanchieh Jay Yang, Dana Nau, Sun-Ki Chai. Social Computing, Behavioral-Cultural Modeling and Prediction [M]. Verlag Berlin and Heidelberg GmbH & Co. K, 2011.

[70] John Maeda. Redesigning Leadership [M]. MIT Press, 2011.

[71] John V. Farr. Systems Life Cycle Costing: Economic Analysis, Estimation, and Management [M]. CRC Press, 2011.

[72] Jonas Meckling. Carbon Coalitions: Business, Climate Politics, and the Rise of Emissions Trading [M]. MIT Press, 2011.

[73] Jorge Morais Da Costa Goncalo. Ethical Issues and Social Dilemmas in Knowledge Management: Orgnizational Innovation [M]. Information Science Reference, 2011.

[74] Jorn Schonberger. Model-Based Control of Logistics Processes in Volatile Environments [M]. Springer-Verlag New York Inc., 2011.

[75] Joseph Geunes, Panos M. Pardalos, H. Edwin Romeijn. Supply Chain Management: Models, Applications, and Research Directions [M]. Springer-Verlag New York Inc., 2011.

[76] Kenneth R. Baker. Optimization Modeling with Spreadsheets [M]. Wiley, 2011.

[77] Kimiz Dalkir. Knowledge Management in Theory and Practice [M]. MIT Press, 2011.

[78] Klaus Elle. Metaphorical Management: Using Intuition and Creativity as a Guiding Mechanism for Complex Systems [M]. Springer, 2011.

[79] Lars Burmester. Adaptive Business-Intelligence-Systeme: Theorie, Modellierung Und Implementierung [M]. Vieweg+Teubner Verlag, 2011.

[80] Leon Mann, Janet B. L. Chan. Creativity and Innovation in Business and Beyond:

Social Science Perspectives and Policy Implications [M]. Routledge, 2011.

[81] Mairi Macintyre, Glenn Parry, Jannis Angelis. Service Design and Delivery [M]. Springer-Verlag New York Inc., 2011.

[82] Manoj Tiwari, Jenny A. Harding. Evolutionary Computing in Advanced Manufacturing [M]. Wiley-Scrivener, 2011.

[83] Marc Duhamel, Zhiqi Chen. Industrial Organization in Canada: Empirical Evidence and Policy Challenges [M]. McGill-Queen's University Press, 2011.

[84] Margareta Nelke. Strategic Business Development for Information Centres and Libraries [M]. Chandos Publishing (Oxford) Ltd, 2011.

[85] Marida Bertocchi, Giorgio Consigli, Michael A. H. Dempster. Stochastic Optimization Methods in Finance and Energy [M]. Springer-Verlag New York Inc., 2011.

[86] Marvin J. Cetron, Harold F. Davidson. Industrial Technology Transfer [M]. Springer, 2011.

[87] Masatoshi Sakawa, Ichiro Nishizaki, Hideki Katagiri. Fuzzy Stochastic Multiobjective Programming [M]. Springer-Verlag New York Inc., 2011.

[88] Melissa Jane Dark. Information Assurance and Security Ethics in Complex Systems: Interdisciplinary Perspectives [M]. Information Science Reference, 2011.

[89] Merkhofer, M. W.. Decision Science and Social Risk Management: A Comparative Evaluation of Cost-Benefit Analysis, Decision Analysis, and Other Formal Decision-Aiding Approaches [M]. Springer, 2011.

[90] Michael Hulsmann, Nicole Pfeffermann. Strategies and Communications for Innovations: An Integrative Management View for Companies and Networks [M]. Verlag Berlin and Heidelberg GmbH & Co. K, 2011.

[91] Michael Hulsmann, Bernd Scholz-Reiter, Katja Windt. Autonomous Cooperation and Control in Logistics [M]. Verlag Berlin and Heidelberg GmbH & Co. K, 2011.

[92] Michael J. Franklin. Client Data Caching: A Foundation for High Performance Object Database Systems [M]. Verlag New York Inc., 2011.

[93] Michael P. Johnson. Community-based Operations Research [M]. Springer-Verlag New York Inc., 2011.

[94] Michaeli, W Springer. Eco-Design: Effiziente Entwicklung Nachhaltiger Produkte Mit Euromat [M]. Verlag Berlin and Heidelberg GmbH & Co. K, 2011.

[95] Michiel A. Heldeweg, Evisa Kica. Regulating Technological Innovation: A Multidisciplinary Approach [M]. Palgrave Macmillan, 2011.

[96] Mika Tuunanen, Josef Windsperger, Gerard Cliquet, George Hendrikse Physica. New Developments in the Theory of Networks: Franchising, Alliances and Cooperatives [M]. Verlag GmbH & Co., 2011.

[97] Minwir Al-Shammari. Customer-Centric Knowledge Management: Concepts and Applications [M]. Business Science Reference, 2011.

[98] Murray E. Jennex, Stefan Smolnik. Strategies for Knowledge Management Success: Exploring Organizational Efficacy [M]. Information Science Reference, 2011.

[99] Nada R. Sanders. Supply Chain Management: A Global Perspective [M]. Wiley, 2011.

[100] Neil Spring, George F. Riley. Passive and Active Measurement [M]. Verlag Berlin and Heidelberg GmbH & Co. K, 2011.

[101] Norman P. Lieberman McGraw. Process Equipment Malfunctions: Techniques to Identify and Correct Plant Problems [M]. Hill Professional, 2011.

[102] Olav Hohmeyer, Richard L. Ottinger, Klaus Rennings Springer. Social Costs and Sustainability [M]. Verlag Berlin and Heidelberg GmbH & Co. K, 2011.

[103] Olivier L. de Weck, Daniel Roos, Christopher L. Magee. Engineering Systems: Meeting Human Needs in a Complex Technological World [M]. The MIT Press, 2011.

[104] Paul V. Nelson. Greenhouse Operation and Management [M]. Prentice Hall, 2011.

[105] Peter Brucker, Sigrid Knust. Complex Scheduling [M]. Springer-Verlag Berlin and Heidelberg GmbH & Co. K, 2011.

[106] Peter M. Curtis Wiley. Maintaining Mission Critical Systems in a 24/7 Environment [M]. IEEE Press, 2011.

[107] Philip Marcel Karre. Heads and Tails: Both Sides of the Coin: An Analysis of Hybrid Organizations in the Dutch Waste Management Sector [M]. Eleven International Publishing, 2011.

[108] Phillip Ein-Dor. Artificial Intelligence in Economics and Managment [M]. Springer-Verlag New York Inc., 2011.

[109] Pratt, L. J.. The Physical Oceanography of Sea Straits [M]. Springer, 2011.

[110] Rassoul Noorossan, Abbas Saghaei, Amirhossein Amiri. Statistical Analysis of Profile Monitoring [M]. Wiley, 2011.

[111] Raymond F. Mikesell. The World Copper Industry: Structure and Economic Analysis [M]. Resources for the Future Press (RFF Press), 2011.

[112] Richard D. Margerum. Beyond Consensus: Improving Collaborative Planning and Management [M]. MIT Press, 2011.

[113] Richard de Neufville, Stefan Scholtes. Flexibility in Engineering Design [M]. MIT Press, 2011.

[114] Richard Pettinger, Bob Nelson, Peter Economy. Management For Dummies [M]. John Wiley & Sons Ltd, 2011.

[115] Robert Mellor. Knowledge Management and Information Systems: Strategies for

Growing Organizations [M]. Palgrave Macmillan, 2011.

[116] Robin Sommer, Davide Balzarotti, Gregor Maier. Recent Advances in Intrusion Detection [M]. Verlag Berlin and Heidelberg GmbH & Co. K, 2011.

[117] Rudolf Avenhaus. Quantitative Assessment in Arms Control: Mathematical Modeling and Simulation in the Analysis of Arms Control Problems [M]. Springer-Verlag New York Inc., 2011.

[118] Sameer Kumar, William A. Krob Springer. Managing Product Life Cycle in a Supply Chain: Context: A Prescription Based on Empirical Research [M]. Verlag New York Inc., 2011.

[119] Sarah Lewis, Jonathan Passmore. Appreciative Inquiry for Change Management: Using AI to Facilitate Organizational Development [M]. Stefan Cantore Kogan Page, 2011.

[120] Sharon Taylor. Service Intelligence: Improving Your Bottom Line with the Power of IT Service Management [M]. Prentice Hall, 2011.

[121] Shi-Kuo Chang. Management and Office Information Systems [M]. Verlag New York Inc., 2011.

[122] Sidney Dekker. Patient Safety: A Human Factors Approach [M]. CRC Press Inc., 2011.

[123] Silvio Wilde. Customer Knowledge Management [M]. Springer-Verlag Berlin and Heidelberg GmbH & Co. K, 2011.

[124] Soon M. Chung. Multimedia Information Storage and Management [M]. Verlag New York Inc., 2011.

[125] Source Wikipedia, LLC Books. Product Development: Planned Obsolescence, Specification, Brainstorming, New Product Development, Rapid Application Development [M]. Books LLC, Wiki Series, 2011.

[126] Spronk, J.. Interactive Multiple Goal Programming: Applications to Financial Planning [M]. Springer, 2011.

[127] Stephan Meisel. Anticipatory Optimization for Dynamic Decision Making [M]. Springer-Verlag New York Inc., 2011.

[128] Steve Charters. The Business of Champagne: A Delicate Balance [M]. Routledge, 2011.

[129] Steven H. Gabriel, Antonio J. Conejo, David Fuller, Benjamin F. Hobbs. Complementarity Modeling in Energy Markets [M]. Springer-Verlag New York Inc., 2011.

[130] Svetlena Taneva. Coordination Breakdown Management in Surgical Units: From Understanding of Breakdowns to Their Detection and Prevention Through System Design [M]. Createspace, 2011.

[131] Tai-hoon Kim, Hojjat Adeli, Wai-Chi Fang, Javier Garcia Villalba. Security

Technology [M]. Verlag Berlin and Heidelberg GmbH & Co. K, 2011.

[132] Tatjana Samsonowa. Industrial Research Performance Management: Key Performance Indicators in the ICT Industry [M]. Physica-Verlag GmbH & Co., 2011.

[133] Thomas L. Saaty, Luis G. Vargas. Decision Making with the Analytic Network Process: Economic, Political, Social and Technological Applications with Benefits, Opportunities, Costs and Risks [M]. Springer-Verlag New York Inc., 2011.

[134] Tom Debevoise, Rick Geneva. The Microguide to Process Modeling in BPMN 2. 0 [M]. Createspace, 2011.

[135] Tom Ritchey. Wicked Problems-Social Messes [M]. Springer-Verlag Berlin and Heidelberg GmbH & Co. K, 2011.

[136] Tomasz Mroczkowski. The New Players in Life Science Innovation: The Best Practices in R&D from Around the World [M]. Financial TImes Prentice Hall, 2011.

[137] Tonya Boone, Vaidyanathan Jayaraman, Ram Ganeshan Springer. Sustainable Supply Chains [M]. Verlag New York Inc., 2011.

[138] Vicki M. Bier, M. Naceur Azaiez. Game Theoretic Risk Analysis of Security Threats [M]. Springer-Verlag New York Inc., 2011.

[139] Vivek Sharma, K. S. Rajasekaran, Varum Sharma. Web-Based and Traditional Outsourcing [M]. Auerbach Publishers Inc., 2011.

[140] Walter Kickert. The Study of Public Management in Europe and the US: A Competative Analysis of National Distinctiveness [M]. Routledge, 2011.

[141] Wil van der Aalst. Process Mining: Discovery, Conformance and Enhancement of Business Processes [M]. Springer-Verlag Berlin and Heidelberg GmbH & Co. K, 2011.

[142] Wil van der Aalst, Christian Stahl. Modeling Business Processes: A Petri Net-Oriented Approach [M]. The MIT Press, 2011.

[143] William J. DeMarco. Performance Based Medicine: Creating the High Performance Network to Optimize Managed Care Relationships [M]. Productivity Press, 2011.

[144] Williams, T. M.. Managing and Modelling Complex Projects [M]. Springer, 2011.

[145] Wolfram Wiesemann. Optimization of Temporal Networks Under Uncertainty [M]. Springer-Verlag Berlin and Heidelberg GmbH & Co. K, 2011.

[146] Yasuhiro Monden, Taiichi Ohno. Toyota Production System: An Integrated Approach to Just-in-time [M]. Productivity Press, 2011.

[147] Yupo Chan Springer. Location Theory and Decision Analysis: Analytics of Spatial Information Technology [M]. Verlag Berlin and Heidelberg GmbH & Co. K, 2011.

[148] Yveline Lecler, Tetsuo Yoshimoto, Takahiro Fujimoto. The Dynamics of Regional Innovation: Policy Challenges in Europe and Japan [M]. World Scientific Publishing Co Pte Ltd, 2011.

[149] Zigurds Krishans, Anna Mutule, Yuri Merkuryev, Irina Oleinikova. Dynamic Management of Sustainable Development [M]. Springer London Ltd, 2011.

[150] Zimmermann, H. J.. Fuzzy Sets, Decision Making, and Expert Systems [M]. Springer, 2011.

[151] Zude Zhou, Shane Xie, Dejun Chen. Fundamentals of Digital Manufacturing Science [M]. Springer London Ltd, 2011.

[152] Zvi Drezner. Facility Location: A Survey of Applications and Methods [M]. Springer-Verlag New York Inc., 2011.

后　记

一部著作的完成需要许多人的默默奉献，闪耀的是集体的智慧，其中铭刻着许多艰辛的付出，凝结着许多辛勤的劳动和汗水。

本书在编写过程中，借鉴和参考了大量的文献和作品，从中得到了不少启悟，也汲取了其中的智慧菁华，谨向各位专家、学者表示崇高的敬意——因为有了大家的努力，才有了本书的诞生。凡被本书选用的材料，我们都将按相关规定向原作者支付稿费，但因为有的作者通信地址不详或者变更，尚未取得联系。敬请您见到本书后及时函告您的详细信息，我们会尽快办理相关事宜。

由于编写时间仓促以及编者水平有限，书中不足之处在所难免，诚请广大读者指正，特驰惠意。

编　者